MW01439432

DICCIONARIO GENERAL DE DERECHO

Sergio Espinal

DICCIONARIO GENERAL DE DERECHO
DERECHOS RESERVADOS Copyright © 2024
Sergio Espinal

ISBN: 9798334878532
LACUHE Ediciones
lacuheediciones@gmail.com
Primera Edición
Portada y Diseño interior:
Maribel Benítez

Queda rigurosamente prohibida, bajo las sanciones establecidas en las leyes,la reproducción total o parcial de esta obra en su modo y contenido (incluyendo el diseño tipográfico y de portada), sea cual fuere el medio o procedimiento: electrónico, mecánico, químico, grabación u otros, sin el consentimiento previo y por escrito del autor. La infracción de dichos derechos puede constituir un delito contra la propiedad intelectual.

Impreso en los Estados Unidos de América-Printed in USA

Sobre el autor

Sergio Espinal nació en San Francisco Macorís República Dominicana, el 20 de marzo de 1956, se graduó como Licenciado en Derecho en la Universidad Autónoma de Santo Domingo. También es autor del Diccionario de Ciencia Política que publicó en el año 2014.

Este libro está dedicado a la memoria de mi tío el Doctor Luis Víctor García de Peña (1925-2012) magistrado de los tribunales de la República Dominicana.

A

A CONFESIÓN DE PARTES RELEVO DE PRUEBAS. Con esta expresión se quiere dejar significado que si las partes admiten los hechos que se le imputan en una causa judicial, no es necesario presentar pruebas. Sin embargo, hay que hacer unos señalamientos, esta expresión es solo aplicable al proceso civil pero no al penal, donde la admisión de haber cometido el hecho delictivo por el supuesto delincuente puede estar encubriendo al verdadero autor de la acción criminal. Para que la confesión sea un medio de prueba en el proceso penal es necesario que se compruebe por otros medios y que la confesión no sea contraria a lo demostrado por los otros medios probatorios.

A CONTRARIO SENSU. Locución latina que significa en sentido contrario. Se emplea en el mundo jurídico para argumentar que una cosa se realiza o se dice en sentido o modo contrario. Por ejemplo, si una ley dice expresamente: todas las personas a partir de los dieciocho años hasta los sesenta años deben pagar impuestos, a contrario sensu las personas de sesenta y un años en adelante no deberán pagar.

A CORTO PLAZO. Porción de tiempo de escasa duración, que se refiere a días, meses y como máximo un año.

A DÍA DETERMINADO. Expresión que indica que la obligación contraída por el deudor con el acreedor, deberá ser cumplida por el deudor en el día que se señala que se cumple su vencimiento.

A DÍA DETERMINADO VISTA. Es una de las modalidades por la cual se puede estipular el plazo de vencimiento de una obligación la cual deberá ser cumplida cuando expire el plazo fijado, que empieza a contarse desde el día en que se le presente el documento para su aceptación al girado.

A FORTIORI. Procedimiento jurídico para argumentar, que consiste en que la fórmula prevista para solucionar un caso específico debe ser extendida con mayor fuerza a otro caso que en principio, no estaba previsto.

A GRANEL. Son las cosas menudas que se transportan en grandes cantidades sin empaquetar y envasar para ser vendidas a los consumidores en esas condiciones.

A GROSSO MODO. Expresión latina que significa aproximadamente, a grandes rasgos, más o menos.

A INSTANCIA DE. A solicitud o ruego de la persona que se expresa.

A LA ORDEN. Son los títulos de crédito, que se expiden a favor de una persona específica y que deben indicar que son transmisibles por medio del endoso.

A LA PAR. Cuando el valor efectivo o de cotización de los títulos, acciones, obligaciones, bonos de la deuda pública coincide con su valor nominal.

A LARGO PLAZO. Es el periodo de tiempo que está vinculado a una duración de más de cinco años.

A MEDIANO PLAZO. Intervalo de tiempo que dura más de un año y menos de cinco.

A LA VISTA. Se designa con esta palabra a la cláusula que contiene un título de crédito, que tiene por consecuencia que la persona obligada debe pagarla cuando se la presentan.

A LIMINE. Expresión latina que significa desde el umbral. Se utiliza en el lenguaje jurídico para referirse al rechazo de una demanda o de un recurso por improcedente o mal fundado, que está alejado de los cánones legales.

AL MARGEN DE LA LEY. Es la persona o el grupo que se encuentra en esa situación porque no acata el orden jurídico que impera en la sociedad en que vive.

A NON DOMINO. Es la adquisición de la propiedad cuando esta es permitida por la ley. Es la que se realiza cuando se adquiere la propiedad de un bien, mueble o inmueble de quien no es su propietario, quedando esta adquisición protegida por el régimen legal, de manera que el dueño despojado no puede reivindicar los bienes. Supongamos que prestamos una cosa a un amigo, pero que nuestro amigo le vende la cosa a otra persona, el comprador de la cosa se convertiría en el nuevo propietario de la cosa. Siempre y cuando el comprador de la cosa la hubiera adquirido de buena fe, o sea de que no tuviera conocimiento de que la cosa era de nosotros y que creyera que la cosa era de nuestro amigo. Que fue quien se la vendió.

A POSTERIORI. Locución latina que significa después y que se utiliza para señalar que un asunto concreto se juzga después de haber sucedido.

A PRIORI. Es una expresión latina que significa de lo anterior, se refiere a opiniones y juicios que se basan en casos hipotéticos o conjeturas, y no en actos que hayan sido realizados y que por lo tanto no han podido ser comprobados por el criterio de la verdad que es la práctica.

A PUERTA CERRADA. Forma que ha sido establecida por mandato de la ley o por decisión de un tribunal que el proceso judicial que pueda ser afectado por la publicidad, la moral, el orden público o la seguridad sea conocido en privado.

A PUNTA DE PISTOLA. Es apuntar con una pistola para ejecutar actos empleando la violencia, la fuerza o las amenazas.

A QUEMA ROPA. Se utiliza este término para designar el disparo de armas de fuego que impactan en el cuerpo de la víctima privándolo de su vida o los disparos que se realizan y llegan muy cerca del cuerpo de una persona.

A QUO. Se refiere al juez o tribunal que ha entendido una sentencia contra la cual se eleva un recurso; también al juez de menor jerarquía cuando su sentencia ha sido recurrida ante un tribunal de mayor jerarquía.

A INSTANCIA DE. A solicitud o ruego de la persona que se expresa.

A SANGRE Y FUEGO. Con el máximo rigor y violencia.

A TÍTULO GRATUITO. VER: ACTO A TÍTULO GRATUITO.

A TÍTULO ONEROSO. VER: ACTO A TÍTULO ONEROSO.

A ULTRANZA. Se utiliza esta frase para señalar que una acción se ejecuta con decisión y firmeza a pesar de los obstáculos u oposiciones opuestas, sin dar un paso atrás ante las dificultades que se le presenten.

AB INTESTATO. Es el procedimiento establecido por la ley para que en el caso de que una persona que deje de existir sin haber dejado un testamento o cuando habiéndolo dejado, este carece de validez, se establezca quienes son sus herederos de conformidad con el régimen jurídico imperante.

AB IRATO. Es la acción o la redacción de un documento, que proviene de una persona que está furiosa, llena de ira o encolerizada, lo cual implica que la situación de enojo por la que atraviesa la lleven a proceder de esta manera perjudicando a una o más personas.

ABANDONAR. Es la actitud que se asume voluntariamente de desistir y renunciar para dejar de cumplir con un deber, con las obligaciones que les han sido encomendadas y con la protección de los intereses que han sido puestos bajo su protección.

ABANDONO. Es la voluntad que asume una persona de renunciar de manera espontánea a los derechos de propiedad de sus bienes materiales, sin traspasar sus derechos a otra persona o a una institución. También se conoce como abandono cuando se renuncia a proseguir un procedimiento judicial.

ABASTECIMIENTO. Es la actividad que tiene por función hacer llegar a los consumidores a tiempo y en la cantidad necesaria los bienes y servicios que necesitan para cubrir sus necesidades de manutención.

ABDICACIÓN. Es la renuncia, dimisión, abandono o cesión que realizan voluntariamente las personas que ejercen funciones y prerrogativas monárquicas en un Estado.

ABERRACIÓN. Es la conducta perversa y maquiavelista que se desvía intencionalmente de todo lo que se considera que transita por el camino de lo natural, correcto, lógico o dentro del ámbito jurídico.

ABIGEATO. Es una actividad ilegal que consiste en el robo de animales o ganados domésticos, con la finalidad de movilizarlos a otro lugar, para que de esta forma poder sacarle algún beneficio. Al que se dedica a este tipo de acción se le llama cuatrero.

ABJURACIÓN. Es la declaración pública que realiza solemnemente una persona, un grupo o cualquier otra entidad de retractarse o renunciar por un error cometido, una opinión dada o por un credo religioso.

ABOGADO. Es el profesional del derecho que acorde con el ordenamiento jurídico de cada nación ejerce la función de abogado, y por lo tanto puede dedicarse a defender los intereses de las partes en un proceso judicial. También puede dar consejos y asesoramientos en las diferentes ramas de las ciencias jurídicas.

ABOGADO DEL ESTADO. Es el funcionario que tiene encomendada la tarea de defender y proteger al Estado y a sus instituciones en todas las ramas del orden jurídico.

ABOGADO DE OFICIO. Es el abogado que designa y financia el Estado para que defienda gratuitamente a los ciudadanos que carecen de recursos económicos para pagar un profesional del derecho que los asista para que los defiendan en un proceso judicial que esté rodeado de las máximas garantías e igualdad posible.

ABOGAR. Es defender a uno de los litigantes en un proceso judicial. También se puede definir como el apoyo, el respaldo, la protección que se realiza a favor de alguna persona.

ABOLICIÓN. Es la anulación, derogación, extinción o abrogación de una ley, de un precepto o costumbre.

ABOLICIONISMO. Consiste en el conjunto de preceptos concernientes a la abolición de alguna ley o costumbre social, como la esclavitud, la pena de muerte, la prostitución, el tráfico de influencias, etc. Esta palabra se usó por primera vez en los Estados Unidos en el siglo XVIII, cuando se crearon las diversas sociedades abolicionistas que abogaban por la supresión de la esclavitud en dicha nación.

ABOMINABLE. Que por su maldad incomoda enormemente.

ABONADO. Se designa con este término a la persona que es confiable, que está llena de buena fe, que goza de un gran crédito y tiene una gran reputación por lo que su testimonio en un proceso judicial tiene una gran credibilidad, puede ser elegido para desempeñar el cargo de fiador y para ocupar funciones en la administración pública.

ABONAR. Pagar una determinada cuota o cierta cantidad de dinero que se debe. También se define como la acción de inscribir a una persona para que, mediante el pago de una cantidad periódica de dinero, reciba un servicio por un tiempo determinado.

ABORTO. Es la detención del proceso normal del embarazo, impidiendo que el feto se desarrolle para que se produzca su muerte en el vientre de la madre, lo que según el caso puede ser calificado como un crimen.

ABORTO CONSENTIDO. Es la operación material ejecutada por una persona, que cuenta con el consentimiento de la mujer, para interrumpir su estado de gestación, el cual es considerado como un acto criminal, y el cual se agrava si de tal acción se produce la muerte de la mujer.

ABORTO CULPOSO. Es el delito cometido por un profesional de la medicina, cuando por imprudencia, impericia y negligencia, ocasiona la interrupción del embarazo de una mujer, sin haber tenido la intención de causarlo.

ABORTO TERAPÉUTICO. Es la operación material llevada a cabo por un médico, con el consentimiento de la mujer embarazada, y el cual se realiza cuando la vida y la salud de la madre se encuentra en peligro, siempre y cuando dicho peligro no pueda ser evitado por otras vías; en estas condiciones según lo que considere la legislación de una nación este tipo de aborto puede ser sancionado penalmente o no.

ABRIR A PRUEBA. Es el procedimiento procesal, mediante el cual por orden judicial, se decreta un periodo para que las partes que estén envueltas en un litigio aporten las pruebas que les sirvan para probar sus derechos.

ABRIR EL JUICIO. Dar inicio a una contienda judicial. También se puede definir como el proceso de volver a instaurar un juicio ya realizado, para que las partes que estuvieron envueltas en él hagan valer de nuevo sus derechos.

ABROGACIÓN. Es la supresión, eliminación o anulación, en su totalidad de una disposición legal por otra de igual similitud o de mayor rango jerárquico.

ABSENTISMO. Es la falta habitual de abandonar las funciones y los deberes propios de un cargo en las diferentes ramas de las actividades públicas o privadas.

ABSOLUCIÓN. Es la declaración que emite un juez por la vía de una sentencia judicial en la cual dictamina la finalización del juicio por el cual deja al demandado libre de la demanda; o a una persona que no es culpable del delito por el cual ha sido juzgado.

ABSOLUTISMO. Es la última forma de organización del poder de los Estados feudales. Surge en una época en que se desintegra el feudalismo y aparecen las relaciones capitalistas de producción. Este régimen político predominó desde el siglo XVI hasta el siglo XVIII, es decir, a partir de la creación de los grandes Estados centralizados hasta la gran Revolución Francesa de 1789. Constituye un poder caracterizado por la centralización y el despotismo. Se basa en una estructura del poder de carácter monárquico; pero es una monarquía que se ejerce de forma hereditaria y de forma vitalicia en nombre de un ser divino llamado Dios. Bajo el absolutismo, el Estado concentra todo el poder en sus manos; y por eso, tiene el poder de elaborar las leyes y el de derogarlas, disponer de contingentes enormes de soldados, impartir justicia entre sus vasallos, cobrar impuestos a sus súbditos, poseer un servicio de espionaje muy amplio y también un enorme ejército de funcionarios burocráticos, la monarquía absoluta es la nueva forma de monarquía que surge para arbitrar las diferencias de la decadente nobleza feudal y la emergente burguesía, y como guardiana de los intereses de ambas frente al movimiento revolucionario de los sectores explotados de la sociedad.

ABSTENCIONISMO. En términos electorales, es la actitud consciente que asumen los electores de no ejercer el sufragio o el derecho al voto en un certamen electoral.

El abstencionismo expresa la voluntad del elector de rechazar el sistema político, económico y social que rige en su país.

ABURGUESAMIENTO. Es el proceso de transformación que se da en la estructura social de la sociedad burguesa cuando el pequeño burgués o el proletario acumulan una gran cantidad de riquezas que lo elevan a la condición de burgués.

Con esta palabra también se designa a los cambios que se producen en la mentalidad de los pequeños burgueses y obreros y de personas abanderadas de ideas progresistas, que, sin haber acumulado riquezas, ambicionan tener un estilo de vida burgués.

ABUSO. VER: ARBITRARIEDAD.

ABUSO DE AUTORIDAD. VER: ABUSO DE PODER.

ABUSO DE CONFIANZA. Es la actividad delictiva en que una persona o un grupo de persona abusa de la confianza que se deposita en él o en ellos, por razones de índole afectiva, para perjudicar a los que depositaron su confianza en él o en ellos no devolviéndoles bienes prestados o destruyéndoles su reputación profesional, etc.

ABUSO DE FIRMA EN BLANCO. Es la situación que se crea cuando se firma un documento en blanco, con la finalidad de que sea llenado con acuerdos y obligaciones por lo cual la firma sirve para ratificarlas de manera anticipada, pero que posteriormente es llenado fraudulentamente con obligaciones que perjudican a las personas o personas que firmaron o a un tercero.

ABUSO DE PODER. El abuso de poder que también recibe el nombre de abuso de autoridad, es el manejo arbitrario de un poder, de una prerrogativa, de una facultad, de un derecho o de una situación determinada que hacen unos o más hombres, grupos, sectores o clases sobre otros fuera de los límites establecidos por la razón y las leyes.

ABUSO DE SUPERIORIDAD. Es la actividad criminal que sólo puede presentarse en los delitos contra las personas. Se caracteriza por la existencia de una situación de superioridad, o sea, un notorio desequilibrio de fuerzas que favorece a fuerzas agresoras frente al agredido, que puede presentarse por cualquier circunstancia, derivada de los medios utilizados para la agresión

(Ejemplo: utilización de armas blancas, armas de fuego o de cualquier otro tipo de arma y también la participación de una pluralidad de atacantes).

ABUSO DE DERECHO. Es el ejercicio de actividades que realiza el titular de un derecho cuando actúa fuera de los cánones establecidos por la ley. Por lo cual atenta contra la moral, las buenas costumbres o la buena fe; sin perjudicarle que perjudique a terceros, y su único fin es conseguir su propio interés personal.

ABUSOS DESHONESTOS. Es la perpetración de actos sexuales, ejecutados sobre otras personas sin importar el sexo; que se caracteriza por la no penetración vaginal, ni la violación de menores de edad, el uso de caricias no deseadas por la otra persona, la exposición de los genitales, la exposición de un menor de edad a la pornografía, el acoso sexual entre otros.

ABUSO INFANTIL. Es la violación de los derechos fundamentales de los niños establecidos en el régimen jurídico que impera en una sociedad. Dentro de esta categoría se pueden señalar, el abuso sexual, físico, emocional, no garantizarle su derecho a la vida, a un nombre, a la educación, a la salud, a la recreación y otros más.

ABYECCIÓN. Es la mezquindad y perversión extrema.

ACÁPITE. Fragmento aparte, especialmente de un texto legal.

ACCESIÓN. Es la forma de adquirir el dominio, por el cual el que ejerce el derecho de propiedad sobre una cosa mueble o inmueble posee la facultad de apropiarse de todo lo que esta produzca o se le incorpore, ya sea por obra de la naturaleza o por el trabajo del hombre.

ACCIDENTE. Es el acontecimiento o suceso, eventual e imprevisto que ocasiona un daño en las diferentes materias del derecho: civil, laboral, comercial, penal.

ACCIÓN. Con esta palabra se designa al derecho que se posee de alguna cosa en juicio: iniciar una demanda civil. También se designa con este concepto al procedimiento legal de ejercitar este derecho: dar inicio a acciones legales.

ACCIÓN ACCESORIA. Instrumento judicial que se encuentra relacionado íntimamente con la acción principal a la cual está subordinada y cuya competencia corresponde únicamente al tribunal que ha de resolverla.

ACCIÓN AD EXHIDENDUM. Se le confiere al demandante que quiere presentar una demanda contra una cosa mueble, para que le exija al demandado que antes del inicio del juicio le exhiba la cosa que tiene en posesión para poder comprobar si es la misma que él cree que le pertenece.

ACCIÓN CIVIL. Es la que le confiere la ley a una persona para que demande en justicia la reclamación de sus bienes muebles e inmuebles. Se origina del derecho sobre las cosas y de las mismas fuentes que las obligaciones (o sea, de la ley, de los contratos, los cuasicontratos, delitos y cuasi delitos).

ACCIÓN CIVIL PROVENIENTE DE DELITO. Es la acción de carácter privado que se le confiere a un particular para que exija judicialmente cuando ha sido lesionado con una infracción penal que se le repare el daño causado, con una indemnización económica que le dé satisfacción por los perjuicios que le causó el hecho contrario a la legislación jurídica.

ACCIÓN CRIMINAL. Es la ejecución material que realiza una persona o un grupo de personas, con el objetivo de buscar riquezas y poder, acciones que son totalmente ajenas al régimen jurídico vigente.

ACCIÓN DE DIVISIÓN DE LA COSA COMÚN. Es el derecho que posee cada uno de los copropietarios, contra los demás, para dividir un inmueble en condominio; puesto que ningún copropietario está obligado a permanecer en estado de indivisión.

ACCIÓN DE IN REM VERSO. Tiene por finalidad esta acción que una persona reclame un reembolso cuando se ha visto perjudicada en su patrimonio y ello ha dado lugar a que otra persona se enriquezca a su costa, aun cuando no exista ninguna culpa de la persona que se enriqueció. La restitución debe ser siempre de carácter monetario. Un ejemplo de cuando se puede aplicar el ejercicio de esta acción es cuando se paga lo no debido.

ACCIÓN DE NULIDAD. Es la que se ejerce en defensa del sistema legal con la finalidad de que se declare la ineficiencia de un acto que está viciado para que deje de producir sus efectos jurídicos, y todo vuelva al estado anterior donde se considerara al acto como no sucedido.

ACCIÓN DE PARTICIÓN DE HERENCIA. Es la que se les otorga a sus herederos o a sus acreedores y a cuanto posean algún derecho en la sucesión declarado por el sistema legal, para solicitar en cualquier momento la adjudicación a cada heredero una parte específica de los bienes transmitidos y a los deudores la cantidad que se le debe.

ACCIÓN DE SIMULACIÓN. Es la maniobra fraudulenta, que persigue producir un engaño, encubriendo el carácter jurídico de un acto con la apariencia de otro; para que un acto pueda ser considerado como simulación, debe de haber un acuerdo entre las partes en la que manifiesten su voluntad fingida y ocasione daños a terceros violando la ley. Ejemplo de un caso de simulación es que una persona ha contraído una deuda con una institución financiera, y esta se ha atrasado en el pago de los intereses de la deuda, pero su patrimonio actual lo constituyen su casa, su automóvil y un colmado. Con la finalidad de que le embarguen y confisquen sus bienes, él simulará la venta de estos a su hermano, pero sigue en la posesión de estos bienes como si la venta no se hubiese efectuado.

ACCIÓN DECLARATIVA. Es la expresión por medio de la cual se persigue verificar o fijar una situación jurídica.

ACCIÓN EJECUTIVA Y ORDINARIA. Esta acción consiste en la forma de solicitar en juicio las cosas. La acción ejecutiva procede de documentos que traen aparejada ejecución; y la ordinaria es la que se sustenta en documento de otro carácter.

ACCIÓN IMPRESCRIPTIBLE. Es la acción que no prescribe, que no caduca a pesar del transcurrir del tiempo, es decir que será eterna o sea para toda la vida.

ACCIÓN OBLICUA. Es la facultad que pone el régimen jurídico en las manos del acreedor, para que pueda ejercer todos los derechos y diligencias que corresponden a su deudor de pagar la deuda con excepción de los que sean inherentes a su persona.

ACCIÓN PAULIANA. Es la acción revocatoria que le da potestad al acreedor de perseguir a un deudor que se ha insolventado con el fin de no pagarle, traspasando su patrimonio a familiares y amigos para que el acreedor no pueda embargar sus bienes para liquidar la deuda. Esta acción revoca todos los actos o contratos que el deudor haya utilizado para traspasar o vender sus bienes.

ACCIÓN PENAL. Es la que da inicio a un proceso judicial cuando se ejecuta un delito; y que está orientada a perseguir al infractor o a los infractores de dicho delito, para imponerles la sanción que el sistema legal ha establecido.

ACCIÓN PERSONAL. Es la facultad que le pertenece a una persona para exigirle a otra que cumpla con las obligaciones contraídas, que deriven de un contrato o de un cuasicontrato, de un delito o del sistema jurídico.

ACCIÓN PETITORIA. Con esta acción se puede ejercer el derecho de reclamar la propiedad, dominio o cuasi dominio de las cosas muebles e inmuebles y también la declaración de derechos reales que tengan una litis en justicia.

ACCIÓN POPULAR. Es el mecanismo procesal, que los poderes públicos y cualquier ciudadano, puede implementar en justicia para proteger y defender los intereses de las masas populares.

ACCIÓN POSESORIA. Es la herramienta que tiene por objetivo permitir que se pueda adquirir un bien que antes no se poseía; a conservar de manera pacífica la actual posesión, del que otro intenta despojarlo; o para recuperar la posesión que antes gozaba y que ahora ha perdido.

ACCIÓN PREPARATORIA. Es el instrumento que con carácter preliminar a la acción principal allana los impedimentos o procura que se tomen medidas encaminadas a hacerlas más eficaces.

ACCIÓN PRIVADA. Es la acción que en materia penal sólo puede ser ejercida por el agraviado o su representante legal, por lo cual el delito cometido contra una persona donde haya que ejercer la acción privada, sólo podrá ser perseguido cuando la víctima o sus representantes presenten una denuncia contra las autoridades correspondientes.

ACCIÓN PÚBLICA. Es la acción penal que es propiedad exclusiva de la sociedad y que solo puede ser ejercida por un funcionario que recibe el nombre de ministerio público. El cual puede perseguir de oficio, todas las infracciones penales que lleguen a su conocimiento, siempre que posea suficientes elementos de prueba que comprueben la violación al régimen jurídico penal.

ACCIÓN QUANTI MINORIS. Es el derecho que posee un comprador de solicitar al vendedor por la vía de los tribunales la modificación del acto bilateral y oneroso por haber recibido un bien que contenía vicios físicos y materiales ocultos.

ACCIÓN REAL. Es la potestad que se posee de poder reclamar la puesta en movimiento del aparato judicial, cuando se considera que se ha sido despojado de un derecho que le pertenece. Esta puede ser ejercida erga omnes, o sea contra todos.

ACCIÓN REDHIBITORIA. Es la acción que le permite al comprador exigirle al vendedor por medio de los tribunales ante la aparición de los vicios físicos y materiales ocultos en la cosa comprada tras la firma del contrato de ponerle fin al mismo, debiendo el vendedor devolverle al comprador el dinero que este le pagó por la cosa.

ACCIÓN REIVINDICATORIA. Es la acción judicial que le permite al propietario de un bien exigirle a una o varias personas que lo poseen sin ser sus propietarios, que se la restituyan juntos con los frutos, mejoras y rentas que este haya producido.

ACCIÓN RESCISORIA. Es aquella que puede ejercitar cualquiera de las partes que están envueltas en un contrato y que se haya visto perjudicada por un perjuicio o un fraude. La rescisión traerá por consecuencia que al perjudicado les sean devueltas las cosas con sus frutos.

ACCIÓN SOLIDARIA. Es la facultad inherente a dos o más acreedores que la llevan a cabo contra uno o más deudores, para conminarlos imperativamente al pago de la totalidad de la deuda.

ACCIÓN SUBROGATORIA. VER: ACCIÓN OBLICUA.

ACCIONES. Son los documentos que en materia monetaria representan a cada una de las partes en que está dividido el capital de una compañía, que por lo general se denomina "sociedad anónima" y que vende al público dichos documentos para incrementar su capital.

ACCIONES AL PORTADOR. Es el documento mercantil, que representa un valor, y cuyo traspaso se comprueba por la sola transmisión del título. No señala el nombre del titular del derecho, pero sí el de la persona o entidad que la ha emitido.

ACCIONISTA. Es la persona física o jurídica que es dueña de una o más acciones de una compañía mercantil, industrial, o de cualquier otra clase.

ACECHANZA. Es la acción delictiva que se comete cuando se persigue o se vigila cuidadosamente y de manera sigilosa a alguien con un fin determinado.

ACEFALIA. Es la situación en que cae una sociedad o una institución cuando renuncia o se incapacita a la persona que la dirige y dicha persona no es sustituida inmediatamente, por lo cual se produce un estado de caos, anarquía y desorden.

ACEPTACIÓN. Se define este concepto como la acción implementada por una o más personas para manifestar voluntariamente su consentimiento, por lo cual acogen, admiten y acatan las proposiciones que se le han ofertado y que por lo tanto producirán efectos legales.

ACERA. Es el área de la vía pública que está pavimentada y elevada a la orilla de la calle para el uso exclusivo de las personas o peatones que se desplazan caminando.

ACERVO. Es el término que designa al conjunto de bienes morales, culturales o materiales que pertenecen a una pluralidad de personas, región, comunidad o nación.

ACLAMAR. VER: PROCLAMA.

ACLARACIÓN DE SENTENCIA. Es el acto que tiene por objetivo aclarar los puntos oscuros o dudosos y rectificar cualquier omisión que contenga una resolución que haya sido emitida por un magistrado de los tribunales de justicia.

ACOPIO. Es el acaparamiento planificado de mercancías, por lo cual se compran grandes cantidades a bajo precios, para luego colocarlas en el mercado y venderlas más caras.

ACORDADO. Es el auto jurídico, dictado por los tribunales de la alta jerarquía judicial, concerniente de cómo deben proceder los tribunales para el conocimiento de determinadas acciones en el ámbito judicial, de esta forma los altos tribunales regulan asuntos que en muchos casos debieran estar regulados por la ley.

ACORDAR. Es la decisión que se toma de común acuerdo por una pluralidad de personas o un tribunal, para decidir qué es lo que se va a hacer con relación a cierto asunto, o cómo se va a resolver determinada cuestión.

ACORRALAR. Colocar a una o varias personas a través de argumentos, actos o amenazas, en una situación que restringe sus opciones o su libertad de maniobra.

ACOSO. Es la conducta constante que ejerce una persona de hostigar, perseguir, molestar, amenazar o intimidar, a otra con la finalidad de producirle un malestar o desasosiego.

ACOSO SEXUAL. Actitud verbal, psicológica o física dirigida contra una persona con la intención de obtener estos favores sexuales en contra de su voluntad.

ACRECER. Es la facultad que les proporciona la ley a los herederos de aumentar en tamaño y cantidad la herencia que les corresponde, mediante la distribución que le correspondería a otro heredero que ha tomado la decisión de renunciar a su parte.

ACREEDOR. Es la persona física o jurídica que posee el derecho legal para exigir el pago de una deuda o el cumplimiento de una obligación.

ACREEDOR HIPOTECARIO. Es el acreedor cuyo crédito está garantizado por una hipoteca sobre un inmueble. Por lo cual exige la potestad de exigir el pago o cumplimiento de una obligación aceptada por otra persona, que recibe el nombre de deudor hipotecario.

ACREEDOR PERSONAL. Es el único que posee una acción personal para demandar a su deudor para el cobro de sus deudas, las que pueden basarse en una escritura pública.

ACREEDOR PRIVILEGIADO. Es aquel que goza de poseer un privilegio legal que le da el derecho de reclamar el pago de una deuda con preferencia a otros acreedores.

ACREEDOR QUIROGRAFARIO. Es el acreedor, que no posee ningún privilegio o preferencias para el cobro de sus deudas; porque estas no tienen ninguna garantía hipotecaria y prendaria. Estos son los acreedores que pueden cobrar en última instancia en caso de quiebra.

ACREEDOR REAL. Es el que posee una acción real sobre el patrimonio de su deudor para cobrarse lo que éste le adeuda, en el caso de que el deudor no cumpla, pudiendo llegar a ser propietario de dominio, hipotecarios y pignoraticios, según el tipo de acción que sea (reivindicatoria) de hipoteca o de prenda, respectivamente.

ACREEDOR HEREDITARIO. Es el que posee el derecho de poseer la acción de reclamarles a los herederos de una sucesión de que cumplan con la obligación de liquidar las deudas que contrajo el fenecido con dicho acreedor.

ACREEDOR SOLIDARIO. Es el acreedor que tiene a su favor, junto con otros acreedores, tener un mismo deudor o varios deudores, por lo tanto, cualquiera de estos acreedores está facultado para exigir y recibir el pago de la deuda.

ACTA. Es el documento emitido por una autoridad pública en el que se da constancia de la situación legal de una persona o institución. También un acta es la relación escrita donde se documentan las deliberaciones y acuerdos que se han tomado en cada una de las sesiones de cualquier junta o reunión, para confirmar su carácter de validez.

ACTA DE AUDIENCIA. Es un documento cuya valoración corresponde hacerla al secretario del tribunal y en la misma se hará constar la composición del tribunal, señalando los nombres de los magistrados y del secretario; la presencia de la persona que ejercerá la función de ministerio público en los casos que esta presencia sea necesaria; la indicación de las partes envueltas en el litigio y de sus respectivos abogados.

ACTA DE CARENCIA. Es el acta que levanta un alguacil cuando está levantando un embargo, en el caso de que no encuentre bienes que embargar o cuando los bienes que encuentre no sean suficientes para cubrir el valor del embargo.

ACTA DE DEFUNCIÓN. Es la partida de defunción expedida por la autoridad competente, que da constancia del día, hora y causa del fallecimiento de una persona.

ACTA DE DIVORCIO. Escrito que da constancia de que se ha disuelto la unión de dos personas que estaban unidas por el vínculo del matrimonio.

ACTA DE MATRIMONIO. Es el texto expedido por la persona encargada del registro civil, que da fe de la fecha, hora y lugar, en que una pareja se ha unido por el vínculo del matrimonio.

ACTA DE NACIMIENTO. Es el documento por medio del cual se comprueba o asegura el nacimiento de una persona. Dicho documento debe contener el lugar y la fecha en que la persona nació, también su sexo, el nombre o los nombres de las personas que lo declararon.

ACTA DE EMBARGO. Es el acto instrumentado por un alguacil que realiza un embargo, en el cual da constancia, de los datos concernientes a las cosas embargadas, tales como su clase, calidad y cantidad.

ACTA NOTARIAL. Es un documento público en el que una o varias personas realizan una declaración escrita de manera voluntaria, la cual validan por medio del juramento que hacen, firmando un documento ante un notario que está autorizado para dar fe de la validez de dicha declaración.

ACTAS DEL ESTADO CIVIL. Son las que se refieren al estado civil de las personas, y se refieren al nacimiento, al matrimonio, al reconocimiento, la legitimación, a la defunción, a la naturalización, a la emancipación y a la adopción.

ACTIVISTA. Es el miembro de un partido político que participa intensa y continuamente en las actividades de su organización. Asiste regularmente a sus manifestaciones públicas, incorpora nuevos miembros, realiza tareas electorales, vota por sus candidaturas y ocasionalmente hace contribuciones económicas.

ACTIVOS. Es la pluralidad de bienes y derechos que posee una empresa o una persona, que representan un valor monetario que deja un margen de ganancias.

ACTO. Es la capacidad que posee el ser humano para manifestar voluntariamente y conscientemente su voluntad con la finalidad de ejecutar, realizar o proponer la realización de una acción específica.

ACTO A TÍTULO GRATUITO. Son los actos de disposición en que la obligación contraída recae en una sola de las partes y responden a un criterio de liberalidad; tal como una prestación que no obliga para nada a la otra parte que se ve beneficiada por esta.

ACTO A TÍTULO ONEROSO. Es el acto en el que cada uno de los intervinientes tiene por objetivo fundamental esforzarse para buscar unas ventajas que beneficien patrimonialmente a cada una de las partes.

ACTO ABSTRACTO. Es la declaración de voluntad que se constituye sin señalar la causa o los argumentos, de carácter jurídico de dicha constitución.

ACTO ADMINISTRATIVO. Es la acción concreta que emana de los órganos del Estado, sea este ejecutivo, legislativo o judicial, con tal de que las características del mismo sean de puro contenido administrativo. Por lo tanto, puede considerarse como acto administrativo el que emana del poder ejecutivo, como el manejo de los bienes y recursos estatales y la recaudación de impuestos.

ACTO ANULABLE. Acto jurídico que goza de validez y eficacia, pero que es susceptible de ser anulado cuando está afectado de un vicio de error, violencia, dolo o simulación y que, para declarar la nulidad de este acto, es necesario el pronunciamiento de una sentencia, lo cual dejará sin efecto las consecuencias jurídicas que produzca.

ACTO ARBITRARIO. Es el acto injusto, atropellante, abusivo, tiránico, despótico e improcedente, contrario a las normas del derecho y la razón y que es dictado por la voluntad y el capricho.

ACTO AUTÉNTICO. La definición del acto auténtico la encontramos en el artículo 1317 del código civil dominicano cuando expresa: "Es acto auténtico el que ha sido otorgado por ante oficiales públicos que tienen el derecho de actuar en el lugar donde se otorgó el acto, y con las solemnidades requeridas". (1)

ACTO BAJO FIRMA PRIVADA. Es aquel que ha sido elaborado por las mismas partes, donde el notario se circunscribe a dar constancia de que legaliza las firmas de las partes, declarando que las mismas fueron puestas bajo su presencia, de que las mismas corresponden a ellos y que fueron estampadas voluntariamente en la fecha que indica el acto.

ACTO BILATERAL. Es aquel que necesita como requisito esencial el consentimiento de dos o más partes, con el objetivo de crear, modificar, transferir o extinguir derechos y obligaciones.

ACTO COLECTIVO. Es el que crea la declaración conjunta de una pluralidad de personas, que contiene la misma temática y que persiguen el mismo objetivo.

ACTO CONSERVATORIO. Es el acto que tiene por finalidad salvaguardar un derecho o una situación jurídica específica. Por ejemplo, un acto de administración, renovar la inscripción de una hipoteca.

ACTO CONSTITUTIVO. Es aquel que tiene por finalidad dar nacimiento a un derecho o a que se establezca una obligación.

ACTO CONTENCIOSO. Es el acto judicial en el que existe un conflicto jurídico entre las partes y que está sometido al dictamen de un tribunal.

ACTO GRACIOSO. Es la adopción de disposiciones que toma un magistrado, para favorecer el funcionamiento de un tribunal, facilitar la instrucción, proteger los derechos que son de sumo interés para ciertas personas, comprobar o autentificar ciertas situaciones jurídicas. Además, el acto gracioso, no adquiere el carácter de la cosa irrevocablemente juzgada; no puede ser impugnado por los recursos contra la sentencia y puede ser objeto de una acción principal en nulidad.

ACTO DE ADMINISTRACIÓN. Es el acto jurídico que tiene por función administrar un patrimonio para conservar y utilizar sus beneficios para aumentarlo.

ACTO DE ALGUACIL. Es el acto solemne y auténtico que comprende una variedad de actuaciones, entre las cuales podemos señalar las citaciones, ofertas, intimaciones, mandamientos, actos de ejecución, etc., mediante las cuales cada parte tiene el sumo interés de llevar a conocimiento de la otra una manifestación de voluntad para que sea conocida por ella, porque así lo exige la ley.

ACTO DE AUTORIDAD. Es la forma de darle una base jurídica al derecho a mandar, lo cual está sujeto a las concepciones culturales que predominan en cada tiempo y lugar. Desde esta óptica, el estado realiza actos de autoridad a través de sus poderes fundamentales en las esferas legislativa, ejecutiva y judicial.

ACTO DE COMERCIO. VER: COMERCIO.

ACTO DE DISPOSICIÓN. Es el acto por el cual se puede ejercitar un derecho de propiedad, con el objetivo de traspasar los bienes que forman parte del patrimonio de una persona que posee la capacidad y libertad de efectuar esta operación.

ACTO DE GESTIÓN. Es el acto que realiza la máxima autoridad política de la nación, cuando actuando como persona jurídica, efectúa la firma de acuerdos, convenios y otros actos. También podemos definir los actos de gestión como la voluntad que asume una persona de administrar el patrimonio que no es de su propiedad.

ACTO DE GOBIERNO. Es la manifestación de voluntad encaminada a la dirección política del Estado. Corresponde desde el ámbito del poder legislativo, mediante la estructuración del régimen jurídico estatal; desde el ámbito del poder ejecutivo a través del manejo de los mecanismos de la administración pública; y desde el ámbito del poder judicial, por medio de las decisiones de los magistrados en los casos de controversia sobre derechos.

ACTO DE HEREDERO. Acción que manifiesta o que se supone que acepta la herencia, sea pública o privada, judicial o extrajudicial, en el que expresa un propósito afirmativo de ser heredero o la realización de un hecho que solo puede ser ejecutado como dueño de la herencia.

ACTO DE NOTORIEDAD. Es el acto que consta de un expediente notarial que está supervisado por un notario de la circunscripción geográfica en la cual se quiere poner en ejecución el acto, cuyo objetivo es dar fe pública sobre algún acto relevante, notorio y público que se lleve a cabo.

ACTO DE LEVANTAMIENTO PARCELARIO. La normativa inmobiliaria de la República Dominicana designa este acto como el levantamiento territorial ejecutado con la finalidad de formar, transformar o comprobar el estado parcelario de las propiedades inmobiliarias.

ACTO DE LEVANTAMIENTO TERRITORIAL. El régimen inmobiliario dominicano designa con este nombre al conjunto de operaciones técnicas por medio de las cuales se consiguen y se elaboran datos orientados para conocer el área territorial y sus características.

ACTO DE ÚLTIMA VOLUNTAD. Es el acto que es realizado solo con la finalidad de que sólo produzca efectos después de la desaparición física de aquel o de aquellos que otorgan dichos actos.

ACTO DECLARATIVO. Es el acto que tiene por objetivo confirmar o inscribir en registros administrativos situaciones o hechos que gozan de una preexistencia legal o que jurídicamente son considerados como tal. Ejemplo: la certificación de un acta de definición.

ACTO ENTRE VIVOS. Son aquellos cuya capacidad para obrar no está sujeta a la defunción de aquellos de cuya voluntad proceden.

ACTO ILÍCITO. Es el hecho que voluntariamente comete una persona, pero que está prohibido por el régimen jurídico, y que por lo tanto esté sujeto a que se le aplique una pena o sanción.

ACTO INDIVIDUAL. El que es realizado y efectuado por una sola persona, por lo cual basta para que produzca consecuencias legales; como la manifestación de su voluntad.

ACTO INEXISTENTE. Acto que no llega a nacer porque le falta uno de los elementos esenciales, con este concepto nos referimos al acto que carece de uno de los elementos esenciales que exigen las normas legales para que se constituya en un acto que tenga plena eficacia jurídica.

ACTO JUDICIAL. Comprende las decisiones, providencias, autos, mandamientos, diligencias y cualquier otra medida emitida por un tribunal dentro del ejercicio de su competencia. También se designa como auto judicial a las actuaciones de las partes ante un tribunal.

ACTO JURÍDICO. Es la manifestación de voluntad lícita que persigue crear, modificar o extinguir relaciones jurídicas entre las personas.

ACTO JURISDICCIONAL. Es la sentencia por medio de la cual un magistrado resuelve los conflictos de interés que producen consecuencias jurídicas. De esta forma una sentencia dictada de este modo reviste una gran importancia, ya que pone fin definitivo e irrevocablemente a un asunto litigioso, por el efecto del carácter de cosa juzgada que esta adquiere.

ACTO LÍCITO. Es el acto que realiza el ser humano de manera consciente y voluntaria, cuando este cumple con los requisitos de existencia y validez que le exige el sistema jurídico imperante en una sociedad.

ACTO NULO. Es el acto que contiene vicios que lo hacen ineficaz e invalido, contrario a las buenas costumbres, y que está prohibido por el régimen legal y por lo tanto no puede desplegar ninguna consecuencia jurídica.

ACTO PRIVADO. Es el instrumento privado para el cual no existe ninguna formalidad específica para su realización, pudiéndose redactar en el idioma y con los requisitos que se consideren más aptos para su elaboración.

ACTO PROPIO. Principio general del derecho que por consecuencia de que ninguna persona puede variar su comportamiento en un asunto litigioso de manera injustificada, ya que eso sería ir en contra de sus propios actos que ha venido manteniendo de una manera uniforme.

ACTO PÚBLICO. Es el hecho o acción legal que es elaborado para que la administración pública ejerza su función de dar cumplimiento a las actividades que den satisfacción a los intereses de carácter público.

ACTO PURO Y SIMPLE. Es el acto jurídico que presenta solo los requisitos fundamentales del acto, como son: el sujeto, el objeto y la forma. Ejemplos de este tipo de acto son: el reconocimiento de los hijos ilegítimos, la adopción, la herencia.

ACTO RECORDATORIO. Llamado también avenir, es el acto de abogado ha abogado por medio del cual el abogado de una de las partes, llama al abogado de las partes contrarias a discutir un asunto en la audiencia que celebrará el tribunal apoderado del proceso en la fecha indicada en dicho acto recordatorio, el cual es notificado por ministerio de alguacil.

ACTO REGLADO. Es el acto administrativo que se debe instrumentar de cierta forma y con determinados requisitos que exige e impone el ordenamiento jurídico.

ACTO SIN INTENCIÓN. Es la acción que es cometida por error o por ignorancia y también cuando se obliga a una persona a ejecutar un acto utilizando el recurso de la fuerza o de la amenaza.

ACTO SOLEMNE. Es aquel en que las formalidades que exige la ley son un requisito esencial para su validez y eficacia, y ante la ausencia de dichas formalidades el acto es inexistente, por lo cual no produce ninguna consecuencia jurídica.

ACTO TRASLATIVO. Es aquel acto por medio del cual se transfieren derechos del titular anterior a otro, que es causahabiente de aquel.

ACTO UNILATERAL. Es el acto que solamente exige la manifestación de voluntad de una sola parte para tener validez y eficacia. Cuando requieren que una sola persona de su voluntad se le denomina simple y complejo cuando participan dos o más personas con una misma voluntad o sea que constituyen una sola parte.

ACTOS DE ABOGADO. Son los actos que se clasifican en dos tipos: el primero abarca las instancias y requerimientos que los abogados representantes de las partes dirigen a los tribunales y a otros organismos con funciones judiciales, con la finalidad de conseguir una disposición relativa a un procedimiento; el segundo tipo comprende todos lo demás actos que preparan los abogados, para notificár a los abogados de la parte contraria.

ACTOS DE CONVENCIONES Y ESTIPULACIONES. Es el documento base del divorcio por mutuo consentimiento y que exige para su elaboración, a pena de nulidad las siguientes formalidades: que las partes se pongan de acuerdo, para dirigirse ante un notario público y le manifiesten la voluntad de divorciarse, el notario público procederá a redactar el acto donde se consigna la voluntad de las partes en lo referente a la partición de los bienes, la residencia de la mujer y la guarda de los hijos si lo hay.

ACTOR. Se denomina así a la persona que en un juicio asume el rol de acusador, querellante o demandante.

ACTOR CIVIL. Es el sujeto, que ejercita solamente la acción civil emergente del delito en el proceso penal, pero que se limita únicamente a perseguir la restitución de la cosa, la reparación del daño cometido o la indemnización de los daños materiales y morales.

ACTUACIONES. Es el conjunto de actividades que se desarrollan, ante los tribunales de justicia o en el campo administrativo, durante el curso de un litigio o proceso por las personas que en él intervienen como partes, terceros, testigos, peritos o por el propio juez.

ACTUACIÓN. Dictamen de mera formalidad emitido por un magistrado.

ACTORE INCUMBIT PROBATIO. Frase latina: de que al demandante le corresponde probar los hechos que argumenta y que son las bases de sus pretensiones jurídicas, mientras que al demandado le corresponde las pruebas de los hechos en que se basan sus medios de defensa.

ACTORE NON PROBANTE REUS EST ABSOLVENDUS. Expresión latina que significa: que, si el demandante no prueba sus alegatos, el demandado debe ser absuelto.

ACTUARIO. Es el secretario de un tribunal ante el cual se efectúan las actividades de tramitar el procedimiento judicial y de que en el desempeño de sus actuaciones da fe de ciertos actos para que adquieran eficacia jurídica.

ACTUM OMISSA FORMA LEGIS CORRUIT. Frase latina que expresa: que la emisión de los procedimientos legales anula el acto.

ACTUS INTRERPRETANDUS EST POTINUS UT VA LEAT QUAM UT PEREAT. Adagio latino que constituye la regla general de interpretación de los actos jurídicos. Por lo cual al interpretar un acto se debe tener por finalidad validarlo más bien que anularlo.

ACUERDO. Es el documento en el cual se expone el convenio, pacto o tratado al que han llegado un conjunto de voluntades para llegar a lograr un objetivo jurídico determinado.

ACUMULACIÓN. Es la institución procesal que se presenta cuando concurren más de una pretensión o más de dos personas como demandantes o demandados en un litigio.

ACUMULACIÓN DE ACCIONES. Es la potestad que tiene el demandante de disponer de que todas las acciones admitidas contra una misma parte sean discutidas todas en un mismo procedimiento y se resuelvan por una sola sentencia.

ACUMULACIÓN DE AUTOS. Se produce cuando se reúnen una pluralidad de litigios o causas, en una sola, con la finalidad de que no se detengan sus tramitaciones y se decidan todas en un solo juicio.

ACUMULACIÓN DE DELITOS. Se presenta esta situación cuando en un proceso penal hay varias personas acusadas de cometer un solo delito, una pluralidad de delitos cometidos por una sola persona o varios delitos cometidos por múltiples agentes.

ACUMULACIÓN DE FUNCIONES. Es cuando un funcionario desempeña varios cargos en el aparato estatal, lo cual trae por consecuencia que falte a los deberes que están consignados por lesionar el régimen de incompatibilidades.

ACUMULACIÓN DE PENAS. Régimen en virtud del cual, en caso de la comisión de varias infracciones por un mismo delincuente, se le aplicará a dicho infractor las penas que correspondan a cada uno de los delitos cometidos por él.

ACUMULACIÓN DE PROCESOS. Se denomina así al mecanismo procesal, que reúne en un solo procedimiento a varios litigios que se interpusieron de forma separada, para que de esta manera sean tramitados de forma conjunta y se solucionen por una misma sentencia.

ACUMULACIÓN OBJETIVA DE ACCIONES. Es la facultad que posee el actor, previo a la notificación de la demanda, de solicitar que todas las acciones sean competencia de un mismo juez siempre que no sean contrarias entre sí, de modo que por la elección de una quede fuera la otra, cuando corresponden a la competencia del mismo magistrado y pueden sustanciarse por los mismos trámites.

ACUMULACIÓN SUBJETIVA DE ACCIONES. Es en la que el actor debe solicitar, en una misma demanda, que las diferentes acciones que tenga frente al demandado, sean llevadas y recibidas en el mismo proceso.

ACUSACIÓN. Es la acción de poner en conocimiento de las autoridades competentes la realización de un delito por una o varias personas, con el fin de que se le aplique la sanción que determina la ley.

ACUSACIÓN PRIVADA. Es la acusación que solo puede ser formulada por la persona que ha visto que sus derechos han sido lesionados por la comisión de un delito privado.

ACUSACIÓN PÚBLICA. Es la acusación que se ejercita cuando se ha cometido un delito que atañe a toda la sociedad, y le corresponde al ministerio público, a la persona lesionada con el delito o a cualquier interesado llevar a cabo dicha acusación.

ACUSACIÓN DE REBELDÍA. Con ella se expresa la acción por medio de la cual la parte litigante declara ante el tribunal, que la otra parte debidamente citada, no comparece al juicio o abandona dicho juicio después de haber comparecido.

ACUSACIÓN FALSA. Es la infracción que consiste en acusar a una o varias personas de hechos delictivos que realmente nunca fueron cometidos por ellas ante un funcionario judicial que tiene la obligación de llevar a cabo una investigación.

ACUSACIÓN FISCAL. Acto que precede a la clausura del proceso penal por el cual el ministerio público debe manifestar que a la instrucción no le falta nada, solicitando llevar la causa a juicio e indicar los datos generales del imputado; una relación concreta y precisa detallada de los hechos, su calificación legal y una exposición que le dé una fuerte base a los motivos en que se fundamenta.

ACUSADO. Llamado también imputado o inculpado, es la persona a la que se le acusa de cometer un delito, pero que posee el derecho a que se le considere inocente hasta que se le pruebe su culpabilidad en un juicio imparcial, público y contradictorio.

ACUSADOR. Es la persona que acusa a alguien de cometer un acto que viola el ordenamiento jurídico de la sociedad.

ACUSE DE RECIBO. Es el comprobante que asegura a la persona que envió un documento firmado, una carta o una notificación de que su documentación ha sido recibida sin ningún tipo de inconveniente.

AD CALENDAS GRAECAS. Es una expresión latina que significa hasta las calendas griegas. Con la cual se quiere dejar indicado que en un plazo para cumplir con una obligación o la realización de una determinada cosa nunca habrá de cumplirse.

AD CAUTELAM. Adagio latino que se utiliza para referirse a la declaración verbal o escrita que se emite por necesidad o cautela, precaución, para prevenir una eventual apreciación distinta del magistrado.

AD CORPUS. Expresión que se utiliza en los contratos de compraventa de inmuebles. En este tipo de contrato (AD CORPUS) el comprador adquiere el inmueble vendido en sí, porque le gusta por su ubicación, sin tomar en cuenta las medidas del mismo.

AD EFFECTUM VIDENDI. Significa que un magistrado le solicita a otro funcionario judicial o administrativo que le suministre un documento, con la finalidad de poder tenerlo a la vista para poder verlo.

ADELANTADO DE INDIAS. Funcionario de la época colonial que tenía funciones militares y judiciales. Este alto dignatario tenía militarmente, la función de defender la jurisdicción territorial que estaba bajo su mando. Judicialmente, sólo podían ser sometidos los recursos de alzada, que le correspondían oír al rey en el caso de que estuviera presente; pero no tenía potestad para detener a nadie ni para imponer sanciones si no era de acuerdo con los alcaldes mayores.

ADENDA. Son las adiciones o complementos que se le agregan a un texto legal con el objetivo de modificarlo, corregirlo o ampliarlo.

AD HOC. Expresión latina que significa para esto. Por lo general, se utiliza para referirse a la elaboración o diseño de una solución para resolver un problema concreto.

ADICCIÓN. Es la acción que una persona no se encuentra en la capacidad de controlar, que lo llevan a comportarse de forma compulsiva y que trae como consecuencia un perjuicio a su salud, como son la adicción al sexo, al juego, al alcohol, al tabaquismo o a las drogas.

ADICTO. Persona que se ha habituado a depender del uso de sustancias nocivas o de la necesidad de llevar a cabo una acción a la cual no puede dejar.

ADICCIÓN A DIE. Pacto por el cual el comprador de una cosa acepta la condición de que la venta quede rescindida si, en el plazo acordado, el vendedor encuentra otro comprador que le ofrezca un mejor precio.

ADICCIÓN DE LA HERENCIA. Es el acto por el cual una persona declara su intención de aceptar una herencia. Esta puede ser expresa, cuando la aceptación la hace de forma verbal o escrita. Cuando ejecuta todos los actos que le corresponden hacer a un heredero.

AB LIBITUM. Expresión latina que significa a placer, a voluntad y quiere decir como guste. Se utilizan para designar contratos que se caracterizan porque se han formado voluntariamente.

AD LITEM. Término latino que significa a los efectos de litis, el pleito, el proceso o el juicio.

AD LITERAM. Locución que señala que toda transcripción del texto de un autor debe ser hecha al pie de la letra, utilizando exactamente las mismas palabras del autor de la obra que se cita.

ADN. Es un ácido nucleico que abarca la información de los rasgos distintivos hereditarios de cada ser vivo.

AD NUTUM. Expresión latina que significa literalmente a gusto, a voluntad y que se emplea para señalar la situación de una persona que está en libertad de tomar decisiones por su propia voluntad.

AD PROBATIONEM. Locución latina que significa que los actos jurídicos para probar su existencia deben contener determinados requisitos que le exige el sistema legal que impera en la sociedad.

AD QUEM. Locución latina que se utiliza para señalar el tribunal ante el cual se recurre contra la resolución que dictó un tribunal inferior a él. Referida a días (dies ad quem) se utiliza para señalar el plazo a partir del cual se extingue un derecho o se produce la resolución de un negocio jurídico.

AD REM. Es el derecho que posee el acreedor a obtener la cosa en el caso de que el deudor no cumpla con las obligaciones que contrajo con el acreedor.

AD SOLEMNITATEM. Frase latina que significa "a título de solemnidad." Se utiliza para señalar aquellas formalidades que señala la ley para la validez de un acto jurídico, y ante cuya existencia el acto, no produce ninguna consecuencia jurídica.

AD SUBSTATIAM. Expresión latina, que literalmente significa "a los efectos de la sustancia" y que se utiliza en el sistema jurídico para darle carácter probatorio a un contrato, ya que sin ella el negocio no tiene validez.

AD VALOREM. Palabra latina que se emplea para designar el impuesto que se le impone a la mercancía de acuerdo al valor que ésta posea.

ADAGIO. Sentencia que se caracteriza por su brevedad, por su origen popular y por su contenido moral y doctrinal. Ejemplo de adagio: A palabras necias, oídos sordos.

ADEHALA. Se define con esta palabra aquello que es dado de gracia sobre el precio de aquello que se compra, se vende o se toma en arrendamiento. También se define como aquello que se agrega de gajes o emolumentos al sueldo que se recibe por algún empleo o comisión.

ADHESIÓN. Es la situación que se presenta cuando una persona posee el derecho a recurrir, dentro del plazo del emplazamiento, al recurso concedido a otro, frente a una sentencia emitida por un tribunal, siempre que declare, bajo pena de inadmisibilidad, los motivos en los cuales se fundamenta. También es el consentimiento que da una persona para colaborar con un acto realizado por un tercero.

ADJUDICACIÓN. Es la declaración que da una autoridad con competencia legal para hacerlo, de que le concederá o dará a una persona u organización un bien mueble o inmueble, por medio de una subasta, licitación o división de una herencia.

ADJUDICADOR. Persona que, dotada de facultades legales, declara que un bien o derecho corresponde a alguna persona o que se la transfiere en virtud de esa correspondencia.

ADJUDICATARIO. Se designa con este término a la persona u organización que es beneficiada con la concesión de una adjudicación. Que puede ser la ejecución de determinadas obras o el derecho a comerciar un producto.

ADJUNCIÓN. La adjunción o conjunción es la especie de accesión que se produce cuando cosas muebles pertenecientes a diferentes propietarios se juntan formando una sola cosa, pero de tal forma que puedan separarse o subsistir cada una después que se produzca la separación.

ADJUNTO. Persona que acompaña al que ejerce un cargo o función, para ayudarlo y en el caso de que sea necesario sustituirlo. También palabra que se le agrega a un funcionario que es investido de sus propias atribuciones, para señalar el carácter inferior, de la función que desempeña en la jerarquía de un servicio.

ADMINISTRACIÓN. Es el mandato que se le confiere al poder ejecutivo para que realice la dirección, promoción, gobierno y cuidado del patrimonio estatal, recaude los impuestos e invierta los fondos públicos, garantice los servicios básicos a la población y asegure la administración de una buena justicia.

ADMINISTRADORA DE FONDO DE PENSIONES (AFP). Es una institución capitalista, cuya función fundamental es administrar las cuentas personales de los trabajadores afiliados y concederles una pensión cuando estos concluyan su vida laboral, ya sea por jubilación, vejez o accidente laboral.

Esta pensión también puede ser concedida a los familiares del trabajador en el caso de que este pierda la vida. En la República Dominicana los trabajadores adquieren el derecho a percibir su pensión a partir de los 60 años de edad.

ADMINISTRACIÓN LEGAL. Es la administración que toma una persona cuando toma la dirección y manejo del patrimonio de otro por mandato de la ley. Ejemplo de esta administración es la que ejercen los padres con relación con el patrimonio de sus hijos menores de edad.

ADMINISTRADOR. Dentro del campo del derecho privado se designa con este nombre a la persona que tiene por función administrar los bienes de otros.

En otro sentido de mayor amplitud, se designa con este término a la persona que desempeña funciones administrativas.

En el campo del derecho público es el funcionario que tiene bajo su dependencia una rama de la administración pública.

ADMINISTRADOR JUDICIAL. Es la persona que es designada por un juez, de oficio o a pedido de las partes, para que administre determinados bienes ajenos o ejerza la función de vigilar la gestión de tales bienes.

ADMISIÓN. Fase previa en que se decide después de apreciar los aspectos de forma o motivos exigidos, si hay lugar para aceptar la tramitación de la querella o recurso presentado.

ADMONICIÓN. VER: AMONESTACIÓN.

ADOPCIÓN. Es el acto solemne, que al cumplir con los requisitos que exige la ley y la aprobación judicial, crea entre dos personas un vínculo familiar, que de tal forma se establece entre ellos una relación de padre-hijo o madre-hijo.

ADQUISICIÓN. Es la obtención de una cosa por la vía legal o ilegal por una persona para incorporarla a su patrimonio. Es legal cuando se adquiere por compra, donación, herencia; y es ilegal cuando se adquiere por medio del robo.

ADREDE. Con esta palabra se designa a la situación en las cuales una o más personas ejecutan determinadas acciones de forma consciente y voluntaria que contienen todos los agravantes de la ley.

ADSCRIPCIÓN. Es la acción de agregar, asignar a una persona al servicio de una función cuerpo.

ADUANAS. Es la institución pública que tiene por función regular, supervisar y controlar la salida de mercancías, de personas y capitales, en una nación y, también, de recaudar los impuestos que establece el régimen jurídico.

ADUCCIÓN. Es la acción de presentar, invocar o alegar pruebas en un litigio judicial.

ADULTERACIÓN. Es la falsificación o adulteración del contenido de un documento verdadero, para cambiarle su sentido, su destino o su valor, de manera tal que pueda originar un perjuicio.

ADULTERINO. Es el hijo ilegítimo y natural que ha sido engendrado fuera del matrimonio, porque sus padres al momento de la concepción no podían contraer matrimonio, por estar ambos o uno de ellos casados.

ADULTERIO. Es el acto que comete una persona cuando sostiene relaciones sexuales con otra, cuando uno de ellos o ambos está unidos a otra persona por el sagrado vínculo del matrimonio.

ADULTO. VER: MENOR ADULTO.

ADVENTICIO. VER: BIENES ADVENTICIOS.

ADVERACIÓN. Consiste en certificar, avalar, confirmar o declarar que un documento y una firma poseen autenticidad o validez.

ADVERTENCIA. Señalamiento que se le ha hecho a la persona que va a testimoniar, cuando va a testificar de que, si no comparece a la primera audiencia sin motivo justificado, se lo obligará a presentarse a la segunda por la vía de la fuerza pública y se le impondrá una multa.

ADVOCATUS. Palabra latina que traducida al español significa abogado. En la antigua Roma era el abogado del demandante o el demandado y discutía ante el magistrado la controversia judicial que se había presentado.

AFECTAR. Es imponerle impuestos a una cosa, obligándola con esto al cumplimiento de una carga. Que solo traerá por consecuencia efectos negativos o daños en la población de más bajo ingreso.

AFIANZAMIENTO. Es la acción de garantizar con una fianza el cumplimiento de una obligación. También es la responsabilidad que contrae una persona cuando asume que responderá por la obligación de un tercero, cuando este no cumpla con ella.

AFINIDAD. Es el parentesco que se crea por la celebración del matrimonio, y que se establece entre cada cónyuge y los parientes por consanguinidad del otro.

AFORAR. Se define como el proceso que valora y calcula la cantidad de mercancías que existen en un almacén para el pago de derechos. También se reconoce como la concesión y otorgamiento de fueros.

AFORISMO. Sentencia que se caracteriza por su brevedad y por tener un contenido doctrinal que se propone como una regla instructiva en la ciencia; porque expresa un principio de forma coherente.

AGALLAS. Valentía o coraje para hacer frente a situaciones difíciles.

AGENDA. Es un cuaderno que contiene los temas o asuntos que van a ser discutidos en una reunión.

AGENTE ENCUBIERTO. Es la persona que desarrolla actividades secretas, infiltrándose en una organización. El agente encubierto puede dedicarse a actividades ilegales, como es el espionaje y también a actividades dentro del marco jurídico.

En este último caso el agente encubierto desarrolla funciones con autorización judicial. De esta forma el agente infiltrado investiga organizaciones criminales, con la finalidad de conseguir información sobre su estructura y funcionamiento, pero siempre actuando dentro del marco de la ley.

AGENTE PROVOCADOR. Es la persona utilizada por las organizaciones políticas y los Estados para promover acciones violentas que generen acciones y conflictos en el seno de la sociedad y en el plano internacional. En el ámbito nacional, tienen por función infiltrarse en las instituciones políticas para causarles problemas y desprestigiarlas ante la opinión pública. En el campo internacional, son utilizados para crear situaciones que sirvan de pretexto a una nación para intervenir militarmente en otra.

AGIOTISMO. Es el beneficio que obtiene una persona cuando cambia los valores que posee, ya sea como resultado de la actividad económica normal o por dedicarse a efectuar maniobras especulativas. En sentido estrecho, "agio" quiere decir usura, que es el interés excesivo que se cobra por concepto de un préstamo.

AGITADOR. Es la persona que exalta los ánimos de la población: la incita para que realice actos de violencia en la vida de la sociedad. El agitador es utilizado, generalmente, por las organizaciones políticas y los sindicatos.

AGITAR. Es la acción de inquietar, promover y provocar protestas y desórdenes en el seno de una sociedad con la intención de que desemboque en un estado de inestabilidad política y social.

AGRARISMO. Es el movimiento ideológico que postula la defensa de los intereses económicos y políticos de la clase campesina.

AGNACIÓN. En derecho romano se designaba con este nombre al parentesco que se establecía por la línea masculina; es decir entre los varones que descendían de un mismo padre, y sujeto a la potestad del páter familias o cabeza de familia, el varón más antiguo de la familia.

AGRAVIO. Es el dicho o acción con el que se injuria, se ofende, se humilla, se insulta o calumnia a una persona. También es la lesión de un derecho que el agraviado expone ante un tribunal superior, por habérselo causado la sentencia de un tribunal inferior.

AGRAVIO MATERIAL. Es el que se comete cuando se lesiona físicamente a una persona o se le reduce su integridad patrimonial, como consecuencia de la comisión de un delito civil o penal, efectuado por otra persona, y por lo cual esta queda obligada a reparar el daño que causó.

AGRAVIO MORAL. Es el daño o perjuicio que genera una persona al cometer un acto delictivo que lesiona a otra en el aspecto psicológico, afectivo, emocional o íntimo, causándole un gran dolor en sus sentimientos. Aunque esta clase de padecimientos que han perjudicado a un ser humano por la conducta ilícita de otro no son susceptibles de ser apreciado en dinero, el causante del daño está obligado a repararlo pagándole determinada cantidad de dinero a la víctima.

AGRAVIO PROCESAL. Es la injusticia y el perjuicio material y moral, que una sentencia o una resolución judicial causa a un litigante, por contener vicios y errores en el procedimiento que son contrarios al ordenamiento jurídico vigente. Estos serán los fundamentos de los que se valdrá la parte afectada para recurrir la decisión del tribunal que la dictó.

AGRESIÓN. Es el comportamiento destructivo que tiene por objetivo ocasionar un daño a otra persona, ya sea mediante la vía verbal mediante insultos o por la vía física atacándola violentamente para ocasionarle una lesión, asesinarla o dañar su patrimonio.

AGRESOR. Es el que ataca a otro de una manera justificada o injustificada con la finalidad de causarle una lesión o matarlo.

También se define como aquella persona que utiliza la actitud de amenazar a otro de que sufrirá un grave daño.

AGRIMENSOR. Es el auxiliar de la justicia que se encarga de medir la superficie de los terrenos, levantar los planos correspondientes y establecer los límites de la propiedad.

AHORCAR. Ejecutar a una persona colgándola por el cuello hasta que se produzca su muerte por asfixia.

AISLACIONISMO. Es la posición que asume espontáneamente un Estado de no participar en los asuntos de la política internacional. Esta actitud se basa en la política de que un Estado puede defender mejor sus propios intereses marginándose de participar en todas clases de sociedades de Estados, instituciones internacionales o de abanderarse en los conflictos internacionales.

AISLAMIENTO. Es la sanción que se aplica dentro del régimen penitenciario y que se define en la forma de tratar a los reos que se comportan de mala manera apartándolos de los demás reos, al confinarlos en una celda solitaria por tiempo definido o indefinido.

AJUAR. Palabra de origen árabe que abarca al conjunto de muebles, alhajas, enceres y otras cosas que la novia aporta al matrimonio o que se le regalan a una mujer cuando ingresa a una orden religiosa.

AJUAR DEL HOGAR. Son las cosas o muebles que forman parte de un hogar como son: el dinero, el mobiliario, todas clases de vestimentas, las joyas, los alimentos y todos los enseres que se utilizan diariamente en una casa.

AJUSTE. Es el programa de medidas económicas que tienen por objetivo limitar y ordenar la economía de una nación capitalista para hacer frente a las crisis económicas que afectan periódicamente al sistema económico, político y social por el cual se rige. El contenido de los programas de ajuste lo que persigue es el establecer nuevos impuestos, incrementar las tarifas de los servicios públicos, congelar los salarios, devaluar la moneda, privatizar las empresas del sector público, eliminar subsidios, pagar la deuda externa, entre otras operaciones. En fin, todas estas medidas lo que trae por consecuencia es el traslado de todo el peso de la crisis a las masas trabajadoras para que los intereses de la clase burguesa jamás se vean afectados.

AJUSTE DE CUENTAS. Es el acto de venganza que es practicado o ejecutado por los criminales cuando existe un asunto pendiente entre ellos, por lo cual uno de ellos toma la iniciativa de solucionar el problema utilizando el horroroso instrumento del asesinato de su adversario u oponentes.

AJUSTICIADO. Es el reo a quien se le ha aplicado la pena de muerte.

AL COBRO. Disposición del endoso que implica que sólo se podrá disponer de los fondos a la presentación de la documentación de pago al cobro, mediante simple mandato, por el cual el portador podrá ejercer todos los derechos, que se deriven de la letra de cambio, pero no podrá endosarla otra vez sino a título de mandato.

AL CONTADO. Es la modalidad de pago que se realiza en dinero en efectivo, letras, giros o cheques cuando se compra una mercancía o se contrata un servicio en el momento en que es entregada esa mercancía o se ha dado por finalizado el servicio.

AL MEJOR POSTOR. Es el que ofrece la mayor cantidad de dinero por una cosa en una subasta.

AL PORTADOR. Expresión que señala que el poseedor de una letra de cambio, pagaré, cheque, cupón, bono es acreedor de todos los derechos que este otorga.

ALARDE. Son las visitas periódicas que realizan los magistrados a las cárceles, para escuchar a los presos, enterarse del estado en que se encuentran sus asuntos judiciales y corregir las anomalías por las que estos pudieran estar atravesando.

ALBACEA. Es la persona designada por un testador o un juez para que se encargue de hacer cumplir la última voluntad de la persona fallecida y custodiar su patrimonio hasta que éste sea repartido entre las personas que tienen derecho a la sucesión,

ALCAIDE. Palabra árabe con la cual se designaba a la persona que comandaba un centro penitenciario y por lo cual se encargaba de la guarda y custodia de los presos. Hoy en día se le conoce con el nombre de director.

ALCALDE. Funcionario público electo por el voto popular que tiene por función dirigir administrativamente un municipio, nombrar y remover los funcionarios que de él dependan, ordenar los gastos, establecer los contratos municipales de acuerdo con el régimen jurídico aplicable, y ejercer jurisdicción coactiva para hacer efectivo el cobro de los impuestos municipales.

ALCALDE MAYOR. Funcionario judicial de los tiempos de la colonia. Lo designaba el rey, a través del Consejo de Indias, y presidía el ayuntamiento. Su ámbito jurisdiccional venía a ser ordinario, no delegado, por lo cual las sentencias que dictaban no podían ser apeladas. Tenía funciones políticas y administrativas sobre su territorio. Y era, en el escalafón judicial, juez superior de los alcaldes ordinarios.

ALCALDE PEDANEO. La legislación vigente en la República Dominicana lo define de la siguiente manera: "El alcalde pedáneo representa la autoridad en las secciones rurales de la República. Por tanto, le compete mantener el orden público y asegurar el cumplimiento de las leyes y los reglamentos en la sección que ejerza sus funciones." (2)

ALCOHOLEMIA. Este término hace referencia a la cantidad de alcohol que se halla presente en la sangre.

ALCOHOLÍMETRO. Artefacto que se utiliza para calcular la dosis de alcohol contenida en un líquido o gas particularmente la del aire respirado por un ser humano.

ALEGAL. Es lo que no está regulado ni prohibido por el régimen legal.

ALEGATO. Es el argumento verbal o escrito en los que se fundamentan los abogados de cada parte envueltas en una controversia judicial y, que tiene como finalidad la defensa de los derechos de sus clientes ante los tribunales del aparato judicial.

ALEVOSÍA. Es la manera de ejecutar una persona a traición, por encontrarse la víctima en un estado en el cual no podía defenderse, utilizando métodos, medios o formas en la comisión del acto criminal, que sirvan como vía para la consumación del hecho y que no dejen evidencias de la participación del agente que cometió el delito.

ALGUACIL. Es el auxiliar de la justicia al que la ley designa para que realice las funciones de notificar los actos judiciales y extrajudiciales, citaciones, la ejecución de los aspectos civiles de la sentencia y todos los demás actos que la ley pone bajo su cargo y su competencia se circunscribe a la demarcación territorial del tribunal ante el cual desempeña sus funciones.

ALHAJA. Cosa preciosa que está dotada de un gran valor. Ejemplos de estas son las joyas, adornos y metales preciosos.

ALIAS. Es el apodo o seudónimo que designa a una persona por medio de un nombre que es diferente al propio.

ALIENACIÓN. Es el trastorno mental temporal o permanente que exime a la persona que lo padezca de ser sometida a la acción de la justicia por haber cometido un acto delictivo.

ALIENI JURIS. Expresión latina propia del derecho romano y con la cual se designaba a las personas que estaban sometidas a la autoridad de otra. Eran consideradas como alieni juris, los esclavos, los hijos y las mujeres.

ALIMENTOS. Es la asistencia que por mandato de la ley se les suministra a los hijos menores de edad para que den satisfacción a sus necesidades de comida, vestimenta, habitación, educación y salud.

ALINEACIÓN. Es la actitud que asume una nación, una organización política o un dirigente político al abanderarse o tomar partido desde el punto de vista político, ideológico, económico y militar.

ALMACENAJE. Derecho a guardar una cosa o un bien, para que se conserve en un buen estado, mediante el pago de determinada suma de dinero, en un depósito.

AL MEJOR POSTOR. Es la persona que paga la mayor cantidad de dinero por una cosa en una subasta.

ALMIRANTE DE INDIAS. Fue el título otorgado por la corona española al marino Cristóbal Colón. El rango se le concedió mediante el acuerdo que concretan los monarcas españoles y el navegante el 17 de abril de 1492, y que se conoce con el nombre de "Capitulaciones de Santa Fe". En estas capitulaciones, se dispone que la función de almirante se ejerza en el nombre y de la autoridad del Rey. El título tiene carácter vitalicio y hereditario. Colón solo podía ejercer su jurisdicción en tierra firme e islas por él descubiertas. En el plano económico, el título le concede a Colón una octava parte en las ganancias que él obtuviera en las tierras por él descubiertas. Y también, le entrega una participación en la décima parte de las ganancias que generará la flota.

ALMONEDA. Es la venta de bienes muebles en pública subasta que se realiza con la intervención judicial, cuya adjudicación se hace al que haga la oferta de mayor valor.

ALMOJARIFAZGO. Impuesto aduanero creado en las coronas de Castilla y León por Alfonso X para gravar el traslado de mercancías que ingresaban o salían del territorio que conformaba el imperio colonial español.

ALLANAMIENTO. Es la acción de penetrar, con una orden escrita que ha sido emitida por un órgano judicial competente, a un domicilio o local privado, ya sea por la vía pacífica o el uso de la fuerza pública si es necesario, con la finalidad de investigar, registrar el lugar, hacer detenciones y las demás diligencias que sean necesarias.

ALLANAMIENTO DE DEMANDA. Es la declaración expresa que formula el demandado de no presentar oposición, de aceptar las pretensiones planteadas por el demandante, u, por lo tanto, que se dicte la sentencia que ponga fin al litigio.

ALLANAMIENTO DE DOMICILIO. Es la acción delictiva que consiste en penetrar con violencia en un inmueble ajeno, a sus dependencias o al recinto habitado por otro, sin el consentimiento de la persona que posee el derecho a excluirlo.

ALLANAR. Es la actividad delictiva de penetrar violentamente y sin autorización en el local o en la casa de una persona.

ALODIO. Es el sistema de propiedad de bienes inmuebles propio de la época feudal, que se encuentra bajo el total control del propietario. Otra definición de alodio es que la propiedad inmobiliaria está exenta de toda carga señorial.

ALQUILER. Suma de dinero que se paga o se recibe por alquilar un inmueble o una cosa mueble.

ALTA MAR. Es el mar internacional que comprende a la porción de agua marina, al lecho marítimo, el subsuelo y el espacio aéreo que gravita sobre ellas, y la cual está abierta a todos los seres humanos y las naciones para que la utilicen con fines pacíficos para navegar, pescar e investigar y para todo lo que el derecho internacional lo autorice.

ALTO EL FUEGO. Este término que también recibe el nombre de cese el fuego es la paralización temporal de una contienda bélica, en que las naciones o facciones enfrentadas se ponen de acuerdo mutua o unilateralmente, para parar las hostilidades.

ALTO MUNDO. Con este término se designa a los criminales de cuello blanco que cometen crímenes porque poseen un elevado status socioeconómico en la sociedad y están protegidos por el manto de la impunidad. Entre estos encontramos a las oligarquías de las diferentes naciones y que por lo tanto detentan el poder político y económico en sus respectivas naciones.

ALTA TRAICIÓN. Es el más grave de los delitos contra la seguridad interior y exterior del estado. Se caracteriza por mantener contacto con el enemigo y servirle en el caso de una guerra o ante la contingencia de la misma.

ALTERAR. Desde el ámbito de la ilegalidad se convierte en un delito cuando se cometen alteraciones dolosas que cambian y transforman la esencia de un documento, sellos, timbres, bebidas y alimentos.

ALTERIUS CULPA NOBIS NOCERE DEBET. Concepto jurídico notarial que significa que la cuota de culpabilidad de uno no debe lesionar a otro que no tuvo participación.

ALTERI STIPULARI NEMO POTEST. Principio clásico del derecho romano, que trae por consecuencia, que se anulen todos los negocios jurídicos en los cuales se acordara una prestación a favor de un tercero.

Á L´ IMPOSSIBLE NUL N´EST TENU. Resulta imposible exigir una obligación si ésta no tiene objeto alguno, ya que nadie está obligado a cumplir lo imposible.

ALUVIÓN. Es el incremento de tierra que se produce en la ribera de lagos, lagunas, como resultado de la acción lenta de las aguas que va arrastrando materiales, y sedimentos terrestres, que se hacen perceptible después de transcurrido algún tiempo y cuya propiedad corresponde al propietario del inmueble ribereño.

ALTERCADO. Combate, pelea o riña fuerte y violenta.

ALTEZA. Con este concepto se designa a cualquier miembro de la familia real.

ALTEZA REAL. Con este término se designa a los príncipes que pertenecen a una familia real.

ALTERNACIÓN. Es la función de ejercer el poder por parte de los funcionarios electivos del Estado durante un periodo determinado.

ALTRUISMO. Es el rol que asumen una o varias personas de colaborar y servir a un grupo determinado de la sociedad en general sin recibir ningún tipo de beneficio. Es una situación en que los intereses personales ocupan un plano secundario y los colectivos ocupan el primero.

ALZADA. VER: RECURSO DE APELACIÓN.

ALZAMIENTO DE BIENES. Es la actividad delictual que desarrolla un deudor cuando transfiere u oculta la totalidad o parte de su patrimonio, con la finalidad de que su acreedor o acreedores encuentren obstáculos que le impidan encontrar bienes para poder cobrar lo que se le adeuda.

AMANCEBAMIENTO. VER: CONCUBINATO.

AMAÑAR. Arreglar algo con engaño para falsificarlo y conseguir algún beneficio.

AMBIENTALISTA. Es la persona que propugna por la defensa del medio ambiente.

AMBIENTALISMO. Es un movimiento social y político a escala planetaria, que aboga por la defensa, protección y conservación del medio ambiente para que el hombre tenga el derecho a vivir en un ambiente sano y libre de contaminación.

AMBIGÜEDAD. Se da la ambigüedad en el derecho cuando una ley no es redactada de una forma clara y precisa, dando lugar a dudas y confusiones, porque esta puede entenderse de varios modos o interpretarse de múltiples formas.

AMBOS EFECTOS. Cuando en materia de apelación se usa la expresión: en ambos efectos se quiere dejar dicho que dicho recurso puede ser aceptado en los dos efectos. El primero es el efecto devolutivo que quiere decir, que la decisión recurrida va a ser recurrida por el tribunal superior jerárquico de aquel que ha emitido la decisión que va a ser revisada, pero el litigio continuará ante el tribunal de origen. El segundo es el efecto suspensivo, esto es que el superior del juez lo conocerá, pero el litigio no podrá continuar hasta que este superior no tome una decisión.

AMEDRENTAR. VER: INTIMIDACIÓN.

AMENAZA. Es el delito que se comete cuando se anuncia con acciones y palabras que se atentará contra la vida o el patrimonio de una persona.

AMNISTÍA. Es la facultad que concede la ley a las autoridades legalmente constituidas de perdonarles las penas que le han sido impuestas a las personas que han cometido delitos políticos.

AMOJONAMIENTO. Es la acción que nos permite señalar de manera adecuada los límites de una propiedad conforme a la documentación y hechos existentes que facilitarán la colocación de las marcas o mojones, con el objetivo de separarlos de los colindantes.

AMONESTACIÓN. En el derecho penal consiste en la advertencia que el magistrado dirige a la persona acusada de cometer un delito, señalándoles las consecuencias que produjo su acción delictiva, exhortándolo a que no vuelva a cometer un acto de esa naturaleza, porque en el caso de que vuelva a reincidir se le impondrá una pena mayor. En derecho canónico es la notificación pública que se hace en la iglesia de mencionar los nombres de las personas que van a contraer matrimonio u ordenarse, para que en el caso de que existan impedimentos estos puedan denunciarse. En derecho laboral es la sanción que se le puede imponer al trabajador que no cumple con las obligaciones que contrajo al firmar el contrato de trabajo.

AMORALISMO. Es la expresión de la moral burguesa que niega absolutamente toda moral y que aparece en aquellos que exaltan con palabras y defienden con acciones la moral burguesa, pero violan sus principios mediante el engaño, el servilismo, la simulación y la mentira.

AMORTIZAR. Es reembolsar periódicamente el capital de un préstamo al acreedor pagándole la totalidad o una parte de la deuda.

AMOVIBLE. Se emplea esta palabra para señalar la situación de una persona que puede ser destituida del cargo o de la función que ocupa por la autoridad que posee las atribuciones para hacerlo.

AMPARO. VER: RECURSO DE AMPARO.

AMPARO REAL. Es la disposición de la monarquía española dictada el 20 de noviembre de 1578 para legalizar la extensión de grandes territorios dedicados a la cría de ganado vacuno y caballar, fundamentalmente y al cultivo extensivo. Tal medida se dictó con la intención de fomentar la producción agrícola y ganadera en las colonias españolas.

ANACRONISMO. Es un término que se utiliza para describir las cosas que no se corresponden a la época en que se las ubica. Por ejemplo, utilizar la vestimenta de la sociedad feudal en el régimen capitalista o presentar películas en que en el sistema esclavista se usa el avión como medio de transporte.

ANALFABETISMO. Es la condición en que se encuentran las personas que están excluidas del proceso de aprender a leer y a escribir. Por lo general, esto engloba a los sectores empobrecidos de la sociedad.

ANALOGÍA JURÍDICA. Es un método o instrumento para la interpretación del derecho que se basa en las similitudes que deben existir entre el caso tipificado por la ley y el que no está regulado por ella, evitando de esta forma diferencias radicales entre ellos. Para entenderlo mejor veamos cuando a los magistrados se le presentan casos que no están al alcance de la ley lo que hacen es dirigirse a una disposición que sea bastante parecida y tomarla como guía para darle una solución al caso no previsto.

ANARCOSINDICALISMO. Surge a finales del siglo XIX como una combinación de las teorías anarquistas con las ideas sindicales para derrocar el régimen social, político y económico vigente. Su idea central es utilizar el poder de las organizaciones sindicales para acciones subversivas, enfrentar la fuerza de los sindicatos con las del Estado por medio del boicot económico. Así se podrá estructurar una sociedad con base en la organización de la clase obrera bajo la égida de los sindicatos.

ANARQUÍA. Es el caos, el desorden en que cae un determinado grupo por la falta de existencia de gobierno. La falta de poder y de autoridad, la corrupción administrativa, la ilegalidad de las leyes y la indisciplina de los ciudadanos pueden llevar a una sociedad a una situación anárquica, a su destrucción, si todo el mundo hace lo que le da la gana.

ANARQUISMO. Es la corriente ideológica, filosófica, social y política que, buscando una solución a los graves males que gravitan sobre la sociedad capitalista, propugna por la abolición del Estado y su sustitución por una sociedad donde no existan las clases sociales y tampoco exista el poder de coerción. Aboga por que las personas se agrupen en asociaciones libres, voluntarias y ordenadas, y quiere que el único gobierno legalmente reconocido sea el de cada persona sobre sí misma. Sería un nuevo tipo de sociedad donde sean necesarias las leyes y el régimen estatal, por lo cual reinaría el caos y el desorden.

ANATA. Es la renta, frutos o emolumentos que produce durante el transcurso de un año cualquier negocio o empleo.

ANATOCISMO. Es la acción inmoral, antijurídica y contraria al orden público, que consiste en que la persona que toma un préstamo y no paga la totalidad o una parte de la cuota que le correspondía pagar por concepto de intereses mensualmente, la cantidad dejada de pagar se le sumará al capital prestado, y por lo tanto pasará a formar parte del monto al cual se le calcularán nuevos intereses.

ANCLAJE. Es el tributo que debe pagar toda embarcación que ancla en un puerto, aunque sea en contra de su voluntad y aunque no desembarcara ningún tipo de mercancía ni realizara ninguna actividad comercial.

ANDAMIO. Es la estructura auxiliar con la cual se fabrican puentes, armazones o plataformas que permiten el ingreso de los trabajadores y materiales de construcción a una obra que se está construyendo, rehabilitando o pintando.

ANEJO. Es la unidad poblacional de poca importancia que se une o agrega a otros, con la finalidad de formar un municipio que será designado con el nombre de la más importante de ellas.

ANEXIÓN. Es la acción, llevada a cabo por la vía diplomática o violenta, a través de la cual el territorio de un Estado, o parte de él, es incorporado a otro Estado, con su población y los bienes que posee.

ANEXO. Es el documento que se le agrega a una ley, a un tratado, a un decreto o algún otro acto para ampliar o completar informaciones que se vierten sobre los mismos.

ANIMAL POLÍTICO. Es un concepto que proviene de la filosofía. Aristóteles, el célebre filósofo griego de la antigüedad, define al hombre como un animal político por naturaleza. Solo los animales pueden vivir aislados. El hombre, al vivir en sociedad, se hace político, porque participa en todos los asuntos que atañen a todos los miembros del régimen social.

ÁNIMO DE LUCRO. Es la voluntad de conseguir algún beneficio, sacar provecho, utilidad o enriquecerse a costa de una cosa o patrimonio ajeno.

ANIMOSIDAD. Término que se utiliza para designar a la antipatía, animadversión y odio que se siente contra una persona. Lo cual conlleva a que cuando un individuo actúa con animosidad cometa algún acto de tipo criminal contra la persona por la cual siente un gran rencor, como puede ser atentar contra la integridad física de esa persona o lesionar su patrimonio.

ANOMIA. Es la inexistencia en una sociedad de un régimen jurídico o el irrespeto al existente. Por ende, la aplicación de las leyes es letra muerta, los derechos de los ciudadanos zozobran, el gobierno decae y el orden social se va extinguiendo. Y, por consecuencia, las instituciones politices caen en un grado de desconfianza que les resta credibilidad y respetabilidad.

ANÓNIMO. Es el escrito, la carta o la obra, que aparece sin firma, porque su autor no está en la disposición de que se conozca su identidad, porque lo contenido en lo que se escribió puede ser difamatorio o injurioso o una verdad que puede poner en peligro su vida.

ANOTACIÓN DE LITIS. Es la medida cautelar que tiene como objetivo declarar judicialmente que un bien inmueble o bien registrable, se encuentra envuelto en un proceso judicial, para que de esta forma los posibles compradores tengan conocimiento de que el bien que pretenden comprar está en un estado litigioso.

ANUENCIA. Es la acción de aceptar, soportar o confirmar algo.

ANTE MÍ. Es la antefirma que los notarios, los actuarios y los secretarios judiciales deben poner en las resoluciones donde intervengan, y en las certificaciones que expidan. Indicando que el acta o escrito, se ha realizado ante el funcionario que tiene competencia para autorizarlos.

ANTECEDENTES. Es la constancia que da una institución estatal de que una persona específica ha sido condenada una o más veces en materia penal por haber cometido un acto contrario a las leyes.

ANTECESOR. Es la persona que precedió a otra en el desempeño de un cargo, una función o en un empleo.

ANTEDATA. Es la fecha falsa que consta en un documento, escrito, carta o contrato que es anterior a la verdadera.

ANTEFIRMA. Trámite de cortesía que depende en función del trato que debe dársele a una persona o asociación y que se pone ante la firma en el oficio, memorial o correspondencia que se le dirige. Por ejemplo, al honorable señor presidente de la República.

ANTEJUICIO. Es el procedimiento, garantía o privilegio que contempla el régimen constitucional en algunas naciones de que las personas que ejercen funciones públicas, no pueden ser enjuiciadas ante los tribunales comunes, por cometer una falta o una infracción a la ley, sin que previamente la autoridad competente declare que procede su sometimiento judicial.

ANTEPROYECTO. Conjunto de trabajos provisionales, que por lo general son elaborados por el gobierno o una comisión legislativa y que sirven de fundamentos para redactar un proyecto de ley definitivo.

ANTICIPO. Suma de dinero que se paga por adelantado a una persona para que realice un acto o una acción. Pago de una deuda antes de que se cumpla el plazo para su vencimiento.

ANTICLERICALISMO. Es la actitud que aborda con un criterio crítico las actuaciones corruptas, los vicios, la hipocresía, la ambición, la prepotencia y la intolerancia del orden sacerdotal, acusado de tergiversar y traicionar los principios evangélicos. El anticlericalismo es partidario de que la educación esté libre de las influencias religiosas y se base en principios racionales y científicos. Ha abogado, en su polémica contra el clero regular, porque se disuelvan las órdenes y congregaciones religiosas, y porque se confisquen sus propiedades.

ANTICRESIS. Es el derecho real mediante el cual el deudor entrega a su acreedor un inmueble para que garantice el pago de un crédito, autorizándolos a hacer suyo los frutos del inmueble para aplicárselos al pago de los intereses, si se le son debidos, y luego al capital de la deuda.

ANTICOMUNISMO. Es la bandera ideológica-política utilizada por la burguesía reaccionaria para sembrar la división en todo movimiento progresista que defienda los intereses de los sectores explotados de la sociedad y también para falsear los objetivos de los partidos de la clase trabajadora y de la doctrina del comunismo científico. Los ideólogos de la burguesía fomentan el anticomunismo para sembrar la semilla del odio en las diferentes capas del pueblo.

ANTIHAITIANISMO. Es una forma de exaltación del racismo y se traduce en la actitud psicológico-social --fundamentada en causas, históricas, culturales y políticas-- que da pie a que se desarrolle un sentimiento de desprecio de parte de una gran masa de la población de la República Dominicana contra los habitantes de raza negra de la República de Haití. El desarrollo del fenómeno del antihaitianismo se ve alimentado por una gigantesca campaña de tergiversación histórica fomentada desde hace varios siglos.

ANTIIMPERIALISMO. Es la oposición a la teoría y práctica de la dominación militar y política de los grandes imperios que han desfilado a través de la historia, que han expandido su poder fuera de sus geografías nacionales y han asaltado a otros pueblos. En la actualidad, el antiimperialismo es también la oposición a la acción de las naciones capitalistas desarrolladas de apoderarse de los territorios de los países más atrasados, lo cual es impulsado por el voraz afán de riquezas de sus burguesías industriales y financieras, para imponer su cultura y su dominio político.

ANTIJURICIDAD. Es el elemento fundamental que estructura la configuración del delito. Es la conducta que se caracteriza por contrariar las normas y preceptos del ordenamiento jurídico.

ANTINOMIA. Es la contradicción entre dos normas jurídicas o entre dos aspectos, que puede presentarse cuando se pretende analizar por medio de un determinado caso específico. Ya que la incompatibilidad se da cuando una ley prohíbe una acción y la otra la permite.

ANTIRREGLAMENTARIO. Es la actitud ilegal, ilegítima e improcedente que es contraria a los términos y disposiciones que contiene un reglamento.

ANTISEMITISMO. Es un fenómeno que se caracteriza por el desarrollo de una actitud de hostilidad y persecución contra los judíos que descienden de los semitas. Es un odio que tiene profundas raíces históricas: se origina desde antes de la era cristiana y se extiende hasta nuestros días. Así los judíos han sido privados de sus derechos civiles, religiosos y políticos.

ANTITERRORISMO. Es la política que llevan a cabo los gobiernos, las fuerzas armadas o cualquier otra institución estatal o grupo de la sociedad, de elaborar tácticas y estrategias para combatir el terrorismo.

ANTROPOLOGÍA. Es la disciplina que estudia los comportamientos, movimientos e instituciones de las sociedades y sus sistemas políticos desde la era primitiva hasta la actualidad. Hace hincapié en el estudio de la forma mediante la cual las estructuras de poder se expresan, refuerzan y modifican. Se interesa, desde una óptica más amplia, en redefinir antiguos conceptos de la ciencia política: poder, autoridad, gobierno, pueblo, legitimidad y derecho, entre otros, con el objetivo de proporcionarles una base más sólida en la realidad de la sociedad.

ANUALIDAD. Es la suma de dinero que se cobra o se paga anualmente, por consecuencia de una renta, amortización de un capital o un seguro.

ANULABILIDAD. Es la razón por la cual un acto jurídico puede ser declarado ineficaz, porque no se encuentran presentes algunos de los requisitos indispensables para que dicho acto sea válido. La anulabilidad de un acto que puede darse por la ausencia de consentimiento, ausencia de la capacidad de las personas que son parte del acto (menores de edad o incapaces), vicios, como el error, dolo o violencia.

ANULACIÓN. Es la acción mediante la cual una autoridad judicial o administrativa competente invalida una decisión, procedimiento o actuación, por lo cual no podrán producir efecto alguno.

AÑO. Es la cantidad de días considerado como un año durante el cual están laborando los tribunales del aparato judicial.

APARATO. Es la capa burocrático-profesional y remunerada del Estado que se caracteriza por su incompetencia y el tráfico de influencias. El término se empieza a utilizar en Europa a principios del siglo XX, cuando en la gran mayoría de los partidos políticos europeos, se profesionalizan las funciones administrativas, se crean regímenes de cotización popular y se construye una maquinaria política profesional.

APARCERÍA. Es un contrato de arrendamiento rural mediante el cual una parte, llega a un convenio con otra, para la explotación de un terreno agrícola, a cambio del pago de una determinada suma de dinero o de los beneficios o frutos que produzca la explotación.

APARCERO. Es la persona que arrienda un terreno rural, bajo un contrato de aparcería, para cultivar la tierra y criar el ganado, a cambio de pagar una determinada cantidad de dinero y compartir los beneficios con los propietarios del terreno.

APARTHEID. Es la política de discriminación racial a la que fue sometida la amplia población de raza negra por la reducida población de raza blanca en la República de Sudáfrica a partir de 1948 (cuando asciende al poder) hasta 1994, año en que es electo presidente el líder de la población sudafricana, Nelson Mándela. Como todas las teorías racistas, se basa en la supuesta superioridad de un grupo sobre los demás. Como consecuencia de esta política, la población negra sudafricana fue sometida, en el ámbito social, político y económico, a humillantes discriminaciones.

APÁTRIDA. Es la persona que queda aprisionada en un limbo jurídico, ya que no es reconocida por ninguna nación como nacional suya, conforme a su legislación.

APAREJADA EJECUCIÓN. Poseer un título de crédito, las condiciones legales necesarias para fundamentar el mandamiento de embargo de bienes, sin audiencia previa del tenedor de estos.

APELABLE. Son las sentencias, autos o providencias que admiten el recurso de apelación.

APELACIÓN. VER: RECURSO DE APELACIÓN.

APELADO. Se designa con este nombre a la parte que ha obtenido ganancia de causa con el fallo apelado.

APELANTE. Es el que interpone un recurso de apelación ante un tribunal superior para que revoque o enmiende la sentencia dictada por un tribunal inferior.

APELLIDO. Es el nombre de identificación común con el cual se designa a todos los miembros de una familia y se señala después del nombre de pila.

APÉNDICE. VER: ANEXO.

APERCIBIMIENTO. Advertencia hecha por el magistrado a una persona para que haga lo que se le manda, o se comporte como es debido, con la indicación de que si no cumple con lo que se le ha señalado será sancionado con una multa o pena. Aviso que cualquier autoridad legalmente constituida puede realizar, con el objetivo de amonestar todos los funcionarios que están subordinados a él y cometan una falta que anteriormente han cometido convirtiéndose en reincidente por lo cual serán sancionados con un severo castigo.

APERSONARSE. Comparecer como parte, en un litigio judicial o acto legal en interés propio o en representación ajena.

APERTURA. Acción o efecto de abrir los testamentos cerrados, los tribunales, el juicio oral, el juicio por jurados, de la causa a prueba.

APERTURA DE LA SUCESIÓN. Acto judicial que se inicia, desde la muerte del autor de la sucesión, lo cual determina la extinción de algunos derechos, el nacimiento de otros nuevos y la transmisión de los bienes, derechos y obligaciones del fallecido a sus herederos.

APERTURA DEL TESTAMENTO. Acto por medio del cual el magistrado da publicidad a la última voluntad que el testado tomó sobre sus bienes que están vertidos en el testamento cerrado o secreto, procediendo a tomar las declaraciones de los testigos que deben dar constancia de que reconocen la firma y la letra del testador.

APERTURISMO. Es una de las banderas enarboladas por el neoliberalismo. Lo fomentan las naciones desarrolladas para beneficiar sus propios intereses. El aperturismo aboga por suprimir las trabas arancelarias y los controles al régimen de la producción e intercambio de bienes, en el plano interno, y por la apertura de la economía a la intervención extranjera, en el plano internacional.

APLAZAMIENTO. Es la suspensión de una causa o de una actividad por un lapso de tiempo determinado, sin señalar la fecha en la cual serán continuados.

APLICACIÓN DE LA LEY. Es el principio por el cual las leyes de un país son obligatorias para todas las personas, ya sean estos nacionales o ciudadanos de otro país, residentes o en tránsito, después que se le ha dado publicidad, y desde la fecha que se señala que empieza a tener vigencia.

APLICACIÓN DE LA LEY EXTRANJERA. Es el principio por el cual solo se autoriza su aplicación si lo permite el régimen jurídico de la nación en la que se va a aplicar, exceptuando el conjunto de leyes foráneas que son obligatorias por tratados y convenciones internacionales.

APÓCRIFO. Es el escrito o hecho que está impregnado de falsedad por lo cual se le niega toda autenticidad. También se le señala para designar el texto escrito que no es del periodo al que se dice que pertenece, ni es del autor al cual se le atribuye su redacción.

APODERADO. Es la persona que se le otorga un poder siempre que cumpla con los requisitos que le exija la ley, para que represente a otras personas en todos los actos de la actividad jurídica.

APODERAMIENTO. Es el método o procedimiento ilegítimo que consiste en despojar de una cosa a su legítimo propietario o al quien la tiene en su poder.

APOLOGÍA. Es el discurso oral o escrito que se redacta para elaborar, apoyar o defender a una persona, a una institución, a un hecho o a una ideología.

APOLOGÍA DEL DELITO. Es el elogio, la alabanza o la exaltación que se realiza públicamente para justificar la comisión del acto criminal o el apoyo o defensa a quien fue el autor del acto delictivo.

APORTACIÓN. Es la cantidad de dinero que se le descuenta a los sueldos o salarios que se aplica para diversos fines, como las jubilaciones o las obras sociales.

APORTE. Ayuda de cualquier clase que se suministra para la formación de un capital. Patrimonio que cada uno de los esposos posee cuando contraen matrimonio, o recibe por causa de herencia o donación.

APORTE SOCIAL. Es la porción de capital que la persona entrega a la sociedad para adquirir el rango de asociados, fortalecer el patrimonio de la institución y poder gozar de los beneficios que ésta produzca.

APOSTILLAR. Es una forma de legalizar documentos (actas de nacimiento, actas de divorcio, actas de defunción, etc.) para comprobar su autenticidad en el área internacional. Lo cual permite que un documento de una nación tenga validez legal en otra.

APRECIACIÓN DE LA PRUEBA. Es la responsabilidad que recae sobre el magistrado de valorar las pruebas introducidas por las partes litigantes al proceso, realizando un juicio de valor y un examen crítico que determine el grado de eficacia de las pruebas presentadas para establecer la verdad y poder aplicar sanamente la justicia.

APRECIACIÓN DE LOS HECHOS. Es cuando se incurre en un error manifiesto de derecho, por violación de las normas legales del procedimiento ante el tribunal, por lo cual se puede presumir que ha habido errores en la apreciación de la prueba.

APREHENSIÓN. Es la acción de capturar y detener a una persona que se presume que ha infringido la ley o que ha cometido una actividad delictiva. También se utiliza para designar el acto que realizan las autoridades de retener mercancías que han entrado legalmente a su país.

APREMIO. Es el procedimiento judicial que se pone en ejecución cuando un magistrado compele u obliga a una persona a que haga alguna cosa que es obligatoria.

APRISMO. Es el conjunto de ideas y principios elaborados por el líder político peruano Víctor Raúl Haya de la Torre (1895-1979), en el siglo pasado. Los puntos principales que conforman la propuesta principal del aprismo, escritos en 1926, son los siguientes: 1- Acción contra el imperialismo. 2- Unidad política de América Latina. 3- Nacionalización de tierras e industrias. 4- Internacionalización del canal de Panamá. 5- Solidaridad con todos los pueblos y con las clases oprimidas del mundo. El aprismo aboga, desde sus orígenes, por la unidad de las naciones latinoamericanas como la única vía para lograr el desarrollo de los países de esta región. Aunque en sus inicios era partidario de la violencia revolucionaria para conquistar el poder, después, --sin renunciar a esta vía-- se inclinó preferentemente por la vía reformista, apoyada por la organización de masas.

APROBACIÓN. Es la aceptación que permite dar cuenta del consentimiento, la conformidad o el asentimiento que los órganos legislativos, dan o sostienen cuando aprueban un proyecto de ley.

APROBACIÓN DE LAS LEYES. Procedimiento constitucional dominicano, por el cual, aprobado un proyecto de ley en una de las cámaras, pasará a la otra cámara para su discusión. En el caso de que esta cámara les haga modificaciones, esta última cámara enviará el proyecto al Poder Ejecutivo. El cual procederá a promulgarlo u observarlo. Si este no lo observare, lo promulgará dentro del plazo de los diez días de recibido, si el asunto no ha sido declarado de urgencia, la promulgará dentro de los cinco días de recibido, y procederá a publicarla dentro de los diez días a partir de la fecha de la promulgación. Vencido el plazo fijado por la Constitución para la promulgación y publicación de las leyes autorizadas por el Congreso Nacional, se tendrán como promulgadas y el presidente de la cámara que las haya enviado al Poder Ejecutivo las publicará.

APROPIACIÓN. Es una forma de adquirir la propiedad mediante el apoderamiento del patrimonio ajeno, de una cosa que se encuentra perdida o de un dueño al que no se le conoce la identidad.

APROVECHAMIENTO. Es la acción de sacar algún provecho o beneficio cuando se desarrolla alguna actividad comercial o cuando se gana un sueldo al estar empleado en una empresa.

APUESTA. Es el acuerdo entre dos o más personas que tienen diversas opiniones sobre un hecho, por lo cual estipulan entre ellos que la opinión que resulte estar apoyada por la verdad, recibirá de las otras partes o de las partes una cantidad de dinero, o cualquier otra cosa que se determine.

APUNTAMIENTO. Es la exposición sucinta, ordenada y detallada de unos autos, ya sean criminales y civiles. También es la síntesis elaborada por el secretario del tribunal sobre el material contenido en los actos.

AQUIESCENCIA. Es la figura jurídica que se deriva del hecho de que una parte da su consentimiento para aceptar que se subordina a las reclamaciones de su contraparte, o que asume la actitud de renunciar a un derecho frente a ella. En derecho internacional es el término de que parte del principio de que el Estado que asume una actitud pasiva ante una reclamación o comportamiento de otro Estado que es merecedora de una condena, está adoptando una posición negativa, ante la ausencia de una acción de protesta.

ARANCEL. Es un impuesto que se establece para gravar los bienes que son objeto de importación y exportación en el comercio internacional.

ARBITRAJE. Es uno de los mecanismos establecidos para solucionar los conflictos surgidos entre las personas y entre los Estados. Es una institución originaria del derecho romano. Por medio del arbitraje, las partes envueltas en un litigio acuerdan nombrar a un tercero imparcial y les otorgan autoridad para que decidan sobre las controversias surgidas sobre el conflicto.

ARBITRARIEDAD. Es la conducta injusta de actuar de manera atropellante, abusiva, tiránica, despótica, improcedente contra las normas del derecho y la razón, dictada por la voluntad y el capricho.

ARBITRIO JUDICIAL. Potestad concedida al magistrado para que decida según su criterio los casos que le han sido sometidos, y que no han sido resueltos por las normas jurídicas o que lo están de manera oscura o dudosa.

ARBITRIOS. Se denomina así a los derechos o impuestos que se pagan por la prestación o mantenimiento de un servicio público como son: la recogida de basura, el suministro de agua, la remodelación y mejoras de los parques y plazas públicas.

ARBITRIUM BONI VIRI. Frase latina que significa el arbitraje de un hombre que actúa dotado de las mejores intenciones, con buena fe y por el camino correcto.

ÁRBITRO. Persona designada por las mismas partes para que se encargue de solucionar un litigio que se ha suscitado entre ellas mismas, acorde con las normas jurídicas que son conforme al orden legal.

ÁRBOL GENEALÓGICO. Es la descripción gráfica que, de una forma organizada, detallada y sistemática, donde se da un listado de los ascendientes y descendientes de una familia, con la finalidad de dar a conocer el origen y parentesco de determinadas personas, para los casos de sucesiones y matrimonios.

ARCAICO. Es lo antiguo o anticuado, lo que pertenece a un pasado lejano o que proviene de una etapa histórica antigua.

ARCHIVO. Es el lugar donde se guardan el conjunto ordenado de documentos que una sociedad, una institución o una persona redactó dentro del ámbito del desarrollo de sus actividades, para posteriormente poder usarlo como medio de consulta.

ARDID. Acción maliciosa utilizada con gran habilidad y astucia con la finalidad de hacerle daño a una o varias personas.

ARENGA. Es un discurso breve, de elevados tonos emocionales, que persigue movilizar y conmover a las masas. Toca las áreas más sensibles del espíritu y, por ello, tiende a invocar el más adorado de los valores y tradiciones nacionales.

AREÓPAGO. Era un alto tribunal que predominó en la antigua Grecia, en Atenas, cuyos magistrados eran conocidos con el nombre de arcontes, y se encargaban de resolver dentro del ámbito jurídico, los litigios que surgieran entre los ciudadanos, o entre éstos y el Estado.

ARGÜIR. Exponer o alegar argumentos a favor o en contra de alguien para defenderlo o acusarlo de una imputación que se le haga.

ARGUMENTO. Es el alegato que se utiliza para demostrar la verdad de una idea u opinión que se afirma, o para tratar de convencer a alguien de los fines que se persiguen.

ARISTA. En la materia que nos ocupa, cuando se habla de esta palabra nos estamos refiriendo a un punto de vista o posición. Ejemplo el ministerio público tomó la decisión de abrir una nueva arista, por lo cual va a investigar el posible nexo entre el sospechoso y la hermana de la víctima.

ARISTOCRACIA. Este concepto, en la antigüedad, era sinónimo de poder. Tráfico de influencias o forma de gobierno ejercida por un grupo selecto de hombres. Pero, como generalmente los selectos eran de origen nobiliario debido a que el poder, las riquezas, los privilegios y los títulos de la nobleza marcharon durante cierto tiempo de las manos y eran hereditarios, el concepto es sinónimo de nobleza. Posteriormente, empieza a experimentar cambios en su significado y se comienza a utilizar para designar a las personas de alto coeficiente intelectual o a la más ricas; pero ya no en relación con el poder político, sino con la situación de un poder social relevante dentro de la sociedad por su sabiduría o riqueza. Con el surgimiento de las teorías democráticas, el término acaba por significar "un grupo de privilegio social por derecho de sangre".

ARISTOCRACIA OBRERA. Es la capa privilegiada de la clase obrera que surge cuando el capitalismo empieza a obtener abundantes beneficios económicos, por lo cual parte de ellos son utilizados para sobornar a grupos de la clase obrera. Los métodos de soborno son muy diversos; dos ejemplos son el incremento del salario a grupos específicos y el otorgamiento de cargos bien remunerados a líderes de las masas trabajadoras. Es así como la burguesía crea, dentro de las masas trabajadoras, un grupo que goza de grandes privilegios. Y lo utiliza para promover la división del movimiento obrero.

ARMA. Es el instrumento que fabrican los seres humanos mediante medios artificiales de diversa naturaleza para aumentar su fuerza de ataque o de defensa. Las más conocidas son las armas blancas, de fuego, químicas y biológicas.

ARMAS BIOLÓGICAS. Son las que son elaboradas con virus, bacterias y otros agentes vivos excesivamente infecciosos y de una atrocidad terrorífica.

ARMAS BLANCAS. Son aquellas que están dotadas de una hoja de metal con filos y puntas que pueden ocasionar heridas punzantes y cortantes.

ARMAS CONVENCIONALES. Son los tipos de armamentos tradicionales, de reducido poder destructivo. Surgen en el siglo XIV, cuando los chinos inventan la pólvora, lo cual origina que comiencen a utilizar armas de fuego, producendo profundas transformaciones en el mundo de la guerra.

ARMADO HASTA LOS DIENTES. Con esta expresión se quiere dejar significado que una persona anda fuertemente o excesivamente armada, a tal magnitud que porta armas incluso en sus dientes, como los antiguos piratas y corsarios, que, durante sus asaltos a las naves enemigas, apelaban a sus dentaduras para llevar puñales en la boca, para dejar sus manos libres para poder llevar a cabo ciertas maniobras con mayor facilidad.

ARMAS NUCLEARES. Son bombas de alta potencia que utilizan la energía nuclear.

ARMAS QUÍMICAS. Son las que emplean las propiedades tóxicas de sustancias químicas para matar, herir o incapacitar a las personas.

ARMAS DE DESTRUCCIÓN MASIVA. Son los tipos de armamentos que poseen un poder destructivo devastador. Incluyen las armas químicas, las biológicas y las nucleares. Las dos primeras son las que utilizan venenos y proyectiles para diseminar gases asfixiantes o tóxicos. Y las armas nucleares son las que se originan de los procesos de fusión del átomo. Abarcan la bomba de hidrógeno, la de neutrones y las armas isotópicas.

ARMAS DE FUEGO. Son artefactos portátiles, ligeros o pesados que utilizan material explosivo para efectuar disparos.

ARMAS NO LETALES. Son producidas por la revolución tecnológica y tienen por objetivo no eliminar físicamente al enemigo, sino dejarlo incapacitado para que no pueda combatir. Estas armas tienen un arsenal muy eficaz que utiliza rayos láser, microondas y ultrasonidos de muy baja frecuencia.

ARMAMENTISMO. VER: CARRERA DE ARMAMENTOS.

ARMISTICIO. Es una palabra que se utiliza para designar al acuerdo al que llegan las naciones o las facciones que se encuentran enfrentadas en una lucha armada con el propósito de poner fin a las actividades bélicas. Pero esto no incluye la firma de un tratado de paz, sino únicamente el cese de las hostilidades.

ARQUEO. Consiste en contabilizar la cantidad de dinero en efectivo, cheques o vales que existen en las cajas de los fondos públicos.

ARRABALIZACIÓN. Es el crecimiento sin ningún tipo de control y planificación de viviendas y negocios informales en algún lugar, que por lo general son propiedad de las personas de escasos recursos.

ARRAIGO. Es la fianza que debe pagar la persona que ha sido sometida a juicio, para que en el caso de que sea insolvente y sea condenada pueda cumplir con su responsabilidad civil, el pago puede ser hecho mediante bienes inmuebles, depósito en metálico o buscando un fiador que la garantice. También arraigo es radicarse una persona en un lugar fijo y permanente, adquiriendo en él bienes muebles e inmuebles para su subsistencia y crear vínculos de parentesco contrayendo matrimonio para formar una familia.

ARRAS. Es el contrato por el cual se da una suma de dinero o una cosa de valor para garantizar el cumplimiento de una obligación o un pago. En la ceremonia matrimonial son las trece monedas que entrega el desposado a la desposada.

ARREBATO. Es la violencia repentina, el furor, que causa un enojamiento en la persona, que la lleva por la vehemencia de alguna pasión como la ira a cometer un acto delictivo. Cuando se comete una infracción a la ley, en este estado se considera al arrebato como una consecuencia atenuante porque el individuo que comete el delito es considerado un enajenado mental.

ARREGLO. Es el pacto al que llegan dos o más personas para solucionar unas situaciones sumamente difíciles y problemáticas.

ARREGLO JUDICIAL. Es uno de los métodos consignados en la Carta de las Naciones Unidas para solucionar por la vía pacífica las controversias internacionales. Realiza sus actuaciones a través de los dictámenes y resoluciones de la Corte Internacional de la Haya. Posee dos órganos: uno con jurisdicción mundial y otro con jurisdicción regional.

ARRENDADOR. Es el propietario de un bien o una cosa que se da en arriendo por cierto tiempo y por un precio definido.

ARRENDAMIENTO. Es la acción por la cual una parte cede a la otra temporalmente el uso o disfrute de una cosa, obras o servicios a cambio del pago de una suma de dinero específica.

ARRENDATARIO. Es la persona que alquila una vivienda, un vehículo, un local o cualquier otro bien.

ARREPENTIMIENTO. Es el término que se convierte en una circunstancia atenuante cuando una o más personas que han participado en una actividad criminal, colaboran con las autoridades judiciales confesando las violaciones a la ley cometida y dando detalles si hubo la participación de otras personas en la comisión del delito, tendrán entonces que el beneficio de la pena que se le imponga será la mínima que corresponda aplicarle al delito y no la mayor.

ARRESTO. Es la acción policial, o de alguna persona que actúa bajo el mandato de la ley, de conducir detenida a una persona que se le acusa de cometer un acto violatorio a la ley o sospechosa de cometer una acción delictual.

ARRESTO DOMICILIARIO. VER: PRISIÓN DOMICILIARIA.

ARRIBA. Expresión política que tiene su origen en la convención francesa de 1792 durante la feroz lucha parlamentaria entre los jacobinos y los girondinos, se usa para demostrar respaldo a una persona o a una idea.

ARRIBISMO. Es la actitud que asumen algunas personas que tratan por todos los medios, por ilícitos que sean, de colocarse junto a los que detentan el poder o de los que poseen dinero. El arribista es una persona sin principios y valores morales, y no vacila en utilizar los métodos más inescrupulosos para lograr sus objetivos.

ARROGACIÓN. En la antigua Roma era el acto de adoptar a un huérfano o de recibir como hijo propio, al hijo de otro que no gozaba de la patria potestad.

ARROGARSE. Atribuirse o asignarse facultades, jurisdicciones o cosas inmateriales sin tomar en cuenta el debido respeto al marco legal establecido.

ARROJAR EL GUANTE. Era una práctica utilizada por los caballeros de la edad media, de arrojar el guante, como acto de desafío por razones de honor. La acción de recogerlo era signo de aceptación del reto. Planteado el duelo, éste se efectuaba de acuerdo con las reglas del código de honor que regía este acto.

ARTESANO. Es la persona que trabaja por cuenta propia en su propia casa y que se dedica a confeccionar artículos de artesanía y que él personalmente se encarga de comercializar el producto que elaboró con su trabajo.

ARTÍCULO. Parte numerada y ordenada que compone una ley, un trabajo, un reglamento, un decreto, o cualquier otro documento oficial.

ASALARIADO. Se designa con esta palabra al trabajador que devenga un salario por ejecutar una determinada tarea.

ASALTO. VER: ROBO.

ASAMBLEA. Es la reunión de un conjunto de personas que son miembros de una institución o de una organización, convocadas para tomar decisiones sobre cuestiones, propósitos y asuntos de interés general.

ASAMBLEA CONSTITUYENTE. Es el cuerpo legislativo elegido por votación popular que se reúne para aprobar las normas fundamentales de organización de un Estado o para revisarlas total o parcialmente. Su misión principal es aprobar una Constitución de la cual se derivan los tres poderes del Estado: el Legislativo, el Ejecutivo, y el Judicial.

ASAMBLEA DEL PUEBLO. Era una de las instituciones de la sociedad primitiva. En esta asamblea todos los hombres y mujeres podían hacer uso de la palabra para opinar sobre los asuntos importantes. Las decisiones se tomaban levantando la mano o por aclamación. La asamblea poseía un poder soberano en última instancia.

ASCENDIENTE. Es el antepasado o ancestro por consanguinidad en línea recta de quien desciende una persona.

ASCENSO. Es la promoción de empleados y funcionarios de la administración judicial que se realiza cuando se le concede un cargo de mayor jerarquía al que poseían.

ASECHANZA. Es un engaño, una trampa que se arma con el objetivo de dañar a otra persona.

ASEGURADO. Es el individuo que, a través del pago de una cantidad llamada prima, ha contratado un seguro, por lo cual adquiere el derecho de recibir una indemnización en el caso eventual de que las cosas aseguradas reciban un daño.

ASEGURADOR. Es la persona física o jurídica que, por la existencia de un contrato de seguro, está obligada a pagar una indemnización por daños y perjuicios, en el caso de que ocurra un siniestro que lesione los bienes asegurados.

ASENTAMIENTO. Es poblar un territorio concediéndoles tierras a sus habitantes a cambio de su trabajo y de que permanezcan en ellas, con el objetivo de suprimir los latifundios y para que conviertan a estas tierras en una gran empresa productiva.

ASENTAR. Es poner a una persona en posesión de un cargo o empleo. También es confirmar la veracidad de un hecho.

ASENTIMIENTO. Es la aprobación o anuencia que se concede para que se celebre un acto jurídico.

ASERCIÓN. Término que afirma o da por cierto una cosa.

ASESINATO. Es el acto criminal que se comete cuando una persona priva de la vida a otra de manera intencional interviniendo uno de los siguientes elementos o todos: la acechanza, la alevosía, el ensañamiento, la premeditación y el pago de una suma de dinero.

ASESINO. VER: HOMICIDA.

ASESINO A SANGRE FRÍA. Es el que mata con premeditación y cálculo, sin ningún tipo de remordimientos y sin importarle nada.

ASESINO A SUELDO. VER: SICARIO.

ASESINO EN MASA. Es el tipo de asesino que solo actúa una sola vez y que, en un solo acto asesina a una gran cantidad de personas, y que por lo general termina suicidándose.

ASESINO ITINERANTE. Es la clase de asesino que comete varios asesinatos en un lapso de tiempo muy breve y en diferentes lugares.

ASESINO EN SERIE. Es aquel que priva de la vida a varias personas en un periodo de tiempo mayor a un mes, dejando entre un asesinato y otro un lapso de tiempo inactivo y cuya fundamentación principal a la hora de asesinar radica en el gran gozo psicológico que le da el acto de matar.

ASESINO MÚLTIPLE. Es el tipo de asesino que priva de la vida a cuatro personas o más. Se clasifican en asesino en masa, asesino itinerante, y asesino en serie.

ASESOR. Es el consultor o consejero que posee profundos conocimientos en una o varias materias por lo cual presta consejos a una persona, a una empresa o al gobierno sobre el tema que le consulten, para que tomen las decisiones más idóneas y adecuadas.

ASFIXIAR. VER: AHORCAR.

ASIENTO. Es la inscripción, anotación de alguna cosa en un libro o en un registro. Sitio donde se fundó una ciudad. Apunte o anotación que realizan en sus libros los comerciantes de las operaciones que realizan.

ASIENTO DEL GOBIERNO. Es el principio constitucional mediante el cual las autoridades que tienen la función de ejercer las tareas gubernamentales tienen su residencia en la ciudad que se designa como la capital de la nación.

ASIGNACIÓN DE RECURSOS. Es la forma como una autoridad centralizada o descentralizada asigna los recursos de que dispone una sociedad, determinando qué cantidad se va a utilizar para producir productos que den satisfacción a las necesidades de la población y qué otra cantidad de recursos se empleará en las otras necesidades de la sociedad.

ASIGNACIÓN DEL PERSONAL ADMINISTRATIVO. Es el procedimiento por el cual uno de los departamentos o en todos los departamentos que dependan de las ramas de la administración pública, se asciende o se aumenta el personal que desempeña labores en el tren administrativo del Estado.

ASILO. Consiste en la protección o el amparo que, según las condiciones y circunstancias específicas dadas, se concede, en el territorio de un Estado o en sus sedes diplomáticas acreditadas en el extranjero, a las personas acusadas de delitos políticos. Cuando el asilo se otorga dentro del espacio territorial de un Estado, se llama "asilo territorial" y si se le concede en las sedes diplomáticas, o en los campamentos o en las naves o aeronaves militares, se llama "asilo diplomático."

ASISTENCIA. Es el amparo, ayuda, socorro o soporte que se le ofrece a los sectores de la población que lo necesitan.

ASISTENCIA SOCIAL. Es el servicio gratuito que se le otorga en el campo de la salud, la economía, la educación y lo social a los sectores más empobrecidos de la sociedad, para que puedan mejorar su calidad de vida. Generalmente esta ayuda proviene de las instituciones estatales y de organizaciones del sector privado.

ASISTENCIA VIAL. Es la ayuda que se les brinda a los conductores cuyos vehículos han sufrido una falla mecánica que lo paraliza temporalmente.

ASOCIACIÓN. Es una institución que está formada por un conjunto de personas que persiguen un objetivo común. Está dotada de una estructura administrativa y posee una personalidad jurídica.

ASOCIACIÓN DE MALHECHORES. Unión de una pluralidad de personas con el objetivo de organizar o ejecutar actos contrarios al orden jurídico contra las personas o las propiedades.

ASOCIADO. Es la persona que es miembro de una asociación y que juntos con otros establece una relación de colaboración para emprender la ejecución de determinada actividad.

ASTREINTE. Es la penalidad pecuniaria que impone un magistrado al deudor que se retrasa en cumplir con una orden judicial, que le es requerida por el juez y por lo cual debe pagar una determinada cantidad de dinero por cada día, semana o mes en que se atrase en cumplir con una obligación determinada que le fue ordenada por un mandato judicial.

ASTUCIA. Es el empleo de la picarda, el ardid y el ingenio para tratar de engañar o de evitar ser engañado. Lo cual convierte a la astucia cuando es cometida en una circunstancia agravante para la aplicación de la pena.

ASUETO. Es el periodo de tiempo que por varias horas o un día suspenden todas las actividades laborales, por orden del Estado por motivos extraordinarios.

ASUNTOS INTERNOS. Es una entidad, de los cuerpos policiales de carácter de supervisión y control interno.

ATENTADO. Es la agresión, la amenaza o el abuso que se comete contra la integridad física de una persona, sus derechos o sus bienes.

ATENTADO CONTRA LA AUTORIDAD. Es el empleo de la violencia y de la intimidación contra un funcionario del aparato estatal, para exigirle la comisión u omisión de un acto que entra dentro de la competencia de sus funciones.

ATENTADO CONTRA LOS PODERES PÚBLICOS. Es la conducta desordenada, caótica que asume una persona o un grupo de personas cuando alteran el orden de las sesiones de los organismos nacionales o provinciales, las audiencias de los tribunales del orden judicial o las funciones de cualquier autoridad de cualquier rama del Estado que está cumpliendo con un acto inherente al cargo que desempeña.

ATENUANTE. VER: CIRCUNSTANCIAS ATENUANTES.

ATESTACIÓN. VER: TESTIMONIO.

ATESTADO. Acta oficial elaborada por una autoridad donde da fe y constancia de cómo sucedieron los hechos; por lo general un accidente o una violación a la ley.

ATESTIGUAR. VER: TESTIGO.

ATRACO. VER: ROBO.

ATRIBUCIÓN. Es la facultad o competencia que posee una persona por el cargo, empleo o función que ejerce.

ATRIBUIR JURISDICCIÓN. Es la extensión de la competencia de un magistrado, que hace ley, cuando se le concede un poder que no posee por el título de su institución. La atribución de jurisdicción tiene vigencia si ambas partes consienten en ponerse de acuerdo para que un juez específico conozca de su caso; sabiendo los litigantes que no es competente para conocerlo por razón de jurisdicción.

ATROPELLAR. Proceder sin acatar el procedimiento jurídico que rige en una sociedad.

ATROCIDAD. VER: PERVERSIDAD.

AUDIENCIA. Es cada una de las sesiones de un tribunal, en que las partes envueltas en un litigio, exponen ante el juez, las razones en que se fundamentan sus argumentos, aportan las pruebas que poseen y hacen escuchar a sus testigos.

AUDITOR. Es la persona que, abordando desde un punto de vista crítico y sistemático, revisa y verifica el estado de cuentas de una institución estatal o empresa con la finalidad de hacer un dictamen sobre ellas, que dé como resultado que estas entidades mejoren su eficacia y eficiencia en las labores que realizan. La opinión del autor es recogida en un informe que se llama auditoría.

AUDITORÍA. VER: AUDITOR.

AUDITORÍA ELECTORAL. Es la que se realiza a los regímenes electorales de las diferentes naciones donde predomina un supuesto Estado de derecho con la finalidad de darle confianza y transparencia al sistema.

AUDITORÍA FORENSE. Es la auditoría que posibilita juntar y mostrar información financiera, contable, legal, administrativa e impositiva, en un modo que será admitida por un tribunal contra los que cometieron un delito económico.

AUDITORÍA JURÍDICA. Es la que es llevada a cabo por un abogado, que está dotado de gran capacidad y experiencia en materia civil y que efectúa la supervisión, investigación y apreciación de los resultados de la administración de una empresa o negocio, con la finalidad de suministrar informaciones acerca de ellos efectuando las inspecciones y recomendaciones necesarias para que estas mejoren su capacidad y eficiencia en la realización de sus funciones.

AUSENCIA. Es la situación jurídica de una persona que ha dejado de vivir en su residencia, sin que se tengan noticias de su paradero, que no se sabe si está viva o muerta y que no ha dejado a alguien que lo represente.

AUSENTE. Se designa con este término a la persona que ha dejado el lugar en el que habitualmente se encontraba, o que está distraída o que no se da cuenta de lo que pasa a su alrededor.

AUSENTISMO. Es el hábito de algunos propietarios de vivir fuera del área geográfica de donde están ubicados sus bienes.

AUTARQUÍA. Los antiguos griegos designaban con este término a un Estado de autosuficiencia muy gratificante para el espíritu, que en esa época se identificó con la felicidad y la virtud. Posteriormente, la palabra designa la situación que tiene una comunidad de auto mantenerse y de prescindir del intercambio con el exterior para abastecerse de los bienes y servicios necesarios para su subsistencia.

AUTENTICAR. Es el trámite que se realiza para legalizar un acto o documento para dar fe de la veracidad de estos ante las autoridades competentes.

AUTENTICIDAD. Es la circunstancia o requisito que establece o confirma a una cosa o alguien como auténtica.

AUTOCRACIA. Es el gobierno ejercido despóticamente por una persona sobre todas las demás y la forma de organización que adopta el Estado, autoritaria y piramidal, en la que la voluntad de una camarilla minoritaria decide el destino de las masas populares.

AUTOCRÍTICA. Es el juicio crítico que toda persona sensata hace de sí misma cuando evalúa sus actuaciones. La persona que se hace una autocrítica acepta que ha errado, investiga las razones que dan origen a su actuación y busca el camino para darle solución.

AUTÓCTONO. Es lo propio, lo específico, lo nacional de una nación, región o comarca determinada.

AUTO. VER: SENTENCIA INTERLOCUTORIA.

AUTOCONTRATO. Es la figura jurídica que se presenta cuando una persona celebra un contrato consigo misma sin que necesite la autorización de otra, y también como representantes de diferentes partes y en última instancia como titular de dos patrimonios que están regidos por diferentes estatutos jurídicos.

AUTODENUNCIA. Solicitud que una persona presenta ante el ministerio público, que puede estar siendo investigada o no, para que se investigue su propia responsabilidad en un acto delictivo.

AUTODEFENSA. Operación dirigida a repeler el ataque enemigo. Como los cuerpos represivos de los gobiernos antipopulares, que recurren sistemáticamente a métodos brutales, para reprimir a las masas populares para que desistan de sus justas luchas reivindicativas.

AUTO DE NO HA LUGAR. Es la decisión que toma un juez de poner en libertad a un imputado cuando ha sido descargado de la acusación que se le hace porque el acto no se cometió o no fue cometido por el inculpado, se ha extinguido la acción penal, el acto no reúne las características de ser un delito penal, la persona no puede ser considerada penalmente responsable y no existe la evidencia suficiente para apoyar la acusación.

AUTODETERMINACIÓN. "Si queremos entender lo que significa la autodeterminación de las naciones, sin jugar a definiciones jurídicas ni inventar definiciones abstractas, sino examinando las condiciones histórico-económicas de los movimientos nacionales, llegaremos inevitablemente a la conclusión siguiente: por autodeterminación de las naciones, se entiende su separación estatal de las colectividades de nacionalidad extraña, se entiende la formación de un estado nacional independiente." (3)

AUTODIDACTA. Es el sujeto que por sus propios medios se dedica a la búsqueda individual de la información y a realizar también individualmente experimentos o prácticas. O sea, autodidacta es el que aprende por sí mismo.

AUTOGOLPE. Es una modalidad del golpe de estado que se presenta cuando el gobernante de una nación, a pesar de haber ascendido al poder por la vía legal, no reconoce a los demás poderes del Estado y sus instituciones y niega a sus miembros el derecho a ejercer sus funciones.

AUTÓGRAFO. Es el documento escrito por el puño y letra de la persona que lo redactó, que en algunos, es una condición exigida para declararlo como bueno y válido.

AUTONOMÍA. Es la libertad de que goza una sociedad o institución de establecer las normas y los reglamentos que le permiten gobernarse por sí misma. La autonomía se enmarca dentro del concepto de "descentralización", el cual es de dos clases: descentralización política, la cual da origen a la forma federal de Estado; y descentralización administrativa, la cual existe en los estados unitarios.

AUTONOMÍA DE LA VOLUNTAD. Es un principio que se refiere a la capacidad que posee la persona para elaborar su propio código de conducta moral, redactar su propio sistema jurídico y por lo cual pueden gozar de la voluntad de celebrar los contratos que se le antojen, y determinar su contenido y consecuencias.

AUTONOMÍA MUNICIPAL. Es la estructura administrativa, política y económica que posee un municipio de elaborar sus propias normas y órganos de gobierno, para decidir todo lo concerniente a la organización de su jurisdicción territorial y que se traduce en la capacidad de fijar sus políticas de acción, planes y programas de inversión, fijar su presupuesto; por lo cual tiene la facultad de elegir a sus autoridades por el voto popular.

AUTONOMÍA RELATIVA DEL ESTADO. "La autonomía relativa del Estado es, pues, un concepto que expresa, de una manera precisa, el modo propio como se unifican políticamente las clases dominantes en el Estado capitalista. La autonomía relativa del Estado significa: A) La autonomía relativa del Estado con relación al bloque dominante. B) La autonomía relativa del Estado con relación a la economía. C) La autonomía relativa del Estado y los intereses concretos de los diversos sectores de clase, incluidos los aspectos económicos-corporativos de la clase hegemónica. D) La autonomía relativa del Estado con relación al imperialismo". (4)

AUTOPSIA. Es un estudio médico que se le hace a una persona que ha fallecido, el cual tiene por objetivo establecer cuáles fueron las causas de la muerte de la persona a la cual se le hizo la autopsia.

AUTOR INTELECTUAL. Es la persona o grupo de personas que planifican la ejecución de un crimen o delito; sin participar directamente en la ejecución del mismo.

AUTOR MATERIAL. Es la persona o grupo de personas que ejecutan o llevan a cabo la conducta antijurídica que ha sido planificada por otra persona.

AUTOR MEDIATO. Es el que comete un acto antijurídico, valiéndose de personas que actúan por error o bajo coacción y también de aquellas que no están aptas para comprender la actividad que ejecutaron y las consecuencias que esta produjo; como son los menores de edad y los enajenados mentales.

AUTORIDAD. Es un elemento intrínseco a todas las sociedades y consiste en que una persona tiene el derecho de mandar, dirigir, tomar decisiones, dar órdenes o dirimir conflictos en el régimen social en el cual se encuentra inmerso. La norma fundamental en la cual se basa la autoridad es lo legítimo.

AUTORIDAD DE LA COSA JUZGADA. Es la cualidad que el régimen jurídico les atribuye a las sentencias dictadas por los tribunales cuando contra ellas ya no se pueden interponer ningún recurso que intente modificarla. La sentencia que adquiere esta autoridad, se considera como una verdad confirmada judicialmente y no podrá ser replanteada posteriormente.

AUTORIDAD JUDICIAL. Es el funcionario que posee la facultad de mandar, dirigir, tomar decisiones, dar órdenes o solucionar conflictos en el área de competencia que le asigne la ley.

AUTORIDADES. Son aquellas personas que poseen la potestad y la facultad de mandar y hacer que le obedezcan.

AUTORITARISMO. Es la forma de ejercer el poder de una manera abusiva sin limitaciones de ningún tipo en una sociedad. Las características del autoritarismo son el control de la autoridad por una camarilla, la eliminación de las barreras jurídicas al ejercicio del poder, las violaciones de los derechos humanos, las limitaciones a los partidos políticos, sindicatos y otras instituciones, y la eliminación de la libertad de expresión y de difusión del pensamiento.

AUTORIZACIÓN. Es la concesión de autoridad, permiso o derecho que damos a alguien para que, en nuestro nombre, realice algún acto.

AUTORIZACIÓN ADMINISTRATIVA. Es el permiso concedido por la autoridad administrativa competente para que un órgano administrativo, o una persona específica puedan realizar determinado acto jurídico o implementar cierta actividad u operación.

AUTORIZACIÓN DEL MENOR. Permiso que concede un padre, una madre, un representante, un tutor o un magistrado a un menor de edad para que pueda realizar todos los actos de la vida civil.

AUTORIZACIÓN JUDICIAL. Consentimiento, permiso otorgado por un juez competente a una persona para que pueda realizar determinados actos jurídicos, porque así lo exige la ley como, por ejemplo, autorización para contraer matrimonio, para comparecer en juicios y otros.

AUTORIZACIÓN LEGISLATIVA. Permiso que el poder Ejecutivo solicita al poder Legislativo, para la ejecución de determinados actos, sin cuyo consentimiento serían posibles de realizar. Ejemplo: autorización para declarar un estado de excepción.

AUTOS. VER: EXPEDIENTE.

AUXILIARES DE LA JUSTICIA. Son unas series de colaboradores que asisten a los tribunales en su función de administrar la justicia. Entre estos podemos contar a los abogados, los alguaciles, el secretario, los intérpretes judiciales, notarios públicos, venduteros públicos, médicos legistas, abogados de oficio y otros.

AVAL. Es la garantía o fianza que aporta una tercera persona para el pago de la deuda de un deudor en el caso de que este no pudiera cumplir con su obligación.

AVALÚO. Es un proceso técnico y práctico que nos proporciona una estimación precisa, detallada e informativa del valor comercial de una cosa.

AVENENCIA. Es el acuerdo o convenio que existe entre una pluralidad de personas sobre un asunto específico, y también es la negociación a las que llegan las partes envueltas en un litigio, para ponerle fin a la controversia judicial, aceptando el dictamen de árbitros elegidos por ellos o la dación de algún bien.

AVENIMIENTO. Es la acción procesal por la cual las partes envueltas en un litigio judicial, acuerdan poner fin al juicio estableciendo los requisitos que cada una de las partes deben cumplir.

AVENTURERISMO. Es la elaboración, diseño y ejecución de planes y proyectos sin el menor análisis, sin la preparación debida y el almacenamiento de los medios necesarios para llevarlos a cabo, lo cual trae como consecuencia que se transite por el camino del fracaso y del agotamiento de las partes envueltas en dichos proyectos.

AVOCACIÓN. VER: AVOCAR.

AVOCAR. Es el acto por el cual un magistrado de un tribunal superior, reclama para sí conocer la causa que se está ventilando o que debe conocerse ante un tribunal de menor jerarquía.

AVULSIÓN. Es un modo de adquisición del dominio por accesión, que sucede cuando un río de manera violenta y repentina arranca tierra, árboles o plantas y las arrastra para unirlas por superposición a un campo inferior o a un fundo ubicado en la ribera opuesta. Por lo cual su antiguo dueño pierde todo su derecho de propiedad de los elementos que fueron sometidos a avulsión, pasando estos derechos al dueño del terreno a los cuales fueron trasladados dichos elementos.

AYATOLÁ. Es el más alto líder religioso y político entre los chiitas musulmanes. Es un dirigente anacrónico que trata de imponer, en sus sociedades, regímenes anticuados basados en la intolerancia religiosa y el fanatismo de sus prejuicios religiosos.

AYUNTAMIENTO. Es el órgano especializado que se encarga de administrar un municipio y suele estar compuesto por un alcalde que es su máxima autoridad y por funcionarios que se les suele llamar concejales, ediles o regidores que reunidos en pleno tienen la potestad de elaborar la normativa de un municipio.

AXIOMA. Norma, enunciado o sentencia que no requiere prueba alguna por lo patente y evidente.

AZAR. Causa fortuita de una situación que sucede por casualidad o accidentalmente

AZOTE. Es la pena corporal que consiste en golpear a una persona con un instrumento llamado látigo, vara o cinturón repetidas veces, que suelen llevar a la persona que sufre tal castigo a la pérdida del conocimiento o a perder la vida.

AZOTEA. Es el sector superior de un edificio que se puede utilizar de diferentes formas.

B

BACHILLER. Este vocablo tiene diversos significados. Con él se designaba al caballero que poseía un número insignificante de vasallos, por lo cual no podía enarbolar una bandera. Más adelante, se utilizó para designar a la persona que lograba un título académico en teología. Actualmente, se llama así al estudiante que concluye sus estudios de bachillerato.

BAJA. Con esta palabra nos referimos al cese de las funciones de una persona en la institución en la cual laboraba, a la suspensión de sus estudios académicos, ya sea por haber sufrido un accidente o encontrarse padeciendo de alguna enfermedad. También en la reducción del precio de un servicio o un bien.

BAJA CALAÑA. Se refiere aquel o aquello que, expresivamente, carece de categoría. Si se señala que un delincuente es de baja calaña, se insinúa que es un ladrón de poca monta.

BAJO LA ÉGIDA. Esta expresión se utiliza para indicar que una o varias personas gozan de la protección o amparo de alguien que posee mucho poder e influencias. En el quehacer político se escucha frecuentemente la crítica que se le hace a sectores gubernamentales que, bajo la égida del poder, viven abusando de los sectores populares.

BAJO MUNDO. Se denomina así al área geográfica de los grandes centros urbanos, donde se encuentran las personas que llevan una mala vida: como los profesionales o viciosos del juego, del alcoholismo y los practicantes de la prostitución. También individuos que se dedican a realizar actividades de carácter criminal (ladrones, estafadores, traficantes de drogas, matones, contrabandistas) y otras tristes muestras de la maldad humana creadas por el régimen burgués en los sectores de más bajo ingresos de la población.

BAJÓN. Es la reducción brusca o paulatina que sufre una persona en su patrimonio, lo cual trae como consecuencia que su posición en la escala social descienda.

BALACERA. VER: TIROTEO.

BALANCE. Es el examen o informe contable que se hace periódicamente para conocer el estado financiero de una empresa en un momento determinado.

BALANZA DE PAGOS. Es el estado de cuentas que registra la relación entre la cantidad de dinero que una nación gasta en el extranjero y la cantidad que ingresa de otros países en un periodo determinado. Entre estas transacciones se pueden incluir las exportaciones e importaciones, los servicios y el capital financiero. Cuando un país consume más de lo que produce, tiene un déficit en la balanza de pagos.

BALA PERDIDA. Es la bala disparada con un arma de fuego, por una persona vil y de baja calaña que efectúa su disparo sin dirección y blanco definido, sin importarle las consecuencias que deja su acción; lo cual lo hace sujeto de una sanción penal por los daños que pueda causar y por hacer un disparo, aunque no cause ningún daño.

BALCANIZACIÓN. Es el acto de fragmentar un territorio en pequeños Estados, por lo general beligerantes entre sí, con la finalidad geopolítica de debilitarlos militar y económicamente, y, por lo tanto, hacerlos más dóciles para la dominación neocolonial.

BALÍSTICA FORENSE. Es la rama de la balística que enfoca su estudio en la trayectoria, el alcance y los efectos de los proyectiles dentro y fuera de un arma de fuego que ha sido utilizada en la comisión de un acto criminal. Se basa en que no existen dos armas que puedan producir un disparo igual, por las señales de cada bala observada mediante la microfotografía. Logrando con esto poder identificar el arma que ha sido utilizada en la ejecución del hecho criminal, lo cual nos proporciona utilizando otros medios como las impresiones digitales; la identificación de la persona propietaria del arma, o a quien la haya utilizado para cometer el delito.

BALDÍOS. VER: TERRENOS BALDÍOS.

BALOTAJE. Es una institución originaria del derecho electoral francés y designa a la segunda vuelta electoral en los regímenes de elección universal que exigen la mayoría absoluta de votos para elegir a un gobernante, cuando en la primera vuelta ninguno de los candidatos ha obtenido dicha mayoría.

BANCADA. Es el grupo de legisladores de un partido político en el Congreso. Estos congresistas actúan solidariamente entre sí, bajo los dictámenes que reciben de su organización política, en los debates y votaciones congresionales.

BANCARROTA. Llamada también quiebra es la cesación de las actividades de una empresa, de una industria o un comercio, por cuando razones de insolvencia, no pueden cumplir con sus obligaciones de pagar sus deudas.

BANCARROTA FRAUDULENTA. Es el delito financiero que comete una persona natural o jurídica, cuando llega a un nivel que no puede cumplir con el pago de las obligaciones contraídas, porque de manera intencional ha cometido fraude o dolo.

BANCARROTA SIMPLE. La bancarrota simple es el delito que se comete cuando el quebrado ha dejado de cumplir con sus obligaciones por culpa de él mismo por haber cometido faltas graves.

BANCO. Es el conjunto de instituciones de ahorro y crédito, formada como sociedad mediante las ventas de acciones. Su función principal es la de comercializar el dinero que reciben en calidad de depósito del público, utilizándolos para conceder créditos a los particulares, y en cuyas operaciones, mediante intereses, obtienen grandes beneficios.

BANCO CENTRAL. Es la entidad financiera estatal que se encarga de coordinar el sistema bancario de una nación, desempeñarse como autoridad monetaria, emitir el dinero de curso legal, elaborar y ejecutar la política monetaria.

BANCOCRACIA. Es la influencia que ejerce la burguesía financiera sobre el poder estatal y, específicamente, sobre el manejo de la economía de una nación para proteger sus intereses.

BANDA. Es una asociación de malhechores formada para cometer diferentes tipos de actividades criminales.

BANDERA. Es una insignia de tela, que se ata por uno de sus lados a una asta y que constituye el símbolo de la nacionalidad y representación de un país.

BANDERA A MEDIA ASTA. Bandera, que es señal de duelo público, se enarbola hasta la mitad del asta.

BANDERA AMARILLA. La bandera de este color quiere dejar significado, que en el sitio o lugar que ha sido izada es porque este se encuentra en cuarentena, por razones de que ahí existen enfermedades contagiosas.

BANDERA BLANCA. Es la bandera que se agita o se iza en señal de rendición o para dialogar para poner fin a las hostilidades que han surgido de un enfrentamiento bélico.

BANDIDO. Se designa con este término al bribón, facineroso, malhechor, forajido, bandolero, salteador que vive al margen de la ley y huyendo de la justicia.

BANDO. Es cada una de las facciones en que, por diferencias de criterio, se fragmenta la opinión pública, una organización política o una institución colegiada del Estado; y la comunicación pública

que, bajo el amparo de la ley marcial, hace la autoridad militar para supervisar la conducta de las personas.
BANQUERO. Es el propietario de una entidad financiera o el que ocupa un alto cargo en la dirección de un banco
BANQUILLO DE LOS ACUSADOS. Asiento en el cual se ubica a un imputado ante un tribunal en un juicio.
BAÑO DE SANGRE. VER: MASACRE.
BARBARIE. Esta palabra tiene diferentes significados en la historia de la humanidad. Los antiguos griegos y romanos la utilizaban para designar a todos los pueblos que vivían en un estado de atraso, ferocidad, despotismo y superstición, y que hablaban una lengua que no entendían ni pertenecían a sus territorios. En tiempos recientes, se ha usado como un periodo en el desarrollo de la sociedad humana. También se emplea para caracterizar un estado de esclavitud e inestabilidad política de una sociedad en la que se violentan los más elementales derechos humanos.
BÁRBAROS. VER: BARBARIE.
BARÓN. Es un título nobiliario que tiene su origen en la época del feudalismo y se lo concedían los reyes a determinadas personas que gozaban de todos los derechos y privilegios de la sociedad feudal. La esposa del barón que ostentaba el título era la baronesa. El área territorial sobre la que estos señores ejercían su autoridad se llamaba baronía. En nuestros días, este título es honorífico.
BARRICADA. Obstrucción levantada con vehículos, palos, piedras para impedir el tránsito de los vehículos y de las personas o para atrincherarse tras él, sobre todo cuando hay protestas populares.
BARRIO. Es la célula de la división territorial y demográfica de las ciudades con la cual la población tiene una relación cotidiana directa, por lo cual se constituye en la división territorial urbana fundamental para la participación, la planeación y la ejecución de planes y programas en las ciudades.
BASE. Es el conjunto de principios iniciales que sirven de apoyo o fundamentos para redactar una ley de bases que tenga por finalidad elaborar un código.
BASE IMPONIBLE. Suma de dinero sobre la cual se calcula el porcentaje de impuestos, tributos o gravámenes que deben ser pagados.
BASTANTEAR. Declarar el abogado, u otra persona competente que un poder o documento son lo bastante suficientes para la finalidad para las cuales fueron concedidos.

BASTARDO. Se designa con este nombre al hijo ilegítimo porque nació de padres que al momento de su nacimiento no estaban unidos por el vínculo del matrimonio.

BATALLA. Es cada una de las confrontaciones bélicas universales que forman parte de la guerra. En ella participan todos los componentes de combate con que cuentan las fuerzas armadas. Se llama también batalla a un conflicto político o diplomático de capital importancia alrededor de un tema determinado.

BELIGERANCIA. Es la situación jurídica de una nación cuando se encuentra involucrada en un conflicto armado con otras o varias naciones. Se inicia con la declaración formal de guerra de un Estado a otros u otros. Y concluye con el término definitivo de las operaciones bélicas. El concepto también se aplica en el caso de guerra civil. Esto se da cuando, en el territorio de un Estado, surge una confrontación armada, y dicho Estado les reconoce a los bandos envueltos en el conflicto el status de beligerante, cuando estos controlan una porción importante del territorio estatal.

BENEFICIENCIA. VER: ASISTENCIA SOCIAL.

BENEFICIARIO. Es la persona física o jurídica que se ve favorecida de gozar un territorio, predio o usufructo, porque le ha sido transmitido a título gratuito. Persona que recibe un beneficio cuando se constituye a su favor un seguro, contrato, herencia, pensión, un servicio específico o cualquier otro favor que esté consignado por la ley.

BENEFICIO. Es el margen de ganancia económica que obtiene una persona cuando ejerce su profesión o una empresa cuando realiza una transacción. También se designa con esta palabra a la utilidad o ventaja que le puede ofrecer una entidad bancaria a una persona a la hora de abrir una cuenta de ahorros o una compañía prestadora de servicios cuando la persona les solicita su servicio porque les ofrecen mejores beneficios que las demás.

BENEFICIO DE ABDICACIÓN. Potestad que algunos sistemas jurídicos le conceden a la viuda, para que declare que renuncia a toda participación en los bienes matrimoniales. Con ello queda libre de todas responsabilidades patrimoniales que puedan recaer sobre ellos.

BENEFICIO DE ANULACIÓN. Es la facultad basada en el derecho que se les otorga a las personas que han hecho un simulacro de participar en un acto, con la finalidad de violar el orden jurídico o de ocasionarle un daño a un tercero, para que este sea dejado sin efecto.

BENEFICIO DE BANDERAS. Es el que se obtiene cuando se transporta mercancías por la vía marítima y existe un acuerdo entre la nación que envía las mercancías y la que recibirá, por el cual las mercaderías transportadas recibirán unas series de reducciones en las tasas e impuestos que tienen que pagar.

BENEFICIO DE CANASTA FAMILIAR. Es el derecho que le asiste al trabajador de recibir compensaciones complementarias, que están integradas por su remuneración a través del suministro de alimentos, bienes para el uso del hogar, vestimenta, calzados y viviendas necesarias para cubrir las necesidades mínimas para la subsistencia del trabajador y su familia.

BENEFICIO DE CESIÓN DE ACCIONES. Es el beneficio que se le otorga al fiador, cuando salda la deuda debida por el deudor principal, para solicitarle al acreedor que les ceda sus acciones contra los demás cofiadores, con el objeto de poder reclamarles a ellos el reembolso de la parte que cada uno de ellos les corresponde saldar.

BENEFICIO DE CESIÓN DE BIENES. Es la facultad que pone la ley en manos del deudor, cuando se encuentra en estado de insolvencia y por lo tanto no puede cumplir con sus obligaciones, haciendo que este abandone su patrimonio a favor de sus acreedores, con el objetivo de que estos se cobren el monto que se le adeuda.

BENEFICIO DE COMPETENCIA. Es la figura jurídica que permite al deudor que no tiene fondos suficientes para pagar sus deudas, que pague lo que pueda dentro del marco de sus posibilidades y que se le deje lo indispensable para que pueda vivir modestamente, pero condicionado a que cancele sus deudas cuando su situación económica mejore.

BENEFICIO DE DELIBERAR. Es el derecho que le concede la ley al heredero para que, dentro de determinado plazo, examine con detención si le es conveniente aceptar o renunciar a la herencia.

BENEFICIO DE DIVISIÓN. Es el que se presenta, cuando existe una pluralidad de fiadores de una misma deuda, la obligación a responder por ella se divide entre todos por partes iguales, pudiendo solamente el acreedor exigir el pago a cada uno de ellos de la cuota que les corresponde.

BENEFICIO DE EXCUSIÓN. Con este vocablo nos referimos al derecho que posee el fiador para solicitarle al acreedor que se dirija primeramente contra el patrimonio del principal deudor, antes de dirigirse contra él.

BENEFICIO DE INVENTARIO. Es el beneficio que le otorga la ley al heredero de una herencia de aceptarla con la condición de que solo les pagará a los acreedores del fallecido con los bienes de la herencia, siempre y cuando haga un formal inventario de los bienes que heredó; por lo cual el patrimonio del heredero no se verá afectado.

BENEFICIO DE POBREZA. Es el derecho que les asiste a las personas que carecen de recursos económicos de litigar en justicia exonerándoles del pago de las costas judiciales.

BENEFICIO DE LA COSA ARRENDADA. Es el beneficio que obtiene el arrendador de recibir las mejoras que se le hayan realizado a la cosa sin compensación alguna en caso de suspensión del contrato cuando no haya habido por el medio una culpa suya.

BENEFICIO DE LA CULTURA. Es el principio que nos proporciona participar en la vida cultural de una sociedad, teniendo acceso a la educación, a los museos, a los conservatorios, a los planes de fomento a la lectura y de disfrutar de los progresos intelectuales, de los descubrimientos científicos y de toda clase de manifestaciones artísticas.

BENEFICIO DE RESTITUCIÓN. Es la potestad que se le concede a una persona que se vio perjudicada por daños y perjuicios por la celebración de un acto jurídico, con la finalidad de conseguir la reposición de las cosas al estado anterior a los daños y perjuicios sufridos.

BENEFICIOS FISCALES. Son las exenciones, bonificaciones, desgravaciones, deducciones y las exoneraciones de impuestos que los gobiernos les conceden a los empresarios capitalistas nacionales o extranjeros para que desarrollen actividades en cualquier rama de la economía que les dejará grandes ganancias a estas empresas.

BENEFICIOS PENITENCIARIOS. Es el régimen de recompensa implementado para incentivar los actos de buena conducta, de trabajo y responsabilidad en el comportamiento personal de los reclusos para lograr su readaptación social, para de esta manera lograr reducir su condena.

BENEVOLENCIA. Es la cualidad que poseen las personas de ser tolerantes y comprensivos con los demás.

BICAMERAL. Es el sistema de organización congresional de una nación que establece la dualidad de cámaras para el ejercicio del poder legislativo, por lo general una de diputados y otra de senadores. Estas cámaras tienen sus propias funciones y trabajan independiente unas de otras; pero sesionan conjuntamente cuando la constitución lo dispone para resolver asuntos que competen a las dos.

BIEN. Es el comportamiento correcto y justo de un ser humano que busca con su trabajo su bienestar y el de toda la sociedad. Es todo objeto de carácter material e inmaterial que posee un valor.

BIENES AB INTESTATO. Son los que deja una persona cuando fallece sin dejar testamento y sin tener herederos legítimos.

BIENES ABANDONADOS. Son los bienes muebles e inmuebles, que espontáneamente deja su propietario o poseedor, como una muestra de su voluntad que desea deshacerse de aquellos. También son los bienes de propietarios desconocidos.

BIENES ACCESORIOS. Son aquellos que están colocados en un plano secundario, que dependen de lo principal y que se le unen por accidente. Con este vocablo se hace referencia a los instrumentos auxiliares que permiten el funcionamiento complementario de una máquina. Bienes que legalmente dependen de otros cuyo régimen se les aplica.

BIENES ACENSUADOS. Son los bienes inmuebles que están gravados con un censo, por lo cual están obligados a pagar un canon anual en compensación de un capital que se recibe en dinero, o de los dominios más o menos plenos que de ellos se transmite.

BIENES ADVENTICIOS. A partir del año 319 de nuestra era el derecho romano define a los bienes adventicios como los bienes que pertenecen al hijo de familia que está sometido a la patria potestad, y que adquiere mediante su trabajo en algún oficio, servicios civiles, militares, apuestas, donación, legado, herencia o de cualquier otra forma siempre que sea lícita.

BIENES AERONÁUTICOS. Son las cosas u objetos secuestrados en los litigios penales que el magistrado está obligado a entregar a los funcionarios aeronáuticos.

BIENES ALODIALES. En la época feudal se usaba este término como en contraposición a bienes enfeudados para señalar a todos lo que están libres de carga, gravámenes, tributos, servicios y que están exonerados de toda prestación señorial.

BIENES ANTIFERNALES. Los que el esposo donaba a su esposa en compensación de la dote que él recibía, considerando a su mujer y para la manutención de las cargas materiales del matrimonio.

BIENES CASTRENSES. En el derecho romano son los que adquirían las personas por haber desempeñado un cargo o haber prestado un servicio en las fuerzas armadas, y los que les daban sus familiares y amigos por haber ejercido funciones militares.

BIENES CLANDESTINOS. Son los que se adquieren comerciando clandestina e ilegalmente los bienes, productos o servicios, cuya venta está prohibida, sometida a racionamiento debido a su escasez o sujeta a control de precios por imposición de los gobiernos o las empresas.

BIENES COLACIONABLES. Son los bienes muebles e inmuebles que han sido entregados antes de la muerte del causante a unos de sus herederos, por lo cual al producirse la muerte del de cujus, estos bienes pueden ser reclamados para incorporarlos a la cuenta de la sucesión.

BIENES COMUNALES. Son aquellos bienes, recursos, procesos o cosas que jurídicamente no tienen ningún propietario, sino que pertenecen a una comunidad determinada de personas en razón del lugar donde tienen su asentamiento poblacional y que tienen establecido un sistema especial de beneficio o de derecho de explotación.

BIENES COMUNES. Son aquellos dones de la naturaleza o socialmente construidos que se caracterizan porque no son propiedad de nadie en específico, sino que, por el contrario, le corresponden a todo el mundo y por eso tienen el derecho a utilizarlos. Ejemplos de ellos son: el aire, la luz solar, el mar y sus playas etc.

BIENES CONSUMIBLES. Son los que por su naturaleza ponen fin a su existencia con su primer uso. Ejemplos de estos serían los alimentos o el dinero.

BIENES CONTRACTUALES. Son los que reúnen las condiciones para ser objeto de un contrato.

BIENES CORPORALES. Son los bienes materiales o tangibles que se encuentran en la esfera de nuestros sentidos por lo cual lo podemos sentir y tocar: automóviles, muebles, joyas, etc.

BIENES COTIZABLES. Son los títulos que se colocan en el mercado de valores y cuyas ventas pueden realizarse por precios que lo determinan las ofertas públicas, en mercados oficiales que están regidos por precios mínimos de sostén o máximo fijados oficialmente y que deben ser vendidos en las entidades correspondientes.

BIENES CUASI CASTRENSES. En el Derecho Romano era el conjunto de bienes que un hijo de familia adquiría cuando desempeñaba un cargo público, profesión o arte liberal.

BIENES DE ABADENGO. Eran los que se encontraban situados en el territorio jurisdiccional de un abad por lo que estaban exonerados de pagar algunos impuestos.

BIENES DE ABOLENGO. Bienes que constituían el patrimonio de nuestros ancestros y que nos han llegado por herencia, legado o donación.

BIENES DE CAPELLANÍAS. Eran los que se obtenían cuando se suscribían contratos entre las parroquias y algunos particulares en la época feudal por medio de los cuales estos últimos donaban ciertas cantidades de bienes a las parroquias a cambio de que los párrocos oficiaran ciertas cantidades de misas para la salvación de las almas de los donantes.

BIENES DE CONSUMO. Constituyen todas aquellas mercancías fabricadas en el territorio de una nación o importadas para satisfacer directamente las necesidades de la población como: alimentos, vestimentas, inmuebles, servicios personales, etc.

BIENES DE DOMINIO PRIVADO. Son aquellos que caen bajo el dominio exclusivo de sus propietarios, por lo cual tienen la potestad de gozarlos y de disponer de ellos, sin ir en contra del orden jurídico y de un derecho ajeno.

BIENES DE DOMINIO PÚBLICO. Son los bienes propiedad del Estado, cuyo goce y disfrute, están destinados al uso público: como las calles, plazas y caminos públicos, las playas o un servicio público como los hospitales y las escuelas públicas.

BIENES DE FAMILIA. Figura que permite constituir, en beneficios de los núcleos familiares bienes inalienables, imprescriptibles, inembargables e indivisibles. Tienden a proteger las propiedades inmobiliarias urbanas o rurales, para formar un pequeño patrimonio familiar, que les permita labrar la tierra para lograr obtener los medios necesarios para sacar el sustento para todas las familias, y poder conservar sus viviendas, ya que estas propiedades son entregadas por el estado gratuitamente o pagando una cuota mínima.

BIENES DE INTERÉS CULTURAL. Son los bienes o inmuebles de carácter histórico, paleontológicos, arqueológicos, etnográficos, científicos o técnicos, que han sido declarados como tales por las instituciones que les corresponde emitir dichas declaraciones.

BIENES DE LA IGLESIA CATÓLICA. Es el patrimonio propiedad de esta institución que está formado por las subvenciones que esta recibe de las entidades estatales y por la gran cantidad de bienes muebles e inmuebles que esta posee alrededor del mundo.

BIENES DE LA PARTICIÓN. Lo constituyen los valores que figuran, en el inventario de una herencia, los bienes de una comunidad matrimonial disuelta, los bienes de una comunidad que se originó por cuasi contrato y los bienes de una sociedad civil disuelta.

BIENES DE LA PERSONA JURÍDICA. Son los bienes o derechos cuya propiedad es compartida por una pluralidad de personas según una regulación establecida en un contrato que han suscrito entre ellos.

BIENES DE LA SOCIEDAD. Es el patrimonio que se constituye cuando dos o más personas se asocian con la obligación de poner en común bienes, dinero o trabajo con el objetivo de obtener beneficios para repartirlos entre los miembros de la sociedad.

BIENES DE LA SOCIEDAD CONYUGAL. Es el conjunto de bienes que dos personas adquieren a partir de la unión que se produce entre ellos cuando contraen matrimonio (los sueldos que ganan los esposos, las sumas de dinero que se aportan al matrimonio, los bienes muebles que se aporten o que se adquirieron, los bienes adquiridos a título oneroso, las pensiones y otros más).

BIENES DE LA SUCESIÓN VACANTE. Son los bienes hereditarios que son vendidos cuando no existen ni acreedores ni herederos, por lo que el magistrado de la sucesión, de oficio o porque se lo solicita el fiscal, después de declarar vacante la herencia y pagadas todas las costas y los honorarios del curador, debe pasar la cantidad de dinero depositada a manos de las autoridades fiscales.

BIENES DE LA PROPIEDAD PRIVADA. Existe una diferencia entre los bienes de la propiedad privada sobre los bienes de producción y los bienes de propiedad personal. Los primeros son los medios de producción (las minas, las fábricas, las tierras) que son propiedad de los capitalistas, los cuales, al poseer estos medios, pueden obligar a los que carecen de estos a que acepten las condiciones de trabajo que ellos les fijen. Mientras que los segundos son los bienes necesarios que necesita el trabajador para poder subsistir.

BIENES DE LOS HIJOS. Patrimonio de los hijos menores de edad el cual es administrado por los padres de manera conjunta cuando ambos están en la capacidad de ejercer la patria potestad.

BIENES DOTALES. Son los que constituyen la dote de la mujer que ha contraído matrimonio, entre estos se encuentran las sumas de dinero y los efectos de cualquier clase que la mujer aporta para contribuir al sostenimiento de las cargas matrimoniales, y los que posteriormente adquieren por sucesión, legado o donación.

BIENES ESTATALES. Son los bienes que son propiedad del Estado a nivel central, municipal o local, y en general todas aquellas instituciones que son parte del aparato del Estado.

BIENES EXCLUIDOS DE LA COLACIÓN. Bienes que quedan fuera de la colación son los que se invierten en comprar alimentos, los gastos de los padres para preparar a sus hijos en el campo de la educación para que puedan ejercer una profesión, lo que se gasta en la curación de las enfermedades, lo invertido por los padres para cubrir las necesidades especiales de sus hijos o descendientes con alguna enfermedad crónica, el dinero para el pago de las deudas.

BIENES EXCLUIDOS DE LA QUIEBRA. Estos bienes son los derechos no patrimoniales, los bienes inembargables, el usufructo de los bienes menores del fallido, la administración de los bienes propios del cónyuge, la facultad para actuar en justicia para defender los bienes y derechos que no caen en el desapoderamiento siempre y cuando la ley de quiebra lo permita, las indemnizaciones que correspondan al fallido por daños y perjuicios.

BIENES FISCALES. Bienes cuya propiedad corresponde al aparato del Estado.

BIENES FORALES. Los que entrega el propietario a otra persona, reservándose el dominio directo por cierto tiempo, a cambio del pago de una renta periódicamente o de una pensión anual.

BIENES FUNGIBLES. Son los que pueden ser sustituidos por otros que son de la misma especie, calidad y cantidad, como por ejemplo el dinero, las mercancías y algunos otros.

BIENES FUTUROS. Son aquellos que no existen en el presente, pero que su existencia en el futuro dependerá de algún acontecimiento que se producirá y por lo cual vamos a poder adquirirlos, los bienes que se adquieren por sucesión.

BIENES GANANCIALES. Son los bienes que una pareja que se ha unido por el vínculo del matrimonio ha obtenido por el fruto del trabajo de ambos cónyuges o de uno de ellos (sueldos, indemnizaciones, pensiones, por arrendamiento de obras y servicios).

BIENES GRAVADOS. Son aquellos que se hallan afectados por una restricción al derecho de propiedad, porque pesa sobre ellos la constitución de un derecho real, el cumplimiento de una garantía o de una medida cautelar.

BIENES HEREDITARIOS. Son el conjunto de bienes, derechos y obligaciones que pertenecen a una persona que ha dejado de existir físicamente, la cual lo transmite a otra u otras personas, que son los que heredan su patrimonio.

BIENES HIPOTECADOS. Son los inmuebles que actúan como una garantía del pago de unas obligaciones mediante la constitución de un derecho real de hipoteca.

BIENES IGNORADOS. Bienes que son de nuestra propiedad, aun cuando no tengamos conocimiento sobre su existencia, porque se ha dado una situación de hecho y de derecho, ajena a nuestra voluntad.

BIENES INALIENABLES. Son todos aquellos que no se pueden transmitir, ni ser objeto de compra y venta, porque están fuera del comercio y la ley lo prohíbe, por existir un acuerdo de voluntades o una disposición de última voluntad.

BIENES INCORPORALES. Llamados también bienes inmateriales o intangibles son todos aquellos que no existen materialmente, que no pueden ser percibidos por nuestros sentidos por lo cual no se pueden tocar. Ejemplos: los derechos de autor, el derecho de crédito y otros.

BIENES INDIVISIBLES. Son los que al fraccionarse pierden su esencia y sufren una desproporcionada desvalorización con respecto a los demás.

BIENES INDIVISOS. Son los bienes cuya propiedad pertenece a dos o más personas que se encuentran en esa condición por voluntad de la ley, convenio entre las partes o por acto de última voluntad.

BIENES INEMBARGABLES. Son los bienes que por mandato de la ley está prohibido embargarlos, entre estos se encuentran una parte del sueldo o salario, el lecho cotidiano del deudor y su familia, las vestimentas y el mobiliario necesario para su uso, los instrumentos que necesita para poder ejercer su profesión u oficio con los que obtiene los medios necesarios para que subsistan él y su familia.

BIENES INMATERIALES. VER: BIENES INCORPORALES.

BIENES INMUEBLES. Son los que están fijos en un lugar específico y por lo cual no pueden ser trasladados de un lugar a otro.

BIENES INTANGIBLES. VER: BIENES INCORPORALES.

BIENES JURÍDICOS. Son los bienes, tanto materiales como inmateriales, que están amparados y protegidos por el derecho.

BIENES LEGADOS. Son los bienes que, por la causa de la muerte de una persona, esta deja consignada en su testamento que estos sean transmitidos a una o varias personas que no son consideradas como herederos del fallecido.

BIENES LIBRES. Es el conjunto de bienes que se utilizan para satisfacer necesidades, pero que no tienen ningún propietario ni precio, abundan en la naturaleza. Ejemplos de estos son la luz solar y el aire.

BIENES LITIGIOSOS. Aquellos cuya propiedad o posesión, han suscitado que se conviertan en objeto de un pleito, por lo que dicha controversia se discute ante un juez o tribunal.

BIENES MATERIALES. VER: BIENES CORPORALES.

BIENES MOSTRENCOS. Son los bienes muebles o semovientes que se encuentran perdidos, abandonados y que se desconoce quiénes son sus propietarios. Los bienes que se encuentran en esta situación pueden ser adquiridos por ocupación.

BIENES MUEBLES. Son aquellos que pueden ser trasladados con suma facilidad de un lugar a otro.

BIENES MUNICIPALES. Es el patrimonio del municipio que está formado por bienes muebles e inmuebles y por los servicios que el municipio les proporciona a sus munícipes.

BIENES NO CONSUMIBLES. Son aquellos que no se agotan o se extinguen cuando son usados por primera vez. Ejemplos: las joyas, los televisores, las computadoras y otros más.

BIENES NO FUNGIBLES. Son los bienes individualizados que no se pueden intercambiar por otros porque poseen una característica especial que los personaliza como únicos, diferenciándolos del resto de su género y clase; porque no hay otro que sea idéntico. Ejemplos: una obra de arte como una escultura o una pintura.

BIENES NULLIUS. Son los bienes que no pertenecen a nadie, que nunca han tenido ningún dueño y que pueden ser objeto de apropiación, principalmente a través de la ocupación.

BIENES PARAFERNALES. Son los bienes que pertenecen a la mujer casada, pero que se encuentran fuera de la dote que la mujer llevó al matrimonio y los obtiene durante el tiempo que dure su unión matrimonial por título lucrativo, como sucesión o donación.

BIENES PARTICULARES. Son todas las cosas que constituyen el patrimonio de los particulares individual o colectivamente.

BIENES PARTICULARES DE USO PÚBLICO. Son las obras construidas por los particulares en terrenos que son de su propiedad, donde sus propietarios permiten que estas sean disfrutadas y gozadas por todo el mundo.

BIENES PATRIMONIALES. Son los bienes que tienen un carácter de dominio público o de propiedad privada. Son bienes de dominio público, los que son propiedad del Estado, de las comunidades autónomas, ayuntamientos. Los de propiedad privada son los que su titularidad corresponde a los particulares, sean estas personas físicas, jurídicas, individuales o colectivas.

BIENES PERECEDEROS. Son aquellos bienes que degradan su calidad en un lapso de tiempo muy corto lo cual lo hace poco durables y por lo tanto se acaban.

BIENES PRESENTES. Son los bienes que en la actualidad forman parte del patrimonio de una persona.

BIENES PRINCIPALES. Son aquellos que poseen una existencia independiente, por lo cual subsisten sin la necesidad de otros. Ejemplo: entre un terreno y un inmueble, se considera principal al terreno, porque este puede existir sin el inmueble, mientras que el inmueble necesita del terreno para poder existir.

BIENES PRIVADOS DEL ESTADO. Abarcan el conjunto de bienes materiales que de una manera directa o indirecta utiliza el Estado para poder realizar sus funciones. El patrimonio del Estado está formado por los bienes muebles e inmuebles que por determinación de la ley o por cualquier otro título pasen a ser propiedad estatal.

BIENES PRO INDIVISO. Son las cosas o los derechos cuya propiedad pertenece a una pluralidad de personas en común, pero que sin que se determine cuál es la parte que le corresponde a cada uno de los propietarios.

BIENES PROPIOS. Se denomina así a los bienes inmuebles adquiridos por los esposos por separado antes de la celebración del matrimonio, y los adquiridos posteriormente, tuvieron su origen en negociaciones hechas previas al matrimonio. Por lo cual constituyen los bienes propios de cada uno de los esposos.

BIENES PÚBLICOS. VER: BIENES DE DOMINIO PÚBLICO.

BIENES RAÍCES. Son los inmuebles que son objeto de una transacción comercial (venta o alquiler) como son las tierras, las cosas, los edificios, caminos, etc. Y que dejan ganancias y beneficios.

BIENES REGISTRALES. Bienes cuyos dominios se constituyen por sus inscripciones en unos registros especiales.

BIENES RELICTOS. Bienes que forman parte de la sucesión del difunto, formando la totalidad de bienes dejados por el fallecido.

BIENES RESERVABLES. Son los bienes que el cónyuge superviviente recibe en herencia de un hijo, para que en el caso de que volviera a contraer matrimonio, está en la obligación de reservarlo a favor de sus hijos o descendientes legítimos, sólo podrá durante su vida ejercer el usufructo de dicho bien.

BIENES SEMOVIENTES. Son los bienes muebles como los animales, que pueden moverse por sí mismos, para trasladarse de un sitio a otro.

BIENES SOCIALES. Son aquellos beneficios que las mismas empresas conceden a sus empleados para que la fuerza laboral se mantenga dentro de un ámbito satisfactorio de moral y producción. Bienes que satisfacen las necesidades de una comunidad, provincia o nación.

BIENES SUCESORIOS. Bienes que son transmitidos por la muerte de sus propietarios a las personas que les corresponde la herencia.

BIENES TANGIBLES. VER: BIENES CORPORALES.

BIENES TRONCALES. Bienes que, por la muerte de su titular sin haber dejado descendencia, son transmitidos por mandato de la ley al tronco de la línea o familia de dónde provenía.

BIENES VACANTES. Son los bienes inmuebles que se desconoce la identidad de sus propietarios, o que han sido abandonados por sus dueños.

BIENES VINCULADOS. Son los bienes que quedaban inmovilizados en determinadas familias o instituciones, obstaculizando su distribución por la vía de la herencia o su venta por cualquier razón con lo que quedaban eternamente fuera del comercio.

BIGAMIA. Es el delito que comete una persona que estando casada se une a otra por el vínculo del matrimonio, resultando el segundo matrimonio un acto nulo y que por lo tanto carece de validez jurídica.

BILATERAL. Es todo aquello que está formado por dos partes, que firman un convenio, un contrato o un tratado que genera entre ellos obligaciones de carácter recíprocas.

BILATERALIDAD DEL PROCESO. Regla de contradicción, que quiere dejar expresada que el juez no podrá definir una reclamación de una de las partes, si la parte en contra de quien ha sido propuesta no ha tenido la oportunidad de ser debidamente escuchadas y de presentar las pruebas que alega para sus defensas.

BILATERALISMO. En el campo de la política internacional, es el conjunto de acciones de un Estado para privilegiar sus relaciones con otro o el acuerdo entre dos Estados en el área militar, económica, comercial o cualquier otro renglón.

BILLETE DE BANCO. Es la moneda de curso legal emitida por el banco central de una nación, que equivale a la cantidad de dinero que en él se especifica.

BIOTERRORISMO. Variante del terrorismo que se caracteriza por el empleo mal intencionado de virus, bacterias, hongos, parásitos y toxinas que causan la muerte o enfermedades en los seres humanos, animales y plantas, o que contaminan los alimentos o los suministros de agua.

BIPARTIDISMO. Es la existencia de dos partidos políticos hegemónicos en una nación, los cuales desempeñan el rol protagónico en la vida política y se alternan en el ejercicio del poder.

BIPOLARIDAD. Es un fenómeno social que se da en el plano político e ideológico y consiste en la actitud, que asumen individuos, organizaciones políticas o Estados, de autoproclamarse de izquierda y fomentar la práctica de una política económica de derecha.

BLOQUEO. Es la acción de cortar las comunicaciones o suministros de una nación u obstaculizar el desenvolvimiento de sus actividades políticas y económicas por medio del uso de las fuerzas aéreas, marítimas y terrestres. Por lo general estas operaciones se originan en caso de conflicto bélico o de hostilidades entre las naciones.

BOICOT. Es la acción que tiene por finalidad impedir, por medio de maniobras de diversas índoles, que se cumplan las leyes o proyectos de gobierno. En las esferas de las relaciones internacionales, es la represalia que ejerce una nación contra otra cuando se niega a venderle o comprarle para presionarla económicamente.

BOLETA ELECTORAL. Es la papeleta u hoja de votación, con las que los electores emiten su voto por las diferentes opciones electorales que se le ofertan. Entre estas opciones se encuentran la de elegir los candidatos a cargos electivos, seleccionar propuestas, ratificar o revocar las autoridades que ejercen el rol de gobernantes de la nación, a los que desempeñan los cargos legislativos y municipales.

BOLETÍN JUDICIAL. Es el documento por el cual se le da publicidad a las citaciones por edictos, los avisos de venta en pública subasta y las actividades de los tribunales de la República.

BOLETÍN OFICIAL. Es el documento en el cual se publican diariamente las publicaciones legales que existen en cada jurisdicción territorial, en los cuales se ponen en conocimiento de la ciudadanía las disposiciones emanadas de los poderes del Estado, también todos los avisos que manda a ejecutar una autoridad competente y los magistrados, los que le da carácter legítimo a la obligatoriedad de las normas jurídicas, o sea que las leyes se presumen que son conocidas por la universalidad de los ciudadanos.

BOLSA DE TRABAJO. Institución pública o privada, cuya función es la de vincular a los oferentes con las demandas de empleos.

BOLSA DE VALORES. Es un mercado público regido por leyes especiales donde las empresas o el Estado compran los ahorros de los particulares a cambio de los títulos más diversos. Estos títulos consisten en valores mobiliarios, créditos o participaciones. El objetivo principal de la bolsa de valores es gestionar recursos para destinarlos a la inversión con el propósito de obtener fabulosas ganancias.

BOLSÍN. Es el mercado de valores mobiliarios donde se efectúan las operaciones de compra y venta de valores que no están autorizadas por las autoridades, por lo cual ejerce sus actividades sin apego al sistema legal.

BONAPARTISMO. Es un sistema autoritario de gobierno que surge en los albores del régimen capitalista, cuando las clases en pugna de dicha sociedad no son todavía lo suficientemente fuertes para imponer su voluntad. Esta forma de poder se caracteriza porque existe un equilibrio de fuerzas entre las dos clases fundamentales del sistema capitalista, donde una capa burocrática asume la jefatura del Estado, gobernando con una autonomía excepcional. Y posteriormente promueve la legalidad de todo lo realizado a través de alguna forma de participación popular.

BONDAD. Concepto que involucra la preferencia natural hacia la ejecución del bien.

BONO. Es un título al portador, que puede ser emitido por una institución pública, una nación, un gobierno regional, un municipio, una institución privada o una entidad financiera internacional, con la finalidad de obtener recursos, rápidamente, de los mercados financieros.

BONO DEL TESORO. Son valores mobiliarios que equivalen a una porción de la deuda pública que devenga un interés, que son emitidos por el Estado con el fin de realizar una inversión o hacerle frente al déficit estatal, y que pueden ser obtenidos por los particulares y por instituciones bancarias privadas.

BONI MORES. Se emplea en el sentido de que pueden ser objeto de contrato todos los servicios que no sean contrarios al régimen jurídico o a las buenas costumbres.

BOOM. Es el auge, el crecimiento acelerado de alguna actividad. Es también el aumento explosivo de la inflación, de una idea, de un grupo de políticos o de cualquier otro factor de la vida social.

BORRADOR. Escrito provisional al que se le pueden hacer las modificaciones, supresiones o adiciones necesarias que servirán de base para la redacción de la copia definitiva. Libro que las personas que se dedican a las actividades comerciales utilizan para realizar las anotaciones provisionales, antes de efectuar los asientos de la cuenta en limpio.

BORRÓN Y CUENTA NUEVA. Es una consigna antijurídica e inmoral que significa que los crímenes, delitos y errores cometidos por los gobiernos, las instituciones y las personas deben quedar impunes. Por lo tanto, deben ser perdonados y olvidados, y quedar las violaciones a la ley como si nunca hubieran sucedido.

BOTÍN. Es el conjunto de bienes propiedad de un pueblo, una comunidad o un barco, que han sido derrotados en una guerra o una batalla. Ya que en los tiempos antiguos los vencedores se apropiaban de estos. Comprende también todas las cosas que se han obtenido por la comisión de un robo.

BRAZALETE ELECTRÓNICO. Dispositivo electrónico que funciona como localizador para establecer a qué distancia se encuentra la persona a la que se le ha dictado una orden de alejamiento de otra por lo cual se le ha prohibido que se le acerque.

BRIBÓN. VER: BANDIDO.

BROWDERISMO. Es la tendencia sustentada por Earl Browder, jefe del partido comunista de los Estados Unidos en los años cuarenta del siglo pasado, de que los partidos comunistas deben hacer a un lado cualquier consideración de tipo ideológico para colaborar con los gobiernos burgueses en la lucha contra la reacción nazi-fascista en todo el mundo.

BRUTALIDAD POLICIAL. Es una modalidad de mala conducta que exhiben los agentes que forman parte de las fuerzas del orden público, cuando utilizan de una manera desmedida la agresión física, verbal y la amenaza contra los ciudadanos.

BUCANERO. Es el nombre que se les da a los aventureros europeos que se establecen en las Antillas durante el siglo XVI para dedicarse al saqueo de las colonias españolas y a la caza de ganado cimarrón, del cual consiguen la piel y la carne. Estas dos mercancías las comercializan con los piratas que llegan a las costas.

BUEN ESTADO DE LA COSA ARRENDADA. Consiste en la obligación que asume el arrendatario de mantener la cosa en perfecto estado, haciendo las reparaciones que le exige el deterioro de la cosa, o el que causa la propia calidad de la cosa, vicio o defecto de ella, o el que se deriva del disfrute o uso estipulado.

BUEN JUICIO. Es el punto de vista racional y moral que se posee para diferenciar correctamente sobre el bien y el mal, lo correcto y lo incorrecto.

BUEN PADRE DE FAMILIA. Forma que debe seguir el tutor cuando se le encomienda la administración de los bienes del menor, por lo cual debe conservarlos íntegramente, siendo responsable de todo daño o perjuicio que ocasionen la falta de cumplimiento de sus deberes.

BUEN USO DE LA COSA PRESTADA. Es el derecho que le asiste a la parte que le ha sido entregada una cosa en calidad de préstamo de no responder por los daños que haya sufrido la cosa, o por las consecuencias de su uso o cuando dicha cosa se destruye por su mala calidad, vicio o defecto.

BUENA FE. Principio trascendental del derecho que exige a las personas el deber de obrar con bondad, honestidad, veracidad, lealtad e integridad, lo que lleva implícito que se esté desarrollando un comportamiento acorde con lo que consignan las normas jurídicas.

BUENAS COSTUMBRES. Son los valores, éticos, morales y sociales, que nos señalan la forma habitual de obrar y proceder establecidas por la tradición, la repetición y que contribuyen a conducirnos por el camino correcto para no violentar las normas jurídicas establecidas por la sociedad.

BUENOS OFICIOS. Es uno de los métodos que contempla el Derecho internacional para solucionar pacíficamente las controversias entre los Estados o de personalidades dotadas de gran autoridad moral que exhortan a las partes envueltas en el conflicto a que busquen un arreglo negociado para sus diferencias. Se acude a este método de negociación cuando los Estados en conflicto no logran zanjar sus diferencias en la mesa de negociaciones.

BUFETE. Es un estudio jurídico donde laboran uno o más abogados que ofrecen sus servicios a los ciudadanos que lo solicitan.

BULA. Es un documento pontificio que lleva la firma y la autorización del Papa y expresa diversos mandatos en materia de ordenanzas, condenaciones doctrinales, otorgamientos de beneficios, juicios de la iglesia, decretos de indulgencia y liberación de cargos religiosos.

BURBUJA FINANCIERA. Es el incremento del precio de las mercancías muy por encima de su valor real, lo cual perjudica a los sistemas financieros locales o internacionales.

BURBUJA INMOBILIARIA. Es un aumento desmedido e injusto de los bienes inmobiliarios generado por la especulación.

BURGUESÍA. "Llamaremos burguesía o clase capitalista a la clase que controla y dirige el sistema de producción capitalista. Con dinero acumulado compra medios de producción y fuerza de trabajo a fin de obtener una cantidad de dinero mayor a la que invirtió al iniciar este proceso, dinero que se obtiene a través del trabajo no pagado de los trabajadores del sector industrial." (5)

BURGUESÍA NACIONAL. Es el sector de la burguesía que sufre los embates de las multinacionales y el imperialismo, por lo cual aboga por la formación de un Estado nacional libre de toda competencia extranjera, y que, por ende, conlleve a la creación de un mercado nacional que esté protegido del saqueo de los monopolios extranjeros.

BURÓ DE CRÉDITO. Es una oficina de información crediticia donde se van formando expedientes sobre el comportamiento del crédito de todas las personas que disfrutan y han disfrutado de un crédito con la formalidad de conocer si estos han cumplido o no con sus obligaciones. Un buró de crédito sirve como marco de referencia para que las empresas comerciales, financieras u otras entidades decidan si conceden o niegan un crédito a quienes se lo solicitan.

BUROCRACIA. Categoría social que está compuesta por el ejército de empleados, tanto del sector estatal como del sector privado. Está al margen del pueblo, fuera del control popular, y se halla al servicio de la clase dominante en la sociedad capitalista.

BUROCRATISMO. Es un sistema de dirección, engendrado por el régimen capitalista, en el que el poder político lo ejercen funcionarios que actúan al margen de los sectores populares, y que se dedican a cumplir órdenes recibidas en forma mecánica, aferrándose a las normas de funcionamiento rutinario, siendo incapaces de ponerla al servicio de la sociedad.

BURSÁTIL. Es todo lo concerniente a la bolsa, a las operaciones que en ella se realizan (compra y ventas de bonos emitidos por el Estado y las compañías del sector privado y otras) y a la cotización de sus valores.

C

CABALLEROS. En su definición más sencilla, señala a las personas que montan a caballo; pero este concepto ha variado su significado a través de la historia. El más importante es el que alcanza durante el feudalismo. En la sociedad feudal, se considera caballeros a la clase de los señores feudales inferiores que podían comprar caballos y armas para de esta forma llegar a ser parte del cuerpo élite de la milicia feudal: la caballería. Estaban subordinados a un señor feudal de más alto rango.

CABALLEROS TEMPLARIOS. Constituyen una unidad militar especial creada por nueve caballeros franceses encabezados por Hugo de Paijens en 1118 y 1119, después de la primera cruzada, que fue aprobada por la Iglesia Católica en 1129. Tenían el objetivo de reforzar las posteriores cruzadas organizadas por la Iglesia Católica para conquistar los llamados santos lugares que estaban en manos de los musulmanes.

CABALLO DE TROYA. Esta frase tiene su origen en el siglo XIII antes de nuestra era, en un episodio de la guerra entre griegos y troyanos que narra Homero en su monumental obra "La Ilíada." Cuenta la narración homérica que, después de un largo tiempo de maniobras infructuosas para tomar la sitiada ciudad de Troya, uno de los monarcas griegos, Ulises, elabora un plan: Manda a construir un gigantesco caballo de madera y ordena colocarlo a las puertas de la sitiada ciudad, con su interior lleno de soldados griegos. Los troyanos salen y lo introducen en la ciudad. Ya de noche, cuando los troyanos descansaban, los soldados griegos salen del caballo y abren las puertas de la ciudad al resto de sus compañeros para que entren. Así se produce la caída de Troya. Desde entonces, se utiliza esta frase en la vida política para designar la utilización de un arma secreta, ardid, artimaña, estratagema, trampa, truco o triquiñuela.

CABECILLA. Es la persona que encabeza un grupo o movimiento que lucha contra una situación que no está de acuerdo por lo cual lucha contra ella desarrollando una serie de actos de protesta.

CABEZA. Persona que preside o dirige un pueblo, una región o comarca. Se designa con este término también a la persona que sucede por cabeza, que es la que hereda por su propia persona, y no porque otra la represente.

CABEZA DE CASA. Es el descendiente legítimo del fundador de una casa, familia o linaje, que posee la primogenitura y por lo tanto es el heredero universal.

CABEZA DE FAMILIA. Es la persona que es jefe de una casa sin importar el sexo, (aunque por lo general es el hombre) y que tiene bajo su cargo sostener económicamente a los demás miembros de su familia, y por lo cual le corresponde dirigir y administrar los bienes de la casa.

CABEZA DE PROCESO. Es el auto de oficio, que emite un juez para que se investigue el acto criminal cometido para que conduzca a descubrir los participantes en el hecho punible, para poder dar inicio al proceso penal.

CABEZA DE SENTENCIA. Es la exposición introductoria que antecede a la sentencia donde se hace mención a los nombres de los litigantes si es un proceso civil o al de las partes si es un proceso penal y los motivos por los cuales se litiga o se lleva a cabo la acción penal, de tal manera que el proceso quede individualizado y se conozca a quienes les corresponde el fallo.

CABILDEO. Llamado también tráfico de influencias o lobby, es una forma de corrupción que implica que una persona, o un grupo de personas, o cualquier tipo de organización, utilicen métodos ilegales para presionar a las autoridades gubernamentales, congresionales y municipales con el objetivo de que aprueben asuntos que son del interés exclusivo de los cabildeadores, es decir, de las personas que ejecutan el cabildeo

CABILDO. VER: AYUNTAMIENTO.

CABINA ELECTORAL. Espacio reservado que garantiza en todo momento el secreto del voto, ocultando al elector de todo el que lo pueda mirar en el instante en que introduce su voto en el sobre que él depositará en la urna para ejercer su derecho al sufragio.

CACICAZGO. Era el nombre que recibían los territorios en que se encontraba dividida la isla española, hoy de Santo Domingo, a la llegada de los conquistadores españoles en el año de 1492. Constituyó la jurisdicción geográfica, política y administrativa de la población indígena que habitaba la isla.

CACIQUE. Era el nombre que le daban los aborígenes americanos al jefe que gobernaba una unidad territorial específica. Dentro de la jerarquía social de las sociedades aborígenes, el cacique ocupaba la cima.

CACIQUISMO. Este término se aplica a la persona que gobierna, dirige o influencia a los demás como si fueran sus subordinados. Es el ejercicio político-social del poder de forma corrompida, fundándose en arbitrarias consideraciones de carácter personal que dan lugar a peligrosos abusos.

CACO. Nombre que proviene de la mitología griega y que significa malo, malvado. Se conoce con el nombre de caco al ladrón que roba con gran destreza y habilidad, utilizando grandes ardides y triquiñuelas.

CADALSO. En la antigüedad era la estructura provisional, construida, para aplicarles la pena de muerte a las personas que habían sido condenadas para que la ejecutaran.

CADÁVER. Es el cuerpo de un ser humano que ha perdido la vida de una manera accidental o por la vía de la violencia.

CADENA. Se designa en el ámbito forense, al grupo de presidiarios que han sido condenados a cumplir la pena, atados con grillos y atados por una cadena.

CADENA PERPETUA. Es la privación de la libertad de carácter vitalicio, con la cual se penaliza a las personas que han cometido actos criminales de una magnitud gravísima.

CADENA DE MANDO. Consiste en la línea ininterrumpida de autoridad que va desde la parte principal de la estructura hasta la última categoría.

CADUCIDAD. Es una institución que produce la pérdida de la validez o vigencia de un documento, de una norma jurídica o de un derecho, entre otras causas, por la prescripción, por el vencimiento del plazo señalado.

CADUCIDAD DE DISPOSICIÓN TESTAMENTARIA. Situación que se presenta cuando la persona que será beneficiada por esta decisión muere antes que el testador o cuando benefician a un ser que está por nacer, y este no nace con vida y también se produce cuando se pierde la cosa, si esta fuera cierta.

CADUCIDAD DE DOCUMENTO DE IDENTIDAD. Pérdida de la validez o vigencia jurídica de los anteriores documentos, que ocurre por la entrega del último que se ha expedido.

CADUCIDAD DE HIPOTECA. Acto de pleno derecho, que se presenta cuando ocurre el vencimiento del plazo legal cuando no es renovado antes que se produzca su vencimiento.

CADUCIDAD DE INSTANCIA. VER: PERENCIÓN DE INSTANCIA.

CADUCIDAD DE LAS LEYES. Se utiliza esta expresión para señalar que cuando ciertas leyes decaen y pierden vigor haciéndose caducas por lo cual resultan inaplicables. Es necesario que estas leyes sean derogadas por leyes posteriores que estén a tono con el nuevo contexto en el que se van aplicar.

CAJA. Es una institución que goza de cierta autonomía económica que es propietaria de sus propios recursos, los que administra con la finalidad de pagar ciertas cargas, desempeñan sus funciones siempre bajo la supervisión estatal.

CAJA DE PANDORA. Esta expresión tiene su origen en la mitología griega. Según el relato mitológico, los dioses crean una mujer de singular belleza a la que llaman Pandora, portadora de una caja que contiene todos los males. Cuando ella la abre, surgen todos los males que azotan a la humanidad. Trasladada a la vida política, se utiliza la expresión "abrir la caja de pandora" para señalar que de una acción o decisión tomada en el ámbito político surgirá una serie de males sobre un país o una institución.

CAJA DE SEGURIDAD. Es el servicio que una institución pública o privada pone a disposición del público, bajo la más estricta confidencialidad, y que consiste en proporcionarles el uso de una caja para que el cliente guarde todos los objetos que desee sin declararlos, un seguro por un monto determinado, la vigilancia, por lo cual el usuario debe pagar una suma de dinero mensual o anual, o según como ellos lo hayan convenido.

CALAMIDAD. Catástrofe o desgracias de enormes proporciones que afecta a una gran cantidad de personas perjudicando sus vidas y produciendo grandes daños materiales. En el ordenamiento jurídico de las diferentes naciones la comisión de delito por la ocurrencia de desastre de esta magnitud agrava la pena que se le impondrá.

CALAMIDAD PÚBLICA. Es la cadena de desgracias que se producen como consecuencias de desastres naturales, tales como terremotos, inundaciones, incendios, epidemias o guerras que ponen en peligro la seguridad de la población; Por lo cual el Poder Ejecutivo de la nación afectada puede implementar todas las medidas que les permite su legislación para enfrentar actos de esta naturaleza.

CALAÑA. Es la condición negativa que señala a un sujeto como lo más despreciable de su clase. Ejemplo: es un asesino de la peor calaña

CALZADA. VER: ACERA.

CALENDARIO JURÍDICO. Es el registro o catálogo instrumentado para determinar el conjunto de acciones que se llevan a cabo para cumplir con las metas jurídicas administrativas, judiciales o extrajudiciales, con las cuentas necesarias de los términos, los días hábiles e inhábiles, el comienzo de los plazos, u otros que sean necesarios para que las normas, tanto sustanciales como procesales funcionen correctamente.

CALIDAD. Es la condición con la que una persona participa en un acto jurídico o en un proceso judicial.

CALIDAD DE DIPUTADO. Requisitos que se le exigen a una persona para que pueda optar por una candidatura a diputado, las cuales dependerán de lo que le estipule la legislación de cada nación. Entre estas pueden estar una edad mínima, estar en pleno ejercicios de sus derechos civiles y políticos, poseer la nacionalidad del país en el que aspira a ser diputado, ser nativo de la demarcación territorial en la que está aspirando al cargo o haber residido en ella por el tiempo que fija la ley.

CALIDAD DE IMPUTADO. VER: DERECHO DEL IMPUTADO.

CALIDAD DE JEFE DE ESTADO. Persona que debe reunir una serie de requisitos que le exige el sistema constitucional de su país (edad, ciudadanía, lugar de nacimiento) para poder aspirar al cargo de conducir y dirigir los destinos de una nación.

CALIDAD DE LA EDUCACIÓN. Es el derecho constitucional que asegura a todos los ciudadanos una educación gratuita para que puedan adquirir los conocimientos, capacidades, destrezas y actitudes necesarias que les permitan obtener una amplia gama de conquistas intelectuales, sociales, morales y emocionales.

CALIDAD DE LOS SERVICIOS PÚBLICOS. Es el conjunto de actividades desplegadas por instituciones públicas o privadas, creadas por el régimen jurídico para crear, organizar y asegurar el funcionamiento continuo o eficiente de los servicios públicos, para que den satisfacción a ciertas categorías de necesidades de interés colectivo.

CALIDAD DE SENADOR. Persona a la que se le exigen una serie de requisitos para que pueda aspirar a ser candidato a senador, los cuales dependerán de lo que estipule la legislación de cada nación. Entre estos pueden estar una edad mínima, gozar del pleno ejercicio de los derechos civiles y políticos, haber nacido en el país en el cual quiere ser senador y en la demarcación territorial que pretende representar.

CALIDAD DE VIDA. Término que se utiliza para diagnosticar el bienestar social de los individuos y las naciones desde un punto de vista cualitativo. Ella involucra, por tanto, una serie de factores que determinan las condiciones de existencia de los individuos y de las naciones, tales como la libertad, la dignidad humana, la salud, la educación, el ingreso, la vivienda, la alimentación, la seguridad social, la seguridad jurídica, la cultura, el medio ambiente sano y una amplia gama de otros valores.

CALIE. Odiado, temido y funesto personaje que durante la era de Trujillo, en la República Dominicana, trabajaba para los servicios de espionaje. Su función consistía en vigilar, delatar, arrestar, torturar y asesinar a los opositores de Trujillo.

CALIFA. Es el título de los príncipes musulmanes que, tras la muerte de Mahoma, se convierten en la máxima autoridad del mundo islámico, en los campos espiritual, político, judicial y militar.

CALIFICACIÓN. Es el acto de evaluación que hace el juez para establecer que la quiebra es casual, culpable o fraudulenta, dependiendo de cómo haya sido la conducta comercial del fallido. Determinación de las características del acto delictivo que corresponde al hecho u omisión que se trata de sancionar.

CALIFICACIÓN EN EL DERECHO INTERNACIONAL PRIVADO. Cuando a un juez se le presenta un asunto que reviste un carácter internacional, el sistema jurídico competente para calificar dicho asunto es el derecho civil del juez que conoce el caso.

CALÍGRAFO. Auxiliar de la justicia que forma parte de los cuerpos de peritos, que en el área de la caligrafía se encarga de dictaminar sobre la autenticidad de documentos, públicos o privados, analizar las características de las escrituras y determinar los problemas que se le presenten a las mismas, asistir en temas caligráficos a funcionarios públicos o privados.

CALUMNIA. Acto delictivo que comete una persona cuando acusa falsamente a otra de la comisión de un hecho que el orden jurídico tipifica como delito, con la única intención de causarle un daño.

CALLE. Es un espacio urbano de dominio público y uso público, que goza del carácter de inalienable, imprescriptibles e inembargables, que está ubicado dentro de los edificios de una ciudad o un poblado y se utiliza para que transiten las personas, los vehículos y para accesar a las edificaciones que se encuentran a ambos lados de la calle.

CALLE PEATONAL. Es el espacio de una zona urbana donde está prohibido la circulación de vehículos de motor.

CÁMARA. Órgano constitucional de un Estado que constituye el poder legislativo que puede estar o no compuesto por diputados y senadores.

CÁMARA ALTA. Es el órgano del poder legislativo que está conformado por los senadores.

CÁMARA BAJA. Es el órgano del poder legislativo que está conformado por los diputados.

CÁMARA DE DIPUTADOS. VER: CÁMARA BAJA.

CÁMARA DE SENADORES. VER: CÁMARA ALTA.

CAMARADA. Con este vocablo, se designa a los compañeros de la actividad política que comparten el mismo pan, corren la misma suerte que otros y se ayudan mutuamente.

CAMARILLA. Grupo minoritario de personas que ejerce influencia sobre la toma de decisiones en los asuntos fundamentales de la acción política de una nación, de un partido político o de un conglomerado.

CAMBIO. Sustituir un gobierno por otro. Devolución de una suma que se produce después de comprar alguna mercancía. Permuta que permite recibir o dar una cosa por otra.

CAMBIO DE DOMICILIO. Es la facultad que tiene una persona de trasladarse del lugar en que está establecida a otro sitio, con la intención de radicarse en él y establecer allí su principal establecimiento para poder cumplir con sus obligaciones y poder ejercer sus derechos.

CAMPAÑA ELECTORAL. Es el periodo que antecede a las elecciones y cuya duración se fija por ley. Se caracteriza por la libre difusión de las ideas, la libertad de reunión y organización y por los esfuerzos de los candidatos a cargos electivos para obtener los votos de los electores.

CAMPAÑA SUCIA. Es la campaña negativa que tiene por objetivo destruir la imagen personal del adversario mediante el uso de la difamación, la mentira, el libelo, la manipulación y la invención de datos sobre su trayectoria. Se busca sembrar dudas sobre su capacidad y honestidad en la mente de los ciudadanos y se persigue presentar al contrincante como una persona que oculta, distorsiona y maquilla su comportamiento personal.

CAMPESINOS. Constituyen una de las dos clases fundamentales de la sociedad feudal. En este sistema, los campesinos, también llamados siervos de la gleba, son apéndices del principal medio de producción, que es la tierra, propiedad del señor feudal, el cual les entrega pequeñas porciones. Los campesinos, a cambio, se ven forzados a trabajar en las tierras del señor feudal una gran parte del año sin recibir ninguna remuneración. Y deben subsistir con los frutos que obtienen en su pequeño pedazo de terreno. Al desintegrarse el régimen feudal y ser sustituido por el capitalismo, el campesinado o pequeña burguesía agraria subsiste como una clase de transición. Se convierte en pequeño productor independiente y tiende a desaparecer en la medida que se desarrollan las relaciones capitalistas de producción.

CAMINO. Es la porción de terreno que se utiliza como vía de comunicación para trasladarse de un sitio a otro.

CAMINO PÚBLICO. Es la vía de comunicación de uso y dominio público, pero que no incluye las calles, plazas y paseos públicos que están situados dentro de la zona urbana.

CAMINO DE SIRGA. Es el camino que los propietarios ribereños están obligados a dejar a la vera de los ríos y canales, para uso público, y que se utiliza para llevar embarcaciones tirando desde la orilla con cuerda, hasta la otra orilla del río o canal.

CAMINO REAL. Era el que en la antigüedad había sido construido por el Estado, que poseía mayor amplitud que los demás, y que comunicaba a los centros urbanos de mayor importancia.

CAMINO RURAL. Es el camino de uso público que enlaza a los pequeños centros poblacionales, y que se caracteriza por no estar pavimentado o poseer una fina capa de asfalto.

CAMINO VECINAL. Es el camino de dominio público construido con los recursos municipales para comunicar a núcleos de la población con los puntos importantes del municipio. Y posee una anchura pequeña limitada exclusivamente al tránsito de vehículos.

CAMPO DE CONCENTRACIÓN. Es un lugar de reclusión donde se encierran a personas por ser opositores políticos, pertenecer a grupos étnicos o religiosos, por su orientación sexual, a prisioneros de guerra y habitantes de una zona en conflicto.

CADUCIDAD DE INSTANCIA. VER: PERENCIÓN DE INSTANCIA.

CANALLA. Es la persona que actúa sin ningún tipo de escrúpulos y con maldad.

CANASTA FAMILIAR. VER: BENEFICIO DE CANASTA FAMILIAR.

CANCELACIÓN. Es la acción de anular un documento, un compromiso o una obligación.

CANCELACIÓN DE HIPOTECA. Es el trámite que se debe realizar cuando uno ha comprado un inmueble solicitando un préstamo hipotecario a una entidad financiera, por lo que éste queda como garantía de pago, que es la obligación que se aplica al inmueble para señalar que ya este ha contraído un compromiso con una deuda. Por esto la entidad prestamista es la propietaria del inmueble, el cual solo procederá a pasarla a nuestras manos cuando procedamos a realizar el proceso de pagar el préstamo para poder cancelar la hipoteca.

CANCELACIÓN DE INSTANCIA. Es la orden emitida por un tribunal de eliminar un asunto de la lista de audiencia, cuando los representantes de las partes no hacen acto de presencia y no confirman respectivamente la demanda y la contestación.

CANCELACIÓN JUDICIAL DE HIPOTECA. Es la medida que adopta un juez cuando emite una sentencia que se puede producir cuando la toma de razón no se ha basado en un documento que justifique la constitución de hipoteca, o cuando ya la hipoteca no existe por cualquier razón de carácter legal, o cuando la deuda ha sido saldada.

CANCILLER. Es un funcionario de alto rango que tiene diversas acepciones según la nación en que desempeñe sus funciones. En el campo diplomático, es la persona que se encarga de dirigir las relaciones exteriores de un país. En el campo gubernamental, es el cargo con el cual se designa al jefe del gobierno, elegidos por las cámaras legislativas en los regímenes parlamentarios que así lo han establecido.

CANCILLERÍA. Órgano especial desde el cual se dirige la política internacional de una nación. Oficina ubicada en las embajadas, consulados y otras representaciones diplomáticas, que tienen por función la redacción de los documentos que se le soliciten.

CANDIDATO. Esta palabra designa a quien aspira ejercer una función pública, o que se postula para ser escogido por los electores, a través de elecciones libres y democráticas.

CANON. El precio que se debe pagar al Estado de manera periódica por una determinada concesión.

CANONJÍA. Llamada también el sistema del botín, consiste en la distribución de privilegios y prebendas que realiza la candidatura ganadora de unas elecciones entre sus partidarios, para premiarlos por su colaboración y ayuda en la campaña electoral.

CANTÓN. División territorial que existe en algunas naciones que gozan de cierta autonomía política.

CANTAR LA PALINODIA. Esta expresión se origina en un episodio de la mitología griega y consiste en el acto de retractarse de una afirmación.

CAPACIDAD. Es el conjunto de recursos y aptitudes que posee una persona para desempeñar una determinada tarea u oficio. Es la idoneidad que posee una persona para ser titular de relaciones jurídicas.

CAPACIDAD CIVIL. Es la idoneidad general que posee una persona para ser sujeto de derechos y obligaciones en el ámbito del derecho privado, y, más generalmente, en el área tradicional del Derecho Civil, en las relaciones jurídicas familiares, contractuales, imperativas y sucesorias.

CAPACIDAD DE DERECHO. Es la capacidad jurídica que poseen las personas para ser titular de derechos y obligaciones.

CAPACIDAD DE HECHO. Es la capacidad de obrar que poseen las personas para ejercer por sí mismas los derechos y obligaciones de los que son titulares.

CAPACIDAD DE LA PERSONA JURÍDICA. La persona jurídica es la institución que está en capacidad de ejercer derechos y contraer obligaciones, y de ser representada tanto como judicialmente como extrajudicialmente.

CAPACIDAD LEGAL. Es la capacidad de gozar y ejercer, o sea, la capacidad que poseemos las personas de ser sujetos de derechos y obligaciones.

CAPCIOSO. Es el concepto que designa aquellas palabras, expresiones, preguntas, argumentos, proposiciones o manera de hablar que conducen al engaño y a la falsedad.

CAPELLANÍAS. VER: BIENES DE CAPELLANÍAS.

CAPITACIÓN. Es la distribución de tributos o gravámenes que se hace por cabezas, o el impuesto que todas las personas que están obligadas a pagarlos pagan exactamente la misma suma de dinero, sin importar si tienen los mismos ingresos o propiedades.

CAPITAL. Centro urbano que constituye la localidad o la ciudad principal de una nación, provincia, distrito, municipio, departamento o cualquier otra división administrativa, donde residen sus respectivas autoridades. Totalidad de bienes que son propiedad de una persona. La suma de dinero que se presta y que por esta razón genera intereses.

CAPITAL AUTORIZADO. Es aquel capital que se puede representar por las acciones que son designadas con el nombre de tesorería, o sea, que estarán depositadas en la caja o tesorería de la sociedad, para ir colocándolas cuando la junta de administradores lo decida.

CAPITAL SOCIAL. Es la suma de dinero en efectivo y otros activos que constituyen el patrimonio del cual es propietaria una empresa.

CAPITAL SUSCRITO Y PAGADO. Es el capital que los socios se comprometen a aportar a la sociedad, al instante de la constitución de la empresa cada socio deberá pagar una cuota que ascenderá a la tercera parte del capital que suscribió. Por ejemplo, si el capital autorizado de una sociedad es de RD$180,000.00, la cantidad mínima que los socios deben suscribir es de RD$90,000.00. Y el capital pagado será de RD$30,000.00 que asciende a la tercera parte del capital suscrito que dijimos que era de RD$90,000.00.

CAPITALISMO. Es el régimen económico, político y social en el cual el grupo más reducido de la población, el de los capitalistas, es propietario de los principales medios de producción. Mientras tanto, la inmensa mayoría de la población, las masas trabajadoras, carece de estos medios, por lo cual se ve en la imperiosa necesidad de emplearse en las empresas de los capitalistas para poder conseguir los medios necesarios de subsistencia.

CAPITALISMO DE ESTADO. Es el control por una capa específica de los mecanismos económicos, políticos y militares del Estado. Este control puede asumir un carácter reaccionario o progresista, dependiendo de las fuerzas sociales que lo respalden. Asume un carácter reaccionario cuando una élite burocrática que se enquista en el aparato del Estado para burocratizar toda la vida política y económica con el propósito de apropiarse de las riquezas excedentarias creadas por las masas trabajadoras. Mientras, adquiere un carácter progresista cuando, en el ámbito político, el Estado nacionaliza las empresas privadas y sigue desempeñando el rol de capitalista para romper las estructuras tradicionales del sistema capitalista y poder llegar, con el tiempo, a instaurar una sociedad socialista.

CAPITALISMO SALVAJE. VER: NEOLIBERALISMO.

CAPITALIZACIÓN. Es la operación financiera en la cual se invierte un capital para generar un beneficio llamado interés durante el tiempo que dura la inversión. La capitalización puede ser simple o compuesta. Es simple si el interés no se acumula y el inversionista puede disponer de él al finalizar cada periodo. Está compuesta si se acumula el interés al capital, al finalizar el periodo de la inversión, para producir interés en el siguiente periodo.

CAPITALIZAR. Es agregar a un capital los rendimientos o interés que este ha generado por su utilización.

CAPITULACIÓN. Pacto político o militar en el cual se estipulan los requisitos exigidos para que se produzca una rendición. Convenio al que llegan dos países para estipular las relaciones jurídicas de sus propios nacionales cuando se encuentren como extranjeros en el territorio del otro.

CAPITULACIÓN MATRIMONIAL. Es el acuerdo que suscriben previo a la celebración de la ceremonia que los unirá por el vínculo del matrimonio los futuros cónyuges con la finalidad de establecer el régimen económico que regirá el patrimonio de la sociedad conyugal.

CAPITULACIONES DE SANTA FE. Fue el contrato suscrito el 17 de abril de 1492 entre la corona española y el aventurero Cristóbal Colón, en el cual los monarcas españoles les otorgaban unas series de beneficios solicitados por éste como condición para efectuar la travesía marítima que les proporcionará a España una ruta hacia las indias. Estos beneficios fueron los siguientes:
1) Título de almirante de todas las tierras e islas que descubriera en su viaje. 2) Título y gobernador de esas tierras e islas, con derecho a proponer el gobierno de las mismas. 3) Beneficio de diez por ciento sobre todo el oro, especias, piedras preciosas y otras mercancías obtenidas en los dominios del almirantazgo. 4) Derecho de obtener la octava parte en el tráfico que hiciera cualquier barco con las nuevas tierras, beneficios que serían heredados por sus sucesores. 5) Concesión de título de don, con dignidad honorífica.

CAPÍTULO. Cada una de las subdivisiones en que se dividen los textos legales que forman parte del ordenamiento jurídico de una nación para que queden correctamente ordenados y puedan ser comprendidos de una manera muy fácil.

CAPTACIÓN. La acción de atraerse la voluntad de alguien, con el objeto de conseguir que éste de una forma generosa le conceda la totalidad o una parte de sus bienes ya sea en forma de donación o legado. Pero si este acto va acompañado de maniobras fraudulentas que influenciaron para que se produjera la donación o el legado, esta forma de maniobrar constituye dolo, lo cual lleva a la anulación de dicho acto.

CAPTURA. Apresar a una persona que se encuentra prófuga de la justicia porque se considera que cometió un acto que violó el ordenamiento jurídico de la sociedad. Esta solamente puede ser detenida cuando es emitida por las autoridades competentes una orden judicial ordenando su detención o si es sorprendida cometiendo el acto delictivo.

CARACTERIZACIÓN. Determinación de los atributos específicos del hecho o acto que va calificar, haciendo una señalización concreta y dando constancia con precisión de los elementos de hecho y de derecho que concurren a su definición.

CARÁCTER PRIVADO. Término que se refiere a la naturaleza de una relación jurídica específica que se rige por los preceptos o reglas del derecho civil que son a su vez preceptos y reglas del derecho privado.

CARÁCTER PÚBLICO. Término que se refiere a la naturaleza jurídica de una relación jurídica específica que se rige por los preceptos o reglas de derecho público.

CARÁTULA. Primera hoja de un expediente en la cual se establece el nombre de las partes, el tribunal competente y la numeración del proceso.

CÁRCEL. Es la prisión o presidio que está condicionada para encarcelar a los condenados a una pena de privación de libertad o a los detenidos que se presumen culpables de haber cometido un delito por orden de la justicia.

CAREO. Medida que puede ordenar el juez para confrontar a dos o más testigos y a las partes, con el objeto de descubrir la verdad cuando se presente el caso de que las declaraciones de los testigos y las partes muestren grandes diferencias.

CARGA. Es el gravamen o impuesto establecido por el Estado que debe pagar una persona por los bienes que posee.

CARGA DE LA PRUEBA. Es el principio jurídico que señala que quien alega que se ha producido una infracción a la ley que lo ha perjudicado está obligado a probarlo ante un tribunal.

CARGO. Es el delito por el cual se acusa a una persona. Persona que desempeña un empleo u oficio en la administración pública por el cual percibe un sueldo, se le asigna un vehículo con chofer, gastos para combustibles y representación.

CARNADA. VER: SEÑUELO.

CARNET. Es el objeto material que está revestido de un carácter público o privado y que designa a su portador como un miembro que pertenece a determinada institución.

CARNE DE CAÑÓN. Expresión que hace referencia a la persona o pluralidad de personas, a las que se les expone sin contemplación a sufrir cualquier clase de daño.

CARTA. Medio de comunicación escrito manualmente, en una máquina de escribir o en un medio electrónico, por medio de la cual una persona expresa a otra algo acerca de un asunto o una temática. Significa también la oficina de un tribunal.

CARTA ABIERTA. Es una clase de carta que va dirigida a una persona específica o institución, y a veces a un amplio sector de la población, a través de los medios de comunicación, con la finalidad de que, por medio de la publicidad, su contenido sea conocido por una gran cantidad de ciudadanos.

CARTA ANÓNIMA. Es la carta escrita por una persona que no se identifica y que su contenido se caracteriza por lo general por el uso del insulto, la difamación o las amenazas.

CARTA BLANCA. Es la que se le dirige a una persona o a una pluralidad de personas, en la cual se le conceden los permisos para que actúen sin ningún tipo de limitaciones, utilizando cualquier medio disponible a su alcance, para desarrollar sus actividades, sin importar si su objetivo está definido o no.

CARTA CONTRATO. Es un escrito elaborado por una persona que va a efectuar un determinado trabajo para ti, donde le hace constar que puede iniciar el trabajo bajo ciertas condiciones. En ciertas ocasiones las cartas de contrato vienen representando un acuerdo de trabajo entre las dos partes.

CARTA DE AMPARO. Es la que otorgaba el monarca a algún particular, con la finalidad de que nadie lo humillara u ofendiese, porque el que lo hiciera se vería expuesto a graves consecuencias.

CARTA DE CONFORMIDAD. En la legislación inmobiliaria dominicana es el escrito donde los propietarios dan su aprobación a los trabajos llevados a cabo por el agrimensor.

CARTA DE CRÉDITO. Es un mecanismo de pago que se utiliza en las operaciones del comercio internacional, mediante el cual un banco obrando a petición de un cliente que ha comprado mercancías en el extranjero debe realizar un pago a las personas que vendió las mercancías, siempre que le entreguen los documentos exigidos, y se cumplan los requisitos y condiciones del crédito.

CARTA DE ESPERA. Plazo suplementario que se le otorga por escrito al deudor para que cumpla con su obligación.

CARTA DE INTENCIÓN. Es una misiva que explica con detalles un acuerdo no obligatorio entre dos o más partes, que contienen cláusulas que más tarde pueden formalizarse mediante la redacción de un contrato.

CARTA DE PORTE. Es el escrito emitido por el transportista al cargador donde se da constancia de la cantidad de mercancías que se transportan por la vía terrestre, que da detalles e instrucciones sobre el envío.

CARTA DE RECOMENDACIÓN. Opinión favorable que se expresa sobre la solvencia de una persona que aspira a obtener un crédito. También el elogio que se hace a una persona sobre sus condiciones laborales para que consiga empleo.

CARTA DE RUTA. Es el pasaporte provisional que expiden las oficinas consulares de la República Dominicana en casos excepcionales a todos los ciudadanos que no tengan su pasaporte en vigencia o se le haya perdido el original y necesiten viajar a la República Dominicana. El cual tendrá vigencia por 30 días y servirá solamente para retornar a la República Dominicana.

CARTA ORDEN. La que contiene un mandato o una orden, transmisión de información judicial a un juez, a un tribunal o a un funcionario de categoría inferior.

CARTA ROGATORIA. Es la transmisión de información de carácter oficial que realiza un juez a otro de diferente jurisdicción o bien fuera de las fronteras nacionales, con la finalidad de que por su solicitud se realicen determinadas diligencias que son fundamentales para substanciar el procedimiento que se está llevando a cabo en un tribunal.

CARTAS CREDENCIALES. Es el documento que se les proporciona a los representantes diplomáticos para que lo presenten al iniciarse en sus funciones en una ceremonia solemne llamada "presentación de credenciales", que se efectúa con un carácter especial de acuerdo con las reglamentaciones protocolares de las diversas naciones.

CARTAS PATENTES. Son los documentos que una nación entrega a sus agentes consulares para que puedan realizar sus funciones en el extranjero. Están firmadas por el jefe del Estado y llevan el refrendo de su funcionario de relaciones exteriores. En ellas, hay constancia de las generales del funcionario consular, del rango de su cargo, la determinación de la ciudad sede y la circunscripción geográfica de sus funciones.

CARTEL. "El cartel es una asociación capitalista basada en un acuerdo sobre distribución de mercados, precios únicos, reparto de materias primas, condiciones de contratación de manos de obra, unidad de cálculo de ganancias, limitación de producción y establecimiento de una cuota para cada uno de los integrantes del cartel en la producción y en la venta. Conservan su autonomía productiva, comercial y jurídica". (6)

CARRERA CRIMINAL. Ocupación integrada por la delincuencia común o profesional.

CARRERA JUDICIAL. Es el conjunto de principios fundamentales que regulan el ingreso, ascenso, permanencia, sistema disciplinario, sistema laboral, prerrogativas e incompatibilidades de los funcionarios que ejercen el cargo de juez para administrar justicia en una nación.

CARRERA DE ARMAMENTOS. Es la competencia fomentada por el capital monopolista imperialista que financia los gastos gigantescos que realizan las grandes potencias en armamentos, en su carrera desenfrenada por superarse unas a otras militarmente y para venderles armas a las naciones pobres y dependientes.

CASA. Es un bien inmueble donde vive una persona, una familia o un grupo de personas entre las que no existe ningún nexo familiar.

CASA DE CAMBIO. Es un centro de comercio que se dedica a comprar y vender divisas de diferentes naciones.

CASA DE CITAS. Establecimiento donde por el pago de una suma de dinero, se proporcionan habitaciones para que una pareja sostenga relaciones sexuales.

CASA DE CONTRATACIÓN. Institución fundada en 1503, con sede primeramente en Sevilla y luego en Cádiz, creada para estimular y desarrollar el comercio entre España y sus colonias en el nuevo mundo. Aparte de ser un centro comercial, también funcionaba como tribunal de justicia.

CASA DE EMPEÑO. Es una entidad que se dedica a prestar dinero, por lo cual establece la tasa de interés que se va a cobrar, recibiendo en garantía todas clases de bienes que posean algún valor, que luego de transcurrido un plazo establecido, si el usuario del préstamo no cumple con las condiciones requeridas para recuperar el objeto de valor que empeño puede perderlo definitivamente.

CASA DE HUÉSPEDES. Edificación destinada a alojar personas por un precio muy económico, las cuales por diversos motivos deben permanecer por cierto tiempo en algún lugar.

CASA DE JUEGO. Establecimiento que tiene la reputación de dedicarse a la práctica de juegos ilegales.

CASA DE MONEDA. Institución de carácter oficial que tiene por función emitir billetes y acuñar monedas.

CASA MATRIZ. Es la oficina central de una empresa que posee varias sucursales o filiales, ya sea en el territorio de una nación o fuera de sus fronteras.

CASACIÓN. VER: RECURSO DE CASACIÓN.

CASO. Cualquier asunto, suceso o acontecimiento que sucede. Estos pueden ser comunes, inciertos y casuales, fortuitos y de fuerza mayor.

CASO CERRADO. Poner fin a un litigio o a una controversia judicial que se está ventilando ante un tribunal.

CASO DE FLAGRANTE DELITO. Es cuando se sorprende o detiene a una persona en el momento mismo que está ejecutando la acción de cometer el delito.

CASO DE FUERZA MAYOR. Es el suceso o acontecimiento que es imposible de evitar, aunque sí puede ser previsto, como un huracán.

CASO FORTUITO. Es el hecho que se presenta de una manera inesperada, sorpresiva, que se realiza de una forma casual o que hubiera sido imposible de prever.

CASTIDAD. Comportamiento que por diversas razones asume una persona, de renunciar totalmente a realizar cualquier tipo de actividad sexual.

CASTIGO. Es la sanción o pena que se le impone a una persona por haber violado las normas y preceptos que ha establecido el orden jurídico que rige una sociedad.

CASTRACIÓN. Es el procedimiento quirúrgico que tiene por finalidad la extirpación de los órganos reproductores de los seres humanos para dejarlos estériles para que no puedan concebir.

CATASTRO. Es el registro administrativo que contiene la cantidad y el valor de los bienes inmobiliarios que posee una nación y en el cual se hace constar la identidad de su propietario o propietarios, su ubicación, sus colindancias, el tamaño del inmueble y cualquier otro dato que sirva para la identificación de los mismos.

CATEGORÍA. Cada una de las jerarquías que pueden ser establecidas dentro de un orden social o institucional relacionado con el ejercicio del poder en todas sus áreas.

CATEAR. Es la acción llevada a cabo por los agentes del orden público de revisar a una o varias personas para verificar que no portan armas.

CATEO. Acción investigativa que ejecuta el ministerio público con aprobación judicial cuando considere necesario registrar, un lugar, personas o asuntos, que ayuden a poner en claro los actos delictivos.

CATEGORÍA PROFESIONAL. Jerarquía que corresponde a una persona dependiendo del grado de especialización alcanzado con respecto de los demás que se dedican a la misma actividad profesional.

CAUCIÓN. Es la garantía que da una parte a otra de que cumplirá con el acuerdo que pactaron.

CAUDILLISMO. Es el ejercicio del poder por un jefe providencial en el Estado o en una organización política, que lo ejerce de una manera caprichosa, desprovisto de toda base doctrinal. El caudillo está por encima del ordenamiento jurídico de la sociedad y su voluntad se convierte en la ley que todo lo rige.

CAUSA. Es la fuente por la cual obtenemos algún derecho. Es el litigio judicial que se lleva a cabo ante los tribunales.

CAUSA CIVIL. Es el litigio planteado por las partes intervinientes del cual conoce un magistrado que tiene competencia en materia civil.

CAUSA COMERCIAL. Proceso judicial en el cual las partes envueltas en él plantean sus pretensiones ante un magistrado que tiene competencia en materia comercial.

CAUSA CRIMINAL. Es el juicio, oral, público y contradictorio que se ventila ante un tribunal de la jurisdicción penal.

CAUSA ILÍCITA. Es todo acto que quebranta las leyes, las buenas costumbres y el orden público.

CAUSA LÍCITA. Es aquella que está permitida por las leyes, la moral y el orden público.

CAUSA NULA. Es la causa que no existe y que por tanto no produce ningún efecto jurídico, porque vicia un acto al cual condena a la ineficacia.

CAUSA PÚBLICA. La que es útil para el desarrollo y bienestar de una comunidad.

CAUSA SIMULADA. Es la causa falsa que es presentada como verdadera para los litigantes, que carece de consentimiento y de causa por lo cual es totalmente nula e inexistente.

CAUSAHABIENTE. Es la persona que ha sucedido o sustituido a otra, el causante, amparado por un documento con valor legal en el derecho de otra. Esta situación se puede producir por actos entre vivos o por causa de fallecimiento.

CAUSANTE. Se designa con este nombre a la persona que transmite un derecho a otra por acto entre vivos o por causa de defunción de la persona por la cual se produce la sucesión.

CAUSAR ESTADO. Término que se refiere al carácter vitalicio que producen las consecuencias jurídicas de una decisión administrativa o judicial, por haber adquirido la autoridad de la cosa juzgada.

CAUTIVERIO. Es la privación de libertad que sufren las personas cuando son recluidas, encerradas o secuestradas.

CEDANT ARMA TOGAR. Frase de Cicerón que literalmente quiere decir: Que las armas cedan a la toga, se utiliza esta locución para dejar expresado que el gobierno que representan los militares por tener las armas en sus manos, debe dejar abierto el paso para que el control del gobierno pase a manos civiles.

CEDANT LEGES INTER ARMA. Locución latina que literalmente quiere decir: Cedan las leyes sobre las armas. Con lo cual se quiere dejar expresado que, las fuerzas de las armas están por encima del sistema jurídico; y que el poder civil debe estar subordinado al poder militar.

CEDENTE. VER: SESIÓN.

CÉDULA. Documento emitido por una autoridad judicial para citación o notificación. Escrito en el cual se reconoce la existencia de una deuda o de una obligación.

CÉDULA ANTE DIEM. Escrito firmado por el secretario de una institución o comunidad, por el cual se citan o convocan a sus miembros para reunirse con un día de anticipación, al acto en el cual se tratarán asuntos de suma importancia.

CÉDULA DE EMPLAZAMIENTO. Documento que establece un plazo en el proceso para que las partes comparezcan en juicio y para que los terceros vinculados realicen la actividad que les corresponde, y si transcurridos el plazo los emplazados no cumplen se harán pasible de que le caiga encima todo el peso de la ley.

CÉDULA DE IDENTIDAD. Es el documento oficial emitido por una autoridad pública competente que contiene los datos de identificación personal del ciudadano, lo cual le permite a este poder identificarse o ser identificados en todos los ámbitos de la sociedad.

CÉDULA DE NOTIFICACIÓN. Es el acto por el cual el tribunal pone en conocimiento de las partes o de un tercero de una resolución o de algún acto procesal dictado por el magistrado que conoce del caso.

CÉDULA HIPOTECARIA. Son títulos de créditos nominativos, a la orden o al portador, emitidos por un banco hipotecario que a cambio paga un interés fijado en las emisiones. Estos están garantizados por una hipoteca que pesa sobre un inmueble cuya propiedad pertenece al emisor.

CÉDULA REAL. Fue el documento expedido por las coronas europeas, entre los siglos XV y XIX, para resolver asuntos de carácter jurídico, establecer normas de comportamiento, crear instituciones, nombrar funcionarios reales, otorgar algún derecho personal o colectivo u ordenar alguna acción específica.

CÉDULAS DE COMPOSICIÓN. Eran las autorizaciones de residencia concedidas por la corona española a los extranjeros que vivían largo tiempo viviendo en el continente americano, junto con su familia y sus bienes, y que ejercían una profesión. El beneficiado con esta concesión debía pagar cierta cantidad de dinero a la corona.

CELADOR. Guardián que, en un lugar público, tiene por función vigilar el cumplimiento de los preceptos y reglamentos o que se mantenga el orden o realizar otras tareas que contribuyan al mantenimiento de la paz.

CELDA. Son las habitaciones que se encuentran ubicadas dentro de los centros penitenciarios para encerrar a los presos.

CELOPATÍA. Es una enfermedad causada por los celos que genera mucha angustia e infelicidad en la persona que la padece, ya que la lleva a sospechar muchas veces por motivos infundados de que la persona amada no le corresponde porque está interesada en otra, lo cual puede traer por consecuencia una respuesta física de agresión desmedida finalizando con el asesinato o la agresión física a su pareja.

CELOS. VER: CELOPATÍA.

CELULAR. Es el centro penitenciario que posee celdas individuales para recluir a los detenidos o a los presos.

CENSATARIO. Persona que en un censo está obligada a pagar la renta o los intereses anuales por el goce o disfrute de un bien inmueble.

CENSO. Contrato por el cual el propietario de un bien inmueble queda obligado a pagar anualmente una renta o pensión, por concepto de interés de un capital invertido y reconocimiento de un dominio más o menos pleno que no se transmite con el inmueble.

CENSO DE POBLACIÓN. Es la operación estadística que consiste en extraer una determinada cantidad de datos demográficos, económicos o sociales a partir de la investigación de los habitantes de una nación o de un territorio. En la operación se indaga cada una de las listas, nóminas o relaciones que abarca a la población.

CENSO ELECTORAL. VER: PADRÓN ELECTORAL.

CENSO ENFITÉUTICO. Gravamen que se impone sobre un inmueble, a través del cual queda sujeto el comprador a pagarle al vendedor una renta anual, y a no poder enajenar el inmueble sin rendir cuentas primero al censualista, para que éste ejerza sus derechos.

CENSO IRREDIMIBLE. Consiste en aquel censo que no se puede recuperar con el paso del tiempo, o el cumplimiento de una condición resolutoria porque posee un carácter vitalicio.

CENSO REDIMIBLE. Es la clase de censo cuya recuperación depende del paso de un determinado lapso de tiempo o de dar cumplimiento a una resolución resolutoria.

CENSO TEMPORAL. Es aquel que se constituye fijando su tiempo de duración.

CENSO VITALICIO. Es el censo temporal que se constituye por el tiempo de vida que dure la vida de una persona, por lo cual se extingue cuando dicha persona deje de existir.

CENSOR. En la antigua Roma, era un magistrado que se encargaba de realizar el censo de la población y sus bienes y velar por la moralidad de las costumbres de los ciudadanos.

CENSUALISTA. Persona en cuyo favor se impone un censo, por lo cual posee el derecho a que se le pague la pensión o renta anual.

CENSURA. Es la forma de restricción, intolerante y arbitraria, que pretende impedir la libre difusión del pensamiento oral y escrito. La sanción es el castigo que recibe la persona que la evade. Hay censura en los diversos campos de acción que pueden ser materia de preocupación del pensamiento.

CENTRALISMO. Es un fenómeno deficiente e injusto que se produce por la centralización desmedida en las manos de una

autoridad de las funciones y competencias que corresponden a otros organismos y estamentos estatales.
CENTRALISMO DEMOCRÁTICO. "El principio del centralismo democrático es una de las bases de los estatutos de cada Partido Comunista, donde se determinan la estructura y la forma de su organización, las normas de su vida interna, los procedimientos a seguir en la labor práctica de sus secciones, y los deberes y derechos de sus miembros." (7)
CENTRALIZACIÓN. Es la forma de organización del Estado en que las principales funciones legislativas, ejecutivas y judiciales están en manos de los órganos centrales del gobierno, con jurisdicción en toda la geografía nacional.
CEPO. Instrumento de tortura utilizado para sujetar, retener o inmovilizar a una persona de una manera cruel y despiadada desde la cabeza hasta los pies.
CERCA. Valla metálica o de madera o de cualquier otro material que se utiliza para rodear un terreno o cualquier otro lugar para protegerlo o establecer los límites de su extensión.
CEREMONIA. Es el acto solemne que se realiza conforme con las reglas o preceptos establecidos por la ley para la celebración de los actos jurídicos.
CERTIFICACIÓN DE NO ANTECEDENTES PENALES. Llamado también certificado de buena conducta es un documento expedido por la autoridad pública que demuestra o comprueba que, en los registros nacionales de una nación, hay constancia de que un ciudadano no posee antecedentes penales.
CERTIFICADO. Es un comprobante que autorizado, firmado y sellado por un funcionario que goza de fe pública garantiza la autenticidad de un determinado acto o hecho.
CERTIFICADO AMBIENTAL. Es el documento que da constancia que las empresas, que operan con residuos que pueden contaminar el ambiente, no representan ningún peligro para la calidad ambiental que garantiza la conservación de los recursos naturales de una nación.
CERTIFICADO ELECTRÓNICO. Es un documento firmado electrónicamente por una persona física o jurídica que proporciona servicios de certificación que relaciona unos datos de verificación de firma a un firmante y que comprueba su identidad.
CERTIFICADO DE ANTECEDENTES PENALES. Es un documento expedido por la autoridad pública que demuestra o

comprueba que, en los registros judiciales de una nación, hay constancia de que un ciudadano posee antecedentes penales.

CERTIFICADO DE BUENA CONDUCTA. VER: CERTIFICACIÓN DE NO ANTECEDENTES PENALES.

CERTIFICADO DE IDONEIDAD. Es el requisito fundamental que se necesita para iniciar un proceso de adopción porque indica si una persona está calificada para asumir la responsabilidad de adoptar un niño.

CERTIFICADO DE ORIGEN. Certificado que emite la autoridad correspondiente a los fines de comprobar de qué nación provienen las mercancías con el objeto de que se beneficien de los aranceles preferenciales, todo esto con arreglo a los tratados internacionales que se han firmado para tales efectos.

CERTIFICADO DE TÍTULO. Es el documento definitivo de propiedad, que nos proporciona toda la exactitud y garantía sobre la titularidad y ubicación de un inmueble que ya está deslindado.

CERTIFICADO DE TRABAJO. Es el comprobante de empleo que el patrono está obligado por ley a emitirlos a cualquiera de sus empleados que se lo solicite, a fin de que este se lo presente ante quien se lo exija, donde se dé constancia de su fecha de entrada y salida, la naturaleza del trabajo que desempeñaba y la eficiencia con que lo realizaba y las razones que motivaron a la terminación del contrato de trabajo.

CERTIFICADO MÉDICO. Es el documento expedido por un profesional de la medicina con autorización legal para ejercer su profesión, el cual después de haber practicado un examen médico a una persona, certifica: que dicha persona sufre o no sufre de ninguna enfermedad infecciosa, ni transmisible, ni crónica que lo limite físicamente.

CERTISSIMUN EST EX ALTERIUS CONTRACTU NEMINEN OBLIGARI. Máxima que afirma que nadie se obliga por contrato de otro.

CESACIÓN DE LA DESHEREDACIÓN. Disposición que proviene al producirse la reconciliación entre el que cometió la acción difamatoria y el difamado que suprime el derecho de desheredar y deja sin ninguna consecuencia la desheredación ya realizada.

CESACIÓN DE LA INCAPACIDAD. Anuncio en el cual se informa que se restablece la capacidad de un demente, después de haberle hecho un nuevo examen de sanidad que se realiza por facultativos y que debe contar con la autorización de un juez.

CESACION DE PAGOS. Es el estado en que se encuentra una persona, una empresa cuando se le presenta la situación de que se ve en la imposibilidad de cumplir con una o varias obligaciones que han contraído con sus acreedores por la falta de dinero en efectivo.

CESACIÓN DEL BENEFICIO DE INVENTARIO. Abandono voluntario de esta facultad, que lleva a cabo el heredero en un escrito público o privado.

CESANTÍA. Es la compensación monetaria que todo patrono está en la obligación de pagar al trabajador cuando finaliza el contrato de trabajo por tiempo indefinido, cuando los motivos de terminación no sean por culpa del trabajador.

CESARISMO. Este término evoca al gobierno ejercido en la antigüedad por el emperador romano Julio Cesar. Desde entonces se conoce por cesarismo a la forma despótica del ejercicio del poder de un gobernante que, con respaldo militar y con cierto grado de apoyo popular, concentra en sus manos todos los poderes del Estado.

CESAROPAPISMO. Consiste en un sistema entre Estado e Iglesia en el que el poder del Estado interviene abusivamente ejerciendo un control sobre la Iglesia y los asuntos de la fe, la doctrina y la disciplina de los fieles. De esto deriva un rasgo característico del cesaropapismo: la dependencia de la Iglesia del Estado, que llega a alcanzar niveles tan elevados que llevan a considerar a la institución religiosa como un órgano del Estado.

CESIÓN. Es el traspaso de alguna cosa, acción o derecho que alguna persona hace a favor de otra, a título gratuito u oneroso. El que cede recibe el nombre de cedente; y quien adquiere por esta vía, cesionario.

CESIÓN DE ARRENDAMIENTO. Es el acto por el cual un arrendatario transfiere a otro arrendatario, total o parcialmente el arriendo que ha realizado mediante un contrato.

CESIÓN DE BIENES. Es la entrega voluntaria que el deudor realiza cuando cede la totalidad de sus bienes a su acreedor o acreedores cuando se encuentra en la obligación de no poder cumplir con sus obligaciones.

CESIÓN DE CRÉDITO. Es el procedimiento en virtud del cual una de las partes le transmite a la otra parte el derecho que le pertenece contra su deudor, entregándole el documento de crédito, si existiese.

CESIÓN DE DERECHOS. VER: CESIÓN.

CESIÓN DE HERENCIA. Es el acuerdo o convenio por medio del cual un heredero transmite a un tercero, todos los derechos y obligaciones de carácter patrimonial, o una parte proporcional de ellos que les pertenecen a una sucesión.

CESIONARIO. VER: CESIÓN.

CHANTAJE. Acto criminal que recibe también el nombre de extorsión y que consiste en presionar a alguien para sacar un provecho monetario u obligarle a obrar en determinado sentido, por medio del uso de amenazas, a cambio de no dar a conocer a la luz pública ciertas informaciones que pueden ocasionarle un gran daño a su reputación.

CHEQUE. Es un título de valor a la orden o al portador que contiene una orden sin limitaciones y condiciones dada por una persona a una entidad crediticia de pagar a la vista a un tercero una determinada cantidad de dinero.

CHEQUE A LA ORDEN. Es el cheque que solo puede ser cobrado por la persona a cuya orden fue extendida y cuyos nombres y apellidos aparecen escritos a continuación de las palabras páguese a la orden. Pero, el beneficiario puede entregárselo en pago a otra persona por lo cual debe estampar su firma en el dorso del cheque. Para que de esta forma cualquier persona pueda cobrarlo como si fuera el portador.

CHEQUE CERTIFICADO. Es una clase de instrumento monetario escrito desde una cuenta llevada por una institución financiera a nombre de la persona que lo expide donde se da constancia que este cuenta con los fondos necesarios para hacer un pago a un tercero.

CHEQUE CIRCULAR. Cheque dirigido contra una persona o institución por el titular de una cuenta corriente y autorizada por el banco, lo cual permite que este sea cobrado en cualquiera de las sucursales de dicho banco.

CHEQUE CON TALÓN DE RECIBO. Es el tipo de cheque no negociable que lleva adherido un talón separable para recibo en el cual deberá estampar su firma el titular al recibir el cheque y el cual servirá como medio de prueba que el pago fue realizado.

CHEQUE CRUZADO. Es el cheque que se caracteriza porque la persona que lo expide o quien lo tiene en su poder, le traza dos líneas paralelas en el anverso del cheque. El objeto de este cruce es que el cheque no pueda ser cobrado en efectivo, sino que solo se pueda utilizar para abonar su importe en una cuenta de banco mediante depósito.

CHEQUE DE VIAJERO. Son las clases de cheques que son expedidos por una institución bancaria a su propio cargo y son pagaderos en la oficina principal y en las sucursales que tenga tanto dentro del país como en el extranjero.

CHEQUE GARANTIZADO. Es la clase de cheque emitido por una institución bancaria que afirma el pago del título porque cuenta con la cantidad suficiente de fondos para poder cumplir con dicha obligación. Porque la persona que expide el cheque posee una cuenta corriente en dicho banco, con el cual llega a un acuerdo para que sus cheques siempre cuenten con garantía de pago.

CHEQUE NO A LA ORDEN. Es el cheque que solo puede ser pagado a su beneficiario que se identifique, por lo cual no puede endosarlo para transferírselo a un tercero. O sea, que está obligado a cobrarlo o depositarlo en su cuenta bancaria.

CHEQUE PARA EL PAGO DE SUELDOS Y SALARIOS. Modelo de cheque garantizado, no transferible, el cual no puede ser depositado en la cuenta bancaria del que goza de un beneficio, sino que funciona como medio de pagos a terceros, siendo semejante a los títulos de créditos.

CHEQUE SIN FONDOS. Es el delito que se comete cuando se emite un cheque para pagar trabajos realizados o entregárselos a terceros por cualquier motivo y estos se presentan a la institución bancaria para cobrarlo y se encuentran con la situación de que en la cuenta no hay fondos disponibles para pagar los cheques emitidos.

CHICANA. Es el ardid, la artimaña, el subterfugio o cualquier otra situación maliciosa empleada por una de las partes o por ambas para retardar la tramitación de un litigio judicial.

CHIVO EXPIATORIO. Con esta expresión se quiere significar el sacrificio que se le impone a una persona, ya sea de manera injusta o desproporcionada, para satisfacer los reclamos de la sociedad para que se sancionen las acciones dolosas y deshonestas cometidas por otras personas y el gobierno. La sanción al daño causado se hace condenando judicialmente o destituyendo de su cargo a una persona que, por lo general, no tiene nada que ver con el hecho que se le imputa o ha sido cómplice en la comisión de dicho hecho, por lo cual los verdaderos culpables o los demás cómplices son protegidos con el manto de la impunidad.

CHOVINISMO. Esta palabra se deriva del nombre del soldado francés Nicholas Chovin, quien profesaba una fanática fidelidad al emperador Napoleón. De ahí que este término se utilice para designar un nacionalismo exagerado, aberrante e irreflexivo, que exalta desmedidamente los valores nacionales frente a los extranjeros.

CIBER ACOSO. Es la utilización de medios digitales, como los teléfonos celulares, computadoras, tabletas y otros para molestar a una persona o a una pluralidad de personas mediante la difusión de informaciones confidenciales o falsas.

CIBERDELITO. Llamado también delito de alta tecnología es toda acción dedicada a la clonación de tarjetas de créditos, débitos y robos de datos e identidad, para sustraer dinero e información de cuentas a través del correo electrónico y páginas falsas del ciberespacio.

CIBERESPACIO. Es la traducción en español de internet, y consiste en una técnica de comunicaciones y obtención de informaciones a nivel global, dinámica, interactiva, distribuida, con usufructuarios de red que utilizan programas basado, con conexiones en línea y de tipo mensaje en el que todo emplean las mismas normas de comunicación.

CIBERESPIONAJE. Es la acción de conseguir secretos sin la autorización del propietario de información de personas, adversarios, grupos, gobiernos y enemigos para lograr ventajas personales, económicas, políticas empleando tácticas en el ciberespacio, en las redes sociales o en computadoras individuales por medio del empleo de la piratería informática maliciosa.

CIBEREXTORSIÓN. Es el acto en el cual se utiliza la violencia o intimidación en el ciberespacio, para obtener que una o varias personas ejecuten actos en perjuicio propios o ajenos.

CIBERGUERRA. Consiste en trasladar una conflagración al ciberespacio, el cual utiliza las tecnologías de comunicación e información como campo de batalla.

CIBERSEGURIDAD. Es la totalidad de métodos y utensilios que se utilizan para poner en marcha la protección de la información que se origina y procesa por medio de computadoras, servidores, dispositivos móviles, redes y sistemas electrónicos.

CICLO VÍA. Con este término se designa a la parte de la infraestructura pública u otras zonas utilizadas de forma exclusiva, para el tránsito de las bicicletas.

CIENCIA SOCIAL. Es el que estudia, desde una óptica estrictamente académica, la sociedad y el hombre en su proyección social. Busca, con todo el rigor científico, el origen de los fenómenos sociales.

CIENCIA POLÍTICA. Es "la parte del materialismo histórico que estudia la superestructura política y sus instituciones, el estado y el partido, dentro de una perspectiva de la lucha de clases y que trata de comprender los mecanismos implicados en la lucha por impugnar o mantener el poder. Se ocupa del análisis e interpretación de las coyunturas políticas, trata de pensar los elementos que definen una táctica en su conexión con la estrategia, se ocupa de los métodos de la lucha y la política de alianzas, concebido todo esto dentro de adecuado marco sociológico y al través de una puntualización de su método específico." (8)

CIERRE DE INVESTIGACIÓN. Acción por la cual el ministerio público pone fin a la etapa de investigación.

CIMA. Es la reunión bilateral o multilateral de más alto nivel de jefes de estado y de gobierno que se realiza para estrechar vínculos de amistad, zanjar diferencias, reducir los niveles de tensión, enriquecer experiencias, y proyectar planes y programas de acción conjuntos.

CIMARRÓN. Es el nombre que se le dio en el continente americano, durante la época de la dominación colonial, al esclavo que se rebelaba contra el bárbaro sistema de explotación a que estaba sometido, huía a los bosques, y se agrupaba en aldeas, en las cuales desarrollaba una economía de subsistencia.

CINISMO. Es la conducta de una persona que miente con desfachatez y defiende con desvergüenza e imprudencia acciones que son condenadas por la sociedad.

CIRCULANTE. Es la cantidad de monedas y billetes de curso legal emitida por el banco central de una nación. Se encuentran en circulación para financiar operaciones de inversión y no están guardadas en la bóveda de ningún banco.

CIRCULAR. Es el procedimiento utilizado por las autoridades superiores para comunicarles a las inferiores, sus instrucciones y decisiones. Las circulares revisten el carácter de obligatorias para las subordinadas.

CÍRCULO. Es una organización antidemocrática, reducida y cerrada, formada por los simpatizantes y adeptos de los gobiernos o de los partidos políticos de estructura oligárquica que toman decisiones, a espaldas de la sociedad, sobre los asuntos de interés general.

CIRCUNSCRIPCIÓN. Demarcación territorial que es dividida para fines administrativos, militares, electorales o religiosos.

CIRCUNSCRIPCIÓN ELECTORAL. Es la forma de elegir los candidatos a diputados y regidores que se implementa en la República Dominicana en las elecciones congresionales y municipales. Consiste en un territorio que se divide en cuarteles, secciones y parajes, con un número definido de habitantes, que elige una determinada cantidad de diputados y regidores. Se toma en cuenta que la suma de los representantes por circunscripciones electorales debe coincidir con el número de personas que tienen derecho a elegir en la división política correspondiente, según lo establecen las leyes y la Constitución de la República.

CIRCUNSTANCIAS. Requisitos que acompañan lo que se considera que son las raíces u orígenes de algún acto o hecho.

CIRCUNSTANCIAS AGRAVANTES. Son aquellas situaciones o hechos que incrementan la responsabilidad penal, por lo cual se debe aumentar la pena o sanción que corresponda aplicar a la persona que cometió el acto criminal. Ejemplos: la premeditación y la alevosía.

CIRCUNSTANCIAS ATENUANTES. Son aquellos acontecimientos que contribuyen a reducir la responsabilidad penal del sujeto sentenciándolo, en consecuencia, a una pena menos severa. Ejemplos: la adicción a las drogas y la reparación de los daños y servicios causados.

CIRCUNSTANCIAS EXIMENTES. Son aquellos acontecimientos o situaciones, que, de producirse, traen por consecuencias que el sujeto que haya cometido el acto criminal, no resulte sancionado o castigado por la actividad ilegal que cometió, porque se considera que no cometió ningún acto contrario al derecho por haber actuado en legítima defensa o porque se encontraba en un estado de enajenación que no lo hacía dueños de sus actos.

CIRCUNSTANCIAS MIXTAS. Son aquellos hechos, que, por la forma delictiva de comportarse de los sujetos, o por la manifestación grosera de los hechos, tienden a atenuar o agravar la responsabilidad penal, dependiendo de la naturaleza, causas y consecuencias del acto criminal.

CISMA. Se define esta palabra de origen religioso como las divisiones, discordias y diferencias, irreconciliables o no, que se suscitan en el seno de un gobierno o de un partido político por cualquier motivo.

CITA. Es la mención de un texto de ley, doctrina o expresión de una autoridad en determinada materia para confirmar y darle mayor veracidad a la temática que se está tratando. Es la declaración que en la sumaria de una causa penal hacen los testigos, o el acusado, de algunas personas que se encontraban presentes en el hecho que se trata de resolver o que pueden tener algún acontecimiento que conduzca a su esclarecimiento.

CITACIÓN. Es un medio de notificación que se le entrega a la persona que va dirigida por orden de un tribunal, para que intervenga en algún acto judicial, ya sea como denunciante, denunciado, demandante, demandado o testigo. En dicho documento se señalará el día y la hora en que se celebrará el acto que ha sido objeto de notificación.

CITACIÓN DE EVICIÓN Y SANEAMIENTO. Es la acción procesal mediante la cual el comprador de una mercancía pone en conocimiento del vendedor de la misma que debe comparecer ante los tribunales para que responda ante los vicios ocultos o despojo del bien que ha sido transferido a título oneroso.

CITACIÓN DE REMATE. Es la citación que en el juicio ejecutivo se le hace al deudor para que en un plazo determinado se presente ante el tribunal, advirtiéndole que en el caso de que él no se presente se procederá a ejecutar la venta de sus bienes embargados, para darle satisfacción al acreedor con su importe.

CITACIÓN DE VENTA. Declaración dada por la vía oral y escrita por mandato de la ley al deudor una vez trabado el embargo de la venta de los bienes embargados.

CITACIÓN DEL DEMANDADO. Es una orden del juez por medio de la cual se ordena la comparecencia del demandado con el objetivo de que dé respuesta a la demanda. Ocasión a partir de la cual queda trabada la Litis.

CITACIÓN DEL TESTIGO. Orden del juez, ya sea de oficio o a petición de parte, para que el testigo comparezca con la finalidad de que preste atención bajo apercibimiento de lo que para el caso la ley determine.

CITACIÓN PARA SENTENCIA. Es la acción procesal ordenada por el juez en base a la ley que tiene por finalidad poner en conocimiento de las partes que el juicio se encuentra en estado de fallo, por lo cual el juez antes de dictar sentencia, citará a las partes.

CIUDAD. Es la zona urbana que tiene una alta densidad de población, en la que prevalece el comercio, la industria y los servicios.

CIUDADANÍA. Es la cualidad de ciudadano de un Estado que adquiere el que, poseyendo una nacionalidad y habiendo llenado los requisitos legales exigidos, asume el ejercicio de los derechos políticos que lo habilitan para tomar parte en la vida pública de la organización estatal y se somete a los deberes que le impone su calidad.

CIUDADANÍA SOCIAL. Es el derecho que tienen los ciudadanos de disponer de una parte del producto social de los servicios comunes, educación, seguridad social o asistencia médica, para asegurarse una buena calidad de vida.

CIUDADANO. Es la persona que, después de haber llenado los requisitos de nacionalidad y otros impuestos por la legislación particular de cada Estado, disfruta de los derechos de participación en la vida pública estatal.

CIVILISMO. Es el régimen de gobierno inspirado y dirigido por elementos civiles que han sido elegidos por el voto popular. Es un régimen que tiene por tendencia favorecer el sometimiento al ordenamiento constitucional y legal del estado.

CIVILIZACIÓN. Es la forma específica de cómo cada organización social, a base de sus conocimientos culturales universales, enriquecidos por la convivencia y acumulados por el paso de los años, se organiza, produce, elabora herramientas, crea tecnologías y aprovecha la naturaleza en cada periodo histórico.

CIVISMO. Es el celo por las instituciones y valores nacionales, lo cual permite adquirir la capacidad de convivir en sociedad, respetando el derecho de los demás individuos que la componen, siguiendo normas de conducta y educación que tienen su variación en el tiempo.

CLAMOR PÚBLICO. Es una manifestación ruidosa, vigorosa e impetuosa que se expresa con gran fuerza y pasión para reclamar algo: como el esclarecimiento de un asesinato que ha estremecido a la sociedad. También es la suma de opiniones de muchas personas que coinciden con algún reclamo colectivo: el mejoramiento de la calidad de vida de la población.

CLANDESTINIDAD. Es el conjunto de operaciones de acción política que se desarrollan bajo el más estricto secreto o al margen del ordenamiento jurídico vigente.

CLASE DOMINANTE. Es la clase que a nivel de una formación social determinada que implementa nuevos mecanismos económicos, políticos e ideológicos para hacer prevalecer sus interese de clases sobre los interese de las demás clases sociales.

CLASE POLÍTICA. Expresión que se utiliza para designar al conjunto de los políticos profesionales que de una manera estable y permanente desempeñan los roles en la sociedad de funcionarios públicos, consejeros y asesores de empresas comerciales y bancarias, organizaciones sindicales, profesionales, de líderes, y organizaciones políticas y funcionarios elegibles.

CLASES SOCIALES. Lenin define las clases sociales de la siguiente manera: "Las clases sociales son grandes grupos de hombres que se diferencian entre sí por el lugar que ocupan en un sistema de producción históricamente determinado, por las relaciones en que se encuentran con respecto a los medios de producción (relaciones que las leyes refrendan y formulan en gran parte), por el papel que desempeñan en la organización del trabajo, y, consiguientemente, por el modo y la proporción que reciben la parte de la riqueza social de que disponen. Las clases son grupos humanos, uno de los cuales puede apropiarse del trabajo del otro por ocupar puestos diferentes en un régimen determinado de economía social". (9)

CLÁUSULA. Cada una de las disposiciones y estipulaciones que están contenidas en un contrato, un tratado, un testamento o en cualquier otro acto público o privado.

CLÁUSULA AD CAUTELAM. Es la cláusula derogatoria que se inserta en los testamentos para declarar nulo a todo testamento que se conceda posteriormente.

CLÁUSULA ADICIONAL. Es la cláusula que añade algún tipo de información a un acto jurídico para establecer sus alcances y mejorar los acuerdos a las que las partes han llegado, sin alterar su validez.

CLÁUSULA AMBIGUA. Es la que puede interpretarse en diversos sentidos, el cual debe ser el más apropiado o conveniente que se ajuste a la situación.

CLÁUSULA CALVO. Es la cláusula que se incorpora en los contratos celebrados entre gobiernos y personas y empresas extranjeras, en virtud de la cual estos renuncian a la facultad de acudir a sus gobiernos cuando surjan conflictos entre las partes por motivos de sus relaciones contractuales.

CLÁUSULA COMPROMISORIA. Es la condición establecida por las partes en un contrato por la cual convienen a someter a arbitraje las divergencias que se originen con ocasión del cumplimiento de un contrato, de la interpretación de un testamento, o de cualquier otro acto jurídico que exista entre ellos.

CLÁUSULA CONMINATORIA. Es la que se introduce en un acto a título gratuito, Inter vivos o por causa de fallecimiento, en virtud del cual, si el beneficiario no cumple con sus obligaciones, dicho acto no tendrá ninguna validez jurídica.

CLÁUSULA DE COMPETENCIA. Cláusula que se introduce en un contrato con la finalidad de establecer cuál será el tribunal competente en el caso de que surjan diferencias en lo concerniente a su interpretación o cumplimiento.

CLÁUSULA DE MEJOR COMPRADOR. Convenio según el cual el contrato de compraventa dejará de tener efecto si, dentro del plazo convenido, aparece alguien que haga una mejor oferta.

CLÁUSULA DE LA NACIÓN MÁS FAVORECIDA. Es la incluida en los tratados comerciales, celebrados entre dos o más países, por el cual acuerdan, de que en el caso de que uno de los signatarios, en futuros convenios otorgue mayores beneficios a otra nación, estos queden inmediatamente incorporados, al tratado que se había celebrado previamente.

CLÁUSULA ESENCIAL. Es el elemento indispensable para que un acto jurídico pueda existir legalmente. Entre los principales están el consentimiento y el objeto.

CLÁUSULA LEONINA. Es la acordada por una de las partes en las cuales se establecen las condiciones de un acuerdo que solo beneficiará a la parte que lo acordó en una forma desproporcionada e ilegítima, perjudicando notablemente a la otra.

CLÁUSULA ORO. Es la que estipula que el deudor se compromete a pagar su deuda en moneda de oro.

CLÁUSULA PENAL. Es la que se incluye en los contratos para garantizar el cumplimiento de las obligaciones que surjan de este, por medio de la cual la parte que no cumpla con el contrato será sancionada con el pago de una determinada suma de dinero o con cualquier otra pena que haya sido acordada.

CLÁUSULA RESCISORIA. Es aquella en que las partes que están envueltas en un contrato, convienen establecer por mutuo acuerdo en dicho contrato que una de ellas o ambas partes podrán poner fin a la relación contractual.

CLÁUSULA RESOLUTORIA. Es la cláusula que las partes introducen en los contratos, por medio de la cual una de ellas puede poner fin a la relación contractual por incumplimiento de la otra parte, o también cuando establecen una condición para su cumplimiento, la cual una vez cumplida, extingue el vínculo jurídico que había ligado a las dos partes.

CLAUSURA. Acción de cerrar temporalmente o definitivamente a un establecimiento comercial, industrial, financiero o de cualquier tipo por órdenes de las autoridades por haber cometido una violación al régimen jurídico imperante en la sociedad.

CLEARING. VER: LIQUIDACIÓN.

CLEMENCIA. Se designa con esta palabra a la comprensión, tolerancia, moderación, piedad o misericordia con que una persona juzga a otra mostrándose comprensivo con ella al suavizar la pena que le aplicará cuando le pronuncie la sentencia.

CLEPTOCRACIA. Es la modalidad de gobierno descarada y abierta totalmente a la corrupción. Los funcionarios se roban los fondos públicos y aprovechan la posición que detentan para obtener grandes beneficios personales de manera ilícita; pero estas actividades delictivas quedan cubiertas con el manto de la impunidad porque todos los sectores de poder están involucrados en la corrupción.

CLEPTOMANÍA. Es un trastorno que lleva a una persona a apropiarse de artículos que no son de su propiedad. El acto de cometer el robo le proporciona una gran sensación de bienestar, este hecho no está relacionado con el deseo de satisfacer una necesidad económica, ni de causar un daño. El que asume esta actitud recibe el nombre de cleptómano.

CLERICALISMO. Este término tiene dos acepciones: una a lo interno de la Iglesia y otras en las relaciones Iglesia-Estado. Dentro de la Iglesia, clericalismo quiere decir intervención excesiva del clero entre las relaciones entre los miembros de la comunidad religiosa y su Dios. En lo externo, es la subordinación de los intereses políticos y económicos del estado a la voluntad del estamento clerical.

CLIENTELA. Pluralidad de personas que acuden a un comercio para comprar un determinado servicio o producto.

CLIENTELISMO. Es un estilo de vida que consiste en generar fidelidades y agradecimientos en grupo de la población a cambio de privilegios irritantes, tráfico de influencias, prebendas o canonjías de las más diversas índoles, que otorgan los líderes políticos cuando aspiran a alcanzar un cargo dentro de la administración pública o mantenerse dentro de esta.

COACCIÓN. Es el delito que se comete cuando se utiliza la violencia física o la presión psicológica para obligar a una persona a expresar o hacer algo en contra de su voluntad.

COACTA VOLUNTAS EST VOLUNTAS. La voluntad, aunque sea obligada por la fuerza es voluntad.

COACTIVO. Es el que posee la facultad para ejercer la coacción.

COACTOR. Quien lleva una demanda ante los tribunales con unión o concurrencia con otro o varios más.

COACUSADO. El que es acusado en un juicio junto con otro u otros.

COADYUVANTE. Es la persona que toma parte en un procedimiento judicial defendiendo las aspiraciones o propósitos de una de las partes.

COALBACEA. Persona nombrada por el fallecido para que cumpla con las disposiciones testamentarias que el expreso antes de morir que actúa de manera simultánea con una o varias personas, las cuales tienen las mismas facultades que él.

COARTADA. Argumento que presenta un imputado para dejar demostrado que no se encontraba en la escena del crimen a la hora en que este fue cometido.

COALICIÓN. Es el pacto, acuerdo o alianza que efectúan dos o varios partidos políticos con el objetivo de gobernar una nación, un determinado territorio o cualquier otro organismo administrativo, siempre y cuando la Constitución del país donde se haga la coalición lo permita.

COARTAR. Es el acto de limitar o restringir la libertad de acción de una o varias personas o el ejercicio de un derecho.

COAUTOR. Persona que colabora con otra en la comisión de un acto criminal.

COBARDE. Se designa con esta palabra, a las personas que carecen de valor para enfrentar situaciones peligrosas o arriesgadas.

COBERTURA. Conjunto de servicios o ayuda que una persona o una institución proporciona a otra: como un seguro de vida o un seguro médico.

COBRO. Es la acción que ejerce un acreedor de cobrarse algo que se le adeudaba, ya sea en dinero, en especies o en la forma que se hubiera estipulado.

COBRO DE LO INDEBIDO. Es la que se origina cuando una persona toma una cosa que le envían, pero que no posee el derecho a recibirla por lo cual no existía el derecho a cobrarla, porque fue entregada por error, por lo cual el cobrador está en la obligación de devolver lo indebidamente pagado.

COCIENTE ELECTORAL. Cantidad numérica que se obtiene de dividir el número de votos emitidos por el número de bancas a repartir y en virtud del cual se reparten entre las organizaciones políticas participantes en una contienda electoral.

CODEUDOR. Se designa con este nombre a la persona, que comparte la deuda con otros u otros en igualdad de condiciones.

CODICIA. Es la ambición desmedida por poseer riquezas materiales a toda costa, sin importar el daño que se les pueda ocasionar a los demás.

CODICILO. Es un documento que tiene por finalidad modificar, aclarar o anular las disposiciones que tiene un testamento.

CODIFICACIÓN. Es la compilación de un sistema legislativo por medio del cual el derecho positivo de una nación se reforma para ponerse en orden.

CÓDIGO. Es la recopilación de las normas y preceptos jurídicos de una nación que se refieren a una materia específica o rama del derecho.

CÓDIGO NEGRO CAROLINO. Fue un documento elaborado por orden del rey Carlos III a finales del siglo XVIII con la finalidad de regular jurídicamente las disposiciones para el gobierno económico, político y moral para los habitantes de raza negra de la colonia española de Santo Domingo.

COERCIÓN. Es la amenaza de la utilización de una sanción, para que de esta manera la persona se cohíba de no cometer ningún acto que está prohibido por la ley por tener conocimiento de las consecuencias negativas que le impondría el régimen jurídico. Pero cuando no se puede aplicar la sanción porque el sancionado se niega a cumplirla, entonces se recurre al uso de la violencia para que este cumpla el castigo que le fue impuesto.

COEXISTENCIA PACÍFICA. "Su esencia expresándonos brevemente, consiste: primero, en cualquier forma del Estado y cualquier estructura social de uno u otro país han de ser determinados por los propios pueblos de esos países; segundo, en que ningún Estado y ninguna fuerza exterior pueden ni deben imponer a los pueblos de los otros estados su modo de vida y su organización política y social; tercero, en que la aparición de un Estado con régimen socialista, en virtud de las leyes del desarrollo social, están regular como en otros tiempos lo fue la aparición de los Estados burgueses." (10)

COFIADOR. Persona que se compromete junto con otras u otras, a pagar una deuda en el caso de que se presente de que el deudor principal no pueda cumplir con la obligación que contrajo.

COGESTIÓN. Es la participación conjunta en las sociedades industriales modernas de burgueses y proletarios en las adopciones de decisiones de gobierno y la administración de las corporaciones capitalistas.

COHABITACIÓN. Término inventado por los franceses, para designar, dentro de los sistemas parlamentarios, al gobierno ejercido por un jefe de Estado de una tendencia política y un jefe de gobierno de la tendencia opositora.

COHECHO. Actividad delictiva que comete un funcionario público que se aprovecha de la función que ejerce para actuar de una determinada forma, para favorecerse a sí mismo o a un tercero, a cambio de recibir sobornos, así como aquel que realiza el soborno.

COHEREDERO. Es la persona que hereda una herencia juntamente con otras u otras personas.

COHIBIR. Es reprimir, refrenar, contener o coartar a una o varias personas para que estas no puedan con absoluta libertad accionar.

COITO. VER: RELACIONES SEXUALES.

COLACIÓN. Deber que les exige la ley a los ascendientes y descendientes, sin importar si son legítimos y naturales, que hayan recibido voluntariamente la herencia con o sin beneficio de inventario, de devolver a la masa hereditaria los bienes otorgados en vida por el fallecido, para computarlo al momento en que se abra la sucesión.

COLACIÓN DE BIENES. Deber que le exige la ley al heredero necesario o forzoso de devolver a la masa hereditaria aquellos bienes que el difunto le hubiera concedido en vida, siempre y cuando no existiera un permiso expreso que originara la intención de mejorarlo, con la finalidad de concurrir a la sucesión con los demás herederos de igual naturaleza observando las cantidades que la ley le asigna a cada uno de ellos.

COLACIONABLE. Son colacionables los bienes que, en la división de una herencia, el descendiente del fallecido admite haberlo recibido en vida del causante y de propiedad de este, por la vía de la donación o por la vía de cualquier otro título lucrativo; por lo cual deben ser devueltos a la masa hereditaria, para que sean distribuidos con igualdad entre la totalidad de los coherederos.

COLATERAL. Se designa con esta palabra a los parientes que sin descender uno de los otros, comparten un ascendiente común, pero no por línea recta de padres a hijos: los hermanos, tíos y sobrinos son parientes colaterales.

COLECTIVISMO. Teoría política que aboga por la supresión de la propiedad privada sobre los medios de producción para entregar a la sociedad los elementos fundamentales del proceso de producción-fuerza de trabajo y medios de producción, los cuales constituyen la base de todo régimen social, para que así la sociedad pueda dirigir su propia economía.

COLECTIVIZACIÓN. Es el proceso por el cual se transfiere la propiedad privada sobre los medios de producción al control de la comunidad o del estado.

COLECTOR. Es el que recauda, los recursos que fueron entregados por un motivo y para una finalidad específica, pero por diferentes personas e instituciones. Por ejemplo para construir viviendas económicas.

COLECTURÍA. Institución donde se reciben los ingresos y se guardan los documentos que les corresponden a ellos.

COLEGATARIO. Persona que juntamente con otras u otras se le ha dejado algún legado.

COLEGIADO. Se designa con este nombre al tribunal, magistratura u órgano compuesto por dos o más miembros.

COLEGIACIÓN. Es la unión de varias personas que tienen en común una misma profesión o que se dedican a un oficio similar.

COLEGIO DE ABOGADOS. Es una colectividad que agrupa a los profesionales del derecho, que se organizan para tratar temas relacionados con el ejercicio de su profesión.

COLEGIO ELECTORAL. En el sistema de sufragio indirecto es el medio por el cual los votantes en sus respectivas demarcaciones territoriales eligen a un representante político específico llamado compromisario, los cuales una vez elegidos procederán a formar un colegio electoral para emitir su voto por el candidato del partido de las preferencias de los votantes.

La ley electoral dominicana define el colegio electoral de la siguiente manera: "Se entiende por colegios electorales las mesas electorales creadas por la Junta Central Electoral bajo las condiciones que se establezcan en torno a las cuales se reunirán las asambleas electorales debidamente convocadas, a fin de que los ciudadanos puedan ejercer el sufragio, previa identificación del votante". (11)

COLEGISLADOR. Es el cuerpo que comparte con otro de idéntica categoría sus funciones legislativas.

COLGAR UN SAMBENITO. Frase que tiene su origen en la época del terrible tribunal religioso de la Inquisición y que se utiliza para señalar a alguien que ha sido injuriado, difamado o sometido al descrédito público.

COLIGACIÓN. Es la acción de unirse varias personas, instituciones y naciones, con un objetivo común.

COLINDANTE. Se refiere a los terrenos rurales, solares urbanos, casas o edificios que son limítrofes con otros.

COLISIÓN DE DERECHOS. Se presenta esta situación cuando existe una pluralidad que son propiedad de diferentes personas y que recaen sobre una misma materia o asunto, y que se ejecutan al mismo tiempo.

COLITIGANTE. Es la parte que en una contienda judicial litiga juntamente con otra u otras.

COLOCACIÓN. Es el trámite llevado a cabo por un tribunal con la finalidad de situar a los diferentes acreedores según el grado o preferencia que merecen de acuerdo al derecho que poseen.

COLONATO. Sistema de explotación agrícola que surge en el periodo de desintegración del régimen esclavista, cuando los grandes propietarios de tierra deciden fraccionar sus terrenos en pequeñas parcelas para arrendarlas a campesinos con el objetivo de que la cultiven a cambio de entregarles una parte de la cosecha y prestarles sus servicios personales a los dueños de las tierras.

COLONIA. Es un territorio que está subordinado económica y políticamente a un gran poder extranjero con el fin de aumentar las riquezas y el poder de la nación a la que está subordinada. Dicho territorio puede estar regido por las leyes de la nación a que está subordinada como también por un orden jurídico especial.

COLONIALISMO. Doctrina de la dominación colonial que procura justificar, por motivos raciales, étnicos, económicos, políticos y morales, la práctica de la colonización y las consecuencias que se derivan de esta. Esta práctica la efectúan las potencias colonialistas, que vuelcan su poder fuera de las fronteras nacionales, para explotar los recursos naturales de las naciones y territorios sometidos, desatando guerras de conquista sobre otros estados y territorios con el propósito de imponer su dominación económica y política, su cultura y su línea de consumo a las naciones conquistadas.

COLONOS. Son las personas llevadas a otras tierras para que desempeñen un oficio que ayude en las labores de colonización. A estas personas se les concede una serie de beneficios para que se establezcan en los territorios que se van a colonizar.

COLUSIÓN. Es todo acto contrario o redactado en forma fraudulenta entre dos o más personas, con el objetivo de engañar a un tercero.

COMARCA. Es la división territorial que abarca varias poblaciones que tienen las mismas características físicas, culturales e históricas.

COMENTADOR. Es el que comenta, expone o explica sobre una ley o un cuerpo de leyes, con la finalidad de que la audiencia pueda lograr una mejor comprensión de su contenido.

COMERCIALIZACIÓN. Conjunto de actividades que se desarrollan para poner a la venta un producto, un bien o un servicio.

COMERCIANTE. Es todo aquel que posee la capacidad legal, de celebrar actos de comercio, haciendo de ellos el hábito de comprar y vender mercancías.

COMERCIO. Es la operación de compra y ventas de mercancías propias de las sociedades de consumo, de las economías capitalistas, que se realizan con el único fin de obtener ganancias.

COMERCIO INTERNACIONAL. Es una rama autónoma de la economía que establece las leyes por las cuales se rigen las actividades comerciales que se efectúan entre las naciones.

COMENDADOR. Personaje de la época colonial que recibía bajo sus órdenes, amparo o protección un territorio o castillo, con el privilegio de percibir las rentas que generara. También se le asignó este título al segundo al mando que en algunas órdenes militares tenía por encargo suministrarle ayuda al maestro en sus funciones y sustituirlo cuando fuera necesario.

COMICIOS. VER: ELECCIONES.

COMIENZO DE EJECUCIÓN. Hecho material que muestra la intención o voluntad de cometer un acto delictivo.

COMISARIO. Es un agente que posee poder o la autorización de otro para hacer cumplir una orden o actuar en una determinada materia.

COMISIÓN. Es la suma que se recibe por efectuar un acuerdo comercial que corresponde a una proporción de una cantidad sobre el valor de la operación. Comisión también es el poder que se le otorga a una persona para desempeñar durante algún tiempo, un cargo determinado.

COMITIVA. Conjunto de personas que acompañan a una autoridad o a una notable persona pública.

COMMODISSIMUN EST IN AMBINGUIS ID ACCIPI QUO RES DE QUA AGITUR MAGIS. En caso de que algo pueda interpretarse de varias formas, es mejor entenderla realidad a favor de la validez del negocio que de su anulación.

COMMONWEALTH. VER: MANCOMUNIDAD.

CONMORIENCIA. Es la situación que se presenta en una sucesión, cuando dos personas llamadas a sucederse, han fallecido sin que exista un testimonio claro que dé certeza cuál fue el que murió primero, se considera entonces que ambos murieron simultáneamente.

Tomemos el caso de una pareja de esposos sin hijos, que pierdan la vida en un accidente o en un siniestro. Si el marido fue el primero que murió, la persona que lo heredará será su esposa; y al morir ésta, su herencia les corresponde a los miembros de su familia. Pero en el caso contrario que fuera la esposa la que muriera primero, la herencia le correspondería a su marido, y con su fallecimiento la herencia pasaría a sus parientes (o sea a los del marido).

COMODANTE. Es la parte que conservando la propiedad de una cosa se la entrega a otra gratuitamente, para que haga uso de ella por cierto tiempo, con la condición de restituirla.

COMODATARIO. Es la parte que recibe una cosa gratuitamente, para usarla por tiempo, con la condición de devolvérsela a su propietario.

COMODATO. Es el contrato por el cual se da o se acepta gratuitamente en calidad de préstamo un bien con la exigencia que establece la ley de devolverlo.

COMPARECENCIA. Es la acción de presentarse personalmente o por orden, ante un funcionario judicial en virtud del requerimiento que se le ha hecho.

COMPARECENCIA EN JUICIO. Es la acción de presentarse personalmente, o por medio de un apoderado, ante un tribunal, cumpliendo a una citación o requerimiento de los funcionarios judiciales.

COMPARECENCIA PERSONAL DE LAS PARTES. Es una disposición del procedimiento judicial que es el resultado de una decisión de los jueces del fondo, los cuales en cada caso determinan si puede hacerse o no, no sintiéndose sujeto a que se produzca la audición de las partes, por la sola razón de que se lo soliciten, cuando desde su punto de vista esta no es necesaria para los fines de formarse una norma que le permita conocer la verdad o la falsedad sobre el litigio que ha sido puesto a su cargo.

COMPARECER. Significa constituir abogado en el plazo fijado para comparecer ante un tribunal.

COMPARENDO. Notificación judicial que se le hace a una persona para que comparezca ante las autoridades competentes para que aclare las acusaciones que se le hacen por las presuntas violaciones al orden jurídico.

COMPASIÓN. Es identificarse con el sufrimiento de nuestros semejantes, y el deseo y el arte de atenuar, disminuir y eliminar totalmente la situación de dolor.

COMPENSACIÓN. Forma o manera de extinguir la totalidad de las obligaciones entre dos personas que son mutuamente deudoras y acreedoras la una de la otra.

COMPETENCIA. Es la rivalidad, lucha o pugna que se da en el área del comercio y la industria. Atribución que tiene una autoridad para conocer sobre una materia o asunto. También es la atribución que la ley le asigna al incumbente de una función pública y en razón de la cual los actos que este ejecute dentro del ámbito de su competencia serán imputables al estado.

COMPETENCIA DE JURISDICCIÓN. Es el conjunto de normas jurídicas que determinan de una manera clara y precisa la atribución de un asunto específico a un órgano jurisdiccional.

COMPETENCIA PRIVILEGIADA. Es la atribución concedida por la Constitución o la ley adjetiva para intervenir exclusivamente en determinados asuntos, contra determinados funcionarios públicos, en función del cargo que ostentan.

COMPETITIVIDAD. Es la capacidad de producir bienes y servicios de calidad al menor costo de producción posible para que de esta forma den satisfacción a las expectativas y necesidades de los consumidores.

COMPILACIÓN. Es reunir en unas series de libros y volúmenes las diferentes leyes y disposiciones que hacen mención al sistema jurídico de una nación.

COMPLEMENTO DE LA RESERVA HEREDITARIA. Es la parte o cantidad que falta para completar la reserva hereditaria de los herederos que no pueden ser despojados de la herencia porque son designados por la ley. Solamente pierden su derecho a la herencia si existe una causa justa, que haya sido establecida legalmente.

CÓMPLICE. Es la figura que sin ser el autor colabora con dos o más personas en la perpetración de un crimen o delito.

COMPLOT. Es la conspiración, la trama, intriga, confabulación, conjura o maquinación que es llevada a cabo clandestinamente o públicamente por los estados o algunas de sus instituciones, los partidos políticos o instituciones de la sociedad civil con la finalidad de derrocar gobiernos, infringir daños a las instituciones o a las personas.

COMPONEDOR. Mediador designado por las partes envueltas en un conflicto para que tome una decisión al respecto y a la cual estas se comprometen aceptar como la respuesta que resolvió amigablemente la disputa.

COMPRADOR. Es el consumidor que adquiere una mercancía pagando un precio por ella.

COMPRAVENTA. Acuerdo de dos o más voluntades, en virtud de la cual una de las partes se obliga a traspasar a la otra la propiedad de un bien y esta se obliga a recibirla y a pagar por la una determinada cantidad de dinero.

COMPROBACIÓN. Es verificar, confirmar o constatar por medios de pruebas y demostraciones la veracidad y existencia de un suceso o acontecimiento.

COMPROBANTE. Documento que da constancia de la celebración de un acto jurídico o que hace digna de crédito la información que una persona está suministrando.

COMPROBANTE FISCAL. Es el documento que están obligadas a expedir todas las personas físicas y jurídicas domiciliadas en la República Dominicana, que ejecuten operaciones de transferencia de bienes, entrega en uso, o presten servicios a títulos onerosos o gratuitos, debiendo conservar copias de los mismos.

COMPROMETER. Poner de mutuo acuerdo en manos de una tercera persona para que le busque solución a una diferencia o a una disputa. Exponer a alguien a una situación peligrosa que le pueda causar un daño. Contraer una responsabilidad u obligación.

COMPROMISARIO. VER: COLEGIO ELECTORAL.

COMPROMISO. Es un acuerdo por el cual las partes envueltas en una disputa asumen diversas obligaciones; y, también, puede ser considerado como un arreglo en el que se hacen concesiones a ciertas exigencias y se renuncia a una parte de sus propias reivindicaciones en virtud de un acuerdo con su opositor u opositores.

COMPULSA. Es la comparación de dos o más documentos para ver si tienen alguna similitud. Certificación de que la copia de una escritura ha sido cotejada judicialmente, con su original y se ha confirmado su igualdad con él.

COMPULSIÓN. Amenaza que la autoridad legalmente constituida le hace a una persona, para forzarla para que realice algún acto.

COMÚN. Lo que es propiedad de todos los integrantes de una comunidad.

COMUNERO. Es la persona que posee un derecho, un bien, o una casa en común con otras.

COMUNICACIÓN DE DOCUMENTOS. La finalidad de la comunicación de documentos es que cada una de las partes que intervienen en un litigio pueda investigar o analizar los documentos en que fundamentan sus aspiraciones o propósitos y de estas formas pueden manifestar sus defensas con precisión o claridad.

La comunicación de documentos debe realizarse amigablemente entre los representantes de las partes, en caso de que no se realice de esta forma, podrá ser ordenada por el juez, el cual fijará el plazo y el modo de esta comunicación.

COMUNIDAD. Es la forma de asociación humana espontánea que se forma a través del tiempo cuando sus miembros tienen en común cualquier elemento de la vida social: el sitio donde viven, el lugar de trabajo, el origen étnico, la cultura, el idioma, la religión o cualquier otro tipo de actividades.

COMUNIDAD DE BIENES. Se presenta cuando la propiedad de una casa, un bien o un derecho es parte integrante del patrimonio de una pluralidad de personas.

COMUNIDAD HEREDITARIA. Es la situación jurídica que se origina cuando deja de existir la persona por la cual se produce una sucesión, dejando varios herederos, por lo cual los bienes no son propiedad de ningún heredero en especial sino de la totalidad de los miembros llamados a heredar y cuya comunidad quedará disuelta cuando se produzca la partición.

COMUNIDAD INTERNACIONAL. Es el grupo de entidades que posee un conjunto de cualidades que les permite poseer una capacidad jurídica con la suficiente fuerza para mantener relaciones y accionar válidamente fuera de sus fronteras.

COMUNIDAD PRIMITIVA. Es la primera formación económico-social que la sociedad adopta después que el hombre se separa del mundo animal. Se caracteriza por el trabajo en común de todos los integrantes de la sociedad para obtener los medios necesarios de su subsistencia, ---los cuales se distribuyen equitativamente entre todos los miembros de la comunidad---, y por la propiedad social, colectiva, sobre los medios de producción. En una sociedad así, no pueden existir los males propios de l.as sociedades explotadoras, como la desigualdad social, el Estado, las clases sociales, la propiedad privada y la explotación del hombre por el hombre.

COMUNISMO. Es la sociedad que sustituirá al régimen capitalista. Está compuesta por dos periodos: uno inferior, que recibe el nombre de socialismo, y uno superior que se llama comunismo. Los dos se caracterizan por la propiedad social sobre los medios de producción. La primera etapa o socialismo nacerá del seno de la sociedad capitalista, por lo cual heredará muchos de los males de la antigua sociedad, y será un periodo de transición entre el capitalismo y la segunda etapa, el comunismo, porque en ellas se construirán las bases políticas, económicas y sociales del nuevo sistema social. En el plano político, el estado capitalista será reemplazado por un nuevo tipo de Estado: la dictadura del proletariado, cuyas funciones serán conducir el proceso hasta la extinción total de las clases sociales. Y en la medida que esto se cumpla, el socialismo irá extinguiéndose como Estado. En el plano económico, la propiedad privada sobre los medios de producción es convertida en propiedad de todo el Estado proletario, lo cual permitirá sustituir las relaciones de explotación del hombre por el hombre por las nuevas relaciones de colaboración recíproca. En el plano social, el pueblo tomará el control de las funciones productivas y administrativas de la sociedad. La segunda etapa o comunismo propiamente dicho será el periodo superior del nuevo régimen social que se inicia con la conquista del poder político por la clase proletaria. Aquí dejarán de existir las clases sociales y el Estado. Se planificará la producción para que la escasez de bienes de consumo sea sustituida por la abundancia de ellos. Esto permitirá dar satisfacción a todas las necesidades de la población. Será una sociedad en la cual cada uno de sus miembros entregará lo que esté en capacidad de producir y recibirá a cambio todo lo que necesite.

COMUNITARISMO. Corriente de pensamiento que surge a finales del siglo XX en oposición al liberalismo y que centra su interés en las comunidades y sociedades. Es un proyecto que pretende someter a los miembros de un grupo específico a las normas que se suponen que son inherentes a ese grupo. En definitiva, busca controlar la libre difusión de las ideas y el pensamiento, y también la conducta de todos aquellos que son miembros de su denominada "comunidad".

CONATO. Acción o acontecimiento delictivo que se inicia, pero que nunca se logra llevar a cabo totalmente.

CONCAUSA. Existencia simultánea de dos o más motivos en la acción de generar de manera consciente y de forma voluntaria actos con la finalidad de establecer relaciones jurídicas entre varias personas, para crear, cambiar o extinguir determinados derechos.

CONCEBIDO. VER: CONCEPCIÓN.

CONCEJAL. VER: REGIDOR.

CONCEPCIÓN. Proceso durante el cual queda fecundada una mujer dando inicio a la gestación en el útero de la madre. Desde el punto de vista jurídico esto tiene una gran importancia, porque el hijo concebido en el caso de que nazca vivo será sujeto de determinados derechos.

CONCERTAR. Acordar, tratar o pactar un negocio con dos o más personas o instituciones.

CONCESIÓN. Es la autorización que le concede el gobierno a una empresa o a un particular para que administre o venda los bienes y servicios que son propiedad del estado bajo determinadas condiciones.

CONCESIONARIO. Persona o institución que ha recibido la autorización del gobierno para que explote una actividad o propiedad del Estado.

CONCIENCIA NACIONAL. Es el conocimiento de la unidad que refuerza el nacionalismo y que exalta el sentimiento nacional vinculado al estado unificando a un pueblo en torno a la idea de integrarse a su nación.

CONCILIACIÓN. Es el procedimiento que antecede al litigio, a través del cual las partes interesadas se presentan voluntariamente ante el funcionario judicial competente, con la finalidad de que no se realice el proceso judicial y de buscar un acuerdo amigable que ponga fin a las diferencias entre las partes. En el campo del Derecho Internacional, es uno de los mecanismos de solución pacífica de los conflictos surgidos entre los Estados. Consiste en someter a un juicio conciliatorio no judicial las controversias surgidas entre las partes para que un tercero, imparcial, después de estudiar profundamente el caso, redacte un informe que contenga las soluciones que él propone. Sus recomendaciones no obligan a las partes, por lo cual pueden aceptarlas o rechazarlas.

CÓNCLAVE. Es una asamblea secreta, a puertas cerradas, que se realiza para tomar decisiones antidemocráticas sin consultar a quienes deben intervenir en ella.

CONCLUSIÓN. Escrito que finaliza y termina los alegatos y defensa de un litigio judicial.

CONCLUSIONES. Son los escritos que deben contener la exposición de todos los puntos de hecho y de derecho.

CONCLUSIONES ADICIONALES. VER: DEMANDA RECONVENCIONAL.

CONCLUSIONES A FINES DE CASACIÓN. Son aquellas que sobre la base de los acontecimientos del litigio exponen con claridad a la Suprema Corte de Justicia o Corte Suprema las razones de derecho a la solución a las cuales los jueces no podrán de dejar de tomar en cuenta y de donde dependerá, por el camino de las consecuencias, el término de la litis.

CONCLUSIONES A FINES DE EXCEPCIÓN. Son las que detienen por el momento la demanda proponiendo las excepciones a fines de comunicación de documentos, prestación de fianza por el extranjero demandante, de reenvió por incompetencia y otros.

CONCLUSIONES AL FONDO. Son aquellas en las que el demandado tratará de destruir la demanda. Por lo cual el demandante solicitará al tribunal la admisión de la demanda y el demandado solicitará al tribunal que la rechace.

CONCLUSIONES DEL DEMANDANTE. Son las que deben contener una exposición resumida, concisa y precisa acerca de los acontecimientos, las pruebas que se hayan realizado y las argumentaciones jurídicas en que se basan sus deseos y propósitos.

CONCLUSIONES DEL DEMANDADO. Es la elaboración de una defensa, que busca establecer la improcedencia y la falta de base legal de la demanda a la luz de las normas jurídicas invocadas.

CONCLUSIONES PRINCIPALES. Son las que someten las partes ante el tribunal, en las cuales ellas solicitan que sus pretensiones sean aceptadas.

CONCLUSIONES SUBSIDIARIAS. Son aquellas que cautelosamente elabora el demandante cuando piensa que sus conclusiones principales no tienen la suficiente fuerza legal para rebatir a las del demandado.

CONCORDATO. Es el convenio celebrado entre el Estado y la Santa Sede, que establece las normas que regularán las cuestiones eclesiásticas que son también de interés estatal.

CONCORDIA. Es un convenio para conseguir armonía entre partes que mantienen un litigio o un estado de conformidad, desavenencias o desunión.

CONCUBINATO. Es la unión marital de dos personas (o sea, un hombre y una mujer o dos mujeres o dos hombres) que no están unidos por el acto del matrimonio.

CONCULCAR. Es violar una ley, una obligación, un pacto o despojar a las personas de sus derechos adquiridos.

CONCURRENCIA. Es la igualdad de derechos que existe entre dos o más personas sobre una misma cosa.

CONCURSADO. Es la persona o empresa que no puede cumplir con sus obligaciones de pagar sus deudas, por lo cual puede ser declarado por la ley en estado de quiebra; y cuando esto sucede se procede a celebrar un procedimiento concursal, el cual determinará si el deudor puede satisfacer con su patrimonio el pago de las deudas pendientes.

CONCURSO. Método de selección de las personas más aptas e idóneas para el desempeño de una labor donde se toma en cuenta en primer lugar las aspiraciones personales de los aspirantes.

CONCURSO DE CIRCUNSTANCIAS. Es cuando en la ejecución de un delito, se presentan de manera conjunta, diferentes agravantes y atenuantes, por lo cual el tribunal debe determinar cuál es la que predomina a la hora de dictar sentencia para ver si el acusado merece una pena más severa o menos enérgica.

CONCURSO DE DELITOS. Es cuando el mismo malhechor comete dos o más actos delictivos.

CONCURSO DE LEYES. Situación que se presenta cuando dos o más leyes aparecen como aplicables al mismo hecho que quebranto el orden jurídico, pero la aplicación de una excluye la aplicación de las otras.

CONCUSIÓN. Es la actividad contraria al orden legal que comete una persona que ejerce una función pública cuando utiliza su cargo para cobrar impuestos y multas de una manera arbitraria, o también cuando les exige a las personas un pago más alto al que está establecido por la ley. Este delito se agrava cuando se emplea la intimidación, cuando se hace mención de que se actúa obedeciendo a órdenes superiores.

CONDE. Con este título nobiliario, que se origina en el feudalismo, se conoce al dignatario al que la monarquía, por servicios prestados a la corona, le concedía porciones de terrenos para que lo administrara e impartiera justicia, exonerándolo de impuestos. El territorio donde ejercía el poder civil, político y militar recibía el nombre de "condado". La concubina del Conde, que ostentaba el título, era conocida como condesa. En la actualidad, el título tiene carácter honorífico.

CONDENA. Es el dictamen judicial que emite un tribunal por el cual impone una pena a la persona que ha cometido un crimen o un delito. También es la resolución judicial que pone término a un litigio, obligando a la parte que resulta perdedora a cumplir con ciertas obligaciones.

CONDENA CONDICIONAL. Es el beneficio que le concede la ley, a la persona que ha cometido un delito por primera vez en su vida, de suspender la aplicación de la pena, con la condición de que no vuelva a cometer delito alguno y que ejecute hechos que lo ameriten acreedor de una buena conducta.

CONDENA A TRABAJO FORZADOS. Es la sanción que se aplica en forma de trabajo obligado a las personas que han violado el régimen jurídico de una nación siempre y cuando dicho castigo sea contemplado por la ley.

CONDENA EN COSTAS. Es la condena que le impone un tribunal a la parte que resultó derrotada en un proceso judicial, de pagarle al ganador del litigio los gastos en que este incurrió durante el tiempo que duró el proceso.

CONDENADO. Es la persona contra quien se ha dictado una sentencia, por haber quebrantado la ley, ya sea en materia civil o en materia penal. En lo penal recibe el nombre de convicto o reo.

CONDICIÓN. Es cuando las consecuencias de una disposición legal dependen de un suceso incierto o futuro que puede producirse o no, o a la decisión de un derecho ya adquirido.

CONDICIÓN CASUAL. Es la que no depende de la voluntad del ser humano, sino del azar o de la suerte.

CONDICIÓN CIERTA. La específica que se refiere a un suceso o acontecimiento que inevitablemente habrá de suceder.

CONDICIÓN CONJUNTA. Acontecimiento que, cuando deja de suceder, hace que la exigencia establecida por la ley deje de tener efecto.

CONDICIÓN DEL DOLO. Elemento necesario para ser motivo de nulidad de una disposición legal, la que con su amenaza determina el acto por el cual ha ocasionado un grave daño sin haber habido dolo por ninguna de las partes.

CONDICIÓN DISYUNTIVA. VER: CONDICIÓN CONJUNTA.

CONDICIÓN ILÍCITA. Es cuando el suceso o acontecimiento condicionante está en contra del orden jurídico, la moral o el orden público, por lo cual no tiene ninguna eficacia.

CONDICIÓN IMPOSIBLE. Es aquella que implica algo que de ninguna forma puede ejecutarse, ya sea porque se lo impiden obstáculos de la naturaleza o porque existen impedimentos legales.

CONDICIÓN LÍCITA. Es aquella que no está prohibida por el régimen legal, que no está contra el orden público, ni de las buenas costumbres.

CONDICIÓN MIXTA. Es la que depende para su ejecución de la voluntad de un tercero y de la voluntad del acreedor y del deudor.

CONDICIÓN NECESARIA. VER: CONDICIÓN SINE QUA NON.

CONDICIÓN NEGATIVA. Consiste en que no se realice un acontecimiento determinado.

CONDICIÓN POSITIVA. Consiste en que se realice una determinada cosa.

CONDICIÓN POTESTATIVA. Es la que depende de la voluntad del acreedor o deudor.

CONDICIÓN SINE QUA NON. Locución latina que significa sin la cual no y que se refiere a una condición que es esencial y necesaria para que se realice o se ejecute algo que sea posible.

CONDICIÓN RESOLUTORIA. Es aquella que contiene una disposición, que, al ejecutarse, pone fin a un acto jurídico de una manera unilateral, trayendo como consecuencia de volver a poner las cosas en el estado en que se encontraban antes del acto donde fueron introducidas.

CONDICIÓN SUPERFLUA. La que no trae como consecuencia ningún resultado de carácter grave o muy importante, por ser propio o conforme a la naturaleza del ser viviente con el acto jurídico, como la acción de dejar un legado con el requisito de que se acepte.

CONDICIÓN SUSPENSIVA. Es aquella que retarda el inicio de los resultados de un acto jurídico a que el hecho se produzca.

CONDICIÓN TÁCITA. Es aquella que no está expresamente contenida en el acto, pero que implícitamente se considera que éste la contiene.

CONDICTIO. En el derecho romano era la figura empleada por el acreedor que le hubiera puesto un precio en dinero a su crédito o la prestación del obligado.

CONDITIO IMPOSSIBILIS PRO NON SCRIPTA HABETUR. Se considera que la condición imposible se tiene como que no ha sido escrita.

CONDOMINIO. Es la edificación inmobiliaria dividida por pisos o apartamentos, que posee áreas de uso común, debido a que cada apartamento es propiedad exclusiva de una o más personas y las cuales a su vez son copropietarias indivisas de las áreas comunes (Estas últimas se le designa con el nombre de condóminos).

CONDONACIÓN. Es la acción por la cual un acreedor anula o deja sin validez la deuda que una persona había contraído con él, por lo cual el deudor queda exonerado de cumplir la obligación de pagar la deuda. Acto por el cual se le perdona a una persona la pena a la que fue condenada por la actividad delictiva que cometió.

CONDUCTA. Es la manera de proceder o de conducirse de una persona que está estrechamente vinculada con el orden jurídico.

CONDUCTOR. Es la persona que maneja un vehículo de motor por la vía pública.

CONEXIDAD. Asociación estrecha que existe entre dos demandas que, sin ser exactamente iguales, muestran tales características que la sentencia a pronunciarse respecto de una influiría de manera notable sobre el fallo a dictarse respecto de la otra; para evitar el riesgo que surja una contradicción, entre ambos fallos, es imperativo someterla ante el mismo tribunal.

CONFABULACIÓN. Es el contubernio o componenda que es llevado a cabo por dos o más personas con la finalidad de cometer un acto que es contrario al orden jurídico.

CONFEDERACIÓN DE ESTADOS. Es una alianza de estados soberanos que se rige por las normas del Derecho Internacional que dejan subsistir la personalidad e independencia de los Estados que la conforman, con el objetivo de aunar esfuerzos para protegerse del exterior y ejecutar de común acuerdo asuntos de interés general para ellos.

CONFERENCIA DE PRENSA. VER: RUEDA DE PRENSA.

CONFESIÓN. Es la exposición voluntaria que una persona hace ante un tribunal u otra autoridad judicial sobre lo que sabe sobre un crimen o delito que se ha cometido.

CONFESIÓN CALIFICADA. Admisión de un suceso, donde la persona que confesa en un juicio le atribuye un carácter totalmente diferente que no coincide con el que esperaba la parte contraria.

CONFESIÓN COMPLEJA. Admisión de un suceso de manera expresa, pero argumentando a la vez otro suceso diferente que puede alterar o dejarlo sin validez el confesado.

CONFESIÓN DEL DELITO. Admisión de la comisión de un acto penalizado por la ley.

CONFESIÓN EXTRAJUDICIAL. Es la que se hace fuera del proceso judicial, y que debe llenar los mismos requisitos que la confesión judicial en lo que concierne a la capacidad de la parte que confiesa y el asunto sobre el cual puede versar.

CONFESIONALISMO. Es la primacía de las ideas religiosas sobre las políticas, que se expresa en la actitud del Estado de concederles privilegios a uno o más grupos religiosos, haciendo propias las ideas y principios de los mismos y vertiendo en su legislación o en sus comportamientos los designios religiosos derivados de la doctrina asumida.

CONFESO. Es la persona que confiesa su participación en una actividad delictiva.

CONFESORIA. Es la forma legal de ejercer la facultad de conseguir la restitución de los derechos reales obstaculizados, en cuanto a su completo uso, por actividades ilegales de un tercero.

CONFIDENCIAL. Es lo que se ejecuta o se expresa con confianza y seguridad entre dos o varias personas.

CONFIDENCIALIDAD. Es la característica que posee cierta información de que solo podrá ser conocida por el personal autorizado a acceder a ella.

CONFINAMIENTO. Es la pena por la cual se envía a una persona que es culpable de haber quebrantado la ley a un lugar aislado y seguro, para que cumpla su condena.

CONFIRMACIÓN. VER: COMPROBACIÓN.

CONFISCACIÓN. Es la acción que ejercen el estado y sus instituciones de embargarle sus propiedades a una persona o a una empresa sin suministrarle ninguna compensación, pasando estas a ser propiedades del gobierno y sus instituciones.

CONFLICTO. Es la situación jurídica que se genera cuando se produce el enfrentamiento entre dos o más personas con intereses opuestos, las cuales entran en un debate antagónico, para así tratar de lograr los objetivos que dieron origen a dicha confrontación.

CONFLICTO DE LEYES. Es la situación que se presenta cuando una o más normas de estas son opuestas entre sí, siempre y cuando dichas normas se apliquen a la misma materia, posean el mismo rango normativo, hubieran sido tramitadas por la misma autoridad legislativa y su espacio de aplicación se haya comenzado en la misma fecha.

CONFLICTO COLECTIVO DE TRABAJO. Es la oposición de intereses que surgen entre uno o más patronos y un grupo de trabajadores.

CONFLICTO DE ATRIBUCIONES. Es la pugna que se origina, cuando dos o más órganos de autoridad exigen para sí el derecho para conocer sobre un asunto y darle una solución conforme a las reglas del ordenamiento jurídico que impera en la sociedad.

CONFLICTO DE DERECHOS. Es la discrepancia que se origina cuando dos o más individuos obtienen, juntan o se adjudican competencias que no son compatibles con el ejercicio de ellas.

CONFLICTO INDIVIDUAL DE TRABAJO. Es la diferencia que se origina entre un trabajador y un patrono, por causa de incumplimiento de una de las partes de las condiciones laborales que fueron convenidas por estas, en el contrato de trabajo que suscribieron, o de aquellas disposiciones que han sido establecidas por la ley.

CONFLICTO RACIAL. VER: RACISMO.

CONFORMISMO. Es la actitud de aceptar sumisamente las ideas, normas y valores políticos, sociales, económicos o religiosos del grupo al que pertenece, o también la subordinación pasiva a las opiniones y dictados de la autoridad a la cual se está sometida.

CONFRONTACIÓN. Es un medio de prueba en el proceso penal que consiste en poner al acusado en frente de un testigo para comparar sus declaraciones y así tratar de establecer la verdad o falsedad de estas, para que conduzcan al esclarecimiento del caso que se está ventilando.

CONFUSIÓN. Desorden, falta de claridad, obscuridad o contradicción de que está impregnado un texto legal.

CONFUSIÓN DE DERECHOS. Situación que se genera cuando por cualquier razón concurren en una misma persona, la calidad de acreedor y deudor. Esto trae por consecuencia la extinción de los derechos y obligaciones que hayan sido perjudicados por la confusión.

CONFUSIÓN DE PATRIMONIOS. Cuando se acepta una herencia sin beneficio de inventario, el heredero responde a terceros no solo con los bienes del fallecido, sino también con sus propios bienes. Por lo cual ambos patrimonios se constituyen en uno solo, o sea que se confunden.

CONFUSIÓN EN SERVIDUMBRES. Es cuando una misma persona es propietaria de los predios sirvientes y dominantes.

CONGLOMERADO. Es una nueva forma de concentrar las empresas de diversas ramas en la sociedad capitalista, que se fusionan para formar un enorme complejo, financiero, industrial o comercial.

CONGRESO. La palabra congreso puede ser definida como un evento donde los miembros de una organización se reúnen para debatir, discutir, difundir o intercambiar puntos de vista sobre temas como la estructura o la línea programática.

CONGRESO NACIONAL. Es el cuerpo de funcionarios electos por el voto popular que se reúnen para tratar acerca de uno o varios asuntos de carácter nacional o permanente, y que constituyen el Poder Legislativo de un Estado. Según el sistema que adopte, el congreso puede ser unicameral, por lo cual está compuesto por una sola cámara, que se denomina de diputados o de senadores, o bicameral, por lo cual estará compuesto por dos cámaras: la de senadores y de diputados.

CONJUEZ. Es el magistrado que actúa junto con otros u otros en un tribunal colegiado.

CONJURA. VER: COMPLOT.

COMMINACIÓN. Amenaza que le hace una autoridad judicial a una persona, de que la sancionara con un castigo, sino corrige su conducta o confiesa la verdad.

CONMIXTIÓN. Es una de las formas de obtener el dominio por accesión, a través de la operación de unir y combinar una pluralidad de cosas sólidas o líquidas, de la misma o distinta especie, que son propiedad de diferentes dueños.

CONMUTACIÓN DE PENAS. Es la sustitución de una pena por otra más benigna, por orden de la autoridad judicial competente con el objetivo de favorecer al convicto.

CONNIVENCIA. Convenio o pacto a que llegan dos o más personas para ejecutar algún acto delictivo. Actitud que asume la máxima autoridad de una institución o de un departamento de actuar con disimulo ante las faltas que comete la empleomanía que está bajo su mando.

CONOCIMIENTO. Es el conjunto de saberes científicos y tecnológicos acumulativos, que tienen una larga historia de estudios e investigaciones y experimentos. Se inicia con la aparición del hombre sobre la faz de la tierra y se extiende hasta nuestros días. Por tanto, constituye la totalidad de los elementos fundamentales del desarrollo material y técnico de la sociedad.

CONQUISTA. Es la acción que efectúa un Estado al incorporar a su territorio a una o varias naciones por la vía de la violencia. Para ello, ejecuta las acciones bélicas que las expansiones geográficas de las conquistas entraña.

CONSANGUÍNEO. Se denomina así a la persona que tiene establecido un vínculo de parentesco por consanguinidad con otra.

CONSANGUINIDAD. Es el vínculo de parentesco que se establece entre personas que llevan la misma sangre, porque descienden de un antepasado o ancestro común.

CONSECUENCIA. Es el suceso o acontecimiento que se deriva de aquellas condiciones jurídicas reconocidas por los preceptos y reglas generales establecidos por la sociedad para regir su convivencia y cuyo cumplimiento puede ser impuesto por medio de la coacción.

CONSEJO. Juicios emitidos para ejecutar una acción. También se conoce como consejo a la asamblea de personas que se convoca para conocer de determinados asuntos, y a los órganos consultivos del gobierno.

CONSEJO DE ESTADO. Organismo que desempeña una función consultiva, de asesoramiento o gubernativa.

CONSEJO DE DISCIPLINA. Institución que tiene por función el mantenimiento del buen orden en los organismos del Estado y supervisar que las personas que pertenecen a dichas entidades observen un buen comportamiento.

CONSEJO DE FAMILIA. Es una institución que tiene por función velar y defender los derechos de los menores de edad y de los incapaces.

CONSEJO DE GUERRA. Institución militar de carácter judicial, que tiene por función solucionar rápidamente las violaciones al orden jurídico militar que cometan los miembros de las fuerzas armadas.

CONSEJO DE INDIAS. Institución creada por la corona española para desempeñarse como autoridad suprema en todos los asuntos concernientes a la administración y gobierno de las colonias españolas en las tierras americanas.

CONSEJO DEL PODER JUDICIAL. El texto constitucional dominicano proclamado el 26 de enero del 2010, crea el consejo del Poder Judicial institución permanente de administración y disciplina del Poder Judicial. Estará formado por el presidente de la Suprema Corte de justicia, quien lo dirigirá, un juez de la Suprema Corte de justicia seleccionado por el pleno de la misma, un juez de Corte de apelación o su equivalente, seleccionado por sus pares, un juez de Primera Instancia o su equivalente, seleccionado por sus pares.

CONSEJO NACIONAL DE LA MAGISTRATURA. Es la institución constitucional dominicana que tiene por funciones nombrar a los jueces de la Suprema Corte de Justicia, a los jueces del tribunal constitucional, a los jueces del tribunal superior electoral y sus suplentes y evaluar el desempeño de los jueces de la Suprema Corte de Justicia. Dicho consejo estará formado por el Presidente de la República, quien lo presidirá, el Presidente del senado, un senador o senadora seleccionado por el senado que pertenezca al partido o bloques de partidos diferentes al del Presidente del Senado y que exhiba la representación de la segunda mayoría, el Presidente de la cámara de diputados, un diputado o diputada seleccionado por la cámara de diputados, que pertenezca al partido o bloque de partido diferente al del Presidente de la cámara de diputados y que exhiba la representación de la segunda mayoría, el Presidente de la Suprema Corte de Justicia, un magistrado de la Suprema Corte de Justicia designado por ella misma, quien hará las funciones de secretario y el Procurador General de la República.

CONSENSO. Es una forma de tomar decisiones en un grupo cuando la mayoría o la totalidad de sus miembros comparten los mismos puntos de vista sobre el tema que ha sido sometido a discusión, por lo cual llegan a un acuerdo para aprobarlo sin someterlo al acto formal de la votación.

CONSENSO DE WASHINGTON. Es una expresión acuñada por el economista estadounidense John Williamson en los años noventa del siglo pasado y con la cual se designa al conjunto de medidas económicas que propuso el gobierno de los Estados Unidos a las naciones latinoamericanas para que modernizaran sus economías. La propuesta buscaba insertarlas en el proceso de globalización en que estaba interesado el gobierno yanki dentro de su estrategia de dominación mundial al finalizar la guerra fría y como parte del nuevo orden internacional que se veía venir.

CONSENSUS FACIT LEGEM. Expresión latina que significa que el mutuo acuerdo de voluntades crea la ley.

CONSENTIMIENTO. Es el acuerdo de voluntades que se produce entre dos o más personas que poseen la capacidad de obrar para aceptar derechos y las exigencias que han sido establecidas por la ley.

CONSERVACIÓN. Es la situación que se presenta cuando un tribunal emite una sentencia por la cual le concede, la guardia y custodia de un menor o de un incapacitado a personas que reúnen las condiciones para desempeñar esa función.

CONSERVADOR. Es el individuo que se opone a los cambios. Las personas que profesan y asumen ideas y actitudes conservadoras se empeñan en mantener todo intocado y en apuntalar un orden social que les resulta muy generosos en privilegios. Su deseo es que nada cambie, que todo siga igual. Piensan que las cosas son eternas. Es la tenaz y militante oposición a todo cambio en la forma de organización social que pueda poner en peligro los interese económicos, los usos, las convicciones y el estilo de vida de los grupos altamente situados en la pirámide social, y que están eficazmente blindados por el orden jurídico y político imperante. Su programa es que nada cambie, que todo permanezca igual.

CONSIDERANDO. Cada uno de los motivos esenciales que sirven de apoyo o fundamento al texto de una ley o a una sentencia.

CONSIGNACIÓN. Depósito judicial que hace una persona de la cantidad de dinero que debe para saldar su deuda y así evitar que les sean embargados sus bienes.

CONSIGNACIÓN DE ALQUILERES. Es la acción por la cual el deudor de una suma de dinero por concepto de alquileres deposita dicha suma ante un organismo judicial o administrativo para que este se la entregue a su acreedor.

CONSIGNAR. Destinar una determinada cantidad de dinero para el pago de gastos o servicios. Emitir por la vía escrita un dictamen u opinión. Determinar las cantidades a pagar por las obligaciones contraídas.

CONSIGNATARIO. La persona que, por auto judicial, recibe en depósito, el dinero que otra consigna. Acreedor que llega a un acuerdo con su deudor para administrar el negocio que este le ha consignado, hasta que salde su deuda. Persona o empresa que se hace responsable de una mercancía que recibe de manos de su propietario.

CONSIGNAS. Son las instrucciones que imparten las organizaciones políticas a sus militantes y simpatizantes. Pueden tener un carácter público, como son, por lo general, las del orden electoral, o ser confidenciales si la táctica política lo requiere.

CONSOCIO. Cada una de las personas que es copropietaria, copartícipe o socia de una empresa comercial o industrial.

CONSOLIDACIÓN. Estado o condición en que se encuentra una persona cuando se juntan en ellas calidades contradictorias.

CONSOLIDACIÓN DE LEYES. Régimen legislativo que se basa en reunir por orden y numeración ordenada las diferentes normas dadas sobre una misma materia.

CONSORCIO. Es una asociación de empresas de diferentes sectores de la industria, casas comerciales, entidades financieras y compañías de transporte, independientes en teoría, pero dirigidas totalmente por un capitalista o por un grupo de capitalistas.

CONSORTE. VER: CÓNYUGE.

CONSPIRACIÓN. VER: COMPLOT.

CONSTANCIA. Explicación de un acontecimiento que perjudica a los sistemas financieros locales o internacionales.

CONSTANCIA ANOTADA. Constancia anotada o carta constancia es un título sin deslindar que consiste en un título oficial expedido por el Registro de Títulos de la República Dominicana que no posee una designación catastral propia ni un plano individual de mensura debidamente aprobado y registrado, pero que demuestra la existencia de un derecho de propiedad sobre un pedazo de parcela.

CONSTITUCIÓN. Es la ley fundamental de una nación, porque establece las normas generales básicas de los derechos de los ciudadanos, la forma de organización gubernamental y la competencia de los poderes estatales que lo conforman. Además, la Constitución, al estar en la cima de la estructura jurídica, tiene subordinadas las leyes generales, las leyes especiales, las ordenanzas, los reglamentos y las demás leyes de rango inferior en que ella se basa.

CONSTITUCIONALIDAD. Es la compatibilidad de forma y de fondo de las leyes comunes y de los actos de gobierno con la Constitución del estado, como requisito especial para que tenga validez jurídica.

CONSTITUCIONALISMO. Es la subordinación del Estado al derecho, por lo cual se establece una Constitución que está en la cúspide de la estructura jurídica y a la cual se le someten todas las demás leyes que conforman el ordenamiento jurídico de una sociedad; y, por tanto, el estado sólo puede intervenir en la vida de los ciudadanos cuando una norma legal lo autorice.

CONSTITUCIONALISMO SOCIAL. Es la consagración en los textos constitucionales de los derechos sociales surgidos a raíz de la primera Revolución Industrial y del nuevo régimen de producción que de ello se derivó y por lo cual se le reconoció a cada persona el derecho a trabajar, recibir un sueldo justo, sindicalizarse, ejercer el derecho a huelga y conseguir otras prerrogativas que protejan sus intereses económicos.

CONSTITUTO. Invención legal la cual implica que una persona entrega la propiedad de una cosa a otro, y que este se la vuelve a traspasar al primero, para que la vuelva a poseer no ya en nombre propio, sino en el del adquiridor.

CONSTITUTO POSESORIO. Disposición legal por la cual una persona transfiere a otra la posesión de una cosa, acordando que continuará en posesión de la primera ya sea como tenedor o poseedor.

CÓNSUL. Este concepto tiene diversos significados a través de la historia. En la antigua Roma, cónsul es el magistrado que ejerce la autoridad suprema. En las ciudades medievales de Europa, se conoce con este nombre a los funcionarios que, después que ejercen las funciones judiciales y administrativas, constituyen un colegio de consejeros del gobierno. En las ciudades europeas del siglo XII, son quienes se encargan de los asuntos mercantiles, civiles y penales de los ciudadanos. En la actualidad, son los representantes diplomáticos de una nación en un país extranjero con la función de defender y proteger los intereses del país que representan y ejercer las funciones consulares de lugar.

CONSULADO. Es el lugar donde se encuentra ubicada la casa u oficina del cónsul, donde funciona como el área geográfica donde dicho funcionario ejerce su autoridad.

CONSULTA. Régimen cuya forma de actuar obliga a cumplir a los gobiernos interesados que forman parte de un asunto internacional, a un previo intercambio de opiniones, antes de la toma de cualquier decisión.

Otra versión de consulta son las opiniones o consejos que un abogado da a sus clientes, ya sea por la vía verbal o por escrito, en relación con asuntos judiciales que están en curso o a alguno que esté en proceso de surgir.

CONSULTA POPULAR. Es el organismo a través del cual, una pregunta de apariencia general acerca de un tema de trascendencia común, departamental, municipal, distrital o local, es presentado por el Presidente de la República, el gobernador o el alcalde, a deliberación de los ciudadanos para que dictaminen sobre dicho asunto.

CONSULTIVO. Es la institución creada para ser consultada por las autoridades gubernamentales y los organismos del Poder Judicial.

CONSUMAR. Es ejecutar un contrato o cualquier otro acto jurídico llenando todos los requisitos que exige la ley. Llevar a cabo las acciones y actos que caracterizan las violaciones a las leyes penales.

CONSUMIDOR. Es el cliente o comprador que consume bienes o servicios que le son suministrados por el productor de los bienes y servicios.

CONSUMO. VER: SOCIEDAD DE CONSUMO.

CONTABILIDAD. Es el sistema que tiene por función estudiar, calcular y examinar el conjunto de bienes que son propiedad de una persona física o jurídica, para determinar su situación económica y financiera, con el propósito de permitir fácilmente la toma de decisiones, para poder realizar un control y una administración eficaz.

CONTABILIDAD GUBERNAMENTAL. Es el procedimiento que examina minuciosamente las maniobras que realizan las instituciones del sector público.

CONTEN. Faja que forma el borde de una acera.

CONTENCIÓN. Es la acción de un estado o grupos de estados con el objetivo de detener la tendencia de expansión ideológica, política, militar y económica de otro Estado, o un intento de establecer áreas de influencias fuera de sus fronteras nacionales.

CONTENCIOSO. Denominación que se le da a los asuntos que son sometidos para que sean conocidos por los tribunales, para que estos emitan una decisión que solucione dichos litigios.

CONTESTACIÓN. Es la respuesta o réplica que se emite negando o confesando los motivos o razones de lo que se hace o se ejecuta.

CONTESTACIÓN A LA DEMANDA. Documento que presenta la parte demandada en una discusión judicial, en la cual expone todas sus excepciones y defensas respecto a las acusaciones que se le hacen.

CONTESTAR. Suministrar alguna información o responder alguna pregunta o las preguntas que se le formulen en un juicio.

CONTESTE. Denominación que se le da al testigo que emite la misma declaración que ya ha hecho otro.

CONTEXTO. VER: ENTORNO.

CONTINENCIA DE LA CAUSA. Principio que gobierna el desarrollo del conjunto de actuaciones que lleva a cabo un tribunal, por lo cual las aspiraciones o propósitos conexos deben debatirse en una misma discusión judicial, donde un solo juez dicte una sentencia que solucione el caso.

CONTINUISMO. Es cuando un gobierno sustituye a otro que tiene su mismo pensamiento ideológico y adopta el mismo estilo de gobernar que su predecesor. Por lo general, es la continuación de un orden de cosas negativas, como la corrupción, abuso de poder, tráfico de influencias y falta de transformaciones en el sistema político.

CONTRA NON VALENTEM AGERE NON CURRIT PRAESCRIPTIO. Principio que en materia jurídica significa: no corre la prescripción, contra el que no puede valerse.

CONTRA SCRIPTUM TESTIMONIUN NON SCRIPTUM TESTIMONIUN NON FERTUR. Principio jurídico que significa: contra testimonio escrito, no ha de traerse testimonio no escrito.

CONTRABANDO. Es el comercio clandestino de mercancías que están prohibidas o sometidas a algún tipo de impuestos por la legislación estatal y son introducidas en una nación sin pagar los impuestos correspondientes.

CONTRACTUALISMO. Es una corriente de pensamiento filosófico-político que busca dar una explicación sobre el origen de la sociedad, la soberanía y el poder que floreció en Europa a principios del siglo XVII y finales del siglo XVIII.

CONTRACTUS EX CONVENTIONE LEGEM ACCIPERE DIGNOS CUNTUR. Locución latina que significa que los contratos reciben su ley de la convención, lo que los caracteriza.

CONTRACAUTELA. Es la garantía que debe dar la parte que participa en un proceso y que solicita una medida cautelar, para que en el caso de que la medida que solicito le cause un perjuicio a la otra parte, el respaldo económico que dio sirva para indemnizar a la parte que sufrió daños y perjuicios.

CONTRA DEMANDA. VER: DEMANDA RECONVENCIONAL.

CONTRADICCIÓN. Es la existencia, en un fenómeno o proceso natural, social o espiritual, de las tendencias o aspectos contradictorios que se interrelacionan y se originan en un mismo objeto o fenómeno, constituyendo diversos elementos de una misma cosa o de un mismo proceso.

CONTRADICCIÓN DE SENTENCIAS. Llamada también contradicción de fallos, por lo cual son susceptibles de ser anulada. Para ser anulada es necesario que las dos sentencias sean dictadas entre las mismas partes, que las dos sentencias versen sobre demandas idénticas, que las dos sentencias sean pronunciadas por diferentes tribunales y que ambas sentencias sean emitidas en única o en última instancia.

CONTRADICTORIO. VER: JUICIO, ORAL, PÚBLICO Y CONTRADICTORIO.

CONTRADOCUMENTO. Es la contraescritura pública o privada que las partes otorgan con la finalidad de anular total o parcialmente las consecuencias de un acto jurídico fingido, proporcionándole a dicho acto su verdadero carácter y capacidad para obrar.

CONTRAESCRITURA. VER: CONTRADOCUMENTO.

CONTRAESPIONAJE. Es la actividad que está dirigida, orientada y enfocada contra la estructura de espionaje de un gobierno, una industria, un grupo terrorista o cualquier otra organización.

Para desinformarlos para que no obtengan informaciones fidedignas y por lo tanto les pongan fin a sus actividades.

CONTRAFUERO. Quebrantamiento de un fuero, privilegio o norma jurídica, ejecutada por un particular o una autoridad que representa a los poderes públicos.

CONTRAINSURGENCIA. Es la enseñanza de técnicas de sabotaje, persecución de sospechosos, tácticas de espionaje, infiltración en los sindicatos, organizaciones políticas, interrogatorios y torturas que se les imparte a los policías y militares de una nación para que combatan a los que se oponen al gobierno establecido.

CONTRAINTERROGATORIO. Es el procedimiento por medio del cual un abogado defensor cuestiona a un testigo que ha sido interpuesto por la parte acusadora.

CONTRALORÍA GENERAL DE LA REPÚBLICA. El artículo 247 de la Constitución dominicana da la siguiente definición de este término: "La Contraloría General de la República es el órgano del Poder Ejecutivo rector del control interno, ejerce la fiscalización interna y la evaluación del debido recaudo, manejo, usos e inversión de los recursos públicos y autoriza las órdenes de pago, previa comprobación de los trámites legales y administrativos, de las instituciones bajo su ámbito, de conformidad con la ley". (12)

CONTRAORDEN. Orden con la cual se revoca la que anteriormente se había dado, con el fin de invalidarla, proporcionando nuevas instrucciones lo que anula expresamente lo que antes se había ordenado.

CONTRAPARTE. Es la posición contraria que se enfrenta en un litigio, juicio, arbitraje o conciliación.

CONTRAPROPUESTA. Proposición u oferta con la cual se le da contestación o se niega la validez o legalidad de otra expresada con anterioridad.

CONTRAQUERELLA. Acusación iniciada contra la persona que interpuso la querella, por ante el magistrado que conoce el proceso por la persona que fue acusada injustamente luego de la exposición de la sentencia de que la querrella fue una vil calumnia.

CONTRARECIBO. Escritura o documento a través de la cual se da constancia del contenido del recibo.

CONTRARREVOLUCIÓN. Es la oposición que impulsan las clases reaccionarias para oponerse a las transformaciones revolucionarias o tratar de limitar los alcances de las conquistas revolucionarias. Otra acepción es la posición que asumen las clases sociales desplazadas del poder por una revolución de tratar de restaurar el régimen político imperante antes de las transformaciones revolucionarias.

CONTRASEGURO. VER: REASEGURO.

CONTRATA. Documento con el cual aseguran las partes los contratos, ajustes o acuerdos que han realizado. También el contrato celebrado entre el Estado y una empresa y un particular para la construcción de obras materiales o la prestación de un servicio.

CONTRATISTA. Es la persona o empresa que mediante la firma de un contrato queda obligada a realizar una obra material o encargarse de suministrar un servicio.

CONTRATO. Es una especie de convención, en las que varias personas se ponen de acuerdo para tomar la decisión de generar obligaciones de dar o hacer.

CONTRATO A LA GRUESA. Es el contrato propio del negocio marítimo, que consiste en que una persona le presta determinada suma a un naviero para realizar transporte marítimo, quedando obligado el naviero a pagar a su acreedor el capital prestado y los intereses convenidos, si la travesía marítima concluye con feliz arribo a puerto, pero si se presenta el caso, de que la embarcación por cualquier razón no llega a puerto, el naviero no le adeuda nada al prestamista por el cual este pierde el capital y los intereses.

CONTRATO ABIERTO. Es el convenio en el que se considera o se tiene en cuenta que otras personas se pueden adherir, aunque no se establezcan las formas de la adhesión, esta debe estar dirigida a la estructura que haya sido formada para hacer el contrato, o a falta de ella, a todos los contratantes originarios.

CONTRATO ABSTRACTO. Decisión que varias personas toman en común para prescindir de manera clara y exacta o específica del motivo para obrar.

CONTRATO ACCESORIO. Es aquel cuya existencia depende de otro contrato principal, y que tiene por finalidad garantizar la realización de una obligación.

CONTRATO ADMINISTRATIVO. Es el contrato celebrado entre el sector público o una de sus instituciones con los particulares, para que de esta manera la administración pública quede habilitada para llevar a cabo acciones que le permitan lograr sus objetivos.

CONTRATO ALEATORIO. Es aquel que se origina cuando la renta, tributo o servicio dependen de un suceso futuro e incierto y que, al instante de la celebración del contrato, no se tiene conocimientos del margen de ganancias o pérdidas hasta el instante que se haga real este suceso futuro e incierto.

CONTRATO ATÍPICO. Es el contrato innominado que no está definido por la ley, o sea que no está regulado por el orden público.

CONTRATO BANCARIO. Es la conexión o correspondencia que se instaura entre una institución financiera y su cliente por lo cual se originan unas series de vínculos que sujetan hacer o no hacer una cosa a cada una de las personas que participan en el acto contractual.

CONTRATO BASURA. Es un acuerdo o convenio temporal y que su remuneración es un salario de miseria.

CONTRATO BILATERAL. Es el contrato sinalagmático que genera derechos y obligaciones para ambas partes contratantes.

CONTRATO BLINDADO. Es aquel en el que se pacta que en el caso de que el contrato sea anulado por la empresa el empleado recibirá una indemnización muy elevada.

CONTRATO CAUTELAR. Documentos que contienen ciertas figuras contractuales colocadas porque hacen falta de forma obligatoria para un fin.

CONTRATO DE ARRENDAMIENTO. Es el arrendamiento financiero por medio del cual, una parte llamada arrendador transfiere el derecho de gozar o usar un bien a otra parte llamada arrendatario, a cambio de pagar determinada suma de dinero por el alquiler por un lapso de tiempo específico, y al concluir este el arrendatario posee la opción de comprar la cosa arrendada pagando un precio que es acordado por las partes, entregarlo o actualizar el contrato.

CONTRATO COLECTIVO DE CONDICIONES DE TRABAJO. VER: PACTO COLECTIVO DE CONDICIONES DE TRABAJO.

CONTRATO COLECTIVO DE TRABAJO. Es el arreglo suscrito entre un sindicato o varios sindicatos de trabajadores con uno o varios patronos, para regular todo lo concerniente a las actividades laborales (salarios, jornadas de trabajo, descansos, vacaciones, licencias, capacitación profesional, seguro médico, régimen de cancelaciones).

CONTRATO COMERCIAL. Es el convenio que debe versar sobre un acto de comercio y que puede ser efectuado por la vía escrita o verbal y el cual crea obligaciones entre las partes de realizar o no ciertas cosas.

CONTRATO DE AJUSTE. Es el contrato marítimo que reglamenta las relaciones entre el naviero, el capitán, y los demás miembros de la tripulación. El contrato de ajuste puede celebrarse por tiempo determinado, por tiempo indefinido y por viaje, mediante el pago de un sueldo y bonificaciones.

CONTRATO DE ALQUILER. VER: ARRENDAMIENTO.

CONTRATO DE APRENDIZAJE. Es un modo especial de continuar dentro del derecho laboral suministrándoles a las personas una formación teórica en una institución de formación autorizada con la ayuda de una empresa patrocinadora para que proporcione los medios para que adquieran una formación profesional completa requerida por el oficio, actividad u ocupación que desempeñan dentro del campo administrativo, comercial o financiero.

CONTRATO DE CAMBIO. Acuerdo por el cual dos o más partes cambian mutuamente o recíprocamente, bienes y servicios, por otras cosas o dinero.

CONTRATO DE CUENTA CORRIENTE BANCARIA. Es una modalidad de contrato bancario por medio del cual una persona deposita en una entidad bancaria determinada suma de dinero, la cual puede ir retirando cuando la desee a través de la emisión de cheques, en cajeros automáticos o en la ventanilla de la institución bancaria.

CONTRATO DE DEPÓSITO. Es el acuerdo o convenio por medio del cual una de las partes se obliga a custodiar gratuitamente una cosa que otra le ha confiado, debiéndola esta devolverla cuando esta le sea reclamada por la persona que se la entregó.

CONTRATO DE EDICIÓN. Es el contrato que se forma cuando el editor de una obra intelectual y literaria, llega a un acuerdo con un editor, con la finalidad de entregársela para que este la publique, la distribuya o venda, y con la obligación de pagar el primero una determinada suma de dinero proporcional a la venta.

CONTRATO DE EXPOSICIÓN. Es el contrato por el cual una persona física o jurídica arrienda un espacio en una feria comercial en un espacio determinado, para darle publicidad a sus productos, difundir sus marcas y su nombre comercial.

CONTRATO DE FINANCIACIÓN. Convenio que efectúa una empresa con otra, o con entidades financieras, para lograr captar fondos que necesitan para su expansión y desarrollo.

CONTRATO DE FOMENTO DE EMPLEO. Es el acuerdo fomentado por un patrono y un trabajador inscripto como un individuo que no está ejerciendo ninguna actividad laboral o que ha cesado de prestar servicios en la administración pública.

CONTRATO DE HOSPEDAJE. Es aquel que tiene lugar cuando una persona llamada hotelero le da alojamiento a otra persona llamada huésped u hospedado mediante el pago de una determinada cantidad de dinero suministrándose, o no, el servicio de alimentos.

CONTRATO DE JUEGO. Es el acuerdo al que llegan dos o más personas cuando se dedican a jugar un determinado juego, de que la parte perdedora queda obligada a pagarle a la parte ganadora una determinada cantidad de dinero o alguna otra cosa que se haya convenido.

CONTRATO DE LEASING. VER: CONTRATO DE ARRENDAMIENTO.

CONTRATO DE MÚTUO. Es el contrato de préstamo, por el cual una persona llamada prestamista entrega a otra llamada prestataria una cantidad de dinero o cosas consumibles, para que la utilice para atender sus necesidades, para que luego la devuelva en la misma cantidad y especie que fue prestada.

CONTRATO DE OPCIÓN. Es el convenio o acuerdo al que llegan dos personas donde una de ellas posee el derecho, pero no la imposición, de realizar un intercambio comercial de compra y venta de acuerdo con las estipulaciones previamente acordadas.

CONTRATO DE PUBLICIDAD. Es el convenio mediante el cual una parte, se responsabiliza de hacer una campaña publicitaria que le ha sido encomendada por otra parte a cambio del pago de una determinada suma de dinero.

CONTRATO DE REPRESENTACIÓN. Es la resolución que toma el autor de una obra musical o teatral de entregársela a un empresario, el cual la acepta para representarla públicamente, pero quedando obligado a pagar los derechos de autor.

CONTRATO DE SEGURO. Es aquel en que el asegurador, mediante el pago de una renta pecuniaria que se denomina prima, queda obligado a indemnizar al asegurado, en el caso de que se produzca un siniestro que le ocasione daños y perjuicios.

CONTRATO DE TRABAJO. Es el acuerdo al que llegan una parte llamada patrono y otra parte denominada trabajador, por el cual el trabajador se pone a las órdenes del patrono para prestarles servicios personales o realizar obras durante un lapso de tiempo determinado o por tiempo indefinido, a cambio del pago de una cantidad específica de dinero.

CONTRATO DE TRANSPORTE. Es el convenio voluntario mediante el cual una empresa de transporte terrestre, marítimo, fluvial, lacustre o aéreo, se responsabiliza a trasladar de un sitio a otro a personas, equipajes, mercancías o cosas con arreglos a los acuerdos monetarios estipulados.

CONTRATO DIRIGIDO. Acuerdo regulado de modo que expresa una orden o mandato de las autoridades.

CONTRATO EXTINTIVO. Es el contrato que tiene por objetivo dejar sin efecto las obligaciones creadas por un acuerdo de voluntades que fue redactado con anterioridad.

CONTRATO ILÍCITO. Es aquel que es contrario a las normas jurídicas, a la moral, a las buenas costumbres o al orden público, por lo cual carece de toda validez jurídica.

CONTRATO INNOMINADO. VER: CONTRATO ATÍPICO.

CONTRATO INTUITU PERSONAE. Convenio para cuya celebración se ha tomado en cuenta, como exigencia fundamental, la persona del otro contratante, ya sea por poseer una calidad específica, profesión, arte u oficio o solvencia.

CONTRATO JUDICIAL. Convenio de condiciones que de manera habitual y frecuente exige la aprobación de un magistrado que emita una sentencia que de validez y eficacia a acuerdos procesales a los cuales han llegado las partes envueltas en el conflicto.

CONTRATO LEONINO. El término leonino quiere decir pertenece al león. Un contrato leonino es contrario al orden jurídico por el cual carece de toda validez, ya que en él solo se establecen cláusulas que benefician a una sola parte, por lo cual la otra solo recibe daños y perjuicios.

CONTRATO LÍCITO. Es el que en el modo y en el fondo se ajusta al orden legal que impera en la sociedad.

CONTRATO MERCANTIL. VER: CONTRATO COMERCIAL.

CONTRATO MÚLTIPLE. Es aquel que no está incluido en una jerarquía particular del ordenamiento jurídico de una nación, une el tema o asunto y las cosas y servicios de varios, o transforma en gran proporción el modo natural o legítimo.

CONTRATO NOMINADO. VER: CONTRATO TÍPICO.

CONTRATO PLURILATERAL. Es el contrato abierto en el que existe una pluralidad de partes que comparten la aceptación de obligaciones mutuas a cargo de todas las partes.

CONTRATO PRELIMINAR. El contrato preliminar o preparatorio es el acuerdo al que llegan dos o más partes acerca de las cláusulas que incluirán en el contrato, pero aunque no lo concluyan inmediatamente, quedan obligados a la celebración de un contrato definitivo en un futuro.

CONTRATO PRINCIPAL. Es aquel cuya existencia y validez no depende de la celebración de un contrato previo, o sea que es un contrato que puede existir por sí mismo.

CONTRATO PRIVADO. Es aquel que se realiza de manera privada entre dos personas y que por disposición del régimen legal solo produce efectos entre las partes que lo realizaron.

CONTRATO PÚBLICO. Es la clase de contrato en que una de las partes es el sector gubernamental el cual aparece unilateralmente imponiendo obligaciones estatales a través de las actividades de creación normativa y ejecutivas que se combinan por mecanismos jurídicos bilaterales en forma de acuerdo de voluntades que proceden de las declaraciones de voluntad coincidentes de las partes.

CONTRATO SIMULADO. Es el que tiene por objeto ocultar las intenciones de las partes, que tratan de esta forma de evadir algún impuesto, o de otro carácter que no le es beneficioso, o cuando tienden a perjudicar a terceros, ya sea que le produzca beneficios o no.

CONTRATO SINALAGMATICO. VER: CONTRATO BILATERAL.

CONTRATO SOCIAL. Son dos palabras que usan los partidarios de la escuela estructuralista para designar una forma de asociación voluntaria a la que llegan los hombres para dejar atrás su vida primitiva y desordenada, en la cual viven como chivos sin ley, sin reglas, normas e instituciones que les garanticen el ejercicio de todos sus derechos y una forma de convivencia pacífica.

CONTRATO SOLEMNE. VER: ACTO SOLEMNE.

CONTRATO SUCESIVO. Es el que tiene como contenido cosas o servicios periódicos, como la compra o crédito o el alquiler cuya renta se paga mensualmente, anualmente o como lo hayan convenido las partes envueltas en el contrato.

CONTRATO TÍPICO. El contrato nominado o típico es aquel que se encuentra definido y regulado por las normas jurídicas que imperan en la sociedad.

CONTRATO TIPO. Convenio cuyos modos, cualidades y consecuencias forman una categoría contractual que no sufre cambios.

CONTRATO UNILATERAL. Es el contrato que sólo exige la manifestación de voluntad de una sola parte para tener validez y eficacia. Cuando requieren que una sola persona de su voluntad se le denomina simple y compleja cuando participan dos o más personas con una misma voluntad o sea que constituyen una sola parte.

CONTRAVENCIÓN. Es una falta de menor gravedad que los delitos que van en contra del orden jurídico que ha establecido la sociedad y que por tanto el que la comete debe ser sancionado o castigado. Ejemplos de actos contravencionales son violar las normas de tránsito o hacer escándalo en la vía pública.

CONTRIBUCIÓN. Cuota o cantidad de dinero que está obligado a pagar el ciudadano para sostener las cargas del Estado, de una región o de una localidad.

CONTRIBUYENTE. Es la figura física o jurídica de los impuestos, tasas o contribuciones especiales. Específicamente se determina y define de acuerdo con el régimen jurídico de cada nación. En las relaciones tributarias, el contribuyente es el sujeto pasivo que paga los impuestos, mientras que el Estado es el sujeto activo que cobra dichos impuestos.

CONTROL DE ALQUILERES DE CASA Y DESAHUCIO. Es una institución dominicana que consiste en un instrumento litigante de índole administrativa que tiene por objetivo principal conocer de las demandas en terminación del contrato de arrendamiento por desahucio motivado por las siguientes razones:

1- Cuando el inmueble vaya a ser objeto de reparación o nueva construcción.
2- Cuando vaya a ser ocupado personalmente por el propietario o su cónyuge o por familiares de uno de ellos.

CONTROVERSIA. Es una discusión extensa sobre un tema de opinión ante el cual existen divergencias entre las partes que están tratándolo. El tema puede ser considerado un tabú para ciertos sectores de la sociedad, lo cual puede llevar a una división de esos sectores.

CONVIDADO DE PIEDRA. Es la persona o grupo de personas que se invita a una reunión, pero en la cual no pueden expresar libremente sus ideas y opiniones.

CONTUMACIA. La contumacia o rebeldía es la actitud que asume un procesado cuando se niega a comparecer a un juicio al cual ha sido citado para que se defienda de las acusaciones que se le imputan.

CONVENCIÓN. Es el pacto o convenio de dos o más personas, empresas, naciones sobre una misma cosa.

CONVENIO. VER: CONTRATO-CONVENCIÓN.

CONVENIO LEGEM DAT CONTRACTUI. El convenio da fuerza de ley al contrato. Los pactos redactados en los contratos forman para las partes una regla a la cual debe subordinarse como al régimen legal mismo. También los contratos, serán obligatorios, cualquiera que sea la forma en que se hayan redactado, siempre que ellos reúnan las condiciones fundamentales para su validez.

CONVERSIÓN. Es la acción de convertir un acto que está viciado por la nulidad en otro que produce efectividad a través de la confirmación. Es la acción de sustituir una deuda pública.

CONVICTO. Es la persona que en un juicio oral, público y contradictorio ha sido probada su culpabilidad, a pesar de que no haya hecho ninguna confesión.

CONVOCATORIA. Anuncio personal o público, que se hace por medio de un escrito, para citar o llamar, a una o varias personas, para que acudan a algún acto o algún lugar determinado en la fecha fijada por adelantado.

CONVOCATORIA DE LOS ACREEDORES. Es cuando ante el tribunal competente se presenta un comerciante para pedir la reunión de sus acreedores, con la finalidad de que le sea imposible hacerles frente a las obligaciones que contrajo con ellos.

CÓNYUGE. Llamado también consorte es cualquiera de las dos personas que forman parte de un matrimonio.

CÓNYUGE SUPÉRSTITE. Es el esposo o esposa que quedó viudo o viuda.

COOBLIGACIÓN. Lo que ata o une imperativamente a dos o más personas.

COOBLIGADO. Es cada una de las personas obligadas colectivamente por un mismo vínculo legal imperativo de nacimiento espontáneo o no.

COOPERATIVAS. Son sociedades autónomas de personas que se han unido espontáneamente para crear una empresa con el propósito de hacerle frente a sus necesidades económicas, sociales y culturales comunes, repartiéndose el trabajo, los gastos y las ganancias entre todos.

COPARTÍCIPE. Copropietario junto con otra u otras personas de algo o de una cosa. Cómplice en la ejecución de un delito.

COPIA. Duplicado de un documento escrito que debe ir junto con otros u otros para los fines de traslados, citaciones, notificaciones y emplazamientos.

COPIA DE TÍTULOS. Disposición legal que para ser concedida necesita la autorización de las autoridades judiciales, que se concede previamente citando a quienes han participado en ella, o en su defecto deben contar con la autorización del ministerio público.

COPOSESIÓN. Es la acción de compartir la posesión de una cosa con una o más personas.

COPROPIEDAD. Se da esta situación cuando una cosa o un bien es propiedad de dos o más sujetos.

CORAJE. Es la facultad de enfrentarse con valor a una circunstancia que presente un peligro inminente, real o supuesto.

CORDURA. Cualidad de la persona que se conduce con prudencia, sensatez y buen juicio.

CORPORACIÓN. Asociación de personas que pertenecen a un mismo organismo o institución.

CORPORATIVISMO. Acción o efecto de ejercer el poder físico sobre la cosa que posee volumen y competencia.

CORPUS ALIENUM. Objeto extraño y ajeno a la discusión judicial que se ventila en los tribunales.

CORRECCIÓN. Reprimenda o reproche que hacen las autoridades contra los que quebrantan sus reglamentos. Amonestación o censura que pueden imponer los padres a sus hijos, en virtud de la patria potestad. Castigo que pueden imponer los jueces a las personas que son sometidas a su área jurisdiccional.

CORRECCIONAL. Recinto carcelario donde los menores de edad cumplen las penas de prisión por los delitos que han cometido.

CORREDOR. Es el agente que tiene como oficio desempeñarse como intermediario en las operaciones comerciales, como la compra, venta de bienes e inmuebles, las acciones de la bolsa y la venta de seguros.

CORREDOR DE LA MUERTE. En algunas naciones donde existe la pena de muerte, se le da este nombre al lugar de un recinto penitenciario, donde se encuentran ubicadas las personas que están esperando que se le aplique la pena capital.

CORREGIDOR. Funcionario real que era nombrado por el rey para que administrara la justicia en una demarcación territorial y para que ejerciera funciones gubernativas en el área geográfica que abarcaba su jurisdicción.

CORRETAJE. VER: CORREDOR.

CORSARIOS. Eran los piratas financiados por una nación, la cual les proporcionaba un barco armado para que saquearan y capturaran a las naves de los países enemigos, recibiendo el derecho de apropiarse de una parte del botín. Los corsarios tenían que rendirle cuentas a la nación que los patrocinaba.

CORRUPCIÓN. Es la utilización incorrecta, por parte de políticos y funcionarios, de los procesos de toma de decisiones, de los recursos y facilidades gubernamentales, a las que tienen acceso debido a las funciones públicas que ostentan, en provecho de otra parte y a cambio de algunas ventajas personales para ellos mismos, opuestos a las normas morales, éticas y sociales que prohíben esos comportamientos.

CORRUPCIÓN DE MENORES. Es el delito que comete la persona que promueve, facilita u obliga a un menor de edad a ejecutar la prostitución rentada, a consumir drogas, a cometer actos contrarios a la ley, aunque estos cuenten con el consentimiento del menor.

CORTE. Término que designa al grupo de personas que forman parte de la familia y de la comitiva del rey. También es el nombre que reciben algunos tribunales.

CORTE DE APELACIÓN. Es un tribunal colegiado que posee la atribución de conocer de los recursos de apelación elevados contra las sentencias que son emitidas por los tribunales inferiores.

CORTE INTERNACIONAL DE JUSTICIA. Establecida en la Haya, Holanda en 1945, es la principal estructura judicial de las Naciones Unidas. Sus principales funciones son solucionar a través de soluciones judiciales los litigios que le sometan los Estados y manifestar opiniones consultivas para aclarar cualquier asunto jurídico que le sea planteado por la asamblea general o el consejo de seguridad, o por las agencias especializadas que cuenten con la autorización de la asamblea general de acuerdo con la carta de la ONU.

CORTINA DE BAMBÚ. Esta expresión se aplica en la China de Mao Tse Tung, es decir, desde el triunfo de la "Revolución" de 1949 hasta que finaliza el extenso periodo de gobierno de los maoístas, para significar los enormes obstáculos que se levantaron en el gigantesco país asiático para impedir la entrada y salida de sus habitantes de su propio territorio.

CORTINA DE HIERRO. Célebre expresión pronunciada por el ministro inglés Winston Churchill después de que finaliza la segunda guerra mundial para señalar la división geopolítica del mundo en dos grandes zonas de influencia hostiles entre sí: Una la forman las potencias occidentales, lideradas por los Estados Unidos, y la otra la constituyen los países de Europa Oriental, comandados por la desaparecida Unión Soviética. Esta división del mundo en dos bloques antagónicos se mantiene hasta 1989, cuando se desintegra el bloque de países de Europa Oriental. Con la misma expresión también se alude a las dificultades que se levantaron en las naciones del bloque oriental para la entrada y salida de sus territorios de sus habitantes.

CORTINA DE HUMO. Con esta frase lo que se quiere dejar significado es que cuando se produce un acontecimiento o una declaración estratégicamente elaborada, lo que se busca es tratar de desviar la atención de los adversarios, de la opinión pública o de las masas populares para que no vean los verdaderos problemas que tratan de ocultarles con esta maniobra.

COSA. Es el objeto que es susceptible de derecho. Y que existe material o inmaterialmente, de modo natural o artificial, real o abstracto, a excepción de las personas por gozar estas de personalidad. Ejemplos: un inmueble, el dinero, un crédito o una obligación.

COSA PÚBLICA. VER: SECTOR PÚBLICO.

COSMOPOLITISMO. Es una visión amplia del mundo que está por encima de las limitaciones nacionales y que significa universalismo, internacionalismo, apertura hacia el exterior, humanismo, amplitud de fronteras políticas, étnicas, culturales y religiosas. Con el cosmopolitismo se rebasa el concepto de Estado como unidad política y se sacrifica la patria con el objetivo de conseguir la paz y la hermandad universal.

COSMOVISIÓN. Esta palabra define la forma en que cada persona interpreta y valora todos los fenómenos que existen a su alrededor. Por medio de la cosmovisión, cada ser humano establece de manera específica sus relaciones con los demás, con la naturaleza y sus creencias religiosas.

COSTAS. Gasto de dinero que las partes envueltas en un litigio se ven obligadas a realizar como resultado de las formalidades del proceso.

COSTAS JUDICIALES. Son los gastos que debe hacer la parte que resultó perdedora en una contienda judicial, por lo tanto, el perdedor deberá pagar sus costas judiciales más la de la parte vencedora y también los demás gastos que se hayan producido por el desarrollo del juicio.

COSTO SOCIAL. Es el sacrificio humano y económico a que son sometidos los sectores sociales de más bajo ingresos de una nación por las medidas y actividades económicas ejecutadas por su gobierno y particulares, ya que la carga de la aplicación de tales medidas y de la ejecución de esas actividades recae de manera proporcional sobre las capas sociales más pobres.

COSTUMBRE. La costumbre es una norma de conducta no sancionada por el Estado que se forma directamente en la conciencia de las personas que componen un grupo social a consecuencia de la práctica generalizada y repetitiva, de ciertas clases de comportamientos, que llevan emparejado el concepto de obligatoriedad.

COSTUMBRE INTERNACIONAL. Es la forma o manera de creación de las normas jurídicas de carácter voluntario, que resulta del modo de obrar de los estados en sus relaciones con otros estados, o sea, realizar una actividad de forma contínua por lo cual termina siendo generalmente aceptada.

COTEJO. Observación atenta y cuidadosa que se efectúa en el ámbito jurídico sobre dos escritos, comparándolos entre sí, para cumplir el trabajo de determinar si ambos fueron escritos por la misma mano y por lo tanto son iguales.

COTIZACIÓN. Es el documento o información que nos proporciona el valor de las mercancías o de los servicios.

COTO. Propiedad que está cercada de manera visible, destinada para un uso o beneficio privado.

CRAQUER. VER: PIRATA INFORMÁTICO.

CREATIVIDAD. Principio consagrado constitucionalmente por medio del cual la persona que creó una obra, realizó un invento o descubrimiento, es propietaria exclusiva de estos, por el plazo que le fije la ley.

CRECIMIENTO ECONÓMICO. Es el aumento de la producción y de la productividad de una nación en un plazo determinado. Este incremento va generalmente acompañado de los precios, de la circulación del dinero, de los tipos de interés y de las ganancias de los empresarios, aunque no necesariamente de la implementación de políticas sociales que mejoren la calidad de vida de las masas más pobres de la sociedad.

CRÉDITO. Es un mecanismo capitalista creado para que la burguesía aumente su capital, a través del cual se presta dinero en efectivo o mercancías, por un espacio de tiempo definido y se cobra una determinada tasa de interés.

CRÉDITO AGRÍCOLA. Es el crédito fomentado por el Estado a través de entidades públicas y privadas para atender fundamentalmente el mejoramiento y sostenimiento del área agrícola.

CRÉDITO HIPOTECARIO. Es un acuerdo de voluntades mediante el cual una institución financiera le concede a una persona física o jurídica un préstamo a mediano o a largo plazo para la compra o construcción de un inmueble, quedando el bien inmueble adquirido hipotecado a favor de la entidad financiera, para que en el caso de que el deudor no cumpla con su obligación, el inmueble pasa a ser propiedad de la entidad que prestó el dinero.

CRÉDITO INCOBRABLE. Es aquel que no puede hacerse efectivo en las actuaciones por trámites judiciales o administrativos de cobro por insolvencia del deudor.

CRÉDITO LÍQUIDO. Es aquel crédito cuya cantidad está manifestada en un valor real.

CRÉDITO LITIGIOSO. Es el préstamo que se encuentra pendiente de un acto procesal proveniente de un tribunal para que resuelva su origen o validez y cuyo pago ha sido negado tanto por el deudor como por el demandado.

CRÉDITO MERCANTIL. El crédito comercial o mercantil es el acordado recíprocamente, entre productores, comerciantes e intermediarios para hacer posible las compras, las ventas y transformaciones del comercio.

CRÉDITO PERSONAL. Es aquel que una entidad financiera entrega a una persona física, sin exigirles garantías reales (hipotecas o prendas) para que lo utilice para disfrutar de unas vacaciones, comprar el mobiliario del hogar, cancelar deudas, pero nunca podrá usarlo para comprar propiedades inmobiliarias y el cual podrá ser pagado a corto y mediano plazo.

CRÉDITO PIGNORATICIO. Es el préstamo que se otorga poniendo en garantías joyas o un bien mueble de valor, el cual queda en manos de la entidad crediticia o acreedor pignoraticio, para que en el caso de que el deudor no cumpla con su obligación de saldar la deuda con sus intereses, pueda el acreedor vender o subastar la cosa pignorada para cobrarse lo que se le debe.

CRÉDITO PRIVILEGIADO. Crédito que se le otorga a un acreedor específico que tiene la preferencia en el cobro frente a otros u otros en el caso de bancarrota o insolvencia del deudor.

CRÉDITO PÚBLICO. VER: EMPRESTITO.

CRÉDITO QUIROGRAFARIO. VER: ACREEDOR QUIROGRAFARIO.

CRÉDITO RECÍPROCO. Instrumento para suministrar dinero en efectivo en el campo internacional para que los bancos centrales de dos naciones se otorguen créditos por cantidades similares, de modo que las autoridades gubernamentales puedan recurrir a ellos en caso de que lo necesiten.

CRÉDITO REFACCIONARIO. Es el que procede del dinero que adelanta un acreedor, para la rehabilitación o construcción de un inmueble, de manera que el acreedor refaccionario qué ha financiado el incremento del valor del inmueble, como resultado de la construcción o arreglo del inmueble, y por el adelanto que ha hecho, adquiere un derecho de preferencia sobre el inmueble, en garantía del dinero que ha prestado.

CRIMEN. Es el acto cometido voluntariamente, que está cargado de una maldad y perversidad extrema y que consiste en asesinar, herir y ocasionarle un grave daño a una persona o a sus bienes.

CRIMEN CAPITAL. Es el crimen que esté revestido de tal gravedad que es sancionado con la pena máxima la muerte.

CRIMEN DE LESA HUMANIDAD. "La definición de crimen contra la humanidad o de crimen de lesa humanidad recogida en el Estatuto de Roma de la Corte Penal Internacional comprende las conductas tipificadas como asesinato, exterminio, o desplazamiento forzoso, encarcelación, tortura, violación, prostitución forzada, esterilización forzada, persecución por motivos políticos, religiosos, raciales, étnicos u otros definidos expresamente, desaparición forzada, secuestro o cualesquiera actos inhumanos que causen graves sufrimientos o que atenten contra la salud mental o física de quien lo sufre, siempre que dichas conductas se cometan como parte de un ataque generalizado o sistemático contra una población civil y con conocimiento de dicho ataque." (13)

CRIMEN ORGANIZADO. Se conoce con este nombre a las personas que forman organizaciones para cometer actos ilegales. Entre los crímenes que cometen podemos señalar: tráfico de drogas, contrabando de armas, secuestro, soborno, chantaje, tráfico de personas, entre otros.

CRIMEN PASIONAL. Se designa con esta palabra al crimen que se produce entre parejas que están unidas por lazos sentimentales y que se caracteriza por un ataque brutal o asesinato movido por sentimientos negativos como los celos, la ira y el engaño.

CRIMEN PERFECTO. Es el crimen realizado con tal organización y talento e inteligencia que no deja evidencias y por lo cual no se puede encontrar al culpable del acto criminal.

CRIMEN SOCIAL. Es cuando la sociedad capitalista pone a miles de proletarios en una condición tal que los coloca necesariamente en una situación que pone en peligro sus vidas; cuando los despoja de los medios necesarios para su subsistencia, imponiéndole otro modo de vida, por lo cual les resulta imposible subsistir, cuando ella lo fuerza por mandato de la ley a que se mantengan en esa situación hasta que le llegue la muerte, que es la consecuencia que esto produce, entonces lo que se perpetra es un crimen.

CRÍMENES DE ODIO. Son las agresiones que se cometen contra una persona, una pluralidad de personas, o sus bienes, generado por un perjuicio contra su raza, nacionalidad, etnicidad, orientación sexual, género, religión o discapacidad.

CRIMINAL. Se designa con esta palabra a la persona u organización que ha cometido un crimen o que ha intentado ejecutar cualquier acto de naturaleza criminal.

CRIMINALIDAD. Es el conjunto de factores o circunstancias que convierten una actividad en criminal. Un ejemplo es si una persona anda con un veneno para usarlo para privar de la vida a otra y de hecho la asesina, cuando se conozca este hecho en un juicio y se pruebe la culpabilidad del asesino, no quedarán dudas de la acción criminal cometida.

También se utiliza este término para expresar numéricamente la cantidad de crímenes ejecutados en un área geográfica durante un periodo de tiempo específico.

CRIMINALÍSTICA. Es la materia que utiliza un conjunto de recursos y métodos científicos de investigación cuya finalidad es descubrir, explicar y probar las acciones criminales, así como la comprobación de sus autores y de la persona o personas cuya acción criminal le ha perjudicado.

CRIMINOLOGÍA. Es una ciencia que con el auxilio de otras ramas del saber se encarga de estudiar los motivos que generan y producen, el quebrantamiento a las reglas penales y preceptos penales o sociales establecidas.

CRISIS. Es el desorden o la interrupción que se produce en el funcionamiento de un sistema o la quiebra en que cae el proceso vital de la naturaleza, el ser humano o la sociedad. La crisis, en este plano, se traduce en el más bajo nivel de deterioro de algo: la salud, la educación, la política, la economía o las relaciones internacionales.

CRONOLOGÍA. Término que es empleado en la historia para determinar el orden y la fecha de los acontecimientos históricos. También ella se utiliza en otras ramas del conocimiento para relatar sucesos no históricos en la fecha y el momento que acontecieron.

CRUELDAD. Es la acción inhumana que produce dolor y sufrimiento en un ser humano.

CUADERNO. Es una libreta de notas que se utiliza para registrar los datos de empresas o instituciones, o cualquier otro tipo de informaciones que estén relacionadas con las actividades que ellas realizan.

CUADERNO DE PRUEBAS. Conjunto de todos los documentos y gestiones que se forman en los juicios contradictorios, y donde se amontonan las pruebas aportadas por cada uno de los litigantes, haciendo una separación entre las pruebas del demandado y del demandante.

CUADRILLA. Convergencia de un grupo de forajidos fuertemente armados para cometer actividades delictivas.

CUANTÍA. Valor que sube la cantidad reclamada en la solicitud solicitada en las demandas de los juicios ordinarios, excepciones hechas de las costas.

CUARENTENA. Periodo de tiempo que permanecen aisladas las personas que son portadoras de una enfermedad que puede contagiar a los demás.

CUARTA. Cuarta parte de las sumas de dinero de una o más cosas. Derecho que poseen algunas personas de acceder a la cuarta parte del valor de ciertos bienes o derechos.

CUARTA FALCIDIA. Institución hereditaria proveniente del Derecho Romano mediante la cual el heredero posee el derecho de apropiarse de la cuarta parte de la masa hereditaria cuando está excesivamente hipotecada. Con esta institución lo que se persigue es no dejar desprotegido al heredero.

CUARTA MARITAL. Es el derecho que posee la viuda que no cuenta con recursos ni bienes para su manutención, para recibir la cuarta parte de los bienes dejados por su marido fallecido.

CUARTO ESTADO. Se usa este término, a raíz del triunfo de la Revolución Francesa, para nombrar a la clase más pobre de la sociedad de Francia, integradas por los desamparados de las ciudades, personas que estaban en muy mala situación económica en ese entonces.

CUARTO MUNDO. Es el grupo de naciones pobres que no produce petróleo y cuya población vive en condiciones de vida muy calamitosas. Tienen ingresos per cápita por debajo de los 200 dólares al año, niveles bajísimos de industrialización, insuficiencias educativas, alimentarias y de salud, y de extrema pobreza.

CUASICONTRATO. Es el acto lícito y voluntario, no convencional que genera obligaciones. Ejemplo de cuasicontratos son: la gestión de negocios y el pago de lo indebido.

CUASIDELITO. Es el acto no intencional cometido por imprudencia que ocasiona un perjuicio a una persona. Ejemplo sería el propietario de un animal feroz que por descuido suyo le causare un daño a una persona.

CUASIPOSESIÓN. La figura de la cuasiposesión se refiere al goce o disfrute de derechos reales sobre un bien que es propiedad de otro, apto para hacer uso de un derecho durable.

CUASIUSUFRUCTO. Figura que proviene del derecho Romano y que se trata de un derecho de usufructo sobre las cosas consumibles y los créditos.

CUATRERO. VER: ABIGEATO.

CUBICACIÓN. Es la operación que se lleva a cabo dentro del campo de la ingeniería, para calcular la cantidad y clases de materiales que se utilizaran en la fabricación de una obra.

CUENTA. Es un cálculo o una operación aritmética. Es el elemento esencial que permite realizar que se ordenen las operaciones financieras y comerciales. También se define como cuenta el depósito de dinero que se lleva a cabo en una entidad financiera.

CUENTA CORRIENTE. En el comercio se conoce con este nombre, a cada una de las cuentas que los comerciantes apertura en sus libros a otras personas, sean o no miembros del comercio, con las cuales sostienen relaciones comerciales.

CUENTA DE GANANCIAS Y PÉRDIDAS. Es el documento contable que proporciona información sobre los cambios o transformaciones cuantitativas que se han registrado en el conjunto de bienes que poseen los comerciantes, referidas a fases o etapas económicas.

CUENTA DE LA GESTIÓN DE NEGOCIOS. Cuentas que debe rendir el que administra una empresa al propietario del negocio o a su representante para que se dé por finalizada la gestión.

CUENTA DE LA TUTELA. Es el acto de rendición de cuentas que debe realizar el tutor que administra los bienes de un menor de edad, y esta rendición debe hacerse ante el menor o su representante legal, en el plazo que el tribunal lo ordene.

CUENTA DE RESACA. Es el cálculo u operación que se hace para registrar los valores, intereses y gastos que se han tenido que realizar por la falta de pago de las letras de cambio protestadas, para adjuntárselas a estas con el objetivo de obtener su reembolso.

CUENTA JURADA. Las formuladas por los abogados y procuradores con el objeto de pedir y exigir con derecho los honorarios ganados en procedimientos judiciales y que gozan de un tratamiento especial, al tener acceso directo a la ejecución, que se denomina jurada, por formar un título ejecutivo la minuta descrita con lujo de detalles de los honorarios, jurando que estos no le han sido pagados.

CUENTA LIQUIDADA. Manifestación expresa de que una deuda o una cuenta ha sido saldada o cancelada.

CUERDA FLOJA. Forma o manera que indica que las piezas de unos autos o expedientes han sido cosidas con una cuerda que ha sido dejada floja, para que estas puedan ser examinadas fácilmente.

CUERPO. En el ámbito jurídico este término tiene tres significados: 1) El conjunto auténtico de las leyes, o de la colección del derecho en una de sus ramas; 2) Lo que es objeto o materia de la actividad criminal, 3) El conjunto de empleados de una determinada rama del servicio.

CUERPO COLEGIADO. Grupo de varios magistrados o funcionarios que forman parte de un organismo con poder o con derecho de tomar decisiones.

CUERPO DE ESCRITURA. Fundamentos materiales que deben reunirse cuando no se encuentran documentos ciertos, o que estos sean insuficientes, por lo cual el magistrado ordena que a la persona a quien se le atribuye la firma los acorde al dictado o requerimiento del perito en el sitio que el magistrado designa y con el señalamiento de que si no comparece o se rehúsa a escribir, se tendrá el documento como reconocido.

CUERPO DEL DELITO. Es el instrumento o cuerpo material, con el cual se cometió un acto criminal y el cual permite probarlo, ya que deja pruebas de su existencia. Ejemplo, el cuerpo del asesinado, y el elemento material con el cual se lo mató.

CUERPO DIPLOMÁTICO. Es el conjunto de agentes diplomáticos de una nación o de diferentes naciones acreditadas ante un determinado gobierno.

CUERPO LEGAL. Recopilación ordenada de leyes que poseen cierta amplitud.

CUESTIÓN. Pregunta que se formula para averiguar la verdad sobre un tema controvertido. Materia o asunto de carácter controversial o polémico.

CUESTIÓN DE DERECHO. Planteamiento jurídico sobre el cual los tribunales de rangos superiores con normalidad tramitan con exclusividad.

CUESTIÓN DE GABINETE. Tema que puede producir un determinado efecto que pone en peligro la existencia o continuidad de un ministerio.

CUESTIÓN DE HECHO. Pregunta que pertenece a las propias narraciones de los acontecimientos efectuadas por las partes.

CUESTIÓN PREJUDICIAL. Se refiere a un punto antes del juicio en alguna jurisdicción. Por lo cual la cuestión debe ser resuelta por la jurisdicción penal para que pueda ser tenida en cuenta por la jurisdicción civil.

CUESTIONABLE. Es algo dudoso, controvertible y problemático que puede ser discutido.

CULPA. Es la infracción que comete una persona, pero sin la intención de causar daño y perjuicios, pero que genera una responsabilidad civil o penal.

CULPA GRAVE. Es la que se realiza de manera intencional porque no toman las precauciones necesarias para evitar que se le ocasionen daños a las personas y a su patrimonio.

CULPA IN CONTRAENDO. Rompimiento del acto contractual en el mismo instante en que se acepta o se plantea.

CULPA LEVE. Es el acontecimiento que puede ser previsto si se toman las medidas de lugar para que no se produzcan descuidos y negligencias que traigan por consecuencias algún perjuicio.

CULPA LEVÍSIMA. Es la falta que se cometen cuando no se toman las medidas y precauciones necesarias para la administración de negocios importantes.

CULPABILIDAD. Es el status legal de una persona que ha quebrantado la ley por lo cual ha causado un daño del cual ella es responsable.

La culpabilidad tiene dos modos de ser: el dolo y la culpa. La primera es que exista la intención, la segunda, es que haya negligencia. Si no existe ninguna de las dos no hay culpabilidad, y por lo tanto no hay delito.

CULTURA. Consiste en todas las manifestaciones materiales y espirituales que aprenden los seres humanos en el curso histórico de su vida en sociedad. Es un estilo de vida, una manera de pensar y de sentir.

CUM PRINCIPALIS CAUSA NON CONSISTIT, NEC EA QUIDEM QUAE. Principio del Derecho Romano el cual señala que cuando no existe lo principal, no existe lo accesorio.

CÚMPLASE. Fórmula que contiene algunos documentos y leyes, para corroborar la verdad de lo expresado en ellos. Decreto que contenía el título de los funcionarios públicos para que pudieran tomar posesión del cargo en el cual habían sido nombrados.

CUMPLIMENTAR. Poner en ejecución los despachos, trámites u órdenes superiores. Hacer una visita de cortesía a una persona que merece gran respeto y consideración.

CUMPLIMIENTO. Es el acto que es realizado voluntariamente por ser propio del cargo u oficio que una persona desempeña. Término de un plazo de un periodo específico.

CUMPLIR. Ejecutar con gran rigor y seriedad una obligación, una promesa o una orden.

CUOTA. Suma de dinero que se paga por ser miembro de un grupo, asociación u organización. Contribución, parte, porción o fracción que se paga por adelantado, periódicamente, temporalmente o por una sola vez.

CUOTA DISPONIBLE HEREDITARIA. Es la porción de la herencia sobre la cual la persona que ha fallecido ha podido disponer con libertad por acto a título gratuito, a pesar de existir herederos forzosos o reservatorios.

CUOTA LITIS. Es el contrato firmado por un profesional del derecho y su cliente antes de que concluya un litigio que se está ventilando ante un tribunal del cual el cliente es parte y por el cual se le otorgará como honorario al abogado un porcentaje o comisión en el caso de que este obtenga una sentencia favorable.

CUOTA PARTE. Se designa con este concepto a la cantidad de dinero de que dispone un fondo de inversión la cual es fraccionada en cuotas partes, de las cuales cada inversionista obtendrá una determinada suma, a la cual será proporcional a la cantidad de dinero invertida.

CUOTA VIDUAL. Es la parte de la herencia que le corresponde al cónyuge viudo cuando converge con ascendientes y descendientes.

CUPO. Contribución asignada a un pueblo, a una institución o a un particular en un impuesto, préstamo o servicio.

CURADOR. Persona designada para cuidar el patrimonio del menor de edad, del ausente o del demente, por no encontrarse estos en estado de manejarlo por sí mismo.

CURADOR AD BONA. Persona que se designaba para cuidar y administrar el patrimonio de un ser humano que estaba afectado por una incapacidad física o mental.

CURADOR AD LITEM. Persona designada por un magistrado para seguir las discusiones judiciales y defender los derechos de los menores, de los ausentes e incapaces.

CURADOR DEL AUSENTE. Curador que nombra el magistrado, a solicitud de cualquier parte interesada o del ministerio público, cuando una persona se ausenta de su domicilio, sin dejar rastros de su paradero, pero dejando un patrimonio que carece de una persona que lo administre.

CURADOR DE LA HERENCIA. Persona que el magistrado puede nombrar de oficio o a pedido del ministerio público o también a solicitud de todas las partes que tengan que hacer reclamaciones contra la sucesión vacante.

CURADOR DE LA SUCESIÓN. En el caso de que no se presentara ninguna persona a reclamar una sucesión en la que no existieran herederos conocidos, o los que haya no lo hubieran aceptado, dicha sucesión será considerada como vacante, y el juez podrá nombrar un curador para que se haga cargo de los bienes del fallecido.

CURADOR ESPECIAL. Es el que actúa en nombre de los incapaces cuando los intereses de estos en cualquier acto judicial o extrajudicial, entran en contradicción con los de sus representantes, por lo cual éstos dejan de intervenir en estos actos.

CURADOR INTERINO. Es el curador que nombra el magistrado durante la discusión judicial de proclamación de incapacidad de una persona mayor de edad que tiene reducidas sus capacidades físicas o mentales.

CURADOR LEGÍTIMO. Oficio para que se debe nombrar al marido respecto de su mujer y a esta respecto de su esposo o a los hijos que poseen la mayoría de edad, respecto de su padre o madre viudo declarado incapacitado o a los padres y a las madres respecto a sus hijos solteros, divorciados o viudos que no posean hijos mayores de edad, que lo puedan llevar a cabo.

CURADOR PROVISIONAL DE LOS BIENES. Persona encargada de administrar el patrimonio del supuesto demente en su juicio de insania.

CURADOR PROVISORIO. Persona que se desempeña en estas funciones cuando el demandante es un menor de edad y está a cargo de su padre o de su tutor a los cuales ha demandado ante los tribunales.

CURADOR TESTAMENTARIO. Derecho que posee la madre de designar por testamento este curador cuando sus hijos menores de edad, están incapacitados.

CURATELA. Es la institución jurídica que tiene por función proteger a las personas mayores de edad que están incapacitadas para administrar su patrimonio.

CURIA. Grupo de abogados, procuradores y jueces y demás funcionarios de la administración de justicia. Tribunal en el que se ventilaban causas o negocios de carácter contencioso. Institución de la Antigua Roma, que estaba integrada por ciudadanos que formaban parte de la clase dominante y se encargaban de legislar y dirigir el Estado.

CURIAL. Empleado de categoría inferior de los tribunales de justicia, o que se ocupa en activar en ellos los negocios ajenos.

CUSTODIA. Es la acción de vigilar a un preso o a una persona que se encuentra detenida.

D

DACIÓN EN PAGO. Recibe este nombre la acción mediante la cual el deudor le entrega a su acreedor un bien para saldar la deuda que existía entre ambos.

DACTILOSCOPÍA. Es la disciplina científica que se fundamenta en el estudio y comparación de las huellas dactilares o digitales para lograr su identificación.

DÁDIVA. Es el presente, donativo o regalo que se concede como señal de agradecimiento.

DADOR. Es la persona que lleva un bien o una cosa a otra persona. En el comercio es la persona o institución que expide una letra de cambio.

DAMNIFICADO. Persona que ha sufrido daños físicos, morales o patrimoniales, como consecuencia de una catástrofe colectiva.

DAMMUN EMERGENS. Se refiere esta expresión a la pérdida que sufre un acreedor por la falta de cumplimiento del deudor.

DAMMUN NON FACET QUI JURE SUO UTITUR. Vocablo latino que expresa que quien utiliza su derecho no le hace ningún daño a nadie.

DAÑO. Mal, perjuicio o agravio que recibe una persona por culpa de otro en su integridad física o su patrimonio.

DAÑO ACTUAL. Daño material o moral que ha recibido una persona en su patrimonio y por el cual no ha recibido ninguna indemnización.

DAÑO AL CONSUMIDOR. Acción que proviene de las faltas o defectos de las cosas o de la prestación de un servicio que obliga al fabricante, al distribuidor, al vendedor o al prestador del servicio a reparar el daño causado.

DAÑO AL MANDANTE. Hecho o acción ordenada en el mandato que no debe ser realizada por el mandatario.

DAÑO AMBIENTAL. Son los efectos dañinos que producen las acciones humanas sobre el medio ambiente al amenazar a todos los recursos naturales en todos sus aspectos.

DAÑO CIVIL. Es el daño material o moral que ocasiona una persona a otra al haber cometido dolo o haberse presentado un caso fortuito o de fuerza mayor. Lo cual trae como consecuencia que el autor del perjuicio doloso pueda ser sancionado penalmente y condenado a reparar los daños causados mediante el pago de una indemnización. En los otros casos el autor sólo está obligado a reparar el daño causado con una indemnización.

DAÑO DEL DELINCUENTE. Es la indemnización monetaria a la que está obligado a pagar el delincuente para reparar los daños que les ha causado a las víctimas por el delito que él cometió.

DAÑO DIRECTO. Daños y perjuicios que recibe la víctima del acto delictivo en los bienes que son de su propiedad.

DAÑO EMERGENTE. Es el que se produce cuando las cosas que son propiedad de otras personas son destruidas y dañadas por otra, y la indemnización que le corresponde en este caso será igual al valor de las cosas que han sido afectadas por el daño y perjuicio.

DAÑO EVENTUAL. Daño moral o material, que pueda ser que suceda o no, y el cual no se pueda reparar.

DAÑO FORTUITO. VER: CASO FORTUITO.

DAÑO FUTURO. Es aquel que aún no ha llegado a realizarse.

DAÑO IMPREVISIBLE. Es aquel que no se puede predecir ni conocer lo que va a suceder.

DAÑO INDIRECTO. Daño material o moral que produce un retroceso en los bienes de una persona por el mal causado a su persona o a sus derechos.

DAÑO INMINENTE. Es aquel que, aunque no se ha materializado todavía, se espera razonablemente, dadas las condiciones que acompañan a un hecho determinado. Ejemplo la extensión de un incendio a un inmueble colindante.

DAÑO IRREPARABLE. Es el efecto de perjudicar a una de las partes envueltas en una contienda judicial por una decisión interlocutoria, y que no cabe corregir en el curso del proceso, o solo resulta variable por el curso de la sentencia a los recursos interpuestos contra ella. En derecho penal se define a este daño como aquel que no es posible de ser modificado, ni enmendado, ni atenuado; Ejemplo el asesinato.

DAÑO MATERIAL. Es el daño material o moral que se le causa a la integridad física o a los bienes de una persona.

DAÑO MORAL. Es el trastorno psicológico que afecta a una persona que ha sido lesionada en su honor, reputación o dignidad por la actividad dolosa de otros.

DAÑOS E INTERESES. Es el precio de la pérdida que ha sufrido, y del beneficio o ganancia que ha dejado de recibir el acreedor de la obligación, por el hecho de no cumplir el deudor con la obligación contraída.

DAÑOS Y PERJUICIOS. Con este concepto se designa en el ámbito jurídico al daño material, físico o moral ocasionado a una persona a otra o a su patrimonio, espontáneamente o no, por lo cual tiene que reparar el daño que causó pagándole una determinada cantidad de dinero a la persona que resultó lesionada con su acción.

DAR FE. Atestiguar, declarar, ante los tribunales de justicia, la verdad de lo que ha visto u oído. Certificar lo que otro ha expresado o afirma. Legalizar las firmas de un documento.

DARWINISMO. Es la lucha bestial, llena de ferocidad, que libran los seres humanos por alcanzar el poder y que solo alcanzan los más hábiles, lo más fuertes y más idóneos para adaptarse a las diferentes situaciones.

DATA. Indicación del lugar y la fecha en que ha sucedido algún acontecimiento, se ha redactado un texto, documento o inscripción.

DATOS FALSOS DE IDENTIDAD. Declaración que hace una persona, donde proporciona datos falsos acerca de su identidad, para obtener un documento de identificación que no es el que le pertenece.

DE ARMAS A TOMAR. Con estas palabras se quiere dejar expresado que una persona posee un temperamento fuerte que la hace que sea decidida y con poco temor, por lo cual es difícil de tratar, mandar o convencer.

DE AUDITU. Expresión latina que se refiere al testigo que narra los hechos que le han contado otros, y no por haberlos visto personalmente.

DE CUJUS. Palabra latina que designa a la persona fallecida por la cual se abre una sucesión.

DE MERITIS. Expresión latina que se refiere a argumentar o examinar las características de las pruebas presentadas o la vigencia de las normas jurídicas presentadas en un juicio.

DE OFICIO. Se denomina con este nombre a las diligencias administrativas y judiciales que llevan a cabo los tribunales por decisión propia, sin que se lo hayan pedido algunas de las partes.

DE OÍDAS. VER: DE AUDITU.

DE PLENO DERECHO. El término de pleno derecho o ipso jure quiere dejar significado que una consecuencia jurídica se produce sin la necesidad que se produzca un acontecimiento o suceso, sino por la disposición del ordenamiento jurídico.

DE PÚBLICO Y NOTORIO. Frase que suele introducirse en los interrogatorios judiciales, para señalar que la persona que está dando su testimonio conoce los acontecimientos sobre los cuales ha prestado su declaración por ser de conocimiento público de las personas que residen en el lugar en que ocurrieron los hechos.

DE VERBO AD VERBUM. Palabra por palabra, sin omitir ningún detalle.

DE VISU. Es el testigo que da su declaración sobre los hechos porque ha visto lo sucedido con sus propios ojos.

DE VITA ET MORIBUS. Palabra latina que proviene de lo canónico y que la Iglesia toma en cuenta para investigar la vida y costumbres de los aspirantes a regir una diócesis, antes de designarlos. Se suele utilizar también para indagar sobre la conducta de un acusado por haber cometido un crimen según las informaciones que puedan tener sobre él los organismos investigativos.

DEBATE. Es una disputa entre dos o más partes que tienen una controversia sobre puntos de hecho y de derecho, y que están siendo ventilados ante un tribunal.

DEBATE EN EL PROCESO PENAL. Acto judicial que debe realizarse en forma oral y pública, aunque el magistrado puede disponer, aún de oficio, que se lleve a cabo a puertas cerradas cuando la publicidad provoca que el orden público, la moral y la seguridad se vean seriamente afectadas.

DEBATE LEGISLATIVO. Conflicto verbal que se promueve entre los miembros de un cuerpo legislativo cuando establecen su forma de enfocar cualquier tema sobre los asuntos legislativos que se discuten en las cámaras.

DEBENTURE. Son aquellos documentos que dan fe a un crédito negociable, emanados o producidos por una sociedad que toma dinero prestado del público, a largo plazo, distribuyendo su deuda en proporción a cada inversor en títulos de valores similares.

DEBER. Tener la obligación legal de saldar una deuda, prestar un servicio, ejecutar una obra.

DEBER DE ABSTENCIÓN DE ACTIVIDADES POLÍTICAS EN PAÍS EXTRANJERO. Fundamento por el cual toda persona está en la obligación de abstenerse de intervenir, ya sea de modo directo o indirecto, en las actividades políticas de un Estado en el que se encuentre y su condición sea de extranjero.

DEBER DE ABSTENCIÓN DE DECLARAR. Exigencia que se hace a una persona de no declarar sobre hechos confidenciales que han llegado a su conocimiento en razón del oficio o profesión que ejercen.

DEBER DE ADOPTAR DISPOSICIONES DE DERECHO INTERNO. Todos los Estados están en la obligación, cuando el ejercicio de los derechos y libertades de los ciudadanos no están garantizado por el orden jurídico nacional, de adoptar disposiciones de derecho interno que hagan efectivas los derechos y libertades.

DEBER DE ASISTENCIA SOCIAL. Fundamento por el cual toda persona está en la obligación de colaborar con el Estado y la sociedad en la asistencia y la seguridad social de acuerdo con sus medios.

DEBER DE INTERROGAR. Exigencias establecidas por las normas jurídicas al magistrado para que interrogue a toda persona que tenga conocimientos sobre los hechos investigados, cuando su exposición sirva para esclarecer la verdad.

DEBER DE OBEDIENCIA A LA LEY. Fundamento por el cual toda persona está obligada a acatar y cumplir con las normas y preceptos jurídicos que han sido establecidos en su país o en la nación en que ella se encuentre.

DEBER DEL HIJO. Exigencias establecidas por las autoridades de que los hijos le deben respeto y obediencia a sus padres y, aunque sean mayores de edad, están obligados a velar por la salud de sus padres en la ancianidad, suministrándoles todo lo que necesiten.

DEBER JURÍDICO. Es la conducta positiva que le exige el ordenamiento jurídico imperante en una sociedad a sus ciudadanos de que no violen el régimen legalmente establecido.

DEBER PARA CON LOS HIJOS. Los padres están obligados a suministrarles alimentos, educación y amparo a sus hijos menores de edad.

DEBER PROCESAL. Mandato jurídico para que las partes actúen de buena fe en el proceso.

DEBERES. Los deberes son compromisos públicos y privados que tiene el ciudadano consigo mismo, con su familia, con la comunidad, la sociedad, el Estado y la humanidad. Es el sentido de dignidad y respeto que nos debemos a nosotros mismos y a los demás. El hecho de vivir en sociedad nos crea esa responsabilidad.

DEBERES DEL ABOGADO. Su deber fundamental, es defender y aconsejar a sus clientes en los asuntos que estos les encargan o que estos le sometan para consulta, con agilidad y eficiencia, moderación y con fiel apego al orden legal y a la moral.

DEBERES DEL CIUDADANO. Son deberes del ciudadano cumplir y obedecer las leyes, ejercer su derecho al voto, prestarle a su país los servicios civiles que este necesite, no violentar la estabilidad, independencia y soberanía del Estado, prestar los servicios militares que la defensa de su país necesite, ejercer los cargos públicos con la preparación que se tenga y desempeñar un trabajo que le permita conseguir los ingresos necesarios para la manutención de él y su familia.

DÉBITO. VER: DEUDA.

DECANO. El integrante de mayor antigüedad de una comunidad, colegio, gremio o junta. En el campo diplomático, ostenta este título el jefe de la misión que se haya desempeñado con el mayor tiempo en el cargo y que tiene prioridad sobre sus demás colegas autorizados a representar a sus respectivas naciones.

DECAPITAR. Es privar de la vida a una persona cortándole la cabeza.

DECISIÓN. VER: RESOLUCIÓN JUDICIAL.

DECISORIO. VER: JURAMENTO DECISORIO.

DECLARACIÓN. Explicación que se hace ante un magistrado o cualquier otra autoridad sobre lo que se conoce sobre la comisión de un acto delictivo. Exposición que hace bajo juramento el testigo o perito ante un tribunal, o el acusado sin juramento.

DECLARACIÓN ADUANERA. Trámite a través del cual el declarante señala el sistema aduanero al cual someterán las mercancías y acepta las condiciones que este le impone.

DECLARACIÓN DE COMERCIANTE. Atribución que le da el régimen legal a todas las personas que, estando en capacidad jurídica para contratar, ejercen en forma independiente actos de comercio, haciendo de estos su oficio habitual.

DECLARACIÓN DE DEMENCIA. Las personas que con arreglo a la ley pueden solicitar la declaración de demencia se presentan ante el tribunal competente donde expondrán los hechos acompañados de los certificados médicos que se le soliciten, acerca de la salud mental del supuesto incapaz y del grado de peligrosidad que pueda representar.

DECLARACIÓN DE GUERRA. En el campo del Derecho Internacional es la declaración formal que se materializa mediante la redacción de una nota diplomática en términos enérgicos, en la cual se consigna que un Estado dará inicio a las actividades bélicas contra otro estado.

DECLARACIÓN DE INCAPACIDAD. Determinación de un tribunal competente que decreta que una persona no se encuentra en condiciones para administrar sus bienes y valerse por sí misma.

DECLARACIÓN DE INCOMPETENCIA CIVIL. Resolución judicial que, por motivos de asuntos litigiosos, puede declararse en cualquier fase del proceso a solicitud de parte o de oficio cuando el juez toma la decisión de inhibirse.

DECLARACIÓN DE INCOMPETENCIA PENAL. Determinación judicial que, por motivos de asuntos litigiosos, puede ser declarada en cualquier fase del proceso.

DECLARACIÓN DE INDEPENDENCIA. Es la declaración solemne que hace un pueblo, hasta entonces sometido al yugo colonial, de las razones por las cuales ha decidido romper sus nexos políticos con la metrópoli y constituirse en una nación libre e independiente.

DECLARACIÓN INHABILIDAD. Determinación que es requisito preliminar para inhabilitación de una persona que vive en un estado de embriaguez habitual o consumiendo narcóticos, por lo cual está expuesta a emitir actos jurídicos que perjudican a sus personas o a sus bienes.

DECLARACIÓN DE LOS DERECHOS DEL HOMBRE Y DEL CIUDADANO. Documento programático aprobado por la Asamblea Constituyente francesa el 26 de agosto de 1789, proclamaba derechos sagrados e inalienables como el que los hombres nacen libres e iguales en derechos, también le asiste el derecho a la libertad personal, a la libertad de palabra, a la libertad de conciencia, a la seguridad y la resistencia a la opresión. Se proclamó también como sagrado e inviolable el derecho de propiedad.

DECLARACIÓN DE PATERNIDAD. Admisión que de su condición hace el padre ante la autoridad correspondiente o por una sentencia emitida por un tribunal.

DECLARACIÓN DE UTILIDAD PÚBLICA. Declaración legal que da inicio a las acciones de expropiación, que deben materializarse por la vía de una ley o un decreto.

DECLARACIÓN DE VOLUNTAD. Es la manifestación de voluntad del sujeto para que sus actos produzcan consecuencias jurídicas.

DECLARACIÓN EN EL PROCESO. Es la acción que debe realizar una persona de viva voz y sin consultar ningún tipo de apuntes o escritos, excepto que el tribunal lo autorice para ello, solo en el caso de que la naturaleza de los hechos lo exija.

DECLARACIÓN ESPONTÁNEA. Exposición voluntaria del acusado de declarar cuantas veces sea necesario, siempre que su declaración sea conveniente y no se presente como un mecanismo dilatorio o lesivo.

DECLARACIÓN EXPRESA. Comunicación que no admite duda de la voluntad a través del lenguaje oral, escrito o mínimo.

DECLARACIÓN FISCAL. Exposición que hace el contribuyente con referencia a diversos impuestos como son las ganancias o los intereses personales.

DECLARACIÓN JURADA. Es la figura que se manifiesta por la vía personal, oral o escrita, y que es hecha bajo juramento donde se afirma la verdad de esa declaración ante las autoridades competentes.

DECLARACIÓN JURADA DE BIENES. Los funcionarios que ocupan altos cargos en la administración pública en la República Dominicana ya sea por elección popular o por nombramiento están obligados antes de tomar posesión de levantar un inventario detallado, jurado y legalizado por un notario público, de los bienes que hasta ese momento forman parte del patrimonio de él y de su cónyuge, sin el cual no podrán tomar posesión de sus cargos.

DECLARACIÓN JURADA DE BIENES DE UNA SUCESIÓN. Documento jurídico que contiene la declaración jurada hecha por las partes del patrimonio distribuido en sucesión, para que de este modo y en el transcurso de todo el proceso, se eviten equivocaciones.

DECLARACIÓN RECEPTICIA. Es una declaración de voluntad unilateral que es difundida teniendo en cuenta a otra persona, a la cual llega.

DECLARACIÓN TÁCITA. Expresión de la voluntad que se percibe con claridad, sin la necesidad de recurrir a la envoltura material del lenguaje que es la palabra.

DECLARACIÓN TARDÍA. Es la que se realiza cuando el declarante se presenta ante el Oficial del Estado Civil a anunciar que se ha producido un nacimiento fuera del periodo de tiempo señalado por el orden jurídico para hacerlo.

DECLARACIÓN UNIVERSAL DE LOS DERECHOS HUMANOS. Es una declaración adoptada por la Asamblea General de las Naciones Unidas, el 10 de diciembre de 1948 en París, en ella se recogen los 30 artículos de los derechos humanos considerados fundamentales.

DECLARANTE. Persona que presta declaración ante un tribunal o ante cualquier otra autoridad competente.

DECLARATIVO. Declaración que tiene por finalidad el pronunciamiento de un derecho sin ser mandamiento ejecutivo.

DECLINATORIA. Es un procedimiento que plantea el demandado para que el magistrado que este apoderado de un caso se declare incompetente y lo remita al juez que tiene competencia para conocerlo.

DECOMISO. Llamada también requisa es la acción llevada a cabo por las autoridades que consiste en incautar las mercancías que son productos de una actividad criminal y los instrumentos que fueron utilizados para ejecutar dicha acción.

DECORO. DIGNIDAD, HONOR.

DECRETAR. Decidir, resolver, deliberar quien tiene poder o autoridad para ello. Decidir un tribunal sobre las peticiones de las partes, ya sea aceptándolas o denegándolas.

DECRETO. Es una resolución, mandato, decisión, orden, emitida bajo la autoridad de una ley sobre un asunto o materia de su competencia.

DECRETO LEY. Precepto o regla con jerarquía de ley, emitida por el jefe del Estado, sin la intervención o autorización anticipada de los órganos legislativos.

DE CUJUS. Palabra latina que designa a la persona fallecida por la cual se abre una sucesión.

DE DERECHO. Es cuando se procede con las normas y preceptos que han sido establecidas por el orden jurídico.

DEFECTO. Es la circunstancia jurídica que se expone en materia civil cuando el demandado que ha sido ordinariamente emplazado, no se presenta ante el tribunal en el formato señalado por la ley, o cuando habiéndose presentado, no expone conclusiones al fondo. En el primer caso el defecto se llama por falta de comparecer, en el segundo caso, por falta de conclusiones.

Vicios, faltas o deficiencias que puede contener una cosa que es objeto de compra y venta y las cuales contribuyen a reducir su precio en el mercado.

DEFECTO LEGAL. Falta o insuficiencia de algunas de las condiciones necesarias exigidas por mandato de la ley para la autenticidad de ciertos actos.

DEFENSA. Es el conjunto de razones que el abogado o equipo de defensa del acusado argumentan en un juicio para refutar la acusación o las acusaciones que se le hacen a su defendido.

DEFENSA DEL CONSUMIDOR. Es el conjunto de políticas sociales elaboradas para supervisar el régimen de producción y distribución de bienes y servicios, con el fin de proteger los intereses de los compradores y de los usuarios de servicios para asegurarles buena calidad, precios justos y seguridad en los productos y servicios que adquieren para su consumo o uso.

DEFENSOR DEL PUEBLO. Es la autoridad pública independiente que tiene como misión recibir e investigar las denuncias de la ciudadanía sobre abusos de poder, atropellos, injusticias, negligencias u otras violaciones cometidas por funcionarios de la administración pública.

DEFERIR. Estar de acuerdo con la forma de pensar de otra persona por respeto o cortesía. Transferir parte del poder o jurisdicción.

DÉFICIT. Es la diferencia faltante que se registra en cantidades monetarias, durante un periodo determinado, entre los ingresos y los egresos en un presupuesto público, en las transacciones internacionales o la contabilidad de una empresa privada. Dicho de otro modo, se presenta el déficit cuando los gastos realizados por el Estado, en un periodo específico, superan a sus ingresos.

DEFLACIÓN. Es el fenómeno opuesto a la inflación. Consiste en la disminución constante de los precios de las mercancías que se distribuyen en el mercado, causado por la reducción del gasto monetario total en relación con la cantidad de productos que se ofrecen para la venta.

DEFRAUDACIÓN. VER: ESTAFA.

DEFUNCIÓN. Es el fallecimiento de una persona por causas naturales o por haberse cometido un acto criminal en su contra.

DEGENERADO. Se designa con este término a la persona que tiene un comportamiento moral y mental que se considera anormal.

DEGRADACIÓN. Es la deshonra o humillación a que es sometida una persona que es despojada por injusticia o por haber cometido una falta grave de los derechos, grado, privilegios, cargos y honores que poseía.

DEGOLLAR. VER: DECAPITAR.

DE HECHO. Con este término podemos además explicar que sucede, el derecho que se tiene a solicitar una cosa en una causa, el asunto que atrae la atención de todo el mundo. Por ejemplo, seis personas fueron detenidas con relación al asalto al supermercado.

DELACIÓN. Comunicación secreta que se hace de la ejecución de un delito, ya sea que se haya ejecutado o esté en camino de consumarse, a las autoridades competentes para que se encarguen de detener a sus autores o evitarlo.

DELATAR. Avisar voluntariamente a una autoridad que se ha cometido un delito y quien fue la persona que participó en el acto delictivo.

DELEGACIÓN. Es la concesión de poderes, funciones o facultades que realiza una autoridad a favor de otra para que obre en su lugar, con arreglo a instrucciones específicas, en los casos que la ley lo permita.

DELEGADO. Es el encargado de representar oficialmente a una organización, a un gobierno, a un sindicato, a un partido político, en una reunión entre instituciones de la misma jerarquía.

DELIBERACIÓN. Meditación o reflexión que se realiza con gran detenimiento o atención antes de tomar una decisión sobre un asunto o problema.

DELINCUENCIA. Constituye el conjunto de delitos cometidos contra el orden jurídico y que son sancionados por la sociedad con la pena que le estipula la ley.

DELINCUENTE. Es el malhechor, maleante o reo que comete actos antijurídicos, o sea, acciones que el régimen legal de una nación tipifica como delito.

DELITO. Es el quebrantamiento de una regla o precepto establecido por el régimen legal. Lo cual implica una violación al régimen jurídico vigente, por lo cual merece la persona que cometió el delito que se le aplique la pena que señala la ley.

DELITO ADUANERO. Es toda acción u omisión que viola la ley de aduanas, sus reglas y demás disposiciones.

DELITO AGOTADO. Es el que además de haberse realizado obtiene todos los objetivos que el autor perseguía con su conducta antijurídica.

DELITO CALIFICADO. Es la clase de delito simple que aumenta su gravedad porque se le agrega un hecho que está previsto por la ley, que modifica la escala penal en la correspondencia con el delito simple.

DELITO CASUAL. Es el que se origina en forma repentina, por un estímulo pasional, que incita, que anima a alguien para que lleve a cabo un acto contrario a la ley.

DELITO CIVIL. Es el acto ilícito llevado a cabo con conocimiento de las consecuencias que traerá el hecho de ocasionarle un daño a una persona o a los derechos de otro.

DELITO COLECTIVO. Es el cometido por una pluralidad de personas contra una o más personas, pero siempre con la falta de igualdad o equilibrio enorme de fuerzas a favor de los malhechores.

DELITO COMPLEJO. Consiste en la conexión de dos infracciones, siendo un medio necesario para la ejecución de la otra. Ejemplo cuando se comete el delito de robarse artículos del hogar, se están cometiendo dos delitos (violación de domicilio más robo).

DELITO COMÚN. Es aquel que puede ser ejecutado por cualquier sujeto, sin importar el rango o profesión o posición que ocupe en la sociedad.

DELITO CONCURRENTE. Actos delictivos, independientes entre sí, que solo tienen en común el hecho de haber sido cometido por el mismo sujeto.

DELITO CONSUMADO. Hecho delictivo que se manifiesta cuando se realizan todas las actividades del autor que concluyen ocasionando el resultado lesivo que este deseaba.

DELITO CONTINUADO. Se distingue por la unidad de voluntad o intención de una misma persona que ha realizado unas series de actos constituyentes de ejecuciones parciales de un solo hecho delictivo. El cajero de una tienda de departamentos que roba una cantidad de dinero cada día.

DELITO CULPOSO. VER: CUASIDELITO.

DELITO ECOLÓGICO. Es el hecho antijurídico que lesiona el medio ambiente cuando se comercia ilegalmente especies en peligro de extinción, se deforesta los bosques, cuando los canales de desagüe depositan en los ríos y en los mares desechos de los procesos industriales que van a aniquilar a los animales y a la flora, que viven en dichas aguas, cuando se pesca ilegalmente y cuando las chimeneas de las industrias lanzan al aire sustancias tóxicas que producen una gran contaminación

DELITO ELECTORAL. VER: FRAUDE ELECTORAL.

DELITO ESPECIAL. Es aquel que para poder ser autor necesita tener una preparación de carácter profesional para el ejercicio de sus funciones. Ejemplo el desfalco de las arcas del Estado requiere que su autor sea un funcionario gubernamental.

DELITO FISCAL. Es el acto ilegal que viola el régimen jurídico impositivo, cuando en determinados casos, el hecho constituye una infracción.

DELITO FORMAL. Es el que se ejecuta aun cuando el acto u omisión no consigue las consecuencias o finalidades deseadas por sus autores.

DELITO INSTANTÁNEO. Aquel en que la violación jurídica que la infracción delictiva engendro desaparece en el momento mismo de ejecutarse. Ejemplos: el homicidio o el robo.

DELITO MATERIAL. Es aquel en el cual para su formación se exige la devastación o modificación de la estructura del objeto material. Ejemplo daño a la propiedad privada.

DELITO NOTORIO. Es el realizado en condiciones tales que consta de manera pública como el llevado a cabo en un lugar público que es presenciado por todas las personas que se encontraban en dicho lugar en ese momento.

DELITO PENAL. Es un comportamiento contrario a las normas del derecho penal, lo cual implica que dicha violación sea sancionada con la pena que le corresponde.

DELITO PERMANENTE. Es aquel que permite que el acto antijurídico se extienda en el tiempo. Ejemplo: el secuestro.

DELITO POLÍTICO. Es la infracción que lesiona los bienes que pertenecen al Estado, que quebranta el régimen jurídico y social establecido y que atenta contra la seguridad del Estado; contra los poderes del mismo o contra el orden constitucionalmente establecido.

DELITO PRETERINTENCIONAL. Es el hecho antijurídico que ejecuta una persona con la finalidad de ocasionarle lesiones a otra, pero que finalmente le ocasionarían la muerte, cuando el medio utilizado no debió provocarla. Ejemplo: una persona le pega a otra con el objetivo de causarle un daño físico. El agredido cae al suelo a causa de ese golpe y pierde la vida porque su cabeza impacta contra el suelo que es de cemento. El agresor sería responsable de esta muerte, aunque no tuvo la intención de asesinar y el golpe no tenía la intensidad para causarle la muerte.

DELITO PROGRESIVO. Se denomina delito progresivo cuando el acto que lo inicia se repite varias veces hasta que la pluralidad de actos genera una nueva figura antijurídica de mayor gravedad. Ejemplo sería el paso del ultraje de palabra al daño físico y de estas al homicidio.

DELITO PUTATIVO. Es aquel que solo existe en la mente del autor, ya que la supuesta conducta contraria al derecho no está penalizada por el régimen jurídico.

DELITO REITERADO. Serie de hechos ilegales de la misma clase.

DELITO DE ACCIÓN PRIVADA. Es aquel que solo puede ser perseguido si el propio agraviado o su representante legal denuncian el acto contrario al derecho ante las autoridades competentes.

DELITO DE ACCIÓN PÚBLICA. Es aquel que puede ser perseguido por las autoridades de oficio, por afectar el orden público.

DELITO DE CUELLO BLANCO. VER: ALTO MUNDO.

DELITO DE LESA MAJESTAD. En las naciones donde predomina un régimen monárquico, es el acto antijurídico que se perpetra contra la vida del soberano de una monarquía o de la persona que heredará el trono.

DELITO DE LESA PATRIA. VER: ALTA TRAICIÓN.

DELITO DE MATRIMONIO. Hecho antijurídico que comete la persona que se une por el vínculo del matrimonio, que conoce que existe una causa de nulidad absoluta que lo impide.

DELITO DE MUCHEDUMBRE. Es el acto contrario al derecho que comete una abundante cantidad de personas reunida de forma desorganizada y transitoria.

DELITO DE OMISIÓN. Es el que se produce cuando se causa un daño a un derecho ajeno que tiene conexión con una persona, bienes o facultades legales de otro, o por quebrantamiento de una obligación propia, por no ejecutar los actos corporales que impedirían ese hecho delictivo sancionado por la ley.

DELITO DE PELIGRO. Es la conducta ilegal que se materializa con solo poner en peligro o establecer las condiciones para que exista un peligro que amenace a un bien jurídico.

DELITO DE PELIGRO REAL. Acción ilegal en que sus consecuencias consisten en causar real y efectivamente un peligro.

DELITO DE SANGRE. Es el que causa un daño muy grave al cuerpo humano que implica derramamiento de sangre que puede causar la muerte.

DELITO EN AUDIENCIA. Es el acto antijurídico que comete una persona cuando exhibe una mala conducta ante los miembros de un tribunal.

DEMAGOGIA. Estilo engañoso de ejercer el poder o de hacer política, que se caracteriza por el uso de términos vagos que siembran falsas esperanzas e ilusiones y juegan con los anhelos de los sectores oprimidos y explotados al hacerles promesas que jamás podrán cumplirse, exacerbando sus pasiones y conductas irracionales.

DEMAGOGO. Es la persona que enarbola la bandera de la demagogia. Es egoísta y codiciosa, está guiada por una gran ansia de mando, no piensa en el interés colectivo, y llena a las masas de lisonjas, zalamerías, promesas y adulaciones para dar riendas sueltas a su gran ambición de poder.

DEMANDA. Acto procesal que da inicio a la petición o reclamación judicial que se emprende contra una persona o una institución con la intención de reclamar un derecho.

DEMANDA A BREVE TÉRMINO. Es la acción de apoderar a un tribunal para citar al demandado a comparecer en audiencia en un plazo menor de la octava franca de ley. El periodo de tiempo puede ser horas o días, pero siempre menor que el plazo ordinario señalado, de acuerdo lo que dispone el artículo 72 del Código de Procedimiento Civil de la República Dominicana.

DEMANDA EN COBRO DE PESOS. Es la demanda que permite a un acreedor que tiene como objetivo recuperar su dinero llevar ante los tribunales a las personas o personas que han contraído una deuda con él, con la finalidad de que cumplan con la obligación que contrajeron.

DEMANDA EN DISTRACCIÓN. Demanda que se formaliza cuando el propietario legal de unos bienes embargados a otro, presenta un recurso legal ante un tribunal para reclamar lo que por legítimo derecho les corresponde.

DEMANDA EN DISTRACCIÓN FORZOSA. Es la demanda interpuesta por una de las partes en el litigio a un tercero, con el objetivo de que sea parte en el litigio, y la resolución a intervenir le sea común y oponible.

DEMANDA EN INTERVENCIÓN VOLUNTARIA. Es la clase de demanda que formaliza un tercero que tiene interés en un asunto que ha sido sometido ante un tribunal. Puede ser incoada tanto en primera instancia como en segunda instancia.

DEMANDA EN PARTICIÓN. Es el proceso en el cual se persigue poner fin a un estado de indivisión entre los herederos de una sucesión o a las partes interesadas. La partición asume legalmente tres formas. La amigable, la judicial y la testamentaria.

La partición amigable es aquella en que los herederos acuerdan de manera armoniosa dividirse el patrimonio común.

La partición judicial es la que se presenta cuando no existe un acuerdo entre los herederos, apoderando entonces a un tribunal para que decida de qué modo los bienes serán distribuidos.

La partición testamentaria es en la que el fallecido dispone sujeto a ciertas reglas, la forma en que su patrimonio será distribuido entre sus herederos.

DEMANDA EN SUSPENSIÓN DE SENTENCIA. Es la que tiene por propósito la paralización de la ejecución de la sentencia refutada en revisión, con el objeto de evitar la posibilidad de que se originen graves daños contra la parte litigante, en caso de que dicho fallo apareciera totalmente anulado.

DEMANDA INTRODUCTIVA DE INSTANCIA. Es la demanda mediante la cual se inicia una contienda o pleito judicial.

DEMANDA EN VALIDEZ. Es la disposición legal a través de la cual, el acreedor embargante coloca ante la jurisdicción, el conjunto de actuaciones dirigidas a convertir el embargo conservatorio inmovilizado, en embargo ejecutivo.

DEMANDA ADICIONAL. Es la demanda que proviene del demandante, y la cual le permite al demandante cambiar sus deseos o propósitos originales.

DEMANDA RECONVENCIONAL. Llamada también contrademanda es el derecho que posee el demandado para incoar una nueva demanda contra los deseos o propósitos que ha manifestado el demandante, demanda que ejerce dentro del mismo proceso judicial.

DEMANDA INCIDENTALES. VER: INCIDENTE.

DEMANDADO. Persona a quien se le solicita y reclama un derecho en una discusión judicial.

DEMANDANTE. Actor que entabla una demanda judicial para reclamar o pedir algo.

DEMASÍA. Espacio de tierra que se encuentra localizado entre dos o más minas demarcadas, y el cual nadie puede reclamar que le pertenece.

DEMENTE. Es la persona que se encuentra trastornada mentalmente por lo cual carece de capacidad para cuidar de sí misma o administrar su patrimonio, por lo cual a solicitud de parte y siguiendo el procedimiento que establece la ley para este tipo de caso, esta persona es declarada incapaz, y la ley nombra un tutor para que se encargue de cuidarla a ella y a sus bienes.

DEMOCRACIA. VER: DEMOCRACIA SOCIALISTA.

DEMOCRACIA BURGUESA. Es una forma de organización de la sociedad en general, sustentada por la burguesía, para diseñar los métodos de dominación política y de poder, que le permita ejercer su dominio de clase, con lo cual crea una democracia limitada que solo favorece a la clase burguesa y que se caracteriza por la existencia de un conjunto de derechos civiles y libertades políticas formales, el establecimiento de la independencia de los poderes del Estado, la implementación del sufragio universal o el derecho al voto, para elegir a los gobernantes y demás representantes del poder público y, su corolario, las elecciones libres con lo cual se legitima el poder democrático burgués.

DEMOCRACIA CRISTIANA. También llamada socialcristianismo, surgió en el siglo XIX como respuesta al individualismo. Ideológicamente combina la doctrina social, económica y política de la Iglesia Católica con las ideas liberales de la democracia política. Apoya la intervención en la economía y respalda los programas de seguridad social. Aboga por la reconciliación de las clases y la cooperación transnacional.

DEMOCRACIA DIRECTA. Modalidad de la democracia burguesa que sostiene que el pueblo ejerce el control del poder sin la intervención de intermediarios, participando activamente en la dirección de los asuntos públicos, lo cual es pura ficción.

DEMOCRACIA REPRESENTATIVA. Es otra de las modalidades de la democracia burguesa, mediante la cual la burguesía fundamenta su derecho legal a gobernar a toda la sociedad, en que los candidatos a cargos electivos son elegidos por los ciudadanos que poseen el derecho de votar libremente por los candidatos de su preferencia y los cuales una vez elegidos ejercen el poder en su nombre y representación lo cual es una falacia ya que en la práctica estos funcionarios electos solo defienden los interese de la clase burguesa.

DEMOCRACIA SOCIALISTA. Será un nuevo tipo de democracia en la cual se cumplirá a cabalidad el significado real de esta palabra, que quiere decir "gobierno del pueblo." Será una democracia más amplia que la democracia burguesa, ya que permitirá la participación de las masas populares en la dirección estatal de la sociedad, suprimirá la explotación del hombre por el hombre, eliminará los privilegios de clase, permitirá el disfrute de las riquezas que se crean con el trabajo colectivo por la totalidad de la población y elevará el nivel de vida y cultural de los integrantes de la sociedad.

DEMOGRAFÍA. Es la ciencia que tiene por objetivo estudiar estadística y cuantitativamente las características generales de la estructura, composición, distribución, migración, movilidad y evolución histórica de la población de una nación o de una región del globo terráqueo.

DENEGACIÓN DE JUSTICIA. Existe cuando hay un retardo por parte de los tribunales, para dictar una resolución, acelerar los trámites y emitir una sentencia dentro de los plazos que establece la ley. También existe esta figura cuando el funcionario público encargado de iniciar la persecución y contención de las actividades criminales, no cumple con las obligaciones que la ley ha puesto a su cargo.

DENEGAR. Rehusar a conceder lo que se le ha pedido o solicitado

DENOMINACIÓN OFICIAL. Modo adoptado para señalar el nombre de un gobierno, de una provincia o de un departamento.

DENUNCIA. Es el acto por el cual se les comunica a las autoridades o a la opinión pública, ya sea verbalmente o por escrito, un hecho que se mantenía oculto, bajo el más estricto secreto, con la finalidad que se investigue.

DENUNCIA DE OBRA NUEVA. Es el acto o hecho realizado por la persona que tiene un bien en su poder y hasta por el poseedor de una cosa contra el dueño de un fundo vecino que ejecuta trabajos cuya finalización ocasionará daños al demandante.

DEONTOLOGÍA. Es la rama del derecho que trata sobre la moral de los profesionales de la ciencia jurídica, de su forma de actuar consigo mismo, con la sociedad, con su profesión, con su clientela, con sus otros colegas, con los magistrados, con la asociación que los agrupa.

DEPENDENCIA. Llamada también "neocolonialismo", es la situación de esclavización cultural, política, económica, social, militar y tecnológica a que son sometidas las naciones pobres por parte de las naciones capitalistas desarrolladas. Esto ha representado un estancamiento en el desarrollo de dichas naciones, ya que la dependencia lo que hace es acentuar e incrementar el dominio, el poder y control de las riquezas de que gozan las burguesías imperialistas aliadas con las burguesías criollas, convirtiendo en justo todos los actos arbitrarios, abusos, crímenes y despojos que diariamente cometen el imperialismo y sus aliados en todo el planeta contra la gran mayoría de seres humanos. También se define como dependencia al conjunto de dependientes de una oficina, recinto o espacio que es utilizado para un uso específico.

DEPORTAR. Es trasladar a una o varias personas de un país a otro por razones políticas, por encontrarse en estado inmigración ilegal o por cualquier otra razón.

DEPOSITANTE. Es el que deposita dinero, joyas u otros valores, para que se lo custodien temporalmente, y la persona que lo recibe está en la obligación de devolverlos al cumplirse el plazo acordado o cuando el depositante reclame su devolución.

DEPOSITARIO. Persona o entidad que se encarga de custodiar los bienes o valores que le son entregados.

DEPOSITARIO JUDICIAL. Persona designada por un tribunal para que se encargue de custodiar bienes que han sido embargados a otros mientras se resuelve la contienda judicial en que estos están envueltos.

DEPÓSITO. VER: CONTRATO DE DEPÓSITO.

DEPRAVADO. VER: DEGENERADO.

DEPREDACIÓN. Es el pillaje, saqueo o robo hecho con violencia y malversación de fondos públicos por abuso de poder y destrozos causados por los invasores en una confrontación bélica.

DERECHA. Es la expresión política de las clases sociales dominantes en el sistema capitalista que ocupan un lugar de privilegio en la jerarquía social y que, por tanto, se oponen a cualquier cambio en las estructuras económicas, políticas y sociales, a la innovación, al progreso colectivo que pueda enfrentar sus intereses económicos, sus valores morales, sus usos y costumbres y su modo de vida protegido por el orden establecido. Por esto es que la derecha se identifica con el autoritarismo, la desigualdad, la discriminación, el colonialismo, el imperialismo, la dependencia y las injusticias.

La derecha se divide en conservadora y extrema derecha. La primera aboga por mantener el sistema de dominación vigente respetando el supuesto Estado de derecho burgués; mientras que la segunda designa a las personas que son partidarias de violar constantemente el Estado de derecho y de utilizar los métodos más violentos para defender sus ideas y posiciones reaccionarias, conservadoras y atrasadas.

DERECHO. En las sociedades de clases, donde existe la propiedad privada sobre los medios de producción y la explotación del hombre por el hombre, el derecho es el conjunto de normas jurídicas que rige la vida del grupo social que fija la posición del Estado respecto de las controversias que puedan surgir entre los ciudadanos, para que de esta forma el Estado y el derecho de las clases explotadoras puedan a cumplir a cabalidad con su misión fundamental de proteger y preservar el régimen social, que le interesa a la clase dominante, ya que el derecho de toda sociedad explotadora proclama la inviolabilidad de la propiedad privada, y consolida por diversos medios el sojuzgamiento de las masas trabajadoras. Mientras que en la sociedad socialista, donde se producirá una transformación radical en las concepciones jurídicas, nacerá un nuevo tipo de derecho, el derecho socialista, el cual expresara los interese fundamentales de las masas populares, garantizara la verdadera justicia social, condenará cualquier forma de explotación del hombre por el hombre y servirá a la causa de la construcción del comunismo.

DERECHO A LA EDUCACIÓN. Es un derecho esencial de todas las personas que les permite obtener conocimiento y alcanzar de esta manera una mejor calidad de vida. El derecho a la educación es fundamental para que las naciones alcancen un elevado grado de desarrollo económico, social y cultural. Pero todavía este derecho sigue siendo inaccesible para miles de personas en todo el mundo.

DERECHO A LA FAMILIA. Principio consagrado constitucionalmente que reconoce que se debe otorgar a la familia que es el núcleo natural y básico de la sociedad, la mayor protección y ayuda posible, fundamentalmente para su estructura, ya que los hijos deben crecer bajo el amparo y protección de sus padres.

DERECHO A LA INTEGRIDAD PERSONAL. Es el derecho fundamental por el cual toda persona debe respetarse su integridad física, mental y moral, no debiendo ser sometidos a torturas, ni a tratos crueles humillantes, vejatorios o inhumanos.

DERECHO A LA INTIMIDAD. Es la aptitud que el régimen jurídico le reconoce a una persona para que su vida privada sea respetada y que en sus acciones nadie puede entrometerse publicando fotos, difundiendo correspondencia, divulgando secretos y perturbando de cualquier otra forma su vida íntima.

DERECHO A LA JUSTICIA. Fundamento por el cual todas las naciones se comprometen a que todas las personas son iguales ante la ley, teniendo derecho en el caso de que pese una acusación contra ellas a ser juzgadas por un tribunal competente, independiente y neutral, establecido por el orden jurídico, y que el juicio que sea llevado contra ellas sea oral, público y contradictorio.

DERECHO A LA LIBERTAD. Es uno de los derechos civiles más trascendentales ya que a través de los gobiernos se comprometen a que toda persona tiene derecho a gozar de la libertad y la seguridad personal, no pudiendo ser privado de su libertad de forma arbitraria, salvo que haya infringido la ley y para su detención debe observarse el procedimiento que ésta ha establecido.

DERECHO A LA REBELIÓN. Es un derecho que poseen los pueblos frente a gobernantes de facto o que siendo elegido por el voto popular se han convertidos en ilegítimos porque ejercen el poder de una manera personalista, arbitraria y represiva, lo cual les da autoridad a los ciudadanos a ejercer la desobediencia civil y a usar la fuerza para derrocarlos y sustituirlos por gobiernos que representen los interese del pueblo.

DERECHO A LA SALUD. Es el derecho que le asiste a toda persona de gozar de un completo bienestar físico, mental y social que consiste no solamente en acceder a la atención médica, sino también tener acceso a todos los bienes y servicios que son indispensables para mantener una vida saludable. Una vivienda higiénica, un medio ambiente libre de contaminación, una alimentación nutritiva y saludable y que se les proporcione una información correcta sobre la prevención de enfermedades.

DERECHO A LA VIDA. Es un derecho universal, que es inherente a todo ser humano. Este está consagrado en las mayorías de las constituciones del mundo.

La Constitución dispone que toda persona tiene derecho a la vida y que el Estado debe adoptar todas las acciones necesarias para tratar de evitar e impedir toda omisión que tenga por finalidad causar la muerte.

DERECHO A RÉPLICA. Es el derecho inherente a todos los ciudadanos de reclamarle a los medios de comunicaciones que hayan divulgado informaciones falsas o inexactas por la vía oral, escrita, televisada que se refieran a ellos que incluyan en sus medios sin costo alguno las rectificaciones o comentarios que dichos ciudadanos les envíen.

DERECHO A SINDICARSE. Es el derecho que posee toda persona para constituir sindicatos y asociarse en ellos para promover la defensa de los intereses comunes de sus miembros.

DERECHO A TRABAJAR. Este derecho se refiere a que todas las personas deben de tener la oportunidad de conseguir un trabajo que les permita ganarse la vida, y que las condiciones sean seguras y saludables. Al trabajador debe garantizársele un salario mínimo con el cual él y su familia puedan mantenerse decentemente.

DERECHO ABSOLUTO. Es aquel que puede ser desafecto a toda persona, el que concierne a un individuo y que ha de ser atacado por todas las demás personas. Ejemplo la inviolabilidad de la vida.

DERECHO ACCESORIO. Es el que deriva de otro derecho principal, al cual esté subordinado y depende de él. Por ejemplo, en el derecho de las obligaciones son accesorias las que tienen por finalidad asegurar el cumplimiento de otras, que por lo tanto son consideradas las principales; es así, como la fianza, la hipoteca, la prenda constituyen garantías accesorias de un préstamo, de una deuda.

DERECHO ADJETIVO. Es aquel que está integrado por aquellas normas y principios que procuran regular las relaciones jurídicas, poniendo en funcionamiento las instituciones judiciales del Estado.

DERECHO ADMINISTRATIVO. Expresión que surge en la Francia del siglo XIX, que consiste en el conjunto de normas jurídicas reguladoras de la organización y funcionamiento de la administración pública en sus relaciones con los particulares. También establece los órganos e instituciones en que se estructura el Estado y la regulación de los actos del Poder Ejecutivo para ejecución de los fines de utilidad pública.

DERECHO ADQUIRIDO. Es la disposición legal que integra un beneficio, un poder o una utilidad, al patrimonio de una persona o entidad, que está protegida por la ley y que no puede ser afectada por ninguna legislación posterior.

DERECHO AEREO. VER: DERECHO AERONÁUTICO.

DERECHO AERONÁUTICO. Es la rama especializada del Derecho Aéreo, que, a su vez, forma parte del Derecho Internacional, cuya función es regular todo lo concerniente a la navegación aérea de una nación, es decir, establecer las normas y procedimientos jurídicos a que deben someterse las operaciones de la aviación y de otras formas de la aeronavegación dentro del marco territorial de un país.

DERECHO AGRARIO. Es el área del derecho que se encarga de regular las actividades que tienen como fundamento la obtención de algún beneficio o provecho a través del cultivo de la tierra, ya sea mediante la agricultura, la ganadería o cualquier otra tarea agropecuaria, así como también las diferentes formas de propiedad.

DERECHO AL HONOR. Facultad que está protegida y amparada por reglas y preceptos del derecho penal y del derecho civil que defienden el buen nombre de las personas y que establecen la obligación de indemnizar a una persona cuando se le ha ocasionado daño a su honor.

DERECHO ANTIGUO. Es el conjunto de normas y preceptos jurídicos de un pueblo que han dejado de tener vigencia y que por lo tanto son abolidos.

DERECHO BANCARIO. Es el conjunto de preceptos y reglas jurídicas que ajustan el funcionamiento de las instituciones financieras desde su conformación y en sus operaciones activas y pasivas, así como también a los nexos que sostienen con el público que utiliza sus servicios.

DERECHO CANÓNICO. Es el nombre que recibe, el orden, la disciplina, la organización, reglas, preceptos y procedimientos de la Iglesia Católica.

DERECHO CIENTÍFICO. Conjunto de ideas políticas, sociales y conceptos de las personas especializadas en la ciencia y en la práctica del derecho.

DERECHO CIVIL. Es el grupo de normas de carácter jurídico que someten o ajustan las relaciones personales o patrimoniales entre las personas y también las relaciones de éstas con el Estado. El derecho civil, abarca el derecho de las personas, el de familia, el de las obligaciones, el de sucesiones, el derecho de la responsabilidad civil y otros más.

DERECHO COMERCIAL. El derecho comercial o mercantil forma parte del derecho privado y es el área del derecho que se encarga de regular las relaciones o nexos que se establecen entre dos o más personas y los Estados con la finalidad de realizar operaciones comerciales.

DERECHO COMPARADO. Es la rama del derecho que se vale del estudio analítico y comparativo, para establecer las similitudes y discrepancias que existen entre los diferentes sistemas jurídicos que hay en el globo terráqueo.

DERECHO COMÚN. Es la parte principal del régimen jurídico, ya que se emplea en la generalidad de los casos, dictándoselo a cualquier clase de personas, cosas, sin hacer ninguna excepción. Es por esto que el derecho civil recibe el nombre de derecho común.

DERECHO COLONIAL. También llamado Derecho indiano, fue el ordenamiento jurídico que estructuró la corona española para que rigiera en los territorios americanos que estaban bajo su dominio

DERECHO CONSTITUCIONAL. Es la disciplina que se encarga de estudiar las normas constitucionales que se ocupan de la organización y funcionamiento de los poderes del Estado, de las formas de gobierno, la ordenación de los órganos estatales, la regulación del ámbito de sus competencias y de determinar los derechos y garantías de los ciudadanos en sus relaciones interpersonales y con el Estado.

DERECHO CONSUETUDINARIO. Es la forma de derecho que está constituida por usos y costumbres o normas de conducta que son repetidas de una manera generalizada y continua por los miembros de una sociedad. Por esta razón, van adquiriendo fuerza de normas jurídicas y su observancia se ve respaldada por la fuerza coercitiva de una decisión judicial y por los actos del poder administrativo.

DERECHO CONSULAR. Es la división del derecho que contiene los preceptos y reglas del derecho nacional e internacional que regulan las estructuras de las oficinas consulares, el ejercicio de las actividades consulares, y todas las funciones que se relacionen con estas.

DERECHO HABIENTE. Se utiliza esta palabra para informar acerca del heredero de una persona y en conclusión, adjudicatario de los derechos de indemnización definidos en una póliza.

DERECHO DE ACCESO A LA INFORMACIÓN. Es el derecho esencial, universal, inviolable e inalterable que posee el ser humano de investigar, recibir y difundir información veraz sobre los hechos de interés general, y que, por lo tanto, gravitan sobre la vida de toda la sociedad.

DERECHO DE ACRECER. Es el poder que les proporciona la ley a los herederos de aumentar su herencia, por medio de distribuir lo que le correspondería a otro heredero que con antelación renunció a recibir su parte.

DERECHO DE ADMISIÓN. Facultad que posee un Estado, de decidir si admite o no en su territorio a ciudadanos extranjeros. Potestad que tienen los administradores o propietarios de los lugares donde se realiza una actividad comercial, de establecer las condiciones del ingreso del público al espacio destinado a tales fines siempre dentro de los límites del marco legal.

DERECHO DE AUTOR. Es la protección legal que se le otorga a los creadores de una obra literaria, artística, musical, científica o didáctica, por lo cual su creación no podrá ser reproducida total o parcialmente, a menos que cuente con el consentimiento del autor.

DERECHO DE CIRCULACIÓN. Postulado por el cual las naciones se ponen de común acuerdo para que toda persona que se encuentre legalmente en el área geográfica de un país posea el derecho a transitar libremente por él y a seleccionar sin ninguna restricción el lugar de su residencia, pudiendo salir de cualquier nación cuando se le antoje.

DERECHO DE CRÉDITO. Es una conexión entre dos sujetos, de las cuales una, el acreedor, puede reclamar a la otra, el deudor, que cumpla con la obligación que éste había contraído con él.

DERECHO DE DEFENSA. Es el derecho fundamental que le asiste a todo ciudadano de defenderse de todos los cargos que se le formulen en el desarrollo de un proceso judicial, por lo cual esta persona tiene el derecho de contar con la asistencia de un profesional de la ciencia jurídica para que se encargue de su defensa, en un juicio oral, público y contradictorio.

DERECHO DE EXCLUSIÓN. Potestad del dueño de una cosa de apartar a terceros de la utilización o disfrute de la cosa y de tomar al respecto todas las precauciones que considere necesarias.

DERECHO DE EXPORTACIÓN. Es la suma de dinero que toda empresa le paga al estado por venderle mercancías a una nación extranjera.

DERECHO DE EXTRANJERÍA. Conjunto de normas jurídicas que rigen la situación, las acciones y los valores de los extranjeros que residen en una nación.

DERECHO DE FAMILIA. Es el régimen jurídico que regula la estructura, formación y separación de la familia como grupo, en sus rasgos personales y de orden patrimonial.

DERECHO DE GENTES. También es llamado Jus Gentium. Tuvo en el Derecho Romano diversos significados. En un sentido estricto, abarcó las instituciones del Derecho Romano, en las cuales solo podían participar las personas que no poseían la ciudadanía romana, es decir, los extranjeros. En otro sentido, el Derecho de gentes comprendía las normas y preceptos jurídicos que regían las relaciones que se aplicaban a los pueblos que estaban sometidos a Roma.

DERECHO DE GUARDA. Propiedad o cualidad de la función de la patria potestad, por el cual la persona autorizada a ejercer el derecho está en la obligación de cuidar y vigilar al menor o a los menores que se le han encomendado.

DERECHO DE IMPORTACIÓN. Es el tributo o arancel que se le paga a la aduana de una nación para que esta permita la entrada de mercancías destinada para el consumo de las personas que habitan en su territorio.

DERECHO DE LA SANGRE. Es la norma o pauta jurídica que establece que una persona puede adquirir la nacionalidad por medio de sus padres, aunque haya nacido en otra nación (JUS SANGUINIS).

DERECHO DE LOS ASCENDIENTES. Potestad de los abuelos, del padre y de la madre de aceptar la herencia de la persona fallecida que no ha dejado descendiente alguno, sin lesionar los derechos del cónyuge supérstite.

DERECHO DE OPCIÓN. Cualquiera que sea el modo de la sucesión, la persona llamada a recibirla, no está obligada a convertirse en heredera. Ella dispone de una opción que le permite tomar con respecto a la sucesión una de estas tres vías: aceptación pura y simplemente, renuncia a la sucesión y aceptación a beneficio de inventario.

DERECHO DE PERNADA. Derecho que estuvo vigente durante la época del feudalismo. Y el cual consistió en el abuso que cometían los señores feudales de sostener relaciones sexuales con cualquier doncella sierva de su feudo, que se uniera por la unión matrimonial a unos de sus siervos. O sea que el señor era quien despojaba de su virginidad a la joven sierva.

DERECHO DE PETICIÓN. Es aquel que está consagrado en las constituciones de algunas naciones y que les proporciona a los ciudadanos la potestad de presentar solicitudes ante las autoridades, para que le suministren informaciones sobre asuntos de interés general y particular.

DERECHO DE PREFERENCIA. Consiste en el derecho que posee un acreedor en primer lugar a favor de otros, cuando se da el caso de que una propiedad está hipotecada a favor de varios acreedores y es puesta en venta en pública subasta, lo producido al efectuarse la venta es utilizado para pagarles a los acreedores que están ubicados en los primeros lugares.

DERECHO DE PROPIEDAD. VER. PROPIEDAD.

DERECHO DE REPETICIÓN. Es la facultad legal que le pertenece a toda persona para exigir lo pagado equivocadamente, por error o por haberlo realizado antes y en lugar del auténtico deudor.

DERECHO DE RECTIFICACIÓN. Derecho que le asiste a toda persona que se vea perjudicada por la difusión por cualquier medio de comunicación de informaciones falsas que dañen su reputación, a exigir por los medios que establece la ley que se rectifiquen las informaciones que se divulgaron sobre su persona y que le ocasionaron un perjuicio.

DERECHO DE REPRESENTACIÓN. Facultad legal que les pertenece a los padres, sin participación de sus hijos menores de edad, de encontrarse en un proceso legal ante un tribunal representándolos a ellos ya sea como actores o como demandados y en su nombre llevar cualquier acto legal dentro de los límites de la administración de sus bienes.

DERECHO DE RETENCIÓN. Poder que le pertenece al acreedor de retener una cosa ajena que es propiedad del deudor hasta que este salde la deuda que contrajo con él.

DERECHO DE REUNIÓN PACÍFICA. Facultad constitucional que poseen las personas de reunirse durante un tiempo determinado con otras personas con fines pacíficos para tratar de obtener un fin común.

DERECHO DE REVERSIÓN LEGAL. Es una modalidad de traspaso de valores o bienes hereditarios, a los ascendientes legítimos de suceder con excepción de todos los demás parientes, en los objetos cedidos por ellas a sus hijos y descendientes fallecidos que no han dejado sucesores siempre que se encuentren en la naturaleza en la sucesión.

DERECHO DE USO. Es un derecho real que tolera a una persona poseer y disfrutar una cosa o bien del cual no es dueño jurídicamente, teniendo en cuenta las necesidades del consumidor y sus familiares.

DERECHO DE VISITA. Es la situación que se presenta cuando uno de los esposos se ha separado o divorciado y los hijos menores quedan bajo la guarda del otro cónyuge, pero la ley le confiere el derecho al padre o a la madre que no conviven con sus hijos, de visitarlos con intervalos regulares de tiempo o con frecuencia.

DERECHO DEL ACREEDOR. Es el derecho que tiene el acreedor de reclamarle a su deudor a que cumpla con la obligación contraída, por medio de los mecanismos establecidos por la ley, sino lo hace de manera espontánea.

DERECHO DE LA SANGRE. Es la norma o pauta jurídica que establece que una persona puede adquirir la nacionalidad por medio de sus padres, aunque haya nacido en otra nación (Jus Sanguinis).

DERECHO DEL CIUDADANO. Norma, precepto o regla consagrado en la Constitución de una nación por la cual sus ciudadanos disfrutan de todos los derechos, beneficios e inmunidades propios a sus categorías.

DERECHO DEL CONDÓMINO. Poder de cada condómino que disfruta, respecto de su fracción que no está dividida en partes, de los derechos propios a la propiedad armonizable con la naturaleza de ella y que puede ejercerlos sin contar con el consentimiento de los demás propietarios.

DERECHO DEL DEUDOR. Resultado del cumplimiento de la obligación que le concede el poder de conseguir el libramiento o el derecho de rechazar el maltrato del acreedor cuando la obligación haya caducado por una razón legal.

DERECHO DEL DIRIGENTE SINDICAL. Derecho del trabajador que por tomar posesión de cargos electivos en instituciones sindicales con personería de personas que tienen el mismo oficio, en organizaciones que necesitan representación gremial o en oficinas políticas en las instituciones del Estado, cesan en sus funciones, para disfrutar de licencia automática sin disfrute de haberes, a la reserva del cargo y ser integrados al concluir el ejercicio de sus funciones, no pudiendo ser despedidos durante un lapso de tiempo a partir de la finalización de sus mandatos, salvo que medie una causa que justifique el despido.

DERECHO DEL ESPACIO. Es una rama del Derecho Internacional Público que empieza a formarse en 1958 y cuya principal fuente jurídica es el tratado aprobado por las Naciones Unidas el 19 de diciembre de 1966. Este derecho tiene como objetivo definir y delimitar el espacio interplanetario, y establecer las normas que regulen su explotación y utilización por las organizaciones intergubernamentales y los seres humanos.

DERECHO DEL MAR. Es el conjunto de reglas que rigen internacionalmente la soberanía, la jurisdicción, el uso y aprovechamiento de los mares y sus recursos naturales por las naciones. Este abarca, entre otros asuntos, el mar territorial, la zona económica exclusiva, altamar, la plataforma continental, el lecho marino, la navegación, el derecho de paso inocente y diversos temas marítimos entre los estados.

DERECHO DEL HEREDERO. Cuando una persona hereda, el régimen legal le concede diferentes oportunidades 1) aceptar la herencia, 2) renunciar a la herencia, 3) disponer por actos entre vivos o por actos jurídicos que producen sus consecuencias después de la muerte de una persona, aun antes de haber entrado en su disfrute.

DERECHO DEL IMPUTADO. VER: DERECHO DE DEFENSA.

DERECHO DEL LEGATARIO. Atribuciones del legatario considerado dueño de ellas desde el fallecimiento de la persona que hizo el testamento, traspasa a sus sucesores el derecho al legado: los beneficios de la cosa le corresponden y su pérdida, destrucción o aumento corren por su cuenta.

DERECHO DEL PROPIETARIO DEL DOMINIO. Potestad para llevar a efecto, respecto del bien, todas las acciones legales de las que ella es jurídicamente capaz, tales como alquilarla y venderla a título oneroso y gratuito y, si es inmueble, imponerle un tributo con servidumbres e hipotecas pudiendo renunciar a su propiedad, abandonando la cosa, sin traspasársela a otra persona.

DACIÓN EN PAGO. Recibe este nombre la acción mediante la cual el deudor le entrega a su acreedor un bien para saldar la deuda que existía entre ambos.

DACTILOSCOPIA. Es la disciplina científica que se fundamenta en el estudio y comparación de las huellas dactilares o digitales para lograr su identificación.

DÁDIVA. Es el presente, donativo o regalo que se concede como señal de agradecimiento.

DADOR. Es la persona que lleva un bien o una cosa a otra persona. En el comercio es la persona o institución que expide una letra de cambio.

DAMNIFICADO. Persona que ha sufrido daños físicos, morales o patrimoniales, como consecuencia de una catástrofe colectiva.

DAMMUN EMERGENS. Se refiere esta expresión a la pérdida que sufre un acreedor por la falta de cumplimiento del deudor.

DAMMUN NON FACET QUI JURE SUO UTITUR. Vocablo latino que expresa que quien utiliza su derecho no le hace ningún daño a nadie.

DAÑO. Mal, perjuicio o agravio que recibe una persona por culpa de otro en su integridad física o su patrimonio.

DAÑO ACTUAL. Daño material o moral que ha recibido una persona en su patrimonio y por el cual no ha recibido ninguna indemnización.

DAÑO AL CONSUMIDOR. Acción que proviene de las faltas o defectos de las cosas o de la prestación de un servicio que obliga al fabricante, al distribuidor, al vendedor o al prestador del servicio a reparar el daño causado.

DAÑO AL MANDANTE. Hecho o acción ordenada en el mandato que no debe ser realizado por el mandatario.

DAÑO AMBIENTAL. Son los efectos dañinos que producen las acciones humanas sobre el medio ambiente al amenazar a todos los recursos naturales en todos sus aspectos.

DAÑO CIVIL. Es el daño material o moral que ocasiona una persona a otra al haber cometido dolo o haberse presentado un caso fortuito o de fuerza mayor. Lo cual trae como consecuencia que el autor del perjuicio doloso pueda ser sancionado penalmente y condenado a reparar los daños causados mediante el pago de una indemnización. En los otros casos el autor sólo está obligado a reparar el daño causado con una indemnización.

DAÑO DEL DELINCUENTE. Es la indemnización monetaria a la que está obligado a pagar el delincuente para reparar los daños que les ha causado a las víctimas por el delito que él cometió.

DAÑO DIRECTO. Daños y perjuicios que recibe la víctima del acto delictivo en los bienes que son de su propiedad.

DAÑO EMERGENTE. Es el que se produce cuando las cosas que son propiedad de otras personas son destruidas y dañadas por otra, y la indemnización que le corresponde en este caso será igual al valor de las cosas que han sido afectadas por el daño y perjuicio.

DAÑO EVENTUAL. Daño moral o material, que pueda ser que suceda o no, y el cual no se pueda reparar.

DAÑO FORTUITO. VER: CASO FORTUITO.

DAÑO FUTURO. Es aquel que aún no ha llegado a realizarse.

DAÑO IMPREVISIBLE. Es aquel que no se puede predecir ni conocer lo que va a suceder.

DAÑO INDIRECTO. Daño material o moral que produce un retroceso en los bienes de una persona por el mal causado a su persona o a sus derechos.

DAÑO INMINENTE. Es aquel que, aunque no se ha materializado todavía, se espera razonablemente, dadas las condiciones que acompañan a un hecho determinado. Ejemplo la extensión de un incendio a un inmueble colindante.

DAÑO IRREPARABLE. Es el efecto de perjudicar a una de las partes envueltas en una contienda judicial por una decisión interlocutoria, y que no cabe corregir en el curso del proceso, o solo resulta variable por el curso de la sentencia a los recursos interpuestos contra ella. En derecho penal se define a este daño como aquel que no es posible de ser modificado, ni enmendado, ni atenuado; Ejemplo el asesinato.

DAÑO MATERIAL. Es el daño material o moral que se le causa a la integridad física o a los bienes de una persona.

DAÑO MORAL. Es el trastorno psicológico que afecta a una persona que ha sido lesionada en su honor, reputación o dignidad por la actividad dolosa de otros.

DAÑOS E INTERESES. Es el precio de la pérdida que ha sufrido, y del beneficio o ganancia que ha dejado de recibir el acreedor de la obligación, por el hecho de no cumplir el deudor con la obligación contraída.

DAÑOS Y PERJUICIOS. Con este concepto se designa en el ámbito jurídico al daño material, físico o moral ocasionado a una persona a otra o a su patrimonio, espontáneamente o no, por lo cual tiene que reparar el daño que causó pagándole una determinada cantidad de dinero a la persona que resultó lesionada con su acción.

DAR FE. Atestiguar, declarar, ante los tribunales de justicia, la verdad de lo que ha visto u oído. Certificar lo que otro ha expresado o afirma. Legalizar las firmas de un documento.

DARWINISMO. Es la lucha bestial, llena de ferocidad, que libran los seres humanos por alcanzar el poder y que solo alcanzan los más hábiles, lo más fuertes y más idóneos para adaptarse a las diferentes situaciones.

DATA. Indicación del lugar y la fecha en que ha sucedido algún acontecimiento, se ha redactado un texto, documento o inscripción.

DATOS FALSOS DE IDENTIDAD. Declaración que hace una persona, donde proporciona datos falsos acerca de su identidad, para obtener un documento de identificación que no le pertenece.

DE ARMAS A TOMAR. Con estas palabras se quiere dejar expresado que una persona posee un temperamento fuerte que la hace que sea decidida y con poco temor, por lo cual es difícil de tratar, mandar o convencer.

DE AUDITU. Expresión latina que se refiere al testigo que narra los hechos que le han contado otros, y no por haberlos visto personalmente.

DE CUJUS. Palabra latina que designa a la persona fallecida por la cual se abre una sucesión.

DE MERITIS. Expresión latina que se refiere a argumentar o examinar las características de las pruebas presentadas o la vigencia de las normas jurídicas presentadas en un juicio.

DE OFICIO. Se denomina con este nombre a las diligencias administrativas y judiciales que llevan a cabo los tribunales por decisión propia, sin que se lo hayan pedido algunas de las partes.

DE OÍDAS. VER: DE AUDITU.

DE PLENO DERECHO. El término de pleno derecho o ipso jure quiere dejar significado que una consecuencia jurídica se produce sin la necesidad que se produzca un acontecimiento o suceso, sino por la disposición del ordenamiento jurídico.

DE PÚBLICO Y NOTORIO. Frase que suele introducirse en los interrogatorios judiciales, para señalar que la persona que está dando su testimonio conoce los acontecimientos sobre los cuales ha prestado su declaración por ser de conocimiento público de las personas que residen en el lugar en que ocurrieron los hechos.

DE VERBO AD VERBUM. Palabra por palabra, sin omitir ningún detalle.

DE VISU. Es el testigo que da su declaración sobre los hechos porque ha visto lo sucedido con sus propios ojos.

DE VITA ET MORIBUS. Palabra latina que proviene de lo canónico y que la Iglesia toma en cuenta para investigar la vida y costumbres de los aspirantes a regir una diócesis, antes de designarlos. Se suele utilizar también para indagar sobre la conducta de un acusado por haber cometido un crimen según las informaciones que puedan tener sobre él los organismos investigativos.

DEBATE. Es una disputa entre dos o más partes que tienen una controversia sobre puntos de hecho y de derecho, y que están siendo ventilados ante un tribunal.

DEBATE EN EL PROCESO PENAL. Acto judicial que debe realizarse en forma oral y pública, aunque el magistrado puede disponer, aún de oficio, que se lleve a cabo a puertas cerradas cuando la publicidad provoca que el orden público, la moral y la seguridad se vean seriamente afectadas.

DEBATE LEGISLATIVO. Conflicto verbal que se promueve entre los miembros de un cuerpo legislativo cuando establecen su forma de enfocar cualquier tema sobre los asuntos legislativos que se discuten en las cámaras.

DEBENTURE. Son aquellos documentos que dan fe a un crédito negociable, emanados o producidos por una sociedad que toma dinero prestado del público, a largo plazo, distribuyendo su deuda en proporción a cada inversor en títulos de valores similares.

DEBER. Tener la obligación legal de saldar una deuda, prestar un servicio, ejecutar una obra.

DEBER DE ABSTENCIÓN DE ACTIVIDADES POLÍTICAS EN PAÍS EXTRANJERO. Fundamento por el cual toda persona está en la obligación de abstenerse de intervenir, ya sea de modo directo o indirecto, en las actividades políticas de un Estado en el que se encuentre y su condición sea de extranjero.

DEBER DE ABSTENCIÓN DE DECLARAR. Exigencia que se hace a una persona de no declarar sobre hechos confidenciales que han llegado a su conocimiento en razón del oficio o profesión que ejercen.

DEBER DE ADOPTAR DISPOSICIONES DE DERECHO INTERNO. Todos los Estados están en la obligación, cuando el ejercicio de los derechos y libertades de los ciudadanos no están garantizado por el orden jurídico nacional, de adoptar disposiciones de derecho interno que hagan efectivas los derechos y libertades.

DEBER DE ASISTENCIA SOCIAL. Fundamento por el cual toda persona está en la obligación de colaborar con el Estado y la sociedad en la asistencia y la seguridad social de acuerdo con sus medios.

DEBER DE INTERROGAR. Exigencias establecidas por las normas jurídicas al magistrado para que interrogue a toda persona que tenga conocimientos sobre los hechos investigados, cuando su exposición sirva para esclarecer la verdad.

DEBER DE OBEDIENCIA A LA LEY. Fundamento por el cual toda persona está obligada a acatar y cumplir con las normas y preceptos jurídicos que han sido establecidos en su país o en la nación en que ella se encuentre.

DEBER DEL HIJO. Exigencias establecidas por las autoridades de que los hijos le deben respeto y obediencia a sus padres y, aunque sean mayores de edad, están obligados a velar por la salud de sus padres en la ancianidad, suministrándoles todo lo que necesiten.

DEBER JURÍDICO. Es la conducta positiva que le exige el ordenamiento jurídico imperante en una sociedad a sus ciudadanos de que no violen el régimen legalmente establecido.

DEBER PARA CON LOS HIJOS. Los padres están obligados a suministrarles alimentos, educación y amparo a sus hijos menores de edad.

DEBER PROCESAL. Mandato jurídico para que las partes actúen de buena fe en el proceso.

DEBERES. Los deberes son compromisos públicos y privados que tiene el ciudadano consigo mismo, con su familia, con la comunidad, la sociedad, el Estado y la humanidad. Es el sentido de dignidad y respeto que nos debemos a nosotros mismos y a los demás. El hecho de vivir en sociedad nos crea esa responsabilidad.

DEBERES DEL ABOGADO. Su deber fundamental, es defender y aconsejar a sus clientes en los asuntos que estos les encargan o que estos le sometan para consulta, con agilidad y eficiencia, moderación y con fiel apego al orden legal y a la moral.

DEBERES DEL CIUDADANO. Son deberes del ciudadano cumplir y obedecer las leyes, ejercer su derecho al voto, prestarle a su país los servicios civiles que este necesite, no violentar la estabilidad, independencia y soberanía del Estado, prestar los servicios militares que la defensa de su país necesite, ejercer los cargos públicos con la preparación que se tenga y desempeñar un trabajo que le permita conseguir los ingresos necesarios para la manutención de él y su familia.

DÉBITO. VER: DEUDA.

DECANO. El integrante de mayor antigüedad de una comunidad, colegio, gremio o junta. En el campo diplomático, ostenta este título el jefe de la misión que se haya desempeñado con el mayor tiempo en el cargo y que tiene prioridad sobre sus demás colegas autorizados a representar a sus respectivas naciones.

DECAPITAR. Es privar de la vida a una persona cortándole la cabeza.

DECISIÓN. VER: RESOLUCIÓN JUDICIAL.

DECISORIO. VER: JURAMENTO DECISORIO.

DECLARACIÓN. Explicación que se hace ante un magistrado o cualquier otra autoridad sobre lo que se conoce sobre la comisión de un acto delictivo. Exposición que hace bajo juramento el testigo o perito ante un tribunal, o el acusado sin juramento.

DECLARACIÓN ADUANERA. Trámite a través del cual el declarante señala el sistema aduanero al cual someterán las mercancías y acepta las condiciones que este le impone.

DECLARACIÓN DE COMERCIANTE. Atribución que le da el régimen legal a todas las personas que estando en capacidad jurídica para contratar, ejercen en forma independiente actos de comercio, haciendo de estos su oficio habitual.

DECLARACIÓN DE DEMENCIA. Las personas que con arreglo a la ley pueden solicitar la declaración de demencia se presentan ante el tribunal competente donde expondrán los hechos acompañados de los certificados médicos que se le soliciten, acerca de la salud mental del supuesto incapaz y del grado de peligrosidad que pueda representar.

DECLARACIÓN DE GUERRA. En el campo del Derecho Internacional es la declaración formal que se materializa mediante la redacción de una nota diplomática en términos enérgicos, en la cual se consigna que un Estado dará inicio a las actividades bélicas contra otro estado.

DECLARACIÓN DE INCAPACIDAD. Determinación de un tribunal competente que decreta que una persona no se encuentra en condiciones para administrar sus bienes y valerse por sí misma.

DECLARACIÓN DE INCOMPETENCIA CIVIL. Resolución judicial que, por motivos de asuntos litigiosos, puede declararse en cualquier fase del proceso a solicitud de parte o de oficio cuando el juez toma la decisión de inhibirse.

DECLARACIÓN DE INCOMPETENCIA PENAL. Determinación judicial que, por motivos de asuntos litigiosos, puede ser declarada en cualquier fase del proceso.

DECLARACIÓN DE INDEPENDENCIA. Es la declaración solemne que hace un pueblo, hasta entonces sometido al yugo colonial, de las razones por las cuales ha decidido romper sus nexos políticos con la metrópoli y constituirse en una nación libre e independiente.

DECLARACIÓN INHABILIDAD. Determinación que es requisito preliminar para inhabilitación de una persona que vive en un estado de embriaguez habitual o consumiendo narcóticos, por lo cual está expuesta emitir actos jurídicos que perjudican a sus personas o a sus bienes.

DECLARACIÓN DE LOS DERECHOS DEL HOMBRE Y DEL CIUDADANO. Documento programático aprobado por la Asamblea Constituyente francesa el 26 de agosto de 1789, proclamaba derechos sagrados e inalienables como el que los hombres nacen libres e iguales en derechos, también le asiste el derecho a la libertad personal, a la libertad de palabra, a la libertad de conciencia, a la seguridad y la resistencia a la opresión. Se proclamó también como sagrado e inviolable el derecho de propiedad.

DECLARACIÓN DE PATERNIDAD. Admisión que de su condición hace el padre ante la autoridad correspondiente o por una sentencia emitida por un tribunal.

DECLARACIÓN DE UTILIDAD PÚBLICA. Declaración legal que da inicio a las acciones de expropiación, que deben materializarse por la vía de una ley o un decreto.

DECLARACIÓN DE VOLUNTAD. Es la manifestación de voluntad del sujeto para que sus actos produzcan consecuencias jurídicas.

DECLARACIÓN EN EL PROCESO. Es la acción que debe realizar una persona de viva voz y sin consultar ningún tipo de apuntes o escritos, excepto que el tribunal lo autorice para ello, solo en el caso de que la naturaleza de los hechos lo exija.

DECLARACIÓN ESPONTÁNEA. Exposición voluntaria del acusado de declarar cuantas veces sea necesario, siempre que su declaración sea conveniente y no se presente como un mecanismo dilatorio o lesivo.

DECLARACIÓN EXPRESA. Comunicación que no admite duda de la voluntad a través del lenguaje oral, escrito o mínimo.

DECLARACIÓN FISCAL. Exposición que hace el contribuyente con referencia a diversos impuestos como son las ganancias o los intereses personales.

DECLARACIÓN JURADA. Es la figura que se manifiesta por la vía personal, oral o escrita, y que es hecha bajo juramento donde se afirma la verdad de esa declaración ante las autoridades competentes.

DECLARACIÓN JURADA DE BIENES. Los funcionarios que ocupan altos cargos en la administración pública en la República Dominicana ya sea por elección popular o por nombramiento están obligados antes de tomar posesión de levantar un inventario detallado, jurado y legalizado por un notario público, de los bienes que hasta ese momento forman parte del patrimonio de él y de su cónyuge, sin el cual no podrán tomar posesión de sus cargos.

DECLARACIÓN JURADA DE BIENES DE UNA SUCESIÓN. Documento jurídico que contiene la declaración jurada hecha por las partes del patrimonio distribuido en sucesión, para que de este modo y en el transcurso de todo el proceso, se eviten equivocaciones.

DECLARACIÓN RECIPTICIA. Es una declaración de voluntad unilateral que es difundida teniendo en cuenta a otra persona, a la cual llega.

DECLARACIÓN TÁCITA. Expresión de la voluntad que se percibe con claridad, sin la necesidad de recurrir a la envoltura material del lenguaje que es la palabra.

DECLARACIÓN TARDÍA. Es la que se realiza cuando el declarante se presenta ante el Oficial del Estado Civil a anunciar que se ha producido un nacimiento fuera del periodo de tiempo señalado por el orden jurídico para hacerlo.

DECLARACIÓN DE LOS DERECHOS DEL HOMBRE Y DEL CIUDADANO. Documento programático aprobado por la asamblea constituyente francesa el 26 de agosto de 1789, proclamaba derechos sagrados e inalienables como el que los hombres nacen libres e iguales en derechos, también le asiste el derecho a la libertad personal, a la libertad de palabra, a la libertad de conciencia, a la seguridad y la resistencia a la opresión. Se proclamó también como sagrado e inviolable el derecho de propiedad.

DECLARACIÓN UNIVERSAL DE LOS DERECHOS HUMANOS. Es una declaración adoptada por la Asamblea General de las Naciones Unidas, el 10 de diciembre de 1948 en París, en ella se recogen los 30 artículos de los derechos humanos considerados fundamentales.

DECLARANTE. Persona que presta declaración ante un tribunal o ante cualquier otra autoridad competente.

DECLARATIVO. Declaración que tiene por finalidad el pronunciamiento de un derecho sin ser mandamiento ejecutivo.

DECLINATORIA. Es un procedimiento que plantea el demandado para que el magistrado que este apoderado de un caso se declare incompetente y lo remita al juez que tiene competencia para conocerlo.

DECOMISO. Llamada también requisa es la acción llevada a cabo por las autoridades que consiste en incautar las mercancías que son productos de una actividad criminal y los instrumentos que fueron utilizados para ejecutar dicha acción.

DECORO. DIGNIDAD, HONOR.

DECRETAR. Decidir, resolver, deliberar quien tiene poder o autoridad para ello. Decidir un tribunal sobre las peticiones de las partes, ya sea aceptándolas o denegándolas.

DECRETO. Es una resolución, mandato, decisión, orden, emitida bajo la autoridad de una ley sobre un asunto o materia de su competencia.

DECRETO LEY. Precepto o regla con jerarquía de ley, emitida por el jefe del Estado, sin la intervención o autorización anticipada de los órganos legislativos.

DE CUJUS. Palabra latina que designa a la persona fallecida por la cual se abre una sucesión.

DE DERECHO. Es cuando se procede con las normas y preceptos que han sido establecidas por el orden jurídico.

DEFECTO. Es la circunstancia jurídica que se expone en materia civil cuando el demandado que ha sido ordinariamente emplazado, no se presenta ante el tribunal en el formato señalado por la ley, o cuando habiéndose presentado, no expone conclusiones al fondo. En el primer caso el defecto se llama por falta de comparecer, en el segundo caso, por falta de conclusiones.

Vicios, faltas o deficiencias que puede contener una cosa que es objeto de compra y venta y las cuales contribuyen a reducir su precio en el mercado.

DEFECTO LEGAL. Falta o insuficiencia de algunas de las condiciones necesarias exigidas por mandato de la ley para la autenticidad de ciertos actos.

DEFENSA. Es el conjunto de razones que el abogado o equipo de defensa del acusado argumenta en un juicio para refutar la acusación o las acusaciones que se le hacen a su defendido.

DEFENSA DEL CONSUMIDOR. Es el conjunto de políticas sociales elaboradas para supervisar el régimen de producción y distribución de bienes y servicios, con el fin de proteger los intereses de los compradores y de los usuarios de servicios para asegurarles buena calidad, precios justos y seguridad en los productos y servicios que adquieren para su consumo o uso.

DEFENSOR DEL PUEBLO. Es la autoridad pública independiente que tiene como misión recibir e investigar las denuncias de la ciudadanía sobre abusos de poder, atropellos, injusticias, negligencias u otras violaciones cometidas por funcionarios de la administración pública.

DEFERIR. Estar de acuerdo con la forma de pensar de otra persona por respeto o cortesía. Transferir parte del poder o jurisdicción.

DÉFICIT. Es la diferencia faltante que se registra en cantidades monetarias, durante un periodo determinado, entre los ingresos y los egresos en un presupuesto público, en las transacciones internacionales o la contabilidad de una empresa privada. Dicho de otro modo, se presenta el déficit cuando los gastos realizados por el Estado, en un periodo específico, superan a sus ingresos.

DEFLACIÓN. Es el fenómeno opuesto a la inflación. Consiste en la disminución constante de los precios de las mercancías que se distribuyen en el mercado, causado por la reducción del gasto monetario total en relación con la cantidad de productos que se ofrecen para la venta.

DEFRAUDACIÓN. VER: ESTAFA.

DEFUNCIÓN. Es el fallecimiento de una persona por causas naturales o por haberse cometido un acto criminal en su contra.

DEGENERADO. Se designa con este término a la persona que tiene un comportamiento moral y mental que se considera anormal.

DEGRADACIÓN. Es la deshonra o humillación a que es sometida una persona que es despojada por injusticia o por haber cometido una falta grave de los derechos, grado, privilegios, cargos y honores que poseía.

DEGOLLAR. VER: DECAPITAR.

DE HECHO. Con este término podemos además explicar que sucede, el derecho que se tiene a solicitar una cosa en una causa, el asunto que atrae la atención de todo el mundo. Ejemplo: seis personas fueron detenidas con relación al asalto al supermercado.

DELACIÓN. Comunicación secreta que se hace de la ejecución de un delito, ya sea que se haya ejecutado o esté en camino de consumarse, a las autoridades competentes para que se encarguen de detener a sus autores o evitarlo.

DELATAR. Avisar voluntariamente a una autoridad que se ha cometido un delito y quien fue la persona que participó en el acto delictivo.

DELEGACIÓN. Es la concesión de poderes, funciones o facultades que realiza una autoridad a favor de otra para que obre en su lugar, con arreglo a instrucciones específicas, en los casos que la ley lo permita.

DELEGADO. Es el encargado de representar oficialmente a una organización, a un gobierno, a un sindicato, a un partido político, en una reunión entre instituciones de la misma jerarquía.

DELIBERACIÓN. Meditación o reflexión que se realiza con gran detenimiento o atención antes de tomar una decisión sobre un asunto o problema.

DELINCUENCIA. Constituye el conjunto de delitos cometidos contra el orden jurídico y que son sancionados por la sociedad con la pena que le estipula la ley.

DELINCUENTE. Es el malhechor, maleante o reo que comete actos antijurídicos, o sea, acciones que el régimen legal de una nación tipifica como delito.

DELITO. Es el quebrantamiento de una regla o precepto establecido por el régimen legal. Lo cual implica una violación al régimen jurídico vigente, por lo cual merece la persona que cometió el delito que se le aplique la pena que señala la ley.

DELITO ADUANERO. Es toda acción u omisión que viola la ley de aduanas, sus reglas y demás disposiciones.

DELITO AGOTADO. Es el que además de haberse realizado obtiene todos los objetivos que el autor perseguía con su conducta antijurídica.

DELITO CALIFICADO. Es la clase de delito simple que aumenta su gravedad porque se le agrega un hecho que está previsto por la ley, que modifica la escala penal en la correspondencia con el delito simple.

DELITO CASUAL. Es el que se origina en forma repentina, por un estímulo pasional, que incita, que anima a alguien para que lleve a cabo un acto contrario a la ley.

DELITO CIVIL. Es el acto ilícito llevado a cabo con conocimiento de las consecuencias que traerá el hecho de ocasionarle un daño a una persona o a los derechos de otro.

DELITO COLECTIVO. Es el cometido por una pluralidad de personas contra una o más personas, pero siempre con la falta de igualdad o equilibrio enorme de fuerzas a favor de los malhechores.

DELITO COMPLEJO. Consiste en la conexión de dos infracciones, siendo un medio necesario para la ejecución de la otra. Ejemplo cuando se comete el delito de robarse artículos del hogar, se están cometiendo dos delitos (violación de domicilio más robo).

DELITO COMÚN. Es aquel que puede ser ejecutado por cualquier sujeto, sin importar el rango o profesión o posición que ocupe en la sociedad.

DELITO CONCURRENTE. Actos delictivos, independientes entre sí, que solo tienen en común el hecho de haber sido cometido por el mismo sujeto.

DELITO CONSUMADO. Hecho delictivo que se manifiesta cuando se realizan todas las actividades del autor que concluyen ocasionando el resultado lesivo que este deseaba.

DELITO CONTINUADO. Se distingue por la unidad de voluntad o intención de una misma persona que ha realizado unas series de actos constituyentes de ejecuciones parciales de un solo hecho delictivo. El cajero de una tienda de departamentos que roba una cantidad de dinero cada día.

DELITO CULPOSO. VER: CUASIDELITO.

DELITO ECOLÓGICO. Es el hecho antijurídico que lesiona el medio ambiente cuando se comercia ilegalmente especies en peligro de extinción, se deforesta los bosques, cuando los canales de desagüe depositan en los ríos y en los mares desechos de los procesos industriales que van a aniquilar a los animales y a la flora, que viven en dichas aguas, cuando se pesca ilegalmente y cuando las chimeneas de las industrias lanzan al aire sustancias tóxicas que producen una gran contaminación.

DELITO ELECTORAL. VER: FRAUDE ELECTORAL.

DELITO ESPECIAL. Es aquel que para poder ser autor necesita tener una preparación de carácter profesional para el ejercicio de sus funciones. Ejemplo el desfalco de las arcas del Estado requiere que su autor sea un funcionario gubernamental.

DELITO FISCAL. Es el acto ilegal que viola el régimen jurídico impositivo, cuando en determinados casos, el hecho constituye una infracción.

DELITO FORMAL. Es el que se ejecuta aun cuando el acto u omisión no consigue las consecuencias o finalidades deseadas por sus autores.

DELITO INSTANTÁNEO. Aquel en que la violación jurídica que la infracción delictiva engendro desaparece en el momento mismo de ejecutarse. Ejemplos: el homicidio o el robo.

DELITO MATERIAL. Es aquel en el cual para su formación se exige la devastación o modificación de la estructura del objeto material. Ejemplo daño a la propiedad privada.

DELITO NOTORIO. Es el realizado en condiciones tales que consta de manera pública como el llevado a cabo en un lugar público que es presenciado por todas las personas que se encontraban en dicho lugar en ese momento.

DELITO PENAL. Es un comportamiento contrario a las normas del derecho penal, lo cual implica que dicha violación sea sancionada con la pena que le corresponde.

DELITO PERMANENTE. Es aquel que permite que el acto antijurídico se extienda en el tiempo. Ejemplo: el secuestro.

DELITO POLÍTICO. Es la infracción que lesiona los bienes que pertenecen al Estado, que quebranta el régimen jurídico y social establecido y que atenta contra la seguridad del Estado; contra los poderes del mismo o contra el orden constitucionalmente establecido.

DELITO PRETERINTENCIONAL. Es el hecho antijurídico que ejecuta una persona con la finalidad de ocasionarle lesiones a otra, pero que finalmente le ocasionarían la muerte, cuando el medio utilizado no debió provocarla. Ejemplo: una persona le pega a otra con el objetivo de causarle un daño físico. El agredido cae al suelo a causa de ese golpe y pierde la vida porque su cabeza impacta contra el suelo que es de cemento. El agresor sería responsable de esta muerte, aunque no tuvo la intención de asesinar y el golpe no tenía la intensidad para causarle la muerte.

DELITO PROGRESIVO. Se denomina delito progresivo cuando el acto que lo inicia se repite varias veces hasta que la pluralidad de actos genera una nueva figura antijurídica de mayor gravedad. Ejemplo sería el paso del ultraje de palabra al daño físico y de estas al homicidio.

DELITO PUTATIVO. Es aquel que solo existe en la mente del autor, ya que la supuesta conducta contraria al derecho no está penalizada por el régimen jurídico.

DELITO REITERADO. Serie de hechos ilegales de la misma clase.

DELITO DE ACCIÓN PRIVADA. Es aquel que solo puede ser perseguido si el propio agraviado o su representante legal denuncian el acto contrario al derecho ante las autoridades competentes.

DELITO DE ACCIÓN PÚBLICA. Es aquel que puede ser perseguido por las autoridades de oficio, por afectar el orden público.

DELITO DE CUELLO BLANCO. VER: ALTO MUNDO.

DELITO DE LESA MAJESTAD. En las naciones donde predomina un régimen monárquico, es el acto antijurídico que se perpetra contra la vida del soberano de una monarquía o de la persona que heredará el trono.

DELITO DE LESA PATRIA. VER: ALTA TRAICIÓN.

DELITO DE MATRIMONIO. Hecho antijurídico que comete la persona que se une por el vínculo del matrimonio, que conoce que existe una causa de nulidad absoluta que lo impide.

DELITO DE MUCHEDUMBRE. Es el acto contrario al derecho que comete una abundante cantidad de personas reunida de forma desorganizada y transitoria.

DELITO DE OMISIÓN. Es el que se produce cuando se causa un daño a un derecho ajeno que tiene conexión con una persona, bienes o facultades legales de otro, o por quebrantamiento de una obligación propia, por no ejecutar los actos corporales que impedirían ese hecho delictivo sancionado por la ley.

DELITO DE PELIGRO. Es la conducta ilegal que se materializa con solo poner en peligro o establecer las condiciones para que exista un peligro que amenace a un bien jurídico.

DELITO DE PELIGRO REAL. Acción ilegal en que sus consecuencias consisten en causar real y efectivamente un peligro.

DELITO DE SANGRE. Es el que causa un daño muy grave al cuerpo humano que implica derramamiento de sangre que puede causar la muerte.

DELITO EN AUDIENCIA. Es el acto antijurídico que comete una persona cuando exhibe una mala conducta ante los miembros de un tribunal.

DEMAGOGIA. Estilo engañoso de ejercer el poder o de hacer política, que se caracteriza por el uso de términos vagos que siembran falsas esperanzas e ilusiones y juegan con los anhelos de los sectores oprimidos y explotados al hacerles promesas que jamás podrán cumplirse, exacerbando sus pasiones y conductas irracionales.

DEMAGOGO. Es la persona que enarbola la bandera de la demagogia. Es egoísta y codiciosa, está guiada por una gran ansia de mando, no piensa en el interés colectivo, y llena a las masas de lisonjas, zalamerías, promesas y adulaciones para dar riendas sueltas a su gran ambición de poder.

DEMANDA. Acto procesal que da inicio a la petición o reclamación judicial que se emprende contra una persona o una institución con la intención de reclamarle un derecho.

DEMANDA A BREVE TÉRMINO. Es la acción de apoderar a un tribunal para citar al demandado a comparecer en audiencia en un plazo menor de la octava franca de ley. El periodo de tiempo puede ser horas o días, pero siempre menor que el plazo ordinario señalado, de acuerdo lo que dispone el artículo 72 del Código de Procedimiento Civil de la República Dominicana.

DEMANDA EN COBRO DE PESOS. Es la demanda que permite a un acreedor que tiene como objetivo recuperar su dinero llevar ante los tribunales a las personas o personas que han contraído una deuda con él, con la finalidad de que cumplan con la obligación que contrajeron.

DEMANDA EN DISTRACCIÓN. Demanda que se formaliza cuando el propietario legal de unos bienes embargados a otro, presenta un recurso legal ante un tribunal para reclamar lo que por legítimo derecho les corresponde.

DEMANDA EN DISTRACCIÓN FORZOSA. Es la demanda interpuesta por una de las partes en el litigio a un tercero, con el objetivo de que sea parte en el litigio, y la resolución a intervenir le sea común y oponible.

DEMANDA EN INTERVENCIÓN VOLUNTARIA. Es la clase de demanda que formaliza un tercero que tiene interés en un asunto que ha sido sometido ante un tribunal. Puede ser incoada tanto en primera instancia como en segunda instancia.

DEMANDA EN PARTICIÓN. Es el proceso en el cual se persigue poner fin a un estado de indivisión entre los herederos de una sucesión o a las partes interesadas. La partición asume legalmente tres formas. La amigable, la judicial y la testamentaria.

La partición amigable es aquella en que los herederos acuerdan de manera armoniosa dividirse el patrimonio común.

La partición judicial es la que se presenta cuando no existe un acuerdo entre los herederos, apoderando entonces a un tribunal para que decida de qué modo los bienes serán distribuidos.

La partición testamentaria es en la que el fallecido dispone sujeto a ciertas reglas, la forma en que su patrimonio será distribuido entre sus herederos.

DEMANDA EN SUSPENSIÓN DE SENTENCIA. Es la que tiene por propósito la paralización de la ejecución de la sentencia refutada en revisión, con el objeto de evitar la posibilidad de que se originen graves daños contra la parte litigante, en caso de que dicho fallo apareciera totalmente anulado.

DEMANDA INTRODUCTIVA DE INSTANCIA. Es la demanda mediante la cual se inicia una contienda o pleito judicial.

DEMANDA EN VALIDEZ. Es la disposición legal a través de la cual, el acreedor embargante coloca ante la jurisdicción, el conjunto de actuaciones dirigidas a convertir el embargo conservatorio inmovilizado, en embargo ejecutivo.

DEMANDA ADICIONAL. Es la demanda que proviene del demandante, y la cual le permite al demandante cambiar sus deseos o propósitos originales.

DEMANDA RECONVENCIONAL. Llamada también contrademanda es el derecho que posee el demandado para incoar una nueva demanda contra los deseos o propósitos que ha manifestado el demandante, demanda que ejerce dentro del mismo proceso judicial.

DEMANDA INCIDENTALES. VER: INCIDENTE.
DEMANDADO. Persona a quien se le solicita y reclama un derecho en una discusión judicial.
DEMANDANTE. Actor que entabla una demanda judicial para reclamar o pedir algo.
DEMASÍA. Espacio de tierra que se encuentra localizado entre dos o más minas demarcadas, y el cual nadie puede reclamar que le pertenece.
DEMENTE. Es la persona que se encuentra trastornada mentalmente por lo cual carece de capacidad para cuidar de sí misma o administrar su patrimonio, por lo cual a solicitud de parte y siguiendo el procedimiento que establece la ley para este tipo de caso, esta persona es declarada incapaz, y la ley nombra un tutor para que se encargue de cuidarla a ella y a sus bienes.
DEMOCRACIA. VER: DEMOCRACIA SOCIALISTA.
DEMOCRACIA BURGUESA. Es una forma de organización de la sociedad en general, sustentada por la burguesía, para diseñar los métodos de dominación política y de poder, que le permita ejercer su dominio de clase, con lo cual crea una democracia limitada que solo favorece a la clase burguesa y que se caracteriza por la existencia de un conjunto de derechos civiles y libertades políticas formales, el establecimiento de la independencia de los poderes del Estado, la implementación del sufragio universal o el derecho al voto, para elegir a los gobernantes y demás representantes del poder público y, su corolario, las elecciones libres con lo cual se legitima el poder democrático burgués.
DEMOCRACIA CRISTIANA. También llamada socialcristianismo, surgió en el siglo XIX como respuesta al individualismo. Ideológicamente combina la doctrina social, económica y política de la Iglesia Católica con las ideas liberales de la democracia política. Apoya la intervención en la economía y respalda los programas de seguridad social. Aboga por la reconciliación de las clases y la cooperación transnacional.
DEMOCRACIA DIRECTA. Modalidad de la democracia burguesa que sostiene que el pueblo ejerce el control del poder sin la intervención de intermediarios, participando activamente en la dirección de los asuntos públicos, lo cual es pura ficción.
DEMOCRACIA REPRESENTATIVA. Es otra de las modalidades de la democracia burguesa, mediante la cual la burguesía fundamenta su derecho legal a gobernar a toda la sociedad, en que los candidatos a cargos electivos son elegidos por los ciudadanos

que poseen el derecho de votar libremente por los candidatos de su preferencia y los cuales una vez elegidos ejercen el poder en su nombre y representación lo cual es una falacia ya que en la práctica estos funcionarios electos solo defienden los interese de la clase burguesa.

DEMOCRACIA SOCIALISTA. Será un nuevo tipo de democracia en la cual se cumplirá a cabalidad el significado real de esta palabra, que quiere decir "gobierno del pueblo." Será una democracia más amplia que la democracia burguesa, ya que permitirá la participación de las masas populares en la dirección estatal de la sociedad, suprimirá la explotación del hombre por el hombre, eliminará los privilegios de clase, permitirá el disfrute de las riquezas que se crean con el trabajo colectivo por la totalidad de la población y elevará el nivel de vida y cultural de los integrantes de la sociedad.

DEMOGRAFÍA. Es la ciencia que tiene por objetivo estudiar estadística y cuantitativamente las características generales de la estructura, composición, distribución, migración, movilidad y evolución histórica de la población de una nación o de una región del globo terráqueo.

DENEGACIÓN DE JUSTICIA. Existe cuando hay un retardo por parte de los tribunales, para dictar una resolución, acelerar los trámites y emitir una sentencia dentro de los plazos que establece la ley. También existe esta figura cuando el funcionario público encargado de iniciar la persecución y contención de las actividades criminales, no cumple con las obligaciones que la ley ha puesto a su cargo.

DENEGAR. Rehusar a conceder lo que se le ha pedido o solicitado

DENOMINACIÓN OFICIAL. Modo adoptado para señalar el nombre de un gobierno, de una provincia o de un departamento.

DENUNCIA. Es el acto por el cual se les comunica a las autoridades o a la opinión pública, ya sea verbalmente o por escrito, un hecho que se mantenía oculto, bajo el más estricto secreto, con la finalidad que se investigue.

DENUNCIA DE OBRA NUEVA. Es el acto o hecho realizado por la persona que tiene un bien en su poder y hasta por el poseedor de una cosa contra el dueño de un fundo vecino que ejecuta trabajos cuya finalización ocasionará daños al demandante.

DEONTOLOGÍA. Es la rama del derecho que trata sobre la moral de los profesionales de la ciencia jurídica, de su forma de actuar consigo mismo, con la sociedad, con su profesión, con su clientela, con sus otros colegas, con los magistrados, con la asociación que los agrupa.

DEPENDENCIA. Llamada también "neocolonialismo", es la situación de esclavización cultural, política, económica, social, militar y tecnológica a que son sometidas las naciones pobres por parte de las naciones capitalistas desarrolladas. Esto ha representado un estancamiento en el desarrollo de dichas naciones, ya que la dependencia lo que hace es acentuar e incrementar el dominio, el poder y control de las riquezas de que gozan las burguesías imperialistas aliadas con las burguesías criollas, convirtiendo en justo todos los actos arbitrarios, abusos, crímenes y despojos que diariamente cometen el imperialismo y sus aliados en todo el planeta contra la gran mayoría de seres humanos.También se define como dependencia al conjunto de dependientes de una oficina, recinto o espacio que es utilizado para un uso específico.

DEPORTAR. Es trasladar a una o varias personas de un país a otro por razones políticas, por encontrarse en estado inmigración ilegal o por cualquier otra razón.

DEPOSITANTE. Es el que deposita dinero, joyas u otros valores, para que se lo custodien temporalmente, y la persona que lo recibe está en la obligación de devolverlos al cumplirse el plazo acordado o cuando el depositante reclame su devolución.

DEPOSITARIO. Persona o entidad que se encarga de custodiar los bienes o valores que le son entregados.

DEPOSITARIO JUDICIAL. Persona designada por un tribunal para que se encargue de custodiar bienes que han sido embargados a otros mientras se resuelve la contienda judicial en que estos están envueltos.

DEPÓSITO. VER: CONTRATO DE DEPÓSITO.

DEPRAVADO. VER: DEGENERADO.

DEPREDACIÓN. Es el pillaje, saqueo o robo hecho con violencia y malversación de fondos públicos por abuso de poder y destrozos causados por los invasores en una confrontación bélica.

DERECHA. Es la expresión política de las clases sociales dominantes en el sistema capitalista que ocupan un lugar de privilegio en la jerarquía social y que, por tanto, se oponen a cualquier cambio en las estructuras económicas, políticas y sociales, a la innovación, al progreso colectivo que pueda enfrentar sus intereses económicos, sus valores morales, sus usos y costumbres y su modo de vida protegido por el orden establecido.

Por esto es que la derecha se identifica con el autoritarismo, la desigualdad, la discriminación, el colonialismo, el imperialismo, la dependencia y las injusticias.

La derecha se divide en conservadora y extrema derecha. La primera aboga por mantener el sistema de dominación vigente respetando el supuesto Estado de derecho burgués; mientras que la segunda designa a las personas que son partidarias de violar constantemente el Estado de derecho y de utilizar los métodos más violentos para defender sus ideas y posiciones reaccionarias, conservadoras y atrasadas.

DERECHO. En las sociedades de clases, donde existe la propiedad privada sobre los medios de producción y la explotación del hombre por el hombre, el derecho es el conjunto de normas jurídicas que rige la vida del grupo social que fija la posición del Estado respecto de las controversias que puedan surgir entre los ciudadanos, para que de esta forma el Estado y el derecho de las clases explotadoras puedan a cumplir a cabalidad con su misión fundamental de proteger y preservar el régimen social, que le interesa a la clase dominante, ya que el derecho de toda sociedad explotadora proclama la inviolabilidad de la propiedad privada, y consolida por diversos medios el sojuzgamiento de las masas trabajadoras. Mientras que en la sociedad socialista, donde se producirá una transformación radical en las concepciones jurídicas, nacerá un nuevo tipo de derecho, el derecho socialista, el cual expresara los interese fundamentales de las masas populares, garantizara la verdadera justicia social, condenará cualquier forma de explotación del hombre por el hombre y servirá a la causa de la construcción del comunismo.

DERECHO A LA EDUCACIÓN. Es un derecho esencial de todas las personas que les permite obtener conocimiento y alcanzar de esta manera una mejor calidad de vida. El derecho a la educación es fundamental para que las naciones alcancen un elevado grado de desarrollo económico, social y cultural. Pero todavía este derecho sigue siendo inaccesible para miles de personas en todo el mundo.

DERECHO A LA FAMILIA. Principio consagrado constitucionalmente que reconoce que se debe otorgar a la familia que es el núcleo natural y básico de la sociedad, la mayor protección y ayuda posible, fundamentalmente para su estructura, ya que los hijos deben crecer bajo el amparo y protección de sus padres.

DERECHO A LA INTEGRIDAD PERSONAL. Es el derecho fundamental por el cual toda persona debe respetársele su integridad física, mental y moral, no debiendo ser sometidos a torturas, ni a tratos crueles humillantes, vejatorios o inhumanos.

DERECHO A LA INTIMIDAD. Es la aptitud que el régimen jurídico le reconoce a una persona para que su vida privada sea respetada y que en sus acciones nadie puede entrometerse publicando fotos, difundiendo correspondencia, divulgando secretos y perturbando de cualquier otra forma su vida íntima.

DERECHO A LA JUSTICIA. Fundamento por el cual todas las naciones se comprometen a que todas las personas son iguales ante la ley, teniendo derecho en el caso de que pese una acusación contra ellas a ser juzgadas por un tribunal competente, independiente y neutral, establecido por el orden jurídico, y que el juicio que sea llevado contra ellas sea oral, público y contradictorio.

DERECHO A LA LIBERTAD. Es uno de los derechos civiles más trascendentales ya que a través de los gobiernos se comprometen a que toda persona tiene derecho a gozar de la libertad y la seguridad personal, no pudiendo ser privado de su libertad de forma arbitraria, salvo que haya infringido la ley y para su detención debe observarse el procedimiento que ésta ha establecido.

DERECHO A LA REBELIÓN. Es un derecho que poseen los pueblos frente a gobernantes de facto o que siendo elegido por el voto popular se han convertidos en ilegítimos porque ejercen el poder de una manera personalista, arbitraria y represiva, lo cual les da autoridad a los ciudadanos a ejercer la desobediencia civil y a usar la fuerza para derrocarlos y sustituirlos por gobiernos que representen los interese del pueblo.

DERECHO A LA SALUD. Es el derecho que le asiste a toda persona de gozar de un completo bienestar físico, mental y social que consiste no solamente en acceder a la atención médica, sino también tener acceso a todos los bienes y servicios que son indispensables para mantener una vida saludable. Una vivienda higiénica, un medio ambiente libre de contaminación, una alimentación nutritiva y saludable y que se les proporcione una información correcta sobre la prevención de enfermedades

DERECHO A LA VIDA. Es un derecho universal, que es inherente a todo ser humano. Este está consagrado en las mayorías de las constituciones del mundo.

La Constitución dispone que toda persona tiene derecho a la vida y que el Estado debe adoptar todas las acciones necesarias para tratar de evitar e impedir toda omisión que tenga por finalidad causar la muerte.

DERECHO A RÉPLICA. Es el derecho inherente a todos los ciudadanos de reclamarle a los medios de comunicaciones que hayan divulgado informaciones falsas o inexactas por la vía oral, escrita, televisada que se refieran a ellos que incluyan en sus medios sin costo alguno las rectificaciones o comentarios que dichos ciudadanos les envíen.

DERECHO A SINDICARSE. Es el derecho que posee toda persona para constituir sindicatos y asociarse en ellos para promover la defensa de los intereses comunes de sus miembros.

DERECHO A TRABAJAR. Este derecho se refiere a que todas las personas deben de tener la oportunidad de conseguir un trabajo que les permita ganarse la vida, y que las condiciones sean seguras y saludables. Al trabajador debe garantizársele un salario mínimo con el cual él y su familia puedan mantenerse decentemente.

DERECHO ABSOLUTO. Es aquel que puede ser desafecto a toda persona, el que concierne a un individuo y que ha de ser atacado por todas las demás personas. Ejemplo la inviolabilidad de la vida.

DERECHO ACCESORIO. Es el que deriva de otro derecho principal, al cual esté subordinado y depende de él. Por ejemplo, en el derecho de las obligaciones son accesorias las que tienen por finalidad asegurar el cumplimiento de otras, que por lo tanto son consideradas las principales; es así, como la fianza, la hipoteca, la prenda constituyen garan

DERECHO DEL SUELO. Principio, norma o regla jurídica utilizada para señalar la nacionalidad de una persona jurídica por el lugar de su nacimiento (JUS SOLIS).

DERECHO DISCIPLINARIO. Es aquel que está formado por todas aquellas reglas y preceptos por medio de las cuales se les ordena a los funcionarios públicos comportarse con obediencia, disciplina, ética y moralidad, para que puedan desempeñar sus funciones con gran eficiencia.

DERECHO ECONÓMICO. Es aquel que está integrado por un grupo de disposiciones, reglas y preceptos que ajustan el funcionamiento de las relaciones jurídicas que dan origen a la producción, circulación, distribución y consumo de las riquezas desde el punto de vista del régimen jurídico.

DERECHO ESCRITO. Es un régimen jurídico que está dotado de un conjunto de normas por la que se regula y que han sido recogidas por escrito.

DERECHO ESPECIAL. Modo de designación de todas las normas jurídicas anexadas por regímenes legales ajenos a los códigos generales.

DERECHO ESTRICTO. Rígido, exacto y preciso subordinado al régimen jurídico, que no admite ningún tipo de concesiones.

DERECHO EVENTUAL. Es toda gracia o prerrogativa que es utilizada para proteger y garantizar una cosa.

DERECHO EXPRESO. La norma jurídica que es emitida, promulgada y publicada por los poderes correspondientes para que entre en vigor y sea acatada por toda la población.

DERECHO EXTRAPATRIMONIAL. Es el derecho que carece de valor económico y que por lo tanto no pertenece al conjunto de bienes del deudor.

DERECHO FINANCIERO. Es el conjunto de disposiciones legales que se encargan de organizar las actividades financieras del estado: la asignación de una determinada suma de dinero a los organismos gubernamentales de forma periódica, repartición del ingreso y el desarrollo económico.

DERECHO FISCAL. Llamado también derecho tributario es el conjunto de disposiciones jurídicas que establecen los procedimientos para cobrar los impuestos y contribuciones que deben proporcionar los contribuyentes al Estado para que este financie el funcionamiento de la estructura estatal.

DERECHO INEMBARGABLE. Es el derecho que establece que determinados bienes están descartados de sufrir el procedimiento de embargo judicial, y por lo tanto son inembargables.

DERECHO INTERNACIONAL. Es el conjunto de principios y normas escritos y consuetudinarios que regulan las relaciones entre los Estados, entre estos y las organizaciones internacionales, entre los ciudadanos de las diferentes naciones y los demás sujetos del Derecho Internacional. Se divide en dos grandes ramas: el Derecho Internacional Público y el Derecho Internacional Privado.

DERECHO INTERNACIONAL HUMANITARIO. Es el conjunto de reglas y preceptos, que trata de limitar las consecuencias de los conflictos bélicos. Prohíbe la matanza y la aplicación de cualquier tipo de maltrato a los heridos en combate y a los prisioneros de guerra.

Se encuentran contenidos en los cuatros convenios de Ginebra de 1949. Estos convenios se completaron con dos acuerdos: los protocolos adicionales de 1977.

DERECHO INTERNACIONAL PRIVADO. Es la rama del Derecho Internacional que se caracteriza por ser un derecho nacional, ya que cada nación elabora sus propias normas de Derecho Internacional Privado y un derecho positivo. Sus normas se encuentran en diversos textos legales y en los tratados que las naciones suscriben entre sí para tratar los asuntos relacionados con este derecho. El objetivo del Derecho Internacional Privado es dirimir los conflictos legales que surjan entre individuos de diferentes Estados o entre un Estado y los ciudadanos de otro.

DERECHO INTERNACIONAL PÚBLICO. Es el conjunto de tratados, convenciones internacionales, costumbres y doctrinas que regulan las relaciones jurídicas que se generan entre los Estados.

DERECHO INTERNO. Es el conjunto de normas que regula la estructura interna de cada nación.

DERECHO LABORAL. Es una división del derecho que agrupa un conjunto de reglas y preceptos que regulan las relaciones legales entre patronos y trabajadores, así como las relaciones de ambas partes con el Estado, engendrado por una prestación personal, dependiente, pagada por la ejecución de la actividad humana para producir bienes y servicios.

DERECHO MARÍTIMO. Es el conjunto de principios y normas jurídicas que regulan los diferentes derechos y obligaciones que se derivan del tráfico marítimo, como es el transporte de pasajeros y mercancías en una embarcación.

DERECHO MERCANTIL. VER: DERECHO COMERCIAL.

DERECHO MILITAR. Estatuto jurídico que regula los órganos, las funciones y el sostenimiento de las instituciones armadas.

DERECHO MUNICIPAL. Es el conjunto de principios y normas legales que regulan la integración, organización y funcionamiento de la administración pública de los gobiernos municipales.

DERECHO NATURAL. También conocido con el nombre de naturalismo, es una corriente de la filosofía del derecho inherente al ser humano, que emana de la naturaleza misma del hombre y no es creado por los órganos del Estado, sino que precede a la formación de la sociedad humana y es superior al ordenamiento jurídico estatal.

DERECHO NOTARIAL. Es el conjunto de normas jurídicas que regula, la organización del notariado, la función notarial y el instrumento público notarial.

DERECHO OBJETIVO. Incluye todas las obligaciones establecidas por el Estado, cuya capacidad legislativa posee el poder de crear un complicado régimen de reglas y preceptos para regular la conducta del ser humano en la sociedad.

DERECHO PARLAMENTARIO. Contiene el conjunto de reglas y preceptos que reglamentan el ejercicio interno de las asambleas legislativas de las naciones en lo concerniente a su estructura, funcionamiento, poderes, deberes, beneficios de sus integrantes y relación de los grupos políticos que forman parte de ellas.

DERECHO PATRIMONIAL. Es cuando el derecho es capaz de aumentar su valor en dinero.

DERECHO PENAL. Grupos de reglas y preceptos legales instaurados por el Estado, que definen los comportamientos antijurídicos y las penas y sanciones que hay que imponer a las personas que cometen una infracción penal.

DERECHO PERSECUTORIO. Propiedad del derecho real que autoriza a su titular a retener un bien por orden de la autoridad judicial, en cualquier sitio que este se encuentre.

DERECHO PERSONAL. Es aquel que posee una persona por el solo hecho de serlo, y que le pertenece desde su nacimiento y que le es esencial a la misma, que no puede ser despojado de él, que nunca pierde vigencia en cuanto a su ejercicio por sí mismo, el orden jurídico establece las condiciones que deben reunir para hacerlo. Ejemplo: la filiación.

DERECHO PERSONALÍSIMO. Es el derecho que le pertenece a un ser humano desde su nacimiento cuyo despojo acabaría con su vida. Entre estos derechos podemos nombrar: el derecho a la vida, a la salud, a la libertad, a la intimidad.

DERECHO POLÍTICO. Es la rama jurídica que abarca el conjunto de normas que se ocupan de regular la estructura, organización, funcionamiento y cumplimiento de los objetivos del Estado de derecho, es decir, del Estado subordinado a las normas jurídicas y de cualesquiera otras formas de régimen político.

DERECHO POSITIVO. Es el grupo de normas jurídicas, vigentes en una nación, promulgadas por sus órganos que han sido establecidas por su régimen legal, de aplicación coercitiva a su población, y que esta debe atacar, sin poder alegar la excusa de que la desconocen, pues son publicadas antes de su entrada en vigencia.

DERECHO PRIVADO. Es una de las ramas del derecho burgués que incluye el derecho civil y el familiar. Se ocupa de regular las relaciones entre particulares, y entre particulares y el Estado. Se desarrolla, paralelamente, a la propiedad privada y, aunque en teoría abarca las normas que defienden los intereses de cada ciudadano, su única finalidad es proteger los intereses individuales de la clase explotadora.

DERECHO PROCESAL. Es la herramienta del derecho que ordena y controla el grupo de actividades que se desarrollan cuando se supedita a la resolución de un tribunal el desenlace de cierta especie de litigios jurídicos originados entre dos o más personas.

DERECHO PROCESAL CIVIL. Es el grupo de reglas y preceptos jurídicos que ordenan y controlan la conexión jurídica entre personas que son titulares de derechos y obligaciones en un proceso y la utilización de las normas de carácter civil para resolver las disputas que se susciten entre las partes en esa materia.

DERECHO PROCESAL PENAL. Es el grupo de reglas y preceptos jurídicos que reglamentan el proceso de carácter penal entre el Estado y los particulares. Tiene como función primordial indagar, confirmar la identidad de la persona que se está buscando y condenar al individuo que ha cometido un acto contrario al derecho, en el caso de que este sea encontrado culpable.

DERECHO PÚBLICO. Es otra de las grandes ramas del derecho burgués que está integrada por el derecho político, el administrativo, constitucional, el social, el financiero y el penal, y que comprende el conjunto de normas y preceptos que regulan el régimen jurídico concerniente al Estado en sí, en sus relaciones con otros Estados y con los particulares. También tutela y defiende a los seres humanos; al igual que el derecho, sus preceptos y reglas defienden, aparentemente, los intereses comunes de todos los miembros de la sociedad; pero, en la práctica, lo que defienden son los intereses de la clase burguesa.

DERECHO REAL. Facultad que posee una persona sobre un objeto por el resultado del establecimiento de una determinada relación jurídica. Ejemplo de derecho real es el usufructo, la hipoteca, la enfiteusis y otro más.

DERECHO RURAL. Es la división del derecho que controla la exportación de los productos que produce el cultivo de la tierra y todo lo que está conectado con la actividad rural.

DERECHO ROMANO. Se designa con este nombre al periodo jurídico que se inicia con la fundación de la ciudad de Roma en el año 753 antes de nuestra era y que se extendió hasta el año 565 de nuestra era cuando se produjo la muerte del emperador Justiniano.

DERECHO SINDICAL. Es la parte del derecho laboral que determina las normas de cómo se formará un sindicato y las actividades que este desarrollará, así como también la implementación del derecho a huelga.

DERECHO SINGULAR. Otorgado por una ley o de excepción, contra los fundamentos del derecho común, para ayudar a determinadas personas que son las únicas que pueden alegarlo y ejercerlo en su beneficio. Ejemplo: el propietario de un apartamento en un edificio de condominio tendrá un derecho exclusivo de propiedad sobre este.

DERECHO SUBJETIVO. Es la potestad o atribución que posee una persona para hacer que le reconozcan sus propios derechos, restringir los ajenos, reclamar algo de acuerdo con la ley.

DERECHO SUPLETORIO. Es el que está formado por reglas y preceptos que en un régimen jurídico tienen la potestad suplir todos aquellos rasgos que no están regulados por una ley específica.

DERECHO SOBRE LA COSA PERDIDA. Derecho de la persona que se encuentra un objeto perdido, y que no estando obligado a tomarlo lo hace, por lo cual contrae una obligación mientras dicho objeto esté bajo su posesión por lo tanto debe recibir una remuneración cuando lo entregue.

DERECHO SUSTANTIVO. Alude al conjunto de reglas y preceptos que instauran los derechos y obligaciones de las personas que están vinculadas por el régimen jurídico creado por el aparato estatal.

DERECHO TECNOLÓGICO. También llamado derecho informático es el régimen jurídico que pone en orden el cuidado, el manejo, entrada y seguridad de cualquier clase de dato electrónico e información digital.

DERECHO TERRITORIAL. Es el que se compone de las normas y preceptos jurídicos del Derecho Internacional Público que regulan todo lo relativo al régimen de propiedad del suelo, el subsuelo, el espacio aéreo y el mar territorial por parte de las naciones, así como a la delimitación de sus respectivos ámbitos soberanos y a la demarcación de sus fronteras.

DERECHOS. Dentro del campo jurídico, el término se refiere a un conjunto de reglas y preceptos y facultades que se otorgan para ejercerse colectivamente.

DERECHOS CIVILES. Son los inherentes a todos los ciudadanos que habitan el territorio de un estado y se les conceden sin importar su raza, edad, sexo, idioma, religión, opinión política, origen nacional, posición económica o cualquier otra condición. Son derechos civiles, entre otros, los de la vida, la libertad, la seguridad personal, la propiedad, la privacidad, la inviolabilidad del domicilio y de la correspondencia, la libertad de expresión, de reunirse y asociarse pacíficamente, la de tránsito, la del derecho al trabajo y el de autor.

DERECHOS FUNDAMENTALES. Son los poderes o facultades consagrados en la ley suprema de una nación: la Constitución. Que les permite a las personas ejecutar o no ciertas acciones. Ejemplos de estos derechos son: los derechos civiles, políticos, económicos, sociales y culturales.

DERECHOS HUMANOS. Son los derechos inherentes a todos los seres humanos y se caracterizan por ser universales, imprescriptibles, inalienables, inviolables, indivisibles, irreversibles e indisolubles. Se clasifican en derechos sociales, civiles, políticos, culturales y económicos.

DERECHOS INDIVIDUALES. Se denomina con este término a aquellos derechos que no pueden ser negados a una persona, que son inherentes a los seres humanos, que están siempre vigentes y que están consagrados en la Constitución de una nación para favorecer a todos sus habitantes. Algunos de estos derechos son: el derecho a la vida, al trabajo, a la libertad de pensamiento entre otros.

DERECHOS POLÍTICOS. Son los que les corresponden a las personas que cumplen con los requisitos exigidos por la legislación nacional de un Estado para la obtención de la ciudadanía, que es la calidad especial que acredita a la persona como miembro activo del Estado y que le habilita para participar en las actividades de la vida pública estatal. Entre los derechos políticos pueden citarse el de desempeñar funciones en la administración pública, el de elegir y ser elegido, participar en las diversas formas de consulta popular, militar en partidos políticos, expresar y difundir libremente su pensamiento.

DERECHOS SOCIALES. Son los que asisten a los sectores más pobres y marginados de la población. Surgen a raíz de la primera Revolución Industrial, cuando el recién nacido régimen capitalista comienza su acumulación de riquezas, a costa de someter a los hombres, mujeres y niños que crean dichas riquezas a la más bárbara explotación. Entre estos derechos están al derecho al trabajo, a la libre elección de su trabajo, a percibir un sueldo por él, a tener vacaciones pagadas, a sindicalizarse y a ejercer libremente la actividad sindical, el derecho de recibir una cuota de las ganancias de las empresas, el derecho a huelga, a acordar colectivamente las condiciones de trabajo, a recibir educación gratuita por el Estado, a acceder a los beneficios de la seguridad social y lograr otras prerrogativas de este orden que beneficien tanto al trabajador como a su familia.

DEROGACIÓN. Es el proceso mediante el cual se procede a la anulación, a la abolición o supresión de una disposición legal.

DERROCAR. Derribar a un gobierno o a un sistema político.

DESACATO. Actitud antijurídica que asume una persona cuando expresa juicios alejados de la verdad, jura en falso, les falta el respeto a las autoridades amenazándolas, injuriándolas y calumniándolas y no acata la sentencia dictada por un tribunal.

DESAFORAR. Despojar a una persona o a una ciudad de los derechos, exenciones, gracias y prerrogativas que le han sido concedidas.

DESAFUERO. Es el acto jurídico mediante el cual un funcionario público que goza de inmunidad penal se le retira dicha inmunidad cuando se presume fundadamente que dicho funcionario ha cometido un delito, para que de esta manera pueda ser juzgado por un tribunal competente sin ningún tipo de privilegios, como cualquier otro ciudadano.

DESAGRAVIO. Indemnización que acepta un individuo por el daño moral o material que le han causado.

DESAGREGACIÓN TECNOLÓGICA. Es el instrumento de transferencia de tecnología establecido por las naciones que la compran con el objeto de descomponer los paquetes tecnológicos en que viene la tecnología procedente del extranjero, para que de este modo el país comprador pueda importar únicamente los elementos que le hacen falta y sus técnicos puedan trabajar en aquellos para los cuales están entrenados.

DESAHUCIO. Es la forma legal por la cual se le comunica al inquilino que está ocupando una residencia, un local o un terreno que debe abandonar dichos inmuebles.

En materia laboral es la disposición legal en virtud de la cual una de las partes, por medio de un aviso anticipado a la otra y sin poner motivos ejerce el derecho de poner fin a un contrato por tiempo indefinido.

DESALOJO. Acto legal que tiene por finalidad que el inquilino abandone la propiedad alquilada, o bien a una persona que posee la cosa sin contar con recursos económicos suficiente para cumplir con su obligación, o también al que se ha introducido en el inmueble sin poseer ningún derecho ni autorización.

DESALOJO DE INMUEBLES REGISTRADOS. Es la actuación judicial a través de la cual se libera una propiedad inmobiliaria registrada de cualquier ocupación ilegal.

DESAMORTIZAR. Dejar en libertad para que se puedan vender en el comercio las propiedades pertenecientes a la Iglesia o al ayuntamiento que no podían ser objeto de compra y venta.

DESAPARICIÓN FORZADA. Es la acción criminal que viola groseramente los derechos humanos y que es ejecutada por las autoridades estatales o por grupos o individuos que llevan a cabo dicha acción con el respaldo estatal y por los miembros del crimen organizado; los cuales se presentan en la residencia de una o varias personas o en cualquier otro lugar para llevárselos por la vía de la violencia a un lugar desconocido.

DESAPODERAR. Despojar a alguien del poder o mandato del que había sido apoderado.

DESAPODERAMIENTO DEL JUEZ. Inmediatamente que la sentencia es pronunciada en audiencia pública, el magistrado apoderado del caso queda desapoderado de este. No pudiendo ni retractar ni modificar la sentencia ya dictada.

DESARME. Es la operación que implica la reducción de las fuerzas armadas y de los arsenales bélicos de las naciones con el fin de tomar los medios económicos, humanos y tecnológicos que se destinan a incentivar el armamentismo y a utilizarlos para promover las tareas del desarrollo y de tratar de conseguir que las disputas internacionales sean solucionadas por la vía pacífica.

DESARROLLISMO. Fue un esquema de desarrollo planificado, de carácter capitalista, que postulaba, como fines de la sociedad y del Estado, obtención de un acelerado crecimiento económico que, dentro del marco del capitalismo dependiente, implementara una industrialización, a través de una política de sustitución importaciones y una reforma del estado, y creará un Estado democrático-burgués.

DESARROLLO. Es la operación que abarca todos los aspectos de la sociedad, y que se manifiesta en la aplicación de los conocimientos científicos para elevar la calidad de vida de la población, lo cual implica el consumo de alimentos, la educación, los servicios de salud, la recreación y la protección del medio ambiente.

DESARROLLO HUMANO. Es el indicador social que mide cómo se distribuyen las riquezas que generan el trabajo humano y las maneras de cómo se satisfacen las necesidades básicas del ser humano como son entre otros. La larga vida, saludable y creativa; la seguridad social, la libertad política, la educación, los derechos garantizados, la estabilidad económica y una amplia diversidad de otros valores.

DESARROLLO POLÍTICO. Es un concepto complejo que se mide por el grado de institucionalización del poder y la racionalización de las instituciones políticas y sociales del Estado, la subordinación de la población al régimen jurídico, la independencia de los poderes del Estado, la separación del Estado y la Iglesia, el nivel de respeto a los derechos humanos, la justicia social y la dependencia del poder militar del poder civil. Estos renglones constituyen parte de los tantos índices que sirven para determinar el avance o el atraso político de un pueblo.

DESARROLLÓ SOSTENIBLE. Se conoce con el nombre de desarrollo sostenible o sustentable a la utilización de forma lógica de los recursos naturales de un territorio, cuidando que no sean destruidos y puedan satisfacer las necesidades actuales de la población, sin poner en riesgo el derecho de las futuras generaciones de satisfacer las suyas.

DESCARGO. Es la respuesta o excusa que expone una persona para defenderse de las acusaciones que se le han formulado. Es la acción de quitar una obligación.

DESCENDIENTE. Es la persona que desciende de otra, como el hijo, el nieto, biznieto, tataranieto, chorno, o personas de posteriores generaciones.

DESCENTRALIZACIÓN. Es el reordenamiento institucional que fracciona las competencias fundamentales del gobierno y su distribución con un criterio jurídico, territorial y administrativo para que las entidades centrales y regionales puedan ejercer las amplias gamas de facultades estatales con mayor eficacia y honestidad.

DESCLASIFICAR. Poner en conocimiento del público el documento o los documentos que son considerados como secretos.

DESCONOCIMIENTO. Rechazo a aceptar la autenticidad de un argumento de la parte contraria producida durante el desarrollo de una contienda judicial.

DESCOLONIZACIÓN. Es la actitud contraria a la colonización por la cual un territorio determinado se convierte en un Estado poniendo fin a la colonización en que se encontraba. Por tanto, se dejan de lado las razones sociales, étnicas, económicas, políticas y morales que se usaban para justificar esta situación.

DESCONSTITUCIONALIZACIÓN. Es la acción contraria al constitucionalismo que representa un movimiento contrarrevolucionario, el cual anula todas las conquistas de las constituciones liberales y restaura el totalitarismo, ya que libera de toda obligación jurídica al Estado. Con la desconstitucionalización, se extingue la obligación del Estado de circunscribir sus actos a las normas legales que rigen un Estado.

DESCLASIFICAR. Poner en conocimiento del público el documento o los documentos que son considerados como secretos.

DESCRIPCIÓN. Es describir con lujo de detalles la forma física de los fugitivos de la justicia o de los elementos que fueron utilizados para la comisión de un crimen.

DESCUENTO. Beneficio que obtiene el deudor cuando contrae la obligación de pagar una deuda a plazo, cuando salda lo que debe antes del vencimiento; por lo general este beneficio se calcula con arreglo hasta el interés que debía correr hasta el fin para el periodo fijado para la deuda.

DESEMBARGO. Acción que tiene por finalidad dejar sin efecto las consecuencias de un embargo.

DESEMBARGO JUDICIAL. Acción que manda a que se levante un embargo entablado en juicio sobre el patrimonio de algunas de las partes.

DESEMBARGO VOLUNTARIO. Se procede a esta clase de acto cuando el autor del embargo da su consentimiento.

DESEMPLEO. Fenómeno propio del sistema capitalista, que se define como la situación en que se encuentra una persona que estando en edad, condiciones y disposición de trabajar carece de una función laboral, porque la sociedad es incapaz de ofrecerle oportunidades de trabajo.

DESENMASCARAR. Descubrir, revelar y denunciar los verdaderos objetivos de una persona o de un grupo.

DESESTABILIZACIÓN. Es el acto de agitación que conduce al deterioro de las instituciones de un Estado y a erosionar la autoridad gubernamental para que el sistema en su conjunto pierda la base de sustentación y la fortaleza. Puede provenir de los gobernantes, los partidos políticos, los sectores populares, grupos militares y otras fuerzas sociales.

DESESTIMAR. Es el rechazo que realiza un tribunal cuando no acoge las peticiones o solicitudes de una o ambas partes.

DESFALCO. Es el crimen que se comete cuando una o más personas se apoderan de valores o fondos ajenos que han sido puestos bajo su responsabilidad.

DESGLOSAR. Acto de separar de un expediente o de un conjunto de autos judiciales un escrito dejando una copia o un dato de lo erradicado.

DESHEREDACIÓN. Es la disposición legal que permite a una persona que ha fallecido, expresar en un testamento, siempre que se base en motivos de orden jurídico, que priva de sus derechos sucesorios a un heredero legítimo o forzoso.

DESHONESTIDAD COMERCIAL. Acción contraria a la actividad comercial honesta que se deriva de la falta de cumplimiento de contratos, el abuso de confianza, incitación a la comisión de actos delictivos y compras de información no difundidas por terceros que tuvieron conocimiento o no, por descuido, que la obtención involucra tales prácticas.

DESHONESTO. Es la persona que carece de honradez, de decencia, de ética y moralidad.

DESIGUALDAD SOCIAL. Es la situación social que se produce porque los miembros de la sociedad tienen diferentes niveles de ingresos. Esta situación se ve en las sociedades de clases, donde existe la explotación del hombre por el hombre y las clases explotadoras se apoderan de una porción gigantesca de las riquezas que han generado los trabajadores. Y se verá también en las sociedades socialistas, a pesar de que ha sido abolida la explotación, porque persistirán las desigualdades y el hombre recibirá de la sociedad una porción de las riquezas producidas, según el rendimiento de su trabajo. Y resulta que el trabajo de un obrero especializado rinde más que el de un obrero no especializado.

DESINFORMACIÓN. Es la práctica maliciosa que consiste en suministrar de manera intencional información errónea acerca de una determinada realidad a los medios de comunicación de masas para que la difundan con el objetivo de sembrar confusión, desorientación y engaño a la ciudadanía. El propósito central es manipular la conciencia y los sentimientos de las personas para que respalden o combatan la realidad que se cuestiona.

DESISTIMIENTO. Acción por medio de la cual el demandante expresa su voluntad de dar por finalizado el proceso, sin que se emita una sentencia de fondo con respecto a la pretensión alegada como origen de aquella.

DESISTIMIENTO DE LA ACCIÓN CIVIL. Escrito por el cual la demandante renuncia a la acción en cualquier fase de la causa, permaneciendo obligada por los gastos que su participación haya generado, teniendo que ver la renuncia a la acción civil.

DESISTIMIENTO DE QUERRELLA. Facultad que posee el querrellante de expresar verbalmente o por escrito su deseo de concluir el proceso en cualquier estado en que se encuentre, pero quedando sujeto al pago de las costas que se hayan producido.

DESISTIMIENTO DEL PROCESO. Emplazamiento que se ofrece en cualquier estado del litigio previo a la sentencia, cuando las partes se ponen de común acuerdo para renunciar a la continuación de la causa expresándolo por escrito al tribunal, el cual lo declara extinguido y manda a que sea archivado.

DESLINDE. Es el trámite oficial llevado a cabo por un agrimensor que posee el permiso y está bajo el control de los tribunales de la jurisdicción inmobiliaria. De esta manera, se consigue individualizar una propiedad con respecto a otros inmuebles que están a su alrededor, señalándole una designación catastral propia y un certificado de título único.

DESOBEDIENCIA CIVIL. Es un método de protesta social que consiste en la negativa de cumplir las leyes, decretos, reglamentos y actos de los gobiernos ilegítimos, tiránicos, oligárquicos, injustos o corruptos, que son contrarios al ordenamiento jurídico de la sociedad. Esta desobediencia puede expresarse tanto de forma pacífica como violenta.

DESIDIA. Es la dejadez, la indolencia, la desatención y las faltas que una persona o un gobierno manifiestan para cumplir con sus obligaciones.

DESNATURALIZACIÓN DE LOS HECHOS. Es el vicio que se presenta cuando los magistrados que están apoderados de un caso dictan sentencia alterando el sentido y el alcance de los hechos o atribuyen a los testigos expresiones totalmente diferentes a las que realmente dijeron.

DESOBLIGAR. Es liberar a una persona de una obligación.

DESORDEN. Es la perturbación o trastorno del orden que conduce a la desorganización, confusión, alboroto, caos.

DESORDEN PÚBLICO. Es la alteración de la paz pública en el seno de la sociedad, cuando se generan actos como la riñas, ruidos ensordecedores, difusión de informaciones falsas que intranquilizan a la ciudadanía.

DESPACHO JUDICIAL. Grupos de individuos que intervienen juntos con otros bajo las órdenes de un superior en la administración de justicia por medio de funciones concretas en la preparación del proceso.

DESPIDO. Es la decisión que toma un patrono de dar por concluido unilateralmente un contrato de trabajo con su empleado.

DESPOJO. Es el delito que realiza, quien por su propia voluntad y empleando la violencia física y el engaño, se apodera de un inmueble que no es de su propiedad, en los casos que el régimen jurídico lo prohíbe por encontrarse en poder de otra persona o ejecute actos que perjudiquen los derechos legítimos del ocupante.

DESPOLITIZACIÓN. Es un término propio de la ideología burguesa que se define como la tendencia de dejar al margen del debate político determinados asuntos, cuestiones y sectores de la vida cotidiana para que no sufran los embates de la discusión política. Pero, como dijo el filósofo griego Aristóteles, el hombre es un animal político por naturaleza, por lo cual en la vida social todo está politizado y no existe ningún tema que pueda ser dejado de lado por la política.

DESPOTISMO. Originalmente, se conoce con este nombre, en la antigua Grecia, al trato esclavista que las monarquías autoritarias les daban a los pueblos que estaban sometidos a ellas. En la actualidad, el despotismo es una forma de poder de la burguesía que se ejerce de una manera personalista, arbitraria y represiva. No existe garantía alguna para el respeto de los ciudadanos y los gobernantes elaboran las leyes, las modifican y derogan a su antojo o a la conveniencia de sus intereses.

DESPOTISMO ILUSTRADO. Es el despotismo ejercido por las monarquías absolutistas que se inspiran en las ideas de la

Ilustración y que aplican la célebre frase de "todo para el pueblo, pero sin el pueblo". El despotismo ilustrado se guía por un principio básico: Elevando la calidad de vida del pueblo y proporcionándole una educación básica, pero no en exceso, se puede controlar el nivel cultural del pueblo. Se aumentan así las posibilidades económicas de los más marginados y se consigue un mayor beneficio a largo plazo para el Estado.

DESPRECIO. Caracteriza al ingrediente subjetivo del arbitrario que conlleva el no haber examinado el trámite más elemental para averiguar la verdad.

DESREGULACIÓN. Es una forma de reformar el Estado bajo el capitalismo, que busca reducir su tamaño, disminuir su influencia en el desarrollo social y liberar los precios de la economía, los salarios, las tasas de interés, el tipo de cambio y los precios de los bienes y servicios del control de las normas legales y administrativas para someterlos a la dirección de los agentes económicos privados.

DESTIERRO. VER: OSTRACISMO.

DESTITUCIÓN. Cese de las funciones de una persona en el cargo que desempeñaba.

DESTITUCIÓN DEL ALBACEA. Facultad que poseen los herederos de exigir que el albacea sea removido de su cargo, por falta de capacidad de hacer cumplir el testamento o por no comportarse con buena conducta en el ejercicio de sus funciones.

DETECTIVE. Es un investigador que puede ser privado o integrantes de los cuerpos policiales que se encarga de investigar ciertos acontecimientos, así como las particularidades que lo rodearon, y también a las personas implicadas en los mismos.

DETECTOR DE MENTIRAS. VER: POLÍGRAFO.

DETENCIÓN. Es el apresamiento que se hace de una persona por haber cometido un acto antijurídico o ser sospechoso de haberlo cometido, y el cual es ordenado por una autoridad competente para poner a disposición de la justicia al detenido.

DETENCIÓN ARBITRARIA. Acción delictiva que consiste en detener a un individuo ilegalmente por no estar contemplado en los casos o requisitos que establece el régimen jurídico.

DETENCIÓN DEL LEGISLADOR. Postulado constitucional que establece que ningún funcionario legislativo puede ser detenido, desde el día que fue electo hasta el cese de sus funciones, solamente en el caso excepcional que sea sorprendido cometiendo un crimen.

DETENCIÓN DOMICILIARIA. Es la pena de privación de libertad que cumple una persona que ha sido condenada o acusada de haber cometido un delito, en su domicilio.

DETENCIÓN SIN ORDEN JUDICIAL. Moción que conlleva a que ningún ciudadano puede ser detenido a menos que una autoridad judicial competente haya emitido una orden para su captura.

DETENIDO. Persona apresada por orden de una autoridad judicial competente.

DETENTADOR. Persona que ilegalmente conserva el goce y disfrute de algo que no es de su propiedad.

DETENTE. Palabra de origen francés que se usa para significar la disminución, apaciguamiento o tregua en un conflicto internacional que se produzca en cualquier parte del globo terráqueo, ya sea entre Estados y grupos beligerantes, en el interior de una nación.

DETERMINACIÓN DE HEREDEROS. Es el procedimiento que establece que el heredero o los herederos son escogidos con su relación de grado de parentesco. Los parientes consanguíneos son llamados a recibir la sucesión hasta el duodécimo grado inclusive. El cónyuge no es considerado como pariente, solo acuden a la sucesión en el caso de que falten parientes hasta el duodécimo grado. En caso de que falte el cónyuge la sucesión pasará a manos del Estado. Los parientes que acuden a la sucesión son los hijos y descendientes del difunto, sus ascendientes y colaterales. Los primeros que tienen derecho a recibir la sucesión son sus descendientes primero los hijos, a falta de estos los nietos y así sucesivamente. En el caso de que faltaren los descendientes, son llamados a recibir la sucesión el padre y la madre que son sus ascendientes más cercanos y los colaterales más cercanos que son los hermanos del fallecido y los descendientes de esos hermanos. En caso de que falten el padre y la madre y los hermanos acuden a la sucesión los abuelos y los bisabuelos.

DETRACTOR. Con esta palabra se designa a la persona o grupos de personas o a una o varias organizaciones que utilizan el agravio, el descrédito o la denigración por no estar de acuerdo con las opiniones que son emitidas por otros.

DEUDA. Es la obligación que una parte llamada deudor, contrae con otra parte llamada acreedor, cuando esta última le presta determinada cantidad de dinero, quedándole el deudor comprometido a devolverle la suma prestada en el plazo convenido y junto con los intereses acordados.

DEUDA EXTERNA. Es la obligación o conjunto de obligaciones que contrae una nación con otra, con personas particulares o entidades financieras internacionales cuando le toma un préstamo, ya sea en dinero o en especies, por lo cual debe satisfacer dicha prestación en un plazo específico. La deuda externa se divide en pública, que es la que contrae el Estado, y privada, que es la que contraen los agentes económicos privados.

DEUDA PÚBLICA. Es deuda que contrae el Estado o unas de sus instituciones cuando adquiere bienes o servicios a créditos, obtiene préstamos de los particulares, de entidades financieras nacionales, de otras naciones, del sistema bancario internacional, instituciones multilaterales de crédito para financiar sus actividades.

DEUDOR. Es la persona que ha tomado prestada una determinada suma de dinero y por lo cual ha contraído la obligación de saldar su deuda en el plazo y en las condiciones que fijó con su acreedor.

DEUDOR MOROSO. Es la persona física o jurídica que se retrasa en pagar la obligación que contrajo.

DEUDOR PRINCIPAL. Persona que al vencimiento está obligado en primer lugar a saldar la deuda con el acreedor.

DEVALUACIÓN. Es la operación mediante la cual una nación reduce la capacidad adquisitiva de su signo monetario, tanto en relación con otras monedas como con los bienes y servicios que se ofrecen en el mercado.

DEVENGAR. Obtener el derecho a recibir una remuneración por motivo de un trabajo o de un servicio prestado.

DEVOLUCIÓN DE LA COSA COMPRADA. Postura que asume el comprador cuando devuelve la mercancía que le compró al vendedor porque ésta presenta defectos o vicios ocultos; por lo cual el vendedor está obligado a devolverle al comprador el dinero que pagó por ella.

DÍA CRÍTICO. El transcendental en algún acto jurídico legal; como el cumplimiento de un plazo de una obligación.

DÍA FERIADO. Día del año notoriamente festivo y al cual se le otorgan que se suspendan todas las actividades judiciales y administrativas, quedando totalmente prohibidas las notificaciones y actos de ejecución, la extensión de los plazos procesales, hasta el siguiente día hábil.

DÍA FIJO. Tiempo exacto, preciso para un vencimiento o un emplazamiento.

DIAGNÓSTICO CATASTRAL. Es la disposición legal a través de la cual, la dirección regional de mensuras catastrales determina si una propiedad inmobiliaria ya registrada reúne las condiciones esenciales para cumplir con las normas de especialidad que fundamenta el régimen de publicidad inmobiliaria de la República Dominicana.

DÍA HÁBIL. Es el día apropiado para efectuar de manera válida diligencias judiciales.

DÍA INHÁBIL. Es el día en que se paralizan los tribunales, por ser una fecha destinada al descanso o a determinadas celebraciones.

DÍAS FRANCOS. VER: PLAZOS FRANCOS.

DIÁSPORA. Es la dispersión de los ciudadanos de una nación por los diversos lugares de la geografía terrestre, quienes se encuentran viviendo, por lo general, en comunidades que poseen una cultura, un idioma y tradiciones diferentes a las suyas.

DIARIO DE COMERCIO. Es una obra de comercio, contabilidad, imperativa, ordenada, donde se asientan todas las operaciones que lleva a cabo una entidad empresarial.

DIARIO DE SESIONES. Libro donde se dan los detalles de las discusiones públicas que se producen en las cámaras legislativas.

DIATRIBA. Discurso violento y ofensivo que va dirigido contra una o varias personas o un grupo específico.

DICTADOR. Es el gobernante que ejerce constitucionalmente el poder en representación de la clase que domina económicamente en la sociedad para oprimir a las demás clases que existen en la sociedad, posee el poder absoluto y concentra en sus manos los tres poderes del Estado: el Ejecutivo, el Legislativo y el Judicial. Los detenta autoritariamente, sin ningún tipo de ataduras legales ni temporales.

DICTADURA. Es una forma de dominio de una clase contra otra que, en las sociedades divididas en clases, la utilizan los sectores que ejercen el poder político y económico para someter mediante el empleo de la fuerza a todo aquel que atente contra su sistema de dominación. En la actual sociedad capitalista, la dictadura es un método de gobierno al que recurre la burguesía cuando siente que su dominación de clase está seriamente amenazada. Se caracteriza por el uso de la violencia física, militar o ilegal, la cual da paso a gobierno de facto, que rompen las reglas del juego democrático al suprimir los derechos políticos de los ciudadanos y ejercer el poder sin estar sujeto a ninguna ley.

DICTADURA DEL PROLETARIADO. Es el periodo político de transición que media entre la sociedad capitalista y la fase superior de la sociedad comunista. Se caracteriza porque la clase trabajadora, dirigida por el partido comunista, realiza unas series de transformaciones revolucionarias con el objetivo de suprimir la propiedad privada sobre los medios de producción, abolir la explotación del hombre por el hombre, eliminar las clases sociales, abolir el estado e instaurar un nuevo régimen social, donde impere el reino de la libertad, la democracia y la justicia social para todos los integrantes de la sociedad.

DICHO. Manifestación acerca de un punto individual, en un procedimiento judicial por las partes, los testigos o los peritos.

DICTAMEN. El informe u opinión que se expresa sobre un asunto. Es una sentencia o veredicto que emite un tribunal para ponerle fin a un litigio.

DIES AD QUEM. Frase latina que señala el plazo concluyente a cuyo cumplimiento caduco un derecho o se produce la determinación de un negocio jurídico.

DIES A QUO. Locución latina, que señala el día en que se inicia a contar un plazo.

DIETA. Suma de dinero que se les suministra a los funcionarios públicos diariamente para el ejercicio de sus funciones.

DIEZMO. Impuesto que se empezó a pagar durante la época romana y visigoda a los monarcas y al erario, el cual equivalía a las décimas partes de las ganancias que se obtuvieran por concepto de tráfico de los mercaderes que llegaban a los puertos o por las mercancías que entraban y salían por las fronteras.

DIFAMACIÓN. VER: CALUMNIA.

DIFERENDO. Diferencia, desacuerdo o discrepancia entre las partes en asuntos de índole jurídica.

DIGESETT. La ley 63-17 de la República Dominicana en su artículo 21 crea la Dirección General de Seguridad de Tránsito y Transporte terrestre, bajo la dependencia de la Policía nacional, como una dirección técnica y especializada que operará conforme a las políticas que establezca el ministerio de interior y policía y el INTRANT y su consejo directivo en los aspectos concernientes a esta ley y sus reglamentos. Sus agentes serán responsables de viabilizar, fiscalizar, supervisar, ejercer el control y vigilancia en las vías públicas, y velar por el fiel cumplimiento de las disposiciones de esta ley y sus reglamentos. Estará a cargo de un director general, designado por el Poder Ejecutivo.

DIGNIDAD. Es la cualidad que señala el respeto y el aprecio que todos los seres humanos se merecen y se ratifica de quien tiene un nivel de calidad humana intachable.

DILATORIO. Que produce demora o prórroga en los procedimientos de un asunto de carácter judicial.

DILIGENCIA. Tramitar, con cuidado, esmero, rapidez, agilidad y eficiencia el cumplimiento de las actuaciones judiciales.

DIMISIÓN. VER: RENUNCIA.

DINASTÍA. En la antigüedad, es el conjunto de personas que pertenece a la familia real en el régimen monárquico y al que se atribuye un origen divino, por lo cual sus integrantes serían llamados a gobernar a una sociedad monárquicamente, en el orden sucesorio de la corona. En el presente, cuando se habla de una dinastía, es para hacer referencia de forma despectiva o irónica a los componentes de una familia o un grupo que ha conservado tradicionalmente el poder o el manejo de tráfico de influencias en una nación.

DINERO. Es la mercancía universal que se utiliza como medio de pago en las relaciones de intercambio, como medida de valor de todas las mercancías, como medio de circulación, como medio de acumulación y como dinero mundial en el comercio internacional.

DINERO DOCUMENTARIO. Es la forma de dinero que se genera al perfeccionarse las demandas de medios de pago de la economía actual, como los depósitos bancarios y la utilización del cheque como mecanismo de pago, así como las múltiples modalidades dinerarias creadas por los modernos sistemas de crédito, que han dado origen a las más innovadoras formas de pago nacionales o extranjeras.

DINERO ELECTRÓNICO. Es el dinero de la era digital que sustituye al papel moneda. Causa profundos cambios en el sistema monetario y financiero, porque permite transferir instantáneamente dinero de una persona a otra en cualquier parte del mundo de una manera segura y confiable, a prueba de fraude, utilizando computadoras.

DINERO PLÁSTICO. Es una variante del dinero electrónico y consiste en una tarjeta plástica, expedida a nombre de una persona por una institución financiera especializada, y que les autoriza a pagar con ellas el precio de las mercancías que compra y a retirar sumas de dinero limitadas en cualquier lugar del mundo donde exista una red de créditos.

DIPLOMACIA. Es la profesión de representar a los Estados a través de misiones permanentes o temporales acreditadas en el extranjero. Estas representaciones se encargan de velar por los intereses de un Estado frente a otro o ante un organismo internacional. Y se encargan de resolver con habilidad y delicadeza, sin recurrir a la violencia, los problemas que se presenten en el campo diplomático.

DIPUTADO. Es un funcionario rentado elegido por votación popular para representar a un distrito o provincia y a la asamblea general en una asamblea legislativa. Su función primordial es elaborar leyes que defiendan los intereses de la demarcación geográfica que lo elige y de los sectores populares. En la práctica, no obstante, actúa a espaldas del pueblo y se subordina a los dictados de la clase dominante.

DIRECCIÓN GENERAL DE IMPUESTOS INTERNOS. Es el órgano que en la República Dominicana tiene por función administrar y recaudar los principales impuestos internos y tasas.

DIRECCIÓN GENERAL DE REGISTRO DE TÍTULOS. "La Dirección General de Registro de Títulos es el órgano de carácter nacional dentro de la jurisdicción inmobiliaria encargado de coordinar, dirigir y regular el desenvolvimiento de las oficinas de Registro de Títulos, velar por el cumplimiento de esta ley en el ámbito de su competencia y por el cumplimiento del reglamento General de Registro de Títulos." (14)

DIRECCIÓN NACIONAL DE MENSURAS CATASTRALES. Institución de carácter nacional dentro de la jurisdicción inmobiliaria que tiene su sede en la ciudad de Santo Domingo, Distrito Nacional, y que es dirigida por un director nacional, que es designado por la Suprema Corte de Justicia. Es el órgano que le da apoyo técnico a la jurisdicción inmobiliaria en lo concerniente a las operaciones técnicas de mensuras.

DIRIGISMO. Es una modalidad de política económica que confiere al estado un rol protagónico en la vida económica de la sociedad para hacer frente al manejo inescrupuloso, ineficiente que hace la clase dominante del proceso de producción y distribución de los bienes y servicios en la sociedad capitalista.

DIRIMIR. Solucionar un desacuerdo o una controversia que se puede suscitar entre los miembros de una comunidad, siempre y cuando sea dentro del ámbito judicial.

DISCERNIMIENTO. Lucidez o sensatez a través de la cual comprendemos y distinguimos el bien del mal y lo legal y de lo ilegal.

DISCERNIR. Designar el juez a alguien para que se encargue de la tutela de un menor de edad o para que desempeñe otra función.

DISCIPLINA JUDICIAL. Es el poder disciplinario que ejerce el Consejo del Poder Judicial sobre los jueces, funcionarios o empleados de los organismos judiciales de la República Dominicana.

DISCORDIA. Enfrentamiento entre dos o más partes por desacuerdo de voluntades y opiniones.

DISCRECIONAL. Acto que se deja a las normas o pautas de una persona, una institución o una autoridad que posee atribuciones para regularla.

DISCREPANCIA. VER: DIFERENDO.

DISCRIMINACIÓN. Es el tratamiento que en la vida diaria se les da a las personas con relación generalmente a injustas y arbitrarias diferencias que se hacen entre ellas y que obedecen a motivaciones políticas, religiosas, culturales, económicas, sexuales, raciales u otras causas de segregación.

DISCRIMINACIÓN POR EDAD. Este concepto que también recibe el nombre de edadismo consiste en la discriminación de las personas por razones de edad.

DISCUSIÓN. Comunicación oral entre una pluralidad de personas donde cada una defiende sus opiniones y sus puntos de vista contrarios.

DISCUSIÓN BIZANTINA. Esta frase se origina en el 858 cuando se produce el llamado "Cisma de Oriente", que lleva a una profunda división en el mundo cristiano y separa la Iglesia griega de la latina. En el medio de esa profunda crisis, los miembros de ambas iglesias se ponen a discutir sobre el sexo de los ángeles. A esa discusión, irrelevante, estéril, absurda, ociosa e inútil, se le llama "discusión bizantina". Con esta expresión, desde esa época, se ha ridiculizado toda forma de debatir sin sentido.

DISCUTIR. En materia civil es leer las conclusiones en el litigio que se ventila ante un tribunal.

DISENSO. Es la discrepancia, la disconformidad que existe entre dos o más individuos respecto a un asunto poco corriente.

DISIDENCIA. Es la diferencia parcial o completa que una persona o un grupo de personas tiene con el orden establecido en la sociedad o también la situación que se produce cuando un partidario o un conjunto de partidarios de una organización política difiere de la posición oficial de su partido y rompe sus lazos partidarios.

DISIMULACIÓN. Expresión de una información fiscal en la que el contribuyente omite, de manera voluntaria una porción o la totalidad de las acciones que están sujetas a un impuesto, lo cual trae como consecuencias sanciones penales.

DISIPACIÓN. Forma de proceder de una persona que se entrega de forma exagerada a derrochar sus bienes en placeres y diversiones.

DISMINUCIÓN DEL PATRIMONIO. Acción delictiva que comete una persona que, con el objetivo de cumplir con sus obligaciones alimentarias, malintencionadamente destruye, arruina, inutiliza o daña los bienes de su patrimonio para que pierdan valor, para que de esta forma no pueda cumplir con sus obligaciones.

DISOLUCIÓN DE LA COMUNIDAD. Se produce la disolución de la comunidad por la muerte natural, por la separación personal y por la separación de bienes.

DISPARIDAD. Diferencia, desigualdad o discrepancia de una cosa con otra.

DISPENSA. Consentimiento otorgado a una persona que le permite no cumplir con una obligación o con lo ordenado con el régimen jurídico.

DISPENSA DE COLACIÓN. Facultad que sólo puede ser determinada por el testamento del donante y en los linderos de su fracción disponible.

DISPENSA DE DOLO. Impedimento del régimen legal en el instante de contraerse la obligación.

DISPOSICIÓN. Decisión, precepto, orden o mandato establecido por la autoridad.

DISPOSICIÓN DE ÚLTIMA VOLUNTAD. Mandato o decisión que instaura una persona antes de fallecer.

DISPOSITIVO. Es la parte que contiene la resolución que ha tomado un magistrado con respecto al caso del cual fue apoderado.

DISTENSIÓN. VER: DETENTE.

DISTRACCIÓN. Es la acción de separar un bien de una clase o especie determinada.

DISTRACCIÓN DE LAS COSTAS. Es la posibilidad que tiene un profesional del derecho de conseguir que la condenación en costas, impuesta a la parte perdedora, sea distraída a su favor.

DISTRACTO. Es la anulación de un contrato por mutuo acuerdo de las partes contratantes.

DISTRIBUCIÓN. Es la forma de repartir equitativamente los beneficios de la producción entre todas las personas que participan en el proceso de generación de riquezas. Esta repartición se hace en función de la aportación que hace cada uno, ya sea en capital o en trabajo, de acuerdo con las políticas, sociales y económicas que implementa el Estado.

DISTRIBUCIÓN A PRORRATA. Es la cantidad proporcional que recibe cada uno en la repartición de un todo realizado por varios una vez terminada la cuenta activa y pasiva de cada uno de ellos. Se utiliza la distribución a prorrata cuando el precio generado por la venta, de los muebles e inmuebles, no cubre el valor de lo que se le debe a la totalidad de los acreedores.

DISTRITO. División política, administrativa y judicial de una zona territorial.

DISTRITO FEDERAL. Nombre que recibe en algunas repúblicas federales el área geográfica donde está ubicada la capital de la federación, y que no pertenece a ninguno de los Estados de la federación.

DISTRITO JUDICIAL. Es la subdivisión geográfica de una nación para efectos de la organización de los órganos que conforman el poder judicial.

DISTRITO MUNICIPAL. En la República Dominicana son las dimensiones territoriales que la ley determina crear dentro de cada municipio, designándola con su nombre y la ubicación donde deba tener su cabecera.

El ayuntamiento del cual dependa el Distrito municipal designará una junta municipal formada por un jefe de un distrito, quien la presidirá y desempeñará las funciones similares a las de un síndico, dos vocales, un secretario y un tesorero.

DISTURBIO. Es un conflicto que puede originarse en la sociedad o en las llamadas fuerzas del orden público, por la infiltración de agitadores en cualquiera de los lados, y que a lo único que conduce es a generar violencia que altera la paz del conglomerado social.

DIVIDENDO. Es la remuneración a la inversión que se concede en correspondencia al número de acciones poseídas con medios que dan origen a los beneficios de la empresa durante un espacio de tiempo determinado y que podrá ser entregado en sumas de dinero o en acciones.

DIVIDENDO DE PAZ. Esta expresión forma parte de la terminología de las Naciones Unidas y se refiere a la economía que hacen las naciones al reducir la inversión que ejecutan en pertrechos militares e invertir los recursos ahorrados en el desarrollo humano, económico y social de sus respectivos países para de esta manera solucionar las necesidades básicas de sus poblaciones

DIVISA. Es la moneda extranjera que constituye el símbolo de la expansión económica que se produce fuera de las fronteras nacionales y que están relacionadas con el intercambio de la moneda nacional y con los demás medios de pago. Estos otros medios son los cheques de viajeros, los fondos mantenidos en moneda extranjera en banco fuera del país y otros títulos que también están expresados en moneda extranjera y que sirven de base para efectuar transacciones comerciales en todas partes del mundo.

DIVISIÓN DE PODERES. Es una de las características esenciales de la democracia burguesa y la utiliza la burguesía para justificar su sistema de dominación. Sostiene que el Estado capitalista aplica consecuentemente bien el principio de la separación de los poderes del Estado, es decir, el cumplimiento de las funciones legislativas, judiciales y ejecutivas por órganos del Estado que dicen ser independientes unos de otros y que se rigen por un régimen jurídico que establece restricciones a la competencia de estos órganos para así impedir los abusos de autoridad.

DIVORCIO. Es la disolución del vínculo matrimonial entre los esposos, por medio de una sentencia judicial dictada por un tribunal competente.

DOBLE CONTABILIDAD. Es el fraude que comete el responsable por deuda propia o ajena que, por medio de declaraciones contables o balances falsos, o la no emisión de facturas cuando haya necesidad de hacerlo, o realizando facturaciones en exceso, valiéndose de mecanismos engañosos para ocultar, la situación económica real, con la finalidad de impedir el cobro de los impuestos, siempre que ocasione una lesión patrimonial al erario o público.

DOBLE GRADO DE JURISDICCIÓN. Es el procedimiento que permite a las partes envueltas en un litigio apelar por ante un tribunal de mayor jerarquía, cuando consideran que la sentencia emitida en primer grado les ha ocasionado un perjuicio.

DOBLE NACIONALIDAD. Es la situación jurídica por la cual una persona es considerada como un ciudadano de dos naciones.

DOCTOR HONORIS CAUSA. Es una frase latina que significa por causa de honor, y es un título honorífico que les conceden las instituciones de estudios superiores a personas que han descollado en el ámbito científico, cultural y le han prestado valiosos servicios a la sociedad. Pero en realidad este es un título que se le otorga a cualquiera solo por poseer dinero o haber desempeñado funciones públicas, aunque haya desfalcado la institución que manejo.

DOCTRINA. Conceptos o ideas expresadas por los juristas, que por su relevancia establecen los fundamentos de las opiniones de los magistrados cuando emiten sus decisiones judiciales y de sus legisladores cuando elaboran sus proyectos de leyes.

DOCTRINA BETANCOURT. Constituye el conjunto de criterios sustentados por Rómulo Betancourt, presidente de Venezuela, durante el periodo 1959-1964. Ese conjunto conforma una doctrina en el Derecho Internacional Público Americano. Sostiene que debe negárseles el reconocimiento diplomático, suspenderles la ayuda económica y excluir de la comunidad internacional a todos los regímenes que tomen el poder por la vía de un golpe de Estado.

DOCTRINA BREZHNEV. Es la elaborada por el gobernante soviético Leonid Brezhnev en 1968, de puro corte fascista, para justificar su política de agresión, expansionismo y hegemonismo. Sostenía que, para defender lo que él llamaba "intereses del socialismo", la Unión Soviética tenía derecho a intervenir militarmente en cualquier nación de su área de influencia cuya estructura política e ideológica se viera amenazada por movimientos "contrarrevolucionarios."

DOCTRINA CALVO. Es la tesis enarbolada por el internacionalista argentino Carlos Calvo a finales del siglo XIX. Sostiene que los Estados no pueden ser responsables por los daños materiales que les causen a los extranjeros, ya sean estas personas físicas o jurídicas, por motivos de rebeliones armadas, guerras civiles o quebrantamiento del orden público, por lo cual no pueden aceptar reclamaciones diplomáticas de daño y perjuicios que les propongan otros Estados.

DOCTRINA DEL DESTINO MANIFIESTO. Es la expresión de la política exterior de los Estados Unidos desde el siglo XIX que se basa en un conjunto de ideas geopolíticas y geoeconómicas y en que el pueblo estadounidense es un pueblo elegido por Dios, por lo cual le es permitido apropiarse de territorios que están destinados a ampliar la geografía de los Estados Unidos.

DOCTRINA DRAGO. Es la formulación hecha por el canciller Argentino Luis María Drago en el año 1902, a raíz de que Inglaterra, Alemania e Italia le impusieran un bloqueo naval a Venezuela para obligar a esta nación a saldar las deudas contraídas con esos Estados durante la presidencia de Cipriano Castro. El tema central de esta doctrina es que ningún Estado puede recurrir al uso de la fuerza o a la amenaza de usarla para cobrarle a otro Estado las deudas que éste hubiera contraído con el Estado cobrador.

DOCTRINA ESTRADA. Doctrina que surge en 1930 y que recibe el nombre del canciller mexicano Genaro estrada, quien sostiene "cada pueblo tiene el derecho de establecer su propio gobierno y cambiarlo libremente, y, en consecuencia, el no necesita el reconocimiento de los demás para cobrar plena validez jurídica, reconocimiento que, de otro lado, implica una debida intervención de un Estado en los asuntos internos de otro."

DOCTRINA LAUTERPACH. Es la totalidad de los planteamientos hechos por el internacionalista británico H. L. Lauterpacht, en 1948, sobre el reconocimiento de los gobiernos de facto. Sostiene que la condición esencial que debe ser tomada en cuenta para reconocer un gobierno y establecer o no relaciones diplomáticas y comerciales con él es la del control efectivo que tenga sobre su territorio. Si un gobierno, no importa la forma de cómo haya ascendido al poder, ejerce un dominio real sobre el territorio y la población de su país, debe ser reconocido.

DOCTRINA LEGAL. Es el conjunto de decisiones emitidas por el tribunal de más alto rango de una nación que rige el régimen casa torio de unificación interpretativa de las normas jurídicas.

DOCTRINA MONROE. La enuncia James Monroe en 1823, entonces presidente de los Estados Unidos, y postula el rechazo de Estados Unidos a las pretensiones de las potencias europeas de restaurar su sistema de dominación colonial en América, y de que cualquier forma de intervención en las naciones americanas sería interpretada como una amenaza a la paz y a la seguridad del continente. Esta doctrina, que se sintetiza en la frase "América para los americanos", pero para los americanos de la clase dominante yanqui, es una manifestación de puro corte intervencionista e hipócrita de la política internacional de los Estados Unidos. Su objetivo fundamental es que el imperio en desarrollo logre usufrutuar las riquezas naturales de las naciones latinoamericanas sin la intervención europea, lo cual, finalmente, logra.

DOCTRINA TOBAR. Está constituida por los planteamientos hechos por el canciller ecuatoriano Carlos R, Tobar, en 1907, en defensa de la legalidad democrática para que los gobiernos del continente americano se abstengan, por consideraciones humanitarias y altruistas, de reconocer a los regímenes de facto surgidos por la vía de un golpe de estado.

DOCUMENTO. Escrito que sirve para comprobar, demostrar o probar un hecho, un suceso o una situación.

DOCUMENTO AUTÉNTICO. Un documento es auténtico cuando se tiene conocimiento seguro y claro de quien ha sido la persona que lo ha redactado y lo ha firmado, y que posea la autorización para legalizarlo, por lo cual adquiere la fe pública.

DOCUMENTO EJECUTIVO. Es el escrito que se basta por sí solo para conseguir la realización de una obligación. Ejemplo documento privado comprobado judicialmente o por notario.

DOCUMENTO FALSO. Acción antijurídica que comete una persona cuando se estipula en detrimento de otro, un contrato simulado o recibo falsos con la finalidad de estafarlo.

DOCUMENTO JUDICIAL. Papel mecanografiado o impreso que contiene valiosa información para el tribunal apoderado de un caso, el cual debe ser incorporado al juicio a través de su lectura indicando su origen.

DOCUMENTO MERCANTIL. Constituyen todos aquellos libros, escritos o papeles, que se utilizan para dar por bueno y válido la ejecución de una operación comercial.

DOCUMENTO PRIVADO. El elaborado por las partes interesadas, pero donde no interviene ningún funcionario público.

DOCUMENTO PÚBLICO. Es aquel emitido por un funcionario público competente, con los requisitos exigidos por el régimen legal, para dar constancia de algún acontecimiento o a la manifestación de una o varias voluntades y la fecha en que se produjeron.

DOLO. Es la voluntad consciente y deliberada, orientada a cometer un acto que el orden jurídico tipifica como delito.

DOLO COMO VICIO DE LA VOLUNTAD. Con relación al acto jurídico, este consiste en las malas mañas, artimañas, ardides, tretas, trampas empleadas por una persona para engañar a otra incitándolo a celebrar un acto jurídico, que de otra forma no lo habría efectuado.

DOLO EVENTUAL. Acción de una persona que no la lleva a cabo para ocasionar un daño, sino que actúa, aunque se presente la situación de un posible resultado dañoso el cual no está descartado por el que realiza este tipo de acto.

DOLO PROCESAL. Se presenta cuando se pretende conseguir un bienestar o beneficio que no está contemplado por el régimen jurídico y el cual lo rechaza tajantemente.

DOMICILIO. Es la demarcación territorial donde jurídicamente está ubicada una persona para el cumplimiento de sus deberes y el ejercicio de sus derechos.

DOMICILIO COMERCIAL. Sitio que el régimen legal determina como sede de los negocios de la persona para la producción de determinadas consecuencias jurídicas.

DOMICILIO CONYUGAL. Es aquel donde vive la familia de manera principal y donde desarrolla su vida diaria.

DOMICILIO DE ELECCIÓN. Es el sitio que elige una u otra parte de un acuerdo de voluntades para que produzca efecto con respecto a las consecuencias de ese mismo acuerdo de voluntades.

DOMICILIO ESPECIAL. Es el que las partes acuerdan para el cumplimiento de determinadas relaciones jurídicas.

DOMICILIO PROCESAL. Sitio cuyo establecimiento es obligatorio de toda parte que interviene en una contienda judicial, por lo cual queda obligada a formar domicilio legal dentro del área de la ciudad que sea asiento del tribunal que conoció del caso.

DOMICILIO REAL. Es el área geográfica donde las personas tienen instauradas el principal asiento de su residencia y de sus actividades comerciales.

DOMICILIARIO. Es el tercero que debe pagar a título de crédito y cuyo domicilio ha sido señalado como el lugar de pago.

DOMINACIÓN. Es la política hegemónica que logra insertar a las clases dominantes como clases que ejercen el poder en una sociedad, para que formulen o apliquen una determinada política que conduzca a integrar o a excluir a los otros grupos de las clases no dominantes; incorporando, aceptando y satisfaciendo partes de sus intereses, lo cual da lugar a un equilibrio inestable de compromiso.

DOMINIO. Potestad que el régimen legal reconoce al dueño de un bien para utilizarlo o hacer uso de él.

DOMINIO ABSOLUTO. Poder que posee una persona para usar, gozar y disfrutar algo que es de su propiedad.

DOMINO DIRECTO. Custodia que el propietario hace de una cosa, para luego ceder su dominio por enfiteusis, censo, feudo o derecho real.

DOMINIO EMINENTE. Poder que posee el Estado para ejercer, el dominio máximo sobre toda el área geográfica nacional, y fijar los impuestos y tributos que la administración pública requiera y expropiar las propiedades que el declare de propiedad pública, pero pagando el precio justo por la propiedad expropiada.

DOMINIO EXCLUSIVO. Es el que se caracteriza por ser absoluto, exclusivo y perpetuo. Es absoluto porque el propietario de una cosa tiene el derecho de conservarla, regalarla, distribuirla, venderla o hacer con ella lo que él quiera. Es exclusivo porque dos personas no pueden tener en la totalidad, cada una el dominio de un bien; pero si pueden ser propietarias en común de una cosa idéntica, cada una por su parte. Es perpetuo, porque mientras la cosa subsista, continuará siendo el dueño de ella eternamente.

DOMINIO FIDUCIARIO. Es el que se obtiene por medio de un fideicomiso establecido por contrato o por testamento, y este subordinado a durar hasta la desaparición del fideicomiso, para la finalidad de entregar la cosa a quien determine el contrato, el testamento o el régimen legal.

DOMINIO IMPERFECTO. Se define esta clase de dominio como aquel que los derechos del propietario están subordinados a severas limitaciones ya sea porque el dominio depende de una condición revocatoria, ya sea porque el propietario de una propiedad lo ha desintegrado, despegándole unas partes de sus facultades, al imponerle un impuesto u obligación a la propiedad.

DOMINIO PLENO. Es poseer el derecho sobre alguna cosa, para recibir sus frutos, rechazar a los demás, venderla.

DOMINIO PRIVADO. Son las propiedades del Estado que están destinadas al uso del público, como los ríos, las playas, las autopistas.

DOMINIO PÚBLICO. Son los bienes del Estado, que, sin ser de uso común, se encuentran destinados a constituirse en un servicio público, entre estos podemos señalar los mares territoriales, bahías, los puertos, los ríos, las playas, los lagos navegables, las calles, playas, caminos, canales, puentes, las ruinas y yacimientos arqueológicos y paleontológicos.

DOMINIO REVOCABLE. Dominio que ha sido transferido a consecuencia de un título revocable a voluntad del que lo ha transferido o su dueño actual puede ser despojado de la propiedad que viene de un título.

DOMINO TERRESTRE. Es la facultad que posee el Estado para ejercer la soberanía sobre la fracción de la superficie terrestre limitadas por las fronteras establecidas, incluyendo el suelo y el subsuelo.

DOMINIO ÚTIL. Se define este dominio, como la potestad de sacarle el máximo rendimiento, beneficio o utilidad a una cosa.

DONACIÓN. Es la acción jurídica mediante la cual una persona transmite a otra, gratuitamente, una porción o la totalidad del conjunto de bienes que posea en la actualidad.

DONACIÓN ANTE NUPTIAS. Institución que proviene del Derecho Romano y la cual consistía en los bienes que el futuro esposo regalaba a la mujer previamente a la celebración del matrimonio.

DONACIÓN BAJO CONDICIÓN. Acción del donante mediante la cual se pueden aplicar a la donación las condiciones que considere convenientes, con tal de que sean posibles y legales.

DONACIÓN CON CARGO. Es aquella en la cual el donante instaura una donación para el donatario.

DONACIÓN ESPONSALICIA. Es la que se realiza antes de la celebración del matrimonio a favor de uno de los que van a contraer nupcias o de ambos.

DONACIÓN INOFICIOSA. Son las que superan el valor de los bienes que el donante puede dar a favor de sus herederos legítimos.

DONACIÓN POR CAUSA DE MUERTE. Es el acto jurídico a través del cual una persona dispone de una parte de su patrimonio o de su totalidad después que se produzca su fallecimiento, estos sean transferidos a otra persona.

DONACIÓN PROPTER NUPTIAS. Abarca todas las donaciones que por motivo del matrimonio recibe la pareja o solo uno de ellos.

DONACIÓN PURA. Es la que no impone ningún tipo de condición y carga para entregar los bienes en el acto.

DONACIÓN SIMPLE. La que se fundamenta en forma exclusiva en la generosidad o desprendimiento del donante.

DONACIÓN UNIVERSAL. La que comprende la totalidad del conjunto de bienes del donante.

DONANTE. Es la capacidad que posee una persona para hacer una donación de forma voluntaria.

DONATARIO. Persona a quien se le hace una donación y la cual es aceptada por ella.

DOTAR. Formar dote para una mujer que vaya a contraer matrimonio o que vaya a ingresar a una orden religiosa.

DOTE. Cantidad de bienes o de dinero que aporta una mujer al matrimonio.

DOTE ADVENTICIA. La formada a favor de la mujer con el patrimonio de la madre, de los abuelos maternos o los extraños, y por los bienes que la novia adquiera por sí misma.

DOY FE. Expresión notarial con la cual se confirma la veracidad de un hecho o de un acontecimiento.

DROGA. Es el estupefaciente o sustancia introducida en el cuerpo de un ser humano, que puede alterar el comportamiento de este. Abarca todos los fármacos usados por el hombre con fines medicinales. Pero también se entiende por estupefaciente a las sustancias que son utilizadas ilegalmente y que producen modificaciones en la actividad psíquica de los seres humanos, causando en ellos estimulantes, alucinógenos o hipnóticos.

DUBIA IN MELIOREM PARTEM INTERPRETERIT DEBENT. Principio jurídico mediante el cual, si se presenta una duda, debe interpretarse la obligación en el sentido que más favorezca al abogado.

DUDA. Es un estado de vacilación sobre la veracidad de un acontecimiento, noticia o proposición.

DUDA RAZONABLE. Es una duda desarrollada en el empleo de la razón, que subsiste cuando, luego de un cuidadoso estudio, indagación y cotejo de todas las evidencias, queda el tribunal en tal estado, que no puede decidir sobre la culpabilidad o no culpabilidad del acusado.

DUELO. VER: ARROJAR EL GUANTE.

DUMPING. Es una práctica maliciosa que se realiza en el comercio internacional y que consiste en realizar exportaciones de algunas mercancías por debajo del valor normal que impera en el mercado de la nación exportadora para conquistar un mercado extranjero y eliminar la competencia de los productos locales en beneficio de los productos extranjeros.

DUPLICA. Escrito por medio del cual el demandado da contesta a la réplica del demandante.

DUPLICADO. Reproducción o copia de un documento que posee la misma validez que el primero.

DUQUE. Título nobiliario que en el régimen social y político conocido como feudalismo ocupa un alto nivel. Lo concede el rey a hijos de la realeza que no son herederos. Su versión femenina es "duquesa." El territorio asignado a un duque se llama "ducado." Hoy en día, el de duque es un título que goza de un valor simbólico.

DURA LEX SED LEX. Frase latina que proviene del Derecho Romano que se traduce como "la ley es dura, pero es la ley."

E

EBRIO. Se designa con este término a la persona que ha consumido bebidas alcohólicas en exceso, por lo cual puede ver comprometida su seguridad jurídica.

ECOLOGÍA. Este término lo utiliza por primera vez el biólogo alemán Ernst k. Haeckel en 1873 y proviene de la palabra griega "oímos," que significa casa, vivienda, hogar, y "logos", tratado o estudio. Por lo tanto, la ecología es la rama del conocimiento científico que estudia la distribución y las relaciones de los seres vivos con el medio ambiente en el que desenvuelven su vida.

ECOLOGISMO. Es una ideología, política, social y universal que tiene por objeto implementar programas que transformen la mentalidad de las personas y sustituyan el actual sistema económico, político y social por otro que permita establecer un régimen destinado a mantener la salud de los seres humanos en equilibrio con los ecosistemas naturales.

ECUANIMIDAD. Es la capacidad de mantener un estado de serenidad, equilibrio y estabilidad emocional y de no alterarse ante problemas y situaciones tensas.

EDAD. Cantidad de tiempo que ha vivido una persona desde que nació, el cual puede ser computado en segundos, minutos, horas, días, meses o años. En el ámbito jurídico la edad es de transcendental importancia para determinar la capacidad jurídica y la responsabilidad criminal. La primera se alcanza cuando la persona es mayor de edad.

EDICTO. Es el acto de dar un mandato para que se haga de público conocimiento un asunto de carácter judicial, observando los requisitos que ha establecido el orden jurídico.

EDICTOS MATRIMONIALES. Es el aviso público que se realiza para que la ciudadanía tenga conocimiento de que un hombre y una mujer tienen planeado unirse por el vínculo del matrimonio, para que si alguien conoce de algún impedimento para que este matrimonio no se celebre lo denuncie.

EDIL. VER: REGIDOR.

EDITOR. Es el individuo que se considera que no ha tenido ninguna participación en los delitos cometidos por los medios de comunicación contra las personas porque sólo presta al autor de la acción delictiva los medios necesarios para que su obra que constituye el cuerpo del delito se publique, se difunda o se venda.

EDUCACIÓN. Es un derecho fundamental que utiliza la palabra, nuestras acciones, sentimientos y actitudes para transmitir de una generación a otra, conocimientos, valores, costumbres y formas de actuar. Sus objetivos básicos son motorizar el desarrollo humano, aumentar el crecimiento económico y la distribución de las riquezas, permitir en los ciudadanos participar en la vida pública y defender sus puntos de vistas y derechos.

EFECTO. Es la consecuencia jurídica que se deriva de una causa.

EFECTO DEVOLUTIVO. VER: AMBOS EFECTOS.

EFECTO DOMINÓ. Es una teoría que surge durante la guerra fría y la usan con frecuencia el político estadounidense John Foster dalles y la doctrina Truman para referirse, dentro del marco de la política internacional, a la interdependencia que se crea entre naciones vecinas, de modo que el cambio de sistema o régimen de una de ellas va a arrastrar a todas las que pertenecen a su área geográfica.

EFECTO EXTENSIVO. Es el que se produce, cuando se solicita la anulación de los actos procesales, cuando por motivo de ellos se ayuda a una coparte con el modo de ver y el resultado feliz alcanzado por la parte que fomento la impugnación.

EFECTO SUSPENSIVO. VER: AMBOS EFECTOS.

EFECTOS. Los que pueden ser trasladados de un lugar a otro, utensilios, mobiliarios y artículos en general.

EFECTOS BANCARIOS. Escritos, títulos o valores comerciales que pueden ser asuntos de negociaciones y operaciones bancarias.

EFECTOS CIVILES. Son los resultados que las acciones jurídicas y los contratos tienen para el derecho civil.

EFECTOS DE COMERCIO. Son los bienes y servicios que componen el objeto de las operaciones comerciales.

EFECTOS DE VIGENCIA DE LA LEY. Es la entrada en vigor de la norma, o sea, en el instante mismo que la norma nace en el mundo jurídico despliega toda su eficacia y validez.

EFECTOS DE LAS OBLIGACIONES. Son los resultados legales que generan las mismas, estriba en que se cumpla con la obligación contraída de manera voluntaria o por medio de los mecanismos judiciales que el régimen jurídico pone a disposición de los ciudadanos para que resuelvan sus controversias civilizadamente.

EFECTOS DE LA PENA. Es el castigo que se le impone a la persona que viola una regla o un precepto que ha sido establecido por el orden jurídico que impera en la sociedad.

EFRACCIÓN. Es un medio que agrava el robo, cuando se utiliza la violencia para romper los mecanismos de seguridad que dan protección a un punto o área.

EJECUCIÓN. Es la actuación que se realiza partiendo de los pasos que señala el régimen legal para solucionar un asunto.

EJECUCIÓN APAREJADA. Señala el requisito de ciertos escritos que utilizan a valerse de la vía ejecutiva y obtener la realización de las obligaciones que están contenidas en las misma.

EJECUCIÓN DE DAÑOS Y PERJUICIOS. Facultad que posee una persona para que se materialice la reparación de los daños y perjuicios que han sido causados con el pago de una indemnización.

EJECUCIÓN DE LA PENA. El código procesal penal de la república dominicana ha judicializado el periodo de ejecución penal, estableciendo los tribunales de la ejecución de la pena, subordinados al poder judicial y concediéndoles poderes de control y vigilancia en la utilización correctas de las penas restrictivas de libertad y de las medidas de seguridad.

EJECUCIÓN DE SENTENCIA. Conjunto de actuaciones que realiza un magistrado, para dar cumplimiento a lo ordenado en la sentencia que el dicto.

EJECUCIÓN EXTRAJUDICIAL. Es el asesinato llevado a cabo por un gobierno, por una persona o una institución que goza de un gran poder y los cuales realizan su acción al margen del orden jurídico.

EJECUTANTE. Acreedor que lleva a cabo una acción judicial contra un deudor moroso para que le pague la suma de dinero que le debe.

EJECUTAR. Es la eliminación física de un diputado que fue sentenciado a muerte por un tribunal. También es requerir al deudor a que pague lo que le adeuda a su acreedor o acreedores, embargándole sus bienes por orden del tribunal competente y vendiéndolo en pública subasta, para que de esta manera salde la deuda o deudas que ha contraído.

EJECUTIVIDAD. Derecho de que goza una persona de ejecutar los actos administrativos teniendo en cuenta la suposición de autenticidad de los mismos y a su generación de consecuencias favorables para el que tiene interés desde la fecha que se expidan, salvo disposición contraria.

EJECUTIVO. Es la persona que integra una comisión ejecutiva o que ejerce un alto cargo en la dirección de una empresa.

EJECUTOR. Persona que tiene por función llevar a cabo una resolución o mandamiento de un tribunal.

EJECUTOR TESTAMENTARIO. Es la persona designada por el testador, para que ejecute las disposiciones que el dejó plasmada en su testamento.

EJECUTORIA. Sentencia que es inapelable y que por lo tanto adquiere la autoridad de la cosa juzgada.

EJECUTORIEDAD. Poder de las instituciones estatales que desempeñan actividades administrativas para mandar a realizar un acto sin la intervención de los tribunales, dentro de los linderos que ha establecido el estado de derecho.

EJEMPLAR. Son cada uno de los impresos y reproducción, sacado de un mismo original o modelo.

EJERCER. Es hacer uso de los derechos que nos concede el régimen jurídico.

EJERCICIO DE LA TUTELA. Acción que se ejecuta bajo la fiscalización y atención de la institución que tiene la función de velar por el derecho de los menores.

EJERCICIO ILEGAL DE LA MEDICINA. Es la acción delictiva que ejecuta una persona, que sin poseer título de profesional de la medicina y sin la autorización debida se dedica a ejercer actividades relacionadas con la profesión médica (intervenciones quirúrgicas, prescripción de medicamentos, diagnósticos de enfermedades y otras más).

EJUS SIT ONUS CUJUS EST EMOLUMENTUN. Frase latina que significa: sea la carga de aquel para quien es el emolumento; o sea, que aquel que recibe una suma de dinero debe ejecutar el trabajo correlativo al mismo.

EL DEBIDO PROCESO. Es el conjunto de reglas y preceptos que tienen por finalidad asistir a las personas durante el desarrollo de una contienda judicial, para protegerlos de los abusos que puedan cometer las autoridades en su contra y de forma permitirles que puedan ejercer la defensa de sus derechos.

ELECCIONES. Son un mecanismo donde los ciudadanos de una nación o una comunidad eligen a sus candidatos a cargos electivos en la forma que lo determine el sistema electoral que predomine en su país o en su comunidad.

ELECCIONES ADELANTADAS. Son las clases de elecciones que se celebran antes de la fecha que estaban programadas para celebrarse.

ELECCIONES CORPORATIVAS. Es el sistema electoral creado por los regímenes fascistas europeos en las primeras décadas del siglo pasado. Para este sistema los ciudadanos carecen de todo derecho político, ya que considera que la sociedad no se divide en personas sino en organizaciones organizadas de personas reconocidas por el estado y por lo tanto estos diferentes grupos gremiales y profesionales son los únicos que poseen el derecho de ejercer el sufragio para elegir a los funcionarios que aspiran a cargos en el tren administrativos del estado.

ELECCIONES DIRECTAS. Es el sistema electoral de primer grado que, debido al rol protagónico de las masas populares y a la universalización del sufragio, ha sido adoptado por algunas naciones para que sus ciudadanos elijan libremente a los candidatos a cargos electivos.

ELECCIONES GENERALES. Es la convocatoria que se les hace a los ciudadanos para que acudan el día fijado por el régimen electoral imperante en su país a elegir a los que integrarán el poder legislativo, y en su caso al jefe del poder ejecutivo.

ELECCIONES INDIRECTAS. Es aquella en que los ciudadanos con derecho a ejercer el voto eligen a un representante llamado compromisario, el cual se compromete a votar por los candidatos del partido de la preferencia de los ciudadanos.

ELECCIONES LOCALES. Son las que se convocan para elegir a las autoridades municipales o regionales.

ELECTIVIDAD. Es una de las características del republicanismo y consiste en elegir por el voto popular, universal y directo a los funcionarios que desempeñen cargos en la administración pública. Esta forma de elección los acredita para dirigir el tren gubernamental.

ELECTOR. Es la persona que reúne los requisitos exigidos por el orden constitucional y jurídico para ejercer el derecho al voto y, en consecuencia, posee la potestad de influir con su voto en la elección de los candidatos a los cargos electivos en la administración pública.

ELECTORALISMO. Es la posición de los partidos políticos de la burguesía de conceder una importancia exagerada a las campañas electorales en el desarrollo de una sociedad democrática burguesa hasta el punto de llegar hacer una aberración, ya que estos partidos no crean conciencia en las masas, fomentan su atraso haciéndoles promesas demagógicas y populistas para que se hagan la ilusión de que los graves problemas sociales, económicos y políticos de la nación serán resueltos a través de las elecciones.

ELECTORERO. Es el político que, dejando de lado de los problemas nacionales, la situación de las masas populares, los problemas internacionales y la situación económica, se concentra únicamente en el proceso de ganar unas elecciones. Para ello, utiliza todo tipo de manipulación, intrigas y documentos fraudulentos, y trata de cosechar el mayor número de votos que le sea posible para lograr el triunfo en una contienda electoral.

EL ESTADO SOY YO. Expresión atribuida al rey francés Luis xiv; a quien también se le conoció como el rey sol y que gobernó a Francia desde 1643 hasta su muerte en 1715. Dicho reinado fue el más largo de toda la historia de la monarquía europea.
Con esta frase se quiere dejar expresado que el poder ejecutivo es sinónimo del estado, que su voluntad es la ley suprema, por lo cual todas las facultades estatales se concentran en su persona.

ÉLITE. Esta palabra es de origen francés y significa que un grupo minoritario de personas, muy influyente dentro de una sociedad, es seleccionado en función de sus condiciones personales de preparación para dirigir un estado, un partido político o cualquier otra institución. Los individuos que la conforman son los integrantes de la estructura de poder y tienen capacidad para tomar decisiones en esas sociedades.

EL ESTADO EN EL QUE. Es la traducción al español de la expresión latina statu quo que se usa para designar el estado de cosas existentes en un determinado momento. Hace referencia a cómo están las cosas en la economía, las relaciones sociales y la cultura.

EL LUGAR DE LOS HECHOS. Es el escenario donde se ha cometido una actividad delictiva.

EL QUE CALLA OTORGA. Esta expresión, se aplica a aquellas situaciones donde una persona es acusada o responsabilizada de un hecho, pero no manifiesta ninguna palabra en su defensa. El silencio en este caso es tenido como signo de que se acepta lo que el otro está diciendo.

EMANCIPACIÓN. Es la acción jurídica por medio de la cual un menor de edad sin haber alcanzado la edad que señala la ley, para ser considerada una persona mayor de edad se libera de la patria potestad y la tutela; ya sea por haber contraído matrimonio o por cualquier otra disposición que esté prevista en el régimen jurídico. Por lo cual adquiere el derecho de gobernarse por sí mismo y administrar sus bienes por sí solo.

EMBAJADOR. Es el funcionario diplomático que tiene por misión oficial representar un estado ante el gobierno de otro estado y por lo cual se encarga de atender los asuntos de interés estatal. Aquí se incluyen los tratados, acuerdos y otros recursos de diversa índole, que tienen un carácter político, diplomático, económico, financiero, comercial, cultural o turístico, y que se producen entre el país que representa y la nación ante la cual está acreditado.

EMBAJADA. VER: MISIÓN DIPLOMÁTICA.

EMBARGO. Es un mecanismo de presión que en el comercio y en la política internacional que utiliza una nación o un grupo de naciones contra otra o contra un grupo de naciones, sin recurrir a acciones bélicas, para prohibirle que comercie o negocie con otros países. El único fin es anularla y estrangular su economía para colocar a su gobierno en una acción calamitosa y obligarlo a aceptar los puntos de vista, en materia de política internacional, del país que ejecuta el embargo. También se define embargo como la confiscación o incautación de la totalidad o de una parte de los bienes del deudor por orden judicial con la finalidad que este pueda saldar las deudas que contrajo.

EMBARGO CONSERVATORIO. Es el trámite judicial o administrativo que, al tiempo de congelar el patrimonio del deudor, exigen de un procedimiento que tiene por objetivo convertir en ejecutoria la medida conservatoria autorizada con anticipación para hacer posible la venta de los bienes embargados.

Son embargos de carácter mobiliario, y para su ejecución solo necesitan la autorización de un magistrado.

EMBARGO CONSERVATORIO COMERCIAL. Es el embargo conservatorio creado, solamente en materia comercial, para favorecer a los acreedores con letra de cambio protestadas, o cuando se exige celeridad en el cobro de las deudas.

EMBARGO CONSERVATORIO GENERAL. Disposición procesal precautoria de naturaleza patrimonial que, a petición del acreedor, puede el tribunal apoderado y competente ordenar sobre los bienes del deudor, para dar garantías de que el deudor cumplirá con las deudas contraídas.

EMBARGO CONSERVATORIO CONTRA EL DEUDOR TRANSEÚNTE. Es la medida que se dispone a favor del dueño de una propiedad inmobiliaria, generalmente hotelero, cuyo deudor se encuentra de paso por la demarcación territorial donde reside y ha cometido la falta de no pagar los alquileres acordados, esto permite al acreedor embargar los bienes muebles que son propiedad del deudor transeúnte y que están ubicados en el domicilio del acreedor.

EMBARGO DE ACCIONES. Disposición cautelar ordenada por un tribunal que no lesionan los derechos que le pertenecen al propietario de las acciones.

EMBARGO DE AJUAR. Es la clase de embargo conservatorio por medio de la cual el acreedor que es dueño de un inmueble arrendado gestiona ante el juez de primera instancia de la jurisdicción donde está ubicado el inmueble, una resolución judicial que le dé poder para embargar los bienes muebles que le pertenecen a su deudor, para venderlos en pública subasta, para cobrarse los alquileres vencidos que este le adeuda.

EMBARGO EJECUTIVO. Es el trámite judicial o administrativo o inalterable por medio del cual el acreedor coloca en manos de los tribunales los bienes muebles corporales pertenecientes a su deudor, para venderlos públicamente y de esta forma poder cobrarse lo que se le adeuda, favorecidos por uno de los títulos ejecutorios señalados por el régimen legal.

EMBARGO EJECUTIVO DE FRUTOS NO COSECHADOS. Es el tipo de embargo que cae, encima de los frutos que todavía están pendientes de sus ramas. En este embargo el término frutos incluye todos los frutos que han sido separados de la tierra y de los frutos industriales.

EMBARGO EJECUTIVO DE NAVES. Es la clase de embargo inalterable cuyo objetivo son las embarcaciones, naves o barcos mercantes.

EMBARGO EJECUTIVO DE RENTAS. Es la especie de embargo en que encontramos a tres integrantes: un acreedor, un deudor, y un deudor del deudor. En esta clase de embargo el persiguiente se hace pagar vendiendo judicialmente el derecho al cobro de la renta, así como el capital de ella cuando el deudor posea el derecho de reembolso.

EMBARGO EN REIVINDICACIÓN. Es la especie de embargo conservatorio a través de la cual, el titular de un derecho de persecución acerca de un bien mueble lo pone bajo la administración de un tribunal con la finalidad de alcanzar posteriormente su devolución, desde que se haya establecido una norma sobre su derecho.

EMBARGO INMOBILIARIO. Es el trámite o método por medio del cual los acreedores inmovilizan una o varias propiedades inmobiliarias de su deudor, anticipadamente enajenadas a su favor a través de hipotecas.

EMBARGO PREVENTIVO. Es una medida dictada durante el desarrollo de una Litis judicial ante la posibilidad de que el deudor disponga de su patrimonio que se ha convertido en las garantías de sus acreedores. Por lo cual se le prohíbe al deudor que disponga de éste, para en el caso de que resulte perdedor en la contienda judicial, posea los medios suficientes para responder por las deudas que contrajo.

EMBARGO RETENTIVO. Es la actuación judicial y administrativa a través de la cual un acreedor se apodera de cantidades de dinero o cosas mobiliarias adeudadas a su deudor por un tercero y que se hace reembolsar sobre el valor de los bienes embargados las deudas que tiene el embargado.

EMBARGADO. Es el deudor demandado por lo cual ha sido objeto de un embargo.

EMBAUCAR. Es engañar a alguien, explotando su falta de experiencia o inocencia.

EMBLEMA COMERCIAL. Es un signo que bajo la forma de sigla o dibujo se identifica con una empresa, una mercancía o un establecimiento comercial o industrial.

EMBOSCADA. Ocultación de una pluralidad de personas para atacar por sorpresa a otra u otras.

EMIGRACIÓN. Es un problema social, económico y político a la vez, y consiste en la actitud que toma una persona o una pluralidad de personas de abandonar voluntariamente su propia nación o región para ir a establecerse a otro país o región de su nación con el objetivo de conseguir mejores condiciones de vida, oportunidades de negocios y estabilidad emocional.

EMINENCIA GRIS. Esta expresión se remonta a la Francia del reinado de Luis xi y tiene su origen en que el mejor asesor que tiene el cardenal Richelieu, en la época, era el capuchino Francisco Leclerc Du Tremblay, el cual se vestía con hábitos de color gris. Desde entonces, se utiliza la expresión con sentido despectivo para señalar que, cuando en los gobiernos existen personajes influyentes que trabajan a la sombra del poder y que son consultados para tomar cualquier decisión, no es el gobernante quien en realidad toma las decisiones, sino la eminencia gris, que representa el poder detrás del trono.

EMIR. Es un título nobiliario utilizado en algunas naciones islámicas para designar con este nombre a su gobernante.

EMIRATO. Es una demarcación política bajo el mandato de un emir, siendo una clase de monarquía característica del mundo árabe.

EMISARIO. Es la persona que es enviada a algún lugar para llevar un mensaje, tratar un objetivo o interceder en una situación.

EMISIÓN MONETARIA. Es la emisión de billetes y monedas para que circulen en la economía, la cual tiene que estar ajustada a la ley de circulación del dinero que se contempla para la emisión del dinero:

1) la masa de mercancías en circulación.
2) el nivel de precios de las mercancías.
3) la velocidad de circulación del dinero.

EMOCIÓN VIOLENTA. Es una de las formas de perturbaciones mentales que hace perder a una persona el dominio total de su capacidad reflexiva y la cual establece un atenuante en la comisión de un acto delictivo.

EMOLUMENTO. Remuneración, sueldo o pago que recibe una persona que recibe un cargo o empleo.

EMPATE TÉCNICO. Este término se usa en el ámbito de las encuestas electorales, para nombrar un conjunto de circunstancias que impiden señalar cuál es el candidato que encabeza las encuestas.

EMPEÑAR. Es la acción por medio de la cual, una persona recibe una determinada cantidad de dinero a cambio de dejar en depósito y como garantía, un bien o alguna cosa de su propiedad.

EMPERADOR. VER: REY.

EMPLAZAMIENTO. Acto judicial por el cual se le obliga a una persona por mandato de un magistrado, para que se presente ante el tribunal dentro de un espacio de tiempo estipulado, con la finalidad de que se defienda de las acusaciones que se le hacen, proponer un argumento contra la demanda, ejercer su derecho o ejecutar lo que se le manda.

EMPLEADO PÚBLICO. Es el individuo que desempeña funciones públicas transitoriamente o permanentemente, ya sea porque ha sido elegido por el voto popular o ha sido nombrado por una autoridad competente.

EMPLEADOR. Es el patrón a la cual una persona física llamada trabajador le presta un servicio, material o intelectual, por medio de un contrato de trabajo.

EMPRESA. Es la unidad económica fundamental del sistema capitalista basada en el capital, el trabajo y la utilización de los recursos materiales y humanos para realizar una actividad lucrativa. Esta actividad puede ser de carácter privado, en la que persigue la obtención del máximo de beneficios para el socio o socios de la empresa o puede ser de carácter público, en cuyo caso es brindar un servicio público o cumplir otro objetivo beneficioso o no para el interés colectivo.

EMPRESAS MULTINACIONALES. Son las empresas cuyo capital está formado por las aportaciones de capitalistas de diferentes países y de cuya dirección administrativa están encargadas personas que proceden de diferentes naciones, independientemente de que el área de sus operaciones se limite al territorio de un estado o lo rebase. La multinacional se refiere al origen de su capital.

EMPRESAS TRANSNACIONALES. Son corporaciones de enorme tamaño y de poder económico cuyo ámbito geográfico de acción traspasa las fronteras políticas del país de origen para irrumpir con sus actividades industriales y comerciales en los territorios de otras naciones. Lo de transnacional se refiere al marco geográfico de sus operaciones.

EMPRÉSTITO. Es el contrato de préstamo dividido en partes alícuotas llamadas obligaciones que se le hacen al estado, las provincias o municipios, a las empresas de cualquier volumen o particulares, ya sea de una casa o de sumas de dinero, para que puedan hacer frente a sus necesidades o para que ejecuten sus proyectos.

EN DEFENSA PROPIA. Llamada también legítima defensa consiste en que a todo ser humano le asiste el derecho de defenderse de una agresión, defender a las personas a las que está unida por lazos de parentesco y a los terceros. Cuando se presenta esta situación y la persona actúa en defensa propia, no existe ni crimen ni delito, por lo cual ésta queda exonerada de toda responsabilidad penal.

EN PROCURACIÓN. Cada una de las disposiciones del endoso que involucre una simple orden, por medio de la cual el portador puede ejercer todos los beneficios que emanan de la letra de cambio, pero no puede volver a endosarla otra vez sino a título de mandato.

ENAJENACIÓN. Es la disposición jurídica de transferir a otra persona la propiedad que se posee sobre un bien o una cosa.

ENCAJE. Es la suma de dinero que cualquier agente económico guarda voluntariamente en caja para asegurar su liquidez y poder efectuar operaciones corrientes o hacer frente a eventualidades e imprevistos, como gastos que se le presenten, pérdidas, maniobras de acaparamiento o especulación de precios.

ENCAJE BANCARIO. Es el coeficiente de caja que indica que cantidad de dinero de lo que un banco recibe de los depósitos que le hacen sus clientes debe ser entregado al banco central o al banco emisor del estado para regular la liquidez monetaria de acuerdo con la política económica del estado.

ENCARCELACIÓN. Es la acción de recluir a una persona en una prisión.

ENCARTAR. Confinar en una celda solitaria a un reo que se ha declarado en rebeldía. Involucrar a alguien en un proceso judicial. Incluir a una persona en los padrones para la distribución de los impuestos.

ENCAUSADO. Persona que está siendo procesada judicialmente.

ENCAUSAR. Iniciar o comenzar un proceso judicial contra alguien.

ENCLAVE. Es la parte de un territorio que está rodeada o enclavada en el interior de otro, que bien puede ser un municipio, una provincia, una región autónoma o una nación. Ejemplos de enclave son la ciudad del vaticano, rodeada por el territorio o italiano; la base militar yanqui de Guantánamo, en la isla de cuba; y el reino de Lesoto, dentro de Sudáfrica.

ENCOMENDERO. Era un personaje de la época colonial que, durante el periodo de la colonización de las tierras americanas por España, poseía el derecho, otorgado por la corona, de recibir una cantidad determinada de indígenas para ponerlo a trabajar bajo sus órdenes con la condición de protegerlo y convertirlo a la fe cristiana. Pero, en la práctica, los indios fueron sometidos a todas clases de vejámenes y a una salvaje explotación hasta su total exterminio.

ENCOMIENDAS. Constituyen una institución feudal española que rigió en tierras americanas desde el siglo XV al XIX. Consistió en un modelo de explotación típicamente esclavista, cruel e intensivo mediante el cual se les otorgaba a ciertos colonizadores una cantidad específica de indios para que trabajaran bajo su dirección a cambio de enseñarles a profesar la religión cristiana y rendirle tributos a la corona.

ENCUBRIDOR. Se designa con este nombre a la persona que le presta toda su colaboración a otra que ha cometido un acto criminal para que no sea identificada.

ENCUBRIMIENTO. Es la actividad criminal que se caracteriza con preservar con conocimiento de causa los instrumentos con los cuales se cometieron el acto antijurídico, o evitar que los responsables de la acción delictiva sean sometidos a la acción de la justicia.

ENCUESTA. Es la búsqueda o investigación que tiene por finalidad hacer sondeos de opinión pública para obtener información sobre temas políticos, sociales, y económicos de la vida cotidiana. Se puede hacer de dos formas: por censo o por muestreo. En la primera forma, se indaga a todos los miembros que serán investigados; en la segunda, se elige una porción de la población que se presume representativa de la población total.

ENCUESTA A BOCA DE URNA. Es un mecanismo de recopilación de información electoral que se realiza preguntándole al ciudadano que ejerció su derecho al voto en una consulta popular (elecciones, referéndum, plebiscito). Porque opción o candidato depositó su voto.

ENDOSAR. Transferir o traspasar un documento de crédito a favor de otra persona, haciéndolo constar con la fecha y la firma.

ENDOSO. Es lo que se escribe al dorso de una letra de cambio, cheque, vale, para traspasar el crédito documental a otra.

ENDOSO AL PORTADOR. Modo de transferir un título de crédito que no señala el endosatario, por lo que se considera en blanco.

ENDOSO EN BLANCO. Es aquel documento donde solo figura la firma de la persona que firmó el endoso, en ese instante la persona a cuyo favor se endosa un título de crédito deberá completarlo con su nombre o de un tercero para poder hacer efectivo el cobro de dicho documento de valor.

ENDOSO EN PROCURACIÓN. Es aquel que no transfiere la propiedad del título, sino que solo otorga al endosatario los derechos y obligaciones de su apoderado.

ENDOSO PARCIAL. Modo de transmitir un título de crédito que se reputa como un acto nulo.

ENDOSO PURO Y SIMPLE. Es la única vía posible de transmitir un título de crédito porque cualquier condición de la cual dependa se reputa como no escrita.

ENEMIGO. En el ámbito del derecho internacional es aquel contra el que se lucha en un conflicto bélico.

ENFITEUSIS. Es un acuerdo de voluntades por medio del cual el propietario de un inmueble traspasa a otro, por un largo periodo de tiempo o vitaliciamente, el disfrute del mismo, a cambio de pagarle anualmente un canon o pensión, que se guarda sobre ella en signo de su dominio directo.

ENFITEUTA. Persona que tiene el dominio útil de un inmueble por medio del pago de una pensión o canon anual.

ENGAÑO. Es configurar y estructurar una mentira para darle el carácter de verdad.

ENJUICIAMIENTO. Modo legal de proceder en la tramitación de una contienda judicial, para que los litigantes puedan exponer y probar lo que les sea más beneficioso para su causa y el magistrado quede edificado para poder dictar sentencia.

ENMIENDA. Proposición que se les hace a las autoridades que tienen las facultades para reformar un texto legal, un proyecto de ley o una constitución y la cual debe ser acogida por medio de la votación.

ENRIQUECIMIENTO ILÍCITO. Es un término que se relaciona con el arte de enriquecerse o aumentar su patrimonio por medios contrarios al orden jurídico (robo, estafa, corrupción, evasión de impuestos).

ENRIQUECIMIENTO SIN CAUSA. Es el crecimiento en cantidad de un patrimonio, a costa de la reducción de otro, sin un motivo de carácter legal que lo justifique.

ENSAÑAMIENTO. Circunstancia agravante de la responsabilidad criminal, que se define como la utilización, deliberada e inhumana de la violencia para producirle un profundo dolor físico a una persona que está en un estado agónico.

ENTE. Órgano, establecimiento, entidad o empresa, por lo general de carácter público.

ENTE AUTÓNOMO. Institución que se rige por sus propias normas y reglamentos siendo una persona jurídica que posee una amplia capacidad administrativa y atribuciones legislativas.

ENTENTE. Entendimiento, pacto o convenio a que llegan los gobiernos para evitar un conflicto armado, y también el que se realiza entre empresas para poner límites a la competencia.

ENTIDAD. VER. ENTE.

ENTORNO. Conglomerado de coyuntura o factores sociales, culturales, morales, económicos, profesionales, que rodean a una cosa o a una persona o conjunto de personas o época e influyen en su estado o desarrollo.

ENTRADAS Y SALIDAS. Poder que se obtiene por cualquier documento que establece un derecho, en específico en alquiler o compraventa, para entrar y salir del inmueble o heredad que se está gozando atravesando por la propiedad del vecino, por lo cual forma parte de la renta o del precio.

ENTREGA. Es el acto de poner una cosa en poder de otra persona, para que la cuide, la disfrute y goce de ella.

ENTREGUISMO. Es una forma de pusilanimidad que lleva a las personas a darse por vencidas antes de que la victoria de su contrincante se consume. El entreguista se sumerge en un estado de ánimo que lo lleva a subordinarse a un gobierno o a un partido opositor, o a una potencia imperialista.

ENVENENAMIENTO. Es la aplicación de un veneno o sustancia tóxica en el organismo de un ser humano con el propósito de eliminarlo físicamente.

EN VILO. Cancelado, sin motivo y el apoyo necesario. Estado de indecisión, inquietud e intranquilidad.

EQUIDAD. Es un modo justo de la aplicación de las normas y preceptos jurídicos, porque el derecho se ajusta o acomoda a una disposición que está subordinada a los puntos de vista de la igualdad y la justicia.

EQUITATIVO. Distinguirse por su ecuanimidad, integridad, moderación, justicia e imparcialidad.

EQUIVALENTE. Es la cosa que sostiene una conexión de equivalencia con otra cosa.

EQUIVALENTE JURISDICCIONAL. Son todos los actos procesales a los cuales el orden jurídico lo acepta con autoridad de cosa juzgada, para resolver el desacuerdo entre las partes, sin la necesidad de recurrir a un tribunal.

ERA. Este término proviene del latín tardío "aera", el cual señala la fecha desde la que se empiezan a contabilizar los años. En historia, se refiere a la fecha específica en la cual ocurre un hecho importante y sirve de referencia para empezar a contar los años. Pero cada cultura cuenta el espacio de tiempo a su manera.

ERARIO. VER: FISCO.

ERGA OMNES. Expresión latina que significa contra todos. Expresa algo que genera consecuencias frente a todos, frente a cualquiera.

ERUDITO. Es la persona sabia, docta, ilustrada e instruida que posee un profundo conocimiento en una o varias disciplinas de cualquier tipo.

ERROR. Es la imperfección o tachas de las cosas, principalmente un escrito o un acto público.

ERROR ACCIDENTAL. Es el error que se origina por causas imprevistas o al azar. Que no produce ninguna influencia sobre la suerte del acto.

ERROR COMÚN. Es el desacierto, desatino, yerro o falsedad, que recae sobre un hecho o un derecho, y que es aceptado como una verdad por la mayoría de las personas.

ERROR CULPABLE. Es el error que se puede evitar cuando se actúa con agilidad y eficiencia, y el cual se origina de la imprudencia y de la negligencia.

ERROR DE DERECHO. Es la falta de conocimiento sobre el régimen legal que en ninguna circunstancia obstaculiza las consecuencias jurídicas de los actos legales, ni exime la responsabilidad por los actos ilegales.

ERROR DE HECHO. Es cuando el error o el desconocimiento perjudican desfavorablemente alguna parte del acto jurídico o en las estipulaciones o requisitos en que se ejecuta.

ERROR DE LA SENTENCIA. Son los vicios, errores o defectos que contiene una sentencia que producen un perjuicio a una de las partes y que han tenido lugar por omisión o por equivocación.

ERROR DE TIPO. Es el tipo de error que señala la inexistencia de dolo cuando existiendo una tipicidad objetiva, o es contrario a la verdad el conocimiento de los ingredientes requeridos por el tipo objetivo. Ejemplo la persona que le dispara a otra creyendo que era un animal actúa con error de tipo.

ERROR EN MATERIA PROCESAL. Es el error que se comete en los trámites judiciales y en la sentencia, generados por un descuido del tribunal que no lesiona a las formas de hacer el proceso, sino a su contenido.

ERROR ESENCIAL. Es el que origina la nulidad del acto porque trata acerca de su carácter, acerca de las personas o sobre cualidades fundamentales del objeto.

ERROR EVITABLE. Error que no hubiese sucedido si se hubiesen tomado las medidas de lugar para que no ocurriese.

ERROR INEVITABLE. Error que no se puede evitar, ya que elimina el elemento constitutivo del delito y rechaza cualquier otro tipo de tipicidad.

ERROR JUDICIAL. VER. ERROR EN MATERIA PROCESAL.
ERROR JURIS NON INDUCIT MALAM FIDEM. Frase latina que significa: el error de derecho no supone mala fe. El motivo de ello se interpreta en que, apoyarse de mala fe en el desconocimiento de la ley o en el error de derecho, no entraña efectivamente algo tan diferente como el dolo.
ESBIRRO. Se designa con esta palabra a la persona que se encarga de ejecutar las órdenes que le dicta otra persona por lo cual le paga una suma de dinero, aunque esto implique el uso de la violencia.
ESCALADA. En el lenguaje político, se utiliza este término para señalar el brusco aumento de un factor social cuya magnitud perjudica a los sectores populares, como son los precios de los bienes y servicios, los gastos gubernamentales, la violencia, la delincuencia y los armamentos.
ESCALAFÓN. Lista de las personas que integran una empresa o una institución, clasificadas según la función que desempeñan, grado, categoría, antigüedad, méritos, para que sean tomadas en cuenta a la hora que se hagan las propuestas para los ascensos.
ESCALAMIENTO. Agravante del acto criminal por haberse ejecutado el delito penetrando a un inmueble ajeno violentamente rompiendo, cercas, puertas y ventanas.
ESCÁNDALO. Alboroto o ruido que dan origen a la pérdida de la tranquilidad, el silencio o el orden.
ESCÁNDALO PÚBLICO. Es un acto contrario a la moral o a las buenas costumbres de una sociedad, que adquiere una gran publicidad, lo cual provoca una gran indignación en la mayoría de los miembros de la sociedad.
ESCAÑO. Es el asunto o posición que ocupa una persona que ha sido elegida en unas elecciones congresionales o parlamentarias, en el congreso o en el parlamento de su país.
ESCARAMUZA. Género de pelea que reviste poca importancia y que es sostenida entre pequeñas porciones de los ejércitos enfrentados.
ESCENA DEL CRÍMEN. Es el espacio físico donde se ha ejecutado el acto criminal. Puede estar compuesto por uno o varios espacios físicos interrelacionados por medio de la actividad criminal que se investiga, y que reúne potencialmente la presencia de evidencias que pueden develar las circunstancias de lo allí sucedido, y la probabilidad de identificar a la persona, o a las personas que actuaron en la comisión del hecho.

ESCISIÓN. Es el criterio que divide a la sociedad o a un partido político en grupos y subgrupos aproximadamente iguales en dimensión y que, por lo general, son rivales entre sí. Entre las causas principales que conducen a la división están la clase social, la religión, la nacionalidad, el idioma, la raza y el sexo.

ESCLAVITUD. Fue el primer régimen económico, político y social en la historia de la humanidad que se basó en la explotación del hombre por el hombre, el cual surgió al desintegrarse el régimen de la comunidad primitiva. La esclavitud se caracterizó porque los medios de producción y las masas trabajadoras, los esclavos, pertenecen en calidad de propiedad privada a un sector minoritario de la población: los esclavistas.

ESCLAVISTAS. Es una de las dos clases antagónicas del régimen de la esclavitud y la forman los hombres libres, los cuales gozan de todos los derechos y privilegios y son propietarios de todos los medios de producción y de la fuerza de trabajo: los esclavos, que son quienes cultivan la tierra y realizan las tareas domésticas.

ESCLAVOS. Es la otra clase antagónica del régimen de la esclavitud y la forman los seres humanos que tienen la condición jurídica de "cosa" y que, por lo tanto, son considerados instrumentos de trabajo, carecen de todo derecho y están bajo la dependencia de personas que ejercen sobre ellos los derechos de propiedad.

ESCORIA. Es la persona o institución que no merece que se le califique positivamente. Ya que resulta perjudicial, vil o diabólica.

ESCRIBA. Era la persona que en la antigüedad vivía entregado totalmente al estudio, interpretación y explicación de las normas jurídicas.

ESCRIBANO. Era el notario con título legítimo, que tenía por función elaborar y autorizar con su firma ciertos actos celebrados ante él, porque era un funcionario que gozaba de fe pública.

ESCRITURA. Es el documento jurídico en el que se dispone un convenio o una obligación la cual cuenta con la firma de las partes interesadas.

ESCRITURA PRIVADA. Es la clase de escritura que redacta por sí misma la persona particular, sin participación de un notario.

ESCRITURA PÚBLICA. Es el escrito auténtico y legítimo que ha sido legalizado por un notario u otro funcionario que posee la facultad legal para darle fe a un acto jurídico.

ESCRUTINIO. Es un procedimiento mediante el cual se contabilizan los votos que ha obtenido cada candidato en un proceso eleccionario organizado por los funcionarios electorales competentes de una nación. Debe reunir las siguientes condiciones: 1.- realizarse inmediatamente concluyan las votaciones. 2.- ser público. 3.-abrir mecanismos de reclamación para quienes estuvieran en desacuerdo con el recuento y cálculos de los votos efectuados.

ESCUELA. Doctrina, fundamento o tesis que son seguidas por un autor o por un grupo de especialistas en una ciencia o materia.

ESCUELA CLÁSICA. Agrupa a los autores y a las ideas y opiniones del derecho penal que, basándose en el libre albedrío del ser humano y en la eficiencia de la pena como ejemplo para castigar a los violadores de las disposiciones legales, establecen los fundamentos de la ciencia jurídica criminal encima de principios de riguroso dogmatismo jurídico, con altruismo en el proceso, supresión de las torturas de otros sistemas crueles e inhumanos de castigo.

ESCUELA DEL DERECHO LIBRE. Esta escuela de origen alemán exige para los magistrados el ejercicio activo de establecer las normas jurídicas en cada caso específico como oposición a la función tradicional de mero intérprete del derecho positivo.

ESCUELA DE LOS GLOSADORES. Esta escuela fue fundada por el eminente jurista Irnerio. Abarca a los jurisconsultos que se desarrollaron desde del siglo xi hasta el siglo XIII, y que utilizaron las glosas como método para estudiar el derecho romano de Justiniano. El gran mérito de esta escuela radica en que separaron la enseñanza del derecho de la teología.

ESCUELA FILOSÓFICA. Es la corriente de pensamiento que considera a la ley como la única y verdadera fuente del derecho.

ESCUELA HISTÓRICA. Es un sistema filosófico que se relaciona con el derecho y que surge en la Alemania del siglo xix, y que se basa en que el origen del derecho debe ubicarse en el desarrollo histórico de un pueblo concreto.

ESCUELA NACIONAL DE LA JUDICATURA. Es la institución que tiene por función formar y capacitar a todos los miembros del poder judicial dominicano.

ESCUELA POSITIVA. Surge en el siglo XIX como una reacción contra la escuela clásica, su fundador fue Ezequiel Cesare Lombroso. Se centra en estudiar a la persona que cometió el acto antijurídico, al delito y su castigo, primero en su origen natural, y después en sus consecuencias jurídicas, para acomodar legalmente a la pluralidad de causas que lo generan los diversos remedios, que por consecuencias serán efectivos.

ESPACIO AÉREO. Es el espacio que comprende al conjunto de capas atmosféricas que cubren a la superficie marítima y terrestre de una nación hasta el límite en que llega la soberanía estatal en su sentido vertical.

ESPACIO INTERPLANETARIO. Llamado también espacio sideral, es el que abarca las regiones relativamente vacías del universo que están situadas fuera de las atmósferas de los cuerpos celestes, y que desde el año 1958, por unas series de resoluciones de las naciones unidas, es considerado un espacio que no es propiedad de nadie y que debe ser usado con fines pacíficos. El derecho de explorarlo corresponde a todas las naciones. La guerra está prohibida en el espacio exterior.

ESPECIFICACIÓN. Creación o constitución de un nuevo negocio con materia ajena o bien una forma de accesión que nos hace dueños de una creación construida con materia que es propiedad de otra persona.

ESPECULACIÓN. Es la actividad comercial y financiera que se dedica a comprar bienes y servicios de cualquier tipo para esperar que suban de precio en un plazo muy corto con la única finalidad de venderlos muchos más caros para obtener grandes beneficios.

ESPERA. Periodo de tiempo indicado por el tribunal para realizar una cosa. Plazo que el acreedor o los deudores le conceden al deudor, después de vencido el plazo del pago de la deuda, para que cumpla con sus obligaciones.

ESPIONAJE. Es la actividad y el conjunto de técnicas vinculadas a la obtención de información secreta. Las técnicas que ha utilizado el espionaje a través de su historia han sido la infiltración, el soborno y el chantaje.

ESPÍRITU DE LA LEY. Fundamento legítimo de una norma jurídica, en oposición a la letra escrita en una ley.

ESPONSALES. Es la promesa que se hacen un hombre y una mujer de unirse por el vínculo del matrimonio.

ESPOSAS. Son los grilletes que se utilizan para aprisionar las muñecas de una persona.

ESPURIO. Es el hijo que ha nacido fuera del matrimonio. Se aplica a algo que es falso, ilegal o que está adulterado.

ESTABILIDAD. Es aquella que hace referencia al derecho que posee el trabajador de permanecer en el lugar donde labora, hasta que él quiera y esté en condiciones de hacerlo. Es la permanencia, solidez, seguridad, duración y subsistencia de las formas de organización estatal, del modo de gobierno establecido, de las fortalezas de las altas instancias del poder y de las permanencias de los partidos en el poder. La estabilidad depende de diversos factores como la legitimidad de los regímenes políticos, su honradez, el apoyo popular con que cuentan, el prestigio de las leyes y las instituciones y el manejo de la administración pública. También depende del bienestar de las masas populares, de la situación económica, del nivel de desarrollo de la población, de la institucionalización, de la fuerza de los partidos políticos y la justicia social.

ESTABILIZACIÓN. Es la actividad financiera que tiene por objetivo impedir las oscilaciones de los cambios para establecer precios fijos en el mercado con el propósito de poder equilibrar las variables de la economía, específicamente la inflación.

ESTABLECIMIENTO. Institución en la cual se ejecuta una actividad comercial, educativa, industrial o de cualquier otra clase.

ESTABLISHMENT. VER:LO ESTABLECIDO.

ESTACIONAMIENTO. Es el área física donde se deja el vehículo por un tiempo ilimitado cualquiera. También se considera estacionamiento a la zona de la vía pública de un centro urbano utilizada para estacionar todas clases de vehículos.

ESTADÍA. Detención, permanencia, estancia, o alojamiento en algún sitio.

ESTADISTA. Es el jefe de estado de una nación, versado en asuntos políticos y en la forma de dirigir el estado.

ESTADÍSTICA. Ciencia matemática que se refiere a los métodos que conducen a medir, sintetizar, analizar e interpretar los datos obtenidos en el estudio de una realidad social específica. la estadística se divide en dos ramas: la estadística descriptiva, que recoge, describe, visualiza y resume los datos obtenidos al estudiar una determinada realidad; y la estadística matemática, que analiza e interpreta los datos recogidos mediante el cálculo de probabilidades y extrae las conclusiones que dieron origen a la investigación de campo.

ESTADO. Es una forma de organización de la sociedad que está compuesta por un conjunto de aparatos, instituciones privadas, agentes, intelectuales orgánicos, normas, leyes, técnicas de poder, teorías, costumbres, ideología, mecanismos de dominación, tribunales, cárceles, fuerzas armadas, etc. de todos estos recursos se vale la clase que detenta el poder económico para consolidar el régimen económico, social y político que le conviene. El estado e s una máquina especial que utiliza la violencia y la represión para mantener bajo el dominio de una sola clase a las demás clases de la sociedad, y que se caracteriza por poseer un territorio, una población definida y un gobierno.

ESTADO CIVIL. Condición en la que se halla una persona con arreglo a los requisitos y al orden legal y a lo que el ordenamiento otorga ciertas consecuencias jurídicas. existen diversas reglas y pautas para clasificar los estados civiles: por el matrimonio, el estado de casado, viudo o divorciado, por la filiación, el hijo o padre, por la nacionalidad, por la edad, mayor o menor de edad, por incapaz o incapacitado.

ESTADO DEL BIENESTAR GENERAL. Es una frase enarbolada por los apologistas del capitalismo con la cual pretenden ocultar la facha del actual régimen capitalista para presentarlo con un nuevo matiz: admiten las lacras y los males del capitalismo tiempo atrás, pero declaran que el actual estado de cosas es perfecto. Los partidarios del "estado del bienestar general" expresan que en el pasado el estado no se preocupaba por impulsar el desarrollo de su país, lo cual dio origen a desigualdades sociales de todas clases. Pero ahora dicen que el capitalismo ha cambiado totalmente y que el estado desarrolla unas series de políticas asistenciales que beneficiaran a los sectores muy desposeídos de la población, lo cual permitirá mejorar su calidad de vida y reducir la amplia brecha que existe entre ricos y pobres.

ESTADO DE CESACIÓN DE PAGOS. Es la condición en que se encuentra una persona física o jurídica que no cuenta con la suficiente liquidez o dinero en efectivo para hacer frente al endeudamiento que ha contraído con uno o varios acreedores. Es la actuación que persigue que el deudor y su acreedor o acreedores lleguen a un entendimiento para el pago de la deuda, pero bajo inspección judicial.

ESTADO DE DERECHO. Es una teoría relativa a las instituciones jurídicas y políticas de la democracia burguesa que presenta al estado capitalista como un paraíso en materia jurídica. Como resultado, reina el imperio de la legalidad: el estado está sometido al derecho, no puede salirse del marco que establece la ley ni atentar contra los derechos de los ciudadanos. La teoría de que el estado se halla limitado por las normas legales representa, en el ámbito jurídico, las exigencias económicas y políticas de la clase burguesa, la cual nunca admite interferencia alguna en sus negocios.

ESTADO DE EMERGENCIA. VER. ESTADO DE EXCEPCIÓN.

ESTADO DE EXCEPCIÓN. Llamado también estado de emergencia, es la situación extraordinaria en que se encuentra un estado, ya sea por razones de catástrofes naturales, alteración de la paz pública burguesa, guerra exterior, guerra civil, invasión o cualquier otro peligro de gran magnitud, que obliga a sus autoridades legalmente establecidas a declarar dicho estado. Esto implica la suspensión temporal del ejercicio de algunos de los derechos constitucionales de los ciudadanos y la transferencia del control del orden, interno y externo, a las fuerzas armadas. El estado de excepción se clasifica en estado de emergencia, estado de guerra y estado de sitio.

ESTADO DE FAMILIA. Es la situación de un individuo en la familia de la cual forma parte, establece todo un conjunto de derechos y obligaciones que cambian según los diferentes tipos de estado de familia. Los estados de familia resultan del matrimonio, del parentesco por consanguinidad y la adopción y el parentesco por afinidad.

ESTADO DE GUERRA. Es la situación que se crea cuando el gobernante, el representante de los poderes del estado, el congreso o cualquier otro funcionario competente del estado firma un documento formal, que se apoya en tratados internacionales o en disposiciones legales que se consideran violadas, para declarar que su aparato estatal da inicio a las acciones bélicas contra otra nación o grupos armados dentro del territorio de su país, en el caso de una guerra civil.

ESTADO DE INDIVISIÓN. Posición en que están las cosas y derechos que son propiedad de una pluralidad de personas sin división de porciones.

ESTADO DE INDIVISIÓN DE LA HERENCIA. Puede comprenderse de dos formas, de acuerdo a la situación normal que se origina al fallecer el causante y mientras no se ejecute la partición, o de la proveniente de la cláusula testamentaria que obligue a continuar en comunidad por cierto tiempo o en establecidas estipulaciones.

ESTADO DE NATURALEZA. Es un concepto que habla de forma original de las cualidades del hombre y que sustenta que este está regido por una ley llamada natural, que se rige por la razón. Sobre este concepto hay muchas teorías y versiones que se han dado en la historia del pensamiento desde la antigüedad hasta nuestros días. Pensadores como Thomas Hobbes, John Locke y Jean Jacques Rousseau, entre otros, designaron así a la etapa en la cual reinaba la violencia, el atropello, desorden, la ley del más fuerte, y en la que el hombre vive en un estado de guerra permanente contra sus semejantes.

ESTADO DE NECESIDAD. Es la circunstancia excepcional que obliga a la autoridad pública a causar un mal para evitar otro de mayor magnitud. Ejemplo de la aplicación de este principio serían la expropiación de un bien por causa de utilidad pública, que lesiona el derecho de propiedad de una persona en beneficio del interés de la sociedad, o la declaración del estado de excepción con el cual se suspenden abusivamente algunos de los derechos constitucionales de los ciudadanos para hacer frente a los disturbios internos que amenazan el orden político burgués, o una agresión bélica proveniente del exterior.

ESTADO DE SITIO. VER: ESTADO DE EXCEPCIÓN.

ESTADO DE TRÁNSITO. Estado por medio de cuya área geográfica se introducen transitoriamente drogas, sustancias nocivas y otras clases de mercancías de carácter ilegal, que no es el punto de partida ni de destino definitivo de esas mercancías.

ESTADO FALLIDO. Es el estado que se caracteriza por la ineficiencia, debilidad, falta de voluntad o capacidad para hacer cumplir sus leyes debido a la alta tasa de violencia criminal, la corrupción, el sistema judicial inservible, intervención militar y del clero en la política; negarles el acceso a sus ciudadanos a la educación, la salud, la alimentación, el empleo, a una vivienda decente, y, por último, considerarse estar situado por encima del sistema jurídico nacional o internacional y, por tanto, libre para perpetrar agresiones.

ESTADO FEDERAL. Es un estado formado por asociaciones territoriales, a las cuales se les suele llamar con los nombres de estados, cantones, regiones, provincias, departamentos, distritos u otras, que poseen una acentuada descentralización jurídica y política, gozan de una gran autonomía, tienen facultades de gobierno o legislación sobre determinadas materias y están bajo la dependencia del régimen del poder central y del gobierno de la federación. Cada una de estas divisiones territoriales posee sus propios poderes legislativo, ejecutivo y judicial, los cuales se mueven dentro de la esfera de la competencia que les señala la constitución federal.

ESTADO LIBRE ASOCIADO. Es un espacio geográfico no integrado a otro con estatus de determinación de rumbo "democrático."

ESTADO POLICIAL. VER. LEY MARCIAL.

ESTADO RIBEREÑO. Es aquel que tiene costas marinas sobre las cuales ejerce su soberanía. Esta soberanía se expande hasta cierta cantidad de millas al mar, y al suelo y al subsuelo de este, también se expande sobre el espacio aéreo y sobre el mar territorial.

ESTADO UNITARIO. Es aquel estado cuya organización política está centralizada, no existiendo otra división que la que se realiza con fines puramente administrativos. El gobierno central es único y, a través de las cámaras legislativas, posee la facultad de elaborar normas jurídicas que tienen validez en toda su área territorial. No hay divisiones territoriales autónomas. Todas las prerrogativas de decisión se concentran en el gobierno central.

ESTAFA. Es la figura delictiva que se vale del ardid, la trampa y el engaño para apropiarse de los bienes ajenos. Por ejemplo: se gestiona un adelanto de $100,000.00 pesos para la compra de un automóvil que no existe.

ESTALLIDO SOCIAL. Es la protesta de las masas populares contra la desacertada política económica de los gobiernos y se expresa en el saqueo de supermercados, tiendas de todo tipo, asaltos a periódicos, radiodifusoras y televisoras; quema de vehículos, edificios y viviendas; bloqueo de calles, avenidas y autopistas, entre otras medidas.

ESTAMENTO. Es la división de la sociedad en la que los individuos son incorporados, por medio de las circunstancias del nacimiento, promoción social, por méritos extraordinarios y por matrimonio, a diferentes categorías, ordenadas jerárquicamente dentro de su grupo humano, sin importar el dinero y las riquezas que formulan las esferas de las actividades a las que se pueden dedicar y a sus limitaciones políticas. Un ejemplo clásico de esto se puede encontrar en la organización de la sociedad en forma piramidal durante el antiguo régimen de Francia, donde la nobleza, laica o eclesiástica, estaba por encima del conglomerado social.

ESTAMPIDA. Es cuando una multitud de personas comienza a correr sin una dirección definida ni un objetivo claro.

ESTANCO. Monopolio que realiza el estado, o que este otorga a empresarios privados, para que vendan ciertas clases de

mercancías. Establecimiento comercial donde se venden productos cuya venta está prohibida por la ley.
ESTAR A DERECHO. Presentarse personalmente, o por medio de un representante, ante un tribunal, como consecuencia de la intimación realizada para tal efecto.
ESTAR EN LA INOPIA. Utilizamos esta expresión para señalar que una persona o una institución no se entera de nada de lo que sucede a su alrededor, por lo cual están totalmente desinformado o despistado.
ESTATIFICACIÓN. Es la transferencia total o parcial de las empresas productoras de bienes y servicios que se encuentran en manos del sector privado al sector público. Bajo el capitalismo cuya economía se basa en la propiedad privada sobre los medios de producción, la estatificación, si se produce en parte, conduce a la limitación de la libre empresa, pero, pero si se produce totalmente, conduce al capitalismo de estado, donde la dirección y el control de la economía pasan a un sector burocrático.
ESTATISMO. Expresión que proviene de la palabra francesa "etatisme", que aboga por la intervención estatal en la vida social, económica y política de una sociedad; y, por lo tanto, considera que debe conferírsele al estado atribuciones y roles, especialmente en el área de la economía, que normalmente son competencia de los empresarios privados. En fin, el estatismo lleva al estado a ejercer funciones absorbentes.
ESTATUS. Es la posición que cada persona ocupa en la sociedad debido a su patrimonio, poder, ocupación laboral, y nivel cultural.
ESTATUTO. Es todo, reglamento, ordenanzas, pactos, convenciones o estipulaciones creadas por los integrantes de una entidad, para la dirección de una asociación, sociedad, corporación, sindicato, etc. Conjunto de reglas y conceptos jurídicos fundamentales para la dirección de una institución pública y privada. Norma jurídica especial para el sistema autónomo de una región, provincia, departamento, estado, expedida por el estado del cual forman parte.
ESTATUTO DE LOS FUNCIONARIOS PÚBLICOS. Conjuntos organizados de reglas y preceptos que instauran los derechos y obligaciones de dichos funcionarios o empleados, abarcando todo lo que tenga conexión con los derechos y obligaciones de los representantes del estado.

ESTATUTO FORMAL. Es el que dispone la acomodación o trámites de los requisitos necesarios de las disposiciones legales al régimen jurídico del lugar donde se conceden.
ESTATUTO PERSONAL. Es el que se aplica a la ley personal de cada persona.
ESTATUTO PROFESIONAL. Es el escrito qué se redacta para enumerar los derechos, deberes y funciones de cada profesional y cada profesión tiene el suyo propio.
ESTATUTO REAL. Sistema jurídico orientado a regular principalmente las cosas, que no habla sobre los individuos, sino que se refieren a los bienes que forman parte de su patrimonio.
ESTELIONATO. Figura delictiva que se configura cuando se vende, se transfiere, se alquila, se hipoteca o se grava algún terreno registrado o declarado inamovible por el tribunal de tierras, con pleno conocimiento de que encima del pesa algún embargo o cualquier otra carga fiscal que no aparece registrada en el certificado de título, sin poner en conocimiento del comprador la existencia del mencionado embargo o gravamen.
ESTIGMA. Es una condición, característica o comportamiento que es rechazado por la sociedad por considerarlo contrario a las reglas y preceptos culturales establecidos. En muchas sociedades, se consideran estigmas las limitaciones físicas, ser hijo ilegítimo, las preferencias sexuales, el color de la piel…
ESTILO. Modo y manera de actuar en derecho, como también la forma de desarrollar un contrato o cualquier otra acción, según los procedimientos y disposiciones de los lugares en que se realiza.
ESTIMACIÓN. Resolución del valor que se da y en que se tasa algún bien.
ESTIMACIÓN DE VOTO. En este concepto se incluye aparte de los encuestados que han expresado por quien van a ejercer su derecho al voto, también a los indecisos y a los que se rehúsan a contestar pretendiendo prevenir cuál será su decisión.
ESTIPULACIÓN. Pacto o convenio elaborado verbalmente. Clausula o condición de un escrito público o privado.
ESTIPULACIÓN A FAVOR DE TERCEROS. Es un acuerdo de voluntades a través del cual el deudor, llamado promitente, se obliga frente a otra persona llamada estipulante.
ESTIPULAR. Convenir, concertar o acordar recíprocamente sobre algún acuerdo, y aprobar uno lo que el otro le promete llenando ciertos requisitos jurídicos y solemnes.

ESTIRPE. Es el linaje o tronco del que descienden unas familias. Manera o modo de proceder para realizar la división de la herencia en los casos que la representación es permitida, pero cuando estas han generado muchas ramas, las subdivisiones se realizan también por estirpe en cada rama y entre los integrantes de cada rama.

ESTOPPEL. Fórmula anglosajona que se basa en la buena voluntad de los estados y que, en el derecho internacional, designa a las fuentes de derechos y obligaciones que se crea un estado como consecuencia de una declaración suya, la toma de una posición, cuando guarda silencio o se abstiene en una votación o de su propio comportamiento pasivo frente a una situación específica en el campo internacional.

ESTRADO. Salón donde los magistrados ventilan las contiendas judiciales, oyen a las partes y después que estén edificados dictan sentencia.

ESTRAGO. Es la acción criminal que genera daños, destrozos, ruinas, devastaciones o destrucciones en grandes proporciones, lo cual representa un grave peligro para toda la sociedad.

ESTRANGULAR. VER: ASFIXIAR Y AHORCAR.

ESTRATAGEMA. Es una maniobra táctica y consiste en movimientos, ardides, artimañas, trampas, trucos o patrañas elaboradas con gran astucia, destreza y sagacidad, para engañar a los adversarios y así conseguir grandes ventajas sobre ellos.

ESTRICTO. Estrecho, riguroso, ajustado enteramente a la necesidad o a la norma jurídica que no admite excepciones ni permite interpretaciones.

ESTUPEFACIENTE. VER: DROGA.

ESTUPRO. VER: VIOLACIÓN SEXUAL.

ÉTICA. Vocablo que proviene de la palabra griega que significa costumbre. Tiene como objetivo el estudio de la conducta humana desde el punto de vista de la moral. Pone en tapete los lineamientos sobre los cuales descansan los postulados de la acción moral; fórmulas, juicios y declaraciones que contienen términos como malo, bueno, correcto, incorrecto, referidos a una acción o decisión para que el hombre discipline su comportamiento y busque lo que es esencial en su vida, el bien y la virtud. Cuando se emplea la ética, se establecen juicios morales sobre las personas, situaciones, cosas o acciones.

EUFEMISMO. Es una forma de expresión que utiliza palabras suaves y dulces para sustituir a otras que se consideran ofensivas, vulgares y desagradables para el oído de las personas que la escuchan. El eufemismo es un elemento fundamental de la vida política, ya que sus expresiones han llegado a ser el principal medio de presentar las cosas. Cuando los gobiernos anuncian que tomarán medidas impopulares, como eliminar los subsidios o elevar los precios de los artículos de primera necesidad, lo que dicen en lugar de esto es que tomarán medidas de ajuste.

EUROPEÍSMO. Es la corriente que apoya y respalda el tratado de la unión europea, también conocido como el tratado de Maastricht, firmado en esa ciudad holandesa el 7 de febrero de 1992. En él se aboga por la unión política y económica de Europa para que pueda hacer frente a los desafíos económicos y políticos planteados por el imperialismo yanqui. Y así en el siglo XXI. En él se ha establecido la unidad económica, la creación de la moneda única, la ciudadanía común, institucionalizar el banco central de Europa, la cooperación aduanera y establecer una seguridad y una política internacional única.

EUTANASIA. Es la acción de causarle la muerte sin dolor a una persona que padece una enfermedad terminal por piedad o por compasión para evitarles sufrimientos insoportables o la extensión superficial de su vida.

EVASIÓN. Es el acto que permite a uno o a una pluralidad de reclusos huir de un centro penitenciario burlando la vigilancia y los dispositivos de seguridad.

EVASIÓN FISCAL. Llamada también evasión tributaria o evasión de impuestos es una actividad ilegal que consiste en esconder bienes o ingresos con la finalidad de no pagar algún impuesto establecido por la ley.

EVASIVA. Excusa, disculpa, pretexto, subterfugio, triquiñuela para evitar un inconveniente, ante una pregunta, solicitud o intimación.

EVICCIÓN. Derecho que se origina por una sentencia por causa previa a la compra cuando el comprador a título oneroso fue privado total o parcialmente, del derecho que adquirió o sufre una confusión de derecho en la propiedad, disfrute o tenencia de la cosa. Adquisición que una persona realiza legalmente de una cosa propia que estaba en manos de otro con justo título. Despojo legal que sufre un individuo de una cosa propia que había comprado legalmente.

EVIDENCIA. VER: PRUEBA.

EX ABRUPTO. Palabra latín a que significa de repente, de improviso, de manera brusca. Ejemplo abandonó el juicio el abogado defensor.

EX AEQUO ET BONO. Frase latina que traducida al español quiere decir de acuerdo con lo correcto y lo bueno que se refiere a la autoridad de los tribunales de encontrar la solución a un litigio con la opción que estimen más imparcial para el caso que están ventilando.

EX AUTORITA TE LEGIS. Expresión latina que significa por poder de la ley; o sea, por ministerio del orden legal, de oficio.

EX CAUSA. Locución latina que traducida al español quiere decir por la causa; en razón de ella. O sea, los gastos que una parte ha de abonar, por haber promocionado determinadas diligencias.

EX JURE ALIENO. Frase latina que quiere decir por derecho ajeno o de un tercero.

EX LEGE. Quiere decir de acuerdo con la ley; lo que deriva de la ley.

EX LEGIBUS. Con lo que está conforme con el orden jurídico.

EX NUNC. Expresión latina que en español quiere decir desde ahora, utilizada para referirse que una regla o precepto jurídico genera consecuencias desde que se publica oficialmente, y no antes, por lo cual no existe retroactividad.

EXPERTICIO. VER: PERITAJE.

EX POST FACTO. Frase latina que en español quiere decir ley posterior al hecho, empleada para hacer mención a que una norma jurídica, que retroactivamente altera los efectos jurídicos de una acción cometida, o los estatus jurídicos de los acontecimientos existentes con anterioridad a la validez de la ley.

EX PROPIO JURE. Frase latina que quiere decir por derecho propio; es decir, sin necesidad de concurso ni voluntad de otro.

EX VI LEGIS. Locución latina que significa como consecuencia o por fuerza de la ley.

EXACCIÓN. Actos y consecuencias de recaudar impuestos, prestaciones, multas, deudas, tasas o cualquier otra clase de contribución.

EXACCIÓN ILEGAL. Acción delictiva que comete un funcionario público, cuando abusando de sus funciones cobra indebidamente impuestos, derechos, prestaciones o dádivas.

EXCARCELAR. Dejar en libertad a un recluso, por orden de una autoridad judicial competente, bajo fianza y sin ella.

EXCEPCIÓN. Razón jurídica que el demandado expone para hacer inútil el acto del demandante.

EXCEPCIÓN DE BENEFICIO DE INVENTARIO. Amparo temporal que se declara en el ordenamiento jurídico en donde se declara con anticipación que se lleve a cabo el inventario para señalar la existencia de los bienes o del derecho a reclamarlos.

EXCEPCIÓN DE CONCILIACIÓN. Protección que puede proponerse cuando se ha generado uno de los modos anormales de finalización del proceso, como es la conciliación.

EXCEPCIÓN DE COSA JUZGADA. La que el ganador de un juicio, por sentencia que ha adquirido la autoridad de la cosa juzgada, puede contraponer a su contrincante que intente reanudar el juicio.

EXCEPCIÓN DE DEFECTO LEGAL. Es cuando el documento en que se promociona la demanda adolece de los requisitos de forma que han sido establecidos por el régimen jurídico.

EXCEPCIÓN DE EXCUSIÓN. Protección temporal que se declara en el régimen jurídico para demandar con anticipación a otra persona hasta la suma total exigida.

EXCEPCIÓN DE FALSEDAD. Amparo que puede proponerse cuando existe alteración del documento.

EXCEPCIÓN DE INCOMPETENCIA. Amparo o protección que puede proponer una o ambas partes que están envueltas en un litigio de que el tribunal que esté apoderado de la causa no es el competente para conocer de esta, por lo cual esta debe ser conocida por el magistrado que posee la competencia.

EXCEPCIÓN DE NULIDAD. Protección que puede proponerse respecto de actos viciados y de aquellos siguientes que no pudieron realizarse sin que se hubiera consumado regularmente los llevados a cabo por la nulidad.

EXCEPCIÓN DE PRESCRIPCIÓN. La que implora que ha pasado el tiempo legal para exigir un derecho o producir una acción.

EXCEPCIÓN DE PROCEDIMIENTO. La ley 834 del 15 de julio de 1978 en su artículo 1, define la excepción de procedimiento de la siguiente manera: "constituye una excepción de procedimiento todo medio que tienda a declarar el procedimiento irregular o extinguido sea a suspender su curso". (15)

EXCEPCIÓN DECLINATORIA. Es un trámite que hace acto de presencia como excepción anterior por medio del cual se le solicita al magistrado que se abstenga de conocer de la causa porque se cree que carece de competencia para conocerla o porque está siendo tramitada por ante otro tribunal.

EXCEPCIÓN DILATORIA. Excepción que, en el caso de que tenga éxito, descarta temporalmente los mandatos de un tribunal sobre los derechos del demandante, de forma tal que solo hacen perder su eficiencia a las aspiraciones que se hacen conseguir, lo cual no impide que se consiga lo que se deseaba inmediatamente sean suprimidos los defectos de que padecía.

EXCEPCIÓN NON ADIMPLETI CONTRACTUS. Es la excepción de contrato no cumplido que se contrapone contra el demandante que reclama la ejecución de la obligación sin haber cumplido con la prestación que exigía el convenio.

EXCEPCIÓN PERENTORIA. Es aquella que dispone la supresión del proceso suprimiendo definitivamente las aspiraciones del demandante.

EXCESO DEL MANDATO. Acción del mandatario que contrata en nombre del mandante, traspasando las fronteras del mandato, y el mandante no confirma el contrato, por lo cual no tiene ninguna validez legal, cuando la parte con la cual el mandatario contrato conoce los poderes que el mandante le ha otorgado al mandatario.

EXCUSA. Razón o argumento que hace inútil el hecho o acto del actor.

EXCUSA ABSOLUTORIA. Es la figura jurídica que exonera o libera al autor de un acto contrario al derecho de la responsabilidad penal.

EXCUSATIO NON PETITA, ACCCUSATIO MANIFESTA. Voz latina que significa excusa no pedida, acusación manifiesta. Quiere decir que la persona que se excusa de un error sin que nadie le haya solicitado tal disculpa se está mostrando como el autor del error.

EXCUSIÓN. VER: BENEFICIO DE EXCUSIÓN.

EXÉGESIS. Es la interpretación de los documentos legales de una forma exacta y precisa. Se fundamenta en el examen literal de un texto, teniendo en cuenta las reglas gramaticales empleadas y su significado directo, dando por sentado que las palabras son utilizadas con un significado concreto.

EXENCIÓN. VER: EXONERACIÓN.

EXEQUATUR. Se conoce con este nombre en el campo diplomático la autorización que otorga el gobierno de una nación al miembro de una oficina consular para que pueda ejercer sus funciones en su territorio. También se define esta palabra como el procedimiento mediante el cual el régimen jurídico de una nación comprueba si una sentencia judicial dictada por los tribunales de un país extranjero reúne las condiciones para ser ejecutadas en su territorio.

EXHIBICIÓN. Es la muestra o exhibición de las pruebas aportadas por las partes o por terceros al litigio judicial.

EXHIBICIONISMO. Es el comportamiento sexual delictivo que consiste en la actividad perversa que asume una persona de mostrarles a otra en lugares públicos sus órganos sexuales o partes íntimas.

EXHIBITORIA. VER: ACCIÓN AD EXHIBENDUM.

EXHORTO. VER: CARTA ROGATORIA.

EXHUMACIÓN. Es el procedimiento de desenterrar restos humanos para dar una contestación a las peticiones del régimen legal.

EXIGIBLE. Epíteto de una deuda que no ha sido saldada y que puede ser pedida de una forma enérgica o imperativa ya sea por la vía judicial o extrajudicial.

EXILIO. Es la expatriación forzosa o voluntaria de un individuo de su propia tierra, ya sea por razones políticas o religiosas.

ÉXODO. Emigración de una multitud de personas.

EXONERACIÓN. Prerrogativa de que goza una persona o una institución para ser liberada de una carga u obligación.

EXPANSIONISMO. Es la doctrina que aboga por la expansión del territorio de una nación para que pueda extender sus áreas de influencias económicas, sociales y políticas. Esto generalmente se hace a través de la invasión militar. El expansionismo ha sido la principal fuente de conflictos y guerras entre los seres humanos, por la codicia de los expansionistas que tienen la ambición de apoderarse de los territorios ajenos.

EXPATRIACIÓN. VER: DESTIERRO Y DEPORTACIÓN.

EXPECTATIVA. Perspectiva o probabilidad de obtener algo beneficioso como un derecho, una herencia, un empleo u otra cosa al suceder un acontecimiento que se prevé.

EXPEDIENTE. También llamados autos son el conjunto de diligencias que se van desarrollando en un proceso judicial deben ponerse por escrito para que den testimonio de algo que se ha realizado o dicho.

EXPEDIR. Enviar, tramitar por escrito con los requisitos establecidos un documento legal.

EXPENSAS. Gastos, desembolso o sumas de dinero empleadas en alguna cosa.

EXPERTICIO. VER: PERITAJE.

EXPORTACIÓN. Es el conjunto de mercancías vendidas por una nación a otra.

EXPOSICIÓN. Solicitud que se redacta por escrito para presentárselas a un tribunal con la finalidad de conseguir alguna cosa.

EXPOSICIÓN DE LOS HECHOS. Expresiones procesales que son la manera fundamental de la expresión fundamental del demandante que es indispensable porque origina la acción jurídica procesal, que genera en consecuencia el proceso mismo.

EXPOSICIÓN DE MOTIVOS. Parte introductoria de una norma jurídica, reglamentos o decreto donde se argumenta de manera doctrinal, los principios del dispositivo legal que se publica y la necesidad de los cambios.

EXPÓSITO. Niño recién nacido que es dejado en un sitio público, por lo cual se desconoce su origen y quiénes son sus padres.

EXPRESIÓN POR ESCRITO. Modo único de ejecutar ciertas acciones jurídicas que, cuando es solamente ordenada o acordada, no puede ser sustituida por ninguna otra evidencia, aunque cada una de las posiciones que se encuentran enfrentadas en un litigio se hayan obligado a realizarlo por escrito en un tiempo específico y se haya establecido cualquier pena.

EXPROMISIÓN NOVATORIA. Acuerdo mediante el cual, por voluntad manifestada por el acreedor, libera al deudor originario de la obligación y se genera la aprobación de este con respeto a su exoneración de la deuda que es transferida a otra persona.

EXPROMISIÓN. Pacto realizado por el acreedor con un tercero, por medio del cual este queda obligado a saldar la deuda ajena a que el mencionado pacto se refiere.

PROMISIÓN SIMPLE. Pacto que no aniquila la deuda originaria, sino que da origen al mismo tiempo, a una segunda obligación que está bajo la responsabilidad de un nuevo deudor que trata sobre una misma y única prestación.

EXPROPIACIÓN. Traslado obligado de un bien al estado, por motivos de utilidad pública, por medio del pago de una justa indemnización.

EXPULSIÓN DE EXTRANJEROS. Acto del poder ejecutivo que tiene por objetivo sacar del territorio nacional a los individuos de nacionalidad extranjera que cometan una infracción dolosa.

EXTINCIÓN. Dimisión, expiración, finalización, desaparición de una persona del lugar de su residencia sin dejar rastro, objetos, situación, con sus efectos y consecuencias.

EXTINCIÓN DE DERECHOS. Suceso o acontecimiento que hacen que finalicen, ya sea por incumplimiento de una o ambas partes, o por haber cumplido con sus obligaciones.

EXTINCIÓN DEL ESTADO. La extinción del estado significa concretamente lo siguiente: en primer lugar, la desaparición gradual diluyéndose en la sociedad de la capa específica de hombres ocupados permanentemente en la dirección de los asuntos públicos y que, en realidad, encarnan al estado. Con otras palabras, la extinción del estado presupone la reducción constante, hasta desaparecer por completo, del aparato estatal, que transferirá sus funciones a la propia sociedad, es decir, a las organizaciones sociales, a la población en su conjunto. En segundo lugar, la extinción del estado significa la desaparición gradual de medidas coercitivas respecto de los miembros de la sociedad". (16)

EXTORSIÓN. VER: CHANTAJE.

EXTRACTO. Recopilación de un escrito, de un expediente o litigio contencioso administrativo.

EXTRADICIÓN. Es la institución que faculta a un estado en cuyo territorio se ha refugiado una persona acusada o condenada por haber cometido una violación a las leyes penales de otra nación, a la cual reclama, a determinar si entrega a la persona solicitada a las autoridades reclamantes para que la juzguen y le apliquen la sanción correspondiente. La extradición, por lo general, no se rige por el régimen jurídico nacional, sino por convenciones internacionales o tratados internacionales entre los estados.

EXTRAJUDICIAL. Que se realiza o se trata fuera de las vías de los tribunales.

EXTRAJUDICIALMENTE. Sin la importación o significación de las gestiones judiciales; por acuerdo de las partes envueltas en un asunto privado.

EXTRANJERÍA. Grupos de reglas y preceptos jurídicos que tienen por finalidad regular la situación de un extranjero que reside en una nación que no es la suya.

EXTRANJERO. Se designa con este nombre a la persona que proviene de otra nación.

EXTRAÑO. Es la traducción al español de la palabra outsider que es la persona que participa en un certamen electoral y tiene escasas posibilidades de conseguir el triunfo o la que por voluntad propia se mantiene al margen de la vida pública y de las organizaciones partidistas de su nación y después decide presentar una candidatura en un proceso electoral.

EXTRATERRITORIALIDAD. Teoría del derecho internacional por la cual se considera que los edificios diplomáticos, las residencias de los funcionarios, los barcos y aviones son una extensión del territorio de la nación cuya representación y bandera ostentan y por el cual deben regirse por el sistema jurídico del país al que representan y no por el de la nación donde están ejerciendo sus funciones.

EXTREMISMO. Es la tendencia que asumen los gobiernos, las ideologías y los individuos, las instituciones y las agrupaciones políticas de adoptar posiciones intolerantes, violentas y amenazantes para imponer sus planteamientos o propósitos sin importarles los inconvenientes y dificultades que se le presenten para llevar a cabo sus acciones.

F

FACCIÓN. Es un grupo de personas que no tienen ninguna bandería ideológica, no persiguen ningún fin patriótico, y se alzan en armas para irrespetar las leyes,
Cometer todo tipo de atropellos, desafueros y actos de vandalismo, con lo cual perturban el desenvolvimiento general de la sociedad.

FACINEROSO. VER: BANDIDO.

FACTOR. Empleado fundamental del empresario, que ha sido nombrado por él para que administre y dirija sus empresas.

FACTOR DEL DELITO. Componente o ingrediente que es capaz de inducir a una persona a cometer un acto contrario al derecho. (Ejemplo la desigualdad social, hija de la mala distribución de la riqueza.

FACTORÍA. Este término designaba, en la época colonial, a las organizaciones de mercaderes que residían en las colonias y se dedicaban a comerciar diversos tipos de mercancías con la metrópoli. En la actualidad, las factorías son las instalaciones en las cuales se produce la transformación de materias primas en otros proyectos, ya sea para utilizarlos o para consumirlos.

FACTORING. Es un acuerdo de voluntades por medio del cual una institución empresarial transfiere las facturas que ha puesto en circulación y a cambio de este proceder consigue de forma rápida el dinero.

FACTUM. Argumentaciones de facto que se refieren al suceso o acontecimiento que son objeto de la discusión judicial.

FACTURA. Cuenta que representa la compilación de toda la información de una acción de comprar y vender mercancías porque señala con lujos de detalles los productos comprados y vendidos.

FACULTAD. Es la autoridad, derecho, poder, atribución o potestad que posee una persona para ejecutar una función.

FACULTAD DE CORRECCIÓN. La autoridad que poseen los progenitores para corregir la conducta de sus hijos menores de edad, la cual debe ejecutarse mesuradamente y sin exceso, quedando excluidos los castigos físicos y verbales que ocasionen algún perjuicio a los menores.

FACULTAD DISCIPLINARIA DEL JUEZ. Derecho que posee el magistrado para sostener el buen orden y respeto en las sesiones judiciales, así como ordenar que se tache toda frase difamatoria elaborada en términos groseros e insolentes, sacar a las personas de las audiencias que atenten indebidamente contra el buen desenvolvimiento de las mismas y de aplicar las sanciones disciplinarias a las cuales está autorizado.

FALACIA. Es un razonamiento utilizado para persuadir a alguien por medio del fraude o la mentira con la intención de engañarlo.

FALANGISMO. Doctrina elaborada por José Antonio Primo de Rivera a comienzos de los años treinta del pasado siglo; constituye la versión española del fascismo. Le sirve de sustentación ideológica al franquismo para establecer su régimen dictatorial en el territorio español, que dura desde 1939 hasta 1975. Se caracteriza por el autoritarismo, el anticomunismo, la supresión de los partidos políticos, la defensa del catolicismo, su exagerado nacionalismo y el establecimiento de un estado sindical totalitario, que aglutinaría, en una misma organización, a empresarios y trabajadores organizados por rama de producción.

FALCIDIA. Es el derecho que posee el heredero de quedarse con la cuarta parte de los bienes hereditarios, cuando estos han sido excesivamente gravados por el cujus.

FALENCIA. Es sinónimo de trampa, engaño, falsedad, ardid, etc. bancarrota de un comerciante.

FALLAR. Emitir una sentencia a un magistrado para darle solución a un proceso.

FALLECIMIENTO. VER: DEFUNCIÓN.

FALLIDO. Fracasado porque no ha logrado alcanzar el éxito. Se designa con esta palabra también a la deuda que es incobrable.

FALLO. Es una de las partes fundamentales de la sentencia y que aparece al final de la misma. Es el artículo de la sentencia donde se sanciona o perdona a una de las partes y se solucionan las situaciones litigiosas.

FALSARIO. Se designa con este término a la persona que altera documentos o datos y que se dedica a emitir juicios que no están apegados a la verdad.

FALSEDAD. Es la acción antijurídica que está sancionada por el régimen legal, ya que conlleva a la ocultación de la verdad, lo cual trae por consecuencia la nulidad de los actos jurídicos que se hayan realizado y hayan sido afectados por el vicio de la falsedad.

FALSEDADES EN LAS GENERALES DE LA LEY. Modificar la verdad, su falta de autenticidad en cuanto a la identidad personal, del testigo, o de aquellos documentos que hacen mención a nexos familiares, de subordinación o deudas con algunos de los litigantes, y en general con el que insinúa, que hace caer al que depone en la infracción de falso testimonio.

FALSIFICACIÓN. Acción delictiva que consiste en crear o alterar documentos públicos o privados, monedas, billetes, productos, con la finalidad de hacerlos pasar como verdaderos o auténticos.

FALSIFICADOR. Se designa con este nombre a la persona que se dedica a elaborar o reproducir productos falsos.

FALSO. Que es opuesto a la verdad, que no es real ni auténtico.

FALSO POSITIVO. Es el asesinato de personas llevadas a cabo por las fuerzas policiales o militares, los cuales lo hacen como bajas caídas en enfrentamiento contra dichas fuerzas. También se puede definir como las acusaciones falsas hechas por el sistema judicial de un estado a personas inocentes para someterlas a juicio

FALSO TESTIMONIO. Acción delictiva que comete un testigo, perito o intérprete cuando emite declaraciones falsas ante las autoridades judiciales.

FALTA. VER: CONTRAVENCIÓN.

FALTA DE BASE LEGAL. Es el vicio de casación que se presenta cuando las sentencias no contienen los fundamentos de hecho y de derecho en que se apoyan.

FALTA DE COMPARECENCIA. Infracción a la ley que comete la persona, que, habiendo sido legalmente citada como testigo, perito o intérprete, prescinde de comparecer o de hacer la declaración debida.

FALTA DE IDENTIFICACIÓN PERSONAL. Acción contraria a la ley en que incurre una persona que no realiza los trámites correspondientes para obtener su documento de identificación personal dentro de la edad fijada para su obtención por la legislación de su país.

FALTA DE PAGO. VER: CESACIÓN DE PAGO.

FAMA. Opinión o idea que la gente tiene sobre una persona o una institución.

FAMA PÚBLICA. Se utiliza esta palabra para nombrar a aquella persona que por su reputación o prestigio ha convertido su vida privada en vida pública, o sea, que es conocida por todo el mundo.

FAMILIA. Es el núcleo natural y básico de la sociedad, que tiene derecho de gozar de la protección de la sociedad y el estado. Los

vínculos principales que la definen son los de afinidad derivadas del sagrado lazo del matrimonio de la adopción o de la consanguinidad, como es la filiación entre padres e hijos.
FAMILIA REAL. VER: REALEZA.
FARSA. Es el acto llevado a cabo para engañar.
FASCISMO. Doctrina elaborada por el dictador italiano Benito Mussolini (1883-1945), de acentuado carácter antidemocrático, reaccionario y totalitario, que considera al estado como una organización destinada a fiscalizar todos los aspectos de la vida individual y social. Se muestra partidario del establecimiento del partido único, del militarismo, del nacionalismo enfermizo, la desigualdad de clases, la predestinación de un grupo selecto de hombres para gobernar, por las desaforadas exclamaciones de las multitudes reunidas en los lugares públicos, la adopción de la violencia como método de lucha, el expansionismo territorial e ideológico y la concentración de todo el poder en la mano del gobernante.
FAVORITISMO. Es la actitud, positiva o negativa, general o particular, de preferir o rechazar ---por motivaciones económicas, amistosas y familiares--- a unas personas por encimas de otras para otorgarles cargos en la administración pública, por lo general de gran importancia y bien remunerados, sin tener en cuenta si dichas personas reúnen condiciones meritorias para desempeñarlas.
FE. Documentación escrita que establece la veracidad o legalidad de un acto jurídico.
FE DE CARBONERO. Es la virtud que poseen las masas populares de creer ciegamente en las ideas o en las promesas que hacen los políticos sin hacer ningún tipo de cuestionamiento. La fe del carbonero es parte integral de las campañas electorales, donde los pueblos acogen con gran beneplácito las promesas de los candidatos a cargos electivos que les aseguran que va a cambiar de la noche a la mañana su situación de hambre y miseria.
FE DE VIDA. Es un escrito que demuestra que una persona vivía en un determinado momento o de que vive en la actualidad.
FE PÚBLICA. Es la garantía otorgada por funcionarios autorizados por el estado cuyas afirmaciones, una vez cumplidos determinados requisitos, afirman que un acto o un hecho son verdaderos, y por lo cual adquiere validez jurídica.
FECHA. Indicación del día, mes y año en que acontece un acontecimiento en que se concede o firma un documento.

FECHA CIERTA. Es la certeza o seguridad cierta y verdadera del espacio de tiempo en que un acto jurídico se ejecutó.

FECHA UT RETRO. Locución que se utiliza para hacer mención a la fecha aparecida precedentemente en un escrito, con la finalidad de no volver a repetir la fecha.

FECHORÍA. VER: DELITO.

FEDATARIO. Se designa con este nombre al notario y a otros funcionarios que poseen la autoridad para afirmar la autenticidad de los documentos o acontecimientos.

FEDERACIÓN. Es la alianza, unión o asociación entre personas o grupos para obtener un objetivo común, en el plano político, sindical, económico, etc.

FEDERALISMO. VER: ESTADO FEDERAL.

FEHACIENTE. Es el testimonio, evidencia o escrito que prueba o demuestra algo de forma clara e indudable.

FELONÍA. Es un crimen que reviste una gran gravedad ya que es un acto de traición y deslealtad que una persona lleva a cabo en contra de otra y de su patria.

FEMINISMO. Corriente que propugna por la igualdad de la mujer con respecto al hombre. Por esto, plantea que debe tener las mismas oportunidades de desarrollo que el hombre, la misma educación, iguales oportunidades en las funciones públicas y privadas, ganar los mismos salarios y tener derecho de ser tomada en cuenta para postularse a los cargos electivos.

FENÓMENO DEL CORREDOR DE LA MUERTE. Este vocablo que también recibe el nombre de síndrome del corredor de la muerte es utilizado en las naciones donde se aplica la pena de muerte para referirse a la angustia emocional que sienten los presos que son confinados en las celdas de los condenados a muerte.

FERIA JUDICIAL. Época del año en que se interrumpen las actividades judiciales para darles descanso al personal.

FETICIDIO. Acción mediante la cual se asesina a un feto humano.

FETO. Es el fruto de la concepción humana, que se designa con el nombre de feto cuando ha alcanzado un determinado nivel de desarrollo de los órganos, hasta el momento en que se produzca el nacimiento.

FEUDALISMO. Sistema social, político y económico que se caracterizaba en lo social por la existencia de dos clases fundamentales: los señores feudales y los campesinos o siervos de la gleba. En lo político se caracterizó por la fragmentación del poder central, ya que existían dentro del estado numerosos estados independientes, donde los señores feudales ejercían el poder, impartían justicia, cobraban los impuestos y establecieron monopolios. En lo económico, se caracterizaba por el predominio de una economía rural, que se basaba en la propiedad de los señores sobre el principal medio de producción de dicho régimen: la tierra. Y tenían bajo su dependencia personal a los campesinos sin tierra, a cuyo trabajo le sacaban jugosos beneficios. Los señores feudales dividían sus extensiones territoriales en dos partes: la parte mayor la cultivaban por cuenta propia, pero con el trabajo de los campesinos siervos. La otra parte la dividían en pequeñas porciones para repartírselas a los campesinos, que buscaban su protección y amparo para que la cultivarán a cambio de pagarles un tributo, ya sea en dinero, en especies o en prestaciones personales.

FIADOR. Individuo que espontáneamente se hace responsable por otro en el caso hipotético de que este no cumpla con las obligaciones de deuda que ha adquirido.

FIADOR SOLIDARIO. Es la persona natural o jurídica que respalda con sus bienes, las obligaciones del deudor. Por lo cual el acreedor puede acudir indistintamente contra el deudor o contra el fiador para que le salden la deuda contraída.

FIANZA. Es un compromiso expreso de garantía personal por medio del cual un tercero, se responsabiliza a echarse al hombro, subsidiaria o solidariamente, el cumplimiento de la obligación ante el acreedor, en el caso de que el deudor no cumpla. Suma de dinero que se paga por la libertad de una persona que ha sido sometido a un juicio que está pendiente de fallo.

FIANZA BILATERAL. Acuerdo de voluntades entre el fiador y el acreedor, que con una intención determinada y clara acepta la garantía.

FIANZA JUDICATUM SOLVI. Es aquella que deben presentar los extranjeros o empresas extranjeras que no poseen residencia ni propiedades inmobiliarias en la república dominicana para poder incoar demandas judiciales ante los tribunales nacionales. Su finalidad es garantizar al demandado el pago de las costas judiciales y de los daños que una demanda de esta naturaleza puede causarle en el caso de que no prospere.

FIAT JUSTITIA ET RUAT CAELUM. Frase latina que expresa: hágase justicia, aunque se acabe el mundo.

FICHA POLICIAL. VER: ANTECEDENTES

FICCIÓN. Hecho o suceso jurídico fingido o simulado que se crea con algún objetivo práctico para solucionar de una manera sencilla unas series de hechos enredados y difíciles.

FIDEICOMISARIO. Es la persona que posee la capacidad jurídica de gozar y disfrutar los beneficios que ofrece el fideicomiso.

FIDEICOMISO. Acto de última voluntad por medio del cual la persona que redacta el testamento deja su patrimonio, o una parte de él, en manos de otra persona para que, al morir el testador, o al cumplirse ciertos requisitos, transfiera la herencia a otro heredero o invierta los bienes de la forma que él ha dejado dispuesta.

FIDELIDAD. Es la actitud o la virtud que debe tener una pareja que se ha unido por el vínculo del matrimonio de ser leal y protegerse mutuamente y también proteger a los demás integrantes de su familia.

FIDUCIA. Institución del derecho romano, por medio de la cual una persona transmitía la propiedad de una cosa al acreedor, por cesión judicial de la misma, quedando el acreedor con la obligación de restituir la cosa una vez que hubiera sido saldada la deuda.

FIDUCIANTE. Persona que transfiere la propiedad de bienes específicos para formar un fideicomiso.

FIDUCIARIO. Es la persona a quien el testador designa para que transmita su patrimonio a otra u otras personas.

FIGURA DELICTIVA. Es la que contiene los ingredientes básicos que no pierden vigencia para la formación de la actividad delictiva de que se trata.

FILIACIÓN. Es la recopilación de los datos personales de una persona que sirven para identificarla. Es el lazo biológico y jurídico que crea una relación de parentesco entre padres e hijos.

FILIBUSTERO. Es el nombre que recibía el pirata que a fines del siglo XVI y durante todo el siglo XVIII, formaba parte de los grupos de aventureros que estaban al servicio de las potencias coloniales europeas, como Inglaterra, Francia y Holanda. Estas naciones vivían en un estado de hostilidad contra España e incursionaban en el continente americano para atacar a las posesiones españolas. Se distinguían de los otros piratas en que no se alejaban de las costas, la bordeaban y asaltaban a las localidades marítimas. Se designaba con este nombre, también en el siglo XIX, a los aventureros americanos que en dicho siglo intentaron tener un rol protagónico en Centroamérica contra los gobiernos establecidos, utilizando métodos similares a la piratería.

FILICIDIO. Es el crimen que se comete cuando un padre asesina a un hijo.

FILOSOFÍA DEL DERECHO. Es la parte de la filosofía que, fundamentándose en el materialismo dialéctico y basándose en las leyes del materialismo histórico, trata de explicar las regularidades y leyes del proceso histórico del fenómeno político-social que es la ciencia jurídica, trata de poner de manifiesto las últimas causas de su evolución, a partir de descubrir su esencia, y trata de buscar las regularidades del derecho dentro de sus múltiples expresiones.

FIN DE LA CURATELA. Terminación que se elabora cuando se suspenden los motivos que la produjeron pero que exige una sentencia judicial que levante la interdicción.

FIN DE LA EXISTENCIA DE LAS PERSONAS FÍSICAS. Acontecimiento que se genera por el fallecimiento o, dentro del campo del derecho, por la manifestación de ausencia con sospecha de defunción.

FIN DE LA TUTELA. Función que finaliza por el fallecimiento del tutor, su destitución aceptada por el tribunal, por el fallecimiento del menor, por alcanzar este la mayoría de edad, o por haber contraído matrimonio.

FIN DEL MANDATO PRESIDENCIAL. Fundamento constitucional mediante el cual el presidente de una nación finaliza su mandato presidencial el mismo día que lo señala la constitución.

FINANCIACIÓN. Es proporcionar los recursos necesarios para desarrollar un proyecto empresarial. La vía más común para obtener financiación es por medio de los préstamos, los cuales pueden ser entregados por personas físicas o instituciones financieras.

Quienes conceden los préstamos cobran una tasa de interés que es acordada con antelación.

FINANZAS. Es una rama de la economía que estudia todo lo relativo a la obtención y gestión, por parte de una compañía, de un particular o del estado, de los recursos que necesitan para cumplir sus metas y de la forma como lo gastan, los consumen, los invierten, y si dichas inversiones dejan pérdidas o ganancias.

FINES DE INADMISIÓN. Constituye aquellos medios a través de los cuales el demandado contesta al demandante el derecho de acción, alegando la ausencia de uno de los requisitos que la hacen recibible, ejemplos, la falta de interés, de calidad, capacidad, o bien, que la capacidad de amparo jurídico del demandante ha caducado.

FINIQUITAR. Es liquidar o saldar una deuda totalmente.

FIRMA. Escritura escrita a mano, que por lo general está constituida por el nombre y apellidos, que una persona pone al pie de un escrito, para demostrar que proviene de quien firma al final de un escrito, para dar autoridad o aprobación a lo expresado en su contenido.

FIRMA A RUEGO. Es la firma que estampa una persona en un documento a solicitud de otra que no sabe o que se encuentra físicamente impedida de escribir. Se necesita la presencia de testigos para que comprueben las condiciones en que se firmó.

FIRMA COMERCIAL. Denominación que el comerciante utiliza en el ejercicio de sus actividades comerciales expresándose como agente de derechos y obligaciones en el mundo de los negocios.

FIRMA DEL TESTAMENTO. Acto en que el régimen legal le exige a la persona que redactó el testamento que su nombre y apellido deben estar escritos con todas las letras alfabéticas que lo forman.

FIRMA EN ACTO PRIVADO. Requisito indispensable para la validez de todo acto bajo firma privada que no puede ser sustituido por signos ni las iniciales de los nombres o apellidos.

FISCAL. Funcionario público que conduce la investigación criminal y que se ocupa de sustentar la acusación en los tribunales.

FISCO. Desde la óptica presupuestaria, tributaria y financiera, se llama fisco al conjunto de órganos de un estado que tienen por función guardar y custodiar los recursos monetarios del aparato estatal, así como de los mecanismos de que se vale para gestionar y recaudar los impuestos. Es el erario o tesoro público.

FISCUS POST OMNES. Frase latina que significa: el fisco después que todos. Esta locución se aplica en las sucesiones ab intestato o vacantes para señalar que, a falta de sucesores, hereda el estado.

FLAGRANTE DELITO. VER: CASO DE FLAGRANTE DELITO.

FOJA. Hoja de papel de un escrito legal.

FOLIO. Es la numeración individual que identifica y diferencia a cada documento.

FONDO. Patrimonio de una persona o institución cuando poseen finalidad o cuentas especiales. En las contiendas judiciales, el asunto de derecho se diferencia de los de pura formalidad y excepciones dilatorias.

FONDOS. Suma de dinero, títulos de créditos o valores cómodamente posible del capital de un comerciante o del tesoro público, y también del sector privado.

FOQUISMO. Método de la insurgencia armada que consiste en movilizar grupos reducidos en las zonas rurales y en lugares próximos a la zona urbana, especialmente preparados para asestar golpes sorpresivos, emboscadas y escaramuzas que conduzcan al desgaste militar y psicológico de las fuerzas armadas de una nación. Su propósito es iniciar un proceso nacional de insurrección contra el régimen constituido.
FORAJIDO. VER: BANDIDO.
FORASTERO. Es la persona o grupos de personas que proceden de otro lugar.
FORMA. Requisitos, puntos de vistas y manifestaciones que exige la ley para que un acto jurídico tenga validez.
FORMAS DE ESTADO. Es la variedad de modo que puede adoptar un mismo tipo de aparato estatal en lo que concierne a la organización de sus órganos de poder y gobierno, de su sistema político. Por ejemplo, el estado capitalista puede adoptar las más diversas formas: democracia burguesa, estado de derecho o formas dictatoriales: fascismo, nazismo y sus múltiples modalidades posibles.
FORMAS DE GOBIERNO. Es la modalidad de organización que adopta el poder constitucional de un estado en función de la relación entre los distintos tipos de poderes, y que dependen de las condiciones históricas concretas. Según la forma adoptada, se pueden distinguir dos modos fundamentales: la monarquía y la república. Estas dos maneras básicas de gobierno también varían en monarquía absoluta y monarquía constitucional, República Presidencialista y República Parlamentaria.
FORMAL. Se designa con esta palabra a la persona que asume la responsabilidad de cumplir con sus obligaciones y compromisos y también por observar las reglas de la educación y la cortesía.
FORMALIDAD. Requisito necesario para que se ejecute un acto jurídico, un procedimiento en un acto público, o para que se realice alguna cosa.
FORMALISMO. Es la tendencia a aplicar con estricta rigurosidad las reglas y normas de una escuela en la enseñanza o en la investigación científica.
FORMALISTA. Partidario de que se aplique con extrema rigurosidad las normas o formas.
FORMALIZAR. Cubrir un acto con los requisitos y solemnidades que exige la ley.

FÓRMULA. Forma instaurada para explicar y resolver por la vía oral un determinado asunto. Pacto o acuerdo establecido para buscarle un arreglo a una avenencia o transacción.

FORNICAR. Término que designa a la situación de sostener relaciones sexuales fuera del matrimonio.

FORO. En la roma de la antigüedad, era la plaza pública en la que se desarrollaban las actividades religiosas, comerciales, políticas y judiciales. En ella se efectuaban las transacciones comerciales, se celebraban los comicios por tribus y se administraba la justicia.

FORTUITO. VER: CASO FORTUITO.

FORZADO. Es el consentimiento que se obtiene por el uso de métodos violentos.

FRANQUICIA. es el acuerdo o convenio utilizado en las actividades comerciales por medio del cual una parte que recibe el nombre de franquiciador le otorga a otra llamada franquiciado la licencia de una marca para su explotación comercial, así como los modos de obrar, sistemas y tecnologías a cambio del pago de una suma periódica de dinero.

FRATRICIDA. Es aquel que le da muerte a un hermano.

FRAUDE. Maquinación o subterfugio que se ejecuta para obtener un beneficio, perjudicando a una persona o a una institución, y que está sancionado por la ley. Entre los diversos tipos de fraude que existen: el pago de sueldo a personal que no trabaja, la anulación de facturas que han sido cobradas, la doble facturación, los sueldos pagados a personas que no existen.

FRAUDE DE ACREEDORES. Engaño fraudulento de un deudor a sus acreedores que consiste en la ejecución de actos que tengan como objetivos simular una situación de insolvencia que le imposibilite cumplir con el pago de sus deudas.

FRAUDE ELECTORAL. Es la utilización de manera deliberada del engaño y de medios ilícitos en unas elecciones con la única finalidad de impedir, anular o alterar los resultados de dichas elecciones. Entre los métodos más utilizados para llevar a cabo un fraude están: adulteración de las actas de elección, utilización de los recursos del estado por parte del partido gobernante, manipulación de los sistemas de cómputos y soborno al personal que realiza el escrutinio.

FRAUDE PROCESAL. Conjunto de operaciones ejecutadas por las partes, los terceros, los magistrados o sus auxiliares, que tienda a conseguir o emitir una sentencia con o sin valor de la cosa juzgada, o la verificación de un convenio procesal u otra decisión judicial, con fines ilegales, o a obstaculizar su ejecución.

FRONTERA. Es la línea imaginaria o real que demarca la soberanía y el territorio de una nación. Este territorio no solamente se compone de tierras, sino también del espacio aéreo, lacustre, marítimo y fluvial. Para delimitar la frontera de un país con otro, no solo se utiliza la tierra cuando está de por medio, pues esa división se puede efectuar, en algunos casos, utilizando ríos y mares.

FRUCTUS QUAMDIU SOLO COHAERENT, FUNDI PARS SUNT. Norma del derecho romano por medio de la cual se manifiesta que los frutos pendientes son parte del fundo.

FRUSTRACIÓN. En materia penal, realización de todas las acciones que deberían generar como producto la actividad delictiva, impedida por motivos ajenos a la voluntad del criminal.

FRUTOS. Son los productos que nos proporcionan la tierra y el mar. También se consideran frutos, a todo beneficio, utilidad, provecho, ganancia.

FUENTES DE OBLIGACIONES. Son todas aquellas acciones que son aptas de ser causa del lazo obligacional, o de derechos personales, comprendiéndose como tales, los que se establecen entre un acreedor y un deudor, por lo cual este queda obligado a saldar su deuda.

FUENTES DE DERECHO. Nombra a todo lo que coopera o colabora a instituir el conjunto de normas y preceptos jurídicos puestos en práctica dentro de una nación en un momento específico.

FUERO. VER:INMUNIDAD.

FUERO SINDICAL. Está formado por unas series de derechos que el régimen jurídico le concede al trabajador que desempeña funciones electivas o representativas en instituciones sindicales.

FUERZA. Es la protección suprema del régimen jurídico, como manifestación material del régimen coercitivo que este contiene para sancionar cuando espontáneamente no se admite su dominio pacíficamente.

FUERZA DE LEY. Término utilizado en diferentes textos legales para crear la inevitable inoperatividad de algunas normas que no proceden directamente de la ley.

FUERZA EXTRAÑA. Cuando el que no forma parte directa de una relación jurídica obliga a la misma utilizando la intimidación y la violencia, lo cual trae como consecuencia la nulidad del acto, en las mismas circunstancias que si hubiere actuado dolosamente una de las partes.

FUERZA IRRESISTIBLE. Falta de autorización y permiso cuando sobre la persona se realiza una acción violenta que no puede vencer por sus condiciones personales ante el caso específico.

FUERZA LIBERATORIA. Facultad extintiva de obligaciones, concedida por el régimen jurídico en toda la esfera de un territorio al dinero puesto en circulación por una nación.

FUERZA MAYOR. VER: CASO DE FUERZA MAYOR.

FUERZA PROBATORIA. Capacidad para obrar de los medios de prueba para cualquier tipo de juicio, pero apto para dar credibilidad tanto a los acontecimientos que se presentan como indispensables para producir el deseo que se argumenta, como la existencia de actos delictivos y la identificación del culpable.

FUERZA PÚBLICA. Es uno de los rasgos fundamentales del estado y está formado por grupos de individuos armados, por lo general bajo la forma de fuerzas armadas y policía, aditamentos materiales, las cárceles, los tribunales y las instituciones represivas de toda clase. La fuerza pública está al servicio de la clase que domina económicamente la sociedad, la cual utiliza para reprimir a los sectores que se oponen a su dominación.

FUERZAS ARMADAS. Son unos de los principales mecanismos de poder de los estados y están compuestas por contingentes armados cuyas funciones fundamentales son salvaguardar la soberanía nacional y reprimir violentamente a los que atenten contra el orden constituido por las clases dominantes. Tradicionalmente, en las naciones capitalistas, se dividen en tres ramas: el ejército terrestre, la fuerza aérea y la marina o armada.

FUGA. Escape, evasión o huida apresurada de algún lugar.

FUGITIVO. VER: PRÓFUGO.

FULLERÍA. Es la acción delictiva que se comete, cuando una persona sabe que no tiene dinero para pagar y se hace servir bebidas y/o alimentos que consume totalmente o en parte, en cualquier negocio destinado para este fin.

FUNCIONARIO PÚBLICO. Es la persona que desempeña una función o servicio en los organismos del estado y puede representar a cualquier poder público que exista, ya sea el legislativo, el ejecutivo, el judicial, el municipal o el electoral. Los funcionarios públicos son:
a) funcionarios de carrera. b) funcionarios de empleos eventuales. c) funcionarios de empleos interinos.

FUNCIONES PRORROGADAS. Son un principio del derecho administrativo que establece que cuando un funcionario público ha sido separado de su cargo por haber cumplido su periodo, por renuncia o por destitución sin haber sido nombrado o electo su sustituto, dicho funcionario debe continuar ejerciendo su función pública hasta que sea sustituido y, por ende, debe reconocérseles el tiempo de ejercicio de sus competencias.

FUNDACIÓN. Modelo de persona jurídica que se distingue o diferencia por ser una institución sin fines de lucro.

FUNDAMENTO. Principios básicos a partir de los que se confecciona, instaura o se elabora una cosa.

FUNDAMENTO JURÍDICO. Razonamiento que formula u organiza, ilumina la explicación y estudio de la ciencia jurídica.

FUNDO. Es un predio que está formado de una fracción delimitada de terreno.

FURIA. VER: IRA.

FURTIVO. Es la acción que se hace clandestinamente o de forma disimulada.

FUSILAR. Es una forma de aplicar la pena de muerte en que a la persona se le priva de la vida disparándole con un fusil.

G

GABELA. Es un vocablo que designa a los tributos, contribuciones o impuestos que se gravan sobre un producto de consumo general, y que se distingue por su facilidad de cobro frente a otro tipo de gravámenes. En el periodo del feudalismo es un impuesto muy importante, ya que constituye el total de las prestaciones que deben los campesinos siervos a sus amos.

GABINETE. Es el conjunto de ministros o de secretarios de estados de un gobierno que forman parte del poder ejecutivo de un estado. En los regímenes parlamentarios dependen del primer ministro y, en los regímenes presidenciales del presidente de la República. La estructura y funcionamiento del gabinete cambia en cada nación.

GAJE. Suma de dinero que se recibe por desempeñar una determinada actividad laboral.

GAJES DE OFICIO. Incomodidades, impedimentos y perjuicios que se presentan en el desempeño de un empleo.

GAMONALISMO. Es una modalidad del caciquismo rural y primitivo en la que el potentado de una región, comarca o municipio, basa su poder económico y político en la propiedad de la tierra, por lo cual otorga protección a sus allegados, concede cargos y prebendas al círculo de personas que están bajo su servicio y trata de aplastar a quienes cuestionan su autoridad. Y, por ello, siempre se pone al servicio de los gobernantes para obtener una cuota de poder regional.

GANANCIA. Beneficio o provecho económico que se obtiene por realizar una actividad comercial.

GANANCIALES. VER: BIENES GANANCIALES.

GÁNSTER. Es un criminal de profesión que, por lo general, pertenece a una organización criminal, violenta y mafiosa. Se usa este término en la vida política para designar a las personas que utilizan métodos muy idénticos a los de la mafia, como el chantaje, la intimidación, el soborno, la amenaza y el asesinato, con el único fin de encubrir sus actividades delincuenciales.

GARANTÍA. Suma de dinero o cosa material que se concede para avalar el cumplimiento de una deuda.

GARANTÍAS CONSTITUCIONALES. VER: DERECHOS CIVILES.

GASTOS. Entrega de una suma de dinero para adquirir bienes, pagar un servicio, conservar o aumentar el valor de una propiedad, incrementar una fuente de riquezas, o para satisfacer el placer de una persona.

GASTOS CORRIENTES. Son los gastos obligatorios que deben hacer cada uno de los propietarios de un apartamento en un edificio de condominio para conservar, mantener, reparar y administrar las áreas de uso común. Este tipo de gastos también recibe el nombre de gastos comunes.

GASTOS DE REPRESENTACIÓN. Suma de dinero adicional al sueldo que reciben, el jefe del estado, los altos funcionarios del gobierno, los miembros del cuerpo diplomático y los que ejercen otras funciones gubernamentales tanto dentro como fuera del país.

GASTOS PÚBLICOS. Abarca el conjunto de erogaciones, por lo general de carácter monetario, que efectúa el estado para cumplir con sus objetivos de satisfacer las demandas sociales en materia de salud, alimentación, vivienda, agua y alcantarillado, asistencia social, energía, comunicaciones y transporte, promover la capacitación y el empleo y pagar la burocracia.

GATILLO ALEGRE. Es un agente del orden público que por oficio elimina a otras personas. También se puede señalar como gatillo alegre a la persona que saca su arma de fuego y tira unos cuantos tiros hacia arriba desde que se arma el más mínimo incidente.

GENDARME. Agente policial encargado en ciertas naciones de mantener el orden público burgués.

GENERACIÓN. Conjunto de personas que provienen de un tronco común. Grupo de personas que han nacido en la misma época.

GENERALES DE LA LEY. Serie de preguntas que se les formulan a los testigos, para establecer su estado y condición y otras informaciones de interés a efectos de asegurar la eficiencia del testimonio. Abarca el nombre, edad, estado civil, domicilio, grado de parentesco, relaciones de amistad con la parte.

GENOCIDIO. Palabra creada por Raphael Lamkin, judío-polaco en 1944. El genocidio es un delito internacional que consiste en el exterminio o eliminación masiva de grupos humanos, por razones de nacionalidad, etnia, raza, religión, ideología, sexualidad, etc.

GERENTE. Es el ejecutivo que dirige, realiza los trámites necesarios para lograr un negocio o administra una sociedad comercial.

GERONTOCRACIA. Es una forma de gobierno en que las instituciones y el gobierno son dirigidas por las personas de mayor edad, a las cuales se les considera que poseen los mayores conocimientos, la mayor experiencia, y que son los que conocen más profundamente los hábitos, las costumbres y las tradiciones de la comunidad.

GESTIÓN. Son las diligencias que se llevan a cabo para administrar una institución o gestionar alguna actividad comercial.

GESTIÓN DE NEGOCIOS AJENOS. Es un acto por medio del cual una persona se encarga de administrar los negocios de otra, sin la obligación legal de hacerlo, aunque el dueño del negocio tenga o no conocimiento de esto, pero está en la obligación de dar cuenta de su gestión.

GESTOR. Persona que se encarga de administrar una empresa que es propiedad de otra persona, tenga esta o no el conocimiento de la gestión.

GESTOR ADMINISTRATIVO. Integrante de un organismo colegiado, que se encarga de promocionar diversos tipos de negocios de particulares, sociedades o corporaciones en las instituciones del estado, a cambio del pago de una suma de dinero.

GINECOCRACIA. Es el predominio absoluto de las mujeres en la dirección del gobierno. El antropólogo y sociólogo suizo Johan Bachofen (1815-1887) sostiene que en el régimen de la sociedad primitiva los seres humanos vivían en estado de promiscuidad sexual, por lo que no se podía establecer positivamente la paternidad la mujer era el único elemento conocido de la filiación; y el parentesco sólo puede establecerse por la línea femenina. Como consecuencia, las mujeres gozaban de una gran veneración y de un profundo respeto.

GIRADO. Es la persona contra quien el girador emite la disposición incondicional de pagar una determinada cantidad de dinero a otra persona designada con el nombre de beneficiario.

GLASNOT. Palabra de origen ruso que significa apertura o transparencia. Es una política ejecutada por Mijaíl Gorbachov, gobernante de la desaparecida unión soviética a partir de 1985. Su pretensión era permitir la libre difusión de las ideas y el pensamiento, liberar los presos políticos y permitir la participación de las masas populares en los asuntos de interés público.

GLOSA. Exposición de un asunto, tema o doctrina que es difícil de comprender, con palabras que las hagan más fácil de entender.

GOBERNABILIDAD. Es la situación que necesita de condiciones favorables, tanto en el orden interno como en el internacional, para que los gobiernos posean la capacidad de manejar el descontento popular, conducir a los seres humanos y administrar la cosa pública con eficiencia y honestidad.

GOBERNADOR. Autoridad política y administrativa que posee la facultad de mandar en los estados, provincias, departamentos o regiones.

GOBERNANTE. Es la persona que tiene en sus manos las riendas del gobierno de una nación.

GOBIERNO. Es el instrumento que dirige, controla y administra las organizaciones del estado y que toma decisiones políticas de carácter obligatorio y universal que competen a toda la sociedad para ejercer el poder público o estatal.

GOBIERNO DE FACTO. Es una modalidad de gobierno antijurídica que tiene su origen en un procedimiento que no ha sido establecido constitucionalmente, sino mediante golpes de estado o vacíos de poder que violan el orden legalmente establecido. Y, aun cuando tienen un origen legal, se conduce en el ejercicio del poder de una manera arbitraria y despótica.

GOBIERNO EN EL EXILIO. Es un grupo político que reclama, desde el exterior, ser la legítima autoridad gubernamental de una nación de cuyo gobierno ha sido despojado por la vía de la violencia, por lo cual se ha visto incapacitado para ejercer el poder. Los gobiernos en el exilio se forman frecuentemente durante los tiempos de ocupación militar. Plantean, desde el punto de vista jurídico y político, el de su reconocimiento por la comunidad internacional.

GOBIERNO DE JURE. Es aquel que asciende al poder por los mecanismos establecidos por la constitución o carta magna de cada nación.

GOBIERNO PROVISIONAL. Es el gobierno que se forma cuando las autoridades que ejercen el poder son derrocadas y lo ejercen hasta que se redacta una nueva constitución que llama a celebrar elecciones, para que los ciudadanos tengan el derecho a elegir a sus nuevos gobernantes.

GOBIERNO USURPADOR. VER: GOBIERNO DE FACTO.

GOCE. Es el acto de poseer y disfrutar una cosa.

GOLPE DE ESTADO. Es la toma violenta del poder por grupos armados que violan y vulneran el orden constitucional legalmente establecido para establecer un nuevo orden político en el estado que puede ser tanto un gobierno dictatorial o un régimen que emprenda un régimen de transformaciones sociales, políticas y económicas que conduzcan a mejorar la calidad de vida de los sectores marginados de la población.

GOLPE DE ESTADO LEGISLATIVO. Llamado también golpe parlamentario, es el que se realiza cuando el gobernante de una nación es acusado de delitos que no ha cometido y es llevado ante el congreso y el parlamento de su país para ser sometido a un juicio político, donde eventualmente será destituido dando la apariencia de que es un acto estrictamente constitucional, pero en cual se violan las más elementales normas del derecho y de la defensa.

GOLPE DE ESTADO SUAVE. Estrategia conspirativa elaborada por el politólogo estadounidense Gene Sharp. Y consiste en la utilización de métodos conspirativos y desestabilizadores no directos y en sus inicios no violentos, con la finalidad de deponer a un gobierno que no es del agrado de las potencias imperialistas y, de este modo, dominar el poder político de una nación, sin que parezca que haya sido por las maniobras de un poder económico y político.

GOLPE DE TIMÓN. Expresión marinera que significa dar un cambio brusco de dirección en el manejo de una embarcación. Por esta frase, se dice en política que se da un golpe de timón cuando en la conducción de los asuntos estatales se produce un giro importante.

GRACIA. Perdón que le otorga la autoridad competente a un condenado, al dejar sin efecto la pena a la cual fue sentenciado. Beneficio o favor que se le hace a una persona que no se lo merece.

GRADO. Nexo o lazo familiar que existe entre dos personas, establecido por la generación.

GRADO DE PARENTESCO. Es la distancia que existe entre dos personas en el árbol genealógico. Ejemplo una persona está en segundo grado de parentesco con su hermano, pues en primer lugar se cuenta un grado de él hacia su progenitor y después un grado hacia el hermano.

GRADUACIÓN. Acto que consiste en otorgar a las personas, cosas o derechos, grados de una calidad determinada.

GRADUACIÓN DE LA PENA. Resolución que se toma para lo que debe concernir para cada acto delictivo.

GRADUALISMO. Es una política de desarrollo según la cual los cambios en las sociedades deben ocurrir de una manera lenta, paulatina, programada, ininterrumpida, es decir, en forma de pasos graduales, para poder alcanzar las metas propuestas de cambio en las estructuras económicas, políticas y sociales.

GRAFOLOGÍA FORENSE. Es la disciplina que trata de establecer si un texto o firma es auténtico o quien es el autor de dicho texto o de una firma en un documento.

GRAN DUCADO. Es el área territorial cuyo jefe de estado es un monarca que detenta el título de gran duque o gran duquesa. Hoy en día Luxemburgo es el único país que existe como gran ducado.

GRATIFICACIÓN. Remuneración, recompensa, emolumento que una persona le da a otra por agradecimiento por haberle hecho un servicio o un favor.

GRATUITO. Que sale gratis, porque carece de valor monetario. Alegatos, argumentos, acusaciones y otras posiciones polémicas que son arbitrarias y no tienen ningún fundamento.

GRAVADO. Requisito o situación de una propiedad inmobiliaria sujeta a un derecho real, fundamentalmente una servidumbre o una hipoteca.

GRAVAMEN. Carga, tributo o impuesto que pesa sobre el patrimonio de una persona.

GREMIO. Asociación de personas que ejercen el mismo oficio o profesión, y se rigen por estatutos y ordenanzas especiales.

GRUPOS DE PRESIÓN. Son instituciones de carácter profesional, corporativo, sindical, cultural o de cualquier índole, que son parte integral del sistema capitalista, y que operan ya sea fuera como dentro de la ley; no buscan el ejercicio directo del poder, sino presionar a los centros del poder desde las tinieblas con el único objetivo de favorecer sus interese particulares o de aquellos grupos a quienes representan.

GUARDA. Es el mandato que le confiere la ley a una persona de custodiar cosas o personas.

GUARDA DE MENORES. Es la encomienda que se le hace a una persona o a una institución de carácter público que se encarguen de custodiar a los menores de edad que estén atravesando por una situación de desamparo.

GUARDACOSTAS. Es una entidad pública encargada de prestar múltiples servicios de transporte, los cuales están relacionados con la autoridad y la seguridad marítima.

GUARDAESPALDAS. Es el individuo o una pluralidad de individuos, que tienen por función proteger a una o varias personas junto con su familia, de agresiones, secuestro, o de cualquier otro tipo de amenazas.

GUARDIÁN. Es el individuo o la institución, que tiene por función cuidar, vigilar y mantener bien conservados los objetos que han sido embargados, para presentárselo a la autoridad judicial competente cuando ésta así lo ordene.

GUARIDA. Refugio y escondite de delincuentes y criminales.

GUERRA. Es la forma de conflicto, enfrentamiento o confrontación bélica entre naciones o entre grupos armados con la finalidad de someter o destruir al enemigo para apropiarse de sus riquezas o ejecutar una agresión. Se producen por diversas razones como la codicia, la cultura, la religión, el poder, el dominio territorial y la explotación económica.

GUERRA ASIMÉTRICA. Es aquella en la cual existe una diferencia abismal entre los bandos enfrentados, ya que uno de ellos posee el mayor número de combatientes y tecnología más moderna que sus contrincantes.

GUERRA CIVIL. Es la contienda bélica cuyos protagonistas no son en su mayoría los componentes de las fuerzas armadas profesionales, sino bandos de la población que libran una lucha de gigantescas proporciones dentro de las fronteras nacionales de una nación con el objetivo de acceder al poder para dominar el territorio de su país o llevar a cabo un proyecto de secesión.

GUERRA DE CUARTA GENERACIÓN. Es la clase de conflagración que incluye una pluralidad de contiendas que, de forma separada, se han ido extendiendo a través de los siglos o a los largos de los años.

GUERRA DE GUERRILLAS. VER: GUERRILLA.

GUERRA DE NERVIOS. VER: GUERRA PSICOLÓGICA.

GUERRA FRÍA. Es el enfrentamiento en el plano político, ideológico, militar, e informativo, entre las naciones. Esto presupone un estado intermedio entre la paz y la guerra. Y trae como consecuencia la negativa a colaborar en un plano de igualdad, limitaciones al comercio, el sabotaje y la adopción de métodos de imposición y de presión.

GUERRA HÍBRIDA. Es un nuevo modelo de guerra en el que se emplean todas clases de medios y procedimientos ya sea la fuerza convencional o cualquier otro medio irregular como la insurgencia, el terrorismo y las últimas tecnologías.

GUERRA JUSTA. Es la guerra necesaria que debe ser precedida por una declaración formal de las acciones bélicas hechas por una autoridad legalmente constituida y que debe obedecer a una causa justa, como la legítima defensa y la guerra preventiva que se hace ante el inminente peligro de sufrir una agresión, aunque todavía el ataque no haya sido perpetrado.

GUERRA NO CONVENCIONAL. Es el tipo de guerra en el cual no existe un enfrentamiento bélico entre las naciones envueltas en el conflicto, en esta clase de guerra se tiene por objetivo la intervención de las naciones imperialistas en las naciones del tercer mundo con la finalidad de someterlo para apoderarse de sus recursos naturales.

GUERRA PSICOLÓGICA. Es el uso planificado de la propaganda y de la acción psicológica para presionar, por medios de amenazas, intimidaciones, difusión de rumores falsos, noticias alarmantes y otros medios, a las personas, a los partidos políticos y a las masas populares para manipular sus mentes y orientar su conducta con el objetivo de que hagan algo que se desea o persuadirlos de que no realicen determinadas acciones.

GUERRA SANTA. Es la más fanática de todas las guerras que se originan por las diferencias de orden religioso entre los grupos envueltos en el conflicto. Su grado de fanatismo persigue la aniquilación física del enemigo de la manera más brutal, ya que es considerada como la encarnación del demonio. Eliminarlo es un mandato divino y una obra reivindicadora de la fe.

GUERRA SUCIA. VER: TERRORISMO.

GUERRILLA. Vocablo que comienza a usarse en España durante la invasión napoleónica en siglo XIX y que consiste en una táctica militar de choques armados para asediar al enemigo en su propio campo con bandas irregulares y a través de ataques fugaces y sorpresivos, voladuras de centros estratégicos, puentes y caminos, o el cierre del paso al suministro de armas y provisiones.

GUERRILLA URBANA. Es un tipo específico de táctica de guerrilla que se identifica por desarrollar en las zonas urbanas un conjunto de maniobras subversivas para afectar el normal desenvolvimiento de las actividades de las instituciones estatales

o también para darle publicidad a la causa política que dicen defender.
GUERRILLA RURAL. VER: FOQUISMO.

H

HABEAS CORPUS. Es la institución que le garantiza a todo ciudadano, que ha sido privado de su libertad de comparecer de inmediato ante un tribunal para que este decida, si su detención llena los requisitos que exige la ley o por lo contrario si ha sido injusta o arbitraria, por lo cual en este último caso el magistrado está obligado a decretar la libertad del detenido.

HABEAS DATA. Es el recurso legal que puede ejercer todo ciudadano que estuviera incluido en un banco de datos, para tener entrada a dicho banco para que le suministren las informaciones tienen recopiladas sobre su persona, y en caso de que esta sea falsa y no estuviera actualizada, la persona afectada puede solicitar que se suprima o corrija dicha información porque le perjudica.

HABER. Sumas de bienes o cosas que son propiedad de una persona.

HÁBIL. VER: CAPACIDAD.

HABILITACIÓN. Autorización o permiso legal que se le concede a una persona para que ejecute una cosa.

HABILITACIÓN DE DÍA Y HORA INHÁBIL. Manifestación de un magistrado que le concede permiso a una autoridad para que ejecute actos judiciales en días y horas inhábiles.

HABITACIÓN. Poder intransferible de obtener en un inmueble ajeno los espacios necesarios para que uno pueda vivir con su familia.

HABITANTE. Persona que forma parte de la población de una ciudad, de una región o de un país.

HABITUALIDAD. Determinación de los rasgos característicos del agente delictivo relacionado con su comportamiento obtenido por la reproducción de sus actividades antijurídicas.

HACER EL PRIMO. Dejarse engañar con suma facilidad.

HACERSE JUSTICIA POR SU PROPIA MANO. Cuando oímos esta expresión estamos oyendo algo que es totalmente ilegal. Ya que ninguna persona puede hacerse justicia por sí misma, ni ejercer violencia para reclamar su derecho.

Todo ser humano tiene derecho a que se le administre justicia por tribunales que tienen por función impartirla en los plazos y términos que fije el sistema jurídico que impera en su país.

HACIENDA. Es una propiedad rural que se dedica al cultivo de la tierra y a la cría del ganado, que posee una gran extensión.

HACIENDA PÚBLICA. Combinación de personas cuyo objetivo es la productividad de los servicios que pertenecen al estado, que se obtienen a través del cobro de los impuestos a la población.

HACKER. VER: PIRATA INFORMÁTICO.

HÁGASE SABER. Frase empleada por el magistrado en las disposiciones, decisiones y sentencias con el objetivo de que el asunto se comunique oficialmente a las partes.

HALLAZGO. Es encontrar una cosa mueble ajena por casualidad.

HASTA LAS ÚLTIMAS CONSECUENCIAS. Es cuando una persona emplea todos los medios y recursos disponibles para defender lo que es de su propiedad o interpone una demanda ante un tribunal para ver si logra que se sancione al culpable del daño que este le ocasionó. Los mecanismos que empleen pueden ser legales e ilegales, pueden ocasionar daños a terceros, destruir propiedad privada, atacar a los agentes del orden público.

HECHO. Es el acontecimiento que se produce o sucede.

HECHO ADMITIDO. Acontecimiento que se deriva por el mutismo del demandado o de su motivo para evitar cierta dificultad, con relación a los sucesos expuestos por el demandante.

HECHO AJENO. El realizado por una persona distinta de nosotros o el que procede de una fuerza extraña a la nuestra.

HECHO CONSUETUDINARIO. Es el que significa una norma o precepto consuetudinario de derecho.

HECHO ILÍCITO. Es el acto cometido por una agente que es contrario al derecho.

HECHO JURÍDICO. Suceso o evento que tiene consecuencia que reviste una gran importancia dentro del campo del derecho.

HECHO JUSTIFICATIVO. Es aquel que sirve para dejar certeza o seguridad de un acontecimiento o para probar algún derecho.

HECHO LÍCITO. Es el acto que está permitido por la estructura jurídica vigente en una sociedad.

HECHO NEGATIVO. Es la acción o efecto de no hacer nada.

HECHO NOTORIO. Es aquel que es conocido por una cantidad ilimitada de personas, dentro de las cuales se encuentra el juez, que subsiste en el tiempo y no requiere que sea probado.

HECHO POSITIVO. Acontecimiento que introduce una modificación efectiva de ciertas condiciones.

HECHOS. En materia civil, los acontecimientos abarcan todas las acciones de las partes, previas a la causa, que pueden revestir una gran importancia en el proceso.

HEGEMONÍA. Esta palabra tiene dos acepciones: una en el plano nacional y otra en el internacional. En lo nacional, se refiere al orden interno de una nación, y señala la postura de los grupos sociales dominantes de construir una estructura ideológica, que les permita imponer su dominación económica, política y social en la sociedad sin tener que recurrir a la coacción. En el plano internacional, significa la acción imperialista que puede desplegar una nación o grupos de naciones, gracias a su mayor poder económico, militar o político, de someter a su dominación a otro país o grupos de países.

HEMICICLO. Es un espacio público que sirve para alojar a los cuerpos legislativos. Tiene forma de círculo y su nombre se origina en la antigua Grecia.

HEREDAD. Conjunto de propiedades agrícolas dedicadas al cultivo que pertenecen a una sola persona.

HEREDAD ABIERTA. Tierra en el que en una porción no se ha construido ninguna edificación y se encuentra apartada de la vía pública por construcciones que forman parte de ella.

HEREDAD CERRADA. Es la que carece de toda salida a la vía pública, y que no posee una salida suficiente para su explotación.

HEREDERO. Es la persona que por disposición testamentaria o legal acepta los bienes, las sumas monetarias o los derechos de una persona cuando ésta falle.

HEREDERO AB INTESTADO. Llamado también heredero legítimo es el que acepta la sucesión cuando esta es retardada por el régimen legal.

HEREDERO ABSOLUTO. Es el que es llamado a la sucesión sin limitación ni requisito alguno, por lo cual puede utilizar los bienes heredados como mejor le convenga.

HEREDERO ANÓMALO. Es el que recibe una sucesión y está obligado a pagar las deudas de la herencia, pero no representa a la persona del fallecido.

HEREDERO APARENTE. Es el que se encuentra en posesión de una herencia, pero que posteriormente se demostrara que esa sucesión pertenece a otra persona.

HEREDERO BENEFICIARIO. VER: BENEFICIO DE INVENTARIO.

HEREDERO FIDEICOMISARIO. Es aquel al que el heredero por encargo del fallecido, le entrega la totalidad o la parte de una herencia.

HEREDERO FIDUCIARIO. Es la persona que por disposición testamentaria se le encarga de transferir la totalidad o la parte de una herencia a otra persona.

HEREDERO FORZOSO. Es el heredero a quien la persona que redacta un testamento no puede despojar de la parte de la herencia que le corresponde por ley.

HEREDERO INCIERTO. Es el designado por una disposición testamentaria de manera que resulte problemática su identificación.

HEREDERO POR REPRESENTACIÓN. La persona que desciende de otra que ha sido desplazada de la herencia por cualquier razón, ocupará en la sucesión el lugar que le hubiera correspondido a su ascendiente.

HEREDERO PÓSTUMO. Es aquel cuyo nacimiento se produce después del fallecimiento del testador.

HEREDERO PURO Y SIMPLE. Es la persona que acepta una herencia sin admitir el beneficio de inventario, por lo cual queda obligado a pagar todas las deudas del fallecido, aún con su propio patrimonio, cuando los bienes del difunto no dan para saldar las deudas que contrajo.

HEREDERO TESTAMENTARIO. Es la persona que, por consentimiento del testador, expresado por disposición testamentaria, sucede en la herencia, aunque no es el heredero legítimo.

HEREDERO UNIVERSAL. Es la persona a quien pasa todo, o una porción proporcional del conjunto de bienes de otra.

HERENCIA. Conjunto de propiedades mobiliarias e inmobiliarias, derechos y obligaciones de carácter monetario, que se acepta por disposiciones legales de una persona cuando ésta deja de existir.

HERENCIA ADVENTICIA. Es el patrimonio que deja una madre a su hijo que se encuentra bajo la potestad paterna, con la finalidad de que él la adquiera para sí. Aunque los bienes son propiedad del hijo, la administración de estos le pertenece a su padre.

HERENCIA VACANTE. Es el patrimonio que deja una persona al morir que no tiene herederos legítimos, y que si los tiene no lo aceptan, pasando la herencia a ser propiedad del estado.

HERENCIA YACENTE. Es la situación temporal en que se encuentra el patrimonio de una persona que ha fallecido, porque sus herederos legítimos todavía no han aceptado la herencia. O sea, cuando la herencia es aceptada desaparece la figura de la herencia yacente.

HERIDA. Daño físico que se produce en la parte exterior del cuerpo humano como producto de un corte de armas blancas, un disparo, una presión, etc.

HERMANA, HERMANO. Hijos que tienen en común el mismo padre y la misma madre, o que son hijos del mismo padre o de la misma madre.

HERMANDAD. Relación o vínculo de parentesco que existe entre hermanos.

HERMENÉUTICA JURÍDICA. Es la técnica que se utiliza para interpretar el significado de las normas jurídicas.

HETEROCOMPOSICIÓN. Es una forma de poner fin a los litigios y procesos que implica la búsqueda de la opinión de un tercero ajeno al conflicto, para que dé una solución amigable al asunto.

HIJASTRO. Es el hijo de uno de los cónyuges fruto de una unión anterior.

HIJO. Es el vínculo de parentesco existente entre un ser humano y las personas que lo procrearon.

HIJO ADOPTIVO. Se designa con este nombre a la persona que ha sido adoptada siguiendo los requisitos que establece la legislación de cada país.

HIJO ADULTERINO. El procreado por una pareja que al momento del nacimiento del hijo no podían unirse por el vínculo del matrimonio, porque uno de ellos o ambos estaba casado.

HIJO FICTICIO. El que el cónyuge o el amante de una mujer creen que es suyo, pero en la realidad es otro el padre biológico.

HIJO INCESTUOSO. El procreado por una pareja que estaba impedida de unirse por el acto del matrimonio por existir una relación de parentesco entre ellos que está prohibida por la ley.

HIJO LEGITIMADO. Es la transformación de un hijo ilegítimo en legítimo que se materializa a través de la posterior unión matrimonial de sus padres.

HIJO LEGÍTIMO. El que ha sido procreado por una pareja que está o estaba unida por el vínculo del matrimonio.

HIJO MÁNCER. Es el hijo de padre desconocido, procreado por una mujer que lleva una vida deshonesta y que sostiene relaciones sexuales con una pluralidad de hombres.

HIJO NATURAL. Es aquel que ha sido engendrado por una pareja que no está unida por una relación matrimonial.

HIJO SACRÍLEGO. El concebido por un hombre y una mujer que han renunciado a toda clase de placer sexual al entrar a un culto religioso.

HIJUELA. Escrito donde se describe con detalles los bienes que tocan en una partición a cada uno de los herederos en el patrimonio que dejó el causante. Vía que sale de otra principal y se emplea para transitar.

HIPOTECA. Es un contrato por medio del cual el propietario de un bien inmobiliario manteniendo la posesión de su propiedad, la pone en garantía ante otra persona o una institución financiera, para garantizar el cumplimiento de una obligación o de una deuda que ha contraído con ellas.

HISTORIA. Es la ciencia que tiene como objeto de estudio el pasado de la sociedad humana basándose en una investigación exhaustiva de los hechos, y que hace hincapié en lo económico para buscar las leyes a que obedecen y someterlos a una profunda crítica. Nace con la invención de la escritura varios milenios antes de nuestra era.

HISTORIA DEL DERECHO. Explicación científica que examina y analiza los fenómenos jurídicos en sus cambios y transformaciones en el transcurso del tiempo, la creación y crecimiento de las instituciones jurídicas, en un pueblo específico o de varios, haciendo una comparación entre ellos.

HITO. Señal que se coloca para marcar los límites de una parcela.

HOLGAZÁN. VER: VAGO.

HOLDING. VER: TENENCIA.

HOMBRÍA DE BIEN. Cualidades destacadas de una persona, que actúa con decencia, honradez y probidad.

HOMICIDIO. Es la acción antijurídica penada por la ley que consiste en ocasionarle la muerte a una persona.

HOMICIDIO AGRAVADO. Acción delictiva que comete una persona cuando mata a otra, que se agrava cuando entre el autor y la víctima existe un lazo de parentesco y que es conocido por el autor.

HOMICIDIO CULPOSO. Es el acto de privar a una persona de su vida, procediendo con culpa, pero, que carece de intención o dolo, pero que contiene negligencia. Ejemplo: un automovilista que viola las leyes de tránsito y pasa un semáforo en rojo matando un peatón.

HOMICIDIO DOLOSO. Es el que se consuma cuando existe la intención criminal por parte del agente de quitarle la vida a otra persona.

HOMICIDIO EN DUELO. Actividad delictiva que se comete cuando se enfrentan dos personas con la participación de otras personas que ejercen como padrinos, para aportar armas y demás requisitos del combate tendiente a desagraviar el honor de la persona ofendida con la muerte de uno de los combatientes.

HOMICIDIO EN RIÑA. Acción contraria al derecho que se comete cuando, en una agresión participan una pluralidad de personas, trayendo por consecuencia la muerte de una de ellas, pero desconociendo quienes fueron las que las produjeron. Debiendo ser tenidos como autores todos los que cometieron actos de violencia sobre la persona fallecida.

HOMICIDIO POR ROBO. Acción delictiva que comete el criminal que se apropia de una cosa que no le pertenece, utilizando la violencia contra las personas, para cometer el robo, pero con motivo del robo se le quita la vida a una persona.

HOMICIDIO PRETERINTENCIONAL. VER: DELITO PRETERINTENCIONAL.

HOMOLOGACIÓN. Comprobación judicial que lleva a cabo el juez de ciertos actos y convenios de las partes.

HOMONIMIA. Equivalencia o concordancia de nombres entre varias personas.

HOMÓNIMO. Se designa con este término a la persona que tiene el mismo nombre que otra.

HONESTIDAD. Es uno de los valores más importantes de las personas y que consiste en expresar la verdad, conducirse con decencia, respeto y moderación.

HONOR. Es el valor moral que conduce a una persona a actuar de unión y conformidad con las normas sociales y morales que se estiman correctas.

HONORARIO. Suma de dinero que cobra un personal liberal, por hacer un determinado trabajo.

HONORES. Reunión pública que se realiza para homenajear a una persona que en función de su cargo ha prestado valiosos servicios a su patria y a la comunidad.

HONORÍFICO. Es el cargo o título que se le concede a una persona que está viva o que ha fallecido como evidencia de distinción, respeto y admiración, pero sin recibir ningún tipo de retribución económica.

HONRADO. Es la persona que se conduce con rectitud e integridad, respetando las normas morales imperantes en la sociedad.

HONRA. Persona que por su comportamiento probo y correcto ha adquirido una gran reputación y se ha ganado el aprecio y respeto de la sociedad.

HORA. Es una unidad de tiempo que corresponde a cada una de las 24 partes iguales en que se divide el día.

HORA HÁBIL. Es la hora en que se pueden realizar, con plena efectividad, las diligencias judiciales.

HORA INHÁBIL. Es aquella en la que está prohibido realizar actuaciones judiciales.

HORCA. Estructura formada por uno o dos palos verticales atados al suelo y otro horizontal, y la cual es utilizada para colgar por el cuello a una persona que ha sido condenada a la pena capital.

HORDA. Es la primera forma de organización de los seres humanos que surge debido a las necesidades que tienen los hombres de vivir, trabajar y defenderse en común en un medio que le es totalmente hostil. Consiste en un grupo de cuarenta personas que viven en un estado de promiscuidad sexual y que se trasladan de un lugar a otro, buscando los alimentos necesarios para sobrevivir.

HOSTILIDAD. Es el comportamiento abusivo, agresivo y provocativo, llevado a cabo por una sola persona o una pluralidad de personas, contra uno solo o varios sujetos.

HOSTILIDADES DE GUERRA. Acto antijurídico que ejecuta la persona que, por acciones amenazadoras no aprobadas, de razones al riesgo de una declaración de guerra contra el país, exponga a su población a sentir humillaciones en sus personas o en su patrimonio, o modifica las relaciones de amistad del gobierno con un gobierno foráneo cuando dichas acciones conducen a la guerra.

HUELGA. Es el arma legítima esencial de que dispone la clase obrera y sus instituciones para promover y defender sus intereses económicos, políticos y sociales. Por medio de este mecanismo de lucha, las masas trabajadoras pueden realizar total o parcialmente las actividades laborales de una empresa o del territorio de una nación para lograr mejores condiciones de trabajo, salario y cambio en la política económica estatal que sea adecuada a sus intereses.

HUELGA DE BRAZOS CAÍDOS. La que realizan los trabajadores, cuando en lugar de ausentarse de su sitio de trabajo, se quedan en él, pero sin llevar a cabo ninguna actividad laboral.

HUELGA DE HAMBRE. Es un método pacífico de lucha que asume una persona o un grupo de personas y consiste en renunciar voluntariamente a consumir alimentos por un tiempo, específico o indeterminado, para dar a conocer a la opinión pública una situación de injusticia.

HUELLAS DIGITALES. Llamada también huellas dactilares es la marca visible que deja la presión de un dedo de la mano sobre una superficie. Es una característica propia de cada persona que se utiliza para comprobar la identidad de una persona.

HUÉRFANO. Es un menor de edad que se encuentra en esa condición porque unos de sus padres o ambos han muerto.

HUMANISMO. Este vocablo tiene diversos significados. En el lenguaje político es la doctrina que exalta al género humano. Siempre coloca al hombre en el centro de la organización social. Y considera que la sociedad, el gobierno, las leyes. El estado y todo lo que existe debe estar al servicio de las necesidades humanas.

HURTO. Es la actividad delictiva de apoderarse de bienes muebles ajenos, sin utilizar la violencia y la intimidación contra las personas.

HUSMEAR. Es investigar o indagar sobre algún asunto. Es buscar con el olfato alguna cosa.

I

ICONOCLASTA. Palabra que proviene del idioma griego y que significa destructor de ídolos. En el lenguaje político se llama iconoclasta a los individuos que se niegan a rendir respeto a los ideales, normas, costumbres, tradiciones, modelos y autoridades de la sociedad.

IDENTIDAD. Conjunto de rasgos, datos o informaciones que pertenecen a una persona y que hacen posible diferenciarlos de los demás.

IDENTIFICACIÓN. Es proporcionar los datos o informaciones necesarias para probar que una persona es la misma que se busca por haber cometido una acción delictiva.

IDEOLOGÍA. Es el conjunto de ideas, políticas, jurídicas, morales, religiosas, valores estéticos y filosóficos, hábitos y costumbres de los seres humanos que la clase dominante de cada sociedad específica tiende a imponer por medios de múltiples mecanismos. La ideología asume, entonces, un rol de instrumento de represión.

IDÓNEO. Individuo que está capacitado para ejercer determinado cargo o cualquier otra actividad.

IGNORANCIA. Es la falta de conocimiento o de cultura que tiene una persona porque ha sido marginada de recibir instrucción en materia educativa.

IGNORANCIA DE DERECHO. Fundamento del derecho que señala que el desconocimiento del orden jurídico no funciona como pretexto, porque gobierna la suposición, que desde que una ley entra en vigencia es conocida por todos los ciudadanos sin excepción.

IGNORANCIA DE HECHO. Falta de conocimiento de un hecho, un acontecimiento o circunstancia cuando tiene consecuencias jurídicas en el caso de que llegue a saber la verdad quien actuó ignorándola.

IGNORANCIA INEXCUSABLE. Forma parte de una de las variedades de prevaricación sancionadas por las leyes.

IGUALDAD. Es la situación social que conduce a la real existencia de la libertad, ya que se borran las diferencias económicas, sociales y políticas entre los seres humanos. Las personas comienzan a ser consideradas como seres equivalentes y, por tanto, tienen las mismas oportunidades y derechos.

IGUALDAD ANTE LA LEY. El fundamento que instaura que todos los ciudadanos son iguales ante la ley, donde no existen ni privilegios ni favoritismo es una invención de la clase que ejerce el poder político y económico en la sociedad capitalista; la clase burguesa. El estado capitalista para encubrir la dominación que ejerce sobre la sociedad, oculta la división de clases que existe en el régimen burgués, presentando a los ciudadanos como individuos que poseen los mismos derechos. Por eso se presenta como una institución que está situada por encima de las clases, que defiende el interés nacional y el bien común. Pero la realidad es otra, el estado no es ningún organismo, al servicio de todos los ciudadanos, como lo presentan los capitalistas. El estado sirve para defender los intereses de quienes controlan el poder económico. Nunca ha existido una justicia igual para todos los miembros de la sociedad. Si un rico le quita la vida a otra persona y un funcionario del gobierno que posee grandes influencias se roba dinero del erario, por lo general logran silenciar el proceso. Pero si un latifundista les roba la tierra a los campesinos, la justicia no hace nada para que las tierras sean devueltas a sus legítimos propietarios.

ILEGAL. Es el acto que está prohibido por el régimen jurídico.

ILEGÍTIMO. VER: ILEGAL.

IMPAGO. Es el incumplimiento de las obligaciones legales, de no pagar una deuda en el plazo establecido.

IMPARCIALIDAD. Es la posición objetiva, ecuánime o justa que adopta un juez cuando al juzgar un asunto no se inclina a favor o en contra de ninguna de las partes.

IMPEDIMENTO. Inconveniente, dificultad, limitación que quita la posibilidad de ejecutar una cosa.

IMPEDIMENTO DE SALIDA. El impedimento de salida en la república dominicana es el inconveniente, tanto para ciudadanos dominicanos como extranjeros de salir del territorio nacional. Este obstáculo puede producirse por orden judicial a petición de una de las partes en el proceso.

IMPEDIMENTO DIRIMENTE. Es la clase de impedimento que prohíben la validez de un matrimonio y que ordenan anularlo si se hubiera realizado por razones legales y canónicas.

IMPEDIMENTO IMPEDIENTE. Es aquel que prohíbe la celebración del matrimonio, pero lo califica de ilegal, aunque no lo anula, en el caso de que se haya celebrado.

IMPEDIMENTO LEGAL. Es cualquiera de las normas que anulan la celebración de un acto jurídico específico.

IMPENSA. Inversión que realiza una persona en una cosa que posee.

IMPERATIVO JURÍDICO. Es el que está formado por el deber, la obligación y carga establecida por el régimen legal y que tienen que ejecutarse dentro del proceso para su normal desarrollo.

IMPERIALISMO. Originalmente esta palabra se define como la forma de dominación política y militar de una nación sobre otras para establecer una hegemonía en la vida política y económica de los países dominados. Posteriormente, al seguir el capitalismo su propio desarrollo, Vladimir I. Lenin define al imperialismo como la fase superior del capitalismo. Es cuando se crean nuevas relaciones económicas y políticas, las cuales trazan los lineamientos de la situación de dependencia y explotación de los países del tercer mundo por parte de las naciones desarrolladas. Se caracteriza por la creación de los monopolios, la formación de una oligarquía financiera, la exportación de capitales, la división del mundo en zonas de influencias y la terminación del reparto del planeta.

IMPERICIA. Es la ineptitud, inexperiencia o torpeza que se realiza cuando se ejecuta alguna labor u oficio.

IMPERIO DE LA LEY. VER: ESTADO DE DERECHO.

IMPETRAR. Suplicar, implorar o pedir una gracia, favor o beneficio.

IMPLÍCITO. En el derecho aparece como una noticia o informe cuyo permiso no es otorgado de forma directa, aunque puede deducirse de las actuaciones de una persona, de las condiciones que explican de manera poco directa una situación concreta. Por ejemplo, un político o un empresario les comentan a sus colaboradores que está molesto por un comentario que hizo un periodista en un programa televisivo. El político o empresario expresa: la persona tiene que saber bien lo que habla, porque si lo que hablo sobre una persona no le agrada a esta podría sufrir un accidente fatal. De esta forma el político o empresario está dando una orden indirecta de lo que él pretende que se lleve a cabo.

IMPONIBLE. Que puede ser gravado con impuesto o un tributo.

IMPORTACIÓN. Adquisición de bienes y servicios que se traen de otras naciones.

IMPORTADOR. Persona física o jurídica autorizada para introducir mercancías en el territorio nacional por las vías de las aduanas que han sido elaboradas y fabricadas en el extranjero.

IMPOSIBILIDAD DE PAGO. Se presenta esta figura cuando la obligación se hace físicamente o legalmente imposible de cumplirla, sin que exista culpa del deudor.

IMPOSTOR. Es un farsante que se hace pasar por una persona que existe o que ha fallecido.

IMPOSTURA. Acusación falsa y llena de malicia, que es revestida con apariencia de verdad.

IMPOTENTIA EXCUSAT LEGEM. Frase latina que expresa: la impotencia o imposibilidad de cumplir con la ley.

IMPRESCRIPTIBLE. Es el derecho o acción que no pierde vigencia o validez, o sea que no se extingue o caduca por el paso del tiempo.

IMPREVISIÓN. Es la solución que le concede el orden jurídico al contratante que sin haber tenido la culpa se ve lesionado por sucesos extraordinarios e imprevistos, que tornan exageradamente onerosa la asistencia a su cargo.

IMPRORROGABLE. Que no se puede retrasar o aplazar. En materia jurídica significa que el plazo que ha sido fijado por el régimen legal no puede extenderse más allá del tiempo que ha sido establecido por dicho régimen.

IMPRUDENCIA. Es la insensatez, irresponsabilidad, descuido, negligencia que una persona manifiesta cuando ejecuta sus acciones.

IMPRUDENCIA TEMERARIA. Acción delictiva en que incurre una persona cuando por sus faltas trae graves consecuencias que ponen en peligro la vida o la seguridad de otros.

IMPUBERTAD. Condición de la persona que no ha alcanzado la edad exigida por la ley para contraer matrimonio.

IMPUESTO. Constituye la contribución, gravamen, carga o tributo que las clases sociales dominantes hacen con el objetivo de que las clases sociales dominadas paguen para que el estado pueda sufragar sus gastos de mantenimiento y todas las demás operaciones que realiza.

IMPUESTO SOBRE EL CONSUMO. Es aquel que recae sobre los artículos de primera necesidad (como los alimentos, la gasolina, la vestimenta y otros más).

IMPUESTO SOBRE LA RENTA. Es el que establece un gravamen o un tributo sobre la renta, ingreso, utilidad o beneficio, alcanzado por personas físicas, sociedades y sucesiones indivisas, en un espacio de tiempo fiscal específico.

IMPUESTO SOBRE LAS TRANSFERENCIAS DE BIENES INDUSTRIALIZADOS Y SERVICIOS (itebis). Es un tributo general al resultado de consumir el tipo de valor agregado que se le pone a la transferencia e importación de bienes industrializados, así como a la prestación de servicios.

IMPUGNACIÓN. Es la objeción o refutación que se practica de manera verbal o escrita, o también mediante la ocupación de locales, marchas silenciosas, el bloqueo de calles y avenidas durante la hora de mayor tránsito y también mediante el uso de la violencia: quemando y destruyendo propiedades tanto públicas y privadas.

IMPUGNACIÓN DE MATERNIDAD. Trámite que busca proclamar que una persona específica no es la madre de otra.

IMPUGNACIÓN DE PATERNIDAD. Trámite que busca proclamar que una persona específica no es padre de la otra.

IMPUNE. VER: CIRCUNSTANCIAS EXIMENTES.

IMPUNIDAD. Son las actuaciones que no tienen ningunas consecuencias legales. Por lo cual las actividades criminales no son sancionadas con las penas que establece la ley.

IMPUTABILIDAD. Es la capacidad que posee un individuo para atribuírsele la comisión de un acto delictivo y que por tanto les sean aplicadas las penas que establece la ley para que el que la ha violado, claro está condicionado por su grado de madurez y su estado mental.

IMPUTACIÓN. Es el hecho o acción que conlleva a acusar seriamente de manera formal a un individuo de haber cometido un delito concreto.

IMPUTADO. VER: ACUSADO.

INACCIÓN. Es la falta u omisión ilegal de una acción confiada a instituciones y organismos tanto estatales como privados por el régimen jurídico de una nación.

INADMISIBILIDAD. Es la pena establecida por el orden jurídico para manifestar o exponer la falta de eficacia de una acción procesal penal que el régimen legal considera que no debe traer consecuencias procesales.

INALIENABLE. Significa que una propiedad no puede ser vendida, transmitida o cedida, legalmente a otra persona o institución.

INAMOVILIDAD. Privilegio de que gozan algunos funcionarios públicos de que no pueden ser trasladados, suspendidos o separados de sus cargos, sino es por motivo de mala conducta o incapacidad en el ejercicio de sus funciones, a condición de que se haya tramitado previamente un expediente, en el cual también deben ser escuchados o también por haber alcanzado el límite de edad fijado por la ley para el ejercicio de sus funciones.

INAMOVILIDAD DEL JUEZ. Es el principio por el cual los jueces de los altos tribunales de una nación no pueden ser removidos de sus cargos sin justa causa y siguiendo siempre el procedimiento legal que establece cada nación para remover a dichos jueces de sus funciones.

INAPELABLE. Se designa con este vocablo a la resolución judicial que no puede ser apelada.

INAPLICABILIDAD DE LA LEY. VER: RECURSO DE INAPLICABILIDAD DE LA LEY.

INAPLICABILIDAD DE LA LEY EXTRANJERA. Fundamento mediante el cual se prohíbe su aplicación cuando entra en contradicción con el derecho penal, con el derecho civil, nacional, la moral y las buenas costumbres.

INCAPACIDAD. Falta de aptitud legal de una persona, para realizar determinados actos.

INCAPACIDAD ABSOLUTA. Es la falta de conocimiento y de inteligencia para **poder** realizar con eficiencia una actividad.

INCAPACIDAD CIVIL. Es la situación que se presenta cuando una persona no está en condiciones para desempeñar un trabajo remunerado, administrar su patrimonio y otros. Por lo cual puede ser declarado por medio de una sentencia judicial incapaz de ejecutar actos o negocios jurídicos.

INCAPACIDAD DE DERECHO. Es la establecida por la ley de que una persona no puede ejercer uno o más derechos.

INCAPACIDAD DE EJERCICIO. VER: INCAPACIDAD ABSOLUTA.

INCAPACIDAD DE HECHO. Es el impedimento o inconveniente que tiene una persona para poder ejercer los derechos que posee.

INCAPACIDAD DEL TRABAJADOR. Es la inhabilitación que enfrenta un trabajador para ejercer sus tareas laborales como consecuencia de haber sufrido una enfermedad o un accidente de trabajo.

INCAPACIDAD NATURAL. Es el estado en que se encuentra una persona que no puede realizar ninguna actividad comercial, ni administrar su patrimonio, por el motivo de que padece trastornos mentales.

INCAPACIDAD RELATIVA. Es la que afecta a algunas personas que el régimen jurídico las declara incapaces por motivos de edad, de su estado civil o por otras razones. Pero las personas que se ven afectadas por esta incapacidad la ley les permite que puedan ejercer algunos actos jurídicos por sí mismo.

INCAPACITADO. Persona que tiene reducidas sus capacidades físicas y mentales. Por lo cual es privado por el régimen jurídico de algunos de sus derechos naturales o civiles.

INCAPACITAR. Declarar que un individuo no está capacitado para ejercer ciertas funciones. Decretar que una persona adulta no puede gobernarse por sí misma o administrar su patrimonio, por lo cual es despojada de ejercer ciertos derechos.

INCAUTAR. Es el acto que realizan las autoridades por mandato de la ley de apoderarse de una parte o de la totalidad del patrimonio de una persona.

INCENDIARIO. Es la persona que está consciente de sus actos. Y que planifica provocar un incendio, por diversas razones, entre las cuales podemos citar el interés económico, la maldad o negligencia.

INCENDIO. Es un fuego no controlado que afecta o destruye, propiedades inmobiliarias, seres humanos y bosques de cualquier tipo.

INCERTIDUMBRE. Es la situación de inseguridad y duda para prevenir un vaticinio futuro.

INCIDENTE. Es la cuestión distinta del asunto principal de la discusión judicial, vinculada directamente con ella, que se ventila en un juicio abreviado, pero que es accesorio al procedimiento judicial principal.

Entre los incidentes que suelen interponerse en el desarrollo normal de un juicio se encuentran: la recusación del juez, solicitud de aplazamiento del proceso, la impugnación de las evidencias presentadas, y otros más.

INCIERTO. Es un acto o derecho que carece de veracidad o sea que es falso.

INCISO. Se emplea en códigos y leyes para crear en el interior de un mismo artículo, las partes que poseen o engloban una norma de detalles.

INCITACIÓN A LA VIOLENCIA. Es la actividad delictiva que comete una persona cuando manifiesta públicamente la promoción de la violencia contra individuos o grupos por motivos políticos, raciales, religiosos, sexuales o de cualquier otra clase.

INCITAR. Presionar, estimular o influir en una persona para que ejecute una acción.

INCOAR. Realizar las diligencias necesarias para dar inicio a un proceso, un pleito o cualquier otra actuación oficial.

INCOBRABLE. Se califica con este término a la deuda o cuenta que no puede ser cobrada.

INCOMPARECENCIA. Acto que cometen una o varias personas cuando no se presentan ante un tribunal para darle cumplimiento a una citación o emplazamiento que le ha hecho el mismo.

INCOMPATIBILIDAD. Impedimento legal para desempeñar una función específica, o para ejercer dos o más funciones públicas simultáneamente.

INCOMPETENCIA. Falta de jurisdicción o facultad de un tribunal para conocer de un proceso.

INCOMUNICACIÓN. Aislamiento temporal de un inculpado dictaminado por un tribunal.

INCONCUSO. Seguro, evidente, incuestionable, sin duda ni contradicción.

INCONFESO. Se designa con este nombre a la persona que no reconoce su culpabilidad en la actividad delictiva que se le imputa.

INCONSCIENCIA. Conducta insensata de la persona que no piensa en las consecuencias de sus acciones.

INCONSTITUCIONAL. Que no está acorde con las normas, reglas y preceptos contenidos en la constitución de una nación.

INCONSULTO. Es la frase que expresa que una medida, una disposición o una resolución han sido adoptadas sin consultar previamente a las partes involucradas.

INCONTINENTE. Es la persona deshonesta, que no se encuentra en capacidad de contener sus deseos o pasiones.

INCONTINENTI. Rápidamente, al instante, pronto, sin dilación, enseguida.

INCONTROVERTIBLE. Que está tan claro para la inteligencia que no se puede cuestionar, ni poner en duda.

INCRIMINACIÓN. VER: IMPUTACIÓN.

INCULPABILIDAD. Es la falta de culpabilidad; representa la ausencia de los elementos específicos de la culpabilidad, por no encontrarse presente la voluntad o el conocimiento del acto criminal.

INCULPACIÓN. VER: IMPUTACIÓN.

INCULPADO. VER: ACUSADO.

INDAGADO. Acusado de una actividad delictiva cuando ya se han recibido las declaraciones sobre el delito que se está investigando.

INDAGATORIA. Declaratoria que se toma a la persona que ha sido acusada de ser autor o cómplice en la comisión de un delito.

INDEBIDO. Es algo que no debe realizarse por ser ilícito, ilegal, injusto o incorrecto.

INDECISO. En los procesos electorales es la persona que vacila y por lo tanto no sabe por quién va a depositar su voto en los comicios que se llevarán a cabo próximamente.

INDECLINABLE. Se atribuye a la jurisdicción que no puede negarse a conocer el asunto que le ha sido sometido.

INDEFENSIÓN. Es la situación de desamparo, desprotección o abandono por la que atraviesa una persona cuando le son negados los medios de defensa ante un órgano de la administración judicial.

INDEMNIDAD. Es la fianza que se le otorga a una persona o institución para asegurarle de que no padecerá de daños y perjuicios por la ejecución de alguna acción o hecho.

INDEMNIZACIÓN. Suma de dinero o cualquier otra cosa que recibe una persona por un daño o perjuicio que le han causado a ella misma o a su patrimonio.

INDEPENDENCIA. Es la condición de una nación que no está sometida a los poderes y a las autoridades de otra. Por lo tanto, tiene derecho a escoger su propia forma de gobierno, establecer su régimen jurídico y seleccionar libremente sus gobernantes sin sufrir presiones económicas, políticas y sociales que provengan del exterior e influyan en la libre determinación de su pueblo.

INDEROGABLE. En el campo jurídico se refiere a que una norma nunca caduca o pierde vigencia. Pero esto es una ficción ya que las leyes no son eternas, ya que pueden ser derogadas por la vía legal o por el uso de métodos violentos.

ÍNDICE. Es un listado ordenado de palabras que facilita la localización del contenido de un libro o de una publicación.

INDICIO. Pista o rastro que permite extraer una conclusión de algo de lo que no se posee un conocimiento directo. Ejemplo los investigadores siguieron falsos indicios por lo cual no podrán solucionar el robo del banco.

INDIGENTE. Personas que viven en condiciones miserables, porque carecen de los medios económicos suficientes para poder subsistir.

INDIGNIDAD. Pena que la ley establece para dejar fuera de una sucesión a quien ha cometido actos indignos y reprobables contra la persona fallecida.

INDIGNO. Es la persona despreciable, ruin, vil e infame que no es merecedora de los honores y elogios que se le hacen.

INDISCIPLINA. Falta de normas, reglamentos y procedimientos para mantener el buen comportamiento entre los miembros de una comunidad.

INDIVIDUALISMO. Corriente filosófica y política que sostiene que el individuo es el elemento principal de la sociedad y que, en consecuencia, sus intereses, necesidades, felicidades y derechos deben estar por encima de cualquier interés general. Como resultado, si surge un conflicto entre la sociedad y el individuo, el régimen jurídico y las autoridades públicas deben proteger el interés personal del individuo.

INDIVIDUALIZACIÓN. Es una diferenciación que se realiza atribuyendo a cada persona o a una cosa características distintivas.

INDIVIDUALIZACIÓN DE LA PENA. Es la fijación en el régimen legal del castigo adecuado a cada infracción de la ley, de acuerdo al quebrantamiento de los bienes, tanto materiales como inmateriales que pretende titular y que va dirigido a todos los miembros de la sociedad con capacidad para discernir.

INDIVISIBILIDAD. Es la condición que posee un objeto o una cosa de que no se puede dividir. Por ejemplo, una vaca es indivisible jurídicamente, ya que no es posible repartirla entre las partes.

INDIVISIÓN. Que carece de división. O sea, es la copropiedad, el condominio entre dos o una pluralidad de personas.

INDIVISIÓN DE LA HERENCIA. Es el estado de indivisión hereditaria temporal que se produce por voluntad del testador, y que finaliza con la partición, adjudicándoles a los herederos las partes que a cada uno le toca de la herencia.

INDIVISO. Es lo que no está dividido en partes. Y que se origina cuando existe una unidad de derecho o de cosa y varios propietarios.

INDOCUMENTADO. Es el individuo que no posee documentos legales para ser identificado.

INDUBITADO. Este término se refiere a algo que es cierto y que no admite ninguna duda.

INDUCCIÓN. Es la estimulación o persuasión que se ejerce sobre una persona para que ejecute una acción delictiva.

INDULGENCIA. Es la disposición de la persona que posee particular viabilidad para olvidar los insultos, o penalizarlos con bondad, y para sentenciar sin dureza, las equivocaciones de los demás.

INDULTO. Gracia que le concede una autoridad competente a una persona que se encuentra condenada de perdonarle la totalidad o una parte de la condena.

INEFICACIA. Es la ineptitud, incapacidad, invalidez, inexistencia y nulidad de un acto jurídico.

INEJECUCIÓN. Es no cumplir con la obligación estipulada en el contrato, existiendo motivos por los que no se cumple el acuerdo de voluntades atribuibles al acreedor o deudor.

INEMBARGABILIDAD. Es la propiedad que no puede ser objeto de un embargo porque así lo dispone el régimen jurídico.

INEXCUSABILIDAD. Es un principio que protege la guarda de las personas y sus propiedades de manera jurisdiccional efectiva, negándoles a los órganos de justicia el derecho de rehusar de conocer un asunto determinado, con la excusa de que otro órgano judicial está en la capacidad de conocer del mismo.

INEXISTENCIA. Es la supresión de la existencia de un acto jurídico, producto de la ausencia de uno de los elementos constitutivos fundamentales para su creación.

INFAMIA. Es la maldad, perversidad o descrito que afecta el honor y dignidad de una persona.

INFANCIA. Es la etapa inicial de la vida de los seres humanos, que abarca desde el nacimiento hasta los siete años, en el cual por lo regular se adquiere, el uso de la razón.

INFANTE. Se designa con este término a los menores de 7 años.

INFANTICIDIO. VER: ABUSO INFANTIL.

INFIDELIDAD. Es la acción que se materializa cuando una persona no respeta la fidelidad que le debe a su pareja.

INFIDENCIA. Es el acto que comete una persona cuando viola la confianza y la fe que otra ha depositado en ella.

INFLACIÓN. Es el aumento sostenido y generalizado de los precios de los bienes y servicios que se expenden en el mercado de una nación, lo cual trae como consecuencia que el dinero reduzca su valor de poder adquisitivo frente a ellos.

INFLIGIR. Imponer castigos y penas corporales, con la única intención de causar daños y perjuicios.

INFLUENCIA. Es la capacidad o autoridad que posee una persona para modificar la manera de pensar o de actuar de una o varias personas.

INFORMACIÓN. Es la investigación legal que se lleva a cabo para recopilar datos sobre un acontecimiento o una actividad criminal que fue ejecutada.

INFORMATIVO. Es la prueba testimonial que ofrecen a los tribunales las personas que han tenido conocimiento de los hechos acontecidos, ya sea porque han estado presentes cuando estos ocurrieron o bien porque han tenido noticias de los mismos. Esta clase de prueba se realiza a través de un procedimiento especial al que se le denomina con el nombre de informativo testimonial.

INFORME. Alegato oral que realiza un profesional del derecho o el representante del ministerio público ante el tribunal que tiene la responsabilidad de dictar sentencia sobre el caso del cual ha sido apoderado.

INFORME IN VOCE. Declaración oral que las partes realizan ante los tribunales en los casos que es permitido por la ley.

INFRACCIÓN. Es el incumplimiento, violación o quebrantamiento de reglas y preceptos legales, morales y convencionales.

INFRACTOR. Es el que viola una disposición legal.

INGENUO. Es la persona que carece de malicia, que es sincera y que posee buenas intenciones por lo cual resulta muy fácil engañarlo.

INGOBERNABILIDAD. Término que señala que las instituciones estatales no son capaces de llevar a cabo eficazmente sus funciones. Designa un régimen incapaz de satisfacer las necesidades de igualdad social y participación política, y de abrir nuevos caminos de expresión, ya que no está interesado en hacerlo: su único objetivo es preservar el orden social, político y económico del capitalismo.

INGRATITUD. Es la actitud que asume una persona cuando ignora y no agradece los beneficios que recibe de los demás.

INGRESOS. Es la cantidad de dinero que recibe una empresa o un estado por algún tipo de concepto o de cualquier otra forma dentro de un marco de legalidad. Los ingresos se clasifican en brutos, es decir, sin descontar nada, y netos, cuando se descuentan gastos.

INHABILITAR. Declarar a una persona, siguiendo las pautas que traza el régimen jurídico imperante en una sociedad, incapaz de obtener o ejercer una función pública o de poder ejercer sus derechos civiles y políticos.

INHIBITORIA. Es el acto judicial por el cual se le solicita a un juez, que está conociendo un determinado caso, que paralice sus actuaciones en dicho caso, y las remita al tribunal que debe de conocer del asunto.

INHUMACIÓN. Es la acción de enterrar el cuerpo de una persona que ha fallecido, siempre y cuando se cumplan los requisitos que exige la ley para que se ejecute dicha acción.

INICIATIVA LEGISLATIVA. Es la facultad o el derecho que la constitución concede a uno o varios órganos del estado para que dé inicio al procedimiento legal que concluya con la aprobación, modificación o abolición de un texto legal.

INICIATIVA POPULAR. Es el derecho de los ciudadanos con derecho a ejercer el voto a presentar, amparados en la constitución, nuevos proyectos legislativos, reformar o suprimir el sistema jurídico existente, avalados por su firma, para que el organismo legislativo competente les dé su aprobación, los reforme o los rechace.

INICUO. Es la acción o persona que desarrolla un comportamiento malvado, cruel, injusto, arbitrario, perverso, donde existe una sentencia total de la justicia.

INIQUIDAD. Es la forma de obrar que se caracteriza por una gran injusticia que está llena de maldad e inmoralidad.

INIMPUTABILIDAD. Es la condición legal que anula el grado de responsabilidad de una persona que ha participado en un acto contrario al derecho. Por ejemplo, si un trastornado mental dispara con un arma de fuego contra una o varias personas causándoles heridas. La víctima o víctimas deciden someter a la justicia a su atacante, pero el tribunal tras ordenar un examen psicológico queda como resultado que es un enfermo mental declara su inimputabilidad.

INFORMATIVO. VER: PRUEBA TESTIMONIAL.

INFUNDADO. VER: IMPROCEDENTE.

INJURIA. Es el acto contrario a las leyes penales que insulta y ofende de hechos y de palabras la dignidad o el honor de una persona.

INJURIA EN JUICIO. Las argumentaciones esgrimidas por las partes y sus defensores, en los escritos, declaraciones realizadas ante un tribunal y que no han trascendido al conocimiento del público, serán juzgadas disciplinariamente, por el magistrado quien conoce del caso.

INJURIAS GRAVES. Son las de mayor relevancia, las que producen la mayor ofensa para la víctima. Ejemplo la agresión física y la imputación de un crimen.

INJURIAS LEVES. Son las que no revisten gravedad, por lo cual se consideran leves todas las palabras o hechos que atentan contra la reputación de una persona.

INJUSTICIA. Es el abuso, el atropello o la mala conducta que se comete cuando no se respetan los derechos de los ciudadanos ni los de la sociedad en general. Esta falta de respeto se manifiesta cuando no se toman en cuenta los valores y principios morales.

INJUSTO. VER: INJUSTICIA.

INMEDIACIÓN. Fundamento del derecho procesal que apoya la relación directa entre los litigantes y el juez. Establece el mecanismo para que el magistrado conozca personalmente a las partes envueltas en un litigio y pueda apreciar mejor los elementos de pruebas que han sido aportados al proceso.

INMIGRACIÓN. Es la entrada de una persona a una nación que no es la suya para radicarse en ella con la intención de conseguir mejores condiciones económicas de vida, de escapar de la persecución política en su país de origen o de realizar estudios en una institución académica de prestigio.

INMINENTE. Se emplea esta palabra para designar aquello que está próximo a suceder.

INMORALIDAD. Es el comportamiento indecente, deshonesto, contrario a las normas de la moral establecida.

INMUEBLES. VER: BIENES INMUEBLES.

INMUNIDAD. Facultad de que gozan los miembros del cuerpo legislativo de una nación, que los libera de ser detenidos o procesados, salvo los casos dispuestos por las leyes, sin la expresa autorización del respectivo cuerpo. También se refiere a los beneficios de que gozan los estados, sus bienes y los miembros del cuerpo diplomático, que ejercen sus funciones en un país determinado, de ser exonerados del pago de impuestos y de ser sometidos a los tribunales.

INOCENCIA. Vocablo que designa la ausencia de culpabilidad de una persona con respecto a un criminal o a un acto delictivo.

INOFICIOSO. Acción que ocasiona un daño y perjuicio a los derechos de herencia forzosa.

INOPIA. VER: INDIGENTE.

INOPONIBILIDAD. Es la falta de eficacia de un acto jurídico, referente a ciertos terceros, por no haber cumplido las partes envueltas en el acto con alguna condición que este exigía, para defender a los terceros.

INQUILINO. Personaje que alquila total o parcialmente una vivienda para habitarla.

INSTITUTO NACIONAL DE TRÁNSITO Y TRANSPORTE TERRESTRE (INTRANT) "es el órgano nacional rector del sistema de movilidad, transporte terrestre, tránsito y seguridad vial de la república dominicana." (17)

INSTRUMENTOS DE TRABAJO. Utensilios y otros elementos que son suministrados al empleador al trabajador.

INTELECTUAL. Es la persona que no está ligada de forma directa al proceso de producción de bienes materiales, y que se dedica a una actividad de pensamiento vinculadas con los aparatos ideológicos de la sociedad, como escuelas, liceos, universidades, iglesias, artes, medios de comunicación de masas, etc. Es decir, el papel de los profesores, funcionarios eclesiásticos, escritores, artistas, periodistas y todos los profesionales liberales.

INTENCIÓN DE VOTO. Es la acción de los encuestados de contestar a las preguntas que se les formulan en el supuesto de que las elecciones para elegir a los candidatos a cargos electivos se celebren en una determinada fecha, por cuales candidatos votarían ellos.

IRREDIMIBLE. Que no puede ser perdonado o librado de una mala situación.

IRREGULARIDAD CANÓNICA. Inconveniente o dificultad para recibir o dar órdenes por motivo de cometer un acto contrario a la ley.

IRREIVINDICABLE. Es la cosa que no puede ser reclamada, solicitada o pérdida.

IRRENUNCIABLE. Es el derecho o la posición a la cual no se puede renunciar.

IRRESPONSABLE. Es la persona insensata e imprudente que no cumple con sus obligaciones y que no mide las consecuencias de sus actuaciones.

IRRETROACTIVIDAD DE LA LEY. El artículo 110 de la Constitución de la República Dominicana expresa el principio de la irretroactividad de la ley con los siguientes términos: "la ley solo dispone y se aplica para lo porvenir. No tiene efecto retroactivo sino cuando sea favorable al que está subjudice o cumpliendo condena. En ningún caso los poderes públicos o la ley podrán afectar o alterar la seguridad jurídica derivadas de situaciones establecidas conforme a una legislación anterior." (17)

IRREVERENTE. Es la persona que se caracteriza por su rebeldía y que considera que no debe guardarle respeto alguno a los funcionarios del estado o a los miembros de la fuerza pública.

IRREVOCABLE. Expresión que se utiliza para señalar que contra una sentencia no se puede elevar ningún recurso, porque es inapelable, definitiva. También cuando una persona presenta su renuncia al cargo que desempeña de una forma definitiva.

IRRITO. Que está plagado por la nulidad, la invalidez y por tanto carece de fuerza y obligación.

IRROGAR. Término que significa causar un daño o un perjuicio a alguien.

IS FECIT CUI PRODEST. Frase que significa: "aquel a quien aprovecha el crimen es quien lo ha cometido."

INSCRIPCIÓN. Inclusión de algunos actos jurídicos en un registro para que sean conocidos por el público.

INSERCIÓN. Introducción en un escrito, de una fórmula o de una disposición específica.

INSIDIA. Engaño planificado de manera encubierta para ocasionarle daños y perjuicios a una persona.

INSOLVENCIA. Es la situación por la que atraviesa una persona o una empresa cuando se encuentra con la imposibilidad de cumplir con las deudas contraídas por carecer de medios económicos.

INSPECCIÓN JUDICIAL. Es el medio de prueba, a través del cual el juez verifica personalmente, por medio de la inspección de personas, lugares y objetos, las señales y huellas y otras consecuencias materiales que el acto haya dejado, describiendo con lujos de detalles y si es posible, recoger y conservar los elementos de pruebas que sirvan para probar el hecho que ha acontecido.

INSPECTOR MUNICIPAL. Es el funcionario que en la república dominicana es designado por los ayuntamientos para supervisar las instituciones y servicios públicos municipales y asegurar el cumplimiento de las ordenanzas, resoluciones y reglamentos municipales.

INSTANCIA. Es cada uno de los grados jurisdiccionales que el orden jurídico ha establecido para solucionar los diversos asuntos que han sido sometidos a los órganos judiciales. También se puede definir como la solicitud que se redacta por escrito para pedir algo específico.

INSTAR. Insistir, rogar, para que se ejecute alguna cosa con gran rapidez.

INSTIGACIÓN. Es el delito que se comete cuando se incita o se estimula a una persona para que ejecute un acto contrario al derecho.

INSTINTO. Potestad que permite reconocer o distinguir ciertas cosas.

INSTITUCIÓN. Es el organismo que está dotado de un conjunto de ideas, creencias, valores, normas, costumbres y procedimientos que condicionan los mecanismos de control social creados fundamentalmente para regular la convivencia de los seres humanos en la sociedad. También se puede definir este término cuando se señala que una persona es una institución porque goza de un gran respeto y consideración debido a que está dotada de grandes valores morales e intelectuales.

INSTITUCIONALISMO. Es el enfoque que tiene como objetivo el estudio y funcionamiento de los roles sociales, políticos, económicos y culturales de los organismos estatales, y que reconoce el papel fundamental de la estructura estatal durante el proceso de toma de decisiones.

INSTITUCIONALIZACIÓN. Es el proceso mediante el cual se convierte una norma, un reglamento, un procedimiento, o una organización en una entidad institucional al dotarla de un carácter legal, por lo cual es aceptada por la mayoría de los miembros del conglomerado social.

INSTRUCCIÓN. Es la fase que dentro de todo proceso judicial se desarrollan las diligencias que ha establecido la ley para buscar las pruebas concernientes a las actividades delictivas y a la culpabilidad de sus autores.

INSTRUMENTO. Es la argumentación valiosa que prueba una cosa con argumentos convincentes.

INSTRUMENTO DEL DELITO. VER: CUERPO DEL DELITO.

INSUBORDINACIÓN. Es la actitud irrespetuosa y desafiante, que asume una persona tanto en el campo civil como en el militar cuando se niega a obedecer las órdenes que le da una autoridad superior.

INSUFICIENCIA DE LA LEY. VER: LIMBO JURÍDICO.

INSULTO. Es la utilización de acciones y palabras hirientes que lesionan los sentimientos de la persona contra la cual se comete el acto ofensivo tanto de hecho como de palabra.

INSURGENCIA. Es la rebelión, revuelta o sedición que se manifiesta demostrando descontento con el régimen social, político y económico, y que va desde la desobediencia civil y la organización de movimientos armados para derrocar un gobierno establecido hasta el establecimiento de una resistencia armada por un grupo de rebelde para hacer frente a un ejército invasor o a las autoridades establecidas.

INSURRECCIÓN. Levantamiento, rebelión o sublevación armada para derrocar por la vía de la violencia al gobierno establecido o para dividir una parte del territorio del estado con la finalidad de incorporarlo a otro o establecer uno nuevo.

INTEGRIDAD. Define a la persona que siempre realiza lo correcto, que lleva a cabo todo lo que estima bueno para la misma sin dañar los intereses de las demás personas.

ÍTEM. Locución latina que se utiliza para hacer distinción de artículos o capítulos en una escritura.

INTENCIÓN. Propósito que persiguen las partes cuando llevan a cabo un acto jurídico.

INTENCIONAL. Es el acto realizado deliberadamente, premeditadamente con la intención de hacer daño.

INTENDENTE. Funcionario originario de Francia, que desempeña sus funciones sobre una determinada área geográfica. En el presente es un funcionario que sigue existiendo con diferentes funciones. Gerente de empresas que dependen del estado. Máxima autoridad administrativa de un ayuntamiento.

INTERDEPENDENCIA. Es el concepto que se refiere a que ningún a nación puede vivir al margen de los acontecimientos que se producen en el globo terráqueo, ya que dichos acontecimientos afectan a todos los países sin importar que sean pequeños o grandes. Todos ellos se ven afectados por las decisiones y acciones que se cometen en los campos de las comunicaciones, medio ambiente, narcotráfico, político, social, económico y militar.

INTERDICCIÓN. Veto o prohibición de realizar algún acto por haber cometido una acción delictiva.

INTERDICTO. Derecho que posee una persona para pedir en un juicio sencillo y breve la posesión provisional de una cosa que le corresponde para impedir que se produzca la materialización de un daño inminente.

INTERDICTO DE ADQUIRIR. Es el que tiene por objeto adquirir la posesión de una cosa que no está en posesión de otro, por lo cual el solicitante cree que tiene derecho sobre esta.

INTERDICTO DE OBRA NUEVA. Es el interdicto que es propietario de una propiedad inmobiliaria y que considera que su inmueble va a ser afectado por la construcción de una obra nueva, por lo cual podrá entablar una demanda, que deberá estar dirigida contra el propietario de la construcción que perjudica a la suya, con la finalidad de que se detenga la construcción o que se proceda a demolerla.

INTERDICTO DE OBRA RUINOSA. Es el que toma medidas urgentes con el objetivo de evitar los daños y perjuicios que pueda ocasionar un edificio que está todo deteriorado y por lo cual su caída puede lesionar a las personas y a sus bienes.

INTERDICTO DE RECOBRAR. Es el acto de declaración de voluntad por medio del cual quien está ejerciendo la posesión o tenencia de alguna propiedad ha sido privada de esta en su totalidad o parcialmente, y reclama por la vía de los tribunales la devolución de dicha propiedad.

INTERDICTO DE RETENER. Es el acto de declaración de voluntad por medio del cual quien está ejerciendo la posesión o tenencia de alguna propiedad, reclama por la vía de los tribunales la protección de la tenencia de dicha propiedad cuando ésta se vea afectada por actos que manifiestan la intención de despojarlo de dicha propiedad.

INTERDICTO EXHIBITORIO. Es el trámite administrativo que se lleva a cabo con el objeto de preparar un juicio principal, con la finalidad de pedir la exhibición del bien mueble que va a ser objeto de una controversia judicial, o de las pruebas o evidencias relacionadas con la discusión judicial que habrá de intentarse.

INTERDICTO POSESORIO. Manifestación de voluntad que se origina con el despojo de la posesión de una propiedad mobiliaria o inmobiliaria, o de una obra nueva que perturbara a un inmueble, y cuyo objetivo es obtener una sentencia judicial que restituya la posesión u ordene la suspensión o destrucción de la obra.

INTERSECCIÓN. Es la que se crea cuando dos o más calles o caminos se cruzan.

INTERÉS. es la cantidad de dinero que se paga por el uso del dinero que se toma prestado o por el esfuerzo que representa el ahorro acumulado por una determinada cantidad de tiempo, que puede ser calculada por periodo de meses, años o cualquier otra cantidad de tiempo que se quiera utilizar.

INTERÉS COMPENSATORIO. Constituye aquel que se paga por usar un dinero que pertenece a otra persona.

INTERÉS COMPUESTO. es la acumulación de intereses vencidos de un capital inicial durante un intervalo de tiempo determinado, por lo cual los intereses que se reciben al finalizar cada intervalo de tiempo de inversión no son retirados, sino que se le añaden al capital inicial; o sea, se capitalizan, para producir más ganancias.

INTERÉS CONVENCIONAL. Es aquel en que las partes de manera recíproca acuerdan de que en el caso de que se presente un incumplimiento involuntario, por parte del deudor, ellas mismas estipulan cual será la compensación para cancelar la prestación debida.

INTERÉS DE OBRAR. Beneficio o ganancia legítima, de carácter material o moral, que lleva a cabo una persona para proteger un derecho fuera de los tribunales, o para ejercer un acto.

INTERÉS JUDICIAL. Indemnización que se adeuda desde el momento en que se interpone una demanda o desde que esta es comunicada oficiosamente.

INTERÉS LEGAL. Ganancia que, a falta de cláusula previa, señala el régimen legal como consecuencia del incumplimiento del deudor.

INTERÉS LUCRATIVO. Es el tipo de interés que genera mucha ganancia o beneficio por el acto porcentaje que paga el dinero que se ha prestado.

INTERÉS MORATORIO. Es el interés que debe pagar el deudor cuando se tarda en saldar la deuda que contrajo con un acreedor.

INTERÉS PRIVADO. Es aquel que solamente concierne a una persona en particular.

INTERÉS PÚBLICO. Es la intervención del estado en las diferentes áreas de la vida social y económica que debe estar fundamentada que con tal intervención sólo se busca el interés de todos los miembros de la sociedad.

INTERÉS USUARIO. Costo de una deuda cuyo precio excede la tasa máxima establecida por el orden jurídico.

INTERESES ENCONTRADOS. Desacuerdo o antagonismos entre los intereses propios y el mandante en que, de inclinarse el mandatario, por los propios produce que el acuerdo de voluntades no sea fielmente cumplido.

INTERFECTO. Persona que ha sido privada de la vida de una manera violenta por manos criminales.

INTERINO. Es la persona que ocupa por un espacio breve de tiempo un cargo o empleo.

INTERMEDIARIO. Es el mediador entre el productor de mercancías y el consumidor de estas. Es la persona o institución que interviene entre dos o más partes para que celebren algún negocio o resuelvan algún conflicto.

INTERNACIÓN. Pena con la que se despoja a una persona de la función laboral que desempeña por haber cometido un acto delictivo.

INTERNACIONAL. Es aquello que pertenece a dos o más países diferentes del propio o que traspasa las áreas geográficas nacionales.

INTERNO. Recluso, presidiario, preso o convicto que ha sido sentenciado a cumplir una condena en un centro penitenciario.

INTERPELACIÓN JUDICIAL. Es la advertencia o ultimátum que se le formula al deudor por la vía de los tribunales, en el desarrollo de un proceso para que salde la deuda que contrajo.

INTERPELAR. Es la facultad que poseen los miembros del poder legislativo de demandar a los componentes del consejo de ministros, del congreso o del gobierno para que den explicaciones sobre un determinado tema que afecte a su nación o a una región de su territorio.

INTERPÓSITA PERSONA. VER: TESTAFERRO.

INTERPRETACIÓN. Explicación o aclaración del significado de una cosa o de un escrito por un autor en una norma jurídica.

INTERPRETACIÓN DEL DERECHO. Es la explicación basada en la letra y el espíritu de las normas jurídicas, para conocer su verdadero significado y determinar su eficacia en un caso específico.

INTERPRETACIÓN AUTÉNTICA. La interpretación de una ley es auténtica cuando ha sido redactada por el mismo organismo que ha establecido la disposición legal.

INTERPRETACIÓN DOCTRINARIA. Es la realizada por los especialistas y estudiosos del derecho, que posee una gran fuerza e influencia cuando es tomada en cuenta por los encargados de aplicar las leyes.

INTERPRETACIÓN JUDICIAL. Es la operación jurídica que realizan los miembros del poder judicial encargados de interpretar y transformar las leyes en sentencias específicas que ponen fin a los litigios entre las partes.

INTERPRETACIÓN LEGISLATIVA. VER: INTERPRETACIÓN AUTÉNTICA.

INTERPRETACIÓN LÓGICA. Es la interpretación que se realiza para ver si las reglas y preceptos jurídicos contienen condiciones de sistematización o sea si caen dentro del campo de lo racional.

INTERPRETACIÓN RESTRICTIVA. Es un principio mediante el cual se establece que toda norma que limite la libertad restrinja el ejercicio de las facultades y defina la flagrancia, será interpretada con restricción.

INTÉRPRETE JUDICIAL. Auxiliar de la justicia que tiene por función traducir de un idioma a otro los documentos y declaraciones difundidas en lengua extranjera, cuando se requiere que estos sean presentados ante cualquier órgano del poder judicial.

INTERROGATORIO. Es una serie de preguntas formuladas por la vía oral o por escrito que un investigador policial o un magistrado le hace a una persona para esclarecer las circunstancias en que ocurrió un determinado asunto.

INTERRUPCIÓN DE LA PRESCRIPCIÓN. Derecho que se interrumpe cuando se interpone una demanda contra el deudor, aunque esta sea interpuesta ante un juez que no tiene competencia para conocerla y el demandante no haya tenido la posibilidad legal de presentarse en audiencia.

INTERVALO LÚCIDO. Es el estado de los retrasados mentales que llegan a tener lapso de tiempo de relativa claridad mental, en los cuales llegan a comprender la magnitud de los actos que han cometido.

INTERREGNO. VER: VACÍO DE PODER.

INTERVENCIÓN. Es el acto de un estado o de varios estados de intervenir directa o indirectamente en los asuntos internos o externos de cualquier otro con el objetivo de dominar su política y su economía, controlar sus riquezas naturales y conquistar mercados para colocar los productos del estado o de los estados interventores.

INTERVENCIONISMO ESTATAL. Es la acción del estado orientada a regular la actividad económica, ya sea para incentivar la producción, restituir la libre competencia cuando se ha perdido por la práctica monopolística, o estatizar los medios de producción para que la sociedad se rija por un capitalismo de estado o por un sistema socialista.

INTIMACIÓN. Advertencia o ultimátum que se dirige a un deudor con la finalidad de que salde la deuda que ha contraído, anunciándole de que no cumpla con lo que se le exige, se procederá contra él utilizando los procedimientos que el régimen legal ha establecido.

ÍNTIMA CONVICCIÓN. Es la figura jurídica, que se utiliza para explicar la forma que el juez forja en su conciencia, su dictamen de apreciación soberana y que es reconocido por el orden legal, tomando en consideración esto es que el establece su decisión personal apoyándose en las pruebas que le son legalmente suministradas.

INTIMIDACIÓN. Es cuando una persona o un grupo intentan infundir temor a alguien porque lo consideran como un ser inferior; mediante el uso de la amenaza física, miradas amenazantes, insultos o agresiones físicas, para que esta ejecute lo que el intimidador o intimidadores quieren.

INTRA VIRES HAEREDITATIS. Frase latina que significa: en la medida o dentro del activo de la herencia.

INTRANSFERIBLE. Es algo que no puede ser transferido o cedido a otra persona porque está prohibido por la ley.

INTRUSO. Es el extraño que se ha introducido en una propiedad sin poseer ningún derecho o autorización.

INTUITU PERSONAE. Expresión latina que quiere decir "en consideración a la persona". Se refiere a posiciones que se adoptan sin tener en cuenta el derecho o la razón, sino el respeto que alguien merece.

INVASIÓN. Es la introducción belicosa de los cuerpos armados de una nación en el área geográfica que pertenece a otra nación.

INVENTARIO. Es la información que se registra en un libro para que dé constancia de las propiedades y demás objetos que pertenecen a una persona o comunidad.

INVESTIGACIÓN. Es el procedimiento que se utiliza para indagar, inspeccionar y conocer las condiciones, modos y motivos de una acción criminal, y poder de esta forma determinar si los individuos implicados en él son inocentes o culpables.

INVESTIGACIÓN DE LA PATERNIDAD. Se conoce con este nombre al acto que se puede llevar a cabo para conseguir por la vía de una sentencia emitida por un tribunal el reconocimiento del parentesco entre padres e hijos.

INVIOLABILIDAD. Carácter o atributo de un derecho que se considera inviolable: la inviolabilidad de la vida o del domicilio.

INVIOLABLE. Que no se puede o no se debe violar ni dañar.

INVOLUCRAR. Incluir cuestiones ajenas al contenido en relatos, documentos y argumentaciones.

IPSO FACTO. Locución latina que significa en el acto, con lo cual se quiere dejar dicho que un acontecimiento se ha realizado de forma rápida o inmediata.

IPSO JURE. Frase latina que expresa que los efectos jurídicos se producen por virtud del derecho o de pleno derecho.

IRA. Sentimiento de enojo muy enorme y violento.

IRRECUSABLE. Es la persona que interviene en un proceso judicial y a la cual no se puede recusar.

ITER CRIMINIS. Vocablo latino que significa: camino del crimen o camino del delito. Abarca el conjunto de actos que se elaboran para llegar a la ejecución de la actividad criminal.

IZQUIERDA. Con este término se designa a las personas, partidos e instituciones que durante un periodo determinado se oponen o se han opuesto al orden social, económico y político capitalista y propugnan sustituirlo por el socialismo, donde no existe la desigualdad, la injusticia y la opresión. Los ideólogos de la burguesía han inventado términos para designar a la izquierda como es el de "extrema izquierda", con la cual señalan a un segmento que emplea el terrorismo, el secuestro, el asesinato, la guerra de guerrillas sin apoyo popular, y las intrigas en la lucha por el poder. Pero dicha palabra está totalmente desfasada de la realidad, ya que, en ningún texto de Marx, Engels y Lenin se habla de estos métodos de lucha para llegar al poder, por lo que quien utilice dicha metodología no puede ser considerado de izquierda.

J

JACTANCIA. Es la cualidad negativa que posee una persona de hacerse alabanzas a sí mismas de forma exagerada por las acciones que comete que perjudican a la sociedad como son las de carácter criminal.

JEFE. Es el superior jerárquico que posee la autoridad de mandar o dirigir a otras personas.

JEFE DE ESTADO. Funcionario que detenta el más alto cargo político dentro de una nación. Dependiendo del sistema político-constitucional que lo rige, puede disponer de una variedad de mecanismos políticos. En un sistema presidencialista republicano, el gobernante es elegido por el voto popular y el jefe de estado y el jefe del gobierno son la misma persona. Esto le permite concentrar en sus manos los poderes políticos y administrativos, por lo cual puede nombrar a los miembros de su gobierno libremente, dirigir la política internacional y realizar las funciones administrativas y ejecutivas con un grado de ejercicio muy amplio. En el sistema parlamentario monárquico, el jefe de Estado es un personaje con un título nobiliario hereditario y ejerce sólo las funciones representativas protocolares, ya que la Constitución dispone que los poderes políticos y administrativos sean ejercidos por un funcionario que puede ser llamado primer ministro, presidente del gobierno o canciller, elegido por el Parlamento, el jefe de Estado o el voto popular. En las monarquías corruptas del Oriente Medio y en la Ciudad del Vaticano, el jefe de estado es un monarca no electo por el pueblo que alcanza el trono por la vía hereditaria. Y en el caso del Vaticano, el jefe del Estado, es electo por un número reducido de personas que componen el colegio cardenalicio. En un régimen despótico, el jefe del Estado es un dictador que, por lo general, asciende al poder mediante un golpe de Estado, que derroca al gobierno previamente establecido y, una vez que alcanza el poder, desata un régimen de terror para poder seguir gobernando sin ningún tipo de límite.

JEFE DE FAMILIA. Es la persona que es reconocida con esta distinción por los demás miembros del núcleo familiar.

JEFE DE GOBIERNO. Es el máximo responsable del Poder Ejecutivo y responsable del gobierno de un Estado o de una subdivisión territorial de este (estado, provincia u otra). El mecanismo de elección de jefes de gobierno varía de acuerdo con el país y depende, entre otros factores, de la forma de gobierno implementada en el mismo. En un sistema parlamentario, el título que ostenta el jefe de gobierno puede ser premier, canciller, presidente del consejo de ministro, presidente del gobierno u otro. En los países con sistemas presidenciales, como Estados Unidos, el jefe de gobierno es el presidente, que a su vez es el jefe de Estado. En cambio en los sistemas semipresenciales, las funciones de jefe de gobierno pueden estar compartidas por el presidente y un primer ministro.

JEQUE. Palabra de origen árabe que se utiliza para designar a las personas que, debido a su avanzada edad o al cúmulo de conocimientos que han adquirido a través de su vida, ostentan altos cargos políticos y religiosos en la circunscripción en la cual ejercen su mandato.

JERARQUÍA. Es el orden y grado de personas que se agrupan para formar grupos que sigan los lineamientos de clase, poder, oficio, categoría y autoridad con la finalidad de determinar el valor, el mando y la posición de las personas en la sociedad.

JINGOÍSMO. Palabra de origen inglés utilizada como mecanismo de movilización de masas que exalta una política nacionalista exagerada que propugna por la expansión agresiva sobre otros países para justificar una política violenta que vaya acorde con sus planes imperialistas.

JORNADA DE TRABAJO. Es la cantidad de tiempo que el trabajador debe emplear para ejecutar el trabajo para el cual ha sido contratado.

JORNAL. VER: SALARIO.

JUBILACIÓN. Es un derecho que se encuentra establecido y reglamentado por el régimen jurídico de cada nación. Consiste en la expedición de una cantidad de dinero mensual a aquellas personas que han cesado su actividad laboral en el sector privado o en el sector público, por haber alcanzado el límite de edad establecido por la ley o se hayan jubilado por otros motivos.

JUBILADO. Se designa con este nombre a las personas que han cesado en su actividad laboral por haber alcanzado la edad que establece la ley o por enfermedad, y por lo cual le corresponde cobrar una suma mensual de dinero.

JUDICATURA. Conjunto de profesionales del derecho que integran el cuerpo de magistrados de una nación.

JUDICIAL. Es todo lo que concierne a la administración de la justicia.

JUDICIALIZACIÓN DE LA POLÍTICA. Es la utilización ilegal de los mecanismos jurídicos para fines de persecución política, destrozar la imagen pública e inhabilitar a un contrincante político.

JUEGO. Pasión o vicio en la cual se entregan cantidades monetarias, u otras propiedades a la determinación de diferentes distracciones transformadas en obsesiones.

JUEGO DE AZAR. Son todas las clases de juegos que dependen que si el jugador gana o pierde depende de manera exclusiva de la suerte.

JUEGO PROHIBIDO. El prohibido por el régimen jurídico o por la autoridad en el pleno uso de su poder reglamentario.

JUEZ. Es el funcionario al que el aparato estatal le ha concedido el poder de impartir justicia.

JUEZ A QUO. VER: AD QUEM.

JUEZ ACOMPAÑADO. El designado para acompañar, en la facultad de entender y juzgar los casos al juez recusado.

JUEZ AD QUEM. VER: AD QUEM.

JUEZ ANCIANO. Norma constitucional mediante la cual se necesita una nueva designación, para mantener en sus funciones a cualquier magistrado, que haya cumplido la edad exigida por la ley para su jubilación.

JUEZ CIVIL. Es el que solo conoce asuntos de carácter contencioso donde solo se dilucidan intereses.

JUEZ CIVIL Y CRIMINAL. Es el que tiene el poder para conocer de los litigios de carácter monetario, y de estado y condición de las personas en lo concerniente con las indagaciones y sanciones de los actos delictivos y criminales.

JUEZ COMPETENTE. Es el que posee la misión u obligación de conocer los litigios que son sometidos a su conocimiento por mandato de la ley.

JUEZ CRIMINAL. Es el que solo tiene competencia para conocer sobre los asuntos que están relacionados con la materia penal.

JUEZ DE COMERCIO. Magistrado que juzga en Primera Instancia las acciones y contratos comerciales enlazados con el código de comercio y con las leyes de carácter comercial.

JUEZ DE DERECHO. Es el magistrado que tomando en consideración las declaraciones emitidas por los jueces de hecho, sobre las evidencias, se circunscribe a aplicar el derecho en el asunto que le ha sido sometido para que él tome una decisión.

JUEZ DE EJECUCIÓN PENAL. En la República Dominicana es el funcionario que tiene por función la ejecución de las sentencias, la condición provisional del procedimiento, de la sustancia y la determinación de todos los asuntos que se planteen sobre la ejecución de la pena.

JUEZ DE GARANTÍAS PENALES. Es el magistrado que participa en la instrucción del proceso penal, para asegurar las responsabilidades de las partes.

JUEZ DE HECHO. El que dicta sentencia basándose solamente en el conocimiento seguro de que los hechos son ciertos, dejando en manos del juez de derecho la resolución legal del litigio.

JUEZ DE INSTRUCCIÓN. En el ordenamiento jurídico penal de la República Dominicana es el representante ante el cual se presenta el representante del ministerio público a oficializar la instrucción en una primera audiencia y a exponer su acusación y presentar las evidencias, en la audiencia intermedia para que el juez de la instrucción dictamine lo que haya que hacer.

JUEZ DE LOS REFERIMIENTOS. Es el magistrado que posee atribuciones según la instancia en que se encuentre apoderado, o sea, en los casos en que se encuentre apoderado un juez de primer grado, posee la potestad de adoptar cualquier medida provisional, por lo cual es amplia su atribución, pero sus limitaciones consisten en no tocar aspectos que atañen directamente el fondo del conflicto judicial.

En el caso de la Corte de Apelación, el magistrado no puede establecer sobre el derecho de propiedad ni decretar medidas extremas, sin ponderar las urgencias, ni comprobar la existencia o no de un diferendo o contestación seria; de lo contrario incurre en violar ciertas disposiciones legales.

JUEZ DE MENORES. Es el magistrado que tiene por función especial conocer las infracciones penales cuyo imputado es una persona que no ha alcanzado la mayoría de edad según la legislación de su país y por lo tanto es considerado un menor de edad.

JUEZ DE PAZ. Funcionario judicial que tiene por función impartir justicia como juez único en las materias de menor importancia. La legislación de cada nación establecerá el número de juzgados de paz, sus funciones, competencia y estructura.

JUEZ DE PRIMERA INSTANCIA. La legislación de la República Dominicana define al juez de Primera Instancia como los tribunales que conocen en primer grado de todas las materias que no les sean atribuidas por ley a otro tribunal y los demás asuntos que les atribuye de manera expresa la ley. Habrá juzgados de primera instancia o sus equivalentes con el número de jueces y la competencia territorial que determine la ley.

JUEZ ESPECIAL. El designado por un tribunal de mayor jerarquía o por las partes para que conozca de un asunto específico.

JUEZ INCOMPETENTE. Es el que no posee competencia para conocer del asunto que está ventilando por razón de la persona, de la materia o del lugar.

JUEZ INFERIOR. Es el funcionario judicial cuyas sentencias son susceptibles de ser apeladas ante otro juez de mayor jerarquía.

JUEZ INTERINO. Se designa con este nombre aquel que, no siendo titular, y existiendo una vacante ha sido nombrado para ejercer el cargo solo hasta que sea nombrado su titular.

JUEZ LEGO. Es el funcionario judicial que imparte justicia al margen de toda influencia letrada, aplicando los cánones del derecho.

JUEZ LETRADO. Es el profesional del derecho que se desempeña como juez; por lo cual no requiere asesoramiento para emitir sus sentencias.

JUEZ MILITAR. El que conoce de los asuntos que son competencia de la jurisdicción militar.

JUEZ MUNICIPAL. Es el que se encarga de administrar la justicia en los asuntos municipales.

JUEZ NATURAL. Fundamento que establece que toda persona acusada de cometer una violación a las leyes solo puede ser juzgada por los jueces que le ha designado la carta magna y sus leyes reglamentarias.

JUEZ ORDINARIO. Autoridad que desempeña las facultades comunes no imputadas a jurisdicciones especiales.

JUEZ SUPERIOR. Es aquel que tiene por función de conocer de las apelaciones de las sentencias que han sido dictadas por un juez de rango inferior.

JUICIO. Es una disputa judicial entre partes, y que es tramitada ante un magistrado el cual ha de emitir una sentencia para que ponga fin a la controversia, por lo menos en la fase en que se encuentre.

JUICIO AB INTESTATO. Es el procedimiento judicial sucesorio al cual se le da inicio cuando una persona deja de existir, sin haber dejado testamento, o en caso de haberlo dejado, dicho testamento es nulo e ineficaz, por lo cual, por disposición de la ley, los bienes del difunto son adjudicados a sus parientes más próximos.
JUICIO ARBITRAL. VER: ARBITRAJE.
JUICIO CIVIL. Es un juicio que le confiere el orden jurídico a una persona para que demande ante los tribunales la reclamación de sus propiedades mobiliarias e inmobiliarias, siempre dentro del ámbito de lo civil.
JUICIO COMERCIAL. Disputa o conflicto en el cual se debaten los asuntos que están regidos por los códigos comerciales.
JUICIO CONTENCIOSO. VER: JURISDICCION CONTENCIOSA.
JUICIO CONTENCIOSO ADMINISTRATIVO. Es aquella en que una de las partes es la administración pública y la otra un particular que reclama contra las decisiones definitivas de aquellas, que causan un daño y perjuicio de carácter administrativo, establecido por el régimen jurídico.
JUICIO CORRECCIONAL. Es la controversia jurídica que tiene conexión con las acciones delictivas de menor entidad, que deben llevarse a cabo siguiendo las pautas y preceptos del derecho común, teniendo el magistrado en materia correccional las funciones propias del presidente y del tribunal de juicio.
JUICIO CRIMINAL. El que tiene por finalidad establecer la responsabilidad de un sujeto en la comisión de un acto delictivo.
JUICIO DE ALIMENTOS. Escrito que se presenta ante un tribunal para que le de solución a la solicitud de alimentos que se necesitan para la manutención de una o varias personas.
JUICIO DE AMPARO. VER: RECURSO DE AMPARO.
JUICIO DE APREMIO. Es la manera de ejecutar una decisión o fallo definitivo del tribunal administrativo, la cual se lleva a cabo sin importar el recurso que se eleve contra ella y solo se puede suspender, cuando se realiza el pago, se ordena el valor del cargo, cuando éste es declarado judicialmente improcedente o si es resuelto a favor del responsable el procedimiento de revisión.
JUICIO DE CONSIGNACIÓN. Es el proceso legal que lleva a cabo el deudor contra el acreedor que se ha rehusado a recibir el valor adeudado, o se ha ausentado del sitio donde debió recibir el pago sin dejar representante sin poder de recaudar y que consiste en depositar el pago para saldar la deuda.

JUICIO DE EXPERTOS. Es el proceso civil o caso criminal en donde intervienen peritos.

JUICIO DE DISENSO. Es el procedimiento sumario que da solución sobre la procedencia o improcedencia sobre la oposición a un matrimonio planteada por los padres, tutores o curadores.

JUICIO DE FALTAS. Es un conjunto de actuaciones penales sencillas, que se desarrollan con rapidez, que tienen por finalidad enjuiciar las acciones que revisten poca gravedad y que son conocidas como faltas.

JUICIO DE FONDO. Es el que es llevado a cabo cuando cada una de las partes ha tenido la ocasión de exponer sus razonamientos, sobre los asuntos legales que se discuten, los testigos y las evidencias de acuerdo con los preceptos y reglas del orden jurídico.

JUICIO DE INSANIA. Es el proceso que tiene por objeto declarar judicialmente la incapacidad mental de una persona, para proceder a nombrar un curador que vele por su salud y la administración de sus bienes.

JUICIO DE QUIEBRA. Cuando el deudor es declarado judicialmente en estado de quiebra, se lleva a cabo un juicio de quiebra, en el cual se investiga si el deudor puede saldar sus obligaciones de pago con el conjunto de bienes que posee.

JUICIO DE TESTAMENTARIA. Es el que tiene por finalidad saldar las deudas de la persona que ha fallecido y repartir el resto de sus bienes, si lo hay, entre los herederos y legatarios que figuran en el testamento.

JUICIO DECLARATIVO. Es el que trata acerca de acciones dudosas y controvertidas que deben ser estipuladas por un magistrado, a través de una declaración segura y evidente al respecto.

JUICIO EJECUTIVO. Es el trámite judicial que tiene por finalidad, conseguir, por la vía de una autoridad judicial competente el pago de una obligación que no ha sido cumplida por su deudor.

JUICIO ESCRITO. Es aquel en el cual se da a conocer al público un asunto privado y la discusión sobre lo que trata para que esta se redacte sucesiva y separadamente por escrito.

JUICIO EXPROPIATORIO. Es aquel que tiene por finalidad hacer cumplir en beneficio del estado, la transmisión de usar y disponer de una propiedad que ha sido declarada de utilidad pública, y decidir la compensación que se le debe pagar a la persona que ha sido expropiada.

JUICIO ORAL. Es la clase de juicio en que toda la evidencia se presenta de manera oral.

JUICIO ORAL, PÚBLICO Y CONTRADICTORIO. Oral es uno de los principios creados como una totalidad de ideas que deben ser tomadas en cuenta para el procesamiento de un acusado.

Otro principio es el de público ya que permite a cualquier persona en el salón de audiencia, para escuchar y observar, para que de esta forma se pueda hacer su propia opinión.

El principio contradictorio permite a las partes envueltas en un litigio participar en igualdad de condiciones y realizar todo lo posible para destruir todas las pruebas que presente su oponente

JUICIO ORDINARIO. Es el procedimiento que se lleva a cabo observando todas las diligencias necesarias que han sido establecidas por el régimen legal para solucionar una controversia.

JUICIO PARTICULAR. Es el que se refiere a las conveniencias o necesidades de una o varias personas o de una cosa.

JUICIO PERICIAL. Es el que se lleva a cabo cuando se encarga a una o varias personas especializadas en alguna materia, tomar la decisión final de una decisión de hecho.

JUICIO PETITORIO. Es el que se entabla para determinar la propiedad de una cosa o la pertenencia de un derecho.

JUICIO POLÍTICO. Es un proceso de carácter político-judicial que tiene por objetivo enjuiciar a los funcionarios públicos que tienen como misión fundamental administrar el aparato estatal. Entre tales funcionarios podemos señalar a los jefes de Estados, jefes de gobierno, ministros, miembros de los tribunales superiores de justicia y altos mandos de las fuerzas armadas. La condena del acusado puede ser penalizada con la destitución del cargo o la suspensión temporal para ejercer cargos públicos. Después puede ser sometido a la justicia para que juzgue su responsabilidad penal por los delitos que puede haber cometido durante el ejercicio de sus funciones.

JUICIO POSESORIO. El restringido a la compra de algo, retención o rescate de la posesión, cuasi posesión o propiedad de una cosa; al hecho de la tenencia, en cuyo caso es sumaria y se resuelve como interdicto, o al derecho de propiedad donde el juicio es plenario.

JUICIO SINGULAR. Es aquel en que la disputa que se está discutiendo trata sobre un bien o derecho específico y particular.

JUICIO SUCESORIO. Es que tiene por finalidad la determinación de los herederos de una persona fallecida y pagar las deudas que haya dejado pendiente el de cujus.

JUICIO SUMARIO. Es un juicio abreviado y rápido, donde solo participan los abogados y se suprimen algunas formalidades.

JUICIO SUMARÍSIMO. Son los trámites que se observan en la jurisdicción militar para celebrar un proceso judicial con la mayor brevedad posible por la gravedad del suceso.

JUICIO UNIVERSAL. Es el proceso legal en el cual se da a conocer al público simultáneamente diferentes acciones o diversos intereses o derechos, que son propiedad de una sola persona o de varias.

JUNTA DE VECINOS. Es una organización sin fines de lucro que se constituye para fomentar la incorporación y cooperación de los vecinos de un conglomerado de familia para que contribuyan al desarrollo de su comunidad.

En la República Dominicana reglamentariamente se ha establecido para que los habitantes de una determinada área residencial puedan crear una junta de vecinos, deben cumplir con una fase de formación por medio del departamento de juntas de vecinos y organizaciones de base del ayuntamiento correspondiente.

El reglamento para crear una junta de vecinos establece que no exista ninguna otra junta en la zona que se pretenda crearla.

También establece que en el área geográfica que se pretenda crear esta institución existan como mínimo cien familias residiendo.

Los vecinos deben constituir un comité gestor formado por un mínimo de cinco personas, respaldado por la firma de veinte residentes del área y representado por un presidente.

JUNTA CENTRAL ELECTORAL. Organismo que en la República Dominicana tiene por función supervisar, regular y llevar a cabo la ejecución de las elecciones nacionales para elegir los candidatos a cargos electivos y también registrar y conservar los actos del estado civil.

JUNTAS ELECTORALES. En el Distrito Nacional y en cada municipio habrá una Junta Electoral con funciones administrativas y contenciosas. En materia administrativa estarán subordinadas a la Junta Central Electoral. En materia contenciosa sus decisiones son recurribles al Tribunal Superior Electoral, de conformidad con la ley.

JURADO. Es el conjunto de personas que no pertenecen al sistema judicial y que son elegidas por sorteo para participar en un juicio donde deben emitir unas declaraciones en la cual expresen si consideran al imputado culpable o inocente, para que el magistrado dicte la sentencia correspondiente.

JURAMENTO. Acatar y reconocer solemnemente las normas constitucionales de una nación. Afirmar o negar de forma solemne una cosa poniendo a personas como testigos.

JURAMENTO ASERTORIO. Es aquel que afirma o niega la verdad de un hecho o acontecimiento.

JURAMENTO DE CALUMNIA. El que hacen en un juicio las partes involucradas cuando expresan una declaración de que no tuvieron ni tendrán una conducta maliciosa.

JURAMENTO DE DECIR LA VERDAD. Es aquel por el cual una persona está obligada a confesar todo lo que sabe sobre el hecho o acontecimiento porque se le está interrogando.

JURAMENTO DE MALICIA. Es el que toda parte debe prestar siempre que se lo pida la parte contraria para asegurar de que no procederá ni con malicia ni con engaño en algún punto que se esté tratando en el proceso.

JURAMENTO DECISORIO. Mecanismo para resolver el litigio, mediante el cual una de las partes queda subordinada a lo que la parte contraria manifieste que le corresponde bajo juramento.

JURAMENTO DEL LEGISLADOR. Ofrecimiento oficial que realiza un legislador de cumplir con fidelidad y rectitud los deberes y obligaciones de su cargo cuando se celebra el acto de su juramentación.

JURAMENTO DEL PRESIDENTE. Ofrecimiento oficial al juramentarse en su cargo, de ejercer con lealtad y rectitud sus funciones de presidente de la República y de hacer cumplir fielmente con la ley suprema de la nación: la Constitución.

JURAMENTO ESTIMATORIO. Mecanismo con el cual se completa las faltas de evidencias.

JURAMENTO INDECISORIO. Es aquel cuyas argumentaciones sólo son aceptadas como decisivas si estas le causan un daño y un perjuicio al que jura.

JURAMENTO SUPLETORIO. Es el que se les exige a las partes para completar las pruebas y fortalecer la libertad de apreciación del juez.

JURICIDAD. Es la propiedad de ciertos comportamientos que ejecutan con rigor y seriedad lo ordenado por las reglas y preceptos que los regulan.

JURÍDICO. Es todo lo concerniente al derecho.

JURIS ET DE JURE. Presunción que es establecida por el ordenamiento jurídico y que no admite prueba en contrario.

JURISTA. VER: JURISCONSULTO.

JURIS TANTUM. Es la presunción que es establecida por el régimen legal y que admite prueba en contrario.

JURISCONSULTO. Es el especialista en temas jurídicos que se dedica a escribir sobre ellos y a solucionar las consultas legales que le son sometidas.

JURISDICCIÓN. Término utilizado para designar el ámbito territorial (Estado, provincia, municipio, región, departamento o país) donde se ejerce la autoridad, dominio, poder, que se deriva de la soberanía del estado de aplicar el orden jurídico legalmente establecido en los casos específicos para resolver de una forma definitiva las diversas litis que se les puedan presentar.

JURISDICCION ADMINISTRATIVA. Es la que se realiza por medio de las instituciones del Estado, que se dedican también a emplear las reglas y preceptos generales a casos específicos, para dar solución a las necesidades del bien común. Por ejemplo, disponer la construcción de obras públicas (autopistas, acueductos, aeropuertos, etc.).

JURISDICCIÓN CIVIL. Es aquella a la cual le concierne conocer solamente los intereses de carácter privado excepto aquellos que el mismo régimen legal declara de orden público, por ejemplo, aquellas materias relativas al Estado y la capacidad de las personas y a los menores de edad.

JURISDICCIÓN COMPETENTE. La desempeñada, por cumplir con los cánones legales que ha establecido el orden jurídico.

JURISDICCIÓN COMÚN ORDINARIA. Es la que se desempeña sobre la totalidad de los negocios comunes y que comúnmente se presentan, o la que amplía su facultad a todo el conglomerado de personas y cosas que no están manifiestamente sometidas por el régimen jurídico, a jurisdicciones especiales.

JURISDICCIÓN CONTENCIOSA. VER: CONTENCIOSO.

JURISDICCIÓN CONTENCIOSA ADMINISTRATIVA. Es aquella en la cual se les da solución a las reclamaciones llevadas a cabo por los ciudadanos a instituciones frente a la administración estatal y a las otras entidades públicas.

JURISDICCIÓN CRIMINAL. VER: JURISDICCIÓN PENAL.

JURISDICCIÓN DELEGADA. Es la que desempeña una persona en sustitución de otra para solucionar algún asunto y la cual se le conoce por un tiempo específico.

JURISDICCIÓN DISCIPLINARIA. Es la ejercida por los tribunales para investigar los comportamientos y sancionar las faltas disciplinarias que cometan los funcionarios judiciales y los profesionales del derecho cuando ejercen su profesión.

JURISDICCIÓN ESPECIAL. Es la que se encarga de asuntos que no están relacionados con la administración de la justicia ordinaria. Ejemplos: jurisdicción constitucional, jurisdicción electoral, jurisdicción arbitral, etc.

JURISDICCIÓN GRACIOSA. Es la que tiene por objeto garantizar el respeto de derechos y obligaciones que pertenecen a los particulares, pero sin que exista retención entre ellos.

JURISDICCIÓN INMOBILIARIA. Es la institución que en la República Dominicana tiene por misión única saber de los derechos inmobiliarios y su registro, desde que se pide el permiso para la mensura y durante toda la existencia del inmueble, con excepción de lo que prevé el régimen jurídico.

JURISDICCIÓN JUDICIAL. Es toda acción realizada por un tribunal de justicia que incluye los fundamentos contenidos en los principios del acto jurisdiccional y que establece una expresión de jurisdicción judicial.

JURISDICCIÓN LABORAL. Es la facultad que poseen los tribunales en materia laboral para dirimir los conflictos que se presenten entre patrones y trabajadores.

JURISDICCIÓN LIMITADA. La que limita a los aspectos de un litigio determinado.

JURISDICCIÓN MERCANTIL. Llamada también jurisdicción comercial es la que conoce sobre los litigios que se originan de obligaciones y derechos que provienen de acuerdo de voluntades y operaciones comerciales.

JURISDICCIÓN MILITAR. VER: CONSEJO DE GUERRA.

JURISDICCIÓN ORDINARIA. Se denomina así a la jurisdicción general y común que abarca todos los actos criminales y a los actos civiles, exceptuando los asuntos que el régimen jurídico ha determinado que sean competencias de las jurisdicciones privilegiadas o especiales.

JURISDICCIÓN PENAL. Es la que está formada por un conjunto de tribunales que tienen la atribución de juzgar a las personas que han sido imputadas de cometer un acto que viola una o varias leyes penales.

JURISDICCIÓN PRIVILEGIADA. Es la facultad o prerrogativa excepcional de competencia otorgada por el régimen jurídico a un poder o autoridad de mayor jerarquía para que conozca a las violaciones al sistema penal atribuidas a determinados funcionarios.

JURISDICCIÓN PROPIA. Es la que les otorga la ley a los tribunales, por medio de decisiones y órdenes en las cuales establece cuál es su jurisdicción real.

JURISDICCIÓN PRORROGADA. Ampliación de la jurisdicción de un tribunal para que pueda actuar fuera de la competencia que le ha establecido la ley.

JURISDICCIÓN VOLUNTARIA. Es aquella que es conocida por los tribunales cuando no existe proceso judicial u oposición entre las partes. Ejemplo: la declaración de ausencia.

JURISDICCIONAL. Es todo lo concerniente a la jurisdicción.

JURISPRUDENCIA. Es el conjunto de sentencias emitidas por los tribunales, lo cual la constituyen en una fuente de derecho. Ya que tiene por función interpretar el estudio de un precepto jurídico aplicado en un caso específico. También es integradora ya que cubre las lagunas que se presentan en el campo del derecho cuando no existe una norma legal que aborde un asunto determinado.

JURISPRUDENCIA SOCIOLÓGICA. Hace referencia a una investigación de la ciencia jurídica que tiene en consideración los acontecimientos sociales sobre los cuales el derecho surge y con los cuales está involucrado.

JUS. Expresión latina que es común, particular o universo al derecho.

JUS GENTIUM. VER. DERECHO DE GENTES.

JUSTA CAUSA. Causa que está permitida por el orden jurídico en los contratos y que es necesaria para que genere efectos que tengan validez.

JUSTICIA. Es el ideal supremo que cada pueblo tiene a lo largo de su historia de mantener la armonía entre sus miembros, basándose en principios éticos, morales y jurídicos, que tienen como objetivo fundamental lograr un espacio de respeto al ejercicio de los derechos humanos, por lo cual deben desarrollar acciones de coerción o sanción para regular la conducta del ser humano en la sociedad.

JUSTICIA ADMINISTRATIVA. Abarca el estudio de la seguridad y protección que ofrece la administración para ser efectiva también la seguridad y protección que debe tener el administrador para asegurar la legalidad administrativa y el respeto por sus derechos.

JUSTICIA ATRIBUTIVA. Es la concesión de derechos que se otorga por disposición, costumbres, agradecimiento, humanidad más que por razón o necesidad.

JUSTICIA CIVIL. Es la impartida por los tribunales competentes en materia civil para resolver los litigios que se originan en el ámbito del derecho entre los particulares, sean estas personas físicas o morales, de derecho público o privado.

JUSTICIA COMERCIAL. Es la impartida por los tribunales competentes en materia comercial para resolver los litigios que se originan en el campo del derecho entre los particulares, sean estos personas físicas o morales, de derecho público o privado.

JUSTICIA CONMUTATIVA. Es la que le concede a otro completamente lo que le es debido estrictamente, como el cumplir con sus obligaciones, saldar sus deudas, devolver lo robado, indemnizar por daños y perjuicios.

JUSTICIA DISTRIBUTIVA. Es aquella que alude a la manera justa o correcta de distribuir el patrimonio de una sociedad.

JUSTICIA EXPLETIVA. Es la que concede a cada cual lo que por derecho o por ley se le adeuda.

JUSTICIA SOCIAL. Es el derecho que tiene la sociedad de establecer un régimen económico, político y social que permita planificar la economía para que así todos sus miembros puedan tener acceso a todos los bienes y servicios que esta produce de una forma igualitaria, como son un trabajo bien remunerado, servicios educativos, de salud, la alimentación, la participación en el desarrollo social, o sea, a todos los componentes de este concepto.

JUSTICIA TRANSICIONAL. Es el grupo de medidas judiciales y no judiciales empleadas como indemnización por las violaciones a gran escala de los derechos humanos.

JUSTICIA UNIVERSAL. Concepto que se basa en que los sistemas jurídicos de los Estados no deben encubrir con el manto de la impunidad los crímenes más sanguinarios cometidos contra los seres humanos, por lo cual cada nación debe dar curso a la acusación que se presente contra toda persona que se encuentre en su territorio, sin importar su nacionalidad o el lugar donde se cometió el crimen que se le imputa.

JUSTIFICACIÓN. Razón o motivo de conflictos y contestaciones de hecho y de derecho cuya consecuencia es descartar la antijuricidad de un hecho.

JUSTIPRECIO. Es la suma de dinero que debe pagar el expropiante al expropiado con el objeto de indemnizar a este último por haberle expropiado sus bienes.

JUSTO PRECIO. Valor apropiado de las cosas, tomando en cuenta los gastos hechos en la producción, los beneficios del que vende y los intereses del que adquiere.

JUSTO SALARIO. Conjunto de ideas o normas que abogan por establecer que el trabajo debe ser remunerado de tal forma que le den al trabajador y su familia las condiciones de poder vivir dignamente su vida económica, social y cultural.

JUSTO TÍTULO. Principio que establece que una persona ha obtenido por la vía legal un derecho, como también el escrito que da credibilidad al acto de adquisición.

JUZGADO. Es un tribunal que está formado por un solo juez. También es la edificación donde se administra justicia.

K

KAISER. "(Castellanizado Kaiser, según el "Diccionario de la lengua", de Real Academia Española). Es el título alemán que significa emperador; con Kaiserin, siendo el equivalente femenino, emperatriz". El vocablo proviene del latín caesar o cesar, tomado del título de los emperadores romanos desde Octavio Caesar Augustus, que lo usa como descendiente de Caius Julius Caesar. En alemán, la palabra Kaiser no está restringida a los jefes de los imperios alemán y austriaco, sino que también se usa como equivalente en sentido general con la palabra inglesa emperor para los jefes de los otros imperios. Por ejemplo, un emperador de China se menciona como chinesischer Kaiser o Kaiser Vochina en alemán." (18)

KAKISTOCRACIA. Término acuñado por el profesor de la universidad de Turín Michelangelo Bovero, con el cual quiere dejar expresado que un gobierno está integrado por los sectores más incapaces, corruptos, perversos, innobles, viles, funestos y dotados de las peores ideas políticas.

KILOMÉTRICO. Perteneciente al kilómetro como unidad de medida.

KILÓMETRO. Es una unidad de longitud que equivale a 1,000 metros habitual en las comunicaciones terrestres y en la especificación de la extensión territorial de los Estados y de sus diferentes divisiones territoriales.

KRAUSISMO. Recibe su nombre del pensador alemán Karl Christian Friedrich Krause (1781-1832) quien aboga por la tolerancia académica y la libertad de cátedra.

KU KLUX KLAN. Es la organización racista y fanatizada fundada en los estados Unidos al finalizar la guerra de secesión con el objetivo de defender la supremacía de la raza blanca, oponerse a la liberación de los esclavos negros y obstaculizar la igualdad racial. Esta organización tan temible recurre durante casi un siglo al terrorismo y a los actos más atroces de violencia para intimidar a sus víctimas.

L

LABOR. Actividad física o mental que es ejecutada por una persona.

LABORABLE. Es el día que no es feriado y que por lo tanto se dedica al trabajo.

LABORALISTA. Profesional del derecho especializado en materia laboral.

LACRA. Persona malvada que representa una amenaza para una sociedad o grupo.

LADINO. "Nombre dado a los negros nacidos en España o con larga residencia en ella. Los ladinos eran esclavos negros que adoptaron la lengua y costumbres españolas. La corona consideraba ladino al negro que había pasado un año en manos de españoles o de súbditos españoles." (19)

LADRÓN. Es el agente que se dedica a cometer la acción delictiva de robo.

LAGUNA DEL DERECHO. VER: LIMBO JURÍDICO.

LAICISMO. Es la corriente de pensamiento que lucha por la separación de la Iglesia y el Estado, por la total imparcialidad religiosa de las instituciones estatales, por la libertad de conciencia y el libre ejercicio de todos los cultos, por la tolerancia religiosa y la no intromisión de las religiones en los asuntos del Estado.

LA IGLESIA EN MANOS DE LUTERO. Es una expresión oscurantista e intolerante, contraria a la libertad de conciencia, que denota que se ha puesto al frente de una institución o proyecto a una persona o a un grupo de personas que son las menos idóneas porque están cargadas de las más malévolas intenciones y oscuras conductas.

LANZAMIENTO. Procedimiento judicial que se inicia para desocupar al ocupante de una propiedad inmobiliaria o despojar a una persona de una posesión, que es llevada a cabo con la intervención de la fuerza pública.

LANZAMIENTO DE LUGARES. Arrojar, apartar de una propiedad o expulsar al ocupante fuera del inmueble alquilado.

LAPIDACIÓN. Es un procedimiento de ejecución de la pena de muerte, que consiste en que una multitud lance piedras contra el condenado hasta que este pierda la vida.

LAPSO. Paso o transcurso del tiempo.

LASCIVIA. Es el apetito o el deseo exagerado por los placeres sexuales.

LA SANGRE LLEGÓ AL RÍO. Esta expresión da a entender que los actos llegaron a un nivel de violencia que produjo un enfrentamiento físico entre las partes el cual trajo como consecuencias, golpes, heridas y hasta la muerte de uno o de varios de los participantes.

LA SANGRE NO LLEGÓ AL RÍO. Expresión que se utiliza cuando se presentan situaciones que originan un enfrentamiento belicoso y estas no alcanzan niveles de violencia y que todo se quedó en el campo de la discusión verbal.

LATO SENSU. Locución latina que significa en sentido amplio. Se utiliza, cuando un término o expresión puede ser interpretado de dos maneras y una de ellas engloba a las otra, para señalar que la palabra que acompaña debe interpretarse en el más amplio de los sentidos.

LATIFUNDIO. Es una categoría agraria que se caracteriza por la concentración de grandes extensiones de tierras en un número reducido de personas, por el uso de tecnología atrasada para el cultivo y empleo de fuerza de trabajo que recibe un salario de miseria y solo es empleada durante ciertos periodos del año.

LATIFUNDISTA. Es el propietario de grandes extensiones de tierra, quien contrata fuerza de trabajo por un salario miserable. Por tanto, el propietario es el único que se beneficia de la explotación de la tierra. Mientras, el grupo de campesinos que la emplea se empobrece cada vez más.

LATROCINIO. Es el robo, fraude, pillaje, desfalco que se comete contra las propiedades públicas y privadas.

LAUDO. Es la sentencia que dicta un árbitro sobre los asuntos sometidos a él espontáneamente por las partes envueltas en el conflicto, y que poseen fuerza ejecutoria de sentencia, una vez agotadas todas las vías legales que son permitidas.

LAVADO DE ACTIVOS. VER: LAVADO DE DINERO.

LAVADO DE DINERO. Es la operación internacional que tiene por objetivo encubrir y disfrazar el origen, los fines y el destino del dinero que se ha obtenido por medios de mecanismos ilegales como resultado de las prácticas de actividades criminales como el narcotráfico, contrabando de armas, corrupción, desfalco, evasión de impuestos, prostitución ilegal y viajes ilegales. El objetivo de esta actividad consiste en hacer aparecer que los fondos obtenidos por medio de operaciones ilegales son el fruto de actividades legítimas.

LEALTAD. Fidelidad de un ciudadano a un Estado, gobernante, comunidad, persona o a su ideales y convicciones.

LEASING. VER: CONTRATO DE LEASING.

LE CONTREDIT. VER: RECURSO DE IMPUGNACIÓN.

LEGACIÓN. Representación que otorga un gobierno a una persona para que la represente ante una nación extranjera. Delegación diplomática mantenida por un gobierno ante una nación donde no posee una misión diplomática que lo represente.

LEGADO. Es un modo de transferir un patrimonio tras la desaparición física de una persona.

LEGAJO. Conjunto de documentos que están atados y tratan sobre la misma materia.

LEGAL. Es el contenido armónico con la ley, lo que está en correspondencia con su letra y espíritu. Lo legal debe tener un origen democrático; debe proceder de los poderes legislativos, que son elegidos por elección popular, ratificada por las autoridades electorales.

LEGALIDAD. Sistema político establecido y ordenado por la ley fundamental del Estado: la Constitución.

LEGALISMO. Término que se utiliza para referirse a los que asumen una actitud de veneración excesiva por el ordenamiento jurídico. El excesivo apego a la letra de la ley o las normas jurídicas hacen que la ley se anteponga a la justicia, no se toma en cuenta que aquella debe ser una vía o un camino al servicio de esta.

LEGALIZACIÓN. Es un proceso mediante el cual un funcionario público competente certifica la validez de un documento público o privado.

LEGAR. VER: LEGADO.

LEGATARIO. Beneficiario, de una parte, de un patrimonio, por la voluntad de la persona fallecida, que así lo ha dejado consignado en su testamento.

LEGISLACIÓN. Es el cuerpo de leyes que integra el sistema jurídico de una nación.

LEGISLADOR. Es la institución o persona que redacta, elabora o promulga el sistema legislativo de una nación.

LEGISLATURA. "Una legislatura es el periodo o mandato de los miembros de los organismos legislativos (Congreso o Parlamento) o sus cámaras (senadores y diputados, etc.) hasta la siguiente elección general, durante el cual pueden ejercer las atribuciones del Poder legislativo y demás que le otorga la Constitución. Del mismo modo se denomina al periodo durante el cual sesionan dichos organismos. Asimismo, en ocasiones se designa así a los cuerpos legislativos en forma conjunta" (20).
LEGÍTIMA. VER: RESERVA HEREDITARIA.
LEGÍTIMA DEFENSA. VER: EN DEFENSA PROPIA.
LEGITIMACIÓN. Servicio que presta la ley cuando le otorga la cualidad de hijo legítimo al engendrado fuera del matrimonio. Demostración de la validez de un documento. Reconocimiento de la capacidad legal que posee una persona para ejercer un cargo. Reconocimiento de la autoridad de un gobierno cuando los ciudadanos y el resto de las naciones lo aceptan como tal, aunque no haya sido elegido en unas elecciones libres y democráticas.
LEGITIMATARIO. VER: HEREDERO FORZOSO.
LEGITIMIDAD. VER: LEGITIMACIÓN.
LEGITIMISMO. Es en su época, el conjunto de razones y fundamentos que se basa en las teorías del derecho divino que defiende el derecho de restaurar las monarquías destronadas por la Revolución Francesa. El legitimismo sostiene que los monarcas destronados conservan los derechos de ejercer el poder y de transmitirlos a sus herederos, acorde con las leyes de la sucesión monárquica, ya que dicho mandato tiene un origen divino, por lo cual los monarcas no pueden ser despojados de su corona.
LEGÍTIMO. Es lo que está vinculado a la realización en la sociedad de la justicia social, la equidad, la paz, la dignidad del ser humano, la libertad, los derechos humanos y los valores morales más trascendentales de la vida social.
LEGO. Es el magistrado que no es letrado.
LEGULEYO. Persona que sin tener la preparación adecuada se encarga de los asuntos legales para alargar y complicar los litigios.
LENIDAD. Es la falta de severidad para castigar las faltas y el incumplimiento de los deberes.
LENOCINIO. Oficio que consiste en servir de intermediario para que se materialicen las relaciones sexuales clandestinas.
LEONINO. VER: CONTRATO LEONINO.
LESA MAJESTAD. En los países donde predomina la monarquía, se designa con esta palabra a los crímenes u ofensas que lesionen

moral o materialmente, a los miembros de la familia real o al Estado, ya que los componentes de la realeza son identificados con el estado.

LESIÓN. Es la acción delictiva que se fundamenta en la incitación de causarle un daño físico o psíquico a otra persona, del daño causado en ocasión de otros contratos o del perjuicio causado en las ventas por no especificarse un precio justo.

LESIÓN CONTUSO-CORTANTE. Lesión física, que además de producir un daño causado por un golpe que no crea una herida, también causa heridas cortantes producidas por un objeto con filo.

LESIÓN CULPOSA. Es el acto contrario a la ley que comete una persona cuando, por negligencias acarrea daños en el cuerpo o en la salud de otras personas.

LESIÓN EN RIÑA. Acción delictiva que se lleva a cabo cuando, en una riña en la cual participan una pluralidad de personas, resultan algunas con graves lesiones gravísimas, sin que se sepa quienes fueron los causantes de estas; deben ser considerados como autores todos los que ejercieron violencia sobre la persona del agredido.

LETRA DE CAMBIO. Es un título de crédito que contiene la obligación de pagar una determinada suma de dinero en la fecha que se ha convenido para que se produzca el vencimiento de dicha letra. Aquí participa una persona que es designada con el nombre de librador, el cual ordena que se le pague a otra persona que recibe el nombre de tomador o beneficiario, la suma determinada, en la fecha convenida, y que también se le pague a una tercera persona que recibe el nombre de librado.

LETRA DE CAMBIO ACEPTADA. Es aquella en que la persona que acepta la orden de pago firma el documento con el cual queda obligado a pagarle a la persona que emitió la orden de pago y redactó el documento en la fecha señalada para su vencimiento.

LETRA DE CAMBIO AL PORTADOR. Es la letra de cambio que debe ser pagada a la persona que la tenga en su poder, siempre y cuando ésta no señale el nombre del beneficiario.

LETRA DE CAMBIO DOMICILIADA. Es la que designa como lugar de pago un domicilio específico.

LETRA DE CAMBIO NO DOMICILIADA. La expedida contra una persona para que esta haga el pago en el mismo lugar donde vive.

LETRA DE CAMBIO PERJUDICADA. Es aquella contra la cual no se ha demostrado disconformidad, descontento u oposición, por no haber sido aceptada o saldada la deuda por el deudor.

LETRA MUERTA. Es el mal hábito de no cumplir con las disposiciones de las leyes, traslados, decretos o reglamentos que se encuentran vigentes.

LETRADO. Es el profesional del derecho que posee una sólida formación en el campo de la ciencia jurídica.

LEVANTAMIENTO. VER: INSURRECCIÓN.

LEVANTAMIENTO DEL CADÁVER. Es la diligencia judicial que se lleva a cabo para explorar la escena de la muerte inspeccionado y examinando el cadáver en el lugar en el cual fue encontrado, lo cual permitirá el acopio de pruebas que puedan ayudar a esclarecer el acto criminal si la muerte de la persona se ha producido violentamente.

LEX. Es el nombre latino con que se conoce la ley. En la antigua Roma se designaba con este nombre a las decisiones que eran tomadas por el pueblo cuando se reunía en asambleas o comicios. Durante la época del bajo imperio, la ley era la Constitución imperial. En el periodo de la edad media, se conocía con el nombre de lex a los diferentes códigos redactados por los reyes bárbaros.

LEX FORI. Expresión latina que, en el Derecho Internacional Privado, que cuando a un juez nacional se le presenta un asunto jurídico que contenga un elemento internacional, la ley que debe aplicarse es la de la nación que conoce la cuestión.

LEY. En las sociedades donde existe el aparato estatal, la ley es la norma, precepto o regla social de conducta explícitamente sancionada por la autoridad pública, o sea, por los organismos del poder público de dicha sociedad o por los funcionarios o electores cuyas decisiones están apoyadas por dicho poder.

LEY ABIERTA. Decisión que acepta que otras instituciones completen el precepto.

LEY ADJETIVA. Es la que tiene por función establecer el trámite necesario para obtener los derechos consagrados en una ley sustantiva. Para que exista una ley adjetiva debe existir primero una ley sustantiva. Ya que la ley sustantiva es la que define el derecho que el ciudadano puede reclamar.

LEY CERRADA. Norma que no acepta la opción de ser completada por otra institución no sea la asignada para pronunciarla.

LEY COERCITIVA. Es la que por su formulación se encuentra amparada por una penalidad, por una multa, por lo cual le permite al aparato del Estado utilizar la fuerza para hacer cumplir las normas legales.

LEY DE DUVERGER. Principio sostenido por el sociólogo francés Maurice Duverger a mediados del siglo pasado. Sostiene que, en el marco de los regímenes electorales, el sistema electoral de mayoría lleva por el camino del dualismo bipartidista. Mientras, el sistema de representación proporcional conduce al camino opuesto o al bipartidismo.

LEY DE FUGA. Es una clase de muerte que se le aplica a las personas detenidas, haciendo creer que estos han burlado la vigilancia de sus custodios y por lo cual se le puede aplicar la norma legal que establece que se le puede disparar a un prófugo que se ha escapado. De esta forma este tipo de ajusticiamiento ilegal queda encubierto por el régimen jurídico.

LEY DE TÉRMINOS. Expresión propia de los países angloamericanos, en los cuales se hace con ello indicación a las normas legales que fijan los límites del último plazo para iniciar los diferentes procedimientos ante los órganos de la justicia o ante las instituciones de la administración pública.

LEY DEL EMBUDO. Esta ley se expresa con la frase lo ancho para mí, y lo estrecho para los demás, por lo cual se utiliza con desigualdad, aplicándose solamente a unos y ampliamente a otros. O sea que esta ley beneficia a un reducido grupo de personas y perjudica a la gran mayoría de la población.

LEY DEL ENCAJE. Dictamen que discrecionalmente emite un magistrado, sin tomar en cuenta lo que el régimen jurídico dispone.

LEY DEL PÉNDULO. Con esta palabra se designan las circunstancias de carácter político, económico y social, o de cualquier otra clase, que influencian progresivamente las preferencias electorales de los pueblos, los cuales, hastiados y desilusionados por el partido en el poder o de su simpatía, buscan una nueva opción que llene sus esperanzas de cambio, lo cual se traduce en su preferencia por un partido que cumpla con sus expectativas.

LEY DEL TALIÓN. Conocida por su célebre expresión de ojo por ojo y diente por diente, es un sistema de impartir justicia que predomina varios milenios antes de nuestra era. Su contenido se inspira en hacer justicia por sí mismo aplicando un castigo que se identifica con el delito que ha sido cometido contra la persona que aplica dicho castigo. En el plano político se habla de la "ley del Talión" para expresar el ejercicio de represalias por parte de los políticos, de los gobiernos, partidos o personas contra sus contrincantes en aras de devolver "golpe por golpe" los desmanes recibidos.

LEY DIRECTA. La que ordena o prohíbe la acción misma que quiere elaborar o evitar.

LEY DISPOSITIVA. Precepto o regla que regula materias que no están contempladas en el cuadro de la autonomía de la voluntad.

LEY DRACONIANA. Esta ley debe su nombre al legislador ateniense Dacrón, quien, en el siglo VII antes de nuestra era, elabora las leyes penales de Atenas, Pero el sistema penal redactado por Dacrón contempla castigos severos y crueles para todos los delitos, lo cual da origen a que se califique como draconiana toda ley, reglamento o decreto que establezca un régimen riguroso, cruel y severo de castigo.

LEY EN BLANCO. Es aquella de carácter penal que establece una pena, pero la definición de la acción delictiva a la cual hace referencia, se encuentra contenida en otro precepto jurídico, pudiendo referirse a otra ley penal, o a otra norma reglamentaria, de carácter inferior, que necesariamente la debe suplementar.

LEY ESCRITA. Es la que es redactada por escrito para oponerse a las reglas y preceptos que surgen de la costumbre.

LEY ESPECIAL. Norma relativa a una materia específica o determinadas organizaciones en particular, cuya aplicación tiene preferencia sobre las leyes generales.

LEY EXTRATERRITORIAL. Es la norma que sigue al nacional de un país a cualquier lugar que se dirija, o aquellas que producen sus consecuencias fuera del país de origen, esto es debido a convenios y tratados internacionales.

LEY FORMAL. Es la que establece ciertos requisitos para la autenticidad y capacidad de los actos y contratos jurídicos o la que declara la libertad de las partes para demostrar su veracidad por cualquiera de los mecanismos establecidos por la ley.

LEY FUNDAMENTAL. Recibe este nombre la Constitución de una nación o carta magna, por ser la verdadera base de todas las otras leyes.

LEY GENERAL. Es la que abarca a todos los miembros de la sociedad.

LEY HABILITANTE. Es un recurso jurídico de carácter constitucional que concede al gobernante de una nación el derecho de dictar decretos, con valor y fuerza de ley sobre los asuntos que éste considere relacionado con las necesidades del país.

LEY IMPERATIVA. Es el precepto legal que está dotado de un contenido que las personas jurídicas no pueden eliminar o reemplazar, de forma tal que la determinación de la regla que se realice sobre un asunto tendrá total validez sin importar que el individuo haga oposición.

LEY INDIRECTA. Es la que ordena o prohíbe ciertas acciones por la relación más o menos inmediata con el acontecimiento principal.

LEY INTERPRETATIVA. Es la norma jurídica que trata de aclarar el significado de otra ley que ha resultado que puede entenderse de varias formas, por lo cual es confusa e incierta.

LEY MARCIAL. Es un estado de excepción que suelen contemplar en sus constituciones los estados burgueses para que, en el caso de que se presente un atentado a su sistema de dominación por parte de las masas trabajadoras, ponerle freno a todo lo que atente contra la política, económica y social que ellos dominan y, para esto, se valen de la "ley marcial". Esta ley otorga facultades extraordinarias a las instituciones armadas y a la policía para que sustituyan a las autoridades civiles en el campo de la administración de justicia, resguarden el orden político burgués y suspendan las garantías constitucionales de los ciudadanos.

LEY NACIONAL. Medio con el cual se determina la ley del estado al cual pertenece una persona.

LEY ÓMNIBUS. Precepto que tiene por finalidad aprobar decretos-leyes que han sido puestos a conocimiento de los ciudadanos en forma separada y que por lo general se refieren a diferentes asuntos.

LEY ORDINARIA. Se denomina con este término, al precepto que ocupa el tercer rango en el escalafón jurídico de una nación, detrás de la Constitución y las leyes orgánicas.

LEY ORGÁNICA. Es aquella que por su naturaleza regula los derechos fundamentales; la conformación y ordenamiento de los poderes públicos; la función pública, el régimen electoral, el régimen económico financiero; el presupuesto, planificación e inversión pública; la organización territorial; los procedimientos constitucionales, la seguridad y la defensa; las materias expresamente referidas por la Constitución y otras de igual naturaleza. Para su confirmación o cambio necesitarán el voto favorable de las dos terceras partes de los presentes en ambas cámaras.

LEY PARTICULAR. Es la disposición legal que se refiere a una clase de ciudadanos.

LEY PERFECTA. Es aquella que cuando es violada, sanciona dictaminando la nulidad del acto.

LEY PERMISIVA. Es la que permite ejecutar alguna acción o reconocen a una persona el derecho de tomar una decisión. Ejemplo: El derecho a la educación.

LEY PROHIBITIVA. Disposición que prohíbe la realización de un determinado acto.

LEY PROVINCIAL. Norma de una jurisdicción, que acorde con la Constitución, debe adecuarse a las normas constitucionales, al sistema legislativo nacional elaborado como resultado de las disposiciones constitucionales y de los trabajos internacionales celebrados con otras naciones.

LEY REMUNERATORIA. Es la que concede premios, beneficios u obsequios a personas que han prestado servicio a la sociedad.

LEY RETROACTIVA. Una ley es retroactiva cuando la puesta en práctica de su contenido, se realiza sobre acontecimientos, que han sucedido antes de su puesta en vigencia.

LEY SECA. Es la norma que prohíbe la elaboración, tráfico y ventas de bebidas alcohólicas.

LEY SUPLETORIA. VER: LEY INTERPRETATIVA.

LEY SUSTANTIVA. Es la disposición que define y regula los derechos que las personas pueden pedir o exigir.

LEY SUNTUARIA. Es la que impone restricciones al lujo y al gasto excesivo de los miembros de la sociedad.

LEY TERRITORIAL. Es la normativa imperativa para toda persona, posea o no la ciudadanía, resida o se encuentre en el territorio del país en que esta se encuentra en vigencia.

LEY TRANSITORIA. Precepto que tiene establecido su periodo de vigencia porque fija de manera clara y precisa anticipadamente la fecha de su derogación.

LEYES DE INDIAS. Su contenido trata, entre otras cosas, sobre la libertad general para los indios, con sus debidas limitaciones, la regularización del régimen del trabajo, el cuidado para las mujeres embarazadas, la organización del Consejo de Indias, la regulación del sistema de encomiendas y de la forma de emprender las conquistas.

LIBELO. Es el material difamatorio que daña la reputación de las personas o instituciones.

LIBERACIÓN. Recibo que se le da al deudor como comprobante de que saldó su deuda. Es la acción de dejar en libertad a una persona que se encuentra guardando prisión.

Es la supresión de restricciones, coacciones, coerciones, tras, barreras u obstáculos que afectan y lesionan el desenvolvimiento social, económico, político y religioso de los seres humanos en su vida diaria o de la sociedad en un momento determinado.

LIBERALIDAD. Generosidad que consiste en repartir uno su patrimonio total o parcialmente sin esperar ninguna recompensa o compensación.

LIBERALISMO. Doctrina filosófica, económica y política que coloca al individuo en primer plano y rechaza la intervención del Estado y de la colectividad en la vida de las personas. Por eso, aboga por un régimen que establezca la democracia representativa y la división de poderes, respete la propiedad privada y cree un Estado de derecho, donde los ciudadanos sean iguales ante la ley, sin distinción de edad, sexo, raza, ideas políticas, religiosas o de cualquier otro género.

LIBERTAD. Es el derecho que poseen los seres humanos para establecer un régimen social, político y económico que le posibilite vivir la vida a toda capacidad y que le suministre lo necesario para su alimentación, vestimenta, vivienda, educación, salud, etc., y les permita llevar una vida en la cual puedan desarrollar su personalidad y mantener su individualidad sin que ello perjudique a sus semejantes.

LIBERTAD ASISTIDA. Pena no privativa de libertad que consiste en la subordinación del adolescente a planes y misiones que garanticen su integración social.

LIBERTAD BAJO PALABRA. Es la puesta en libertad de una persona, antes de que finalice la condena que le impuso la ley. Se dicta con la condición de que el liberado cumpla con los deberes que le impuso el tribunal que dictó la orden que lo puso fuera de las rejas.

LIBERTAD BAJO FIANZA. Es la figura que recibe también el nombre de libertad provisional y que consiste en la orden que emite un juez cuando una persona es encarcelada por las autoridades, para que esta sea puesta en libertad bajo fianza, que es la suma de dinero que la persona encarcelada debe pagarle al tribunal antes de ser puesta en libertad.

LIBERTAD CIVIL. Es el derecho que le permite a toda persona hacer todo lo que no está prohibido por el orden jurídico.

LIBERTAD CONDICIONAL. Es la encarcelación condicional de un condenado siempre y cuando haya observado un comportamiento ejemplar dentro del recinto carcelario y se encuentre dentro de la fase final de su condena. La persona que sea puesta en libertad en estas condiciones deberá cumplir con unas series de requisitos que le serán señalados.

LIBERTAD DE ASOCIACIÓN. Postulado que establece que todos los seres humanos poseen el derecho de asociarse con fines legítimos, de conformidad con lo que está permitido por la ley.

LIBERTAD DE CÁTEDRA. Es la libertad que tienen los profesores, los estudiantes y las instituciones de educación superior de buscar la verdad y el conocimiento, sin ser sometidos a restricciones y limitaciones.

LIBERTAD DE CULTOS. Es la facultad que posee cada ser humano de adherirse libremente a una religión, o de no adherirse a ninguna, o de creer o no creer en seres sobrenaturales y poder darle publicidad a dicha creencia, sin ser víctima de persecución, discriminación o acoso.

LIBERTAD DE DECLARAR. Facultad del acusado de privarse de declarar o requerírsele la promesa de que diga la verdad, sin ejercer contra él amenazas o intimidaciones para obligarlo a que declare contra su voluntad ni de instrumentarles cargos para conseguir su confesión.

LIBERTAD DE DOMICILIO. Es la facultad que posee toda persona de establecer libremente el lugar de su residencia, el cual es inviolable, o sea, que es ilegal la entrada al domicilio de una persona sin su autorización o mandato judicial.

LIBERTAD DE EXPRESIÓN. Es un derecho básico del ser humano que consiste en que toda persona tiene el derecho de opinar y difundir libremente sus ideas por el medio que crea convincente, ya sea oral, escrito, radial, televisivo, computarizado o en forma impresa o artística, siempre y cuando sus opiniones e ideas no quebranten el sistema jurídico imperante en la sociedad.

LIBERTAD DE LAS PARTES. Postulado mediante el cual los acuerdos particulares no pueden dejar sin consecuencias las normas en cuyo cumplimiento están interesados el orden público y las buenas costumbres.

LIBERTAD DE LOS MARES. Libertad de navegar en el mar internacional, siempre y cuando se rige por las reglas del orden jurídico internacional.

LIBERTAD DE PRENSA. Es el derecho que poseen los ciudadanos de que se les garantice poder organizarse para difundir, a través de los medios de comunicación de masas radiales, escritos, televisivos y computarizados, ideas que eduquen, eleven el nivel profesional y cultural de las masas trabajadoras, para que puedan ejercer realmente sus derechos.

LIBERTAD DE REUNIÓN. Derecho que posee toda persona de reunirse, sin permiso anticipado, con fines legales y pacíficos, de conformidad con el régimen jurídico.

LIBERTAD DE TRABAJO. Es el derecho que tiene toda persona a tener un trabajo dentro del marco de la ley, elegido libremente y llevado a cabo recibiendo una remuneración digna y justa.

LIBERTAD DE TRÁNSITO. Es el derecho que posee el nacional de un país de residir en él, entrar y salir del cuándo él lo desee, siempre que se ajuste a las normas legales.

LIBERTAD JURÍDICA. Es la libertad o derecho que posee una persona de hacer o no hacer un acto jurídico por su propia voluntad.

LIBERTAD PROVISIONAL. VER: LIBERTAD BAJO FIANZA.

LIBERTAD SINDICAL. Principio de carácter constitucional, que reconoce a los trabajadores el derecho de asociarse libremente para formar un sindicato que defienda sus intereses.

LIBERTADES PÚBLICAS. Es el conjunto de libertades que tiene como objetivo defender, proteger y promover los derechos fundamentales de las personas. Entre estas libertades podemos señalar: la libertad de asociación, la libertad de reunión, la libertad sindical, la libertad de prensa, la libertad de cultos, la libertad de cátedra.

LIBERTO. Personaje que existió en todas las sociedades esclavistas. Se trataba de un esclavo que de alguna manera obtenía su libertad. Algunos la consiguieron cuando sus amos lo disponían a través de un testamento; a otros, sus dueños se las otorgaban en vida; y otros la obtenían cuando la podían comprar con sus ahorros o propiedades personales.

LIBRADO. Es la persona que acepta la orden de pagar la letra de cambio en la fecha señalada para su vencimiento.

LIBRADOR. Es el acreedor que emite una letra de cambio ordenándole al deudor el pago de la suma que está expresada en la misma.

LIBRAMIENTO. Escrito en el cual se le ordena al tesoro, gerente u otra persona autorizada en una institución para que pague una cantidad de dinero o proceda a pagar las mercancías señaladas.

LIBRANZA. VER: LIBRAMIENTO.

LIBRE. Que no está encarcelado en un recinto penitenciario y que por lo tanto goza de plena libertad.

LIBRE ALBEDRÍO. Es una forma de ideología individualista que se basa en doctrinas filosóficas que sostienen que los seres humanos tienen la facultad de poder elegir y tomar sus propias decisiones según los dictados de su propia razón y de su voluntad personal, sin interferencia ni influencia de otra persona o del mundo que los rodea.

LIBRE CAMBIO. Doctrina que aboga por la no intervención del Estado en el comercio entre las naciones y por la abolición de los aranceles y las aduanas.

LIBRETA. Cuaderno pequeño que es utilizado para apuntes o para registrar ciertas cuentas.

LIBRETA DE CHEQUES. Cuadernillo que contiene cheques en blanco, proporcionados por las entidades bancarias a los depositantes que tienen una cuenta corriente abierta con ellas, con los cuales pueden sacar los fondos depositados.

LIBRETA DE TRABAJO. Escrito emitido por la autoridad administrativa del trabajo, donde se da constancia de la adición al sueldo y salarios del trabajador, pagado por el patrono, la manera de cómo el trabajador lleva a cabo su trabajo y el cumplimiento del orden jurídico laboral.

LIBRO COPIADOR. Es aquel en que la persona que se dedica a la actividad comercial debe copiar toda la correspondencia comercial que envía a otras personas en relación con su actividad en el mundo del comercio.

LIBRO DE CAJA. Es un libro legalizado ante un notario público donde se registran todas las operaciones de entradas y salidas de dinero ya sea al contado, cheques o valores que representen dinero.

LIBRO DE INVENTARIO Y BALANCES. VER: LIBROS DE COMERCIO.

LIBRO DE INVENTARIOS. Es la herramienta que permite a toda entidad comercial clasificar, contar, y valorar los bienes obtenidos por las empresas, por sus actividades comerciales.

LIBRO DE LOS TRABAJADORES. Es el libro llevado por los patronos, registrado y firmado, con los mismos requisitos que se le exigen a los principales libros de comercio, donde se expresan los datos personales, familiares y laborales del trabajador, prohibiéndose la modificación de los registros.

LIBRO DE SENTENCIAS. Es el que debe llevarse en cada tribunal anotando cronológicamente las sentencias que emite.

LIBRO DIARIO. Es el libro del comerciante en el cual se registra diariamente todas las operaciones que el realiza, nombrando el conjunto de cualidades de cada negociación y las consecuencias producidas como cargo y descargo en conexión con él; de manera que cada partida exprese quién es el acreedor y quién es el deudor en la transacción de referencia.

LIBRO MAESTRO. Es el principal libro donde se registran las noticias y datos concernientes al sistema económico de una empresa.

LIBRO MAYOR. Es aquel libro donde un comerciante asienta, por debe y haber y de acuerdo con un orden cronológico, la totalidad de las cuentas corrientes con personas u objetos bajo cuyos nombres estas se encuentran abiertas.

LIBROS DE COMERCIO. Son los libros que deben ser llevados por los comerciantes para conocer la marcha de sus transacciones y negocios, ya sea porque lo exige el orden jurídico o por conveniencia de su comercio.

LICENCIA. Es la facultad concedida a una persona para que lleve a cabo determinados actos y acciones, o para que disfrute de ciertas liberalidades, por situaciones específicas.

LICENCIA DE CONDUCIR. Autorización pública emitida por el instituto nacional de tránsito y transporte (INTRANT), que avala y faculta a las personas que aspiran a conducir vehículos de motor en la República Dominicana.

LICENCIADO. Es el que ha alcanzado el grado en una institución de estudios superiores que le da capacidad legal para ejercer la profesión en la cual se gradúa.

LICITACIÓN. Es el procedimiento administrativo mediante el cual las instituciones o empresas de la administración pública deben anunciar la celebración de un concurso público con el objetivo de adquirir los materiales que necesitan para su desenvolvimiento y la ejecución de las obras y servicios que quieran realizar.

LICITAR. Ofrecer una suma de dinero por una cosa en una subasta.

LÍCITO. Es lo que está autorizado por el orden jurídico o por la moral.

LIGAMEN. Obstáculo o inconveniente que para una nueva unión matrimonial conlleva la existencia de un matrimonio previo no disuelto por el régimen legal.

LIMBO JURÍDICO. Es una circunstancia en la ley de pasar por alto en su texto el orden específico de una determinada situación, parte o negocio que no consigue reacción legal precisa, por lo cual obliga a quienes aplican la ley a emplear procedimientos sustitutivos del vacío, para poder obtener una reacción eficiente al expresado trabajo legal.

LÍMITE. Es la línea matemática que marca el área geográfica de un Estado y señala el espacio físico donde rige la autoridad, el sistema jurídico y la soberanía de dicho Estado. Todo esto implica a todas las personas que habitan en él y a las empresas que desarrollan sus actividades en su territorio.

LÍMITE TERRITORIAL. Es la sucesión de puntos que indica el límite de un espacio territorial específico.

LÍMITE DE HECHO O POSESORIO. Es la frontera de una propiedad territorial basada no en títulos.

LIMITÓLOGO. Es el funcionario que, en el campo diplomático, es experto en establecer los límites fronterizos entre las naciones. Está dotado de una gran cantidad de conocimientos históricos, políticos y jurídicos, que abarcan todas las circunstancias que señalan las limitaciones y demarcaciones entre los Estados.

LINAJE. Línea de antepasados y descendientes de una persona o de una familia.

También esta palabra se define como la familia a la cual pertenece una persona.

LINCHAR. Es la acción que ejerce una multitud enfurecida de ejecutar a un sospechoso, sin haber sido sometido previamente a la acción de la justicia.

LINDERO. Es la línea que separa a una parcela de otra y que es establecida por medio de un acto de levantamiento parcelario ejecutado, acreditado, declarado y registrado por los órganos respectivos de la jurisdicción inmobiliaria.

LÍNEA. Conjunto de personas unidas por parentesco.

LÍNEA ASCENDENTE. Es la serie de grados o generaciones que atan o unen al tronco con su padre, abuelo, bisabuelo y otros ascendientes.

LÍNEA COLATERAL. Llamada también transversal es la que está formada por las series de grados entre personas que no descienden unas de otras, pero que proceden de un antepasado común (hermanos, tíos, primos, etc.).

LÍNEA DESCENDENTE. Son las generaciones que unen al antepasado con los que descienden de él de forma directa: hijos, nietos, bisnietos, tataranietos, chornos, etc.

LÍNEA FAMILIAR. Series de generaciones descendente, ascendente y colateral.

LÍNEA FEMENINA. Series de grados o generaciones que ligan a través de la mujer.

LÍNEA MASCULINA. Series de grados o generaciones que se ligan a través del hombre.

LÍNEA RECTA. Es el parentesco que se establece entre personas que descienden unas de otras.

LIQUIDACIÓN. Saldo total de una deuda o de una cuenta. Venta de mercancías a precios muy reducidos que realiza una empresa por traslado, quiebra, reforma, o traspaso. Poner punto final a un asunto. Suma de dinero que una empresa paga al trabajador cuando este deja de trabajar en ella.

LIQUIDEZ. Es la facultad que tienen, en el ámbito de la economía, el estado y las empresas, públicas o privadas, de disponer de dinero efectivo al instante o de propiedades o activos que puedan ser transformados inmediatamente en dinero sin que esto signifique una pérdida grande de valor.

LISTA. Compuesta de personas, cosas, acontecimientos, que se elabora con un determinado fin.

LISTA CIVIL. Asignación de una suma de dinero a la familia real en el presupuesto de una nación en los países donde impera el régimen monárquico.

LISTA NEGRA. Es la enumeración de personas, instituciones o cosas que son consideradas peligrosas.

LITERAL. Es la lectura o reproducción de un texto al pie de la letra, o sea con exactitud sin alterar su contenido.

LITIGANTE. Es la persona que se enfrenta a otra en un proceso judicial.

LITIGIO. Es la acción que se produce cuando una parte lesiona el derecho de otro u otros, lo cual genera disputas o pleitos que deben ser solucionados dentro del marco legal.

LITIS. VER: LITIGIO.

LITISCONSORCIO. Es cuando en una contienda judicial que se origina entre dos o más personas hay una parte la demandante o demandada en la que aparecen una pluralidad de sujetos.

LITISCONSORTE. Sujeto que discute en una contienda judicial por la misma razón que otro, configurando con la una sola parte.

LITIS CONTESTACIÓN. Réplica que el demandado da, ante el tribunal, de la demanda presentada por el demandante, con el cual queda inmovilizado el litigio, convirtiendo en contenciosa la disputa o pleito judicial.

LITISEXPENSAS. Es la cantidad de dinero que se calcula que se gasta durante el desarrollo de un litigio. Es la suma de dinero que se le asigna a las personas que no pueden disponer libremente de sus bienes, para que afronten los gastos que origina un proceso judicial. Suma monetaria que fija el tribunal a través del cónyuge que carece de recursos para hacer frente a los gastos que genera un juicio al cual comparece para hacer valer sus derechos.

LITISPENDENCIA. Es la condición de la contienda judicial llevada simultáneamente ante dos tribunales del mismo grado (dos juzgados de paz, dos juzgados de primera instancia) ambos con atribuciones para conocer de la materia que se está tratando y que puede dar origen a que uno de los dos tribunales se haga el desentendido de la disputa o pleito a favor del otro.

LITIS SOBRE DERECHOS REGISTRADOS. Son los actos o acciones opuestas que se insertan ante los órganos de justicia de la jurisdicción inmobiliaria en relación con un derecho o inmueble registrado.

LOBBY. VER: CABILDEO.

LOCACIÓN. VER: ARRENDAMIENTO.

LOCADOR. VER: ARRENDADOR.

LOCATARIO. VER: ARRENDADOR.

LOCK OUT. VER: PARO PATRONAL.

LOCUS REGIT ACTUM. Expresión latina que significa que los actos jurídicos son regidos por el régimen legal del lugar en que son celebrados.

LO ESTABLECIDO. Es la traducción al español de la palabra inglesa establishment que significa lo establecido, lo que tiene existencia, el régimen social, económico y político imperante en una nación. Lo que defienden "lo establecido" son los beneficiados con las canonjías y prebendas que consagra el régimen imperante. Ellos son los grupos reaccionarios del sistema.

LOGÍSTICA. Es el mecanismo, método y procedimiento destinado a organizar sistemáticamente las necesidades de abastecimientos que movilicen las operaciones de las organizaciones políticas para incorporar a las masas a las actividades proselitistas durante las campañas electorales o los movimientos de cualquier otro género.

LO PENAL MANTIENE LO CIVIL EN ESTADO. Fundamento jurídico a tenor del cual cuando la acción civil se origina de un acontecimiento penal y es buscada separadamente de la acción pública, el conocimiento de esa acción civil debe interrumpirse hasta que se haya solucionado la acción pública, por motivo de que lo resuelto en lo penal se aplicará obligatoriamente sobre lo civil.

LOTE. Cada una de las porciones en que se divide un bien para su repartición. Es también la parte de un terreno que se divide con el fin de construir una edificación en él.

LUCRO. Este término proviene de la palabra latina "lucrum", que significa ganancia. Y consiste en el afán, el estímulo y la guía que motoriza a los seres humanos para obtener ganancias o provecho de algo, de un bien o de alguien, cuando realizan alguna transacción económico-financiera.

LUCRO CESANTE. Es el beneficio que una persona debe obtener como efecto del perjuicio que se le ha causado.

LUCHA POR EL DERECHO. Fuerza que mueve el desarrollo jurídico obstaculizando cuantos medios se interpongan en su camino.

LUGAR PÚBLICO. Es el espacio propiedad del estado abierto a todo público para que pueda asistir a él con los fines de recrearse o descansar.

LUGARTENIENTE. Es la persona que posee las facultades necesarias para aceptar la posición de otro y tomar decisiones inherentes al cargo que desempeña.

LUJURIA. Es el apetito o el deseo exagerado por los placeres sexuales.

LUMPENPROLETARIADO. Es una capa social que procede de los estratos más bajos de la sociedad capitalista. Carece de conciencia política y, por sus durísimas condiciones de vida y trabajo, está más dispuesta a colaborar y a servir a la burguesía en el mantenimiento de su sistema de explotación que ayuda a la clase obrera. Se nutre de los grupos sociales desclasados como los vagabundos, mendigos, prostitutas, propietarios de burdeles y de todas las personas que para poder conseguir sus medios de subsistencia realizan sus actividades al margen de la ley.

LLAMAR A CAPÍTULO. Llamarle la atención a alguien para que rinda cuentas de sus actos, desaprobando lo que ha expresado o lo que ha realizado.

LLAVE. Pieza que debe ser entregada para que una compraventa mercantil, adquiere valor jurídico. En el derecho real la tenencia se obtiene con la entrega de la llave del inmueble.

LLAVE ESTRATÉGICAS MUNDIALES. Son los puntos ubicados estratégicamente en la geografía marítima, por lo cual revisten un interés primordial para todas las potencias imperialistas, las cuales lo utilizan para mantener o extender su política de dominación mundial.

LLAVE FALSA. Es aquella que utilizamos para alcanzar un objetivo específico. Llevar a cabo la actividad delictiva de robar.

LLAVE VERDADERA. Pieza,cuyo empleo para entrar al sitio donde se encuentra el objeto que será objeto de robo agrava este delito si esta hubiese sido sustraída o encontrada.

LLAVES DE LA CIUDAD. Es una condecoración honorífica que le concede una municipalidad a visitantes que gozan de gran prestigio como expresión de respeto y admiración.

LLEVAR DE LAS DE GANAR. Conocer con anticipación que un pleito o una discusión una persona tiene la ventaja.

LLEVAR LAS DE PERDER. Saber que frente a un pleito una persona se encuentra en una posición desventajosa.

M

MACARTISMO. Es la actitud anticomunista irracional desarrollada por el senador
estadounidense Joseph McCarthy en la década del cincuenta del siglo pasado y que se caracteriza por acusar falsamente a las personas de delitos que no han cometido, perseguir a los ciudadanos por sus ideas y negarles el ejercicio de sus derechos civiles y políticos.

MACHISMO. Es el comportamiento de exagerar en extremo las cualidades de las personas del género masculino y de considerar al sexo femenino como una cosa que solo sirve para satisfacer las apetencias sexuales del hombre y procrear hijos, por lo que la mujer debe estar subordinada al hombre, quien siempre la discrimina y la trata de manera abusiva y brutal.

MADRASTRA. Es la esposa del padre que ha procreado uno o varios hijos, en uno o varios matrimonios anteriores, por lo cual ella no es la madre biológica del hijo o de los hijos que este ha procreado.

MADRE. Es el ser de sexo femenino que ha concebido uno o más hijos.

MADRE ADOPTIVA. Es la mujer que adopta uno o más hijos siguiendo los procedimientos que ha establecido el régimen legal.

MADRE PATRIA. Se utiliza este vocablo para señalar la conexión histórica, política y cultural que impera entre colonias y antiguas colonias y las naciones que la conquistaron.

MAFIA. Organización secreta de origen italiano que surge en Sicilia en el siglo XIX, establece su propio código de conducta, somete a sus miembros a una estricta disciplina y se dedica a realizar actividades reñidas con la ley. Posteriormente, el término evoluciona y, hoy en día, se conoce con la palabra "mafia" a toda organización clandestina que se dedica al crimen organizado en cualquier parte de la geografía mundial.

MAGISTRADO. Término que se origina en la antigua Grecia para designar a los funcionarios en la administración pública. En la actualidad, se conoce con este nombre al funcionario que es la máxima autoridad en el orden civil. De ahí que se conozca como primer magistrado de la nación a la persona que ejerce el cargo de jefe de estado como es el presidente de la República o como se le denomine en su país. Persona que se encarga de la administración de la justicia.

MAGNICIDIO. Es la rama o el complot para asesinar a personalidades destacadas de la vida social y política, nacional o internacional, con el objetivo de desencadenar una crisis política que allane el camino para desarrollar planes que atenten contra el normal funcionamiento de una sociedad.

MAJESTAD. Es el título con el cual se designa a los monarcas.

MALA CONDUCTA. Es el comportamiento que es contrario a la convivencia social, o sea, que es malo, negativo, que perjudica a quien lo realiza y a todos los demás.

MALA FE. Es la conciencia que posee una persona de la falta de base de su deseo o propósito, del carácter ilícito de su acción.

MALA FE DE LOS CÓNYUGES. Es la conciencia que han tenido al día de la celebración del acto jurídico del matrimonio del impedimento o circunstancia que genera la nulidad.

MALA FE PARA LA PRESCRIPCIÓN. Falta o defecto en el origen jurídico de la cosa adquirida que considera que ha habido mala fe por parte del propietario.

MALA FIRMA. Persona que le falta crédito o se supone que carece de recursos para saldar sus deudas.

MALA PAGA. Es el personaje que toma dinero o mercancía prestada o a crédito y nunca paga en la fecha estipulada para que cumpla con su obligación y si paga lo hace tardíamente.

MALA PROHIBITA. Expresión latina que significa: malo por prohibido.

MALA VIDA. Es la vida que lleva una persona que tiene un comportamiento inmoral, plagado de costumbres viciosas y que no se adapta para tener una relación armoniosa con los demás miembros de la sociedad.

MALBARATAR. Dilapidar los bienes vendiéndolos por debajo del precio del mercado o gastar el dinero sin ningún tipo de control hasta quedar en la ruina.

MALDAD. Es el acto injusto que busca dañar a la persona o a la propiedad.

MALEANTE. VER: DELINCUENTE.

MALENTRADA. Era el derecho que pagaba quien entraba preso en una prisión.

MAL FUNDADA. Se utiliza este término para catalogar a las demandas que carecen de base legal y son fundamentadas sin criterio jurídico.

MALHECHOR. VER: DELINCUENTE.

MALICIA. Actitud que indica mala intención, perversidad o maldad en la forma de actuar de una persona.

MALICIA PROCESAL. Es la conducta maliciosa que se vale del proceso como mecanismo para causarle un daño a un tercero, interponiendo recursos sin necesidad para retardar el proceso, haciendo desaparecer los expedientes o las evidencias, presentando testigos falsos y algunas otras cosas más.

MAL JUICIO. Es cuando una persona procede de forma insensata, en contra de los valores morales instaurados, sin sentido común, de manera inflexible e impetuosa, con egoísmo y sin un criterio moral.

MALO. Que es contrario al orden jurídico, a la moral y a las buenas costumbres.

MALOS ANTECEDENTES. Es el conjunto de texto que rinde un informe del estado actual de las acciones delictivas y del comportamiento de una persona.

MALOS TRATOS. Es el maltrato verbal o físico que recibe una persona lo cual le ocasiona un perjuicio.

MALTRATO A LOS ANIMALES. Es la conducta intencional de no suministrarle agua y comida suficiente a los animales domésticos o los que se encuentran en cautiverio de dejarlos abandonados en la calle, torturarlos, hacerlos trabajar sin descanso, golpearlos salvajemente para causarles fuertes dolores y mutilarlos.

MALUM INSE. Expresión latina que significa: malo en sí.

MALVERSACIÓN. Es la apropiación indebida de dinero público y privado para darle un uso diferente a aquellos para los cuales estaban destinados.

MALVERSACIÓN DE CAUDALES PÚBLICOS. Es la infracción a la ley que comete el funcionario público que da al patrimonio que administra un empleo totalmente distinto de aquel a que están destinados o cuando de ello se deriva un daño al servicio a que están destinados.

MANCEBA. Amante o concubina, con la cual se mantienen relaciones sexuales de manera continua.

MANCEBÍA. Inmueble de carácter público destinado al ejercicio de la prostitución.

MANCER. Es el hijo de una mujer de mala reputación que sostiene relaciones íntimas con diferentes hombres. Por lo cual se desconoce quién es el padre del hijo nacido en estas condiciones.

MANCIPAR. Poder que ejerce una persona sobre otra por voluntad propia y sin disposición legal que lo autorice.

MANCIPATIO FAMILIAE. Expresión latina que es sinónimo tanto de emancipación como de transferencia a otra persona de un patrimonio.

MANCOMUNACIÓN. Es el fenómeno que se genera cuando la obligación posee una pluralidad de acreedores o deudores.

MANCOMUNIDAD. Es la traducción en español de Commonwealth. Es una entidad que está formada por 56 países soberanos independientes y semi independientes que, con algunas excepciones comparten nexos históricos con el Reino Unido. Y tiene por finalidad fundamental la cooperación internacional en el área política y económica, y su pertenencia a ella no incluye la subordinación a la corona británica.

MANCUADRA. Era el juramento mutuo que antiguamente se prestaban los litigantes de decir solamente la verdad y de actuar en el pleito sin utilizar el engaño.

MANDA. Es el legado de un testamento.

MANDAMIENTO. Es la orden emitida por un magistrado por escrito por medio de la cual se manda a hacer o no hacer alguna cosa.

MANDAMIENTO COMPULSORIO. Es el que se fundamenta en la ley cuando es ordenado el examen comparativo de una pluralidad de documentos.

MANDAMIENTO DE EMBARGO. Es la medida que a solicitud del acreedor ordena un juez con carácter preventivo o ejecutivo.

MANDAMIENTO DE PAGO. Es el procedimiento mediante el cual se le da inicio a la ejecución del proceso de embargo, cuando se le notifica al deudor por medio de un acto de alguacil, de que en el caso de que no cumpla con su obligación, se le procederá a embargar sus bienes.

MANDAMIENTO JUDICIAL. Es la orden emitida por un tribunal, mediante la cual ordena la ejecución de cualquier diligencia a alguna de las partes que intervienen en el litigio.

MANDANTE. Persona que encomienda a otro su representación o la administración de sus negocios.

MANDATARIO. Persona que acepta representar a otras en determinados actos o administrar sus negocios.

MANDATO. Es el mecanismo de mediación ideológico-político por medio del cual la clase dominante en el sistema capitalista, la burguesía, le da carácter de legitimidad a su derecho de gobernar legalmente a toda la sociedad, ya que se basa en que sus autoridades son elegidas en "elecciones libres" por los electores en igualdad de derechos, sin importar raza, ideología, ni condición económica o social. De esta manera, los funcionarios electos aparecen como representantes del pueblo; pero, en realidad, defienden los intereses de la clase burguesa. Otra acepción de la palabra "mandato "es la potestad de una nación o de una organización internacional para administrar un territorio según el orden jurídico internacional.

En el campo de la ciencia jurídica, el mandato es un contrato por medio del cual una de las partes (el mandante) le encomienda su representación personal o la administración de sus negocios a la otra parte (el mandatario).

MANDATO AD LITEM. Mandato especial concedido por la autoridad judicial para representar en una contienda judicial a ciertas personas.

MANDATO DE LEGISLADOR. Norma constitucional mediante la cual los representantes del poder político poseen el ejercicio de la representación política durante el espacio de tiempo por el cual fueron elegidos.

MANDATUM IN REM SUAM. Expresión latina que es igual a mandato en materia o en interés propio.

MANERO. En la antigüedad se conocía con este nombre, al deudor que se sustituía por otro para que saldara la deuda que el otro deudor debía.

MANIÁTICO. Es la persona que tiene un capricho o una obsesión por algo en especial.

MANICOMIO. Es un hospital psiquiátrico que se encarga de tratar las enfermedades que padecen los enfermos mentales.

MANIFESTACIÓN. Es una forma de protesta pública que se expresa mediante una concentración en las calles o cualquier otro lugar para aprobar o rechazar la actitud de una persona y las opiniones del gobierno, las instituciones, los grupos de activistas y los partidos políticos en materia económica, política y social.

MANIPULACIÓN. Es la maquinación perversa que realizan los que ejercen el gobierno, las organizaciones políticas, los medios de comunicación y los líderes de opinión pública cuando difunden informaciones falsas, ocultan ciertos hechos, inventan otros, los distorsionan y disminuyen y amplían su importancia, con la finalidad de controlar y manejar las comunidades y a la gente para ponerlas al servicio de sus intereses.

MANO DE HIERRO. Se utiliza este término para señalar que se gobierna una nación utilizando como único método la violencia.

MANO DE OBRA. Es el costo del trabajo físico que ejecutan los trabajadores, predominantemente manuales. Puede clasificarse en calificada y no calificada. La primera requiere habilidades, destrezas y experiencias. La segunda no requiere de grandes conocimientos.

MANO DERECHA. Designamos con este concepto a la persona en la que otra deposita toda su confianza.

MANO DURA. Es actuar con extrema dureza, sancionando con la pena de muerte las actividades criminales como el asesinato, el abuso sexual, el tráfico de drogas, el atraco con violencia, la corrupción y el fraude fiscal.

MANOS LARGAS. Se designa con este nombre a las personas que tienen la tendencia a golpear a los demás.

MANOS LIBRES. Reciben este nombre los propietarios de bienes no vinculados ni amortizables.

MANOS LIMPIAS. Se utiliza este término para señalar a la persona que ejerce o ha ejercido funciones públicas sin utilizar el amiguismo, el nepotismo, los recursos económicos de que dispone para favorecer a sus amigos, allegados y familiares y a su propia persona.

MANOS MUERTAS. Eran los propietarios de bienes, en quienes se eternizaban el dominio por no poder venderlos.

MANU MILITARI. Locución latina que significa con mano militar, o sea, por las fuerzas de las armas.

MANUMISIÓN. En las antiguas sociedades esclavistas, es el acto de movilidad social de concederle la libertad a un esclavo, tras lo cual se convertía en un hombre libre. Un esclavo podía adquirir su libertad por relaciones afectivas, servicios prestados, méritos o cualidades personales, o por disposición de su dueño.

MANUS. En el antiguo régimen jurídico romano era el dominio, poder o facultad que el esposo ejercía sobre su mujer.

MANUSCRITO. Libro que ha sido escrito a mano, y que si es muy antiguo o es un escrito redactado por un personaje importante está dotado de un gran valor histórico.

MANZANA DE LA DISCORDIA. Expresión que proviene de la mitología griega y se utiliza para señalar cualquier motivo de desavenencia, distensión, conflicto o disputa dentro del marco de las relaciones entre las personas, los grupos o las naciones.

MAQUINACIÓN. VER: COMPLOT.

MAR. Cuerpo de agua salada que ocupa la mayor parte del planeta tierra.

MARBETE. Es el certificado de inspección técnica vehicular que los conductores que manejen vehículos de motor en la República Dominicana deben llevar en el cristal delantero del vehículo que manejen

MAR EPICONTINENTAL. Conjunto de agua salada que posee una gran amplitud y poca profundidad que se extiende sobre una plataforma continental.

MARKETING. VER: MERCADEO.

MAR PATRIMONIAL. Es la porción de agua marina exclusiva creada por la Convención de las Naciones Unidas sobre el derecho del mar en 1982. Tiene una dimensión de 208 millas marinas, medidas desde las costas sobre las cuales se extiende la soberanía de un estado ribereño y en las cuales puede ejercer los derechos de explorar y explotar sus recursos.

MARQUÉS. Es un título nobiliario por medio del cual los monarcas europeos le han otorgado un honor a determinadas personas a través de los siglos. En el pasado tenían por función la defensa de una frontera, hoy en día es un título honorífico.

MAR TERRITORIAL. Es el área marítima fijada por los Estados y el régimen jurídico internacional en el cual un estado ribereño ejerce a plenitud su soberanía. Tiene una extensión de doce millas náuticas contadas desde las llamadas líneas de base que parten de la costa. Comprende el sector marítimo, el lecho del mar y el subsuelo que yace bajo sus aguas.

MARCA. Es la palabra que identifica a los bienes y servicios que se ofrecen en el mercado.

MARCA DE FÁBRICA. Es la señal impresa que se emplea para diferenciar las mercancías de una empresa de la otra.

MARCA DE GANADO. Huella que se pone sobre una parte del cuerpo del ganado que es imposible de borrar, utilizando hierro candente, para que dé testimonio que el ganado que posee esta marca es propiedad de la persona que lo marcó con esa huella.

MARGINACIÓN. Este vocablo nombra al mal social que realizan las potencias imperialistas de bloquear el desarrollo de las naciones dependientes para excluirlas del proceso de desarrollo económico y del progreso, lo cual trae como consecuencia la existencia de regiones atrasadas dentro de un mismo país en relación con regiones de mayor adelanto y la exclusión de los grandes sectores populares de las relaciones económicas, consumo, servicios públicos, trabajo, educación, vivienda, ingresos y participación en la vida política.

MARIDO. Es el esposo de una mujer.

MARITAL. Lo conveniente al esposo o a la vida entre parejas.

MARINA MERCANTE. Es la flota de embarcaciones que se dedican al comercio marítimo, transportando mercancías y pasajeros por todas las partes del mundo.

MASACRE. VER: GENOCIDIO.

MASA DE ACREEDORES. Es el grupo de acreedores de una persona física o jurídica que se encuentra en bancarrota, y que se unen para que esta cumpla con la obligación ha contraído con ellos.

MASA HEREDITARIA. Es el patrimonio que dejó la persona que falleció y que es transferido a sus herederos, abarcando todos los bienes susceptibles de transmisión después que muere una persona.

MATAR. Privar de la vida a una persona.

MATER FAMILIAS. Expresión latina que quiere decir madre de familia.

MATERNAL. Impulso natural que genera un sentimiento de profundo apego de una madre hacia su hijo.

MATERNIDAD. VER. MADRE.

MATRERO. Persona que se oculta en lugares apartados y lejanos de la zona urbana porque es perseguido por la justicia.

MATRIARCADO. Régimen de organización social y de gobierno donde predomina el dominio de las mujeres sobre los hombres y, por tanto, organizan con su autoridad todos los aspectos de la vida social.

MATRICIDIO. Es el acto que comete el hijo de quitarle la vida a su propia madre.

MATRÍCULA. Inclusión de una persona, de una pluralidad de personas, de cosas, de actos jurídicos y contratos en un registro oficial que da capacidad para obrar frente a terceros aquellos derechos que son materia de inscripción.

MATRIMONIO. Es el acto mediante el cual dos personas de diferentes sexos y dos personas se unen para convivir maritalmente a través de determinados ritos o procedimientos legales.

MATRIMONIO A DISTANCIA. Enlace matrimonial en el cual la pareja que no se encuentra presente manifiesta su aprobación en persona frente a la autoridad competente para legalizar el matrimonio desde el sitio en que se encuentra.

MATRIMONIO A PRUEBA. Es el vínculo matrimonial que se basa en iniciar, un experimento entre dos parejas, acerca de ciertas modalidades de la vida conyugal, reservándose la facultad de rechazar o aprobar los resultados alcanzados, suponiéndose una intención de transformar su vida en común, originalmente experimental, en una verdadera relación matrimonial en caso de reconocer como positivo los productos de la prueba, o bien de ponerle fin si la valoración es negativa.

MATRIMONIO CANÓNICO. Es el matrimonio celebrado por la Iglesia católica de acuerdo a lo establecido por las reglas y preceptos del derecho canónico.

MATRIMONIO CIVIL. Es el que se contrae e inscribe ante el funcionario civil competente, llenando los requisitos que dispone la ley.

MATRIMONIO CLANDESTINO. El que en el pasado se efectuaba sin la presencia del sacerdote y los testigos.

MATRIMONIO CONSUMADO. Es aquel en el que la pareja sostiene relaciones sexuales después de haber celebrado su unión matrimonial.

MATRIMONIO DE CONCIENCIA. Es aquel que por motivo urgente y grave y por autorización especial de la autoridad sacerdotal, se celebra sin la publicidad de la diligencia del expediente matrimonial, con la finalidad de mantener la unión matrimonial bajo el más estricto secreto hasta que desaparezca la razón que ha generado la discreción.

MATRIMONIO ILEGAL. Es el que se celebra, sin observar el cumplimiento de todos los procedimientos que exige el régimen jurídico de una nación.

MATRIMONIO IN ARTÍCULO MORTIS. Es la modalidad de matrimonio en que la ley autoriza a que se aceleren y simplifiquen los procedimientos para celebrarlos cuando la unión de los contrayentes o ambos se encuentran en peligro de muerte.

MATRIMONIO INEXISTENTE. Es el acto que carece de uno de los elementos fundamentales para que se pueda celebrar una unión matrimonial que es el consentimiento.

MATRIMONIO INVÁLIDO. Es el vínculo matrimonial que no existe, porque está viciado por impedimentos que no permiten la validez del matrimonio, por imperfección de los requisitos o por la falta de poder del asistente.

MATRIMONIO LEGÍTIMO. Es el que se efectúa cumpliendo con los requisitos legales que exige la nación en que se realiza la unión matrimonial.

MATRIMONIO NULO. Es el acto que queda anulado e invalidado cuando no se cumplen con las condiciones que ha establecido el régimen legal.

MATRIMONIO POR ENGAÑO. Es la acción delictiva que comete una persona cuando se une por el vínculo del matrimonio a otra, teniendo el que cometió el engaño conocimiento de que existe un impedimento que generaba la nulidad de dicho acto.

MATRIMONIO POR PODER. Es la boda que se celebra cuando una de las parejas otorga su consentimiento mientras que la otra que no se encuentra presente lo realiza por medio de otra persona a quien le ha concedido un poder notarial para tal acto.

MATRIMONIO POST DELICTUAL. Acto matrimonial entre una persona que ha ejecutado las diversas formas de los delitos de violación o de abuso inmoral de una mujer soltera, quedando exonerado de sanción penal cuando se celebra con la ultrajada otorgando ella su consentimiento.

MATRIMONIO PUTATIVO. Unión matrimonial que ha sido celebrada de buena fe por uno o ambos contrayentes, creyéndose que no existían impedimentos legales, pero los cuales existían y estos traen por consecuencia que el matrimonio sea declarado nulo.

MATRIMONIO RATO. El celebrado cumpliendo con todos los requisitos que exige la ley, pero que no ha llegado a consumarse.

MATRIZ. En materia notarial es un documento público que da constancia de la ejecución de un acto jurídico. También se entiende por este término a la parte de un documento que queda unida a un libro talonario original.

MÁXIMA. Norma de derecho, que es aceptada por todos los miembros de un grupo que tienen la misma opinión, para explicar el sentido de un texto legal, solucionar una situación o aplicarlo a un caso jurídico.

MAYOR. Persona de edad avanzada. El jefe o superior de una institución.

MAYOR CUANTÍA. Juicio que se ventila utilizando los procedimientos procesales que ofrecen mayores garantías, aunque a costa de una mayor lentitud, por los extensos plazos probatorios y por los trámites más numerosos.

MAYOR DE EDAD. Es la situación que implica que una persona que está en capacidad, según el régimen legal, de ejercer por sí misma todos los derechos y obligaciones que le están permitidos.

MAYORAZGO. Institución del derecho feudal español que consiste en el derecho de herencia de un conjunto de bienes con la condición de que no se fraccionen para que pasen íntegramente al próximo heredero. Este es, por lo general, el mayor de los hijos varones, aunque a veces puede ser cualquiera de los hijos, sin importar el sexo, al que se considera más apto para acceder a la sucesión.

MAYORÍA. Principio democrático que toma en cuenta el mayor número de pareceres concordantes que se manifiestan a lo interno de una sociedad para respaldar la legitimidad de la toma de las decisiones políticas en la vida de un conglomerado social. Estos pareceres se establecen a través de los diferentes mecanismos que contempla el régimen jurídico para hacer posible la participación de las masas populares en los asuntos estatales. La mayoría puede ser absoluta, que es la mitad más uno de sus miembros, o la mayoría especial que pueden ser las dos terceras partes, o cualquier otra proporción del electorado.

MAYORÍA DE EDAD. Es la edad que señala el régimen legal, para que una persona adquiera la capacidad civil para ejecutar por sí misma cualquier acto jurídico.

MAYORISTA. Es el comerciante que se dedica a vender al por mayor, o sea que vende grandes cantidades de mercancías a otros comerciantes.

MEA CULPA. El vocablo latino que significa es mi culpa y se emplea cuando alguien admite que por su culpa el acontecimiento sucedido ha ocurrido.

MEDIACIÓN. Es el uso de las técnicas y estrategias para que las partes envueltas en un conflicto ventilen, y determinen la forma de buscar una solución pacífica y amistosa a la controversia.

MEDIADOR. Es quien interviene en un conflicto para abrir los canales de comunicación entre las partes con el objetivo de que discutan el enfrentamiento que ha hecho surgir las diferencias entre ellas y traten de darle una solución.

MEDIANERÍA. Muro o pared común que separa a dos inmuebles que están uno al lado del otro.

MEDIANERO. Es cada uno de los propietarios de un muro o de una pared medianera.

MEDIÁTICO. Es la tendencia de los medios de comunicación o de las personas de controlar o monopolizar determinados temas o algunas declaraciones para manipularlos y tergiversarlos, y poder de esta manera difundir su versión de la realidad como la única, verdadera y absoluta.

MÉDICO FORENSE. VER: MÉDICO LEGISTA.

MEDIDA CAUTELAR. Es aquella que un órgano del poder judicial adopta con la finalidad de que la parte ganadora en un litigio pueda asegurar el ejercicio de su derecho.

Ejemplo de esta medida es el embargo, el cual se adopta para evitar la insolvencia del deudor, ya que si este no cumple con la obligación que contrajo con su acreedor sus bienes pueden ser vendidos en pública subasta, para que de esta forma cumpla con la obligación que contrajo.

MEDIDA DE SEGURIDAD. Es la medida en la cual se observa la peligrosidad criminal de una persona, si existe la posibilidad de que cometa un acto delictivo en el futuro o si lo ha cometido y es una persona que carece de raciocinio y por lo tanto es considerada como un demente, la sanción que se le aplicara será el internamiento en un centro psiquiátrico, ya que penalmente no puede ser considerada responsable de sus actos.

MEDIDA DE SEGURIDAD CURATIVA. Es el conjunto de acciones terapéuticas que se le aplican a un condenado por cualquier acto antijurídico, siempre que sea un adicto a las drogas, aparte de la sanción penal.

MEDIERÍA. Acuerdo de dos o más voluntades en el área agrícola mediante el cual el dueño de un terreno rural y un agricultor, se reparten por partes iguales, todo lo que ha producido una finca agrícola.

MEDIO AMBIENTE. Es el entorno geográfico en el cual los seres humanos desarrollan su vida. Está compuesto por el suelo, el aire, el agua, el clima, el paisaje, la flora, la fauna y los elementos naturales, sociales y culturales que existen en un lugar y en un momento específico, y que afectan la vida de los hombres.

MEDIO DE PAGO. Es un instrumento generalmente admitido en un mercado por otros particulares, un comercio, o cualquier otra institución, como medio de comprar productos o contratar servicios.

MEDIO DE PRUEBA. Es el elemento o el instrumento, admitidos por el régimen legal y que son utilizados por los litigantes y el tribunal, para demostrar la verdad o la falsedad de los hechos alegados en el juicio.

MEDIO HERMANO. Término que designa a los hermanos de madre que son los hijos de una misma madre, pero que tienen diferentes padres y a los hermanos de padre que son los hijos de un mismo padre, pero que tienen diferentes padres.

MEDIOS DE COMUNICACIÓN. Son los aparatos de dominación ideológica y política que en la sociedad capitalista son controlados por la burguesía, la cual, a través de este control, se vale de los mecanismos que les proporcionan los medios, como la escritura, la audición y la audiovisión, para informar y entretener a las masas que tienen acceso a ellos y difundir ideas que defiendan los intereses de la clase burguesa.

MEGALÓPOLIS. Son las grandes concentraciones urbanas, consecuencias del crecimiento acelerado de las áreas metropolitanas debido al desarrollo comercial e industrial. Por esto, una ciudad se agiganta con ciudades satélites, y concentra una extensa población y poderes económicos, políticos, judiciales y culturales.

MEJOR COMPRADOR. VER: CLÁUSULA DE MEJOR COMPRADOR.

MEJOR DERECHO. Norma que establece que nadie puede transferir a otro sobre una cosa, un derecho mejor o más amplio que el que disfrutaba y, mutuamente, nadie puede llegar a tener sobre una cosa un derecho mejor y más amplio que el que poseía aquel de quien lo obtuvo.

MEJOR FORTUNA. Transformación exitosa de la condición económica personal que ejerce influencia en la situación jurídica de la persona.

MEJORA. Modificación que es efectuada en una cosa o inmueble, con la finalidad de mejorarla.

MEJORA HEREDITARIA. Poder que posee una persona de disponer por la vía testamentaria de una porción de su matrimonio cuando tiene herederos forzosos.

MEMORÁNDUM. En el derecho internacional es la nota diplomática entre dos naciones por medio de la cual se recapitulan acontecimientos y motivos que deben ser tenidos entre los temas de mayor importancia que se vayan a discutir.

Otra acepción de esta palabra es de que es un documento oficial utilizado por las autoridades para comunicar disposiciones, consultas, órdenes e informes.

MEMORIAL. Escrito ante el cual se exponen ante el tribunal de alzada los motivos que sirven para fundamentar un recurso de apelación.

MEMORIAL DE CASACIÓN. Es un escrito redactado por un profesional del derecho en representación de las partes que han interpuesto formal recurso de casación ante la Suprema Corte de Justicia en sus funciones de corte de casación contra una sentencia que le ha perjudicado.

MENOR. Persona que no ha alcanzado todavía la edad de dieciocho años para ser considerado un mayor de edad.

MENOR AUTORIZADO. Es al que se le ha concedido el consentimiento para que ejerza actividades comerciales.

MENOR CUANTÍA. Forma o modo utilizado para señalar la jurisdicción y la clase de trámites judiciales para resolver discusiones judiciales, como resultado de su poca importancia económica.

MENOR EMANCIPADO. Es el menor que obtiene la emancipación cuando ésta le es concedida por sus padres o tutores, o cuando la legislación de su país le permite obtenerla cuando contrae matrimonio, por lo cual puede ejercer todos sus derechos, los cuales normalmente se obtienen cuando se alcanza la mayoría de edad.

MENOR IMPÚBER. Es el menor que no ha alcanzado la edad de 14 años.

MENOSCABO. Es el perjuicio, daño o deshonra que sufre una persona como resultado de la acción de otro y que ve reducir el valor de sus derechos, patrimonio o intereses.

MENSAJE. Discurso solemne que pronuncia el jefe del Estado cuando se dirige a la población a través de los medios de comunicación. También es el tema o asunto que se pretende transmitir a través de una película, un libro o por cualquier otro medio.

MENSURA. Es la operación técnica a través de la cual se identifica, se localiza, se mide, se aclara, se representa y se documenta una propiedad inmobiliaria.

MERA FACULTAD. Se denomina así a las circunstancias que preceden al derecho adquirido. Eventualidad que apertura la ley a favor de alguien, pero hasta que la práctica de esa capacidad no es sino una posibilidad que no obsta la ejecución de la norma jurídica que altere o aniquile esa expectativa.

MERODEAR. Deambular por los alrededores de algún lugar, con propósitos delictivos.

MERO IMPERIO. Facultad que ejerce el que posee la facultad suprema, y por resolución los magistrados, para dictarles a los violadores de la ley la sanción penal que les corresponda.

MERCADEO. Término que en inglés se dice "marketing." En el campo de la política, nombra las técnicas, estrategias y estudios de mercado que se utilizan para crear una imagen a un candidato que sea atractiva para el público electoral con el propósito de venderlo en el mercado político como una mercancía.

MERCADO. Es el marco por medio del cual los productores, los vendedores y consumidores o compradores de determinados bienes y servicios se encuentran para entrar en una estrecha relación comercial con el objetivo de ejecutar operaciones comerciales en grandes cantidades que dejen satisfechas sus necesidades.

MERCADO COMÚN. También llamado mercado único. Es el bloque comercial que se forma por medio de tratados entre las naciones que se asocian para establecer una zona de libre comercio, donde circulen libremente las personas, los capitales y bienes; un solo sistema arancelario que grave las mercancías importadas de los países que no formen parte del bloque y para armonizar sus sistemas jurídicos y sus políticas macroeconómicas, de modo que beneficien a todos sus miembros.

MERCADO NEGRO. Es el comercio clandestino e ilegal de bienes, productos o servicios cuya venta está prohibida, sometida a su racionamiento debido a su escasez o sujeta a control de precios por imposición del gobierno o de las empresas.

MERCADO EMERGENTES. Terminología creada por los apologistas del sistema capitalista mundial para designar a las naciones del tercer mundo que según ellos están en un proceso de desarrollo sostenido y participan activamente en el mercado internacional, han renegociado su deuda externa y controlado la inflación, y se presentan como mercados atractivos para las inversiones y negocios de las naciones capitalistas desarrolladas.

MERCANCÍA. Es el bien producido por los productores con el objeto de llevarlos al mercado para vendérselos a los compradores que acuden a los centros de venta con el objetivo de adquirir los productos que necesita para subsistir, como son los alimentos, la ropa y la vivienda.

MERCANTILISMO. Doctrina económica burguesa que predomina en Europa desde el siglo XVI hasta el siglo XVIII, y que considera que el progreso económico de una nación depende del capital que pueda acumular y el cual está representado por la cantidad de metales preciosos que el Estado pueda poseer. Esto se aumenta con la implementación de una balanza comercial donde las exportaciones sean superiores a las importaciones, o sea, que el comercio con otras naciones sea favorable. Para conseguir este objetivo el Estado debe intervenir en la economía y establecer una política de protección al comercio mediante aranceles y monopolios entre otras cosas.

MERCENARIO. Es la persona que se dedica al oficio de las armas y recibe una determinada cantidad de dinero para participar en una contienda bélica. Por lo general, el mercenario no toma en cuenta la ideología, nacionalidad o ideario político de la parcela para la que él lucha.

MERETRIZ. VER: PROSTITUTA.

MÉRITO. Acción positiva que realiza una persona que la hacen merecedora de un reconocimiento por parte de la sociedad.

MERITOCRACIA. Principio según el cual el personal que debe desempeñar funciones estatales debe ser seleccionado estricta y rigurosamente tomando en cuenta su capacidad, habilidad, talento e inteligencia. Las únicas razones para la permanencia en su puesto deben ser su eficiencia y rendimiento.

MÉRITOS DEL PROCESO. Son las evidencias, antecedentes y motivos productos del litigio y que constituyen los fundamentos en que se basa el magistrado para dictar sentencia definitiva con apego a lo argumentado y probado.

MERO IMPERIO. Locución latina que hace referencia a la facultad que poseía el soberano y, por delegación ciertos magistrados, para imponerles una sanción penal a las personas que cometieran una actividad delictiva.

MES. Periodo de tiempo que se extiende desde 28 días hasta 31 un día.

MÉTODO. Es un procedimiento de investigación que acerca al investigador cuando obtiene datos para utilizarlos en la producción de conocimientos que sirvan para la ciencia.

MÉTODO COMPARATIVO. Es el que se basa en la explicación de las discrepancias entre las diferentes instituciones jurídicas, para considerar su conexión o precisar sus características.

MÉTODO DEDUCTIVO. Está basado en las reglas o normas aceptadas generalmente como verdaderas, ya por su certeza, ya por su comprobación lógica.

MÉTODO EXEGÉTICO. En la ciencia jurídica, el que emplea como técnica de presentación, educación, edificación científica o aplicación práctica el estudio de los textos positivos cuyo sentido y organización intenta conseguir,

MÉTODO INDUCTIVO. Es el procedimiento que se basa en la observación de los hechos o acontecimientos jurídicos, para redactar las reglas que regirán en una institución.

MÉTODO JURÍDICO. Es el conjunto de reglas científicas utilizadas para identificar, interpretar, entender, y enseñar todo lo relacionado con el ámbito del derecho.

MÉTODO HISTÓRICO. Es conjunto de procedimientos o recursos utilizados para estudiar las leyes o instituciones de cada pueblo en cada periodo de su vida.

METRÓPOLI. Esta palabra tiene dos acepciones. La primera se refiere a un espacio urbano gigantesco o a la ciudad principal, que es la capital de una nación, provincia, departamento o región. Con la segunda acepción, se alude al país que conquista a otro para someterlo a un proceso de dominación colonial.

MEZQUINO. Es la persona que carece de generosidad y honestidad y que demuestra un exagerado apego a las cosas materiales.

MICROTRÁFICO. Alude a los que poseen, transportan, guardan o aportan o trafican grandes cantidades de drogas.

MIEDO. Es el sentimiento que llega contra la voluntad del sujeto; que deja sin efecto o valor a los actos jurídicos.

MIEDO INSUPERABLE. Motivo atenuante de la responsabilidad criminal, cuando el acusado no puede derrotarlo o superarlo.

MIEDO REVERENCIAL. Es el temor o sumisión que siente una persona con respecto a otra. Carencia de capacidad que posee una persona para oponerse a la voluntad de otra por motivo de la autoridad que esta ejerce sobre ella.

MIGRACIÓN. VER: EMIGRACIÓN.

MILICIA. Es la organización disciplinaria que está formada por varios ciudadanos que se organizan para suministrar defensas o servicios militares a una causa, sin recibir ninguna remuneración económica regular. Sus miembros están sujetos al mismo entrenamiento militar que se les da a los integrantes de las fuerzas armadas.

MILITARISMO. Es la ideología que considera al Estado como sinónimo de lo militar, por lo cual debe concedérseles a los militares unas series de privilegios irritantes, promover el gasto militar para promover la carrera armamentista y transferir los principios y forma de comportamiento castrenses a toda la sociedad.

MINIFUNDIO. Es la forma de tenencia y cultivo de la tierra ineficiente que constituye un obstáculo para el desarrollo del mercado interno. Se caracteriza por una dimensión extremadamente pequeña de terrenos, utilización de mano de obra estrictamente familiar, tecnología primitiva y desarrollo de una agricultura que produce para la auto subsistencia y no para el mercado.

MINISTERIAL. Concerniente al gobierno del estado, o a varios de los ministros gerentes de su despacho.

MINISTERIO. Llamado también "secretaria de Estado", constituye cada uno de los departamentos jerárquicamente estructurados en lo que se puede dividir la administración del Estado para las funciones de interés público, y que son responsabilidad de las personas que dirigen el ministerio correspondiente.

MINISTERIO PÚBLICO. Es el organismo que tiene por función la persecución de los actos delictivos cuya pena corresponde aplicar a los tribunales del orden judicial, así como proteger los intereses del estado, la sociedad y los ciudadanos.

Las atribuciones de los componentes del ministerio público están limitadas a la competencia y jurisdicción del órgano judicial por el cual ejercen sus funciones.

MINISTRO. Conocido también con el nombre de "secretario de Estado", es la persona que pertenece al gabinete de gobierno y dirige un ministerio. Por estas dos razones, está subordinada en su función y designación al Poder Ejecutivo.

MINISTRO PLENIPOTENCIARIO. VER: PLENIPOTENCIARIO.

MINISTRO PRESIDENTE. Representante diplomático que es enviado por su país a residir de manera permanente en otra nación. Y que ostenta un rango inferior al de embajador y de un ministro plenipotenciario.

MINISTRO SIN CARTERA. Funcionario que no tiene bajo su cargo administrar o dirigir una institución ministerial.

MINORÍA. Es el segmento de la población cuantitativamente minoritario que se caracteriza por poseer diferencias de índole económica, religiosa, idiomática, social y cultural, que lo hacen ser diferentes de los demás miembros de la comunidad.

MINORISTA. Es el comerciante detallista que compra grandes o pequeños volúmenes de mercancías para vendérselas en pequeñas cantidades al público consumidor.

MINUCIA. Cosa insignificante de poco valor y por lo cual no tiene ninguna importancia.

MINUS PETITIO. Frase latina que significa petición o demanda inferior a lo debido.

MINUTA. Anotación, nota o apunte que se realiza de un contrato, testamento, o de un negocio, antes de darle su redacción definitiva. Registro de los honorarios que le adeudan los clientes a sus abogados.

MISERABLE. Ser que es despreciable, que procede con fines malévolos sin importarle el perjuicio que cause a los demás. Que vive en un estado de pobreza extrema. Es una persona avara o tacaña.

MISIÓN DIPLOMÁTICA. Es el grupo permanente que representa de manera oficial a un Estado fuera de su territorio frente a otro estado ante una organización de carácter internacional. A dicha misión, por lo general, se le llama "embajada" y a quien la encabeza se le designa con el nombre de "embajador".

MITIGACIÓN DE LA PENA. Disposición legal mediante la cual se sustituye la sanción penal que le corresponde a un acto contrario al derecho, por otra más benigna y tomando en consideración la salud y la edad del condenado.

MITIN. Acto de masas de carácter público que se realiza para discutir asuntos de interés general o presentar los candidatos a cargos electivos. Se trata de reuniones públicas, donde un grupo de oradores recibe el respaldo de una concentración multidinaria de personas que le expresan su respaldo.

MIXTO IMPERIO. Facultad que compete a los magistrados para decidir los litigios civiles y llevar a efectos sus sentencias.

MITOMANÍA. Es la adición patológica que lleva a mentir o a inventar cosas fantásticas con el objetivo de obtener la atención de los demás. A las personas que adoptan esta actitud se les designa con el nombre de mitómano.

MOBILIARIO. Es el conjunto de bienes muebles que se utilizan para amueblar una vivienda, una habitación, una oficina o cualquier otro tipo de local. Ejemplos: mesas, sillas, camas, utensilios de cocina, etc.

MOBILIARIO URBANO. Es el proporcionado por los ayuntamientos para el servicio de los ciudadanos. Ejemplos: los bancos o sillas instaladas en las plazas o parques.

MOCIÓN. Propuesta que se organiza en los organismos legislativos por uno o varios de sus miembros en asambleas, juntas o reuniones de personas.

MOCIÓN DE CENSURA. Es el mecanismo mediante el cual los partidos políticos con representación en el parlamento poseen la potestad de exigir responsabilidad política al Poder Ejecutivo, pudiendo por medio de esta moción pedir su destitución. Aunque esta no es exclusiva de los regímenes parlamentarios; en los sistemas presidencialistas en los cuales existe este mecanismo es utilizado solamente para sustituir a los ministros del gobierno, pero no se utiliza para sustituir al presidente de la República.

MOCIÓN DE CONFIANZA. En los regímenes parlamentarios que es donde existe este procedimiento es la solicitud que le formula el Poder Ejecutivo al parlamento para que lo respalden en su gestión de gobierno.

MODALIDAD. Disposición de un acto jurídico que tiene por finalidad retrasar o transformar las consecuencias que habría generado si habría sido puro y simple, o abolir esas consecuencias en un momento específico, siendo las principales la condición y el plazo.

MODERADO. Concepto de la ciencia política burguesa que define como moderado a los gobiernos, las ideologías, los partidos, las personas que prefieren la conciliación a la confrontación, la paz a la violencia, la reforma a la revolución, la ley a la arbitrariedad y la tolerancia a la intransigencia.

MODERNIZACIÓN. Significa actualizar el ideario político para ponerlo en consonancia con los tiempos actuales, perfeccionar la industria para que aumente la productividad, mejorar la distribución del sistema de ingresos, preparar recursos humanos calificados, impulsar el desarrollo científico y tecnológico, crear un sistema de transporte y comunicaciones eficientes, entre otras cosas.

MODO. Es la forma legal en que un ingrediente del negocio jurídico se encarga de imponer a aquella parte destinataria de una prerrogativa, sin costo alguno, que ejecute un servicio o asistencia.

MODO DE ADQUIRIR. Es la forma de convertirse en propietario de un bien mueble e inmueble conforme a las reglas y preceptos legales.

MODUS FACIENDI. Frase latina que significa modo de hacer.

MODUS OPERANDI. Frase latina que significa modo de operar. Se refiere a la forma especial de actuar de una persona o de un grupo, para alcanzar el objetivo deseado.

MODUS VIVENDI. Expresión latina que significa modo de vivir, o sea son los medios que utilizan las personas para obtener lo que necesitan para sobrevivir.

En el campo diplomático, es el convenio o acuerdo internacional, entre dos naciones y de naturaleza temporal, que posteriormente será sustituido por un tratado más completo y permanente.

MOJÓN. Poste o marca de piedra, o de cualquier otro material, que se utiliza para fijar los límites de un territorio indicando la dirección o distancia de una vía o un centro urbano.

MONARCA. VER: MONARQUÍA.

MONARQUÍA. Es la forma de gobierno que significa gobierno de uno solo; se ejerce de manera ilimitada, personal y hereditaria. Al gobernante que ejerce el poder se le llama "monarca" o "rey", aunque las denominaciones utilizadas para nombrarlos varían según la estructura jurídica del gobierno. La monarquía puede ser absoluta o constitucional.

MONARQUÍA ABSOLUTA. VER: ABSOLUTISMO.

MONARQUÍA CONSTITUCIONAL. Es el régimen de gobierno donde el monarca desempeña un papel esencialmente simbólico: reina, pero no gobierna, puesto que su voluntad se encuentra regida por la ley suprema del estado: la Constitución. Usualmente, la forma que adopta la monarquía constitucional es la monarquía parlamentaria, donde el monarca desempeña la función de jefe del Estado, pero no de jefe del gobierno.

MONARQUÍA PARLAMENTARIA. VER: MONARQUÍA CONSTITUCIONAL.

MONARQUISMO. Es la ideología que aboga por que se respete la tradición monárquica de una nación y se defienda el establecimiento, preservación o restauración de una monarquía como régimen de gobierno.

MONEDA. Dinero metálico que se utiliza como medio de pago en la compra de bienes y servicios para liquidar las deudas y obligaciones. Es instrumento de cambio, medida del valor, unidad de cuenta y medio de ahorro.

MONEDA DE CURSO LEGAL. Es la moneda que está consagrada como forma de pago por la legislación de un Estado, en cuyo territorio es aceptada como medio de cambio y forma legal de cumplir las obligaciones de pagar las deudas.

MONOCRACIA. Palabra de origen griego que significa el poder de uno y que ha sido incorporada al vocabulario político burgués para designar la forma de gobierno que se ejerce despóticamente por una sola persona o un solo partido.

MONOGAMIA. Es la unión matrimonial que existe entre dos personas del mismo sexo o de diferente sexo.

MONOPOLIOS. Son empresas gigantescas que controlan a su antojo el mercado de bienes y servicios, en cuanto al precio y a la calidad de los productos, con la única finalidad de elevar sus niveles de ganancias. A medida que van surgiendo los monopolios, va desapareciendo la libre empresa.

MONTAJE. Es la alusión a ciertas circunstancias que carecen de credibilidad, y que han sido organizadas para producir una respuesta específica en el seno de una sociedad.

MONTE DE PIEDAD. Es una institución donde los sectores de más bajo ingresos de la población pueden obtener sumas de dinero en calidad de préstamos a un bajo interés, siempre y cuando empeñaran objetos de su propiedad para garantizar dichos préstamos.

MORA. Es la situación por la cual atraviesa un deudor cuando no cumple con la obligación que contrajo dentro del plazo fijado.

MORA DE LA ANTICRESIS. Situación que se presenta cuando, el deudor deja de cumplir con su obligación en la fecha estipulada, pudiendo el acreedor demandar en justicia que se lleve a cabo la venta del inmueble.

MORA DE PLENO DERECHO. Posición que se presenta cuando el deudor no cumple con su obligación en el plazo convenido, pero si el plazo no está expresamente acordado, y es el resultado de la naturaleza y circunstancias de la obligación, el acreedor debe demandar al deudor para que se constituya en mora.

MORA DEL ACREEDOR. Se presenta cuando el acreedor sin ningún motivo justificado se niega a recibir el pago que le hace el deudor con lo cual obstaculiza que este cumpla con su obligación.

MORA JUDICIAL. Es la grave injusticia que se comete cuando los tribunales tardan excesivamente en conocer y fallar los casos de los cuales han sido apoderados.

MORA LEGAL. Es el retraso o suspensión del pago de una deuda y siempre cuando esto esté establecido en la ley.

MORA POR CASO FORTUITO O FUERZA MAYOR. Es la situación que exime de responsabilidad al deudor por daños y perjuicios que le causen al acreedor por falta de cumplimiento de la obligación, cuando estas sean generadas por caso fortuito o fuerza mayor.

MORADA. VER: DOMICILIO.

MORAL. Es el conjunto de reglas que rige las conductas de los hombres en la sociedad y que son dictadas por la clase social que ejerce el poder político y económico, y que hace practicar estas normas según convenga a sus intereses.

MORATORIA. Prórroga que se concede para pagar una deuda vencida.

MORATORIA EXTRAJUDICIAL. Convenio de pago al que llegan todos los acreedores con su deudor para extender el plazo de una deuda vencida sin la intervención de los tribunales.

MORDAZA. Instrumento legal que restringe u obstaculiza el ejercicio de la expresión o difusión del pensamiento.

MORGANÁTICO. Es la modalidad de matrimonio que se celebra entre una persona que pertenece a la realeza y otra que no tiene la condición de pertenecer a una familia real. Ejemplo: el príncipe se casó con una empleada de una tienda de departamentos.

MORGUE. Depósito de cadáveres que es dirigido por un profesional de la medicina, que debe suministrarles todos los medios que sean necesarios a los médicos legistas para que estos lleven a cabo las autopsias y todas las demás diligencias que sean ordenadas por las autoridades competentes.

MOROSIDAD DEL DEUDOR. Es la obligación jurídica que tiene el deudor de responder por los daños y perjuicios que su retraso le originen al acreedor en el cumplimiento de la obligación.

MOROSO. Es el deudor que se retrasa en el cumplimiento de una obligación.

MORTALIDAD. Proporción de personas que pierden la vida en un lugar y en un espacio de tiempo establecido en relación con la totalidad de la población.

MOTÍN. Es una sublevación espontánea que se caracteriza por la desorganización y la violencia, lo cual implica la desobediencia a la cadena de mando. Un ejemplo sería el saqueo de los mercados por parte de las clases explotadas que buscan alimentos para saciar su hambre.

MOTIVO. Causa o fundamento que se toma en cuenta para ejecutar una acción voluntariamente.

MOTU PROPRIO. Frase latina que significa que una persona ejecuta un acto o acción voluntariamente.

MÓVIL. Es la razón o la causa que lleva a una o varias personas a cometer un acto contrario al derecho.

MULTA JUDICIAL. Pena pecuniaria que imponen los magistrados, a los empleados auxiliares de la justicia por falta que cometen en el ejercicio de sus funciones. También alcanza a los abogados, ministerios públicos, litigantes y a otras personas que obstaculizan la administración de la justicia o que cometieren delitos en la audiencia.

MULTA PENAL. Es la pena pecuniaria que al condenado le corresponde pagar al Estado en el tiempo que señala la sentencia.

MULTILATERALISMO. Término propio de las relaciones internacionales que se utiliza para referirse a la actividad conjunta de varias naciones como asuntos sobre el manejo de las relaciones simultáneas entre varios países sobre temas determinados, las relaciones de una nación con los organismos internacionales y la representación de los estados en los cónclaves internacionales.

MULTIPARTIDISMO. Sistema pluralista de partidos políticos donde una gran cantidad de organizaciones participa activamente en la vida pública estatal y tiene la posibilidad de obtener cargos electivos por votación popular.

MUNICIPALIDAD. VER: AYUNTAMIENTO.

MUNICIPIO. Es el área urbana en que se divide una nación para fines de administración, y que posee cierto grado de autonomía para manejar los asuntos de su competencia; está regida por una entidad administrativa que se llama "consejo o ayuntamiento" y sus funcionarios son elegidos por los electores del lugar.

MUTATIS MUTANDIS. Frase latina que significa, "cambiando lo que haya que cambiar"; más libremente equivaldría, a "haciendo los cambios necesarios" a la expresión "saltando las distancias."

MUTILACIÓN. Es la extirpación de una parte del cuerpo humano que se ejecuta de forma violenta.

MUTUAE PETITIONES. Expresión latina que significa mutuas peticiones o demandas recíprocas.

N

NABORIA. En la sociedad de los antiguos pobladores antillanos ---los taínos--- las naborías constituyen la capa de la población que estaba al servicio de los taínos en calidad de sirvientes. Posteriormente al arribar los conquistadores al continente americano, se designó con este nombre al indígena antillano que trabajaba al servicio de los españoles en condición de esclavo, pero que no estaba sujeto a la jurisdicción de ningún cacique y había roto todos sus lazos con la tribu de que la que procedía.

NACIMIENTO. Es cuando una persona del género femenino alumbra una criatura que tenía dentro de su vientre materno.

NACIMIENTO DE LAS PERSONAS JURÍDICAS. Las personas jurídicas se originan como un resultado de la acción de un sujeto, según un régimen de existir, o bien por la identificación que de ellos hace el régimen jurídico.

NACIMIENTO EN AERONAVES. Cuando un bebe nace en un avión surge la pregunta de cuál será la nacionalidad que se le dará, el régimen jurídico internacional le da la siguiente solución: 1) al bebe le corresponderá la nacionalidad del avión (ley del pabellón); 2) la del área geográfica que sobrevolaba al momento del nacimiento (derecho del suelo); 3) la criatura nacida recibirá la nacionalidad de sus padres (derecho de la sangre).

NACIMIENTO SIMULTÁNEO. Este concepto no tiene concordancia con la realidad, se refiere a los partos donde nacen dos o más criaturas, donde no puede haber nacimiento simultáneo, sino sucesivo, con una separación de minutos, horas y como mucho de un día.

NACIÓN. Es la comunidad de seres humanos surgida y formada sobre una base común de idioma, territorio, cultura, régimen económico, historia y costumbres.

NACIONAL. Concepto que se contrapone a lo extranjero. Se refiere a la forma de organizar el Estado socialmente y a las relaciones que rigen todo lo que ocurre dentro del ámbito estatal.

NACIONALIDAD. Es la relación jurídico-política entre una persona y el territorio estatal del cual forma parte por nacimiento o naturalización. La nacionalidad puede ser de origen y adquirida.

Nacionalidad de origen es la que posee el individuo por el solo hecho del nacimiento, de acuerdo con el régimen jurídico del estado. La adquirida es la que obtiene una persona mediante un acto voluntario mediante el cual consigna que renuncia a su nacionalidad de origen para obtener otra.

NACIONALISMO. Esta palabra tiene diversas acepciones, por lo cual hay que distinguir entre el nacionalismo de las naciones dependientes y el nacionalismo de los países imperialistas. El nacionalismo de las naciones dependientes es la identidad de sus masas populares con la causa nacional frente a la intervención extranjera al exaltar el espíritu democrático de sus movimientos de liberación nacional, las protestas del pueblo contra la invasión imperialista, los anhelos de independencia nacional y de cambios sociales, económicos y políticos. El nacionalismo de las naciones imperialistas se caracteriza que los propios de un país es lo mejor porque simplemente pertenece a esa nación, el racismo, el chovinismo, la expansión territorial, las actividades bélicas, su reaccionarismo colonizador, el cual sirve a la burguesía imperialista como instrumento para saquear y someter a los países coloniales y dependientes.

NACIONALIZACIÓN. Este término tiene diversas acepciones y puede definirse como la concesión de la nacionalidad de un país a un extranjero, por lo cual adquieren los mismos derechos y deberes que poseen los nacionales del país que le otorga la nacionalidad. También se define como la adquisición de instituciones que pertenecen a otro. Otra acepción de esta palabra es poner bajo control y manos del Estado una empresa privada, nacional o extranjera.

NACIONES UNIDAS. VER: ORGANIZACIÓN DE LAS NACIONES UNIDAS.

NADIE PUEDE DEMANDAR POR PROCURACIÓN. La regla de que nadie puede demandar por procuración no se puede interpretar que esté prohibido litigar por medio de un mandatario, sino que no se le permite a un demandante hacerse representar por un apoderado cuyo nombre sea el que figure exclusivamente en el escrito.

NARCO DÓLARES. Es el dinero en dólares que proviene del comercio ilícito y clandestino de la distribución y venta de drogas en los diferentes puntos que están establecidos en las calles de una gran cantidad de países.

NARCOTICO. VER: DROGA.

NARCOTRÁFICO. Es una empresa internacional que se dedica al negocio ilegal de cultivar, distribuir y vender estupefacientes y sustancias controladas que alteran la salud de los seres humanos. Opera con una red de traficantes en todo el mundo, que se encarga de transportar la droga.

NASCITURUS. Es el término que designa a la criatura humana que ha sido concebida pero que no ha nacido.

NATALIDAD. Es la cantidad de nacimientos que se producen en un área geográfica específica durante un lapso de tiempo determinado.

NATIVO. Que es oriundo de una nación, región o lugar específico.

NATO. Ser humano, quien posee defectos de nacimiento. Se designa también con este nombre al título o cargo que está relacionado con un empleo que corresponde únicamente a la persona que lo ejerce.

NATURAL. Que se refiere a la naturaleza, a cada ser y cosa en singular.

NATURALEZA DE LA JURISDICCIÓN. Es el servicio público, ejecutado por las organizaciones competentes de la organización estatal, con los requisitos exigidos por el régimen jurídico, por medio del cual, por una acción ante los tribunales, se establecen los derechos de las partes, con la finalidad de resolver sus controversias y litigios de carácter jurídico, a través de fallos que tengan la autoridad de la cosa juzgada, provisionalmente posible de ejecución.

NATURALIZACIÓN. VER: NACIONALIZACIÓN.

NAUFRAGIO. Es el hundimiento de una embarcación en aguas marítimas, en un río, en un lago o en cualquier otra masa de agua.

NAVEGACIÓN. Es el tránsito de embarcaciones por cualquier masa de agua navegable.

NAVEGACIÓN AÉREA. Es el tránsito o circulación de aeronaves por un espacio aéreo.

NAVICERT. Autorización de navegación otorgada a un barco comercial por una nación que está envuelta en un conflicto bélico.

NAVIERO. Es el empresario marítimo que utiliza embarcaciones comerciales propias o alquiladas, para sacarles beneficios y el cual debe regirse por las reglas internacionales.

NECROFILIA. Es el comportamiento inmoral que estimula al necrófilo a sentir placer sexual con un cadáver y el cual está sancionado por la ley.

NECROPSIA. VER: AUTOPSIA.

NEFANDO. Vocablo que designa a la persona infame, perversa, cruel e inmoral.

NEFASTO. Se designa con esta palabra a la persona o cosa que causa desgracia.

NEGACIÓN. Acción que realizan las personas de negar la comisión de un delito o rechazar la acusación formal que se le hace ante un tribunal.

NEGLIGENCIA. Es el descuido, apatía, dejadez que realizan una o varias personas en el cumplimiento de una obligación.

NEGOCIABLE. Es todo aquello que se puede traspasar como objetivo de comercio.

NEGOCIACIÓN. Es el recurso que utilizan las partes cuando tienen posturas diferentes sobre una misma cuestión, ambas quieren llegar a un entendimiento y para esto establecen un puente de comunicación para intercambiar ofertas y otorgar concesiones. También es un método utilizado en el campo del Derecho internacional para que las partes envueltas en un conflicto resuelvan sus diferencias amigablemente, acordando líneas de conductas que las lleven a obtener ventajas individuales o colectivas para conseguir resultados que sirvan a sus intereses mutuos.

NEGRISMO. Posición que postula por la defensa de los derechos civiles y políticos de las personas de raza negra, violentadas por los blancos y sometidas a humillantes discriminaciones en la vida política, social y económica. El negrismo aboga por la integración de los negros y por qué reciban un trato igual al que se le da a los blancos.

NEGOCIADO. Es cada uno de los diferentes departamentos en que son divididos las oficinas de la administración estatal.

NEGOCIADOR. Es la persona que gestiona o conduce un asunto de vital importancia.

NEGOCIAR. Comprar o vender mercancías para obtener ganancias. Realizar gestiones para solucionar cuestiones de índole pública, privada o diplomática.

NEGOCIO. Es una operación de grandes volúmenes, que está relacionada con los procedimientos de producción, distribución y venta de servicios y bienes, con la cual persigue satisfacer las necesidades de los compradores y beneficiar a los vendedores.

NEGOCIO JURÍDICO. Es el que se formaliza por medio de un contrato siguiendo las normas y regulaciones del derecho.

NEGOCIO FIDUCIARIO. Es el convenio en el cual una de las partes llamadas fiduciante, lleva a cabo a favor de la otra parte, llamado fiduciario, para que emplee el derecho adquirido través de la referida retribución, para los fines que ambos acordaron, con la obligación de transferirlos al fiduciante o a un tercero cuando se hubiera cumplido lo acordado.

NEGOTIUM. Expresión latina que quiere decir asunto. Se define como la forma de hacer negocios onerosos y lícitos.

NEMINE RES SUA SERVIT. Expresión latina que significa que ninguno es servidor de su cosa.

NEMO AUDITUR PROPRIAM TURPI TUDINEM ALLEGANS. Voz latina que significa que el magistrado no debe admitir las demandas de quien invoca su propia ineptitud, interpretada como vileza, engaño, deshonestidad y cualquier otro acto que atente contra las buenas costumbres y el orden jurídico.

NEMO POTEST IGNORAREM LEGEM. Vocablo latino que consagra el principio de que toda ley se supone conocida inmediatamente haya sido promulgada.

NEOCONTRACTUALISMO. Concepto que se caracteriza por las ideas rossinianas del contrato social, y con los fines de modificar ciertas fisonomías o sobrepasar otras, el neocontractualismo asocia diferentes puntos de vistas técnico jurídicos y técnicos sociales, como la de Spencer acerca de la operación contractual de Fouille; o la posición Bourgeois, abreviada en un cuasicontrato.

NEPOTISMO. Es una variedad de la corrupción que se caracteriza por la preferencia que muestra el personal de administrar el Estado por dar empleos, canonjías, prebendas y privilegios a sus familiares, sin tomar en cuenta si poseen la capacidad para desempeñar funciones públicas o si son merecedores de tal favoritismo.

NEQUAQUAM. Frase latina que significa en ninguna manera, de ningún modo.

NEOCOLONIALISMO. VER: DEPENDENCIA.

NEOLIBERALISMO. Proyecto político y económico que constituye una vuelta al pasado, ya que proviene del liberalismo, una doctrina que la historia ha enterrado al no poder dar solución a los nuevos problemas socioeconómicos. El neoliberalismo capitalista formula políticas que promueven la privatización de las empresas públicas, la supresión del salario mínimo para reducir los gastos laborales de los capitalistas la limitación del Estado para intervenir en la economía, la apertura a la inversión extranjera, la eliminación de las barreras arancelarias, la libertad de empresa, la apertura al comercio internacional, la eliminación de subsidios que beneficien a los sectores populares, en fin, poner la economía bajo el control de la burguesía.

NEUROSIS. Es un trastorno mental que presenta un elevado nivel de angustia y ansiedad.

NEUTRALIDAD. En el campo del Derecho Internacional, se define como la posición que adopta un Estado de abstenerse de participar de alguna forma en una contienda bélica cuando se desencadena un conflicto de esta naturaleza entre dos o más naciones.

NEUTRALISMO. Es la actitud constante y permanente que asume un Estado de mantenerse al margen de las querellas, divergencias y conflictos armados que en el presente y en el futuro se estén desarrollando o puedan surgir entre otras naciones. El neutralismo se diferencia de la neutralidad en que es una política constante. Mientras, la neutralidad es producto de las circunstancias.

NEXO. Es la conexión, entre lanzamiento, enlace o afinidad entre personas, pueblos o cosas.

NEXO SOCIAL. Es el vínculo, relación o lazo, que la unidad de origen, el grupo social que tiene en común la religión, raza, idioma, la formación académica o la identidad de tareas da nacimiento entre las personas o comunidades.

NEXUM. En la antigua Roma era la forma contractual del derecho. Se veía en él a un acto jurídico que establecía una robusta posición para el acreedor y una carga muy pesada para el deudor.

NIETO. Término que define a la persona que desciende de una línea genealógica a partir de la tercera generación.

NIHILISMO. Doctrina filosófica que, trasladada al campo de la política, niega todo el sistema de valores y creencias en que se fundamenta la sociedad, como son la autoridad, la moral, las ideologías, la religión, el sistema jurídico, la familia, la propiedad y los dirigentes políticos.

NIÑEZ. Primera etapa de la vida de un ser humano que abarca desde el nacimiento hasta la adolescencia.

NIVEL DE VIDA. VER: CALIDAD DE VIDA.

NIVEL PROFESIONAL. Destreza o preparación que establece el rango en las actividades laborales.

NO HA LUGAR. Expresión que se utiliza para rechazar una petición que es formulada por una de las partes ante un tribunal.

NO ALINEADOS. Fue la doctrina que asumió un grupo de naciones durante el conflicto por el reparto del mundo ---acontecido durante la segunda mitad del siglo XX y llamada Guerra Fría--- entre los Estados Unidos y la hoy desaparecida Unión Soviética. Esta doctrina abogo por la preservación de la independencia de las naciones frente a las dos superpotencias, por la defensa de los pueblos a la autodeterminación, por la no adhesión a ningún bloque militar, por el rechazo al establecimiento de bases militares, por la abolición de toda forma de colonialismo y neocolonialismo, y por la lucha por eliminar la carrera armamentista.

NO USO. Falta de aplicación o vigencia de las leyes.

NOBLE. Persona que actúa de buena fe, que carece de maldad, que es leal y sincera.

NOBLEZA. Título aristocrático del que goza una persona que basa sus privilegios en los beneficios que obtiene gracias al linaje, las riquezas y las funciones que ejerce por los cargos que desempeña.

NOCHE. Es el lapso de tiempo que transcurre desde que se oculta el sol hasta que este vuelve a salir.

NOCTURNIDAD. Motivo legal que aumenta la responsabilidad en una actividad delictiva que es perpetrada durante el transcurso de la noche.

NOLI ME TANGERE. Expresión latina que significa que nadie me toque. Otra acepción sería que nadie se meta en mi vida.

NO INTERVENCIÓN. Principio básico del Derecho Internacional que sostiene que ningún Estado tiene potestad, facultad o derecho de utilizar medidas económicas, políticas o de cualquier otro género para intervenir directa o indirectamente en la política interna o externa de otros Estados.

NOMADISMO. Es el desplazamiento constante de un grupo de seres humanos de un sitio a otro, por lo cual no tienen un área geográfica permanente de residencia; pero están dotados de una estructura social, política y económica y administrativa que les permite adaptarse a ello.

NOMBRAMIENTO. Ejercicio de la facultad de nombrar a una persona para ejercer una determinada labor.

NOMBRE. Es el término que se utiliza para señalar a las personas o las cosas. En un sentido más amplio comprende los nombres propios y los apellidos, está formado con el grupo de palabras con la que, desde el punto de vista legal y con voluntad oficial, se individualiza a cada persona. En el sentido estricto también se le designa como nombre propio, particulariza a las personas, para diferenciarlas de los demás hijos de los mismos progenitores.

NOMBRE COLECTIVO. Es el que señala a los miembros de una sociedad colectiva y a los no comanditarios de las sociedades en comandita.

NOMBRE COMERCIAL. Es la designación que reconoce a una compañía que lleva a cabo actividades comerciales y que se utiliza para identificarla e individualizarla de las demás compañías que realizan actividades similares.

NOMBRE DE LA MUJER CASADA. Por ley en algunas naciones es obligatorio que la mujer lleve el apellido de su marido. En otras que no han legislado sobre este asunto, la mujer conserva su apellido de soltera.

NOMBRE DE PILA. Es el nombre propio de una persona física que precede al apellido de familia. Y que se utiliza para particularizar a una persona dentro de la familia a la cual pertenece.

NOMBRE PATRONÍMICO. Es el nombre propio que se utiliza como apellido familiar.

NOMBRE PROPIO. Es el que se utiliza para señalar a personas, lugares o cosas con un nombre en particular.

NOMBRE SOCIAL. VER: RAZON SOCIAL.

NOMBRE SUPUESTO. Es aquel que no corresponde a la persona que lo está usando.

NOMENCLÁTOR. Índice de nombres y de personas y de lugares geográficos.

NOMENCLATURA. Lista de nombres de objetos, personas o pueblos.

NOMINACIÓN. Se utiliza este término para designar al conjunto de fases que forman parte de la selección de un candidato para postularse para un cargo electivo o nombrarlo en una función pública.

NOMINATIVO. Título del dispositivo que se encuentra a nombre de una persona específica.

NON ADIMPLETI CONTRACTUS. VER: EXCEPCIÓN NON ADIMPLETI CONTRACTUS.

NON BIS IN IDEM. Principio procesal que establece que una persona no puede ser juzgada dos veces por el mismo motivo.

NONATO. VER: NASCITURUS.

NORMA. Precepto o regla que tiene por objetivo el cumplimiento de una pauta legal.

NOTA BENE. Expresión latina que significa nótese bien o póngase atención. Se utiliza en los escritos para llamar la atención del lector para que observe bien algún tema.

NOTA MARGINAL. Son las anotaciones que se hacen en un registro público, y que son colocadas al margen de los principales, y que dan constancia de anotaciones, acontecimientos que tienen conexión con la inscripción principal.

NOTARIO. Profesional de la ciencia jurídica que desempeña una función pública para fortalecer, con una conjetura de veracidad, los hechos en que participa, otorgándoles solemnidad a los negocios jurídicos privados.

NOTAS. Son observaciones y explicaciones realizadas por el acreedor en el margen de los actos jurídicos, que existen en poder del deudor si están rubricados por él, evidencian para liberar al deudor de la obligación y nunca para añadirle otra obligación.

NOTICIA. Información que emiten los medios de comunicación de masas sobre cualquier acontecimiento ocurrido en la actualidad o en días pasados.

NOTICIAS FALSAS. Término que es empleado para divulgar noticias engañosas que originan la desinformación del público.

NOTIFICACIÓN. Disposición que pone en conocimiento de las partes interesadas el dictamen emitido sobre un trámite o asunto judicial.

NOTIFICACIÓN POR EDICTOS. Es el mecanismo por el cual se les comunica a las personas que están en rebeldía, ausentes o que se desconoce su domicilio una resolución judicial.

NOTIFICAR. Es informar una disposición de la autoridad siguiendo las formalidades que exige la ley a las personas que les corresponda.

NOTORIEDAD. Situación evidente y clara de ser algo muy conocido.

NOTORIEDAD DE DERECHO. Evidencia plena procedente de un documento auténtico.

NOTORIEDAD DE HECHO. Evidencia afirmativa – hasta donde resulte factible – que procura el testimonio conforme de testigos sinceros.

NOVACIÓN. Reemplazo o cambio de una obligación por otra, quedando cancelada la obligación originaria.

NO AUTOINCRIMINACIÓN. Es el principio que le garantiza a todo acusado cuando es interrogado sobre un acto delictivo el derecho a guardar silencio sin que este lo lesione y pueda ser empleado en su contra.

NO HA LUGAR. No se admite lo que se acepta solicitando.

NO HAY NULIDAD SIN AGRAVIO. Fundamento procesal conforme a que ningún acto de tramitación puede ser declarado nulo por imperfección de forma si la anomalía no ha originado a la parte que la solicita un daño, a pesar de que se trate de un trámite sustancial o de orden público.
NO VIABLE. Que no tiene posibilidad de ser realizado.
NÚBIL. Se utiliza este término para designar a la persona que ha madurado sexualmente y por lo tanto está en la capacidad de procrear hijos.
NUDA PROPIEDAD. Es el conjunto de prerrogativas que posee el propietario de una cosa, sobre la cual un tercero ha obtenido la posesión a título de uso, usufructo, habitación, pero, finalizados estos derechos por haber concluido el plazo, su dueño vuelve a obtener el dominio pleno.
NUERA. Es la esposa de un hijo de unas personas.
NUEVO DERECHO. Término que se utiliza para señalar las modificaciones que se le han realizado al derecho positivo y las transformaciones que hayan sido llevadas a cabo sobre alguna rama jurídica.
NULIDAD. Es el acto que carece de valor, fuerza o efecto porque no ha sido redactado de acuerdo con los requisitos que exige la ley para su validez.
NULIDAD ABSOLUTA. Es el acto que no posee ningún valor jurídico, porque le falta un requisito fundamental para su validez.
NULIDAD ABSOLUTA DEL MATRIMONIO. Es la acción de anular la unión matrimonial porque existen algunos de los impedimentos establecidos por el régimen jurídico para efectuar la ceremonia matrimonial.
NULIDAD DE LA ESCRITURA PÚBLICA. Inexistencia de la mención del tiempo y sitio en que fuesen realizadas.
Es la que se produce cuando no se hace mención del tiempo y sitio en que fueron realizadas, del nombre de las partes, de la rúbrica de los otorgantes, de la rúbrica cuando ellos no saben o están en la imposibilidad de firmar y de la rúbrica de los testigos que se requieran.
NULIDAD DE LA PERMUTA. Disposición que hace acto de presencia cuando a una de las partes le ha sido entregado el objeto que se le prometía en permuta y tiene justas razones para pensar que lo entregado no es propiedad del que se lo dio, por lo cual no puede ser forzado a entregar el objeto que él ofreció y está en su

justo derecho de solicitar la nulidad del contrato, aunque no haya sido perturbado en la posesión del objeto recibido.

NULIDAD DE LA TRANSACCIÓN. La transacción puede ser declarada nula cuando se origina por error, dolo, miedo, violencia o falsedad de documentos.

NULIDAD DEL ACTO ADMINISTRATIVO. Es el acto que es nulo de pleno derecho si carece de los requisitos de fondo y forma, que no emana de la autoridad competente para emitirlo, que lesiona algún derecho subjetivo y que contiene vicios de forma que pueden ser enmendados.

NULIDAD DEL CONTRATO. Un contrato es nulo cuando nunca llegó a existir para el régimen jurídico. Esta situación se produce porque el contrato carece de consentimiento, objeto y causa.

NULIDAD MANIFIESTA. Se produce este tipo de nulidad cuando un hecho o acción es declarado nulo por el ordenamiento jurídico.

NULIDAD PARCIAL. Es la que perjudica o daña a una o varias disposiciones de un hecho o acción, sin lesionar a otras o a varias las cuales conservan su validez.

NULIDAD POR VICIO DE FONDO. Se pronuncia esta nulidad cuando altera la autenticidad del acto, por ejemplo, la falta de capacidad de actuar en justicia, la falta de poder de una persona que asegura la representación de una parte.

NULIDAD POR VICIO DE FORMA. Cuando la nulidad sea por esta causa el acto de procedimiento será declarado nulo, si la nulidad está expresamente declarada por el régimen jurídico, excepto en el caso de una violación de una formalidad substancial o de orden público. También es preciso que el acto sea anulado por esta causa, se pruebe que el vicio que se invoca originó un daño a quien lo propone. También esta nulidad no podrá ser pronunciada si la irregularidad que la afecta ha sido cubierta.

NULIDAD PROCESAL. Es un mecanismo que se utiliza para revelar la incompetencia de un acto jurídico procesal o de la totalidad del proceso.

NULIDAD RELATIVA. Son los actos que, afectados por esta nulidad, sólo pueden ser declarados nulos, únicamente a solicitud de una parte interesada.

NULIDAD TOTAL. Es la que perjudica totalmente al acto, por lo cual puede ser declarado nulo.

NULLA POENA SINE LEGE. Vocablo latino que quiere decir "no hay pena sin ley", y que se emplea para expresar que no puede castigarse un comportamiento si el régimen legal no lo tilda como un acto contrario al derecho.

NULLUM CRIMEN. Voz latina que significa: que no existe ningún acto criminal ni castigo sin ley previa a la acción.

NUNCUPATIO. En el derecho romano se designaba con este nombre a la expresión oral que era obligatoria pronunciar para que tuvieran validez actos jurídicos específicos.

NUNCUPATIVO. VER: TESTAMENTO NUNCUPATIVO.

NUPCIALIDAD. Cantidad correspondiente de uniones matrimoniales que se han celebrado en un lapso de tiempo y lugar específico

NUPCIAS. VER: MATRIMONIO.

O

OBCECACIÓN. Es la obsesión transitoria que implica la pérdida del dominio de sí mismo originada por un estado agresivo que lleva a una persona a agredir física o verbalmente a otra y que integra una de las circunstancias atenuantes de la actividad criminal.

OBEDIENCIA. Es el acto de acatar y ejecutar la voluntad de una autoridad, dentro del área de su competencia.

OBEDIENCIA DEBIDA. Es la ejecución de actos contrarios al orden legal los cuales son ordenados por un superior jerárquico a sus subordinados, por lo cual los subordinados que cometieron los hechos son liberados de toda culpa, recayendo la sanción penal en el superior que la ordenó.

OBJECIÓN. Es un procedimiento empleado para evitar la entrada al debate oral de evidencias ilegales, innecesarias y repetitivas.

OBJETO. Servicio sobre el cual recae un derecho, una obligación, un contrato o un litigio ante los tribunales.

OBJETO DEL DERECHO. A través de este concepto se hace referencia al contenido de un acto jurídico. El objeto se refiere a las personas, las cosas y las acciones.

OBLIGACIÓN. Es el nexo jurídico mediante el cual una o varias partes específicas quedan constreñidas hacia otras u otras partes a dar, a hacer o no hacer alguna cosa.

OBLIGACIÓN A PLAZO. Es la obligación en la cual se fija entre las partes la fecha para su cumplimiento.

OBLIGACIÓN ACCESORIA. Es aquella que depende de la existencia y autenticidad de la obligación principal que le sirve de base.

OBLIGACIÓN ALIMENTARIA. Esta clase de obligación se define como aquella que el ordenamiento jurídico impone a personas específicas, de suministrarles a otros los medios necesarios para poder subsistir, si estos últimos se encuentran en la situación de que no pueden producir para conseguir dichos medios.

OBLIGACIÓN ALTERNATIVA. Es la clase de obligación en la cual se deben una pluralidad de cosas de tal forma que el cumplimiento de una de ellas descarga la ejecución de las otras.

OBLIGACIÓN BAJO CONDICIÓN RESOLUTORIA. VER: OBLIGACIÓN CONDICIONAL.

OBLIGACIÓN BILATERAL. Es el tipo de relación que genera una cantidad de relaciones, ya que las partes quedan obligadas recíprocamente una respecto de otras, en estas clases de obligaciones las partes involucradas son deudoras y acreedoras unas de las otra.

OBLIGACIÓN CIVIL. Es la que da derecho a ejercer una acción legal para exigir su cumplimiento.

OBLIGACIÓN COMÚN. Es la que en los procesos concursales carece de preferencia, cuando concurre con una obligación privilegiada.

OBLIGACIÓN CON CLÁUSULA PENAL. Es aquella en que las partes, para asegurar la ejecución de una obligación, acuerdan el pago de forma anticipada el pago de una obligaciones en el caso de que una de ellas no cumpla con lo pactado.

OBLIGACIÓN CONCURRENTE. Es la obligación que tiene el mismo acreedor y los mismos atributos materiales, aunque diferencia de causa y deudor.

OBLIGACIÓN CONDICIONAL. Es la que sujeta su existencia a la realización de un suceso futuro e incierto, que puede generar la obtención de un derecho o la declaración del ya adquirido.

OBLIGACIÓN CONTRACTUAL. Es la que tiene establecida como fuente un contrato.

OBLIGACIÓN DE BUENA FE. Es la acción que se basa en el respeto a la palabra ajena y el pacto de honor que la dada por uno obliga.

OBLIGACIÓN DE CUSTODIA. Es el compromiso que asume una persona de proteger los bienes o cosas que han sido puestos bajo su cuidado.

OBLIGACIÓN DE DAR. Es aquella en que una parte queda obligada a transferirle el dominio de una cosa a otra.

OBLIGACIÓN DE DENUNCIAR. Consiste en la obligación que tiene toda persona de denunciar ante las autoridades todas las actividades que se cometan y constituyan una obligación al régimen legal.

OBLIGACIÓN DE ESTRICTO DERECHO. Es la que debe llevarse a validez obligatoria, salvo mutua acción de desistir según reglas establecidas por el ordenamiento jurídico o del convenio acordado por ambas partes.

OBLIGACIÓN DE GÉNERO. Es la que se relaciona a una cosa que no ha sido ubicada y delimitada en su particularidad, a la cual hay que llegar con la elección del objeto que haya que saldar su cuenta, que se determinan por el género al cual pertenecen, con características específicas dentro del interior del mismo género.

OBLIGACIÓN DE HACER. Es la que tiene por finalidad ejecutar una acción o proporcionar un servicio.

OBLIGACIÓN DE NO DAR. Es la posición que asume una parte de abstenerse de entregar un objeto específico.

OBLIGACIÓN DE NO HACER. Es la obligación en la que el deudor asume la actitud de abstenerse de realizar alguna actividad porque lo tiene prohibido.

OBLIGACIÓN DE RESPETAR LOS DERECHOS. Norma internacional por el cual las naciones se ponen de comuna cuerdo para respetar los derechos y libertades reconocidos y a proteger su libre ejercicio a todo ser humano que este bajo su jurisdicción, sin que se le discrimen por razones de raza, color, sexo, idioma, creencias religiosas, ideario político, origen nacional o social, situación económica o por cualquier otra condición.

OBLIGACIÓN DE TRACTO SUCESIVO. Es aquella cuyo beneficio se extiende obligatoriamente en el tiempo.

OBLIGACIÓN DE TRACTO ÚNICO. Es la clase de obligación cuyo cumplimiento se realiza inmediatamente.

OBLIGACIÓN DE VALOR. Es el tipo de obligación cuyo propósito reside en la valoración de un bien o utilidad reajustable con conformidad con las fluctuaciones que perciba el símbolo monetario hasta el instante en su cuantificación en dinero.

OBLIGACIÓN DEL COMERCIANTE. Inscribir su matrícula en el registro mercantil, inscribir en el registro mercantil todos los actos, libros y documentos que el régimen legal exige que sean inscritos, llevar la contabilidad de sus actividades conforme a sus procedimientos que ha establecido el ordenamiento jurídico, preservar, de conformidad con las normas legales, la correspondencia y todos los demás documentos que estén relacionados con sus actividades comerciales inhibirse de realizar actos de competencia desleal.

OBLIGACIÓN DEL COMPRADOR. El comprador queda obligado a pagar el precio del bien que ha adquirido en la fecha y lugar que se ha establecido en el contrato. Si esto no ha sido acordado la obligación de pago deberá hacerse cuando la cosa comprada sea entregada.

OBLIGACIÓN DEL GESTOR DE NEGOCIOS AJENOS. Se responsabiliza personalmente por los contratos que realizó con motivo de la gestión, los que realizó con terceros aunque los haya hecho a nombre del propietario del negocio, si este no ha aprobado la gestión.

OBLIGACIÓN DEL LEGATARIO. Le queda terminantemente prohibido aprovecharse de la cosa legada sin el permiso del heredero o albacea, encargado de hacer que se cumplan los legados que mientras los gastos de la entrega corren a cargo de la sucesión.

OBLIGACIÓN DEL MANDANTE. A suministrarle al mandatario todo lo que necesite para ejecutar el mandato, a devolverle la suma de dinero en que haya incurrido para la realización del mandato, a pagarle los honorarios acordados, a pagar los adelantos de dineros con sus intereses a indemnizarle por las pérdidas que haya sufrido sin culpa, o por motivos del mandato.

OBLIGACIÓN DEL VENDEDOR. Entregar la mercancía vendida al comprador en la fecha y lugar pactado, suministrar la documentación relacionada con ella, traspasar su propiedad y responder por los vicios.

OBLIGACIÓN DIVISIBLE. Es la obligación cuya ejecución se puede efectuar de modo fragmentario, o sea, que puede ser dividida sin perjudicar el valor de la obligación.

OBLIGACIÓN FACULTATIVA. Es la obligación que sólo contiene un beneficio, pero que le proporciona al deudor la capacidad de cambiar ese beneficio por otro.

OBLIGACIÓN HIPOTECARIA. Documento hipotecario, que al ser puesto en circulación por los bancos autorizados para operar, posee un respaldo inmobiliario y procura prestar atención a los interese generales a todos ellos, preestablecidos con carácter general.

OBLIGACIÓN ILÍCITA. Es aquella cuyo propósito se encuentra censurado por razones morales o por disposición del ordenamiento jurídico.

OBLIGACIÓN ILÍQUIDA. Obligación en que no se puede precisar el monto del beneficio.

OBLIGACIÓN IMPERFECTA. Es la que no puede ser exigida jurídicamente ni a través de los tribunales porque solo establece una imposición moral a una persona para qué lleve a cabo alguna acción.

OBLIGACIÓN IMPOSIBLE. Es aquella cuyo propósito engloba beneficios de ejecución imposible de modo absoluto o relativo.

OBLIGACIÓN INDIVIDUAL. La que abarca un solo deudor y un solo acreedor.

OBLIGACIÓN INDIVISIBLE. Es la obligación que es imposible fraccionar habiendo de ejecutarse por entero

OBLIGACIÓN INVALIDA. Es la obligación que es establecida por error.

OBLIGACIÓN LEGAL. Es la obligación que ha sido establecida por el régimen jurídico.

OBLIGACIÓN LÍCITA. Es la que está acorde con el régimen legal y con las reglas establecidas por la moral social.

OBLIGACIÓN LITERAL. Es la que queda registrada por escrito.

OBLIGACIÓN MANCOMUNADA. Es aquella que tiene varios acreedores y varios deudores, y cuyo propósito es un solo beneficio.

OBLIGACIÓN MERCANTIL. VER: OBLIGACIÓN DEL COMERCIANTE.

OBLIGACIÓN MODAL. Obligación en la que el deudor proporciona un bien con definido gravamen para quien lo recibe.

OBLIGACIÓN NATURAL. Es aquella cuya ejecución es espontanea, ya que en su violación no existe precepto legal que la condene ni acto para demandar su ejecución forzosa.

OBLIGACIÓN NEGATIVA. Consiste en que el deudor debe abstenerse de ejecutar cierto comportamiento en favor del acreedor.

OBLIGACIÓN NOTARIAL. Es aquella cuyo registro se lleva a cabo a través de un acto auténtico ante un notario.

OBLIGACIÓN NULA. Es aquella que no produce ninguna consecuencia, ya que padece de defectos que alteran condiciones fundamentales, de fondo o forma, de autenticidad.

OBLIGACIÓN PECUNIARIA. Es aquella que consiste en pagar una determinada cantidad de dinero.

OBLIGACIÓN PERFECTA. Es el tipo de obligación que aglutina todas las condiciones de fondo y forma para su autenticidad.

OBLIGACIÓN PERSONAL. Es la que exige la labor de una persona, que debe realizar por sí un servicio, traspasar algún derecho a algún bien, de forma obligatoria.

OBLIGACIÓN POSITIVA. Es la clase de obligación que tiene por objetivo dar o traspasar algún bien o realizar alguna actividad.

OBLIGACIÓN PRINCIPAL. La que goza para su existencia de una total independencia y por lo tanto no depende de ninguna otra obligación.

OBLIGACIÓN PURA. Es la que no está supeditada a ningún tipo, de condición, plazo o modo.

OBLIGACIÓN PURA Y SIMPLE. VER: OBLIGACIÓN PURA.

OBLIGACIÓN PUTATIVA. Es la que se contrajo de buena fe, pero que carece de causa o justificación.

OBLIGACIÓN SIMPLE. Es la que incluye un solo beneficio y no depende de ninguna condición para su validez.

OBLIGACIÓN SINALAGMÁTICA. VER: OBLIGACIONES RECÍPROCAS.

OBLIGACIÓN SOLIDARIA. Es la obligación en la cual existe una pluralidad de acreedores y una pluralidad de deudores y una sola prestación, creándose un solo vínculo obligacional. Por lo cual la totalidad de acreedores y deudores forman una sola parte. Por esto cualquier acreedor puede exigir a cualquiera de los deudores que cumpla con la obligación totalmente y cualquiera de los deudores se libera, liberando también a los demás deudores, cuando paga la totalidad de la suma a cualquiera de los acreedores.

OBLIGACIÓN TRIBUTARIA. Es el nexo que establece el régimen jurídico entre el acreedor y el deudor tributario, que tiene por objetivo la ejecución de la prestación tributaria, pudiendo ser esta exigida de forma coactiva en caso de que el deudor no cumpla.

OBLIGACIÓN SUBSIDIARIA. VER: OBLIGACIÓN ACCESORIA.

OBLIGACIÓN UNILATERAL. Es la que establece a una parte en deudora de otra, pero la deudora no queda obligada a dar nada a cambio.

OBLIGACIÓN VOLUNTARIA. Es la establecida por un acuerdo mutuo entre el acreedor y el deudor.

OBLIGACIONES. Cuando utilizamos este vocablo en plural queremos dejar expresado que hay que cumplir con más de una obligación.

OBLIGACIONES CONEXAS. Son las que provienen de un acto jurídico lícito, ya examinadas en una parte, ya en la dependencia recíproca.

OBLIGACIONES DEL TESORO. Ciertos documentos al portador que representan a la deuda pública.

OBLIGACIONES RECÍPROCAS. Son aquellas en que las partes ejecutan mutuamente una serie de servicios que son una la contraprestación de la otra.

OBLIGACIONISTA. Es la persona que compra una obligación a una sociedad, o sea, que le presta dinero a una sociedad y, en consecuencias adquiere una obligación que aumenta su patrimonio y que lleva consigo unos derechos sobre la entidad comercial que emitió el empréstito.

OBLIGADO. Es la persona pasiva de una obligación, o sea el deudor.

OBLIGAR. Hacer que alguien realice una acción empleando la violencia o la autoridad.

OBLIGARSE. Responsabilizarse para cumplir con una obligación.

OBLIGATORIEDAD DE LA LEY. Con esto se quiere dejar expresado que las leyes son obligatorias para todos los habitantes de una nación, sean ciudadanos o extranjeros, residentes, domiciliados o transeúntes.

OBRA. Es un objeto elaborado por una persona o una pluralidad de personas.

OBRA ANÓNIMA. Es aquella que no posee el nombre del autor.

OBRA ARTÍSTICA. Es la obra de arte que ha sido producida en el ámbito del arte, producción a la cual se le asigna una tarea estética o social.

OBRA INÉDITA. Es aquella obra que nunca ha sido publicada.

OBRA INTELECTUAL. Es la cosa material sobre la cual recae el derecho de propiedad intelectual; este es el elemento sobre el cual el autor ejercita el dominio que le concede el régimen jurídico.

OBRA MAESTRA. Se designa con este nombre aquellas obras, consideradas por las razones que sean, como obras específicamente dignas de admiración.

OBRA PÚBLICA. Es toda construcción que se realiza con financiamiento estatal.

OBRA PÓSTUMA. Es la obra que es publicada después del fallecimiento de su autor.

OBRA SEUDÓNIMA. Es la clase de obra en que el autor aparece con un nombre que no es el suyo.

OBRAR. Es realizar la construcción de una obra. Dejar secuelas en alguien o algo.

OBREPCIÓN. Actividad delictiva que ejecuta quien realiza una falsa narración a un superior para obtener beneficio de cualquier clase.

OBRERISMO. Es el movimiento organizado de la clase obrera que presta sus servicios en las instalaciones industriales de los capitalistas y que tiene por finalidad defender los intereses de los obreros frente a las clase dominante del sistema capitalista: la burguesía.

OBRERO. VER: PROLETARIADO.

OBSCENIDAD. Actitud contraria al derecho que se utiliza para describir dichos y acontecimientos que lesionan la moral sexual de una persona o de la sociedad.

OBSCURIDAD DE LAS LEYES. Es la incorrecta redacción de los funcionarios legislativos, que crean confusiones acerca del alcance de una norma jurídica, pero esto no excusa a los magistrados de su aplicación. Pueden refugiarse en la libertad interpretativa; pero no pueden negarse a dictar un fallo alegando la oscuridad del texto legal, porque esto traería como consecuencia que fueran sancionados penalmente.

OBSERVADOR. Funcionario gubernamental, que tiene por misión asistir a las negociaciones que lleva a cabo su gobierno, para rendir un informe sobre el desenvolvimiento de estas y de las decisiones que se tomen y que puedan perjudicar los intereses del gobierno que él representa.

OBSERVADOR ELECTORAL. Es la función de observar un proceso electoral de una nación determinada que ejercen las instituciones de la sociedad civil o las organizaciones internacionales con la finalidad de comprobar que dicho proceso se lleve a cabo dentro de un marco de libertad, independencia, transparencia y credibilidad.

OBSTRUCCIÓN. Es la acción obstaculizadora implementada por los gobiernos o los grupos opositores al gobierno de una nación con la intención de que se formulen medidas que mejoren el bienestar de las masas populares, que se implemente el desarrollo de las políticas gubernamentales, y que se dé el normal desenvolvimiento de los debates y de las reformas legislativas.

OBSTRUCCIÓN PROCESAL. VER: CHICANA.

OCCISO. Es la persona que ha fallecido por causa de la intervención de manos criminales.

OCIO. Es el espacio de tiempo libre que tiene una persona en la cual no ejerce ningún tipo de actividad laboral, y el cual lo puede utilizar para descansar o dedicarse a cualquier otra actividad.

OCIOSIDAD. VER: VAGANCIA.

OCTAVA FRANCA. Es el periodo instaurado en la República Dominicana por las leyes procesales para presentarse legalmente ante una autoridad en calidad de parte demandada en materia civil. Se entiende por este plazo, aquel en el cual no se contabilizan ni el punto de partida del plazo, ni el día de su vencimiento, o sea, que a todo plazo franco se le contabiliza adicionándole dos días.

OCULTACIÓN. Es la acción de ocultar las evidencias que dan testimonio de que se ha quebrado el orden jurídico.

OCULTACIÓN DE BIENES. Desfalco que consiste en esconder un bien de la comunidad o un objeto de la sucesión, con la finalidad de apropiárselo y de robarle a los demás derecho-habientes, la porción que les pertenece en los efectos escondidos. También es la acción de esconder bienes para evitar el pago de impuestos.

OCULTACIÓN DE BIENES EN LA QUIEBRA. Acción que se ejecuta para perjudicar a las masas de acreedores, por lo cual se califica la actitud del fracasado como dolosa.

OCULTACIÓN DE COSAS. Infracción a la ley que consiste en guardar maliciosamente, objetos que otra persona ha adquirido a través de cometer un acto delictivo.

OCULTACION DE MALHECHORES. Violación a la ley que consiste en esconder a quienes han participado en un acto criminal.

OCUPACIÓN. Es una forma de apoderarse de la propiedad de los bienes que no tienen dueños.
En el plano militar se define como el establecimiento de fuerzas armadas en el territorio de una o varias naciones.

OCUPACIÓN DE LA COSA. Adquisición de propiedades que se toman por medio del robo.

OCUPACIÓN DEL DOMINIO PÚBLICO. Adquisición de las propiedades privadas permitidas sobre el dominio público, y que abarca a su vez las cesiones sobre el dominio público y la autorización para ocuparlas.

OCUPACIÓN DEL EMPLEADOR. Deber del empleador de asegurar al trabajador ocupación efectiva, de acuerdo con el grado de su preparación profesional, excepto cuando existan motivos que impidan cumplir con dicha obligación.

OCUPACIÓN DEL ESTABLECIMIENTO. Mecanismo de presión que utilizan los trabajadores cuando reclaman al propietario de la empresa sus derechos y que consisten en paralizar toda la actividad laboral, permaneciendo en su lugar de trabajo.

OCURRENCIA. Idea imprevista que puede materializarse por medio de acciones y palabras.

OCURRENCIA DE ACREEDORES. Discusión judicial que los acreedores someten a un tribunal para cobrar el patrimonio del deudor que realizó un concurso, y repartírselos entre ellos.

ODIO. VER: RESENTIMIENTO.

OFENDIDO. Que ha sido víctima de una ofensa.

OFENSA. Acción de insultar, humillar o injuriar con palabras o hechos a una o varias personas.

OFENSA A LA AUTORIDAD. Es la acción que comete el que desobedece u ofende al jefe del estado y a los funcionarios encargados de velar de que no se altere el orden público, el cual constituye una violación a la ley.

OFENSA AL PUDOR. Es la infracción a la ley que se comete cuando una persona realiza actos deshonestos, escándalos públicos, obscenidades, etc.

OFERTA. Es la proposición que se lleva a cabo con el ofrecimiento de realizar o entregar algo.

OFERTA ALTERNATIVA. Proposición de diferentes prestaciones que, cuando se realiza la admisión de una de ellas, finaliza el convenio, pero si los dos objetos no pueden separarse, la aprobación de uno de ellos implica la proposición de un nuevo contrato.

OFERTA PÚBLICA DE VALORES. Es aquella por la cual se busca obtener los recursos del público, a través de la suscripción, transferencia o compra de documentos que se ponen en circulación en serie o en masa, y que le conceden derechos de créditos, intervención y característico de mercancía.

OFERTA VERBAL. Es la proposición no escrita que se juzga aceptada cuando la aceptación es hecha en el acto.

OFFICIUM VIRILE. Expresión latina que significa oficio viril. Y se refiere a que el cargo sólo podía ser ejercido por una persona del género masculino.

OFICIAL. Que procede claramente de las instituciones del estado o de una autoridad reconocida.

OFICIAL DE JUSTICIA. Es el funcionario judicial que tiene asignada la tarea de cumplir y ejecutar las órdenes de los magistrados; en lo concerniente a los embargos, desahucios, notificaciones, emplazamientos y otros.

OFICIAL DEL ESTADO CIVIL. Funcionario público encargado de aceptar las declaraciones de los actos del estado civil, y emitir las copias de estos que les sean solicitadas.

OFICIAL PRIMERO. Es el empleado de mayor rango dentro del despacho judicial.

OFICIALISMO. Es el grupo de personas que forman parte del tren gubernamental.

OFICINA CENTRAL DEL ESTADO CIVIL. Institución administrativa que tiene por misión que las oficialías del estado civil desempeñen una buena función.

OFICIO. Es la clase de documentos que dirigen los magistrados a funcionarios específicos para determinadas demandas procesales.

OFRECIMIENTO DE PAGO. Es la acción mediante la cual el deudor le expresa al acreedor que va a saldar la deuda que contrajo con él.

OFUSCACIÓN. Incertidumbre de las ideas, por la pérdida de razonar con claridad.

OIDOR. Nombre dado al funcionario que, dentro de la estructura judicial del imperio colonial español, ejerce la función de juez o magistrado encargado de administrar justicia en nombre del rey.

OLIGARQUÍA. Término de origen griego que proviene de la palabra "ilogos", pocos, y "orche", poder; y se define como el sector o conjunto de sectores que forman parte de la clase dominante de una nación, que controlan y dirigen la política estatal.

OLOGRAFO. VER: TESTAMENTO OLOGRAFO.

OMISIÓN. Es la falta que se comete por haber dejado de ejecutar una acción o emitir una opinión sobre algún acto que se cometió.

OMISIÓN DOLOSA. Es la conducta negativa que trae por consecuencia que se le ocasione un perjuicio a otra persona, el cual se podría haber evitado.

OMNIS DEFINITIO IN JURE PERICULOSA EST. Expresión que proviene del derecho romano, y con la cual se deja establecido que toda definición es peligrosa para la ciencia jurídica.

ONEROSO. VER: ACTO A TÍTULO ONEROSO.

ONUS PROBANDI. Locución latina que expresa cuál es la parte que está obligada a probar un hecho específico ante la justicia.

OPCIÓN. Potestad de utilizar un derecho guardado por una de las partes en un acuerdo de voluntades.

OPCIÓN CONTRACTUAL. Condición que se presenta en el curso de las negociaciones que se están realizando para finalizar un contrato específico, en el cual las partes acuerdan que el postulante quedará relacionado por su oferta por un lapso de tiempo específico, mientras que el destinatario quedará en la libertad de decidir si lo acepta, lo modifica o rechaza.

OPE LEGIS. Aforismo jurídico latino que quiere dejar expresado por obra o en virtud de la ley.

OPERACIÓN. Préstamos, transmisión de acciones o cualquier otra oferta ofrecida al público.

OPERACIÓN BANCARIA. Son las que se realizan entre una entidad bancaria y sus clientes, y también, las que se llevan a cabo entre una pluralidad de bancos.

OPERACIÓN DE BOLSA. Es aquella que tiene por finalidad negociar mercancías, valores mobiliarios, divisas y metales preciosos, estas se realizan en los puestos de bolsas oficiales donde intervienen agentes de dichos puestos.

OPERACION DE CREDITO. Compromiso civil y comercial en que uno de los oponentes se obliga a una prestación futura, ya sea con garantía o sin esta.

OPERACIÓN DE FALSA BANDERA. Es la operación fraudulenta realizada por los gobiernos, corporaciones y otras instituciones trazadas para aparecer como si fueran ejecutadas por otras organizaciones.

OPINIÓN. Es el dictamen, parecer o creencia acerca de un tema o asunto en particular que reviste la categoría de ser un punto de vista que posee el carácter de validez.

OPINIÓN COLECTIVA. Es el pensamiento que predomina en una comunidad, organización o clases.

OPINIÓN DE LOS JURISCONSULTOS. Son las diferentes respuestas que dan los jurisconsultos a las inquietudes jurídicas, que se presentan acerca de los casos dudosos que plantean las leyes.

OPINIÓN PÚBLICA. Es un criterio o un parecer sustentado por un parecer mayoritario de la población, y que debe consistir en una redacción mental de un proceso debidamente razonado acerca de hechos sociales que interesen a la ciudadanía en general.

OPONIBILIDAD. Cualidad del derecho o defensa que su poseedor puede defender contra terceros.

OPOSICIÓN. VER: RECURSO DE OPOSICIÓN.

OPOSICIÓN AL MATRIMONIO. Autorización que establece el régimen legal en condiciones específicas a determinadas personas y que tiene por finalidad que se efectúe una ceremonia matrimonial por existir motivos de orden legal que impiden su celebración.

OPOSICIÓN AL PAGO. Obstrucción realizada por medio de la notificación de un acto de alguacil, por medio de la cual se le prohíbe a un deudor que le pague al acreedor cuyos derechos se discuten, o al acreedor a quien el oponente se propone embargar.

OPRESIÓN. VER: REPRESIÓN.

OPTAR. Seleccionar una posibilidad o un objeto entre varios.

OPTIO TUTORIS. Expresión latina que significa la opción de elegir un tutor.

ORAL. VER: JUICIO ORAL, PÚBLICO Y CONTRADICTORIO.

ORATORIA FORENSE. Es la que tiene por finalidad esclarecer e impulsar la voluntad de los magistrados para que decidan si un acto se ha ejecutado o no, si la persona acusada es culpable o inocente.

ORDEN. Es el mandamiento del superior que deben obedecer y ejecutar las personas que están subordinadas a él en el orden judicial.

ORDEN DE ALEJAMIENTO. Es la pena privativa de derecho establecida por el magistrado que le prohíbe a una persona que ha agredido física o verbalmente a otra acercarsele o establecer comunicación con la víctima.

ORDEN DE CATEO. VER: CATEO.

ORDEN DE COMPARECENCIA. Mandamiento de las autoridades competentes para que las personas se presenten, sin ser privadas de su libertad, con la finalidad de realizar, diligencias o trámites pendientes en un litigio judicial.

ORDEN DE COMPRA. Es un testimonio escrito que un comprador le entrega a un vendedor para pedirle que le venda ciertas mercancías. En él enumera la totalidad de lo que se va a comprar, la clase de producto, su valor, la forma en la cual se van a pagar y los demás datos que revistan importancia para la operación comercial.

ORDEN DE DETENCIÓN. VER: ARRESTO, DETENCIÓN.

ORDEN DE LAS FILAS. Quebrantamiento a la ley que comete el asistente a un acto deportivo, musical o de cualquier otra índole cuando altera el orden de las filas que se han formado para obtener las boletas para poder ingresar al espectáculo.

ORDEN DE SECUESTRO. Es una medida de carácter procesal emitida por un tribunal que tiene por objetivo confiscar los objetos que están relacionados con el acto delictivo y que se encuentran en manos de terceras personas para ser puestos a la disposición de las autoridades para que sirvan como medios de prueba.

ORDEN DEL DÍA. VER: AGENDA.

ORDEN DEL EMPLEADOR. Es la responsabilidad del trabajador de obedecer las órdenes que se les dan sobre las formas de realizar su trabajo.

ORDEN EN AUDIENCIAS. Es la función que le corresponde a quien preside un acto judicial de mantener la buena conducta mientras se esté desarrollando este acto.

ORDEN JERÁRQUICO. Es la conexión de autoridad que existe entre los diferentes funcionarios por motivos de la institución disciplinada que rige las estructuras orgánicas donde la autoridad es adecuada a las funciones, y estas se ejecutan por diversos sujetos que reciben órdenes unos de otros, hasta el ejecutor, que luego debe rendir un informe acerca de su cumplimiento.

ORDEN JUDICIAL. VER: ARRESTO, DETENCIÓN.

ORDEN PÚBLICO. Es un conjunto de instituciones, reglas, normas y principios que se consideran fundamentales para el normal funcionamiento del Estado. En términos generales, el orden público implica la seguridad de los ciudadanos; el normal funcionamiento de los servicios públicos, como la salud, justicia, educación y trabajo; seguridad del estado y regulación y funcionamiento de sus poderes: Ejecutivo, Legislativo y Judicial; normal funcionamiento de las actividades económicas; como mecanismo de asegurar el desenvolvimiento de la sociedad.

ORDEN PÚBLICO INTERNACIONAL. Agrupación de organismos y reglas de tal modo unidas a la civilización de una nación, que los magistrados deben aplicarlas con prioridad a la ley extranjera, aunque estas fueran empleadas según las normas ordinarias para resolver las colisiones entre las leyes.

ORDEN SUCESORIO. Formato que establece el orden jurídico para definir el orden de preferencia de un heredero o de una pluralidad de herederos sobre otros.

ORDENACIÓN BANCARIA. Es el sistema administrativo que define las principales funciones de las instituciones bancarias.

ORDENAMIENTO. Totalidad de leyes, reglamentos, códigos u ordenanzas que se refieren a cada uno de los sectores del derecho.

ORDENAMIENTO JURÍDICO. Grupos de normas, reglamentos y principios que rigen la vida de una sociedad.

ORDENAMIENTO TERRITORIAL. Es la planificación que permite mejorar la eficacia económica de un área geográfica, instaurando su cohesión, social, política y cultural en forma sostenible. Su finalidad es incentivar un desarrollo armónico y equitativo, con la participación de la comunidad local, regional y nacional, garantizando una mejor calidad de vida para el ser humano.

ORDENANZA. Es la orden, mandato, disposición, precepto de carácter jurídico que emite una autoridad que posee la autoridad para obligar a que se cumpla, por lo cual está subordinada a la ley.

ORDENANZA DE REFERIMIENTO. Es la resolución dictada por el magistrado apoderado, que determina la solicitud del demandante.

ORDENANZA MUNICIPAL. Disposición expedida por los organismos deliberantes de cada municipio que tienen fuerza de ley dentro del ámbito en que ejercen su autoridad.

ORDENANZAS. Régimen jurídico establecido en America por los conquistadores españoles para reglamentar las relaciones sociales derivadas de la esclavitud a que fue sometida la poblacion de raza negra.

ORGANICISMO. Corriente sociológica que postula que la sociedad está organizada biológicamente, con existencia y órganos propios, que se rigen por leyes especiales, derivan de un proceso en el cual las células integran los tejidos y dan origen a los órganos que están formados por personas, que, en conjunto, constituyen la sociedad.

ORGANIGRAMA. Es la imagen gráfica del armazón jerárquico y constitución de una institución.

ORGANIZACIÓN. Es un grupo social integrado por personas que se estructuran para administrar tareas que le lleven a administrar metas y objetivos a través de los recursos humanos de los cuales dispone y por cualquier otro medio.

ORGANIZACIÓN JUDICIAL. La estructura judicial para impartir justicia en la República Dominicana, se organiza a razón del territorio, en tantos departamentos judiciales y distritos judiciales como los que sean creados por el orden jurídico.

ORGANIZACIÓN SIN FINES DE LUCRO. Es una institución cuyo objetivo no es obtener ganancias económicas sino que su finalidad es social, humanitaria y comunitaria. Estas entidades se mantienen a través de las ayudas y donaciones que reciben de personas físicas, empresas privadas y del Estado.

ORGANIZACIÓN SOCIAL. Es la forma que adopta una sociedad de estructurarse en grupos o comunidades que tienen en comun una series de elementos, como la nacionalidad, la raza, el sexo, la edad, los lazos familiares, la residencia y la autoridad.

ORGANIZACIONES NO GUBERNAMENTALES (ONG). Son instituciones de carácter privado y sin fines de lucro creadas jurídicamente como asociaciones, fundaciones, corporaciones o cooperativas con la finalidad de alcanzar determinadas metas en los campos social y humanitario.

ÓRGANO. Es la entidad gubernamental administrativa por medio del cual el Estado manifiesta su voluntad de mandar para poder cumplir con sus funciones. Los órganos del estado están ordenados jerárquicamente y cada uno tiene su campo de acción delimitado jurídicamente para poder cumplir a cabalidad con los actos del Estado.

ORIGINAL. Manuscrito que se le entrega a una imprenta o a cualquier otro medio para que proceda a imprimir por primera vez las indicaciones que estén contenidas en este. En las instituciones donde se ejerce justicia, se conoce como original a la sala donde se inició el litigio. En el ámbito notarial, es el documento que se extrae enseguida del registro.

ORIGINALES. Es la cantidad de documentos como partes existan con un interés distinto a las disposiciones legales que abarcan pactos perfectamente bilaterales.

OSADÍA. Es el comportamiento irrespetuoso de una persona, que con esta forma de obrar viola el ordenamiento jurídico de una sociedad.

OSAMENTA. Totalidad de los huesos sueltos del esqueleto.

OSTRACISMO. VER: DESTIERRO.

OTORGAMIENTO. Autorización concedida en una operación, expresando la declaración de la voluntad exigida para su autenticidad.

OTROSI. Constituyen cada una de las solicitudes y operaciones que se colocan después de la principal.

OUTSIDER. VER: EXTRAÑO.

P

PABELLÓN. Bandera que ondea en los barcos para señalar la nacionalidad de las embarcaciones.

PACIFISMO. Corriente que fomenta la paz en todos los campos de la actividad humana, que se opone a toda forma de dirección y manifestación de la violencia. Algunos de los métodos que emplea son la pasividad, la diplomacia, la desobediencia civil y las campañas educativas por la paz.

PACOTILLA. Productos que la tripulación de una nave marítima puede transportar sin pagar. También, artículos de mala calidad y de poco valor.

PACTA LEGEM CONTRACTUI DANT. Los acuerdos dan carácter de ley al contrato. Los convenios realizados en los contratos integran para las partes un principio al cual deben aceptar como a la ley misma.

PACTA SUNT SERVANDA. Vocablo latino que expresa que todo convenio debe ser cumplido por las partes al pie de la letra de acuerdo con lo acordado.

PACTO. Es un acuerdo, trato o compromiso que realizan las personas o corporaciones y por el cual aceptan cumplir con lo que han convenido.

PACTO ACCESORIO. Es el que añade algo al contrato principal para complementarlo agregándoles modificaciones en sus resultados y conclusiones.

PACTO ADICIONAL. Convenio que se lleva a la práctica con posterioridad a un contrato, para corregirlo, aumentarlo y dejarlo sin consecuencia en su totalidad o parcialmente.

PACTO ANTICRÉTICO. Acuerdo que se lleva a cabo entre un acreedor y un deudor por medio del cual el acreedor cobra, por medio de los intereses, los beneficios de la prenda que le entrega el deudor, hasta que este le salde la deuda.

PACTO COLECTIVO DE CONDICIONES DE TRABAJO. Es el que se lleva a cabo entre uno o una pluralidad de sindicatos de trabajadores y uno o varios empleadores, con la finalidad de establecer las cláusulas en que la jornada laboral debe realizarse y a los demás asuntos concernientes a esta.

PACTO COMISORIO. Estipulaciones le da luz verde a cada una de las partes para pedir la anulación del contrato si una de las partes no cumple con lo que se acordó.

PACTO COMISORIO EN LA COMPRAVENTA. Convenio efectuado entre el comprador y el vendedor en el cual se instaura una condición resolutoria expresa por medio de la cual el vendedor está autorizado a dejar sin efecto la compraventa si el comprador no paga el precio en el plazo o en los plazos que se estipularon.

PACTO COMISORIO EN LA PRENDA. Convenio concertado entre el acreedor y el deudor prendario a través del cual se autoriza al acreedor para que se apropie del beneficio objeto de la prenda en el caso de que el deudor no salde su deuda en el lapso de tiempo que se estableció.

PACTO CONTRA LA LEY. Es el convenio que viola las normas de orden público, por lo cual queda aquejado de nulidad absoluta o se lo tiene como ficticio.

PACTO DE ADICIÓN. Convenio de venta que se realiza, entre una parte que es el vendedor y otra parte que es el comprador, acordando ambos en que, si el vendedor encuentra otro comprador que le ofrezca un mejor precio por el objeto vendido, puede despojar al comprador de la cosa para vendérsela al que le ofrece el mejor precio.

PACTO DE CUOTA LITIS. Es un convenio que se realiza por escrito entre el cliente y su abogado, en el que estipulan cuáles serán los honorarios del abogado en el caso de que este gane el litigio.

PACTO DE INTERESES. Es el sobreentendido de la obligación que conlleva intereses.

PACTO DE MEJOR COMPRADOR. VER: PACTO DE ADICIÓN.

PACTO DE NO AGRESIÓN. Es el convenio celebrado entre dos o más naciones por el cual aceptan respetarse recíprocamente y resolver pacíficamente, sin recurrir a la fuerza, las diferencias de diversas índoles que puedan surgir entre ellas.

PACTO DE NO ENAJENAR. Es el que se celebra entre el vendedor y el comprador y por el cual este último se obliga a no transferir de nuevo la cosa que adquirió.

PACTO DE PREFERENCIA. Condición añadida al contrato de compraventa, por medio de la cual el comprador queda obligado a dar preferencia al vendedor para que recupere la cosa vendida, en el caso de que el adquiriente decida venderla.

PACTO DE RETROVENTA. Estipulación de un contrato de venta a través del cual el vendedor se reserva la potestad de recuperar el bien o los bienes muebles e inmuebles vendidos, devolviendo el precio que recibió del adquiriente, o lo acordado dentro del lapso de tiempo que se estableció.

PACTO DE REVENTA. Es la cláusula agregada por las partes en un contrato de compraventa, por la cual se le otorga al adquiriente el derecho de devolverle al vendedor la cosa comprada y por lo tanto el vendedor queda obligado a devolverle la suma de dinero al comprador que recibió por la cosa que le vendió.

PACTO DE VENTA A SATISFACCIÓN DEL COMPRADOR. Esta cláusula es la que se redacta en el caso de que no se produzca la venta o no se produzca la misma si el objeto vendido no le agrada al adquiriente.

PACTO EN CONTRARIO. Es el convenio que se celebra de forma privada donde las partes acuerdan sus obligaciones de modo diferente a las previstas por el régimen jurídico que no son de orden público.

PACTO FEDERAL. Es el convenio entre demarcaciones territoriales independientes para formar un estado federativo, uniendo algunas facultades y preservando las autonomías en otras.

PACTO PROHIBIDO. Es el que abarca cláusulas prohibidas por el sistema jurídico, es opuesto al orden público, a la moral o las buenas costumbres.

PACTO RESERVADO. En el derecho internacional, es la estipulación que contiene un tratado que no es hecho público.

En derecho privado, es un acuerdo que es mantenido en secreto por las partes involucradas en el mismo que tiene validez entre ellas, siempre que esté apegada a la ley que no cause un perjuicio a los derechos de terceros.

PACTO SUCESORIO. Es el convenio que se lleva a cabo entre dos o varias personas para recibir el patrimonio recíprocamente que una persona o varias dejan cuando fallecen.

PADRASTRO. Cónyuge de la madre de una persona que no es su padre biológico.

PADRE. Es la persona del sexo masculino que ha procreado hijo.

PADRE ADULTERINO. Es la persona casada que ha procreado un hijo con una mujer que no es la suya. También el hombre que sin estar casado ha engendrado un hijo con una mujer casada.

PADRE BIOLÓGICO. Ser humano de sexo masculino que ha sostenido relaciones sexuales o donado su semen para concebir un hijo.

PADRE DE FAMILIA. El que ha contraído matrimonio y ha procreado hijos. También lo es el hombre que vive en concubinato y engendra hijos.

PADRE DE LA PATRIA. Con esta palabra designa a la figura histórica, que ha sido el fundador de una nación para rendirle los más grandes homenajes que sean posibles, por los méritos patrióticos que ha acumulado.

PADRE ILEGÍTIMO. Es el hombre que engendra hijos fuera del matrimonio. Se define también como el hombre que sin estar casado concibe hijos con una mujer.

PADRE INCESTUOSO. Es el padre que concibió un hijo con una mujer con la cual tiene lazos de parentesco cercano, a tal nivel que el vínculo matrimonial entre ellos está prohibido y sancionado por la ley.

PADRE LEGÍTIMO. Es el hombre que el régimen jurídico reconoce como el padre legal del hijo.

PADRE POLÍTICO. VER: SUEGRO.

PADRE PUTATIVO. Es el que es reconocido como el padre de una persona aunque verdaderamente no sea su padre.

PADRES. Son el padre y la madre de un ser humano.

PADRINOS DE DUELO. Personas elegidas por los combatientes en un duelo con la finalidad de que los representen en la contienda en lo respecto a su organización.

El duelo está considerado como un acto contrario a la ley y por lo tanto los padrinos son considerados como cómplices, por lo cual se le aplica la misma pena que a los duelistas.

PADRÓN ELECTORAL. También conocido como censo electoral, es el registro que da constancia del conjunto de personas físicas y jurídicas a las que el régimen jurídico de cada nación, o las normas y reglamentos de una institución, les reconocen el derecho de ejercer el sufragio para elegir a los candidatos de su preferencia en una organización política o en una entidad pública o privada.

PAGARÉ. Promesa de pago que extiende y traspasa una persona a otra por medio de la cual queda obligado de pagarle una determinada suma de dinero en la fecha que se estipuló en él.

PAGARÉ A LA ORDEN. Es un documento a través del cual el emisor del pagaré queda obligado a pagar una determinada suma de dinero en la fecha en la cual se acordó.

PAGARÉ AL PORTADOR. Es el documento que no es puesto en circulación a nombre de ninguna persona física o jurídica específica. Pero para que tenga validez, debe ser puesto en circulación a nombre de la persona que lo vaya a cobrar.

PAGARÉ A LA VISTA. El título de crédito que posee una fecha abierta de vencimiento y que es facultativo del usufructuario para mostrarlo y cobrarlo cuando lo estime conveniente.

PAGARÉ BANCARIO. Es aquel que emana de una entidad bancaria la cual lo pone en manos del usufructuario en un talonario.

PAGARÉ HIPOTECARIO. Es la figura legal que compromete a un comprador a restituir un préstamo al interés que se pactó durante un lapso de tiempo determinado, el convenio es garantizado a través de una hipoteca.

PAGARÉ PRENDARIO. Título suscripto por el deudor al establecer una carga sobre un bien mueble dado la garantía.

PAGO. Es una forma de extinguir las obligaciones. Saldar una deuda que se debía,

PAGO A CUENTA. Es el pago que realiza el deudor como respaldo de la consumación del pago definitivo.

PAGO AL CONTADO. Es la operación donde el pago de las mercancías o servicios que se han comprado se efectúa en el mismo instante en que estos son entregados.

PAGO ANTICIPADO. Es el pago de una determinada suma de dinero cuando el deudor salda su deuda antes de cumplirse el plazo establecido.

PAGO CON CHEQUE. Se utiliza este título crediticio cuando una persona (el librador) manda a una institución bancaria (el librado) a que pague una suma específica de dinero a otra persona o entidad (el beneficiario).

PAGO CON SUBROGACIÓN. Es la figura que se presenta cuando un tercero hace el pago, al cual se le transfieren todos los derechos del acreedor.

PAGO DE DEUDAS AJENAS. Desembolso realizado por un ciudadano o una institución reconocida normalmente como es el caso del garante, o de los padres o tutores por la conducta de los menores que están a su cargo.

PAGO DE INTERESES. Son las tasas o montos que se pagan por la utilización del dinero que se ha tomado prestado.

PAGO DE LA GESTIÓN DE NEGOCIOS AJENOS. Facultad del propietario de un negocio a no pagar ninguna remuneración por el servicio de la administración ni a responder de los daños que le causaran al gestor el ejercicio de la administración.

PAGO DE LA LETRA DE CAMBIO. Le corresponde al deudor pagar la letra de cambio cuando llegue la fecha que se acordó para su vencimiento.

PAGO DE LA LOCACIÓN. Compromiso del inquilino de pagar el precio al arrendador o al propietario de la cosa, en la fecha estipulada.

PAGO DE LA REMUNERACIÓN. Es el compromiso que tiene el empleador de pagar al trabajador un sueldo o salario por el servicio que éste le ha prestado.

PAGO DE LO INDEBIDO. Es la situación que se presenta cuando una persona le paga a otra o a una institución una cantidad de dinero que no le adeudaba. El régimen legal establece que quien haya recibido el pago está en la obligación de devolverlo a la persona que se lo pago.

PAGO DEL DEPÓSITO COMERCIAL. Facultad del custodio de reclamar, por el cuidado del objeto depositado, una remuneración que ha sido pactada en el contrato.

PAGO DEL MANDATO. Compromiso del mandante de pagar al mandatario la suma de dinero que le adeuda por la ejecución del mandato.

PAGO DIFERIDO. Retribución que se realiza en una fecha subsiguiente a la inicialmente acordada por convenio añadido.

PAGO IMPOSIBLE. El que es contrario al régimen legal, por cuyo motivo no puede ser realizado.

PAGO ÍNTEGRO. Desembolso realizado que satisface el importe total de lo adeudado.

PAGO LIBERATORIO. Pago que al ser realizado engendra la desaparición de la obligación existente y lo cual trae por consecuencia la liberación del deudor.

PAGO PARCIAL. Cada una de las sumas de dinero que se pagan en una obligación a plazo.

PAGO POR CAUSA ILÍCITA. Se juzga sin causa el pago realizado con motivo de una obligación cuyo fundamento sea ilícito o contrario a las buenas costumbres.

PAGO POR CAUSA TORPE. Es el que se realiza por una causa inmoral, injusta o contraria al régimen jurídico.

PAGO POR CESIÓN DE BIENES. Es la situación que se presenta, cuando el deudor cae en un estado que no puede saldar su deuda. Por lo cual el deudor pone a disposición de su acreedor o acreedores que su patrimonio para que este o estas puedan venderlo y, con el producto que resulte de la venta puedan cobrar o cobrar lo que se le debe ya sea parcial o totalmente.

PAGO POR CONSIGNACIÓN. Es la forma que tiene el deudor de liberarse de la obligación cuando el acreedor acepta recibir el pago que le ofrece el deudor, por lo cual el deudor deposita la suma debida por la vía judicial.

PAGO POR CUENTA AJENA. Es el que realiza el acreedor al agente o representante del deudor.

PAGO POR ENTREGA DE BIENES. Es el que tiene lugar cuando el acreedor acepta espontáneamente, por pago de lo que se le debe, algún objeto que no sean sumas monetarias en reemplazo de lo que se le debía traspasar.

PAGO POR TERCEROS. Es el que realiza un tercero en nombre del deudor, con o sin consentimiento del moroso, este pago aniquila la obligación.

PAÍS. Concepto geográfico que puede referirse a un Estado, una nación o una región que posee determinadas similitudes o al territorio donde nacen las personas que pueden llegar a dar origen a un conglomerado.

PALABRA DE HONOR. Regla formal de ratificar lo declarado por la vía verbal o por escrito que realiza una persona.

PALABRAS. Expresión añadidas en los acuerdos o en los convenios que deben interpretarse en el sentido vulgar, aunque el adeudado persiga que las ha entendido de otras formas.

PALABRAS DE LA LEY. Expresiones que han sido elaboradas y escritas por el régimen legal.

PALABRAS SACRAMENTALES. Son aquellas expresiones que se reclaman para el perfeccionamiento de un acto jurídico y que no admiten ninguna modificación.

PALESTRA PÚBLICA. Noción que se emplea como sinónimo de discusión pública.

PANAMERICANISMO. Doctrina que aboga por la unificación solidaria, en los campos cultural, político, económico y social, de las naciones del continente americano con arreglo a las normas e instituciones del gobierno imperialista de los Estados Unidos.

PANFLETO. Es una forma de escribir y hacer propaganda política, de carácter agresivo y difamatorio, donde solamente se expone una parte del argumento y un solo punto de vista sobre el tema que se escribe.

PAPADO. Es la forma de cómo está estructurado el régimen de gobierno de la Iglesia Católica, cuyo jefe supremo es el papa. Este jerarca es el jefe del Estado y soberano de la ciudad del Vaticano. También se le conoce como sumo pontífice y como supuesto representante de Jesucristo en la tierra. Como máxima autoridad de la Iglesia católica tiene la atribución de canonizar, nombrar cardenales y declarar dogmas.

PAPEL. Material que es fabricado con tapa de trapo o madera, y que se utiliza para escritos, dibujos, envoltorios, impresiones, etc. En las actividades comerciales constituye todo tipo de obligaciones escritas; como pagarés, vales, libranzas.

PAPEL DE OFICIO. Formulario enorme, de dimensión, espacio y líneas fijadas por el Estado, utilizadas en las notificaciones llamadas oficios y en la totalidad de las actuaciones judiciales y administrativas.

PAPEL MONEDA. VER: BILLETE DE BANCO.

PAPEL SELLADO. Hoja que es empleada para los procedimientos judiciales o delimitados procedimientos administrativos de diversos valores, de acuerdo con su cometido, cuya cantidad se autoriza a través de impresiones y símbolos en la misma hoja o bien, enseñándoles estampillas fiscales, que a la vez se suprimen con un sello del tribunal competente.

PAPELES DE COMERCIO. Son los títulos de crédito o títulos circulatorios.

PAPELES PRIVADOS. Es toda la documentación personal de una persona.

PAQUETE POSTAL. Grupo de documentos correctamente cerrado, con los requisitos exigidos, de cuyo traslado se responsabiliza el correo, a cambio de pagar la cantidad de sellos correspondiente, siempre que por su tamaño y peso encaje dentro de las normativas postales.

PARA MEJOR PROVEER. Designan la rapidez para mejor proveer las disposiciones probatorias extraordinarias que, después de los argumentos escritos, de las partes envueltas en el litigio, pueden los magistrados que se realicen de oficio para informarse más apropiadamente y dictaminar sin someterse a los medios que han sido aportados por las partes.

PARAFERNALES. Es un vocablo que en el derecho romano se empleaba para designar a los bienes personales de la mujer que había contraído matrimonio y los cuales no estaban incluidos en su dote.

PARAFILIA. Conducta sexual donde la satisfacción se obtiene mas allá de las relaciones sexuales habituales.

PARÁFRASIS. Es un escrito que tiene por finalidad aclarar y extender una exposición con el propósito de establecer documentos que sean más fáciles de comprender y absorber por el beneficiario.

PARANINFO. Es el salón de actos de los centros de enseñanza donde se celebran los eventos más trascendentales que están relacionados con las actividades de dichas instituciones.

PARANOIA. Es un término que se emplea para designar el estado de salud mental que se caracteriza por delirios sistemáticos de grandeza o de persecución, y a veces en algunos casos se pueden presentar alucinaciones.

PARAISO FISCAL. Es el Estado cuyo sistema legislativo les proporciona garantía a los nacionales de otros países para que depositen su dinero en los bancos de ese Estado al concederle la exoneración o reducción del pago de los impuestos y la protección del secreto bancario, ya que no investiga la procedencia del dinero depositado.

PARAMILITARISMO. Es la actividad ilegal de los grupos armados de extrema derecha que se dedican al asesinato, la extorsión, el secuestro, el trafico de drogas y otros actos criminales, y que tienen una organización similar a las de las fuerzas armadas, pero que formalmente no forman parte de la estructura militar de un Estado.

PARCELA. Se conoce con el nombre de parcelas a las tierras, casas o edificios de prolongación territorial constante, limitado por un polígono cerrado de límites, objetivo de un derecho de propiedad o copropiedad registrado, cuyas vidas y partes fundamentales hayan sido verificados y especificados por medio de un acto de levantamiento parcelario documentado, autorizado y asentado en la dirección general de mensuras catastrales e inscrito en el registro de títulos correspondiente.

PARCIALIDAD. Conducta que asume un magistrado en un juicio cuando se muestra partidario de una parte que sostiene un litigio contra otra. También la toma de partidos por parte de las autoridades judiciales a favor de una o varias personas con lo cual perjudica a otra o varias personas.

PARED COMÚN. La que pertenece pro indiviso a dos propietarios colindantes.

PAREJA CRIMINAL. Es el modo de criminalidad en que participan dos personas, ya sean del mismo sexo o de diferentes sexo.

PAREJA DELINCUENTE. Es el dúo que se pone mutuamente de acuerdo para cometer uno o varios actos delictivos.

PAREJA PENAL. Es la relación que se establece entre la víctima y el victimario.

PARENTESCO. Es la conexión que existe entre dos o una pluralidad de personas que se establece por razones de consanguinidad, adopción, matrimonio, afinidad u otro lazo estable basado en el afecto.

PARENTESCO BILATERAL. Nexo familiar de los hermanos que descienden del mismo padre y la misma madre.

PARENTESCO CIVIL. Nexo familiar que es creado por mandato de la ley civil. La adopción es la que crea esta clase de parentesco.

PARENTESCO COLATERAL. Es el vínculo que existe entre personas que descienden de un antepasado común, pero no directamente, como los hermanos, los primos hermanos, los sobrinos y tíos.

PARENTESCO DE DOBLE VÍNCULO. Es la manera común de proceder de los hermanos del mismo padre y de la misma madre.

PARENTESCO DE SIMPLE VÍNCULO. Es aquel que se genera por medio de una sola rama, materna o paterna. Ejemplos de estos son los hijos de la misma madre y que tienen diferentes padres o al contrario.

PARENTESCO ESPIRITUAL. Es el que se adquiere por causa del bautismo entre los padrinos y el ahijado.

PARENTESCO ILEGÍTIMO. El que se origina por un vínculo extramatrimonial, sea este natural, adulterina, incestuosa o sacrílega.

PARENTESCO NATURAL. Es el que nace de relaciones sanguíneas sean estas legítimas o ilegítimas.

PARENTESCO POLÍTICO. VER: PARENTESCO POR AFINIDAD.

PARENTESCO POR ADOPCIÓN. Es el vínculo que existe entre los adoptantes y sus familiares, con el adoptado y sus descendientes.

PARENTESCO POR AFINIDAD. Es el vínculo que se crea entre el esposo y los familiares consanguíneos de su esposa y entre ésta y los familiares de igual clase de su marido.

PARENTESCO POR CONSANGUINIDAD. Es aquel que se origina entre personas que descienden de un tronco común.

PARENTESCO UNILATERAL. Vínculo familiar de los hermanos que tienen el mismo padre, pero diferentes madres, pero que tienen la misma madre, pero diferentes padres.

PARENTESCO UTERINO. Es el que se establece por la línea materna cuando una mujer procrea varios hijos con diferentes hombres.

PARIDAD. Concepto fundamental en las operaciones del comercio internacional, ya que permite establecer las relaciones de valor entre las monedas de las naciones en el mercado de cambio.

PARIENTE. Persona unida a otras por nexos familiares, ya sea por cualquiera de las formas de parentesco.

PARLAMENTAR. Establecer un diálogo sobre un asunto con el objetivo de encontrarle una solución.

PARLAMENTARIO. Es el funcionario que es elegido por el voto popular para formar parte de un parlamento.

PARLAMENTARISMO. Régimen político donde el parlamento tiene influencia predominante en la vida general de una nación, ya que es un mecanismo utilizado para que el Parlamento elija al Poder Ejecutivo, el cual tiene que rendir cuentas ante dicho órgano.

PARLAMENTO. Es una institución constitucional de un Estado donde predomina un régimen parlamentario, integrado por representantes elegidos por el pueblo por un periodo de tiempo específico que tienen la potestad de redactar y aprobar las leyes, de elegir a los miembros del poder Ejecutivo y fiscalizar su gestión, de aprobar el presupuesto, de intervenir en la integración de otras instituciones constitucionales y en los demás roles que les asigna la Constitución. Por lo tanto es en el Parlamento donde se toman las decisiones fundamentales que tienen que ver con el funcionamiento de la vida estatal. Posee mecanismos jurídicos y reglamentarios para investigar las actividades políticas y administrativas de los miembros del Poder Ejecutivo y para destituirlos si lo juzga necesario.

PARO. Suspensión de la jornada laboral decretada por los patronos, a diferencia de las huelgas.

PARO FORZOSO. Es la suspensión de la jornada laboral por causas ajenas al patrono y al trabajador.

PARO LABORAL. Es el acordado por convenio de los obreros o empleados.

PARO PATRONAL. Es la decisión espontánea que toma el patrón de suspender la jornada laboral con la finalidad de mejorar su condición económica o neutralizar las demandas de los trabajadores.

PARO TECNOLÓGICO. El motivado por el desarrollo técnico el cual contribuye a la reducción de la mano de obra en una determinada rama de la economía.

PARRICIDIO. Es la muerte que un hijo le ocasiona a su padre.

PARTE. Es la persona que participa en un acto jurídico, sea por su interés o por dictamen de la ley.

PARTE CIVIL. Es la persona física o jurídica que dentro del proceso penal ejecuta solamente la acción civil, o sea, quien pretende, indemnización de daños y perjuicios materiales y morales originados por el hecho punible.

PARTE COMPARECIENTE. Parte presente o debidamente presentada en cualquier tribunal o acto judicial.

PARTE CONTRARIA. Persona natural o jurídica que sustenta una postura jurídica o propósitos diferentes a los que sustenta otra persona, en algún litigio en desarrollo.

PARTE CONTRATANTE. Es cada una de las personas que entra en un contrato.

PARTE INTERESADA. Sujeto que es poseedor de un interés específico en el comercio o en la manifestación de voluntad que está orientada a generar las consecuencias jurídicas que ha establecido la ley.

PARTE PRINCIPAL. Persona indispensable en una acción o negocio jurídico.

PARTE PÚBLICA. Es el empleado público que tiene por función representar al estado ante los tribunales cuando el caso tenga un carácter penal.

PARTICIÓN. Es el proceso jurídico mediante el cual se persigue poner fin a un estado de indivisión entre los herederos de una sucesión o a las partes interesadas.

PARTICIÓN AMIGABLE. Es aquella en que los herederos acuerdan de manera armoniosa dividirse el patrimonio común.

PARTICIÓN DE HERENCIA. Es la que el fallecido dispone sujeto a ciertas reglas, la forma en que su patrimonio será distribuido entre sus herederos.

PARTICIÓN JUDICIAL. Es la que se presenta cuando no existe un acuerdo entre los herederos, apoderando entonces a un tribunal para que decida de qué modo los bienes serán distribuidos.

PARTICIÓN MERAMENTE PROVISIONAL. Circunstancia que se genera cuando los herederos sólo han realizado una fragmentación de disfrute o utilización de los bienes hereditarios, dejando perdurar la indivisión en lo que concierne a la propiedad.

PARTICIÓN POR DONACIÓN. Cesión total o parcial que realizan los padres de su patrimonio en beneficio de sus descendientes antes de su fallecimiento, en el mismo modo y dimensiones que les tocaría si los ascendientes hubieran dejado de existir.

PARTICIÓN POR TESTAMENTO. Acción de fragmentación del patrimonio subordinado al fallecimiento del ascendiente, el cual puede ser revocado por éste mientras esté vivo.

PARTICIÓN PRIVADA. Convenio de repartición del patrimonio entre herederos capaces, que se realiza una vez aceptados los procedimientos de inventario y avalúo los cuales deben ser presentados ante el magistrado para que dicho funcionario le dé su aprobación.

PARTICIPACIÓN. Es la parte que una persona o una institución tienen en el capital de un negocio.

PARTICIPACIÓN CIUDADANA. Es cuando las personas o agrupaciones que representan a las masas populares se involucran en el planteamiento, confección y registro de planes de las diferentes condiciones del régimen político y administrativo.

PARTICIPACIÓN COMUNITARIA. Es la intervención de la comunidad en la elaboración e instauración de decisiones trascendentales.

PARTICIPACIÓN CRIMINAL. Es efectuar un hecho; es un modo de actuar, que contribuye a producir el acto contrario al régimen legal.

PARTICIPACIÓN POLÍTICA. Es la función que realizan las masas populares orientadas a participar en la elección de los gobernantes para influir en ellos para las tomas de decisiones en el desarrollo de las políticas públicas.

PARTICIPACIÓN SOCIAL. Es la participación de los sectores populares en la toma de decisiones acerca del empleo del capital y las acciones que tienen un efecto en el desarrollo de sus comunidades.

PARTÍCIPE. Que interviene o toma parte en algún negocio o en alguna otra actividad.

PARTÍCIPE CRIMINAL. Persona que participa material o intelectualmente en la ejecución de un acto contrario al derecho.

PARTICULAR APREHENSOR. En las naciones donde su legislación permite la existencia de esta figura, consiste en la facultad que se le concede a cualquier particular de detener a cualquier persona que haya violado las disposiciones legales vigentes en su país, para luego entregarlo a las autoridades competentes para que sea sometido a la acción de la justicia.

PARTIDA. Suma que se apunta a una cuenta. Artículos que se envían o se entregan inmediatamente. Apunte que se lleva a cabo en un registro donde se compilan algunos datos de alguna persona.

PARTIDA SIMPLE. Es un modo de contabilización de las operaciones comerciales que llevan a cabo los comerciantes por lo cual se inscribe la operación en una sola cuenta.

PARTIDAS DE REGISTRO CIVIL. Son los asientos alargados en los libros correspondientes, tal como lo dispone la ley, y las copias auténticas de los mismos, los cuales son considerados como instrumentos públicos porque son evidencias de nacimiento, adopciones, matrimonios, de reconocimientos y de fallecimientos.

PARTIDO COMUNISTA. Es el destacamento de vanguardia organizado, como forma superior de organización de clase del proletariado, y que tiene como metas y objetivos educar a la clase obrera para que conozca la doctrina política marxista y que dirija la lucha que lleve a la toma del poder, lo cual permitirá establecer una sociedad donde no exista la explotación del hombre por el hombre.

PARTIDOCRACIA. Es la burocracia de los partidos políticos que se apropian de los espacios políticos de una sociedad, de una forma abusiva, para intervenir en la toma de decisiones de la vida política estatal, nominar a los candidatos a los cargos de elección popular y someter a dicho candidatos a la disciplina partidaria para que sigan las directrices de la cúpula burocrática de su partido.

PARTIDO POLÍTICO. Es una institución que tiene como objetivo conquistar el poder, está dotada de una ideología política, posee una estructura establecida a nivel nacional, tiene una organización durable de vida política superior a sus dirigentes y busca una base de sustentación popular.

PARTIDO SUCESORIO. Elección que debe recibir una persona que sea profesional del derecho.

PARTO. Es el acto por el cual una persona del sexo femenino culmina su proceso de embarazo dando lugar al nacimiento de uno o varios seres humanos.

PASAJE. Es el boleto que se paga para ser transportado de un lugar a otro; con o sin equipaje.

PASAJERO. Es la persona que es transportada en un medio de transporte pagando el precio del pasaje o gratuitamente.

PASANTE. Estudiante de derecho, o profesional de la ciencia jurídica, que realiza práctica con un profesional, para obtener experiencia en los procedimientos judiciales y en la escritura de los textos.

PASANTÍA. Es la práctica profesional que ejercen los profesionales del derecho, inmediatamente después de haberse graduado, para ganar experiencia y poner en práctica los conocimientos y las facultades aprendidas.

PASAPORTE. Autorización tramitada por una autoridad que permite transitar libremente de una nación a otra.

PASAPORTE DIPLOMÁTICO. Es una autorización de viaje y de identificación otorgada a quienes ejercen determinadas funciones de alta responsabilidad nacional en la mayoría de los casos cumplen funciones oficiales en el extranjero.

PASE. Autorización que concede un superior que implica el uso de un privilegio, licencia o gracia.

PASIVO. Son el conjunto de deudas que gravan el patrimonio de una persona o de una empresa.

PASQUÍN. Es un escrito anónimo de carácter clandestino que se da a conocer al público y contiene ataques groseros, venenosos, injuriosos y satíricos contra las autoridades gubernamentales, instituciones o una persona específica.

PATENTE. Es la autorización que otorga el régimen jurídico de una nación para que los ciudadanos se dediquen al ejercicio de actividades comerciales, mediante el pago de los impuestos que ha establecido la ley para ello.

PATENTE DE ADICIÓN. Perfeccionamiento de un invento patentado cuya inscripción se gestiona.

PATENTE DE CORSO. Consiste en un documento expedido desde la edad media hasta el siglo XIX por los gobiernos particulares en el cual autorizan a saquear las propiedades de sus enemigos. Por esto, se utiliza la expresión en el campo político para señalar que alguien tiene poder para cometer toda clase de abusos y atropellos y goza de la más absoluta impunidad.

PATENTE DE INVENCIÓN. Es el derecho que le concede un Estado a un inventor para que utilice y explote su invento durante un lapso de tiempo específico.

PATENTE DE NAVEGACIÓN. Es el documento emitido por la autoridad de una nación que le concede a una embarcación marítima navegar por los mares, identificando su nacionalidad y la utilización de su bandera.

PATENTE DE SANIDAD. Garantía que llevan los barcos, cuando se trasladan de un puerto a otro, para verificar que no existía peligro de contagio en el puerto de salida.

PATER. Vocablo latino que en la antigua Roma designaba al ciudadano que tenía el poder y el dominio sobre todas las personas que vivían en su casa. También recibía el nombre de páter familia que traducido al español quiere decir padre de familia.

PATERNALISMO. Es la implementación, por parte del Estado, de políticas asistencialistas que protegen y velan por la seguridad de los ciudadanos. Esto trae por consecuencia que ellos esperen todo de las autoridades gubernamentales y dejen de hacer valer sus propios esfuerzos para reclamar lo que les corresponde por derecho.

PATERNIDAD. Vínculo jurídico entre el padre y su hijo que origina una serie de derechos y deberes mutuos.

PATERNIDAD CIVIL. Relación generada por la adopción para el adoptante del género masculino.

PATERNIDAD MATRIMONIAL. Suposición de que son hijos del esposo los nacidos después de celebrado el acto matrimonial y hasta los trescientos días subsiguientes a su ruptura o desunión de los esposos.

PATÍBULO. También conocido con el nombre de cadalso, es el lugar donde es ejecutada una persona que ha sido condenada a la pena de muerte.

PATRIA. Es el concepto que expresa un sentimiento que se refiere al territorio natal o adoptivo en el que una persona se siente ligada por vínculos afectivos, políticos, culturales, históricos y sociales.

PATRIA POTESTAD. Es la totalidad de derechos y deberes que poseen los padres sobre los hijos que no han alcanzado la mayoría de edad y no se han emancipado. Estos derechos y deberes se limitan a la administración de sus bienes y a representarlos legalmente.

PATRIARCADO. Primitiva forma de organización social que se fundamenta en el predominio de la autoridad del hombre en los campos económicos, religiosos y militares de una sociedad o grupo social.

PATRIMONIO. Conjunto de bienes, derechos, acciones y obligaciones que son estimables monetariamente, y que son propiedad de una persona o una empresa.

PATRIMONIO COMO GARANTÍA. Es la totalidad de todos los bienes de una persona que están afectados al cumplimiento de sus obligaciones.

PATRIMONIO FAMILIAR. Es el conjunto de bienes, derechos, acciones y obligaciones que son propiedad de una familia, que tienen como objetivo la protección económica de la institución familiar.

PATRIMONIO HISTÓRICO. Bienes inmobiliarios y mobiliarios de interés artístico, histórico, paleontológico, arqueológico, etnográfico, científico o técnico, así como las propiedades documentales y bibliográficas, los yacimientos y zonas arqueológicas

PATRIMONIO INEMBARGABLE. Grupo de bienes que el régimen jurídico establece como inembargable por ser indispensable para la profesión o la vida de un ser humano.

PATRIMONIO INTANGIBLE. Es el grupo de creaciones intelectuales y artísticas inmateriales realizadas por el hombre, como la literatura, la filosofía, la ciencia, la religión, la música, la danza, así como el conjunto de publicaciones, inherentes a su cultura.

PATRIMONIO NACIONAL. Es la cantidad de títulos, bonos, acciones, intereses, atribuidos al capital de que dispone una nación en un momento específico en el tiempo, y que se usan para la vida económica de un país.

PATRIMONIO NATURAL. Es el que está formado por un grupo de monumentos, paisajes, formaciones y lugares que han sido creados por la naturaleza a través del tiempo, y que forman parte del área geográfica de una nación.

PATRIMONIO SOCIAL. Es la totalidad de los bienes, derechos u obligaciones de una persona física o jurídica.

PATRIMONIO TANGIBLE. Es el grupo de bienes mobiliarios e inmobiliarios, así como naturales que poseen un gran valor histórico y cultural para una región o país. Entre estos podemos señalar: el inmobiliario monumental, yacimientos arqueológicos, paisajes naturales, obras de arte o piezas de gran interés.

PATROCINADOR. Es la institución o individuo que gasta una suma de dinero específica en promover una marca en un escenario determinado con la finalidad de captar la mayor cantidad de posibles clientes.

PATROCINIO. Todo servicio dirigido al apoyo, defensa, protección o asesoramiento que realiza el abogado a favor de su cliente.

PATRÓN. VER: EMPLEADOR.

PATRIOTISMO. Es un sentimiento activo y eficaz que expresa la devoción y fidelidad que una persona siente por su patria. Esto lo motiva a realizar todos los esfuerzos posibles para que se materialicen sus anhelos de ver progresar a su país,

PATRÓN MONETARIO. Es la unidad de valor fijada por el régimen jurídico a un metal precioso para que respalde el dinero básico de una nación que determina el valor de otros bienes. De esta manera, la cantidad de metal que está depositada en la bóveda del banco emisor es lo que garantiza y respalda el dinero que circula en el país.

PATRONATO. Esta palabra designa a los derechos o a las propiedades que pertenecen a los patronos. Otra definición de patronato es que es el consejo que está integrado por una pluralidad de personas que se encargan de contratar y asegurar que una organización cumpla debidamente con sus funciones.

PATRONÍMICO. Se designa con esta palabra al nombre que se utiliza como apellido familiar.

PAZ. Es el estado de tranquilidad que vive una nación internamente cuando existe un entendimiento social entre todos sus ciudadanos y, a nivel internacional, cuando no existe un estado de guerra o violencia con otra nación. También desde el punto de vista de las relaciones internacionales, se puede definir la paz como el acto que conlleva a la firma de un acuerdo que pone fin a una guerra.

PEAJE. Es el tributo que pagan los medios de transporte terrestre y marítimos por utilizar las infraestructuras de la correspondiente vía de comunicación.

PEATÓN. Es la persona que camina a pie por los espacios públicos.

PECULADO. Es la malversación de fondos cometida por la persona a quien está confiada su administración, quien sustrae fondos para beneficiarse ella misma o beneficiar a otra persona.

PECULIO. En el Derecho Romano consistía en el grupo de bienes que el padre entregaba al hijo para que éste lo administrara y gozara.

PECULIO ADVENTICIO. Eran los bienes que el hijo obtenía por su trabajo o por donación de su madre, abuelos o cónyuge.

PECULIO CASTRENSE. Eran los bienes que el hijo obtenía por haber ejercido la carrera militar.

PECULIO CUASI CASTRENSE. Era el grupo de bienes que el hijo adquiría por haber desempeñado un cargo público o en la iglesia.

PECULIO PROFETICIO. Bien que el padre de familia entregaba al hijo para que lo administrara, pero con reservas de la propiedad.

PEDERASTA. Es la persona detestable que abusa sexualmente de un menor de edad.

PEDIMENTO. Es el escrito en el cual se le solicita algo a un tribunal.

PEDIR. Iniciar actuación o ejercer un derecho ante un magistrado.

PEDIR EN JUSTICIA. Plantear ante un tribunal su derecho o acción contra otro.

PEDOFILIA. Interés sexual que una persona mayor de edad siente hacia los menores de edad.

PELEA. VER: ALTERCADO.

PELIGRO. Es el ámbito que genera un nivel de amenaza a la integridad física de una persona, el ambiente o la propiedad.

PELIGRO PÚBLICO. Es el que presume un perjuicio moral o físico a las personas, como serían una epidemia o una catástrofe natural, un asunto, un acosador, etc.

PELIGROSIDAD. Es la disposición que posee un ser humano para llegar a ser, un autor de un acto contrario al régimen jurídico.

PENA. Castigo impuesto por el régimen legal a la persona que ha cometido una violación a la legislación penal.

PENA ACCESORIA. Castigo que, para su aplicación, depende de otra, que recibe el nombre de principal.

PENA ADMINISTRATIVA. Es la que utiliza la autoridad administrativa para sancionar las violaciones a las leyes administrativas.

PENA AFLICTIVA. Son las penas de mayor gravedad que están contenidas en la legislación penal.

PENA ARBITRARIA. Es la que no está afianzada en el régimen legal, y que se reglamenta, dentro de los confines dejados por el arbitrio judicial. La aplicada injustamente por una autoridad que no tiene competencia para ejecutar su aplicación.

PENA COMPLEMENTARIA. Castigo que va unido a otro para fortalecer la mayor eficiencia de la norma.

PENA CONMINATORIA. Es la establecida para forzar a los ciudadanos a realizar sus obligaciones.

PENA CONTRAVENCIONAL. Penalidad que el orden jurídico instaura para quien cometa una acción o una omisión la cual es considerada como una violación a la ley.

PENA CORPORAL. Es la que le causa un tormento o un dolor físico al condenado.

PENA CORRECCIONAL. Es la que se establece para rehabilitar a la persona condenada.

PENA DE MUERTE. Llamada también pena capital, consiste en privar de la vida a la persona que ha sido condenada a esta pena.

PENA DE MULTA. Sanción impuesta por un tribunal de pagar determinada cantidad de dinero por haber violado una norma represiva, la cual trae por consecuencia afectar el patrimonio del infractor.

PENA DISCIPLINARIA. Penalidad que se impone en virtud de atribuciones jerárquicas para corregir las malas conductas que se cometen contra la disciplina de una institución.

PENA DISCRECIONAL. Penalidad que no tiene preparado la duración del castigo y en cual no existe una escala reguladora, por lo que el magistrado se circunscribe a fijar un máximo de sanción para el criminal pero, en cualquier etapa, y a proposición de una comisión especial, teniendo en cuenta su comportamiento, el origen del acto delictivo, un estudio psicológico, o cualquier otro fundamento puede manifestar que esta sanción ha sido cumplida.

PENA GRAVE. Cualquiera de los castigos de mayor dureza indicados para sancionar los actos delictivos.

PENA INFAMANTE. Es la que perjudica el honor o dignidad de una persona.

PENA INHABILITANTE. Es aquella que impide el ejercicio de algunos derechos o de todos los derechos (como el derecho al voto, la patria potestad, desempeñar cargos públicos, conducir vehículos de motor, portar armas de fuego, ejercer alguna profesión o algún oficio.

PENA LEVE. Castigo de menor severidad, que el régimen jurídico indica como sanción de las faltas.

PENA PECUNIARIA. VER: PENA DE MULTAS.

PENA POLÍTICA. Es la que se utiliza para castigar a la persona o grupo de personas que han cometido un delito político.

PENA PRINCIPAL. Es cada una de las penas que pueden ser aplicadas autónomamente y que el código penal establece cual es la que le corresponde a cada actividad criminal.

PENA PRIVATIVA DE LIBERTAD. Es la que establece la legislación penal y que consiste en recluir al reo en un centro penitenciario en el cual permanece privado de su libertad y supeditado a un régimen específico de vida.

PENADO. Es la persona que cumple una pena privativa de libertad por haber violado una ley penal.

PENAL. Es todo lo concerniente a la pena y a la legislación penal. Centro penitenciario en que los condenados cumplen su condena.

PENALIDAD. Cualquier castigo que puede imponer la legislación penal, las ordenanzas, los reglamentos y los contratos.

PENOLOGÍA. Es una rama de la ciencia penal que se encarga de estudiar la pena, sus aplicaciones y sus consecuencias.

PENSIÓN. Es la suma de dinero que periódicamente, mensualmente o anualmente, que el estado y el sector privado les proporcionan a personas específicas por méritos o servicios propios o de algún miembro de su familia.

PENSIÓN ALIMENTICIA. Es la suma que el padre o la madre que no ostenta la custodia de sus hijos, tiene la responsabilidad de pagar para su sostenimiento.

PENSIÓN AD – LITEM. Es la cantidad de dinero que debe pagar el marido a su esposa, desde que se inicia el proceso de divorcio, para que esta sufrague los gastos que ocasiona el procedimiento.

PEÓN. Es el obrero de baja categoría que ejecuta simples tareas, que no exigen una gran especialización.

PEONADA. Trabajo que un peón hace en un día. Grupo de peones que trabajan en una obra o finca.

PEQUEÑA BURGUESÍA. Es una clase social en transición que está compuesta por pequeños productores independientes que venden sus productos en el mercado; que no existe como clase social a nivel del modo de producción, sino que aparece como tal a nivel de la formación social; surge de la desintegración de las relaciones de producción del feudalismo y tiende a desaparecer a medida de que se desarrollan las relaciones de producción capitalistas. Hay que distinguir entre la pequeña burguesía: una que se dedica a la producción, formada por artesanos y campesinos, y otra que se dedica al comercio: pequeños comerciantes ambulantes, almaceneros, etc.

PER ACCIDENS. Expresión latina que significa por accidente. Expone de forma singular el ejercicio interino de las funciones o empleos.

PER CÁPITA. Es un vocablo que proviene del latín que significa por cabeza, por cada individuo.

PER SE. Expresión latina que significa por sí mismo. Manifiesta que actúa por nombre propio y por cuenta personal.

PERSECUCIÓN. VER: ACOSO.

PÉRDIDA. Consecuencia de la administración de una empresa caracterizada por el hecho de que los gastos han sido mayores que los ingresos durante un periodo específico. Todo daño o perjuicio que sufre una propiedad. También es la carencia o privacidad de lo que se poseía.

PÉRDIDA AUTOMÁTICA DE LA JURISDICCIÓN. Castigo que se le impone al juez que ha incumplido los plazos procesales.

PÉRDIDA CULPOSA DE CAUDALES PÚBLICOS. Infracción que ejecuta un funcionario de la administración pública que, por insensatez o por incumplimiento de las obligaciones de su cargo, da curso a que otra persona lleve a cabo la sustracción de los fondos públicos.

PÉRDIDA DE LA COSA ARRENDADA. Eventualidad que se origina durante el contrato de alquiler cuando el objeto arrendado resulta destruido totalmente por un accidente, por lo que el convenio queda abolido.

PÉRDIDA DE LA COSA DEBIDA. Es un procedimiento especial de abolir los compromisos por hacerse irrealizable la ejecución de la compensación.

PÉRDIDA DE LA COSA PRESTADA. Ausencia de devolución por parte de la persona que recibe bienes en comodato, por haberla está perdido por su culpa, en consecuencia este queda obligado a pagarle a la persona que le prestó la cosa el valor de ella.

PÉRDIDA DE LA POSESIÓN. La posesión se pierde cuando el objeto se destruye, la cosa es ubicada fuera del comercio, por inconveniente de seguir desempeñando los actos posesorios normales, por cesión del derecho, por abandono, por acción de un tercero y modificación del título (cuando el beneficiario se convierte en poseedor).

PÉRDIDA DEL EQUIPAJE. Daño monetario que ocasiona el hecho de que no se le entregue al pasajero su equipaje en un lapso de tiempo prudente, ya llegado a su destino el medio de transporte que el viajero utilizo para que lo transportara, en estos no se incluyen los retrasos que se han producido por litigios laborales.

PERDÓN. Es el acto a través del cual una persona le perdona a otra la ofensa que esta le ha hecho, desistiendo de tomar venganza, o de reclamar una acción civil o penal.

PERDÓN JUDICIAL. Es la autoridad que poseen los magistrados, luego de juzgar y fijar la responsabilidad penal del procesado, de absorberlo de la condena o de reducírsela por debajo de lo que establece la ley.

PERENCIÓN DE INSTANCIA. Es la caducidad de instancia que se produce cuando las partes se abstienen de movilizar un expediente, o sea que los litigantes no tramitan ninguna actualización durante el espacio de tiempo señalado por la ley, por lo cual pierden la posibilidad de hacer cualquier reclamo dentro del campo del derecho en ese juicio.
PERENTORIO. VER: PLAZO PERENTORIO.
PERFECCIONAMIENTO. Es el acatamiento de las condiciones para que un acto jurídico, una norma o un contrato alcance plena vigencia y fuerza jurídica.
PERFECCIÓN DEL CONTRATO. Instante en que el acuerdo de voluntades genera las consecuencias que el régimen legal o las partes hayan establecido.
PERICIA. Investigación que hace un especialista, que recibe el nombre de perito, de un acontecimiento, de una persona de un escrito y que comunica sus consecuencias al tribunal.
PERIODO DE OBSERVACIÓN EN EL CONDENADO. Primera fase en la evolución del castigo que debe cumplir el sancionado penalmente en el régimen penitenciario mientras el cuerpo técnico, criminológico aprobado tiene la función de ejecutar el estudio del condenado, que abarca su examen médico psicológico y el de su mundo periférico, elaborando el dictamen y el vaticinio criminológico y clasificar al reo según su supuesta adaptabilidad a la vida social en fácilmente adaptable, o difícilmente adaptable; señalar la institución a la que debe ser destinado, acorde con el vaticinio provisional de adaptación a la vida social, indicar el programa de adaptamiento específico a que debe ser sometido en la institución que se le destine, y especificar el tiempo mínimo para comprobar los efectos del tratamiento a que fue sometido.
PERIODO DE PRUEBA. Es el espacio de tiempo acordado entre el trabajador y el empleador durante el cual, el trabajador debe demostrar que posee las habilidades profesionales para desempeñar las tareas que se le han encomendado.
PERIODO SOSPECHOSO. Es el lapso de tiempo que abarca desde la fecha de la cesación de pagos o hasta el pronunciamiento de la sentencia de quiebra.
PERITAJE. Es el estudio y análisis que lleva a cabo el perito sobre el asunto confiado para posteriormente entregar su información con arreglo a lo que dispone el régimen jurídico.
PERITAJE CONVENCIONAL DEL SINIESTRO. Señalamiento de los destrozos, que se determina por un profesional reconocido en

la materia, de acuerdo por lo acordado por las partes cuyo informe puede ser anulado si se desvía de las reglas que se han establecido.

PERITO. Es un experto que está capacitado para suministrarles informaciones a los tribunales del orden judicial sobre las controversias que le son sometidas para que emitan una decisión.

PERJUICIO. Daño material o moral que sufre una persona o una institución y que por consecuencia debe ser indemnizado por quien se lo causó.

PERJUICIO DEL MANDATO. Daño generado por su realización, suponiéndose únicamente aquel que el mandatario no habría padecido de no haber aceptado el mandato.

PERJURIO. Es el acto delictivo que comete una persona cuando miente ante un tribunal estando bajo el juramento de decir la verdad.

PERJURO. Con este término se designa a la persona que comete el delito de perjurio.

PERMISO. Aprobación que da la institución correspondiente para que se puedan ejercer determinadas actividades.

PERMISO DE CAZA. Licencia expedida por la autoridad administrativa por medio del pago de una tarifa.

PERMISO DE NAVEGACIÓN. Aprobación para navegar concedida a una embarcación por la autoridad marítima, luego de que se verifique si esta se encuentra en estado de navegar.

PERMISO DE NAVEGACIÓN AÉREA. Aprobación que le otorga la autoridad competente a todo avión de pasajeros y carga, y a todos los propietarios de aviones privados.

PERMISO DE TRÁNSITO. Es la autorización que se necesita para transportar mercancías.

PERMISO PARA EDIFICAR. Licencia que conceden las autoridades municipales para la edificación de inmuebles destinados para la vivienda e industrias, con la finalidad de asegurar de que se cumplan los reglamentos correspondientes y las condiciones de salubridad.

PERMISO PARA LA EXPLOTACIÓN DE MINAS. Facultad transitoria y particular para explotar cantera de minerales que concede la autoridad correspondiente por medio del cumplimiento de establecidos recaudos y el pago de una tarifa específica.

PERMISO PARA OCUPAR EL DOMINIO PÚBLICO. Es la licencia temporal que concede la autoridad municipal para ocupar lugares específicos que son de propiedad pública para darle un uso totalmente diferente al que habitualmente se le da.

PERMUTA. Es el convenio, establecido entre dos partes, a través del cual una de las partes se obliga a traspasar a otra la propiedad de un bien, con la finalidad de que la otra parte, le traspase la propiedad de otro bien.

PERMUTANTE. Con esta palabra se designa a cada una de las partes que intervienen en el contrato de permuta.

PERPETRAR. Cometer un acto delictivo de carácter grave.

PERSIGUIENTE. El que realiza la acción judicial con la finalidad de conseguir una resolución o de ejecutarla.

PERSONA. Es todo ser humano o institución, que está capacitado para poseer derechos y contraer obligaciones.

PERSONA CARGO. Es aquella cuya manutención está asegurada por un pagador impositivo.

PERSONA CAPAZ. Persona a la cual el régimen jurídico le otorga el ejercicio libre de derechos y obligaciones.

PERSONA DE EXISTENCIA IDEAL. Son los entes aptos para adquirir derechos, o adquirir obligaciones, que no son personas de existencias visibles. Ejemplos de personas de existencia ideal: 1- la sociedad conyugal, 2 –el comercio de propiedad horizontal.

PERSONA FÍSICA. Es todo miembro del género humano, que posee la capacidad para ejercitar sus derechos y adquirir obligaciones.

PERSONA GRATA. Es el funcionario diplomático, de una nación que será bien recibido por el país extranjero en el cual ejercerá sus funciones por que es una persona que agrada.

PERSONA INTERPOSITA. Individuo que, simulando que actúa por cuenta propia, participa en una acción jurídica por mandato y en beneficio de otro.

PERSONA JURÍDICA. Es toda aquella institución estatal o privada, que se encuentra formada por agrupaciones u organismos de personas, y concertada a través de una escritura pública donde son establecidos los estatutos que la definen y los derechos y obligaciones que ostentan.

PERSONA NO GRATA. Esta expresión se utiliza en el lenguaje diplomático para señalar que cualquier Estado puede, cuando lo considere conveniente y sin tener que explicar las razones que motiven su decisión, declarar a cualquier miembro de una legación diplomática como persona no grata.

PERSONA POR NACER. Son las que no han nacido y están concebidas dentro del vientre de su madre.
PERSONAL ADMINISTRATIVO. Es el grupo de personas que trabaja dentro de la administración pública de una nación o bien que desempeña labores vinculadas a la administración de una institución privada.
PERSONALIDAD. Facultad que posee una titular de un derecho, en nombre propio o en representación de otro.
PERSONERÍA JURÍDICA. Es la aprobación que se le concede a una persona, a un organismo, a un comercio u otro tipo de institución para aceptar una obligación que genera una plena responsabilidad desde la óptica jurídica, tanto como frente a uno mismo como respecto a otros.
PERSONERO. Sujeto que actúa por poder en una transacción como apoderado de otra.
PERTINENCIA. Es la conexión actual entre el suceso que se trata de comprobar y la evidencia ofrecida.
PERVERSIDAD. Es quien actúa con mucha maldad causándoles muchos daños a sus semejantes por medios de pensamientos y acciones de carácter maligno.
PESO. Declaración que por estipulación del régimen legal, convenio o especificación deben tener los objetos.
PESQUISA. Es la investigación profunda y detallada que procura buscar pruebas o informaciones que puedan ser utilizadas para resolver la ejecución de un acto criminal.
PETICIÓN. VER: DERECHO DE PETICIÓN.
PETICIONARIO. Que solicita por la vía oficial una cosa.
PETITORIA. VER: ACCIÓN PETITORIA.
PICAPLEITOS. Es el profesional del derecho que carece de ética profesional y que ejerce la carrera de abogado en forma deshonesta.
PICARDÍA. Bajeza o vileza que está impregnada de maldad.
PIEZA. Parte, fragmento o componente, en que se divide un expediente.
PIEZA DE AUTOS. Grupo de papeles cosidos, perteneciente a una causa o pleito.
PIEZA DE CONVICCIÓN. Es el artefacto o documento empleado para ejecutar una actividad delictiva, y con el cual se prueba este acto contrario al régimen legal y el cual se encuentra en manos de la justicia.

PIEZA DE PRUEBA. En los litigios de carácter civil, cada uno de los fragmentos de los expedientes en que por separado debe figurar la evidencia aportada por cada una de las partes y el uso que se haga de la misma.

PIEZAS SEPARADAS. Procedimientos que se unen en los expedientes, aparte de las pertenecientes al litigio, o que, poseen una particularidad, se diferencian, pero tramitándose al mismo tiempo que las otras.

PIGNORAR. Es la operación por la cual una persona física o jurídica deja una o varias de sus propiedades empeñadas como garantía del cumplimiento de una obligación.

PIGNUS. En el derecho romano era la cosa que aun no saliendo de la propiedad del deudor, se constituía en garantía de un préstamo, por notificación legal, por convenio, por disposición del acreedor o del magistrado.

PILLAJE. VER: SAQUEO.

PILLO. Es el delincuente de baja categoría, que se caracteriza por su astucia y picardía, que se aprovecha de las distracciones de las personas para robarle.

PIRÁMIDE DE KELSEN. Es una estructura jurídica graficada en forma de pirámide la cual es empleada para simbolizar el rango de las leyes, y está dividido en tres niveles, el nivel fundamental en el cual se ubica a la Constitución, como la ley suprema de un Estado y de la cual se origina la base de validez de todas las demás normas que se sitúan por debajo de las misma, el nivel siguiente es el legal y en él se encuentran las leyes orgánicas y especiales, a este les siguen las leyes ordinarias y los decretos, para luego seguir con el nivel sub legal donde se encuentran los reglamentos, después de estos vienen las ordenanzas y al final de las pirámides tenemos las sentencias, en la medida que nos vamos acercando a la base de las pirámide, esta se va anchando lo cual quiere decir que hay un mayor número de normas jurídicas.

PIRATA INFORMÁTICO. Es la persona que tiene como hábito regular la reproducción, apropiada y repartición con fines rentables y a gran escala de contenidos del cual carece de licencia o de permiso de su autor.

PIRATERIA. Es la venta no autorizada de obras intelectuales, como películas, disco de música, libros, etc. Pirata es el nombre con el cual se designa a estas copias.

PIRATERIA AÉREA. Se designa con este nombre al acto criminal de apoderarse de una aeronave por medio de la violencia o amenazando con utilizar esta, ya sea cuando la aeronave esté iniciando sus operaciones para despegar o se encuentre en pleno vuelo. Con la finalidad de atentar contra la seguridad de las personas que se encuentran a bordo, exigir el pago de un rescate, o demandar a un determinado gobierno la satisfacción de ciertas pretensiones.

PIRATAS. Palabra que proviene del latín, que significa "ladrón de mar". Y se usa para designar en los tiempos coloniales, a los bandoleros marítimos que surcaban los mares en una embarcación privada, no dependían de nadie, no tenían que rendir cuentas a nadie, no se encontraban bajo la protección de ninguna nación y atacaban a otros barcos con el único propósito de lucrarse personalmente, apoderarse de la nave asaltada, robar su cargamento y secuestrar a sus pasajeros para exigir el rescate.

PISTA. Es el grupo de señales que pueden conducir al esclarecimiento de una acto delictivo.

PLACA. En la República Dominicana es la tabla en la cual se expone el número del registro concedido a un vehículo de motor o remolque.

PLACAS OFICIALES. Las tablillas de vehículos de motor que son propiedad del Estado y sus entidades serán expedidas en la República Dominicana por la Dirección General de Impuestos Internos, tal como lo dispone la ley.

PLACAS DIPLOMÁTICAS. Las tablillas de los vehículos de motor propiedad de las delegaciones diplomáticas y de las instituciones internacionales serán expedidas en la República Dominicana por la Dirección General de Impuestos Internos, de acuerdo a las normas administrativas dictadas al efecto.

PLACET. VER: DIPLOMACIA.

PLAGIO. Es la infracción que realiza la persona que, totalmente o parcialmente, edita, vende o reproduce, por cualquier vía, una obra inédita o publicada sin permiso de su autor o derecho habientes; o el que adultera obras intelectuales, entendiéndose como tal la publicación de una obra ya publicada, mostrando falsamente el nombre del impresor acreditado al efecto; o el que imprime, distribuye o copia una obra, omitiendo el nombre del autor, el título de esta o falsificando su texto; o el que imprime o copia mayor cantidad de los ejemplares debidamente permitidos.

PLAN DE GOBIERNO. Es la formulación de políticas económicas y sociales que sirven de guías al gobierno para trazar un conjunto de metas y objetivos que se propone alcanzar en un determinado tiempo y de los mecanismos de que se valdrá para lograrlo.

PLANO. Imagen gráfica de una superficie y, a través de métodos técnicos, de un terreno, de un inmueble, o de un usufructo, de un establecimiento industrial que reviste gran importancia por su obligatoriedad para obtener cualquier clase de permiso para construir una obra pública o privada.

PLANTEL. Es el conjunto de personas, que dirigen, conducen o administran una empresa.

PLATAFORMA CONTINENTAL. La tercera conferencia de las Naciones Unidas sobre el derecho del mar, celebrada en 1982, da la siguiente definición sobre la plataforma a continental: "La plataforma continental de un Estado ribereño comprende el lecho y el subsuelo de las áreas submarinas que se extienden más allá de un mar territorial y a todo lo largo de la prolongación natural de su territorio hasta el borde exterior del margen continental, o bien hasta una distancia de 200 millas marítimas contadas desde la línea de base a partir de las cuales se mide la anchura del mar territorial, en los casos (en) que el borde exterior del margen continental llegue a esa distancia" (21).

PLAZO. Es el periodo de tiempo que se establece para que se ejecute una acción.

PLAZO CONVENCIONAL. Periodo de tiempo que establecen las partes en un contrato.

PLAZO DE ARREPENTIMIENTO. Intervalo de tiempo que se otorga para poder arrepentirse de un convenio o negocio.

PLAZO DE GRACIA. Lapso de tiempo generalmente corto, que se otorga para cumplir con una obligación después que esta se ha vencido.

PLAZO DE LA OBLIGACIÓN. Suposición del régimen legal que está instaurado para ambas partes a no ser que, por la finalidad de la obligación o por otras causas, se haya puesto a favor del deudor o del acreedor.

PLAZO DE LA PRISIÓN PREVENTIVA. Espacio de tiempo que no puede superar a un número específico de años aunque, no obstante, cuando el número de actos delictivos atribuidos al acusado impidan la conclusión del proceso en el plazo señalado, este puede extenderse por decisión fundada, que debe ser comunicada inmediatamente al tribunal superior que le atañe.

PLAZO DE LIBERACIÓN DEL CONDENADO. El lapso de tiempo que finaliza cuando termina la pena privativa de libertad a la cual fue condenada.

PLAZO DE PAGO DEL SINIESTRO. Crédito del afianzado que debe ser abolido dentro de un intervalo de tiempo breve después de fijada la cantidad que debe ser pagada en indemnización.

PLAZO DEL CONTRATO DE TRABAJO. Suposición del régimen legal en el sentido de que el contrato de trabajo se entiende celebrado por un espacio de tiempo indefinido, continuando hasta que el trabajador se encuentre en condiciones de disfrutar de las ganancias que le fijan los regímenes de seguridad social por limitación de edad y los años de servicios prestados, excepto que su finalización se haya establecido en forma expresa y por escrito el tiempo de su duración y que las modalidades de las actividades laborales, lo justifiquen.

PLAZO DELIBERATORIO. Lapso de tiempo que se le otorga a una o varias personas para que reflexionen y aprueben una disposición creadora de derechos.

PLAZO EN RAZÓN DE LA DISTANCIA. Frase procesal aumentada del plazo para rebatir un litigio, que establece un tribunal en razón de la distancia que aleja el domicilio del acusado del tribunal que conocerá de la causa.

PLAZO EXTINTIVO. Intervalo de tiempo que genera la desaparición de un derecho.

PLAZO FRANCO. Son aquellos plazos en cuyos cómputos se excluyen el día que se inicia y el día en que se vence el plazo.

PLAZO IMPRORROGABLE. Es aquel que no es acto de extensión expresa.

PLAZO INCIERTO. Es el establecido con relación a un acontecimiento que sucederá en el futuro, para concluir el día en que ese acontecimiento necesariamente se produzca. Ejemplo, cumpliré con la obligación el día en que se produzca el fallecimiento de tal persona.

PLAZO JUDICIAL. Es el establecido por un magistrado en virtud de una disposición expresa del régimen legal.

PLAZO LEGAL. VER: PLAZO JUDICIAL.

PLAZO PENAL. Intervalo de tiempo que debe ser contabilizado acorde con los preceptos civiles.

PLAZO PERENTORIO. Se designa con este fenómeno al último plazo que se otorga para ejecutar un derecho.

PLAZO PRORROGABLE. Lapso de tiempo que puede ser extendido por disposición judicial pronunciada por motivo de la solicitud que en ese sentido elabore, previo a la fecha de su vencimiento, el sujeto procesal afectado.

PLAZO RESOLUTORIO. Es el que está relacionado a la desaparición o vencimiento de un derecho, o sea, el que debe cumplirse para que sea eficiente una condición resolutoria.

PLAZO SUSPENSIVO. Es cuando se suspende el inicio o la exigencia de la totalidad o de algunas de las consecuencias del acto jurídico hasta la llegada de una fecha específica. Ejemplo, se lleva a cabo un contrato de alquiler el 10 de agosto, especificando que el contrato tendrá validez a partir del 10 de septiembre.

PLESBICITO. Es la herramienta de participación ciudadana en la cual se consulta a las masas populares sobre los asuntos de carácter político para que estos le den su aprobación o lo rechacen.

PLEITO. Contienda judicial entre diferentes partes. Disputa entre dos o una pluralidad de personas.

PLENIPOTENCIARIO. Es un funcionario que representa a un Estado fuera de sus fronteras nacionales y que goza de plenos poderes para tratar y negociar cualquier acto o asunto a favor y a nombre de sus representados.

PLENO. Es el más alto organismo representativo de los tribunales judiciales o de cualquier otra institución, formado por cada uno de los miembros y que se reúne en reuniones semanales, quincenales y mensuales para tratar y conocer los asuntos que son propios de su competencia.

PLENOS PODERES. Concepto que se utiliza para denominar a la norma jurídica por medio de la cual el Congreso o el Parlamento de una nación le concede al gobierno la potestad, de elaborar por un periodo de tiempo específico, actos reglamentarios en asuntos que son competencia del Poder Legislativo. En el derecho internacional, es la autorización para negociar y concertar tratados por cuenta del aparato estatal. Acumulación de todos los poderes en manos del jefe del Estado ya sea por una ley especial o por circunstancias excepcionales de hecho.

PLICA. Envoltura cerrada y sellada en que se guarda algún documento que no puede ser puesto en conocimiento del público hasta la fecha señalada para su publicación.

PLIEGO. Hoja de papel de forma cuadrangular, doblada por la mitad.

PLIEGO DE CARGOS. Exposición breve de las faltas que han sido encontradas en un expediente contra quien desempeña un cargo, y al cual se le comunica para que elabore su defensa.

PLIEGO DE CONDICIONES. Papeles en que constan las cláusulas de una licitación, un contrato o una subasta.

PLIEGO DE POSICIONES. Es el escrito que contiene el conjunto de preguntas que una de las partes exige que les sean formuladas a otra, bajo confesión judicial.

PLURALIDAD DE EJEMPLARES. En algunos sistemas jurídicos, se exige a la totalidad de los contratos que incluyan acuerdos bilaterales que sean elaborados la misma cantidad de ejemplares para cada una de las partes que existan.

PLURALIDAD DE INSTANCIA. Régimen de organización judicial donde existen dos o una pluralidad de instancia.

PLUTOCRACIA. Término que proviene de las palabras griegas plutos, que significa riqueza, y Kratos, poder. La plutocracia se define como el gobierno que ejercen las personas que poseen poder e influencia por ser propietarias de los medios de producción que producen la riqueza en la sociedad.

POBLACIÓN. Término económico y estadístico que se refiere a la cantidad de seres humanos que habitan en un área o espacio del globo terráqueo y cuyo número de habitantes es determinado regularmente por un censo.

POBREZA. Es la forma de vida que surge por la imposibilidad económica de adquirir la capacidad y oportunidad para poder acceder a los recursos materiales fundamentales que den satisfacción a las necesidades de la población, como la alimentación, la vivienda, la educación, la salud.

PODER. Es la facultad de utilizar el aparato del Estado que posee la clase dominante para orientar, dirigir y mandar a imponer sus intereses, su voluntad o privilegios sobre otros grupos, sectores o clases sociales.

PODER ADMINISTRATIVO. Es el que tiene por función la administración del Estado.

PODER AUTÉNTICO. Autorización que una persona le concede a otra para que obre en su nombre y por su cuenta, ejecutando sus actuaciones por ante un oficial público. Por amplitud, nota que da constancia de dicho derecho.

PODER COERCITIVO DEL JUEZ PENAL. Facultad, en el control de su cargo, de solicitar la intervención de los agentes del orden público y disponer de todas las acciones que considere necesarias para el cumplimiento de los actos que ha ordenado.

PODER CONSTITUYENTE. Es el poder que tiene la función de discutir, redactar y aprobar el ordenamiento constitucional de un Estado y la facultad de revisarlo total o parcialmente cuando se presenten las circunstancias que ameriten la necesidad de hacerlo.

PODER DE DECISIÓN JURISDICCIONAL. Es el que se manifiesta a través de resoluciones judiciales, que, según los casos, pueden ser sentencias definitivas, sentencias interlocutorias, sentencias homologatorias y decretos.

PODER DE DIRECCIÓN. Fundamento primordial que ordena que, por el ordenamiento jurídico o por comisión del Estado, tiene la potestad de dirigir los actos de otro, puede impedir utilizando la fuerza que se cause daño así mismo.

PODER DE INSTRUMENTACIÓN JURISDICCIONAL. Autoridad de dar jerarquía de documento auténtico a las contiendas procesales en que participa el órgano jurisdiccional y de mantener y custodiar el conjunto de esos documentos.

PODER DE POLÍCIA. VER: POLÍCIA.

PODER DEL GOBIERNO. VER: PODERES CONSTITUIDOS.

PODER DISCIPLINARIO. Es la competencia que le corresponde al Estado sancionar a sus funcionarios cuando estos cometen faltas en el ejercicio de sus funciones.

PODER DISCRECIONAL. Facultad que posee una autoridad para actuar libremente, por motivo de que el comportamiento a acatar no ha sido establecido con antelación por el ordenamiento jurídico.

PODER EJECUTIVO. Es uno de los tres poderes fundamentales del Estado y se vale de diferentes organismos para planificar, y evaluar las políticas requeridas para gobernar a una nación. En los estados donde existe la explotación del hombre por el hombre, su rol esencial es realizar labores represivas y fiscales. En la futura sociedad socialista este poder se caracterizará por implementar el desarrollo de la economía y la cultura para que satisfagan las necesidades materiales y espirituales de la clase trabajadora.

PODER EN JUSTICIA. Encargo otorgado a un profesional del derecho para que represente a una parte en un juicio

PODER ESPECIAL. Es un instrumento legal escrito rubricado por una persona, en la que le otorga el poder a otra persona para que lo represente en un acto o en varios actos específicos.

PODER GENERAL. Es el que se concede para la totalidad de los negocios del mandante, pero únicamente a los que se refieren a los actos de administración.

PODER JERÁRQUICO. Facultad que posee el poder jerárquico para investigar a sus subalternos, con la potestad de suspenderlos y anular o modificar los actos jurídicos que estos no hayan realizado.

PODER JUDICIAL. Es otro de los poderes esenciales del Estado. Tiene por función administrar justicia en la sociedad mediante la aplicación del marco legal por el cual se rige. En los estados explotadores, los aparatos de justicia tienen la función de encubrir los atropellos y arbitrariedades que cometen las clases dominantes para defender sus intereses. En el socialismo, las instituciones judiciales defenderán el ordenamiento jurídico, amparadas en la voluntad de la ley y en los intereses legítimos de los ciudadanos.

PODER LEGISLATIVO. Es otro de los poderes fundamentales del Estado. Ejerce la labor de redactar, discutir y aprobar las normas jurídicas que rigen las actividades del Estado. En las sociedades basadas en la explotación, el pueblo no participa en la elaboración, interpretación y cumplimiento de las leyes. Este derecho, de participar en la aprobación del régimen jurídico, es de uso exclusivo de las clases dominantes. Únicamente en las sociedades socialistas, que serán regímenes basados en el orden legal, podrá el pueblo participar activamente en la función de crear las normas de los órganos del Estado.

PODER MODERADOR. Nombre con el cual se designa a los jefes de estado en los sistemas monárquicos constitucionales y en las repúblicas parlamentarias.

PODER PARA COBRAR DEUDAS. Procedimiento que no abarca el de demandar a los deudores, ni recibir una cosa por otra, ni hacer novaciones y remisiones

PODER PARA CONTRAER UNA OBLIGACIÓN. Encargo que abarca el de cumplirla, siempre y cuando el solicitante haya entregado al representante la cantidad monetaria o el bien que salda la deuda.

PODER PARA JUZGAR. Es la suma de la competencia más la atribución que debe tener un magistrado para conocer eficientemente, de un asunto y darle solución al mismo.

PODER PÚBLICO. VER: PODERES CONSTITUIDOS.

PODER REGLAMENTARIO. Facultad que posee una autoridad gubernativa o administrativa para dictar disposiciones generales en asuntos no legislados o como complementos para los objetivos de aplicación de una norma jurídica.

PODERDANTE. VER: MANDANTE.

PODERES CONCURRENTES. Concentración de atribuciones del gobierno central de la nación y los gobiernos concurrentes.

PODERES CONSTITUIDOS. Son poderes que emanan de la Constitución y su ámbito de competencia está señalada en ella. De acuerdo con el mecanismo de la división tripartita de poderes, se dividen en el Poder Legislativo, encargados de elaborar las normas jurídicas; el Poder Ejecutivo, que ejerce las labores de gobierno; y el Poder Judicial, responsable de impartir la justicia.

PODERES DELEGADOS. Cesión de ciertas atribuciones que hacen los más altos poderes políticos en favor de los poderes de menor rango.

PODERES DEL ESTADO. VER: PODERES CONSTITUIDOS.

PODERES FÁCTICOS. Son los poderes ejercidos violenta, ilegal, ilegítima o indebidamente por personas o grupos que dominan ciertas áreas de la vida de la sociedad. Intervienen en los asuntos públicos de una nación y los distorsionan con la finalidad de ponerlos al servicio de sus intereses particulares, lo cual trae graves consecuencias contra el interés nacional.

PODERES PÚBLICOS. VER: PODERES CONSTITUIDOS.

POLARIZACIÓN. Es el proceso mediante el cual la población que posee el derecho de ejercer el voto se inclina mayoritariamente a darle su total apoyo a dos de los partidos que participan en la contienda electoral.

POLÉMICA. VER: CONTROVERSIA.

POLIARQUÍA. Palabra de origen griego que hace referencia al régimen de gobierno en el cual el poder lo ejerce una gran cantidad de personas.

POLICÍA. Es una de las organizaciones de hombres armados que componen la fuerza pública del Estado. Surge cuando la sociedad se divide en clases sociales, pero se coloca por encima de ellas y la utilizan las clases dominantes para reprimir a las clases que atenten contra su sistema de dominación.

POLICÍA DE COSTUMBRES. Instrumento especial con poder de policía que tiene por función cuidar la moral pública.

POLICÍA DE ESTRADOS. Agrupación policial que tiene bajo su dirección vigilar los estrados judiciales.

POLICÍA JUDICIAL. Es el cuerpo encargado de investigar los actos delictivos que se cometen, determinar quien fue el autor o los autores de la violación a la ley para detenerlos y ponerlos a disposición de la justicia.

POLICÍA MILITAR. Grupo de las fuerzas armadas que posee funciones policiales.

POLICÍA MUNICIPAL. En la República Dominicana tiene por función cuidar los parques y cementerios, vigilar para que las aceras no sean ocupadas y proteger la tranquilidad de las actividades de las alcaldías.

POLIGAMIA. En la mayoría de las naciones es el delito que se comete cuando una persona que está casada contrae matrimonio con otra o varias siendo estos matrimonio nulos de pleno derecho. En algunas naciones donde predomina la religión islámica, la poligamia es legal solo para las personas del sexo masculino.

POLÍGAMO. Es la persona que tiene varios cónyuges a la vez.

POLÍTICA. VER: CIENCIA POLÍTICA.

POLÍTICA ECONÓMICA. Es el conjunto de medidas, leyes, regulaciones, subsidios, impuestos formulados y diseñados por los gobiernos para orientar la defensa de los intereses de la clase social que ejerce el dominio político y económico en la sociedad.

POLÍTICA FISCAL. Es una rama de la política económica que tiene por función fijar el presupuesto de una nación, estableciendo los impuestos y las variables del gasto público como puntos a considerar para preservar la estabilidad económica.

POLÍTICA INTERNACIONAL. Son las medidas implementadas por un Estado para obtener, en el plano internacional, los fines que se ha propuesto.

POLÍTICA JURÍDICA. Asignatura que se encarga de exponer el plan del futuro próximo del derecho acorde al ideal jurídico practicable en cada instante del tiempo.

POLÍTICA LABORAL. Es el establecimiento de una política que elimine o alivie, las confrontaciones que surjan de las relaciones laborales.

POLÍTICAS PÚBLICAS. Son los programas y acciones específicas elaboradas y diseñadas por las instituciones gubernamentales para implementar el uso de los recursos nacionales para buscarles solución a los diversos problemas que gravitan sobre la sociedad.

POLÍTICAS SOCIALES. Son las políticas públicas orientadas a la implementación de la prestación de servicios públicos, como la salud, la educación, la vivienda, la electricidad, el agua, los subsidios, etc, y a amortiguar las desigualdades sociales que genera el régimen capitalista.

PÓLIZA. Documento En el que se hace figurar el conjunto de las estipulaciones de un contrato.

PÓLIZA DE SEGURO. Es el instrumento legal que se utiliza como documento para garantizar la rentabilidad que obtiene un asegurado cuando realiza el pago de una prima para obtener la cobertura de un seguro.

POLIZÓN. Es la persona que viaja de manera ilegal a bordo de un barco, un avión o de otro medio de transporte.

POLIZONTE. Se designa con este término de manera despectiva a los agentes de la policía.

PONENCIA. Es una proposición que se realiza sobre un tema concreto, con la finalidad de que sea evaluada, examinada o validada por una comunidad, asamblea o institución interesada sobre el asunto.

PONENTE. Individuo que propone la exención de conductas como medio de prueba en el proceso civil, la cual se ejecuta en una audiencia que fija el magistrado simultáneamente con el auto declarativo de la apertura a prueba del proceso.

PONER EN LA PICOTA. La picota es una institución del derecho penal español donde se hace justicia públicamente. Se origina en el año 1256, durante el reinado de Alfonso el sabio y exhibe las cabezas de los reos ajusticiados para asustar a los que estén pensando en cometer un delito.

POR ANTE. Expresión que se emplea en algunos actos de los funcionarios públicos y judiciales, para señalar que dan fe de lo declarado o sucedido ante ellos.

POR AVAL. Modo de expresar la garantía en una letra de cambio, debiendo ser rubricado por el avalista.

POR DERECHO PROPIO. Vocablo utilizado generalmente en los escritos judiciales para señalar que se lleva a cabo personalmente, o sea, sin la intervención de un apoderado o un mandatario.

PORCIÓN. Cuota individual de una cosa que corresponde a cada participante en un reparto o distribución.

PORCIÓN DISPONIBLE. Fracción de la herencia con la que la persona que hace el testamento puede hacer los traspasos que crea necesarios o mejorar con ellas a su legítimos herederos.

PORCIÓN VACANTE DEL COLEGATARIO. Escenario que se proyecta cuando se presenta el derecho de acrecer, por lo que la cuota disponible de uno a quien se le ha legado una cosa junto con otros u otros, en conformidad con la cuota que a cada uno de ellos les corresponde tomar en el legado.

PORNOGRAFÍA. Es todo el material que representa actos sexuales con la finalidad de incitar la excitación sexual del destinatario.

PORTADOR. Es el individuo a favor del cual se ha transferido un título de crédito, que también recibe el nombre de papel de comercio.

PORTAVOZ. VER: VOCERO.

PORTE. Traslado de mercancía de un sitio a otro por un precio acordado.

PORTERO. Vigilante de un inmueble con cargos añadidos de limpieza de las áreas comunes.

POSADA. VER: CONTRATO DE HOSPEDAJE.

POSEEDOR. Es la persona que pudiendo ser el dueño legítimo de una cosa, la tiene en su poder.

POSEER. Se da esta situación cuando una persona se considera propietaria de una cosa, desconociendo que pertenece a otra.

POSESIÓN. Es una circunstancia de hecho, que le permite a una persona tener una cosa en su poder, para usarla y disponer de ella con el objetivo de obtener la propiedad por caducidad con el transcurso del tiempo.

POSESIÓN ACTUAL. Es la que se ejercita de hecho evidentemente al instante o en el instante de producirse una contienda.

POSESIÓN ANUAL. Es la que tiene por duración un año.

POSESIÓN CIVIL. Es la obtenida de buena fe y de acuerdo con el ordenamiento jurídico.

POSESIÓN CLANDESTINA. Es la que se obtiene para ocultarla, de su legítimo o legítimos propietarios.

POSESIÓN COMÚN. Circunstancia que se origina cuando dos o una pluralidad de personas se apoderan en común de una propiedad y cada una de ellas rinde cuentas de la buena o mala fe de su posesión.

POSESIÓN CONJUNTA DE COSA INDIVISIBLE. Asunto que se genera cuando dos o más personas se apoderan en común de un bien indivisible, por lo que cada una de ellas obtiene la posesión de todos los bienes.

POSESIÓN CONTINUA. Usufructo conservado sin suspensión, que propicia la usucapión.

POSESIÓN DE BUENA FE. Es la que se tiene cuando se desconoce que sea lícito su título o su forma de adquirir.

POSESIÓN DE COSA INMUEBLE. Es un procedimiento legal por medio del cual se obtiene por la costumbre ejecutada por actos materiales del que entrega un bien con la aprobación del que la recibe, con la aceptación del que la entrega.

POSESIÓN DE COSA MUEBLE. Procedimiento legal por el que se adquiere exclusivamente por la costumbre entre individuos capaces, aceptando el actual poseedor la cesión de la posesión.

POSESIÓN DE COSA PERDIDA. Circunstancia que se presenta mientras exista la esperanza posible de encontrar el objeto perdido.

POSESIÓN DE ESTADO. Es la figura que le confiere a una persona el derecho de ser titular o poseer un estado civil específico y consiste en disfrutar de hecho de las prerrogativas propias de ese estado, así como de corresponder de las obligaciones que de él se deriven.

POSESIÓN DE HERENCIA. Manifestación del magistrado competente a favor del heredero, que involucra la continuación de la persona del fallecido y es propietario, acreedor o deudor de todo lo que le pertenecía al difunto como propietario, acreedor o deudor, con exclusión de aquellos derechos que no son transferibles por sucesión.

POSESIÓN DE LA COSA. Es el goce de un derecho por un individuo que tiene, deseo de hacer la cosa propiedad suya.

POSESIÓN DE MALA FE. Es la que se tiene sabiendo que el título o la forma de adquirirla son ilegítimas.

POSESIÓN DEFINITIVA. Es la que se origina de una sentencia de adjudicación por el modo de distribución.

POSESIÓN EFECTIVA. Es un procedimiento que determina quienes son los herederos de una persona que ha fallecido, para que se pueda establecer cuales son los bienes que forman parte de la herencia y para que se determine la forma en que los herederos puedan disponer de los bienes que han heredado.

POSESIÓN EQUÍVOCA. La litigiosa en cuanto a la legalidad o actitud del poseedor; como falsificar documentos, que pueden ser ejercicio de propiedad.

POSESIÓN HEREDITARIA. Certificación debido a la cual se puede ejercitar la totalidad de los derechos que le pertenecen al heredero.

POSESIÓN ILEGÍTIMA. Es la que carece de título, la que se apoya en un título nulo, la obtenida de manera insuficiente para generar derechos reales y la obtenida de quien carecía de derecho para poseer la cosa o a transferirla.

POSESIÓN IRREGULAR. Es la que proviene de la mala fe y en consecuencia posee un título no justo.

POSESIÓN JUDICIAL. Es aquella que se consigue, recobra o atesora por sentencia emitida por un tribunal.

POSESIÓN LEGAL. Es la que es establecida o determinada por el régimen jurídico.

POSESIÓN LEGÍTIMA. Es la condición que se evidencia cuando el uso de un derecho real está integrado en armonía con el régimen legal.

POSESIÓN PACÍFICA. Es la que no ha sido obtenida utilizando métodos violentos.

POSESIÓN POR ABUSO DE CONFIANZA. Es la que se conserva a pesar de haberse aceptado la cosa con la obligación de devolverla.

POSESIÓN POR TERCERO. Apropiación que se genera a través de otra persona que realiza la apropiación de la cosa con la finalidad de obtenerla para el gestor.

POSESIÓN PRECARIA. Es la que tiene por base una certificación precaria predestinada a extinguirse o anularse.

POSESIÓN PRESUNTA. Es la que se disfruta por medio de las autoridades legales, con la autonomía de la voluntad y siempre y cuando el poseedor esté al tanto de esto, pero solo se utiliza para la vivienda de interés social, cuando el inquilino de una propiedad inmobiliaria deja cumplir con su obligación por el espacio de un año.

POSESIÓN PRO INDIVISO. Es la que pertenece a dos o más personas, donde a cada una le pertenece una porción del bien, de modo que cada uno goza incompletamente del bien sin especificar qué porción del bien es de su propiedad.

POSESIÓN SEPARADA. Acontecimiento que se genera cuando el objeto cuya posesión se va a obtener se encuentra mezclados con otros, por lo que es imprescindible para la obtención de la posesión que se ha aislado y señalado distintamente.

POSESIÓN VICIOSA. Es la que se obtiene de forma clandestina, por mala fe, por abuso de confianza y utilizando métodos violentos.

POSESIÓN VIOLENTA. Es la que se obtiene mediante el uso de la fuerza.

POSFECHA. Fecha posterior a la verdadera del acto documentado, lo que significa la comisión de un acto delictivo.

POSICIONES. Aseveraciones sobre acontecimientos contencioso introducidos por escrito por una de las partes, aisladas e individualizadas, con la finalidad de provocar una respuesta de la parte adversa en la cual ésta exponga que la reconoce o la niega.

POSSESOR JURIS. Vocablo latino que significa: "poseedor de un derecho."

POSTOR. Licitador que hace una oferta de compra en una subasta.

POSTULACIÓN. Es la estipulación que se exige, para un comportamiento lícito en el procedimiento, además de la competencia el auxilio de las partes por profesionales calificados del derecho.

POSTULAR. Recomendar un candidato para un cargo electivo.

PÓSTUMO. Es la obra que se da a conocer al público después del fallecimiento de su autor.

POSTURA. Cantidad de dinero que se ofrecen por las cosas que se venden en una subasta, en un remate o en almoneda.

POTESTAD. Es un derecho, un poder y un deber, por que el que lo detenta puede actuar sobre las personas para que estas cumplan con sus obligaciones e incluso utilizar la fuerza pública contra las que se nieguen a obedecerle ya que la persona que la detenta está en la obligación de ejercerla, por lo tanto no la puede rechazar.

POTESTAD MARITAL. Poder que algunos sistemas jurídicos, le atribuyen al marido en lo concerniente a los bienes y a la persona de su esposa.

POTESTAD PATERNA. VER: PATRIA POTESTAD.

POTESTAD POTESTATIVO. Es lo que en las atribuciones de uno está hacer o dejar de hacer.

PRÁCTICA. Es la actividad humana que posee la capacidad de transferir las creencias y proyectos de la realidad para cambiar y transformar la naturaleza y la sociedad.

PRÁCTICA CONTRA LA LEY. Borrador tradicional contra precepto escrito en vigor, y que el legislador no acepta.

PRÁCTICA FORENSE. Ejercicio de la profesión del derecho, de la judicatura o de algunas otras de las tareas vinculadas con el trámite de los juicios en las diferentes demarcaciones.

PRAGMATISMO JURÍDICO. Es la conducta apreciativa del derecho amparada en la proveniente experiencia de los fundamentos planteados o de los preceptos y normas dictadas.

PREÁMBULO. Es el discurso introductorio que antecede a las leyes o a una Constitución y también se utiliza este término para designar a la ponencia de motivos y considerandos.

PREAVISO. En materia laboral es el periodo de tiempo en el cual una de las partes en el contrato de trabajo, ya sea el patrono o el empleado, debe comunicarle a la otra de ponerle fin al contrato de trabajo sin dar ninguna explicación.

PREBOSTE. Individuo que preside o gobierna una comunidad.

PRECEDENTE. Dictamen administrativo o sentencia judicial semejante y previa al procedimiento que se propone y que se alega como sustento de la demanda.

PRECEPTO. Es el artículo o disposición que forma parte de un cuerpo legal.

PRECEPTOS DEL DERECHO. Son los fundamentos que iluminan el régimen jurídico.

PRECIO. Es la suma de dinero que valen todos los bienes y servicios que se encuentran a la venta en el mercado.

PRECIO AFECTIVO. Es el que un objeto tiene para una persona por la nostalgia personal que le recuerda o por haber sido propiedad de uno o de varios de sus seres queridos.

PRECIO BRUTO. Es el precio inicial al cual no se le ha hecho ningún descuento o agregados los impuestos.

PRECIO CIERTO. Es el que estriba en una cantidad de dinero o se refiere a otro objeto cierto.

PRECIO CORRIENTE. El más frecuente son los bienes y servicios. En el sitio y tiempo en que se señale.

PRECIO DE COSTO. Es la cantidad de dinero que equivale a la fabricación de un bien o a la prestación de un servicio.

PRECIO DE MONOPOLIO. Es el poder absoluto que posee el monopolista para establecer el precio de los bienes y servicios que se venden en el mercado.

PRECIO DE REPOSICIÓN. Es la suma de dinero que se debe pagar para restituir los productos que se han agotado.

PRECIO FIJO. Es el valor que posee un producto y que no varía.

PRECIO JUSTO. Costo que atañe a la similitud de beneficio y compensación.

PRECIO LEGAL. Es el que no puede sobrepasar el que el régimen jurídico o la administración han fijado.

PRECIO MÁXIMO. Es el valor por encima del cual la ley prohíbe que se compren o vendan productos en el mercado.

PRECIO MÍNIMO. Tope menor al que puede llegar un valor.

PRECIO NATURAL. Es la suma de dinero que cuesta producir los productos sin agregarle los beneficios.

PRECIO NETO. Es el valor que cubre el costo de la fabricación de los productos, que incluye las ganancias que se obtendrán y que refleja los impuestos que se emplean en las ventas.

PRECIO NOMINAL. El de los bienes y servicios cuando además necesita gastos extras, como los de transportación.

PRECIO VIL. Es el valor claramente menor al del mercado y que es producto de un vicio del consentimiento o del desconocimiento.

PREDIO. Es una propiedad de carácter inmobiliario que está formada por una porción de terreno determinada, en tanto, tal determinación, que recibe el nombre de linde, puede encontrarse concretizada físicamente por medio de mojones, valla o cualquier otro medio destinado a delimitar, o en su defecto, el linde puede encontrarse asentado en una escritura pública de propiedad.

PREDIO DOMINANTE. Rendimiento del cual hay instaurado un derecho.

PREDIO INFERIOR. El ubicado aguas abajo con relación a otro, que por esto es el predio superior.

PREDIO RÚSTICO. Es el que está situado fuera de las áreas urbanas y que se dedica a actividades agropecuarias.

PREDIO SIRVIENTE. Es la propiedad inmobiliaria que está gravada con una servidumbre.

PREDIO SUBURBANO. Porción de terreno que está ubicado en las afueras o cerca de la zona urbana.

PREDIO URBANO. Es aquel que tiene acceso a los servicios municipales de agua, cloacas, calles, asfaltos, alumbrado eléctrico, recogida de basura.

PREFECTO. Se designa con esta palabra a una autoridad del gobierno.

PREFECTURA. Es un área territorial de una nación que está sometida a la autoridad de un representante del gobierno.

PREGUNTA. Es la formulación que las autoridades competentes le hacen al principal o principales sospechosos acusados de cometer una acción delictiva.

PREGUNTA CAPCIOSA. Son aquellas frases en las cuales se emplean el engaño y la mentira, para poner al descubierto la verdad.

PREGUNTAS IMPERTINENTES. Es la que es realizada inoportunamente por no tener relación con los acontecimientos acontecidos o con el declarante.

PREGUNTA SUGESTIVA. Es aquella en que en su planteamiento da a entender la respuesta que le sugiere al declarante.

PREGUNTA RECÍPROCA. Es aquella que las partes se pueden hacer mutuamente siempre y cuando lo autorice el magistrado. Este también podrá interrogarlas de oficio, sobre todos los incidentes que conduzcan al esclarecimiento del caso.

PREJUDICIAL. VER: CUESTIÓN PREJUDICIAL.

PREJUICIO. Conducta antisocial discriminatoria que se basa en una visión distorsionada de la realidad para elaborar un juicio u opinión sobre una persona, grupo o acontecimiento, sin tener suficientes argumentos que avalen la formación de la opinión. La consecuencia es la emisión de juicios de rechazo y aceptación ciegos, temerarios y calumniosos.

PREJUZGAR. Es elaborar un juicio sobre una persona o cosa antes de conocerla.

PRELACIÓN. Es la preeminencia que tienen unas leyes sobre otras. También es la preferencia que tiene una persona sobre otra.

PRELEGADO. Es un legado instaurado en favor de cualquiera de los herederos que convergen a la herencia en cuya persona gravita al mismo tiempo la condición de heredero y legatario.

PRELIMINAR. Que se utiliza como introducción para tratar un asunto o una materia.

PREMEDITACIÓN. Circunstancia que empeora la responsabilidad penal del imputado y que consiste en planificar y organizar la forma de ejecutar un acto contrario al régimen jurídico.

PREMIO. Es una condecoración, un honor o una remuneración que se le concede a alguien por algún mérito o servicio.

PREMIER. VER: PRIMER MINISTRO.

PRENDA. Es un bien mueble que un deudor entrega en garantía a su acreedor para que este lo tenga en su poder hasta que el deudor salde su deuda.

Si el deudor no cumple con su obligación, al acreedor le asiste el derecho de quedarse como propietario del bien mueble que le fue entregado como prenda.

PRENDA AGRARIA. La que se establece como garantía especial de préstamos de sumas monetarias cuando las cosas sobre las que gravita son objetos utilizados para la explotación rural.

PRENDA CIVIL. Es un contrato accesorio, que tiene por finalidad garantizar el acatamiento de una obligación.

PRENDA COMERCIAL. Es aquella través de la cual el deudor o un tercero a su nombre, suministra al acreedor un objeto mueble, para que garantice una operación comercial.

PRENDA CON REGISTRO. Es la que se constituye para salvaguardar el pago de una cantidad de dinero o el acatamiento de cualquier tipo de obligaciones a los que los contribuyentes le asigna las consecuencias de las garantías prendaria, una cuantía consistente en una cantidad de dinero.

PRENDA CON DESPLAZAMIENTO. Es aquella por medio de la cual el deudor cede el goce de un bien mueble al acreedor, con la intención de crear un respaldo en el abono del crédito que se debe.

PRENDA DE CRÉDITO. Facultad establecida sobre un crédito que exige que el contrato, para que la prenda quede establecida, debe ser comunicado al deudor del crédito dado en prenda y traspasarse el título al acreedor, o aun tercero aunque él sea mayor que la deuda.

PRENDA DE LA COSA AJENA. Facultad que, aun cuando no altere el objeto, genera a pesar de ello obligaciones entre las partes.

PRENDA FLOTANTE. Es la que se establece sobre las mercancías y materias primas, que son propiedad de un establecimiento comercial o industrial para asegurar el cumplimiento de las obligaciones contraídas. Esta clase de prenda atañe a los objetos que han sido originalmente prendados y a los que se derivan de su modificación.

PRENDA IRREGULAR. Es la que se establece sobre sumas de dinero u objetos fungibles.

PRENDA SIN DESPLAZAMIENTO. Es la clase de prenda que no tiene que ser entregada al acreedor y que por lo tanto permanece en poder del deudor.

PRENSA. VER: MEDIOS DE COMUNICACIÓN.

PRENSA AMARILLA. Es el sector periodístico que está al servicio de la clase dominante. Por tanto, comercializa la información vende sus titulares, sus columnas de opinión y editoriales y no publica nada que perjudique al grupo económico que paga por su publicidad. Se calla la verdad. Presenta una imagen distorsionada de la realidad y, con ello, vulnera el derecho de los ciudadanos a ser informados con la verdad.

PREPOTENCIA. Esta actitud ---que la asumen las naciones y los seres humanos que gozan de poder y control--- la expresan los prepotentes al considerarse dueños de la verdad absoluta, al alterarse contra ellos que tienen una opinión contraria a la suya, al defender sus puntos de vista a través de la violencia y al buscar siempre que sus opiniones prevalezcan por encima de las demás.

PRERROGATIVA. VER: PRIVILEGIO.

PRESA. Es el ser humano que ha sido privado de su libertad y por lo cual está recluido en una cárcel. También se designa con este nombre a los objetos que han sido robados.

PRESCRIPCIÓN. Es la adquisición de pérdidas o de derechos causados porque ha transcurrido una cierta cantidad de tiempo.

PRESCRIPCIÓN ADQUISITIVA. VER: USUCAPIÓN.

PRESCRIPCIÓN CIVIL. Es la que se genera por la actividad del acreedor durante el plazo establecido por la ley que tiene por consecuencia despojar al acreedor del derecho de demandar al deudor ante los tribunales para que cumpla con la obligación.

PRESCRIPCIÓN CRIMINAL. Es la cesación de la pena y del acto delictivo por haber transcurrido el periodo de tiempo que está establecido en el régimen jurídico.

PRESCRIPCIÓN DE ACTO ANULABLE. Acto de nulidad, cuando se trate de actos nulos o anulables.

PRESCRIPCIÓN DE ACTO JURÍDICO. Acto de nulidad de los actos jurídicos, por coacción, amenaza, dolo, o falso motivo desde que la coacción o la amenaza ha cesado y desde que el , o el falso motivo fue conocido.

PRESCRIPCIÓN DE COSA MUEBLE. Facultad de la persona que ha disfrutado con buena fe, aunque sea robada, perdida y aunque se trate de bienes muebles cuyo traspaso exija títulos con registros existentes o por existir

PRESCRIPCIÓN DE DEUDAS EXIGIBLE. Acto personal que se exime por el paso del tiempo.

PRESCRIPCIÓN DE GARANTÍA. Acto de depuración de los créditos condicionales y de los que son a término cierto, que se inicia el día de la evicción, del cumplimiento de la condición, o del vencimiento del término.

PRESCRIPCIÓN DE HERENCIA. Potestad de seleccionar entre la aceptación y renuncia de la herencia que se pierde por el paso del tiempo desde la fecha en que quedó abierta la sucesión.

PRESCRIPCIÓN DE HIPOTECA. Facultad que desaparece para el acreedor desde que fue registrada.

PRESCRIPCIÓN DE HONORARIO PROFESIONAL. Compromiso de pagar a los jueces, abogados y toda clase de empleados en la administración de justicia sus remuneraciones, las cuales se pierden desde que finaliza el litigio.

PRESCRIPCIÓN DE INMUEBLE. Facultad que se obtiene por el disfrute continuo con la intención de obtener la cosa para sí, sin necesidad de título o buena fe por parte del usufructuario, salvo las disposiciones para la servidumbre para cuya prescripción se necesita título.

PRESCRIPCIÓN DE LA ACCIÓN PENAL. No se puede iniciar esta acción una vez haya pasado determinado tiempo desde que fue cometido el acto delictivo.

PRESCRIPCIÓN DE LA PENA. Es una de las razones por la cual se extingue la acción penal.

PRESCRIPCIÓN DE PARTICIÓN DE HERENCIA. Acción que no se puede llevar a cabo mientras continúe el estado de indivisión.

PRESCRIPCIÓN DE PENA DE MULTA. Acto que libera al castigado por el paso del tiempo.

PRESCRIPCIÓN DE PENA DE RECLUSIÓN TEMPORAL. Acto que pone en libertad al reo por el paso de un tiempo igual al del castigo.

PRESCRIPCIÓN DE PETICIÓN DE DIVISIÓN DE LA HERENCIA. Acto que se ejercita contra el coheredero que ha detentado la totalidad o una porción de ella en nombre propio.

PRESCRIPCIÓN DE REIVINDICACIÓN. Acto que pertenece a los herederos legítimos, contra los terceros adquirientes de propiedades inmobiliarias incluidas en una donación, expuesta a disminución por abarcar una porción de la reserva hereditaria del heredero, que sólo se cuenta a partir del fallecimiento del donante.

PRESCRIPCIÓN DE LA RENDICIÓN DE CUENTAS. Responsabilidad que empieza a computarse desde el día que los requeridos cesan de ejercer sus respectivas funciones.

PRESCRIPCIÓN DE RESPONSABILIDAD CIVIL EXTRACONTRACTUAL. Acto de compensación que caduca por el paso del tiempo desde que se originó el acontecimiento dañoso.

PRESCRIPCIÓN DE SERVIDUMBRE. Abolición del privilegio por ausencia de uso durante un lapso de tiempo, aunque sea originado por un caso fortuito o de fuerza mayor.

PRESCRIPCIÓN DEL CONTRATO DE SEGURO. Acto que se empieza a contar desde el momento en que se produjo el acontecimiento dañoso.

PRESCRIPCIÓN DEL CONTRATO DE SEGURO DE VIDA. Acto que se empieza a contar para el beneficiado desde que se tiene conocimiento de la existencia del beneficio.

PRESCRIPCIÓN DEL DESPOJO. Acto de rehusar el despojo que se calcula desde el día del suceso al poseedor, o desde el día que él tuvo conocimiento del despojo al que poseía por él.

PRESCRIPCIÓN DEL FISCO. Privilegio que expira por el paso del tiempo para recaudar las contribuciones que ha establecido la legislación aduanera.

PRESCRIPCIÓN DEL MENOR. Acto que se inicia cuando el menor ha alcanzado la mayoría de edad contra su custodio, por los acontecimientos de la tutela, corre en caso de fallecimiento, contra sus herederos ausentes.

PRESCRIPCIÓN EN LAS OBLIGACIONES. Estas prescriben cuando no son reclamadas durante el tiempo establecido por la ley por el acreedor o por incumplimiento del deudor.

PRESCRIPCIÓN EXTINTIVA. Se genera por la inactividad del acreedor durante el plazo establecido por cada régimen jurídico acorde al carácter de la obligación de que se trate y tiene por consecuencia de despojar al acreedor del derecho de demandar en justicia al deudor para que este cumpla con la obligación que contrajo.

PRESCRIPCIÓN EXTRAORDINARIA. Es aquella que posibilita la adquisición de un beneficio a través de largos plazos, aunque no exista la buena fe ni el justo título.

PRESCRIPCIÓN LIBERATORIA. VER: PRESCRIPCIÓN EXTINTIVA.

PRESCRIPCIÓN ORDINARIA. Es aquella que no necesita de plazos especialmente largos, ya que existe el justo título o la buena fe.

PRESCRIPCIÓN PERENTORIA. Es la que se origina ahora, o sea, desde el instante en que se convierte en poseedor.

PRESENTACIÓN. Todo asentamiento judicial del litigio ante las autoridades administrativas.

PRESENTACIÓN AL COBRO. Privilegio de ser mostrada la letra de cambio por el portador para la aceptación por el girado en el domicilio señalado, hasta la fecha del vencimiento.

PRESENTACIÓN CONJUNTA DE LA ACCIÓN PROCESAL. Demanda y contestación introducida en la misma acción por el demandante y el demandado, de común acuerdo con el magistrado, ofreciendo la evidencia en el mismo escrito.

PRESENTACIÓN DE PODER. Representante que debe demostrar su personalidad desde la primera tramitación que realice en nombre de sus poderdantes, con la correspondiente escritura de poder pero, cuando se solicita un poder general o especial para una pluralidad de actos, se debe demostrar añadiéndole una copia íntegra rubricada por el apoderado.

PRESENTACIÓN DEL CHEQUE. Exposición física del cheque a la exposición bancaria girada con la petición de pagar al representante la cantidad por él indicada.

PRESENTIMIENTO. Presagio o sospecha de que algún acontecimiento se va a producir.

PRESIDENCIALISMO. Es el régimen de organización política donde predomina la figura del Presidente de la República, que es el jefe del Estado y también el jefe del gobierno. Concentrando los poderes políticos y administrativos correspondientes al Poder Ejecutivo, más los poderes representativos inherentes a la jefatura del estado.

PRESIDENTE. Título con el cual se designa a la persona que dirige una reunión, asamblea o institución. También se designa con este término al titular de un órgano público colegiado, como por ejemplo, los presidentes respectivos del Congreso, Senado, Cámara de Diputados, Suprema Corte de Justicia o Corte Suprema, Tribunal Constitucional y otros.

PRESIDENTE DE LA REPÚBLICA. Es el funcionario público que en los regímenes republicano suele ejercer las funciones de jefe de Estado o de Gobierno. Por lo general este funcionario es electo por el pueblo en unas "elecciones libres", el Congreso o el Parlamento, por un periodo que dictamina el régimen jurídico de la nación donde se produce la elección.

PRESIDIARIO. Persona que cumple una condena penal en un centro penitenciario.

PRESIDIO. Centro penitenciario donde los sentenciados cumplen la condena que les han sido impuestas por los tribunales penales.

PRESO. Es el individuo que ha sido detenido porque se sospecha que ha cometido un acto que ha violado la ley, o porque se ha emitido una orden de prisión preventiva contra su persona.

PRESO DE CONCIENCIA. Es la persona, que no ha utilizado la violencia ni a respaldado su empleo, y que son recluidas en prisión por motivos de creencias religiosas, su origen étnico, sexo, raza o idioma.

PRESO POLÍTICO. Es el que ha sido detenido o encarcelado por motivos exclusivamente políticos.

PRESTACIÓN. Es el convenio que se instaura a través de un contrato entre dos personas. De esta forma, una de ellas debe conseguir un servicio o un objeto en cuestión de la segunda porque así ha sido establecida en el pacto legal que ambas partes firmaron.

PRESTACIÓN ANUAL. Potestad del deudor en prestaciones alternativas anuales de que la elección que fue constituida para un año no atañe a los demás.

PRESTACIÓN DE ALIMENTOS. Potestad jurídica que posee una persona, para reclamarle a otra, los medios necesarios que necesita para subsistir, debido a los lazos de parentesco que los unen.

PRESTACIÓN LABORAL. Es la bonificación que un patrono les concede a sus trabajadores como complemento del salario que perciben los trabajadores.

PRESTACIÓN PERSONAL. Beneficio que se paga con trabajo, es uno de los modos de la renta precapitalista de la tierra, durante el régimen del feudalismo fue uno de los modos más divulgados de explotación de los campesinos por los señores feudales. En el régimen del feudalismo, el campesino trabajaba con sus propios instrumentos de trabajo gran parte de la semana para el señor feudal, los demás días de la semana, trabajaba en el terruño de tierra que le había dado el señor feudal.

PRESTAMISTA. Es la persona o institución que se dedican a prestar determinadas sumas de dinero cobrando por ellos altos intereses.

PRÉSTAMO. Es una operación a través de la cual una persona o institución financiera entrega a otra persona o entidad una determinada cantidad de dinero por medio de un contrato, debiéndose devolver ese dinero en un lapso de tiempo establecido y de pagar los intereses que fueron convenidos.

PRÉSTAMO A LA GRUESA O A RIESGO MARÍTIMO. En el comercio marítimo, es la clase de contrato a través de la cual una persona o institución le presta a un naviero determinada suma de dinero u otros bienes, expuestos a riesgos marítimos, con el requisito de que sucumbiendo estos bienes pierda el prestamista la cantidad de dinero que prestó, y en el caso de llegar estos bienes al puerto de destino se le reembolsa la suma prestada más los intereses acordados.

PRÉSTAMO BANCARIO. Es la operación que se inicia cuando una persona o una entidad acuden a una institución bancaria para solicitar una suma de dinero prestada. Al recibir la solicitud, el banco evaluará la capacidad de los solicitantes y aprobará la entrega de cierta cantidad de dinero con la condición de que se establezca una forma de pago para devolver el dinero más los intereses que se acordaron para pagar el dinero prestado.

PRÉSTAMO DE USO. VER: COMODATO.

PRESTANOMBRE. Es el apoderado que procede por cuenta de determinada persona, pero prescindiendo esa condición, o sea, procediendo como si lo realizara en su propio nombre e interés y ejerciendo personalmente las obligaciones del contrato.

PRESTATARIO. Es la persona o entidad que recibe una determinada suma de dinero o un objeto en calidad de préstamo.

PRESUNCIÓN. Testimonio que el orden legal da por verdadero si no existe prueba en contra.

PRESUNCIÓN DE CAUSA. Suposición del orden legal que no exige su declaración explícita mientras el deudor no pruebe lo contrario.

PRESUNCIÓN DE CAUSA DE LAS OBLIGACIONES. Fundamento que presume el procedimiento en que se han llevado a cabo estos actos jurídicos.

PRESUNCIÓN DE DOMINIO DE LA COSA MUEBLE. Fundamento a consecuencia del cual la posesión de buena fe de un bien mueble produce a favor del poseedor la suposición de disfrutar la propiedad de ella y la facultad de rechazar cualquier acto de exigencia, si el objeto no ha sido robado o perdido.

PRESUNCIÓN DE FALLECIMIENTO. Es la circunstancia que sucede cuando una persona se ausenta del lugar de su domicilio y transcurre un lapso de tiempo prolongado y no se tienen noticias de su paradero en el plazo establecido por la ley.

PRESUNCIÓN DE INOCENCIA. Es el derecho constitucional que presume que toda persona que ha sido acusada de haber cometido un crimen se la considera inocente hasta que se demuestre su culpabilidad, la cual debe ser demostrada en un juicio oral, público y contradictorio, el cual debe estar rodeado de todas las garantías que ha establecido el orden jurídico.

PRESUNCIÓN DE LA COSA JUZGADA. Es la que tiene la condición de que no se puede contrarrestar, ya que no puede ser eliminada por ninguna prueba en contrario, ni siquiera por la confesión o el juramento.

PRESUNCIÓN DE LA LEY. Reemplazo del consentimiento que proviene del régimen jurídico en los hechos que expresamente lo haya establecido.

PRESUNCIÓN DE VIDA. Es la situación que se presenta cuando se duda sobre el nacimiento con vida sobre un ser humano, por la cual se presume está, y le pertenece la carga de la prueba a quien alegue lo contrario.

PRESUNCIÓN IRREFRAGABLE. Es la clase de presunción que no puede ser refutada por una prueba en contrario.

PRESUNCIÓN JUDICIAL. Es el procedimiento lógico, que aprueba pasar de un hecho conocido a otro desconocido.

PRESUNCIÓN SIMPLE. Es la que puede ser destruida por la presentación de una prueba en contrario.

PRESUNCIÓN VIOLENTA. La establecida por pistas tan poderosas, que no dejan lugar a dudas.

PRESUNTIVO. Es el acontecimiento que se puede presumir, conjeturar, sospechar, imaginar, creer por medio de hipótesis o, que se basa en presunciones.

PRESUPUESTO. Es un elemento indispensable de la vida económica de un Estado que, por lo general, está contenido en una ley elaborada por el Poder Ejecutivo y aprobada por el órgano legislativo. Esta ley expresa la autorización concedida anualmente al gobierno para ejecutar los gastos requeridos para alcanzar los objetivos propuestos y percibir los recursos necesarios.

PRETENSIÓN. Es la imagen procesal que consiste en ejecutar una declaración de voluntad ante un tribunal, para defender un derecho o solicitar que se cumpla una obligación.

PRETERICIÓN. Es la exclusión que de uno o más herederos forzosos hace en su testamento el testante.

PRETERINTENCIÓN. Es la generación de un resultado típicamente contrario al derecho que rebasa la intención del autor de los actos, que incrementa la pena por haber producido un resultado más grave, pasando por alto su culpabilidad.

PRETOR. Era un funcionario judicial que en la antigua Roma se encargaba de administrar la justicia.

PREVARICACIÓN. Es la violación a las normas jurídicas que se comete cuando una autoridad, sin magistrado u otro funcionario público emite una decisión injustificada en un asunto administrativo o judicial a sabiendas de que dicha resolución es improcedente y contraria al ordenamiento jurídico.

PREVENCIÓN DEL DELITO. Es el conjunto de acciones de carácter político, económico, social y de seguridad orientadas a que se generen actos contrarios a la ley.

PREVENIDO. Es la persona que ha sido sometida a un juicio de carácter penal, y sobre la que todavía el tribunal apoderado no ha dictado sentencia.

PRIMA. Es el valor del seguro que ha de pagar un asegurado a una compañía aseguradora por el traspaso del riesgo bajo las garantías que estas últimas ofrecen a sus clientes durante un específico lapso de tiempo.

PRIMARIAS. Son las elecciones que se celebran en un área geográfica determinada o en el interior de un partido político para que sus votantes puedan seleccionar, entre una pluralidad de aspirantes, a sus candidatos presidenciales, congresionales, municipales y de otras posiciones de carácter electivo.

PRIMERA COPIA. Copia de un documento original otorgado por una autoridad competente al efecto: fundamentalmente el que se le entrega a una de las partes demandantes de los argumentos de la otra.

PRIMERA INSTANCIA. El primer grado jurisdiccional, en el cual se llevan a cabo los procedimientos alegatorios y probatorios de los demandantes, quedando formalizada la disputa judicial, y decidida.

PRIMO. Es la relación familiar que adquieren los hijos cuando descienden de hermanos y hermanas.

PRIMOGÉNITO. Es el hijo que nace primero en una familia.

PRINCIPADO. Es un modelo de gobierno encabezado por un príncipe, por lo general es un estado de pequeñas.

PRINCIPAL. Es lo esencial y fundamental en una relación jurídica.

PRÍNCIPE. Es un miembro de la realeza hijo del rey o del príncipe de un principado.

PRINCIPIO. Es el reglamento que toda disposición debe cumplir y que todo magistrado debe seguir para administrar una justicia justa.

PRINCIPIO DE ADQUISICIÓN. Es el motivo por el cual la totalidad de los litigantes vienen a beneficiarse o a perjudicarse por igual como consecuencia de los ingredientes aportados a la causa por cualquiera de ellos.

PRINCIPIO DE AUTORIDAD. Es la atribución que se le confiere a una persona o a varias personas para que ejerzan el gobierno o el mando de hecho o de derecho.

PRINCIPIO DE BILATERALIDAD DE LA AUDIENCIA. Es aquel que expresa, salvo excepciones restringidas, que el magistrado no podría ejercer su poder de decisión sobre un litigio, si la parte contra quien aquella ha sido planteada no ha podido ejercer su derecho de defensa.

PRINCIPIO DE CELERIDAD. Precepto que está personificado por la legislación que impide la extensión de los plazos y suprimen procedimientos procesales que son innecesarios y onerosos.

PRINCIPIO DE CONTRADICCIÓN. Es el que sostiene que ambas partes poseen el mismo derecho de ser oídos y de aportar pruebas, con el objetivo de que a ninguna de ellas les sea violado su derecho de defensa.

PRINCIPIO DE ECONOMÍA FINANCIERA DEL PROCESO. Principio a través del cual el valor de la actividad procesal no debe ser un procedimiento que esté solo al alcance de las personas que poseen mayores recursos económicos.

PRINCIPIO DE ECONOMÍA PROCESAL. Es el que implica la utilización de trámites que evitan las actuaciones innecesarias que buscan dilatar el proceso.

PRINCIPIO DE ESCRITURA EN EL PROCESO. Acorde con este fundamento que se compara con el proceso de oralidad – los tribunales conocen los propósitos y solicitudes de las partes por medio de actos escritos.

PRINCIPIO DE FORMALISMO. Fundamento a través del cual la disciplina judicial de los modos ayuda a que el órgano jurisdiccional cumpla con el cometido de fijar las formas procesales a que deberán acomodarse o cada caso específico o una serie de casos parecidos.

PRINCIPIO DE INMEDIACIÓN. Fundamento que ordena el contacto directo y personal en audiencia del magistrado con las partes envueltas en el proceso y la recepción de los diferentes medios de prueba en un periodo de tiempo determinado.

PRINCIPIO DE LEGALIDAD. Principio que tiene jerarquía constitucional y que establece que todas las actuaciones del Estado deben estar regidas por el imperio de la ley.

Cuando un Estado respeta el principio de legalidad, puede ser considerado como un Estado de derecho.

PRINCIPIO DE PRUEBA POR ESCRITO. Conjetura procesal referida a cualquier escrito público o privado que procede del adversario, de su autor o de parte interesada en la controversia o que tendría interés si estuviera vivo en una contienda judicial.

PRINCIPIO DE PUBLICIDAD. Fundamento que implica la oportunidad de que los actos procesales sean presenciados por personas que no están involucradas en el proceso como litigantes.

PRINCIPIOS DE LA TERRITORIALIDAD DE LA LEY. Este concepto hace relación al punto de vista de conexión de una norma con un territorio. En virtud de este punto de vista del empleo de las leyes, se considera que una ley admitida en un área territorial tiene vigencia en el mismo.

PRINCIPIOS GENERALES DEL DERECHO. Fundamento de la ciencia jurídica el cual se debe invocar cuando una cuestión civil no puede ser solucionada por el régimen jurídico vigente.

PRIORIDAD. Es cuando el régimen jurídico prioriza los intereses sociales sobre los individuales.

PRISIÓN. Es la cárcel o centro penitenciario donde se encuentran recluidas las personas a las cuales se les ha suspendido sus derecho a la libertad; ya sea como detenidos, procesados o condenados.

PRISIÓN PREVENTIVA. Llamada también prisión provisional, es la orden dictada por un juez de suspenderle su derecho a la libertad a una persona que está siendo investigada criminalmente hasta que llegue el momento en que se le celebrará su juicio o mientras dure el mismo.

PRISIÓN SUBSIDIARIA. Condena a una pena corta, de suspensión de libertad, cuando el penado no quiere o no se encuentra en condiciones de pagar la multa.

PRISIONERO. Es la persona a la cual se le ha suspendido su derecho a la libertad por motivos que no constituyen una violación a la ley.

PRISIONERO DE GUERRA. Es el militar o civil que durante el desarrollo de una contienda bélica es hecho prisionero por el enemigo.

PRIMER MINISTRO. Es el funcionario que en algunas naciones desempeña el cargo de jefe del Poder Ejecutivo y, por lo general, tiene la función de gobernar y decidir sobre todos los asuntos relativos a la administración del Estado. Es nombrado por el jefe del Estado, que ostenta el título de rey en el régimen monárquico y de Presidente en el presidencial; pero tiene que tomar en cuenta el resultado electoral para integrar el Parlamento, el cual le permite al partido que gana las elecciones tener las mejores posibilidades para formar la mayoría parlamentaria. Con esto se puede conseguir que el líder de su partido sea nombrado "primer ministro".

PRIVACIDAD. Es el derecho que poseen las personas de desarrollar un ámbito de vida personal que goce de la más estricta discreción o reserva en el campo de las relaciones humanas y de las relaciones políticas.

PRIVACIÓN DE LA PATRIA POTESTAD. Es la situación que se presenta cuando los padres o uno de ellos pierde este derecho por ser condenado como autor, coautor o cómplice de un acto violatorio a la ley que perjudica la integridad física o el patrimonio de algunos de sus hijos, o como coautor o cómplice de una infracción a la ley cometida por uno o varios de sus hijos, por dejar abandonados algunos de sus hijos.

PRIVACIÓN DE LA POSESIÓN. Es la pérdida de la posesión que se genera cuando el que tiene el objeto a nombre del poseedor proclama por actos exteriores el propósito de privar al poseedor de disponer del objeto.

PRIVACIÓN DE LA LIBERTAD. Es el acto contrario al derecho que se comete cuando ilegalmente se le suspende su derecho a la libertad a una o varias personas.

PRIVADO. Es la propiedad que pertenece a un particular y no al Estado.

PRIVATIZACIÓN. Es el proceso mediante el cual se transfieren al sector privado las empresas del Estado. La privatización puede ser total o parcial, según se transfiera la totalidad o parte de ella. En el último caso, se presentan dos opciones: que el Estado sea el principal socio o que el sector privado tenga la mayor parte de las acciones.

PRIVILEGIO. Es el favor, ventaja, gracia o prerrogativa especial que le concede el gobierno a las personas, grupos, clases o capas sociales en los campos económico, social y político.

PRIVILEGIO CONVENCIONAL. Es el que se otorga mediante un pacto o convención con el privilegiado.

PRIVILEGIO DE ACREEDORES. Es un derecho concedido por el régimen jurídico a un acreedor para ser pagado con preferencia a otro.

PRIVILEGIO DE FUERO. Atribución existente de la extraterritorialidad de los diplomáticos, parlamentarios y jefes de Estado.

PRIVILEGIO PERSONAL. Es el que se le concede exclusivamente a una persona, sin posibilidad de transmitirlas a sus sucesores.

PRIVILEGIO REAL. Favoritismo que está vinculado a la posesión de un objeto o al desempeño de una función.

PRO. Beneficio, rendimiento o aspecto favorable de una cuestión.

PRO FÓRMULA. Por puro formalismo; para llevar a cabo en apariencias los pasos necesarios para resolver un asunto.

PRO INDIVISO. Expresión latina que significa sin dividir y se presenta cuando una masa patrimonial es propiedad de dos o más personas.

PRO OPERARIO. Es un postulado de derecho laboral que establece de que en el caso de que confluyan varias normas aplicables a la discrepancias que se presenten entre un trabajador y su empleador, deberá aplicarse la norma que sea más favorables a los intereses del trabajador.

PRO REO. Es un fundamento del derecho penal, que establece que si el magistrado apoderado del caso tiene alguna duda no puede dictar una sentencia condenatoria contra el acusado de cometer un hecho criminal.

PRO TEMPORE. Vocablo latino que significa: "según los tiempos y las circunstancias". Y se la utiliza cuando se le concede un cargo por un espacio de tiempo específico a una persona.

PROBABILIDAD. Conjetura o establecida apariencia de que algo es cierto.

PROBABLE. Basado en un argumento que se puede probar o demostrar.

PROBANZA. Investigación o prueba que jurídicamente se hace de una cosa.

PROBAR. Demostrar la verdad de una declaración o la realidad de un acontecimiento.

PROBATORIO. Se designa con este término al plazo de tiempo que el magistrado fija para investigar la verdad de los hechos.

PROBLEMA NACIONAL. En el campo de la problemática nacional, se presentan dos variantes. Una se refiere fundamentalmente a las minorías nacionales, a su derecho a una existencia independiente, al desarrollo de su economía, su cultura, su idioma, etc. La otra aborda la temática de la unificación de las naciones y la creación de vínculos político-económicos internacionales.

PROCEDIMIENTO. Es el conjunto de formalidades que regulan la actuación ante los organismos jurisdiccionales, ya sean civiles, laborales, penales, contencioso, administrativo, inmobiliarios, comerciales y otros.

PROCEDIMIENTO ACUSATORIO. Preceptos procesales para enjuiciar o instruir un juicio contra el acusado de cometer una acción delictiva, que exige la existencia de una imputación en nombre de la sociedad o en nombre del perjudicado por la acción delictiva.

PROCEDIMIENTO ADMINISTRATIVO. Es el conjunto de trámites que realiza la administración pública para tomar una decisión, que beneficie al interés público.

PROCEDIMIENTO CIVIL. Es el conglomerado metódico de preceptos legales tendientes a la aplicación de las leyes a casos específicos de litigios que se presentan en la vida social.

PROCEDIMIENTO CONTENCIOSO ADMINISTRATIVO. El instrumento contencioso administrativo es un modo de proceder judicialmente que se eleva contra las normas de carácter general y contra los actos de administración pública que den por finalizado la vía administrativa.

PROCEDIMIENTO ESCRITO. Es aquel en el cual predomina la escritura en los procedimientos judiciales y de las partes.

PROCEDIMIENTO JUDICIAL. Conglomerado de diligencias y modos que rigen la instrucción y decisión de un litigio, en cualquiera de las jurisdicciones.

PROCEDIMIENTO LEGISLATIVO. Es el método de redactar las leyes que se realiza a través de los órganos legislativos.

PROCEDIMIENTO PENAL. Son las fases que deben seguirse para investigar la comisión de un delito, determinando si este fue cometido, como ocurrió, para descubrir e identificar a los culpables y aplicarles la sanción que especifica la ley por el acto contrario al orden jurídico que fue perpetrado.

PROCEDIMIENTO PENAL ABREVIADO. Es una forma de actuación especial que busca acelerar el procedimiento penal en aquellos casos en que las partes envueltas en un proceso, no tengan el interés en discutir los hechos y la clase de castigo que debe aplicarse.

PROCESADO. VER: ACUSADO.

PROCESALISTA. Profesional de la ciencia jurídica especialista en derecho procesal.

PROCESAMIENTO. Dictamen que emite el magistrado en un término que se empieza a contabilizar a partir del examen del acusado, siempre que existan elementos de convencimiento suficientes para establecer que existe un acto delictivo y aquel que es culpable de haberlo cometido.

PROCESO. VER: JUICIO.

PROCESO ELECTORAL. Es el conjunto de actos continuos y concatenados, orientados a instrumentar y facilitar la realización de los comicios en los cuales los electores proceden a elegir los candidatos a cargos públicos de su preferencia.

PROCLAMA. Es una declaración pública de carácter militar, político o de cualquier otra índole.

PROCLAMACIÓN. Conjunto de actos y ceremonias solemnes con las cuales se declara iniciado el mandato de un jefe de Estado o de gobierno. Publicar de una forma solemne una ley o cualquier otra disposición general.

PROCURACIÓN. Poder dado por una persona a otra para que ejecute una cosa en su nombre. Cargo o función de procurador.

PROCURADOR. Es la persona que está autorizada por la ley para representar en un litigio judicial a una de las partes.

PROCURADOR FISCAL. En la República Dominicana es el empleado judicial que representa los intereses del Estado ante los tribunales de primera instancia.

PROCURADOR GENERAL ADMINISTRATIVO. En la República Dominicana es el funcionario que representa a la administración pública ante el tribunal superior administrativo.

PROCURADOR GENERAL DE LA REPÚBLICA. Es la máxima autoridad del ministerio público en la República Dominicana.

PROCURADURÍA GENERAL DE LA REPÚBLICA. Es el organismo rector, que en la República Dominicana, tiene por función ejercer la acción penal pública, formulando e implementando política contra la criminalidad, la indagación penal, la gestión del régimen penitenciario y correccional, la salvaguarda de víctimas y testigos, hostigamiento de la corrupción y el fraude, así como abastecedora de los servicios jurídicos administrativos requerido por el ordenamiento jurídico.

PRODIGALIDAD. Conducta desordenada de una persona que pone en peligro su patrimonio y, por consecuencia, su obligación de suministrarles alimentos a personas específicas, a las cuales por mandato de la ley está obligada a darle alimentación. Por lo cual el sistema judicial de una nación se ve obligado a dictar una sentencia que inhabilita a una persona que disipa sus bienes para que no continúe derrochando su patrimonio.

PRÓDIGO. Es la persona que malgasta su patrimonio sin justificación, lo cual acarrea daños y perjuicios a su familia, por lo cual le es imposible satisfacer las necesidades de sus familiares.

PRODUCIR. Mostrar o presentar las pruebas o documentos que respaldan una demanda, una pretensión o un derecho.

PROFANACIÓN. Es el tratamiento ultrajante que se le da a algo que se considera digno de respeto. También es la acción delictiva que se comete, en los cementerios, cuando destruyen las lápidas, se desentierran los cadáveres para vender sus restos y la escritura de frases ofensivas sobre las tumbas.

PROFESIÓN. Es la actividad u ocupación que alguien ejerce y por la cual recibe una determinada compensación económica.

PROFESIÓN LIBERAL. Es la que se ha ejercido por parte de una persona que ha adquirido una formación profesional en un centro de estudios superiores. Ejemplos de estas profesiones son los abogados, médicos, ingenieros, arquitectos y otros más.

PROFESIONAL. Es la persona que ejerce su actividad laboral en un área de trabajo específica y especializada, y la cual adquirió sus conocimientos en un centro de estudios universitarios.

PROFESIONALIDAD. Cualidad de la persona que ejerce una actividad laboral con destreza, formalidad, rectitud y eficiencia.

PRÓFUGO. Palabra que se emplea también como sinónimo de fugitivo y se utiliza para nombrar a la persona que está huyendo de la acción de la justicia.

PROGENITOR. Se utiliza este término para designar a la madre o al padre biológicos de un ser humano.

PROGENITURA. Es la descendencia, prole, raza, estirpe, generación, linaje, cuna o abolengo de quien alguien procede.

PROGRAMAS DE PROTECCIÓN DE LOS TESTIGOS. Son instrumentos concernientes a la protección que se le ofrece a una persona en peligro que suministra evidencias testimoniales al régimen judicial, antes, durante y después de un juicio. Si bien es necesario que un testigo solo necesite protección hasta la finalización de un juicio, a algunos testigos se les proporciona una nueva identidad y la protección gubernamental.

PROHIBICIÓN. Es el mandato que existe de no hacer o de no atacar algo, porque existe una norma jurídica que no lo permite.

PROHIJAMIENTO. Aceptar como propio a un hijo de otra persona.

PROINDIVISIÓN. Ubicación de una masa de bienes que no ha sido repartida entre la totalidad de sus propietarios.

PROLE. Es el conjunto de descendientes de una persona.

PROLETARIADO. El proletariado o clase obrera es una de las dos clases fundamentales del régimen capitalista. Está formado por trabajadores privados de los medios de producción, y que, por ello, se ven obligados a vender su fuerza de trabajo por un salario con el objetivo de conseguir los medios necesarios para poder subsistir.

PROMESA. Norma ritual con la que se manifiesta la responsabilidad de cumplir con los deberes propios de una función, o de confesar la verdad en un litigio judicial.

PROMISCUIDAD. En términos políticos, es el acto desordenado de sostener relaciones sexuales de forma simultanea con distintas personas. Este desorden predominó en las sociedades primitivas, por lo cual muchas veces era imposible determinar la paternidad. Como resultado, el parentesco sólo puede establecerse por la línea materna.

PROMITENTE. Es la parte que expresa su obligación para realizar un contrato en el futuro.

PROMOCIÓN. Es ascender a una persona a una función superior a la que ejercía.

PROMULGAR. Es publicar, divulgar y propagar oficialmente y de forma solemne una ley u otra disposición para hacerla llegar al conocimiento de la población y poder exigir cabalmente su cumplimiento.

PRONUNCIAMIENTO. Es una declaración, resolución, mandamiento, decisión o condena dictada por un tribunal.

PRONTUARIO. Es el conjunto de antecedentes penales de una persona.

PROPAGANDA. Es una forma de persuasión intencional y sistemática llevada a cabo para promover un pensamiento político, un partido, una persona o una causa de interés general, por medio de la publicidad, para influir en el régimen de valores de los ciudadanos y lograr que acepten los mensajes propagandísticos.

PROPAGANDA DESLEAL. Acción delictiva que ejecuta la persona que, provocando el descrédito de una persona, empresa o sus productos, trata de desviar, en su beneficio la clientela de un comercio.

PROPENSIÓN AL DELITO. Predisposición criminal que se reconoce en ciertas personas, o bien, consecuencia del medio ambiente corruptor.

PROPIEDAD. Es la facultad de apropiarse de los medios materiales creados en el proceso de producción. El concepto de propiedad varía según los diferentes periodos históricos. El rol fundamental en la apropiación lo determina la propiedad sobre los medios de producción. Bajo el régimen de la sociedad primitiva, la propiedad sobre los frutos del trabajo y los instrumentos de producción es colectiva. Al desintegrarse este régimen, nace la propiedad privada sobre los medios de producción y también nace la explotación del hombre por el hombre. En la futura sociedad socialista, la propiedad privada sobre los medios de producción será despojada de su carácter privado y pasará a ser propiedad de todo el pueblo, pero se respetará la propiedad privada personal: vivienda, vehículos, ropa, etc.

PROPIEDAD DE FRUTO. Goce de una cosa que abarca virtualmente las de las piezas que es capaz de elaborar, ya sea voluntariamente, o con la ayuda del trabajo del ser humano, como también de las remuneraciones monetarias que pueden alcanzarse de ellas, excepto el caso de que un tercero posea el derecho de disfrutar de la cosa y de la prerrogativa relativa del poseedor de buena fe.

PROPIEDAD HORIZONTAL. Condición por la cual los diferentes pisos de un inmueble o distintos departamentos de un mismo piso de un inmueble de una sola planta que sean independientes y que tengan salida a la calle directamente o por un pasaje común pueden pertenecer a diferentes propietarios.

PROPIEDAD INDUSTRIAL. Es el conjunto de derechos que posee una persona física o jurídica sobre una marca, un diseño o una invención. A través de los mismos le es posible defender y controlar sus intereses y regular su explotación económica.

PROPIEDAD RURAL. Forma de propiedad que también recibe el nombre de rústica y que comprende al conjunto de fincas dedicadas a la agricultura, y por extensión a la ganadería.

PROPIEDAD URBANA. Son las edificadas en los centros poblados y que están sometidos a legislación y a tributos municipales.

PROPIETARIO. Es la persona física o jurídica que ejerce la posesión y control sobre un bien en particular.

PROPINA. Suma de dinero que se da espontáneamente para agradecer un servicio.

PROPONENTE. Es la persona o institución que propone, plantea, recomienda o sugiere alguna cosa.

PROPOSICIÓN. Es uno de los procedimientos de intervención intencionada en una actividad delictiva.

PROPOSICIÓN DE LEY. Iniciativa legislativa, que se presenta ante el órgano legislativo competente (Congreso, Parlamento, ya sea por el Congreso, Asamblea legislativa autonómica o iniciativa popular.

PROPOSICIÓN DESHONESTA. Es la acción delictiva que comete una persona que posee algún tipo de autoridad o de mando sobre otras para que hagan valer esta condición y entonces las obliguen a acceder a obligaciones indecorosas, como pueden ser sostener relaciones íntimas con su superior para no perder el trabajo.

PRORRATA. Parte o porción que toca a cada uno de lo que se reparte entre varios.

PRORRATEO. Es distribuir proporcionalmente una cantidad entre una pluralidad de personas.

PRÓRROGA. Es la extensión de un plazo por un tiempo determinado.

PROSCRIBIR. Expulsar a una persona de un país por motivos políticos. Prohibir la realización de una actividad.

PROSCRIPCIÓN. Es señalar a personas u organizaciones como enemigas del gobierno.

PROSCRIPTO. Se designa con este término a la persona que ha sido expulsada de su país de origen por razones políticas.

PROSTITUCIÓN. Es la actividad de sostener relaciones sexuales con otras personas a cambio de recibir beneficios económicos.

PROSTITUTA. VER: PROSTITUCIÓN.

PROTECCIONISMO. Es la implementación por parte de una nación, de una política económica que tiene por objetivo defender su producción interna. Mediante el establecimiento de prohibiciones, limitaciones, impuestos o barreras burocráticas a las importaciones de los productos extranjeros.

PROTECTORADO. Es un mecanismo de carácter colonial al servicio de los intereses económicos, políticos y militares de las potencias imperialistas, las cuales acuerdan, por medio de un tratado con un Estado o territorio, que lo protegerán en el campo diplomático o militar a cambio de ciertas concesiones concretas que le otorgue al Estado o a los Estados que le darán la protección.

PROTESTA. Es el acto de disconformidad, queja, repudio o reclamación que se organiza con la finalidad de conservar o adquirir un derecho o de prevenir un daño que pueda materializarse.

PROTESTO. Acto notarial por medio del cual se hace constar que el portador de una letra de cambio intentó hacer efectivo su cobro sin poder lograrlo.

PROTOCOLIZACIÓN. Integrar al protocolo notarial un documento que requiere esta tramitación.

PROTOCOLIZACIÓN DE TESTAMENTO. Es el acto que es llevado a cabo por un notario público, quien debe reformar todos los puntos para que estos se encuentren acorde con el orden legal.

PROTOCOLO. Cadena de formularios de papel sellado, nombrados sellos notariales de protocolo, los que llevan una numeración propia y deben estar firmados por el colegio de notarios.

PROTUTOR. Persona designada por la ley, para desempeñar funciones de vigilancia en la tutela de menores e incapacitados.

PROVEER. Pronunciar un magistrado una resolución no definitiva.

PROVEIDO. Auto judicial interlocutorio o de procedimiento.

PROVIDENCIA. Es un fallo material que permite estatuir el orden material de una causa.

PROVIDENCIALISMO. Doctrina que sustenta que todos los acontecimientos históricos vienen determinados por la voluntad de un ser sobrenatural, que es el que señala que en cada tiempo y lugar la persona que debe gobernar una sociedad, la cual no está obligada a rendir cuentas de sus actos ante las clases populares, sino únicamente a la "gracia divina", que es de donde proviene la fuente de su poder, que le da el derecho de gobernar.

PROVINCIA. Demarcación territorial que puede estructurarse a partir de una agrupación de municipios o como parte de la administración administrativa en que se organiza el Estado o un territorio.

PROVINCIANISMO. Es la mentalidad atrasada, limitada que posee la persona de bajo nivel cultural que demuestra un apego exagerado por las costumbres específicas de su provincia y por lo cual considera que el mundo tiene principio y fin dentro de los linderos de su pequeña área geográfica.

PROXENETA. Persona que incita a otra a ejercer la prostitución y se lucra con los beneficios económicos que esta genera.

PROYECTO DE LEY. Proposición de ley que el gobierno somete a la aprobación del órgano legislativo competente (Congreso, Parlamento o Asamblea).

PRUDENCIA. Es la virtud que consiste en conducirse o hablar con extremo cuidado, adecuadamente, con precaución, con mesura y con cordura para evitar posibles consecuencias negativas y respetar los derechos de los demás.

PRUEBA. Este término que también recibe el nombre de evidencia, consiste en el hecho, acontecimiento, razón o argumento que son aportados al proceso por los procedimientos establecidos por el ordenamiento jurídico para establecer la verdad de lo sucedido y con esto convencer al magistrado de la seguridad de los hechos cometidos en audiencia.

PRUEBA ADMISIBLE. Cualquiera de los medios de prueba, debidamente aceptados por el magistrado.

PRUEBA ANTICIPADA. Es aquella elaborada en un periodo anterior a aquella que ha previsto ordinariamente el trámite de que se trate.

PRUEBA BIOLÓGICA. Es el conjunto de métodos científicos que permiten conocer o descartar una establecida paternidad o maternidad.

PRUEBA CALIGRÁFICA. Es la que se realiza para estudiar y analizar la firma que ha hecho una persona en un documento, con el propósito de determinar su veracidad, falsedad, alteración o manipulación.

PRUEBA CONJETURAL. La que se deriva de indicios, señales, apariencias y presunciones.

PRUEBA DE ADN. Procedimiento de pruebas de tipo biológico que consiste en el cotejo de muestras de ADN de los participantes con el objetivo de determinar la paternidad o maternidad o la inexistencia de estas.

PRUEBA DE CONFESIÓN. VER: INFORMATIVO.

PRUEBA DIRECTA. VER: INFORMATIVO.

PRUEBA DOCUMENTAL. Son los documentos esenciales que son aportados por las partes en un litigio judicial para probar los hechos que sirven de apoyo a su demanda.

PRUEBA IMPERTINENTE. Es la que no guarda conexión con los acontecimientos discutidos, objeto de prueba.

PRUEBA INDIRECTA. VER: INFORMATIVO.

PRUEBA PERICIAL. VER: PERITOS.

PRUEBA PLENA. Es la que demuestra completamente la verdad del hecho discutido en el sentido de que la evidencia ha sido formulada y ejecutada.

PRUEBA RECONSTITUIDA. Es el documento elaborado con anterioridad a un litigio judicial, con la finalidad de demostrar un hecho que interese a las partes.

PRUEBA SEMIPLENA. Es la que no basta para probar un hecho, por lo cual debe ser completada con otras pruebas.

PRUEBA TESTIMONIAL. VER: INFORMATIVO.

PUBERTAD. Es la edad en la que el ser humano adquiere la capacidad sexual de procrear. Por lo general se inicia a los nueve años de edad.

PUBLICACIÓN. Es el trámite que tiene por objeto poner un acto jurídico en conocimiento de toda la población o de algún particular.

PUBLICIDAD. En el ámbito político, es uno de los pilares fundamentales de la democracia, ya que se refiere a la obligatoriedad y al deber de los gobiernos, partidos y otros factores políticos que accionan en la vida política, de poner en conocimiento de la ciudadanía todas sus actividades para que las masas populares conozcan con lujo de detalles los asuntos que les atañen.

PUBLICIDAD DE LA LEY. Hacer pública y oficial una ley u otra norma emitida por la autoridad competente para que los ciudadanos la cumplan.

PUBLIFICACIÓN. Es el proceso mediante el cual una determinada cantidad de bienes y servicios, propiedad exclusiva de personas o empresas privadas, pasa a ser propiedad estatal.

PÚBLICO. Lo que es conocido por toda la población. Conjunto de espectadores que asisten a presenciar un espectáculo.

PUDOR. Es la vergüenza que puede sentir una persona al exhibir su propio cuerpo totalmente desnudos o tratar asuntos relacionados con sentimientos, pensamientos o actos de carácter íntimos.

PUEBLO. La ideología burguesa define este concepto como la totalidad de los ciudadanos que forman parte de la población de una nación y los presenta atomizados y no como clases sociales, con lo cual quiere ocultar la existencia de las clases. Para el marxismo-leninismo, las masas populares o pueblo son las clases y capas sociales que, debido a su labor económica, política y cultural, producen todos los bienes materiales que necesita la sociedad para su subsistencia, y que crean las bases materiales para que se produzca la sustitución de una formación económico-social por otra, por lo cual las masas populares son portadoras del progreso social y las protagonistas de la marcha de la historia. También son las que sientan las bases para la creación de todos los valores culturales de la humanidad y de la ciencia.

PUERTO. Es el área marítima que está destinada para el flujo de mercancías, personas o acoger aquellas embarcaciones que tienen por función realizar esas tareas.

PUJA. En el ámbito de una subasta, es la disputa que fijan las personas que desean comprar el artículo o los artículos que se ponen en venta. Lo que hacen es ofrecer una cantidad superior al de las ofertas anteriores, así que el que ofrezca más dinero se queda con el producto que fue subastado.

PUNIBILIDAD DEL MENOR. Término fijado para el rastreo penal de los menores de edad que hayan violado la ley.

PUNIBLE. Es el acto que va en contra del ordenamiento jurídico de una sociedad y, en consecuencia, esta clase de acción es merecedora de una sanción.

PUNITIVO. Que tiene una conexión con el castigo.

PUNTA DE LANZA. Es la forma de hacer algo o de dirigir una nación o una institución utilizando el recurso de la fuerza sin importar el costo y las consecuencias que de esto se deriven.

PURGA. Es el procedimiento que suelen ejecutar los gobiernos y los partidos políticos de expulsar de sus filas, por razones de índole política e ideológica, a los elementos que consideran indeseables y que no compartan su línea política.

PURGACIÓN. Réplica de notas o indicios incriminatorios contra una persona.

PURGAR. Cumple una condena por haber cometido una violación a la ley.

PUTATIVO. Palabra que se emplea cuando las personas les confieren a otra, una cualidad que en realidad no posee. (Ejemplo llamar a otro abuelo, padre o hermano).

Q

QUEBRADO. Sujeto que ha caído en estado de cesación de pagos o ruina.

QUEBRANTAMIENTO. Acción de violar una ley, obligación o deber.

QUEBRANTAMIENTO DE CONDENA. Infraccion contra la administración de justicia que se comete cuando un reo, de forma intencional, no cumple con la sanción penal que le fue impuesta por el régimen jurídico por la violación a la ley que cometió.

QUEBRANTAMIENTO DE FORMA. Violación de las formalidades y custodias fundamentales del recurso.

QUEBRANTAMIENTO DE SELLOS. Infracción que comete la persona que destroza los sellos o cualquier otro distintivo que ha colocado a una cosa una autoridad pública para identificarla.

QUEJA. VER: DEMANDA.

QUERELLA. Acción mediante la cual el fiscal o un individuo ejecutan ante un tribunal la acción penal contra quienes se presume que son los responsables de una actividad delictiva.

QUERELLA CALUMNIOSA. Es el acto de imputarle a un individuo, ante la autoridad, la comisión de un acto delictivo, sabiendo que este no lo ha cometido.

QUERELLADO. Es la persona contra la cual se presenta una querella.

QUERELLANTE. Es la persona que presenta una querella.

QUIEBRA. VER: BANCARROTA.

QUIEBRA FRAUDULENTA. VER: BANCARROTA FRAUDULENTA.

QUINCENA. Es una de las fases de pago del trabajador, cuyo salario es contado a jornal o por hora, por pieza o medida.

QUINTA COLUMNA. Es el boicot o sabotaje que se produce dentro de un Estado, de un gobierno, de un partido o de un programa político para desestabilizarlo y atentar contra su seguridad.

QUIROGRAFÁRIO. Condición de un préstamo comercial sin concesión en el orden pago confirmado y declarado aceptable dentro de los acreedores de una bancarrota, cuya capacidad efectúa la sindicatura luego de examinar la documentación presentada.

QUIRÓGRAFO. Es un instrumento que tiene por función describir un pago que realiza un acreedor o un deudor, por lo cual este documento dará veracidad.

QUITA. Perdón total o parcial que de una deuda le hace el acreedor al deudor.

QUITA Y ESPERA. Solicitud que un deudor hace judicialmente a la totalidad de sus acreedores, bien para que reduzcan las deudas o retarden el cobro, o bien para que hagan una o varias concesiones.

QUÓRUM. Es el número mínimo de miembros de un cuerpo colegiado presente que se necesita para que la organización o el organismo pueda sesionar, deliberar y tomar decisiones sobre los asuntos que son de su competencia.

QUÓRUM LEGISLATIVO. Precepto constitucional que establece que ninguna de las cámaras legislativas puede entrar en sesión sin la mayoría absoluta de sus miembros, pero un número reducido puede forzar a sus integrantes ausentes a que participen en las sesiones, en las condiciones y bajo las penas que cada uno de ellos ha fijado.

R

RÁBULA. Se designa con esta palabra al abogado ignorante y farsante.

RACIONAMIENTO. Es la política económica que se implementa cuando escasean una o varias mercancías, por lo cual las autoridades gubernamentales limitan su consumo y las venden por ración mediante un sistema de cupones o vales de racionamiento.

RACISMO. Doctrina que aboga por la práctica de la discriminación, segregación, persecución o dominación de un grupo humano sobre otro debido a supuestas diferencias existentes entre las razas humanas en el campo intelectual, moral, cultural y físico. Por esto, plantea la superioridad de una raza sobre otra.

RADICAL. Es la persona o organización que aboga por las reformas o abolición de las ideas y de las instituciones de una forma extremadamente arriesgada e intransigente. Por ello, llega hasta las últimas consecuencias sin ponderar ni transigir en nada.

RADIO ADUANERO. Área determinada, próximas a las fronteras o adyacente a un puerto, donde tiene autoridad la aduana para guardar y cuidar la recepción de derechos, y contener el contrabando y toda la estructura de engaño.

RAMAS DEL PARENTESCO. Cada conjunto de individuos que tienen un origen o tronco común, del cual descienden.

RAMAS DEL DERECHO. Son las diferentes ramas jurídicas que el estudiante debe conocer para ejercer la carrera civil, administrativa, penal, mercantil, fiscal, internacional y otras más.

RANGO. Espacio que ocupa un funcionario en el orden de preferencias.

RAPIÑA. Es el acto de pillar, hurtar, saquear y robar de una forma acelerada y violenta cuando se produce un descuido en la custodia de los fondos públicos, en las fallas de la defensa de una ciudad, plaza militar o cualquier otro punto estratégico.

RAPTO. Es la actividad por medio de la cual se sustrae a una persona utilizando la violencia y la amenaza, con la finalidad de dañar su honradez sexual.

RAPTO DE MENOR. Infracción que consiste en sutraer utilizando la violencia a un menor de edad de la potestad de sus padres o de la persona que está encargada de su custodia.

RAPTO POR RESCATE. Acción delictiva que ejecuta una persona cuando sustrae y oculta a otra para pedir un pago en dinero para liberarla.

RASTREO. Es la investigación que se lleva a cabo para conseguir información de un escenario en el que un acontecimiento se ha producido, por medio de la identificación y análisis de los indicios que se han encontrado.

RATERIA. VER: HURTO, ROBO.

RATIFICACIÓN. Aprobación y confirmación de actos, palabras o escritos con lo cual se le da veracidad.

RATIFICACIÓN DE LOS NEGOCIOS AJENOS. Es la acción jurídica por medio de la cual una persona se encarga espontáneamente del manejo de los negocios de otro sin que intervenga un mandato del propietario del negocio.

RATIFICACIÓN DE LA VENTA. Acción que da validez a la venta de una cosa ajena cuya anulación queda cubierta por la confirmación que de ella hace su dueño.

RATIFICACIÓN DE SOBERANÍA. Manifestación de una nación sobre su legítimo derecho sobre algún territorio, que está reclamando.

RATIFICACIÓN DE TESTIGO. Aprobación de sus frases por una persona que ha realizado determinadas declaraciones en un juicio.

RATIFICACIÓN DE TRATADO. Es el mecanismo mediante el cual un Estado aprueba, afirma, confirma, convalida, revalida y sanciona un tratado que ha acordado con otros Estados y con alguna organización internacional, el cual crea derechos y obligaciones entre las partes que lo suscriben.

RATIFICACIÓN DEL MANDATARIO. Acción de comprobación que es idéntica al mandato y que, entre los litigantes, tiene consecuencias retroactivas al día del hecho aprobado por todos los efectos del mandato, sin detrimento de los derechos que el comitente haya establecido a terceros en el lapso de tiempo que transcurrió entre el acto del mandatario y la confirmación.

RATIO. Causa, soporte de una norma jurídica o de un principio positivo.

RATIO LEGIS. Voz latina que quiere decir "razón de la ley o motivo legal." Describe el análisis que se efectúa de un precepto jurídico para que constituya como base argumentativa.

RATIO STRICTA. Razón escrita que defiende en los casos de claro sentido de la norma jurídica y de ordenación severa o adversa de la misma.

RATIO SUMMA. Voz latina que significa: "Razón suprema, asegurado."

RAZÓN DE ESTADO. Es el conjunto de medidas de carácter ilegal o ilegítimo que toman las clases sociales que ejercen el poder político y económico en las sociedades explotadoras para preservar su sistema económico, político y social y defenderse de las masas populares.

RAZÓN DEL DICHO. Consiste en establecer si el testigo al hacer sus declaraciones las hace porque tiene conocimiento de lo que dice por haberlo presenciado o haberlo escuchado directamente del imputado, o si expresa lo que ha escuchado narrar a otros, aun habiendo éstos sido testigos presenciales.

RAZÓN JURÍDICA. Es la que tiene la facultad de tildar jurídicamente sucesos que producen disputas legales con el objetivo de resolverlos sobre la base jurídico-objetivas con efectividad legal, lógica y racional.

RAZÓN SOCIAL. Denominación con que una empresa o sociedad comercial está asentada legalmente.

RAZÓN SUFICIENTE. Norma que se usa en las resoluciones judiciales cuando el magistrado se basa, en ciertas condiciones del suceso y en establecidos antecedentes normativos, sus puntos de vistas, examinando el enredo de la incertidumbre del texto de la ley.

REACEPTACIÓN DE LA LETRA DE CAMBIO. Es la acción mediante la cual el destinatario del título cambiario solicita la extensión del término de vencimiento.

READAPTACIÓN PROFESIONAL. Es un programa que tiene como objetivo reducir la convalecencia, habilitar moral, social y profesionalmente, al individuo para que recupere la actitud para el trabajo en los casos que haya perdido su capacidad laboral.

READAPTACIÓN SOCIAL. Es un proceso sistemático de hechos dirigido a favorecer la incorporación a la sociedad de una persona que ha cometido una acción delictiva.

READQUISICIÓN DE LA PATRIA POTESTAD. Cuando los padres han sido privados de la autoridad de sus hijos menores de edad estos pueden recuperarla cuando demuestren ante un tribunal que están aptos para ejercerlas nuevamente.

REAJUSTE DE EMPLEADOS. Disminución de la nómina de los trabajadores de una empresa por causas internas o externas.

REAL. Es todo lo relativo al rey, la realeza o monarquía.

REAL AUDIENCIA. Institución judicial creada por el rey Fernando el Católico en el año 1511 para encargarse de la administración de la justicia en el continente americano. Consiste en un tribunal colegiado compuesto por tres jueces y un fiscal.

REALEZA. Es la posición de aquel que es rey y ejercita la soberanía de una determinada área geográfica. En sentido amplio, también forman parte de esta las distintas casas y familias reales.

REASEGURO. Pacto o convenio por medio del cual el asegurador libera en parte su peligro sobre otro asegurador, continuando obligado frente al asegurado.

REASIGNACIÓN DE ACTIVIDADES. Norma constitucional a través de la cual el traspaso de jurisdicción, ocupaciones con la correspondiente distribución de recursos debe originarse de una ley nacional.

REBELDÍA. VER: CONTUMÁCIA.

REBELIÓN. VER: INSURGENCIA.

RECAMBIO. Segundo intercambio de una cosa ya cambiada por otra.

RECAPACITAR. Retornar a reflexionar con profundidad un asunto.

RECAPITULACIÓN. Recopilación de las nociones fundamentales de un tema tratado en una representación, que se realiza al final de esta.

RECAPITULAR. Invocar resumido y en orden lo que por escrito y verbalmente se ha declarado con amplitud.

RECARGO. Incremento de la suma de dinero que hay que pagar en un impuesto, cuota, deudas, etc.

RECAUDACIÓN. Es el instrumento de que dispone el Estado para cobrar los impuestos a los ciudadanos.

RECEPCIÓN DE FIANZA. Acción mediante la cual un acreedor recibe de su deudor, en calidad de fianza, a la persona que éste recomienda con este propósito.

RECEPCIÓN DE MERCADERÍAS. Es el protocolo mediante el cual las mercancías adquiridas a un distribuidor llegan al local para ser organizadas, manejadas y, después asentadas en éste.

RECEPCIÓN DEL DERECHO COMÚN. Agregar una legislación extranjera al régimen jurídico nacional por algún motivo histórico.

RECEPTACIÓN. Es la acción de encubrir las consecuencias de una actividad delictiva. Esta infracción está precedida por otra. Y la acción delictiva que le precedió estuvo dirigida contra el orden patrimonial.

RECHAZO DEL RECURSO. Denegación de la exposición de la apelación por no estar conforme con el derecho.

RECHAZO DE LA DEMANDA. Denegación de la solicitud del demandante.

RECIBIMIENTO A PRUEBA. Procedimiento judicial por el cual el tribunal competente dispone el inicio de la fase para el ofrecimiento y aplicación de pruebas, de oficio o a petición del litigante.

RECIBO. Es un justificante de pago que se utiliza para verificar que se ha realizado el cumplimiento del pago o se ha puesto fin a una obligación con la cuota de un servicio.

RECIBO SALARIAL. Es el documento que detalla con claridad o exactitud la remuneración que cobran los trabajadores por la actividad laboral que han ejecutado.

RECÍPROCAMENTE. Es la igualdad en el trato que la autoridad de una nación concede a otros de acuerdo con las condiciones ofrecidas por estas. Esta palabra puede vincularse a la frase: "Hoy por ti mañana por mi, ya que entraña hacer por el otro lo que el otro hace por uno."

RECLAMACIÓN. Petición que contiene el requerimiento a una jurisdicción para que acepte un derecho. Es el acto de pedir y exigir que una nación se dirige a otra, a través de sus respectivas autoridades, para que le reconozca un derecho que le ha sido vulnerado o alguna reparación de daños y perjuicios que haya sufrido el país reclamante.

RECLAMAR. Manifestación de la jerarquía llamar a un fugitivo. Declaración del magistrado competente: solicitar al procesado o al fundamento en que otro entiende indebidamente.

RECLAMO CONTRA LA PERSONA JURÍDICA. Probabilidad de ser procesado por actos civiles y hacer diligencias para embargar y vender sus bienes para que cumpla con el pago de lo que adeuda.

RECLUSIÓN. Aislamiento, encarcelamiento, encierro espontáneo u obligatorio de una persona en un sitio determinado.

RECLUSIÓN MAYOR. Es la más larga de las condenas privativas de detención.

RECLUSIÓN MENOR. Es la condena privativa de detención que sigue en duración e importancia a la reclusión mayor.

RECLUSIÓN PERPETUA. VER: CADENA PERPETUA.
RECLUSIÓN POR TIEMPO INDETERMINADO. Sanción suplementaria de la última condena, cuando la repetición sea numerosa en forma tal que intervengan las anteriores condenas privativas de detención.
RECLUTAMIENTO. Procedimiento mediante el cual se abastece de personal a las fuerzas policiales y militares.
RECOGIDA DE AUTOS. Diligencia, ordenada por el magistrado de oficio o a instancia del litigante y efectuado por un auxiliar de la justicia, y la cual consiste en quitar las intervenciones que para examen tengan algunos de los demandantes, para darle salida a su contrincante o colocarlas de nuevo en el juzgado para proseguir la litis.
RECOMENDACIÓN. Es una propuesta que se realiza para que una persona o una institución mejore la labor que está desempeñando.
RECOMPENSA. Es la retribución monetaria que se da por la prestación de un servicio.
RECOMPENSA ENTRE CÓNYUGES. Indemnización que se realiza a favor del cónyuge que ha gastado sus recursos en provecho común o del otro cónyuge, lo cual reviste gran importancia por si se produce la separación.
RECOMPENSA MILITAR. Compensación que se les otorga a los militares por los valiosos servicios que han prestado.
RECONCILIACIÓN MATRIMONIAL. Es un procedimiento que se apoya en notificar al tribunal que determinó su separación que ahora los cónyuges tienen el deseo de reconciliarse por la vía legal y seguir siendo un matrimonio que no se ha separado. El tribunal dejará sin consecuencia el dictamen de separación.
RECONCILIACIÓN NACIONAL. Es el proceso de restablecer la paz en una sociedad que ha sido azotada por una guerra civil o gobernada por un régimen autoritario, lo cual produce grandes heridas y divisiones, las cuales solo pueden ser superadas mediante un acuerdo entre las partes envueltas en el conflicto. Este pacto debe poner en vigencia disposiciones legales e institucionales orientadas a establecer un régimen democrático.
RECONDUCCIÓN. Ampliación manifiesta, e implícita de un alquiler rústico o urbano; la reposición del mismo.
RECONOCIMIENTO. Comunicación por medio de la cual una persona da por bueno que esté subordinada a un compromiso en relación con otra persona.

RECONOCIMIENTO DE BELIGERANCIA. Verificación internacional de la posición que ocupa en la sociedad un grupo de una nación, que por la vía de la violencia, quiere sustituir el régimen gubernamental.

RECONOCIMIENTO DE DEUDA. Es una acción independiente a través de la cual, una persona admite ante otra, de forma espontánea, que le adeuda una cantidad específica de dinero y que saldará el monto adeudado en una fecha establecida con anticipación haciendo entrega de una certificación que la confirma.

RECONOCIMIENTO DE DEUDA EN TESTAMENTO. Acción reputada como una herencia mientras no se demuestre lo contrario y pueda ser anulada por una resolución posterior.

RECONOCIMIENTO DE DOCUMENTO. Aceptación implícita que hace un litigante con relación en los escritos presentados en el proceso por la otra parte litigante.

RECONOCIMIENTO DE ESTADO. Acción independiente mediante la cual un Estado expresa que un particular grupo político posee la condición de Estado, con los posteriores derechos y obligaciones que se derivan de tal situación.

RECONOCIMIENTO DE GOBIERNO. Es el acto mediante el cual uno o varios gobiernos aceptan la legitimidad de otros gobiernos.

RECONOCIMIENTO DE HIJO. Manifestación enunciada ante el oficial del estado civil correspondiente, en ocasión de registrarse el nacimiento.

RECONOCIMIENTO DE HIJO EXTRAMATRIMONIAL. Acción jurídica independiente a través de la cual el padre expresa la paternidad o la madre la maternidad, del hijo nacido fuera de la unión matrimonial.

RECONOCIMIENTO DE INSURGENCIA. VER: RECONOCIMIENTO DE BELIGERANCIA.

RECONOCIMIENTO DE PERSONA. Diligencia que ordena el magistrado para identificar a una persona; por sus facciones propias, voz, aspectos, movimientos, etc.

RECONOCIMIENTO DE PERSONALIDAD JURÍDICA. Esta hace referencia a la aptitud que se le concede a una persona, institución, empresa con facultad suficiente para adquirir competencia y ejecutar acciones que producen responsabilidad jurídica, frente así mismo y frente a terceros.

RECONOCIMIENTO DEL DAÑO SIN CONFESIÓN. Circunstancia que se engendra cuando se solicita la suspensión a prueba del proceso penal que se acepta cuando el acusado permite convertirse en responsable de la indemnización del perjuicio en la medida de lo posible, sin que aquella involucre declaración ni agradecimiento del daño civil vinculado.

RECONOCIMIENTO JUDICIAL. Es el precepto judicial por medio del cual el magistrado verifica y se da cuenta por medio de todos sus sentidos, de manera directa de las características de los lugares, cosas o personas.

RECONOCIMIENTO JUDICIAL DE LA FIRMA. Acción suficiente para que el volumen del documento quede también acreditado.

RECONOCIMIENTO TÁCITO. Acción que se produce de pagos realizados por el deudor.

RECONSIDERACIÓN. VER: RECURSO DE REPOSICIÓN. VER: RECURSO DE REVOCATORIA.

RECONVENCIÓN. VER: DEMANDA RECONVENCIONAL.

RECONSTRUCCIÓN DEL EXPEDIENTE JUDICIAL. Circunstancia que se da cuando se verifica la pérdida de un expediente, por lo cual el magistrado dará orden para que sea reconstruido.

RECONSTRUCCIÓN DEL HECHO. Es la repetición artificial del suceso delictivo, o de situaciones de este, o también de acontecimientos referente a ciertos medios de prueba para comprobar su veracidad.

RECOPILACIÓN. Reglamentación legislativa, que se circunscribe a ordenar los preceptos vigentes, con pequeñas transformaciones, para su debida regulación.

RECTIFICACIÓN. Modificar los defectos, fallos o vicios de un escrito.

RECTIFICACIÓN DE ACTA DEL ESTADO CIVIL. Modificación de los vicios, fallos u omisiones de un acta de nacimiento, defunción o matrimonio que puede generarse por un fallo judicial que lo haya ordenado o por mandato del propio oficial del estado civil correspondiente.

RECTIFICACIÓN DE SENTENCIA. Dictamen de un tribunal que, de oficio o a solicitud de parte, se emite con la finalidad de corregir un vicio, fallo u omisión en una sentencia.

RECUPERACIÓN DE DOTE. Facultad de la esposa o del esposo, en el sistema de comunidad de bienes, una vez finalizada la comunidad, para dividir de ella sus fondos propios, potestad que puede hacer valer la esposa contra su marido, como propietaria o acreedora, una vez concluida la unión matrimonial, para engendrar la restitución, en especie, los fondos cuyo disfrute había suministrado a su esposo, o hacerse pagar el monto que éste le adeuda, en su condición de administrador de esos recursos,

RECUPERACIÓN DEL NIÑO. Norma a través de la cual se deben admitir las disposiciones adecuadas para fomentar el rescate físico y psicológico y la reinserción social de cualquier niño que haya sido víctima de cualquier modo de abuso, abandono o cualquier otra forma de tratos crueles, inhumanos, la cual se debe llevar a cabo en un entorno que promueva la salud, la consideración de sí mismo y la decencia del niño.

RECURRENTE. Es la persona que introduce un recurso ante un tribunal para llevar a cabo su defensa y poder obtener que un magistrado revoque o confirme, la sentencia que se le dictó en primera instancia.

RECURRIDO Litigante a quien beneficia el dictamen que se invoca.

RECURSO. Acción procesal por medio de la cual el litigante que se considera perjudicado por un dictamen judicial solicita su modificación o anulación total o parcial, sea al mismo tribunal jerárquicamente superior.

RECURSO A LA FUERZA. Norma internacional que en la actualidad es rechazada porque se ha dejado de utilizar el derecho a la guerra como facultad frente a un posible ataque.

RECURSO ADMINISTRATIVO. Es un instrumento que sirve para rechazar una resolución de una jurisdicción administrativa con la finalidad de conseguir su modificación o anulación.

RECURSO CONTENCIOSO ADMINISTRATIVO. Es un mecanismo que se introduce, de acuerdo con las leyes, contra los dictámenes que son emitidos por el Poder Ejecutivo cuando ignoran un derecho particular o lastiman un interés jurídicamente amparado.

RECURSO DE ACLARACIÓN. Es el que se introduce ante el mismo tribunal que ha emitido una sentencia que se considera oscura, para que rectifique cualquier error o equivocación, siempre que no se altere el significado y la esencia de la sentencia.

RECURSO DE ALZADA. VER: RECURSO DE APELACIÓN.

RECURSO DE AMPARO. Acto aceptable contra toda acción o negligencia cometida por la autoridad pública que de manera actual y cercana, lastima, limita, modifica o amenazas, con extralimitación evidente, los privilegios reconocidos por la carta magna, con exclusión de la libertad individual regida por el habeas corpus.

RECURSO DE APELACIÓN. Es la garantía procesal a la cual acude la parte que se considera lesionada en sus derechos en la sentencia dictada por un tribunal, para que un tribunal superior conozca su caso, para que revoque, modifique o anule la sentencia apelada conforme al sistema jurídico.

RECURSO DE CASACIÓN. En la República Dominicana es un procedimiento por medio del cual se consigue de la Suprema Corte de Justicia la cancelación, parcial o total, de los dictámenes en ultima o en única instancia emitidas en violación del régimen jurídico.

RECURSO DE HABEAS DATA. Acto que una persona puede formalizar para tener conocimiento de los documentos a ella mencionada y de su objetivo, o los que figuran en la lista de datos públicos o los privados asignados a suministrar informes.

RECURSO DE HECHO. Es el que se introduce ante el tribunal superior aunque el inferior lo deniegue.

RECURSO DE IMPUGNACIÓN. Llamado también le contredit es un procedimiento excepcional que el régimen jurídico facilita a todo litigante en una demanda, en todos los casos que el magistrado encargado inicialmente determine sobre la jurisdicción sin importar en cual y en qué rumbo lo ha realizado, pero sin determinar el fondo del proceso. O sea, es un procedimiento cuya función está limitada a casos y disposiciones precisadas por el ordenamiento jurídico.

RECURSO DE INAPLICABILIDAD DE LA LEY. Establece una corrección procesal excepcional cuyo objetivo equivale en conciliar y equiparar la jurisprudencia que emite un tribunal de apelaciones en la jerarquía nacional.

RECURSO DE INCONSTITUCIONALIDAD. Es el mecanismo jurídico establecido para reclamar que se declare la inconstitucionalidad de una ley, decreto, resolución, reglamento o autoridad que atente contra el texto constitucional que rige el funcionamiento de un Estado.

RECURSO DE NULIDAD. Reclamo conducido contra los vicios de lugar, de tiempo o de modo que pudieran alterar alguna decisión en sí misma, por lo cual quedan marginados de dicho espacio aquellas anomalías que dañen a los actos procesales que le antecedieron.

RECURSO DE OPOSICIÓN. Es una medida habitual por medio del cual el condenado no compareciente puede ejercerlo contra la sentencia en última instancia emitida por defecto si el procesado no ha sido citado a persona o si demuestra que estaba en una situación que le era imposible comparecer o hacerse representar. Para tratar de conseguir la anulación de la sentencia que fue dictada en su detrimento.

RECURSO DE QUEJA. Es el que introduce el litigante cuando el magistrado desestima el ingreso de una apelación o de otro procedimiento habitual que resulta del ordenamiento jurídico.

RECURSO DE REPOSICIÓN. Es la herramienta que uno de los litigantes expone ante el propio magistrado que emite una sentencia interlocutoria, con el objetivo de que la dejen sin consecuencia, la modifique, o la altere según pida el recurrente.

RECURSO DE REVISIÓN. Es el de índole excepcional que se interpone contra las sentencias definitivas emitidas sobre acontecimientos falsos.

RECURSO DE SÚPLICA. Es un instrumento de refutación, que se inserta ante la misma jurisdicción judicial que pronunció la resolución.

RECURSO DE TERCERÍA. Es el que se presenta cuando una parte lesionada en sus derechos por una sentencia en la que ella ni las personas que ella represente hayan sido citadas, puede interponer ese recurso contra dicha sentencia.

RECURSO DEL ACTOR CIVIL. Facultad de apelar de las sentencias judiciales sólo en lo referente al acto por el interpuesto.

RECURSO DEL CIVILMENTE DEMANDADO. Facultad de apelar del fallo cuando sea aceptable la impugnación del acusado, no obstante la inactividad de éste, siempre que se manifieste su obligación.

RECURSO DEL IMPUTADO. Es el derecho que posee un acusado de elevar un recurso contra todas las sentencias condenatorias ante un magistrado diferente al que dictó la sentencia.

RECURSO DEL MINISTERIO FISCAL. Apelación que puede hacer dicho funcionario en los hechos que han sido establecidos por el ordenamiento jurídico.

RECURSO EXTRAORDINARIO. Procedimiento de refutar que emana para una clase específica de sentencias y solo por razones expresamente señaladas por la ley.

RECURSO FISCAL. Es aquel que cobra el Estado para sufragar las funciones del sector público, tales como impuestos, derechos, productos y beneficios.

RECURSO JERÁRQUICO. Es el que se eleva ante el organismo de rango superior al que emitió el acto o el fallo recurrido, por medio de una sentencia en revisión.

RECURSO JUDICIAL. Es el mecanismo establecido por el ordenamiento jurídico para alcanzar la rectificación, anulación, abolición de un fallo judicial, ya sea del mismo tribunal que la pronunció o de otro de rango superior.

RECUSACIÓN. Es la acción por medio de la cual se solicita que un magistrado, un miembro de un tribunal o un representante del ministerio público no participen en un proceso judicial específico por estimar que su neutralidad no está asegurada.

RECUSADO. Persona víctima de una recusación, con o sin fundamento.

RECUSANTE. Es la persona que gestiona, con arreglo a los preceptos jurídicos, un magistrado o funcionario judicial. No participe del conocimiento de una materia por no ofrecerle amparo de neutralidad.

REDADA. Maniobra policial que consiste en aprehender de una vez a una pluralidad de personas.

REDARGÜIR. Es señalar la falsedad, los defectos, los vicios o errores de los escritos exhibidos en un juicio.

REDENCIÓN. Es liberar a una persona o a un grupo de personas que se encuentran en cautiverio, de una posición de vejamen, un castigo, o de una obligación.

REDENCIÓN DE CENSOS. Acción por medio de la cual, dando una cantidad de dinero que por acuerdo o por mandato de la ley pertenezca al censualista, consigue el censatario la exención de la propiedad sobre la cual pesa una carga.

REDENCIÓN DE HIPOTECA. Retribución por paga judicial o extrajudicial realizada por el deudor o por una tercera persona para que se inicie la eliminación de la hipoteca establecida sobre una propiedad inmobiliaria en custodia de la deuda.

REDENCIÓN DE LAS PENAS POR EL TRABAJO. Gracia penitenciaria que consiste en disminuir el tiempo de la sanción carcelaria por la ejecución de una actividad laboral en la penitenciaría.

REDENCIÓN DE SERVIDUMBRE. Exención costosa del impuesto, por acuerdo del propietario de la hacienda sirviente, que queda así liberado del derecho real sobre su predio y de la hacienda dominante que acepta un beneficio compensador, por lo general en dinero.

REDESCUENTO. Operación realizada por las autoridades monetarias de una nación mediante la cual acepta títulos o valores financieros de las entidades crediticias, a las cuales hace un descuento para otorgarles un préstamo equivalente al monto que recibe la autoridad en títulos y valores por el cual debe pagar la institución que entrega los documentos financieros una tasa de interés. Los documentos recibidos por la autoridad, a su vez, han sido descontados por la institución crediticia a sus clientes.

REDIMIR. VER: REDENCIÓN.

RÉDITO. Son los intereses que genera una inversión.

REDOBLAR. Incrementar algo otro tanto o el doble de lo que antes era.

REDUCCIÓN. Cuota disminuida, rebajada o descontada de algo.

REDUCCIÓN A SERVIDUMBRE. Crimen en que incurre el sujeto que ubica a otro en posición de esclavitud y que la acepta en tal situación para conservarla en ella.

REDUCCIÓN DE CREDITO. Consiste en la disminución de la cantidad de dinero disponible para prestar.

REDUCCIÓN DE DONACIÓN. Maniobra que ejercen los herederos del donante si, por la lista de las propiedades del fallecido, se sabe que fueron innecesarias las donaciones que había realizado, hasta que queden cubiertas sus reservas hereditarias.

REDUCCIÓN DE MULTA. Castigo que debe conservar contrapeso con la trascendencia de la infracción que se penaliza, teniendo en cuenta la estimación de los beneficios de la obligación.

REDUCCIÓN DEL SEGURO DE VIDA. Es la eventualidad que se le concede al beneficiario de un seguro de vida, donde si atraviesa por precariedades económicas y no puede pagar las primas, se puede sostener la póliza pero con alcance disminuido y una compensación conforme con el tiempo pagado.

REDUCCIÓN HEREDITARIA. Rebaja conforme de las generosidades del titular del patrimonio cuando superen en conjunto la parte de la reserva hereditaria de los herederos forzosos, de tal manera que esta no sea alterada.

REDUCCIÓN IMPOSITIVA. Rebaja incompleta de un gravamen por demanda del que paga impuesto.

REELECCIÓN. Es la figura que conlleva que un ciudadano que ejerce una función política elegible pueda volver a aspirar al cargo, luego de terminado su periodo, en las elecciones inmediatamente posteriores.

REEMBARGAR. Incautar por segunda vez lo mismo que se embargó, después de que haya sido levantado el primer embargo.

REEMBOLSO. Recobrar o pagar de lo que se ha dado recibido en calidad de préstamo, con arreglo a la condición de acreedor y deudor que se tenga en cuenta.

REFERÉNDUM. Es el acto por el cual se consulta a los ciudadanos que poseen el derecho de ejercer el voto para que aprueben o rechacen un proyecto de ley, una reforma constitucional o una reforma legal.

REFERIMIENTO. Trámite rápido y sencillo mediante el cual se pretende obtener de un tribunal una ordenanza que solucione transitoriamente, sin fallar sobre el fondo del asunto, una circunstancia que amenaza un derecho.

REFORMA. Es el proceso que se lleva a cabo con la finalidad de cambiar, variar o innovar algo.

REFORMA CONSTITUCIONAL. Es el mecanismo que establece cada Estado para que el texto constitucional que lo rige se modifique, total o parcialmente, sin que esto afecte sus principios básicos.

REFORMA DEL ESTADO. Tesis enarboladas por los apologistas del capitalismo con el pretexto de combatir el mal manejo de las empresas públicas por parte del Estado. El fundamento de esta propuesta es propugnar por la no intervención estatal en la economía, la privatización de las empresas estatales, en una sola fase, entregarle el manejo de la economía al sector privado.

REFORMA FISCAL. Es el arreglo, modificación, cambio o corrección que se propone, con respecto al régimen jurídico fiscal vigente con el objetivo de cambiar su forma o contenido para ajustarlos a las demandas de las masas populares o de la burguesía.

REFORMATORIO. Institución correccional donde se procura rescatar y educar a los menores de edad que han ejecutado alguna actividad delictiva, y donde residen por el plazo que se haya pronunciado.

REFRACTARIO. Es el que se niega a obedecer el ordenamiento jurídico que rige en una sociedad y los mandatos de sus jefes.

REFRENDAR. Es el acto por el cual el jefe de un Estado transfiere su responsabilidad a funcionarios subalternos cuando los autoriza a que firmen, legalicen o legitimen las leyes, decretos, despachos, órdenes u otros documentos que son de la responsabilidad de la máxima autoridad del Estado.

REFUERZOS. Es la pluralidad de personas que se unen a otras para cooperar con su eficiencia.

REFUGIADOS. Son el grupo de personas que se ven obligadas a abandonar su lugar de origen por sufrir persecuciones debido a razones políticas, religiosas, culturales y/o raciales, o que huyen de los conflictos armados, hambrunas y catástrofes naturales que se producen en sus países.

REFUNDAR. Es reorganizar, transformar o revisar la estructura de una institución, organización o sociedad para que vuelva a funcionar normalmente, se adapte a los nuevos tiempos o vuelva a enarbolar sus principios originales.

REGALÍA. Es la remuneración que se acepta en dinero o en especie, por el traspaso de una pertenencia, disfrute de cosas o la transferencia de derechos, cuya cantidad se establece en correspondencia con una unidad de producción, de transacción, de explotación.

REGENCIA. Es un periodo transitorio de gobierno durante el cual una persona ejerce las funciones gubernamentales en nombre del soberano porque es menor de edad, se encuentra incapacitado o está ausente.

REGICIDA. Es el que asesina o atenta contra la vida del monarca, aunque no llegue a llevar acabo esta acción.

REGIDOR. Es un funcionario público elegido por los electores de su ciudad para que se encargue de resolver los problemas del lugar que le corresponde atender.

RÉGIMEN. Es el conjunto de normas y reglas que rigen la estructura administrativa de un Estado o de una organización.

RÉGIMEN CENSATARIO. Procedimiento electoral en el cual el disfrute del derecho de voto se halla restringido por un alto nivel de formación académica y que demuestra por medio de títulos, o bien, en el cual el voto se halla restringido por el pago de una cantidad sumamente alta por concepto de tributo directo, que demuestra la riqueza del elector.

RÉGIMEN DE COMUNIDAD LIMITADA. Sistema conyugal que instala la coposesión sobre los recursos proporcionados al matrimonio o los obtenidos con posterioridad.

RÉGIMEN DE COMUNIDAD UNIVERSAL. Este sistema radica en conformar en una masa común todas las propiedades de los cónyuges.

RÉGIMEN HIPOTECARIO. Totalidad de preceptos legales y fiscales que dirigen la matriculación y preservación de la seguridad hipotecaria.

RÉGIMEN MATRIMONIAL. Totalidad de preceptos que establecen el estatuto jurídico de las propiedades de los esposos durante la unión matrimonial y al tiempo de su separación y que dirigen las relaciones monetarias de los esposos entre sí o con los terceros o con quienes comercian.

RÉGIMEN PENITENCIARIO. Totalidad de preceptos que organizan el procedimiento y la disciplina carcelaria y planifican el cumplimiento de las sanciones privativas de libertad, así como la realización de las medidas de protección.

REGIÓN. División territorial de un Estado determinada por ciertas características comunes, como el clima, el idioma, la topografía, la demografía, la historia, la economía o la forma de gobierno.

REGIONALISMO. Es la concepción ideológica que, aunque no cuestiona la unidad nacional, desarrolla un sentimiento de rivalidad entre las poblaciones de las distintas áreas geográficas de una nación y de afecto exagerado por su región. Por estas razones, favorece la descentralización política-administrativa para crear sistemas autónomos mixtos que sirvan a los intereses de su región.

REGISTRO CIVIL. Oficina pública que tiene por función registrar el estado civil de los seres humanos: nacimiento, matrimonio, divorcio y fallecimiento.

REGISTRO NACIONAL DE CONTRIBUYENTES. (RNC). En la República Dominicana es la institución pública que incluye los datos vinculados a la identidad, residencia y la labor económica de las personas físicas y jurídicas registradas en impuestos internos, ya sea con una finalidad tributaria o para registrar patrimonios y otras funciones. Cuando se anota al RNC, el impuesto interno le concede un código único y vitalicio de identidad que recibe el nombre "número de RNC."

REGISTRO DE EMBARGOS. Apunte que se efectúa en la lista de propiedad referente a cada clase de bien de una disposición judicial precautoria o ejecutiva.

REGISTRO DE HIPOTECAS. Respaldo de una cantidad que se debe con respecto a una propiedad inmobiliaria que debe ser asentada y adueñarse de ella en una oficina pública dedicadas al ordenamiento de hipotecas o inscripción de ellas.

REGISTRO DE LA PROPIEDAD INDUSTRIAL. Institución pública que reúne la inscripción, permisos, marcas de fábricas, nombres comerciales, modelos y todas las condiciones reformadas a ellas, relacionadas, como la obtención, terminación, traspaso, transformación y algunos otros actos.

REGISTRO DE LA PROPIEDAD INTELECTUAL. Es la seguridad que le proporciona el ordenamiento jurídico al autor de una obra científica, artística, por su invención intelectual.

REGISTRO DE LA PROPIEDAD INMUEBLE. Dispone el registro de los actos y contratos concernientes a la pertenencia y demás privilegios reales sobre la propiedad inmobiliaria..

REGISTRO DE PARTIDOS POLÍTICOS. Es la exigencia que se le hace a las agrupaciones políticas de inscribirse en una lista antes de que puedan nominar candidatos a cargos electivos para participar en las contiendas electorales.

REGISTRO DE INCIDENTES. Es la labor que ejecuta una institución creada por la ley para que registre los datos personales, civiles y profesionales de los penados o de los sujetos que se encuentren en rebeldía judicial, en el archivo de huellas digitales y en las estadísticas delictivas.

REGISTRO DE TESTAMENTOS. Es la inscripción en una oficina creada para estos fines de los testamentos notarizados por un notario.

REGLA DE DERECHO. Vocablo que es utilizado por los defensores de una doctrina para hacer referencia a los preceptos legales fundamentales.

REGLA DE LA ADQUISICIÓN PROCESAL. Consiste en que las evidencias de uno de los litigantes pueden resultar beneficiosas para los intereses de la contraria del proponente, así como a la persona que litiga junto con otra, de ahí que las unidades estén forzadas a investigar y reconocer las evidencias que ejercen en sentencias.

REGLA DE LA INMEDIACIÓN PROCESAL. Máxima que propugna por el diálogo personal del magistrado con los litigantes y la conexión directa de aquel con los procedimientos de obtención de las evidencias, como vía, para lograr una profunda unión de los intereses en juego con la ayuda de la demanda y su finalidad polémica.

REGLAS DE APLICACIÓN DEL DERECHO. Son una serie de reglas de carácter práctico, que deben ser tomadas en cuenta al emplear el derecho y que, en gran cantidad, están explícitamente instauradas por el régimen jurídico.

REGLAS DE INTERPRETACIÓN. Posición imprescindible para solucionar las demandas que provienen de los contratos de doble sentido para cuyo entendimiento debe buscarse con prioridad el objeto común de los litigios que con la acepción exacta de las conclusiones claras y precisas empleadas en el mismo documento, tanto como el que coincida por el entorno general.

REGLAS DE JUEGO. Son las normas, procedimientos, leyes, preceptos y costumbres que rigen el funcionamiento de un determinado sistema político, económico y social.

REGLAS DEL CONFLICTO. Preceptos que permiten la especificación del régimen jurídico que será aplicado a cualquier demanda que, por lo menos, tenga un integrante o una persona extranjera o en un conflicto de leyes.

REGLAMENTACIÓN. Modo de regulación de la práctica de un derecho.

REGLAMENTO. Es el conjunto de reglas, normas o preceptos jurídicos de carácter general dictados por las autoridades competentes para regir el funcionamiento y gobierno de una actividad, organismo o sociedad.

REGLAMENTO AUTÓNOMO. Es el expedido por una institución pública – sin requisito de una ley anterior – con el objetivo de ordenar su organización interna o los servicios que ofrecen.

REGLAMENTO DE EJECUCIÓN. Ordenanza establecida que tiene por finalidad favorecer el uso de una ley.

REGLAMENTO DE POLICÍA. Es una recopilación de preceptos legales que emiten las autoridades administrativas para garantizar el orden, la paz, o la seguridad pública.

REGULACIÓN. Es la instauración de disposiciones, pautas o leyes.

REHABILITACIÓN. Es la acción de suprimir para el futuro una pena, por medio de la suspensión de las incapacidades.

REHÉN. Es la persona recluida en contra de su voluntad por otros, para exigir a cambio de su libertad una suma de dinero o la ejecución de unas determinadas estipulaciones.

REINCIDENCIA. Nuevo acontecimiento delictivo llevado a cabo por la persona que ha cumplido la totalidad o una parte, de una sanción privativa de libertad aplicada por un tribunal penal.

REINTEGRO. Restitución de alguna cosa de un bien.

REINVERSIÓN. Adquisición de un bien con sumas monetarias que provienen de la venta de otro bien.

REIVINDICACIÓN. VER: ACCIÓN REIVINDICATORIA.

RELACIÓN DE TRABAJO. Es un vínculo jurídico entre patronos y trabajadores. Aparece cuando una persona facilita sus servicios bajo ciertas estipulaciones, a cambio del pago de una determinada cantidad de dinero.

RELACIÓN JERÁRQUICA. Nexo administrativo que existe dentro de una institución que somete los niveles inferiores a los superiores.

RELACIÓN JURÍDICA. Nexo jurídico entre dos o más personas, por medio de la cual, uno de ellos posee la potestad de pedir algo que el otro debe realizar.

RELACIÓN JURÍDICO PROCESAL. Es la totalidad de derechos y obligaciones que emergen entre el magistrado y los litigantes, y de estos entre sí, desde el auto de recepción del litigio, hasta la finalización del proceso.

RELACIÓN TRIBUTARIA. Es la totalidad de obligaciones, deberes, derechos y facultades generadas por el uso de los impuestos.

RELACIONES CONSULARES. Nexo que de forma especial establecen los Estados por propias aceptaciones por medio de la instalación de oficinas en los correspondientes territorios para la observación de los inconvenientes de sus nacionales.

RELACIONES DIPLOMÁTICAS. VER: DIPLOMACIA.

RELACIONES EXTERIORES. VER: DIPLOMACIA.

RELATOR. Es el empleado de varios tribunales superiores de justicia encomendado de llevar a cabo la conexión de los expedientes judiciales ante los tribunales.

REMATE. Cesión que se realiza de los bienes que se venden en pública subasta al comprador que haga la mejor oferta.

REMEDIO PROCESAL. Es toda clase de procedimiento para alcanzar el cambio de los dictámenes judiciales durante el juicio.

REMESA. Es un escrito en el cual le damos una orden a una entidad financiera para que coordine el cobro o el pago de la totalidad de compraventas efectuadas.

REMESAS. Es el envío de sumas monetarias realizadas por personas que viven en otra nación al país de donde son originarios.

REMISIÓN. Disposición que tiene por finalidad llevar una cuestión ante otro magistrado diferente del que la ha conocido anterior a él.

REMISIÓN DE DEUDA. Es la acción jurídica por la cual un acreedor manifiesta su voluntad de liquidar totalmente o parcialmente la cantidad de dinero que le adeuda su deudor.

REMISIÓN DE LA PENA. Acción jurídica que absuelve a la persona que cometió el delito de la responsabilidad de cumplir la pena que se le impuso.

REMOCIÓN. Pérdida de cargo o empleo.

REMOCIÓN DEL MAGISTRADO. Abolición de la facultad jurisdiccional del magistrado, por medio de las pérdidas de sus funciones que, por su importancia institucional, necesita, de un instrumento de procesar que, en el interior de un régimen de legalidad, protege los derechos de amparo y la neutralidad de la sentencia.

REMOCIÓN DEL TUTOR. Es el procedimiento legal que procede cuando el tutor no está ejerciendo como corresponde sus obligaciones y funciones.

REMUNERACIÓN. Suma de dinero que se le da a una persona como pago por un trabajo o servicio que ha realizado.

RENCOR. VER: RESENTIMIENTO.

RENDICIÓN. Es cuando soldados, países u otros combatientes dejan de combatir y pasan a convertirse en prisioneros de guerra.

RENDICIÓN DE CUENTAS. Es la obligación que tiene todo funcionario o persona particular que ejerce una función pública – en que administra fondos y recursos del Estado-de darle una información detallada y minuciosa de su gestión administrativa a toda la nación.

RENTA. Es todo ingreso que una persona puede percibir por lo que produce un trabajo, una propiedad o una inversión de capital, que puede consumir sin reducir su patrimonio.

RENTA AMORTIZABLE. Rendimiento del capital que toma prestado el Estado, realizando una emisión pública de títulos o bonos en una cantidad específica de años.

RENTA GENERAL. Cantidades monetarias que el tesoro público cobra de manera directa en el territorio nacional.

RENTA NACIONAL. Es un término macroeconómico con el cual se nombra a la cantidad de dinero generado por los bienes y servicios en el área de productividad de una nación durante un tiempo específico y donde se da por descontado el número de bienes y servicios empleados para producirlos.

RENTA VITALICIA. Convenio que ata a una de las partes a entregarle a la otra una cantidad de dinero u otros bienes a cambio de estos la parte que lo recibe se compromete a pagarle una renta de por vida a la parte que se lo entregó.

RENUNCIA. Es una acción formal por medio de la cual un empleado pone fin espontáneamente a la relación laboral con su patrón. Forma de abolición de derechos el cual consiste en una acción jurídica, por la cual se abandona un derecho propio, en favor de otro.

RENUNCIA A LA HERENCIA. Acción por medio de la cual el heredero desestima los derechos y obligaciones relacionados a la herencia.

RENUNCIA ABDICATIVA. Acción jurídica que se lleva a cabo sin determinar el sucesor de un derecho.

RENUNCIA DE LA HIPOTECA. Abolición del convenio real por la dimisión manifestada y firme en documento público, que el acreedor realiza de su derecho hipotecario permitiendo la anulación de la hipoteca.

RENUNCIA DE LA PRESCRIPCIÓN. Acción espontánea del deudor con relación al vencimiento de la deuda o de todo motivo de nulidad o cancelación del compromiso, que no imposibilita que el garante haga valer esas prerrogativas.

RENUNCIA DE LA SOLIDARIDAD. Compromiso que pierde su condición en el caso de que el acreedor renuncie adrede a la solidaridad, permitiendo que se divida la deuda entre cada uno de los deudores.

RENUNCIA DE LOS DERECHOS DEL ACREEDOR. Acción jurídica particular por medio de la cual el acreedor desiste de sus derechos de crédito, haciendo que el deudor quede libre sin ver complacido su interés.

REO. Persona que es culpable por haber cometido una actividad delictiva.

REPARACIÓN. Es la indemnización por un acontecimiento o un comportamiento que lesione a una persona o sus propiedades.

REPATRIACIÓN. Es el procedimiento de hacer retornar a una persona ya sea espontáneamente o por el uso de la violencia a su país de origen.

PEPERTORIO. Libros de reseñas resumidas que se utilizan para registrar casos de jurisprudencia.

REPETICIÓN. Maniobra para la solicitud de un reembolso incorrecto o del desembolso por otro.

RÉPLICA. Texto en el que el demandante, después que se haya conocido la respuesta que al requerimiento haya dado el procesado, ratifica sus reclamaciones, refuta las defensas de su contrincante y la reprimenda en su caso, y asegura finalmente su postura judicial...

REPOSICIÓN. Restitución de una persona en el cargo que anteriormente desempeñaba. Acto en el que se gestiona modificar una decisión del tribunal que la dictó.

REPREGUNTA. Segunda pregunta que hace el demandante al testigo o al fiscal sobre un mismo asunto, para confirmar su autenticidad, con la finalidad de reafirmar, esclarecer o destrozar las expresiones elaboradas.

REPRENSIÓN. Sanción leve, que persigue en originar una positiva reacción en el procesado, para que este asimile su falla, la animadversión social contra la actividad delictiva y el castigo, el peligro de la repetición y su importancia, de igual manera la solicitud a la reforma, a la renuncia a volver a cometer el acto contrario a la ley.

REPRESALIA. Es el acto de venganza, sanción o desquite que adopta un Estado o una organización política contra quienes le han causado un daño o un agravio, ocasionándoles un daño mayor o igual al que le infringieron.

REPRESENTACIÓN. Permiso legal que conlleva la concesión de un encargo a una persona para que proceda en nombre y por cuenta de otra, en toda circunstancia que la persona beneficiaria del poder exprese que procede en tal sentido y lo realice en el seno de la periferia manifestada en ese poder.

REPRESENTACIÓN APARENTE. Acción jurídica que concede un encargo que está contaminado de nulidad por diversas razones, como el impedimento personal para llevar a cabo el negocio representativo, pero que no lesiona el derecho de los terceros contratantes de buena fe a solicitar al inhabilitado representante la indemnización de los daños y perjuicios que fueron causados.

REPRESENTACIÓN DE LA PERSONA POR NACER. Situación que se presenta cuando la persona que debe nacer puede adquirir bienes por donación o por herencia.

REPRESENTACIÓN DE LAS PARTES. Facultad judicial que da a alguien la autoridad para participar el procedimiento personalmente a través de un representante habitual.

REPRESENTACIÓN HEREDITARIA. Es el que poseen los sucesores de una persona para recibir en lugar de ella, si hubiere fallecido con anterioridad al titular del patrimonio que va a ser distribuido por causa de su deceso.

REPRESENTACIÓN PROPORCIONAL. Es el sistema electoral en que la cantidad de votos que reciben las organizaciones políticas que participan en un proceso electoral determina el número de cargos electivos que le son asignados en el Congreso o Parlamento.

REPRESENTACIÓN SINDICAL. Es la potestad de seleccionar representantes y formar instituciones unitarias por medio de las cuales se documenten los diálogos entre las empresas y los trabajadores.

REPRESENTACIÓN SIN PODER. Acción de una persona que obra en sustitución de otra sin obedecer las conclusiones de contenido de las competencias otorgadas, o se halla en desavenencia de renta con el sustituido, o procede atravesando los confines de tiempo cuando la sustitución ha finalizado, o se conduce como sustituto sin haberlo sido nunca, o en caso de sustitución obligatoria, procede sin guardar los imprescindibles modos de habilitación.

REPRESENTANTE. Persona que obra en nombre de otra.

REPRESIÓN. Es el ejercicio de la violencia por el Estado para castigar o impedir que los ciudadanos puedan ejercer sus derechos de expresarse, reunirse, manifestarse, asociarse o manifestarse libremente.

REPRODUCCIÓN. Duplicado de un escrito literario o artístico, un dibujo cuya ejecución, divulgación o transacción sin consentimiento de su creador o beneficiarios es considerado como una actividad delictiva, a menos que la obra haya caído en el dominio público.

REPÚBLICA. Es una forma de gobierno democrático-burguesa que se caracteriza por la división de los poderes del Estado en Legislativo, Ejecutivo y Judicial, elecciones "libres" y existencia de instituciones "democráticas," como el Parlamento o Congreso, partidos, medios de comunicación.

REPÚBLICA PRESIDENCIAL. Es el sistema de gobierno en el que el Presidente de la República es elegido por el voto popular y coexiste con un primer ministro y un gabinete elegido por el Parlamento, ante el cual están obligados a rendir cuentas de su gestión.

REPUBLICANISMO. Ideología que proclama su adhesión a la doctrina que considera la República como la mejor forma de gobierno que pueda tener el Estado.

REPUDIACIÓN. Es la acción por medio de la cual una persona declara de forma patente y clara que quiere desestimar la porción de la masa hereditaria que le toca por herencia.

REPUTACIÓN. Opinión o consideración que se tiene de una persona o de una institución.

REQUERIMIENTO. Orden judicial que se le comunica a una persona, para que realice o deje de ejecutar alguna cosa, o que exprese su voluntad con nexo con algún argumento.

REQUISICIÓN. Modo de restricción de los derechos de posesión y de la libertad personal que se declara como un acto de organización estatal que, por motivos de necesidad pública, de manera coercitiva se apropia de propiedades inmobiliarias o se convierte en dueños de propiedades privadas.

REQUISITO. Formalidad que exige el orden jurídico para ejercer un derecho, vigencia y autenticidad de un acto jurídico o la validez de una obligación.

REQUISITORIA. Orden judicial que remite el magistrado apoderado de una causa criminal, para notificar al acusado de una acción delictiva, así como para ordenar su búsqueda, aprehensión y presentación cuando se desconozca su paradero.

REQUISITORIO. Dicho con que un magistrado induce a otro para que realice un mandato remitido por el que requiere un juicio.

RESACA. En el comercio es la nueva letra de cambio que gira el que posee el derecho de ejecutar el acto de retorno sobre cualquiera de los obligados en la letra.

RESARCIMIENTO. VER: INDEMNIZACIÓN.

RESCATE. Cantidad monetaria que se pide para liberar a prisioneros de guerra, personas, barcos o aviones que han sido secuestrados.

RESCISIÓN. Privar de su eficiencia a un acto jurídico, con efecto tanto hacia el pasado como hacia el futuro.

RESENTIMIENTO. Es el odio o rencor que se siente hacia alguien por considerarlo autor de injurias o perjuicios sufridos y que se manifiestan en palabras o acciones hostiles.

RESERVA. Comunicación judicial de que una sentencia del magistrado que la pronuncia no lesiona a derecho de tercero o al que debe solucionarse en otro litigio o de diferente forma.

RESERVAS. Es la cantidad de dinero que una institución o nación guarda en oro en una moneda fuerte para que, en el caso de que se presenten necesidades de primer orden o una emergencia, pueda contar con fondos suficientes para hacerles frente a dichas eventualidades.

RESGUARDO. Dispositivo que confirma el recibimiento de escritos u otros objetos, en depósito.

RESIDENCIA. Es la vivienda donde habitan y residen, sometiéndose a establecida regulación, personas similares por la ocupación, el sexo, el estado, la edad, etc.

RESIDENTE. El funcionario o empleado que vive en el área geográfica donde ejerce su cargo o empleo.

RESISTENCIA. Es el derecho de oponerse militarmente a los atropellos, abusos, barbaridades e injusticias cometidas por los gobiernos autoritarios, despóticos, tiránicos o por fuerzas invasoras extranjeras. Este derecho puede ejercerse por la vía pacífica o por la violencia, y las modalidades por las cuales se puede ejercer son la desobediencia civil, las huelgas, los boicots, la no participación en actividades públicas y otras formas de protestar.

RESISTENCIA A LA AUTORIDAD. Es rebelarse usando la violencia, a las directrices de la autoridad, con la finalidad de obstaculizar la eficiencia de las mismas, así como arremeter contra ellos, cuando estén desempeñando sus funciones o con oportunidad de hacerlo.

RESCILIACIÓN. Es interrumpir las consecuencias de un contrato, en las estipulaciones que se acordaron en el contrato mismo o en la ley.

RESOLUCIÓN. Acto, decisión, actitud o declaración de voluntad que se toma después de ponderar todos los factores que han intervenido en un conflicto o litigio para resolverlo con gran claridad o exactitud.

RESOLUTORIO. Lo que deja sin consecuencia.

RESPONSABILIDAD. Es el deber de arreglar e indemnizar por uno mismo, el perjuicio causado, el mal alegado o la avería originada.

RESPONSABILIDAD CIVIL. Es el deber que tiene una persona física o jurídica de subsanar por los daños y perjuicios que le ha causado a otra persona, por medio del pago de una indemnización.

RESPONSABILIDAD CONTRACTUAL. Es la totalidad de obligaciones legales que emergen de la firma de un contrato.

RESPONSABILIDAD CRIMINAL. Es la obligación de enfrentar las consecuencias penales de una infracción criminal. Esto implica la imposición de una sanción, que esté acorde con el acto antijurídico cometido.

RESPONSABILIDAD DE LOS CURADORES. Es cuidar los bienes de una persona cuando ésta se encuentra incapacitada para hacerlo.

RESPONSABILIDAD DE LOS PADRES. Deber de los padres de responsabilizarse por los perjuicios ocasionados por sus hijos menores de edad que estén bajo su custodia.

RESPONSABILIDAD DEL ESTADO. Deber del estado de proteger legalmente a toda la población de una nación de los actos contrarios a la ley cometidos por la administración pública.

RESPONSABILIDAD FISCAL. Deber de las personas de aportar al gasto público con arreglo a las leyes fiscales correspondientes.

RESPONSABILIDAD INTERNACIONAL. Obligación que se le impone al Estado, que ha ejecutado un acto ilegal que ha perjudicado a otro, el deber de compensar el daño-o que causó.

RESPONSABILIDAD JUDICIAL. Deber de los magistrados de cualquier rango de remediar los perjuicios originados por sus sentencias dictadas por la vía de faltas graves.

RESPONSABILIDAD MINISTERIAL. La de carácter política, civil o criminal en que incurran los miembros del gobierno.

RESPONSABILIDAD PECUNIARIA. Deber cuyo beneficio se apoya en el pago de una determinada cantidad de dinero.

RESPONSABLE. Es el que ejecuta todos sus deberes. Con puntualidad, que toma las decisiones correctas y que responde con responsabilidad por las consecuencias de sus actos.

RESPUESTA. Es la acción que asume el testigo de responder a las preguntas que se plantean en un litigio.

RESTITUCIÓN. Es la retribución ordenada por un magistrado que debe hacer el autor de una actividad delictiva a las víctimas de la acción ilegal que él cometió.

RESTRICCIÓN. Es la implementación de medidas que impiden, limitan, disminuyen o reducen el ejercicio de los derechos y deberes de los ciudadanos.

RESULTADO DEL DELITO. Actuación delictiva que requiere para su realización la elaboración de una consecuencia, en el motivo del acto, resultantes de la actuación efectuada por el agente.

RESULTADO MUERTE. Consecuencia inesperada o resultado fortuito en acciones delictivas culposas.

RESULTANDO. Cada una de las razones realmente detalladas en sentencias o autos judiciales, o en decisiones gubernativas.

RETENCIÓN. Es la cantidad de dinero que aquellas instituciones que aportan o abonan rentas sujetas a retención están en la obligación de retener para luego ingresarlas en las cajas del erario por concepto de pago a cuentas de los impuestos.

RETICENCIA. Es la actitud que asume una persona cuando solo dice una parte de todo lo que sabe de un hecho específico.

RETIRO. Es la acción por la cual se jubila o pensiona a un empleado de la administración pública por razones de edad.

RETO. Incitación o convocatoria a duelo o desafío.

RETORSIÓN. Acto de infligir a alguien el mismo perjuicio que de él se ha obtenido.

RETRACTACIÓN. Acción por la cual se rectifica, revoca o se niega una declaración que antes se había hecho o algo que se había prometido.

RETRACTO. Derecho de transacción que se posee para dejar sin consecuencia una venta realizada a favor de otro, y recobrar para sí la cosa, sin alterar el precio que se pagó por ella.

RETROACTIVIDAD. Consecuencia, eficacia de un acontecimiento presente sobre el pasado.

RETROACTIVIDAD DE LA LEY. Postura que se origina cuando el ordenamiento instaurado en un precepto o en el fundamento sentado en un dictamen se pone en práctica en situaciones originadas o en acontecimientos que sucedieron en el pasado.

RETROCESIÓN. Hecho por medio del cual se da marcha hacia atrás, para transferir a la misma misma persona, el derecho o el artículo que ésta había transferido anteriormente. En Derecho Internacional Público, es devolver a un Estado el área geográfica que con anterioridad le había cedido el actual Estado otorgante.

RETROTRAER. Volver hacia atrás en los procedimientos judiciales para ejecutar un trámite que ha sido erróneamente ejecutado.

RETROVENTA. Es la que se realiza con la condición de poder el vendedor recobrar el objeto que él le vendió al comprador, devolviendo a éste la suma de dinero que recibió.

REUNIÓN. Conjunto de personas que se reúnen en lugares públicos y privados.

REVELACIÓN DE DATOS PERSONALES. Violación a la ley enque incurre el funcionario o empleado que ilegalmente da a conocer datos reservadso que se relacionan con la identificación de las personas.

REVELACIÓN DEL SUFRAGIO. Violacion a la ley en que incurre el elector que da a conocer su voto en el instante de ejercerlo en un acto político eleccionario.

REVENTA. Venta de una cosa que se había comprado, por lo general se vende por un precio mayor al que le costó, para sacar ganancias.

REVERSIÓN. Antiguo dueño de una propiedad la cual le es restituida y vuelve por lo tanto a ser su propietario.

REVISIÓN. Confirmación de cuentas.

REVISIÓN DE OFICIO. Potestad concedida a los jueces de mayor rango de analizar los dictámenes de los magistrados inferiores por motivo de interés jurídico.

REVOCACIÓN. Es el mecanismo constitucional de participación popular que consiste en la facultad que se le concede a los ciudadanos que tienen el derecho de ejercer el sufragio para que destituyan en las urnas, antes de que expire el periodo para el cual han sido electos, a los funcionarios de elección popular cuando estos han cometido faltas en el ejercicio de sus funciones. Acción de declarar nula una resolución, bien por utilización de la ley, bien por los acuerdos particulares de un contrato designado.

REVOCACIÓN DEL TESTAMENTO. Es la acción del causante por medio de la cual elimina total o parcialmente, o reforma el acto testamentario que incluye su última voluntad.

REVOCACIÓN DEL TESTAMENTO POR MATRIMONIO. La unión matrimonial que contrae el causante origina la revocación del testamento precedentemente concedido, con excepción de que en éste se designe heredero al cónyuge o de que sus resoluciones se deriven la voluntad de mantenerlos después de contraer nupcias.

REVOLUCIÓN. Es el proceso por medio de la cual las clases oprimidas logran conquistar el poder político y empiezan a tomar medidas económicas, políticas y sociales que conducen a transformar ---de una manera violenta, rápida e irreversible--- la estructura del Estado para crear un nuevo tipo de sociedad.

REVUELTA. VER: INSURGENCIA.

REY. VER: MONARQUÍA.

RIBERA. Es la orilla o tierra próxima al mar, a un río o a un lago.

RIESGO. Probabilidad de que se origine un acontecimiento que produzca un perjuicio o daño.

RIFA. Es un juego de azar que consiste en sortear algo entre una pluralidad de personas.

RIÑA. VER: ALTERCADO.

RÍO. Corriente de agua continua que termina desembocando en un lago, en el mar u otro río.

ROBO. Llamado también asalto o atraco es el acto que se ejecuta utilizando la violencia, la intimidación o cualquier tipo de arma para despojar a la víctima de una cosa que es de su propiedad.

ROBO A MANO ARMADA. Es una clase de robo en el cual el responsable de la actividad delictiva origina la violencia, amedrentamiento corporal en el afectado empleando armas blancas o de fuego.

ROL. Conjunto de conductas culturalmente particulares que en una colectividad se esperan de sus integrantes por motivos de su sexo, papel, función.

ROTULACIÓN. Poner los números en las hojas, folios, de un cuaderno, documento, etc.

RÚBRICA. Es el plumazo, que se pone en la firma a continuación del nombre.

RUEDA DE PRENSA. Llamada también conferencia de prensa es la convocatoria que hace una persona o una institución para informar a la ciudadanía por medio de los periodistas sobre un acontecimiento específico; y también para que los periodistas puedan hacerle las preguntas que ellos consideren convenientes.

RUEDA DE PRESOS. Trámite judicial que consiste en reunir a un grupo de presos para presentárselos a uno o varios testigos para que estos establezcan si entre los presentados se encuentra el autor o sospechoso de cometer una infracción a la ley.

RUFIÁN. Persona que carece de honor, que actúa con perversidad y es muy despreciable

RUFIANISMO. Violación a la ley en que incurre el que vive de las ganancias obtenidas por una persona que ejerce la prostitución.

RUIN. VER: VIL.

RUINAS. Destrucción, devastación y caída de una persona, familia, comunidad o Estado.

RUPTURA. Es el incumplimiento de un acuerdo, convenio o contrato. Quiebre de las relaciones diplomáticas, tregua o armisticio.

RUTA. Es un camino, autopista o vías que hace posible que los vehículos puedan circular de un sitio a otro.

S

SABOTAJE. Es la acción orientada a impedir, obstruir, interrumpir o destruir el funcionamiento de una empresa, la ejecución de la política gubernamental, las ideas o las actividades del enemigo por cualquier medio.

SADISMO. Designa la perversa práctica sexual de obtener placer y excitación infringiendo dolores a otros. El autor de este acto ilegal lleno de crueldad goza viendo sufrir a sus semejantes.

SALA. Sitio donde se constituye una corte de justicia para llevar a cabo vistas, juicios y, para resolver las cuestiones supeditadas a su demarcación.

SALA CAPITULAR. En la República Dominicana la sala capitular forma parte de los ayuntamientos y tienen por función definir los preceptos legales que se utilizaran en los municipios, para obtener e invertir los recursos y presentar los programas que van a desarrollar.

SALA DE INTERROGATORIO. Es un espacio acondicionado para apreciar el comportamiento de los sospechosos en los interrogatorios.

SALARIO. Es lo que recibe una persona por una cantidad específica de trabajo. El salario es el precio de la fuerza de trabajo. En el régimen capitalista, imperando formas fundamentales de salario: por tiempo y por piezas. El salario por tiempo expresa el valor de la fuerza de trabajo por horas, días, semanas o meses. El salario por piezas se determina a base del salario por tiempo; por ejemplo: Si el salario que se paga en una hora es de cien pesos y en el transcurso de una hora el obrero produce dos piezas, recibe cincuenta pesos por cada una de las piezas fabricadas. También existe el salario nominal y el salario real. El primero se traduce en unidades monetarias actuales, cuyo poder de compra, en tiempo de inflación, sigue una curva descendente a medida que transcurre el tiempo. Mientras, el salario real se expresa en términos de poder adquisitivo.

SALARIO BÁSICO. Es la retribución que un asalariado recibe habitualmente de un empleador como consecuencia de un trabajo

que estos hayan realizado durante un periodo de tiempo específico.
SALARIO EFECTIVO. Es el que el asalariado recibe en dinero.
SALARIO EN ESPECIE. Es el que se paga al trabajador con medios distintos al dinero, como son los bienes y servicios.
SALARIO FAMILIAR. Complemento que el trabajador recibe por la esposa, por ser un padre de familia o por tener otras personas que dependan de él.
SALARIO ÍNFIMO. Es el que no logra cubrir las penurias del trabajador.
SALARIO LEGAL. El establecido por el régimen jurídico.
SALARIO LESIVO. Retribución que no posee la proporción conveniente o necesaria con el rendimiento que se le exige al trabajador.
SALARIO MÁXIMO. Es la remuneración máxima legal que puede conseguir alguien por su trabajo.
SALARIO MÍNIMO. Es la cantidad mínima de retribución que un patrono está obligado a pagar a sus asalariados por el trabajo que estos hayan realizado durante un tiempo establecido.
SALARIO MIXTO. El obtenido parte en cantidades monetarias y parte en especie o derechos por el trabajador; como el servicio doméstico, cuando recibe alimentación y una habitación.
SALARIO MÓVIL. El que por el régimen legal o convenio está sujeto a modificaciones equivalentes al nivel de vida y al sistema de producción de la empresa.
SALARIO NOMINAL. VER: SALARIO.
SALARIO POR PIEZAS. VER: SALARIO.
SALARIO POR TIEMPO. VER: SALARIO.
SALARIO REAL. VER: SALARIO.
SALIDA TRANSITORIA. Derecho del recluso y del acusado despojado de libertad, sin que esto implique cancelación de la pena, a cuyo favor el juez de ejecución de la pena puede permitirle salir del centro penitenciario en el cual está ubicado, por un lapso de tiempo prudencial y ser llevado bajo custodia, para que pueda formalizar sus obligaciones morales en caso de fallecimiento o grave enfermedad de un familiar cercano.
SALTEADOR. VER: BANDIDO.
SALUD PÚBLICA. Es la totalidad de tareas sociales y políticas orientadas a acrecentar la salud, extender la vida y enriquecer la calidad de vida de los habitantes a través del fomento de la salud,

la profilaxis de la enfermedad y otros modos de participación sanitaria.

SALVAMENTO. Son las operaciones principales de las brigadas de emergencias. Estas maniobras de seguridad tienen por objetivo, encontrar, recuperar y poner a salvo a personas que han sufrido un accidente, o un damnificado que puede estar en grave peligro.

SALVAR. Conseguir la liberación de un imputado. Lograr el indulto de la persona sentenciada a muerte. Colocar al final de un escrito o documento una indicación que defienda lo enmendado o añadido entre una de las líneas de un texto, o para que no defienda lo borrado.

SALVO ERROR U OMISIÓN. Expresión que se acostumbra a poner abreviadamente (S.E.U.O) en toda cancelación, asentación de remanente o rendición de cuentas, en garantía de la eventualidad de cualquier error material.

SALVOCONDUCTO. Documento expedido a una autoridad a una persona con el cual la autoriza a transitar libremente, sin riesgos, obstáculos ni peligro.

SANA CRÍTICA. Es el procedimiento intelectual llevado a cabo por el magistrado y dedicado a la acertada valoración del efecto de las pruebas judiciales.

SANCIÓN. Acto de ratificar una ley o precepto y que es realizado por quien tiene facultad para hacerlo.

SANCIÓN ADMINISTRATIVA. Castigo impuesto por las autoridades administrativas cuando se presenta la existencia de un acto ilegal establecido en las disposiciones de la especialidad, que implica la existencia de un perjuicio a la administración pública, a la sociedad, a los ciudadanos o al interés general.

SANCIÓN CONSTITUCIONAL. Es el acto por el cual el jefe del Estado aprueba o confirma un proyecto de ley que procede de los órganos legislativos.

SANCIÓN LEGISLATIVA. Acción por la cual el Poder Legislativo ratificó un proyecto de ley.

SANCIÓN PENAL. Es la condena que un tribunal le impone a una persona por cometer una infracción a la ley.

SANCIÓN INTERNACIONAL. Constituye una medida económica, diplomática o militar que adopta un Estado un grupo de Estados o una organización internacional para presionar o chantajear a otro con el propósito de que cumpla determinadas obligaciones.

SANEAMIENTO. Es el procedimiento de orden público a través del cual se ordena e individualiza el terreno, se precisan los derechos que corresponden sobre él y estos quedan asentados por primera vez.

SANIDAD. Totalidad de servicios públicos ordenados para resguardar a los habitantes de una nación, de una provincia o de una región.

SAQUEO. Es el quebrantamiento a la ley que se desarrolla en el contexto de conflictos bélicos, catástrofes naturales de circunstancias de descontrol y anarquía. Se presenta cuando grupos de la población, se apoderan de manera indiscriminada e ilegal de propiedades de otras personas.

SATRAPA. VER: TIRANO.

SATISFACCIÓN. Liquidación de una deuda. Compensación personal de una vejación, agravio o ultraje.

SECESIÓN. Es el proceso mediante el cual el territorio de un Estado y sus habitantes se separan de otro para formar una nueva entidad estatal. También es la acción de separarse de una organización o entidad política.

SECRETARIO JUDICIAL. Es un funcionario público que forma parte de los sistemas judiciales y tiene por funciones dar fe pública de las actuaciones y diligencias en los tribunales.

SECRETO. Sabiduría personal, exclusiva, de un método en cualquier ciencia.

SECRETO PROFESIONAL. Es el deber legal que poseen ciertos profesionales de guardar en secreto los datos que han obtenido de sus clientes.

SECUACES. Son las personas que siguen a otra y que muestran una conducta de sumisión y sometimiento con respecto a ella.

SECUELA DEL JUICIO. Es toda gestión realizada fuera del campo judicial, que tenga relación con el litigio y que importa una pesquisa con el mismo.

SECUESTRO. Es una disposición de índole procesal pronunciada por un magistrado que tiene por finalidad de sacar de la posesión de los particulares los bienes muebles e inmuebles que son asunto de disputa entre partes en un proceso que se está ventilando y dejarlo legalmente en manos de las autoridades judiciales.

SECUESTRO ADMINISTRATIVO. Apropiación temporal de un bien o cosa mueble por el poder público con el propósito de restaurar el dominio de la ley.

SECUESTRO DE BIENES. Entrega de un artículo disputado en manos de un tercero hasta que se tome la decisión de a quién debe entregarse.

SECUESTRO DE PERSONA. Es una violación a la ley que se fundamenta en despojar de la libertad de manera ilegal a una persona o a una pluralidad de personas, por un tiempo específico, con la finalidad de conseguir una cantidad de dinero, a costas del rescate del secuestrado o de los secuestrados o el acatamiento de otras demandas en detrimento del o de los secuestrados.

SECUESTRO POLICIAL. Apropiación de una cosa que se presenta cuando esa cosa está relacionada a una actividad delictiva cuya aclaración y penalización se persigue.

SECTOR PÚBLICO. Es el conjunto de organismos, empresas y corporaciones que están bajo el control y la regulación del Estado. Comprende al gobierno central, los gobiernos locales, los organismos públicos autónomos, así como empresas y personas que proveen bienes y servicios en nombre del Estado.

SECTOR PRIVADO. Es el conjunto de corporaciones y actividades que no se encuentran bajo el control del Estado, son creadas por particulares con sus recursos y se guían por el afán de lucro individual.

SECULARIZACIÓN. Circulación de un bien, propiedad de una institución religiosa, al dominio del Estado.

SEDE. Es el sitio donde el régimen jurídico considera ubicada a una persona para consecuencias jurídicas específicas, aunque dicha persona no se encuentre en dicho lugar.

SEDE SOCIAL. Palabra que se emplea para aludir al sitio desde el cual se manejan las asociaciones culturales, deportivas, órganos administrativos y otras organizaciones.

SEDICIÓN. VER: INSURGENCIA.

SEGREGACIÓN. Es la adopción de una actitud discriminatoria que consiste en separar, excluir y marginar de la sociedad a un grupo de personas como minorías raciales, mujeres, homosexuales, minorías religiosas, entre otras, por motivaciones sexuales, raciales, religiosas o ideológicas.

SEGUNDA INSTANCIA. VER: RECURSO DE APELACIÓN.

SEGURIDAD. Es la carencia de peligros y situaciones que puedan originar deterioro físico, psicológico o material en las personas y en la comunidad en general.

SEGURIDAD DEL AGENTE ENCUBIERTO. Facultad de la persona que se ha desempeñado como agente encubierto cuando se encuentra en peligro por haberse revelado su verdadera identidad, a escoger entre mantenerse activo o pasar a retiro.

SEGURIDAD DEL EMPLEADOR. Deber del empleador de respetar las disposiciones legales sobre higiene y seguridad en la jornada laboral y hacer respetar los descansos y restricciones al lapso de tiempo que dura la jornada laboral instauradas en el régimen jurídico.

SEGURIDAD DEL TRABAJADOR. Facultad del trabajador de aceptar de su empleador todos los requisitos necesarios para que su labor se ejecute en la forma dispuesta por el sistema laboral y en los modos especiales instaurados por cada tarea.

SEGURIDAD AÉREA. Es el conjunto de acciones que tienen por objetivo prevenir la comisión de actos delictivos contra las aeronaves, sus pasajeros y la tripulación.

SEGURIDAD INTERNACIONAL. Medidas para proveer de estabilidad a las relaciones internacionales, formando organizaciones que eviten los conflictos bélicos.

SEGURIDAD JURÍDICA. Es un principio del derecho que obliga al Estado a establecer un régimen legal que le garantice al individuo que su persona, sus bienes y sus derechos nunca serán vulnerados, y que, en el caso de que esto suceda, les serán aseguradas, por la sociedad, protección y reparación.

SEGURIDAD NACIONAL. Es el conjunto de acciones encaminadas a asegurar la subsistencia del estado mediante la ejecución de políticas que protejan su territorio, garanticen el ejercicio de los derechos humanos y velen estrictamente por la defensa de su soberanía.

SEGURIDAD SOCIAL. Es un programa de protección que la sociedad les brinda a todos sus miembros, ofreciéndoles la cobertura de eventualidades sociales reconocidas, como salud, maternidad, orfandad, vejez y desempleo.

SEGURIDAD VIAL. Es el conjunto de medidas adoptadas que garantizan el buen funcionamiento de la circulación del tránsito, a través de la utilización de reglamentos y disposiciones, además de la normativa de conducta que deben ser utilizadas por el peatón, el pasajero, o los conductores para evitar accidentes de tránsito.

SEGURO. Es un convenio por el cual una compañía de seguros se obliga, por medio del cobro de una prima y en el caso de que se produzca el suceso cuyo peligro es objetivo de indemnizar, dentro de los confines acordados, el perjuicio originado al asegurado; ya sea por medio de un capital, una renta, o través de la asistencia de un servicio.

SEGURO AÉREO. Es el que tiene por finalidad asegurar los peligros propios de la travesía que dañan la aeronave, mercancías, pasajeros y fletes así como las obligaciones que se derivan de los perjuicios originados a un tercero por los aviones en tierra, agua o vuelo.

SEGURO DE INCENDIO. El objetivo fundamental de este seguro es la indemnización de los percances sufridos por los bienes asegurados por motivo de un incendio.

SEGURO DE RESPONSABILIDAD CIVIL. Convenio por medio del cual el asegurador se responsabiliza de pagar las indemnizaciones que el asegurado les deba a terceros por los perjuicios que les haya ocasionado.

SEGURO DE ROBO. Convenio por medio del cual se cubren las pérdidas de los artículos detallados por origen del acontecimiento delictivo el cual ha afectado al asegurado.

SEGURO DE VIDA. Es un convenio que realiza una persona con una aseguradora, con la finalidad de amparar económicamente a sus ascendientes o a la persona que él designe en el caso de que el asegurado deje de existir.

SEGURO MARÍTIMO. Es el que tiene por finalidad compensar al asegurado por las pérdidas o perjuicios que puedan sufrir el bien o los bienes asegurados por los peligros que entraña una travesía marítima.

SEGURO OBLIGATORIO. El instaurado urgentemente por el régimen jurídico para señalada clase de personas: Los burgueses por los peligros profesionales de sus trabajadores, el de maternidad para las obreras y empleadas.

SEGURO SOCIAL. Acuerdo, coordinado por el Estado en el que se anticipan señalados peligros que observan a los trabajadores y, de igual modo, a la burguesía, a las amas de casa, trabajadores independientes, etc.

SHA. Denominación que recibieron desde la antigüedad los monarcas de Irán.

SEMBRADOR. Persona que cultiva, planta en un terreno que es de su propiedad con semillas, plantas ajenas, por lo que consigue la propiedad de unos y otros, pero queda obligado a pagar su valor, y si ha actuado de mala fe, será sometido a la acción de la justicia para que pague monetariamente por los daños que ha causado y por las consecuencias de su acción criminal.

SEMI AUTOPISTA. Vía pública pavimentada semejante a la autopista, con cruces a nivel a otro camino.

SEMIPLENA PRUEBA. Evidencia que por sí sola no es suficiente para sentenciar, teniendo por obligación añadir otros fundamentos de juicio para establecer la opinión del juez.

SEMOVIENTE. Objetos muebles, que poseen las características de movilizarse por sí mismos. Un ejemplo de estos son los animales.

SENADO. Nombre con el cual se designa en algunas naciones a la cámara alta, y que conforma uno de los cuerpos legislativos.

SENADOR. Es el funcionario cuyas funciones dependen del régimen político por el cual se rige. En los sistemas presidencialistas, sus funciones fundamentales son elaborar y redactar leyes. En los regímenes parlamentarios, aparte de las legislativas, ejercen también funciones políticas, económicas, judiciales y administrativas. En todas partes, representa a la circunscripción territorial que lo elige por el voto universal de sus electores.

SENADOR VITALICIO. Figura creada para los expresidentes de una nación que hayan ejercido sus funciones por el mandato constitucional: por lo cual un presidente que concluye su gestión presidencial, asume como senador sin que exista un periodo previsto para que su función como senador finalice.

SENDA PEATONAL. Es el área del sector urbano donde los peatones o las personas que van a pie pueden caminar libremente.

SENTENCIA. Pieza escrita que incluye un dictamen judicial, el nombre o los nombres de los jueces que la han pronunciado, el del representante del ministerio público que ha acudido a las discusiones y del secretario.

SENTENCIA ABSOLUTORIA. Es la que determina que una persona no es responsable de la actividad ilícita por la cual ha sido juzgado. Por lo cual es inocente.

SENTENCIA ARBITRARIA. Acción decisoria que no cumple con los fundamentos constitucionales primordiales por lo cual se puede presentar un recurso extraordinario ante el más alto tribunal de justicia.

SENTENCIA CAUTELAR. Es un dispositivo que está a disposición de los tribunales para asegurar la validez de un litigio y la adecuada confección de un dictamen.

SENTENCIA CONFIRMATORIA. Es la dictada por una corte de apelación, que ratifica el fallo dictado por el magistrado de inferior rango.

SENTENCIA CONGRUENTE. La que está de acuerdo con los puntos propuestos por los litigantes, ya los acepte o los desestime, sancionando o descargando.

SENTENCIA CONDENATORIA. Es el dictamen judicial que anuncia la finalización del proceso penal donde se ha determinado la culpabilidad de una persona en conexión con su intervención en un acto contrario al régimen legal.

SENTENCIA CONSTITUTIVA. Es la que originan, alteran o hacen cesar una acción judicial.

SENTENCIA CONTRADICTORIA. Cuando el procesado está presente en el juicio.

SENTENCIA DE REMATE. La pronunciada en un juicio ejecutivo, para ejecutar la venta del patrimonio embargado, para poder pagar al acreedor ejecutante.

SENTENCIA DECLARATIVA. Dictamen judicial que sirve para suprimir la ausencia de seguridad acerca de la presencia, eficiencia y análisis de un estado jurídico.

SENTENCIA DEFINITIVA. Es la que resuelve la contienda poniendo fin a la instancia, de forma que en lo sucesivo el magistrado quedará desapoderado de la disputa.

SENTENCIA DESESTIMATORIA. Acción que rechaza la totalidad o algunas de las pretensiones que contiene la demanda.

SENTENCIA DETERMINATIVA. Es aquella por medio de la cual el magistrado establece los requisitos o condiciones a que deberá quedar sometido el ejercicio de un derecho.

SENTENCIA EJECUTABLE. Es la que impone la ejecución de alguna prestación de dar, de hacer, o no hacer.

SENTENCIA EJECUTORIADA. Es el fallo que no acepta recurso judicial de ningún tipo, y se puede solicitar la ejecución incidental o incoar demanda ejecutiva en su caso.

SENTENCIA ESTIMATORIA. Es la que acoge las pretensiones del demandante.

SENTENCIA EXTRANJERA. Resolución pronunciada en el extranjero que está sujeta a señaladas condiciones para ser puesta en práctica dentro de la nación que finaliza con la declaración por medio de la cual se acuerda a aquellas la misma efectividad que poseen las sentencias emitidas por los magistrados nacionales.

SENTENCIA HOMOLOGATORIA. Es la que no decide asuntos litigiosos y tiene por objetivos dar validez a acuerdos procesales que han sido acordados por las partes.

SENTENCIA INTERLOCUTORIA. Es la que falla un incidente del litigio, instaurando derechos definitivos en favor de los litigantes, o soluciona sobre algún procedimiento que debe servir de base en el dictamen de dicha sentencia.

SENTENCIA INTERNACIONAL. Informe definitivo pronunciado por una entidad de competencia internacional respecto de asuntos polémicos reducidos espontánea e imperativamente bajo su autoridad.

SENTENCIA IN VOCE. Es la que solo soluciona asuntos incidentales.

SENTENCIA NULA. La dictada contra el régimen jurídico en la forma o en el fondo, una vez que un magistrado así lo declara.

SENTENCIA PREPARATORIA. Es la que un magistrado emite en el curso de un proceso para la ejecución de la causa y para poner el litigio en estado de recibir fallo definitivo sin juzgar el fondo.

SENTENCIA PLENARIA. Es el sistema admitido por aquellos marcos jurídicos que no poseen un tribunal con funciones de casación.

SEÑA. Transferir una cantidad monetaria, que significa un volumen certificado de garantía en lo concerniente al acatamiento de los beneficios acordados.

SEÑA PENITENCIAL. Porción del valor que ha sido aportado en un convenio y que se transforma en resarcimiento por daños y perjuicios cuando la parte que lo traspasó no cumple con su responsabilidades o cambia de opinión y la parte que lo acepta ha cumplido con sus responsabilidades.

SEÑALAMIENTO. Elección de un día para un litigio oral o una vista, y de igual modo la cuestión que se va a tratar en el día elegido.

SEÑALES DE TRÁNSITO. Son los símbolos utilizados en la vía pública para comunicar la advertencia indispensable a los usufructuarios que circulan por una vía.

SEÑORÍA. Nombre que se le da a las personas que les corresponde por su honorabilidad:como los magistrados de los tribunales.

SEÑUELO. Es la táctica policial que se emplea para atrapar criminales induciéndolo a algo o atrayéndolo por una mentira o un engaño.

SEPARACIÓN. Es un procedimiento legal por medio del cual dos personas que están unidas por el vínculo del matrimonio resuelven finalizar su convivencia con o sin consecuencias jurídicas. La separación no diluye el matrimonio, pero puede tener consecuencias frente a terceros.

SEPARACIÓN DE BIENES. Es la que en el matrimonio los esposos mantienen la posesión y el manejo del patrimonio que de forma respectiva son de su propiedad, todos los beneficios y accesión de dicho patrimonio.

SEPARACIÓN DE HECHO. Es aquella en que los esposos deciden acabar con su vida en común pero mantienen la unión matrimonial.

SEPARACIÓN DE PODERES. VER: DIVISIÓN DE PODERES.

SEPARACIÓN IGLESIA—ESTADO. Dícese del sistema político en el que el Estado otorga total independencia y libertad a cualquiera de las instituciones religiosas, sin otorgarles prerrogativas especiales a ninguna de ellas. Esta postura implica, no obstante, la obediencia al derecho común por parte de todas las iglesias.

SEPARACIÓN LEGAL. Es la que se le pide a un magistrado, el cual dictamina la finalización de la convivencia, pero se mantiene la unión matrimonial desuniendo los bienes de los esposos.

SEPARATISMO. Es un movimiento social y político que aboga --- debido a razones regionales, étnicas, idiomáticas, culturales o religiosas---por la secesión del territorio de una nación para erigirlo en un estado independiente o incorporarlo a otro.

SERVICIO. Utilidad que se realiza laborando en el Estado o a favor de otra institución o persona.

SERVICIO DOMÉSTICO. Es la persona o totalidad de personas que ejecutan las labores domésticas en un hogar.

SERVICIO PROFESIONAL. Ocupación de la persona que mostrando una acreditación académica, está facultada para ejercer libremente su profesión.

SERVICIO MILITAR. Ocupación imperativa que realizan en algunas naciones los ciudadanos.

SERVICIO PÚBLICO. Es la actividad desplegada, por las instituciones públicas o privadas creadas por la Constitución o las leyes para satisfacer en forma regular o continua ciertas necesidades colectivas, agua potable, electricidad, telefonía, correo, salud, obras públicas, educación, vivienda, alimentación, etc, a cambio del pago de una taza por el servicio prestado.

SERVICIO SOCIAL. Ocupación del Estado orientada a mejorar la calidad de vida de las personas que forman parte de la sociedad.

SERVIDUMBRE. Facultad restrictiva de la propiedad ajena, instaurada sobre un terreno, a favor del dueño de otra, con atributo real, o de otra persona como potestad particular.

SERVIDUMBRE APARENTE. Es la que exhibe su validez por un rasgo externo como una ventana o una puerta.

SERVIDUMBRE CONTINUA. Es la que se emplea de forma permanente y que no tiene interrupción, sin la participación eficiente de las personas.

SERVIDUMBRE CONVENCIONAL. Es la que se origina en un acuerdo. Acepta la comprobación de la iniciada independientemente que así no es necesario el paso del tiempo para que caduque.

SERVIDUMBRE DE ACUEDUCTO. Facultad que se le concede al dueño de un terreno que desea aprovecharse del agua que pueda obtener para la misma, y hacer que pase por las tierras intermedias, quedando obligado a compensar a sus dueños.

SERVIDUMBRE DE CAMINO DE SIRGA. Es la constituida para la prestación exclusiva de la navegación o flotación fluvial. Con tal propósito, se establece que las tierras contiguas a la orillas de los ríos navegables deben sostener el camino de sirga.

SERVIDUMBRE DE LUCES. Es la que tiene por finalidad dar luz a un lugar cualquiera, cerrado y techado.

SERVIDUMBRE DE PASO. El propietario de un terreno que está ubicado dentro de otro ajeno, posee derechos a circular por terrenos que no son de su propiedad, para tener salida desde su propiedad a un camino público.

SERVIDUMBRE DISCONTINUA. Es la que es empleada en distancia de tiempo inestable y que requiere de las acciones del ser humano. Ejemplo cuando posees una servidumbre de paso que sólo puedes utilizar cuando necesitas circular por un camino privado de tú vecino.

SERVIDUMBRE LEGAL. La establecida por el régimen jurídico debido a las exigencias de los terrenos, del bien común o de utilidad pública.

SERVIDUMBRE PERSONAL. Es la que se establece en beneficio de alguna persona específica, sin sumisión de la tenencia de un inmueble, y que finaliza con ella.

SERVIDUMBRE POSITIVA. La que ordena al propietario del predio sirviente el deber de dejar de realizar alguna cosa o de ejecutarla por sí mismo.

SERVIDUMBRE PROHIBIDA. La que no se puede establecer sobre patrimonios que están fuera del comercio.

SERVIDUMBRE PÚBLICA. La erigida, por motivos de uso general.

SERVIDUMBRE REAL. Facultad instaurada al dueño de una finca, sobre otra finca ajena para beneficio de la primera.

SERVIDUMBRE RURAL. Es la establecida sobre un terreno rural.

SERVIDUMBRE URBANA. Es la que se establece sobre una posesión urbana sobre otra, construida o no, de la misma clase.

SESIÓN. Es la junta o reunión que se lleva a cabo para tratar una operación judicial.

SEUDÓNIMO. Nombre que emplea una persona para ocultar el suyo verdadero.

SEVICIA. Es la crueldad o dureza excesiva que se emplea para atacar a una persona.

SEXO. Es la totalidad de cualidades que distinguen a las personas de un género separándolos en masculino y femenino.

SICARIO. Es el asesino a sueldo que elimina físicamente a alguien por encomienda de otro.

SIGLA. Abreviación compuesta por la totalidad de letras iniciales de un término.

SIGLO. Es un periodo de tiempo que equivale a 100 años.

SIGNO. Es un indicio que podemos ponerlo en sustitución de otro elemento.

SIGNO NOTARIAL. Deber de los notarios de aprobar los actos y contratos en que participen como certificador con su firma, rúbrica, signo y sello, dándoles así una amplia garantía, contra las imitaciones.

SILENCIO. Es el precepto legal que avala a cualquier persona el derecho a rechazar a contestar las preguntas de los funcionarios judiciales y a no declararse violador de la ley.

SILENCIO ADMINISTRATIVO. Es el suceso que se presenta cuando un ciudadano pide una cosa a la administración pública si se da la circunstancia de que esta no le conteste.

SILENCIO DE LA LEY. Descuido de reglamentación de un asunto por parte del legislador; ya sea por negligencia, ya sea por no poder proteger la postura, como resultado de una nueva creación o de un orden de cosas que no se conocía.

SIMPATIZANTE. Es la persona que expresa voluntariamente sus preferencias por un partido, un sindicato, opiniones o ideas, al estar

de acuerdo con las posturas ideológicas, actitudes políticas y objetivos de esas organizaciones y doctrinas.
SIMPLE. Documento escrito que carece de firma y no es auténtico.
SIMULACIÓN. Es una afirmación falsa de consentimiento con la aprobación de ambas partes que buscan fingir actos jurídicos para lastimar a un tercero.
SIMULTANEIDAD. Postura en que dos acontecimientos suceden en el mismo transcurso del espacio-temporal.
SINDICACIÓN. Es el acto de unir a una pluralidad de personas para qué formen parte de un sindicato.
SINDICAL. Relativo, correspondiente o perteneciente a los sindicatos o al sindicalismo.
SINDICALISMO. Es la actividad y el régimen que permite la representatividad de los movimientos obreros por medio de una entidad que recibe el nombre de sindicato.
SINDICALISTA. El integrante de un sindicato de obreros.
SINDICATO. Es la asociación de trabajadores o patronos, continua y organizada, que se forma para estudiar, proteger y defender los intereses comunes de sus miembros.
SIN ESCRÚPULOS. Es alguien que actúa en contra de la moral para alcanzar sus objetivos, sin importarle los mecanismos utilizados o los recursos empleados.
SINERGIA. Es cuando dos objetos o dos personas, proceden de la misma forma para alcanzar un propósito concreto.
SINIESTRO. Es un acontecimiento que origina un perjuicio o una pérdida material de gran magnitud a las personas o a las propiedades.
SINONIMIA. Descuido de validación manifiesta, cuando existe equivocación con la parte demandada, por tener el mismo nombre y apellido que el deudor real.
SISTEMA. Totalidad de normas o fundamentos acerca de una materia vinculados entre sí.
SISTEMA ACUSATORIO. Es el que tiene como objetivo aclarar lo sucedido, defender al que está libre de culpa, condenar al culpable e indemnizar por los daños y perjuicios que originó la actividad delictiva.
SISTEMA ELECTORAL. Es el conjunto de principios, normas, reglas y procedimientos que configuran los procesos electorales y convierte en cargos constitucionales, la voluntad de los ciudadanos expresadas en votos. Hay dos formas fundamentales de sistemas electorales: el mayoritario y el proporcional. El mayoritario es aquel

en el cual se declara ganador al candidato que obtiene la mayor cantidad de votos. El proporcional consiste en que la cantidad de votos que reciben las organizaciones políticas determina el número de puestos que le son asignados en las asambleas legislativas.

SISTEMA INQUISITIVO. Es aquel en que las obligaciones de acusar y juzgar corresponden al mismo funcionario.

SISTEMA PENITENCIARIO. Es la entidad establecida para la ejecución de las sanciones determinadas en los fallos judiciales; en particular las sanciones de encarcelamiento, cuya finalidad es la rehabilitación social del procesado.

SITIADO. Es la persona que es rodeada con la finalidad de apresarla.

SITIO. Es el asedio que emprende un grupo armado cuando rodea una fortaleza, ciudad o plaza para conquistarla.

SITUACIÓN JURÍDICA. Indica el vínculo de una persona con el régimen jurídico en una situación precisa.

SOBERANÍA. Es la facultad suprema que posee un Estado de ejercer el poder para decidir en todos los asuntos que afectan su vida interna y sus relaciones internacionales, sin que nada ni nadie pueda interferir y limitar su libertad de acción.

SOBORNO. Es el obsequio que consiste en sumas monetarias, mercancías o servicios que se le da a una persona o a varias personas, con el objetivo de que deje de realizar algo que ha establecido el régimen jurídico.

SOBRE AVISO NO HAY ENGAÑO. Significa que si te hacen la advertencia de los efectos de algo, después no puedes alegar que no lo sabías y por lo cual tiene que hacerle frente a las repercusiones.

SOBREFACTURACIÓN. Operación ilegal que es realizada por la personas que ejecuta cuentas en demasía en asuntos de importación y exportación, cuyo objetivo es que lo dejen libre de pagar un impuesto.

SOBRENOMBRE. Término que también recibe el nombre de apodo y que es el nombre con el cual se designa a una persona en vez del suyo propio.

SOBREPARTO. Periodo de tiempo después del parto, por lo cual la mujer necesita reposo y asistencia; el régimen legal apoya este plazo con licencia paga de la madre que labora y con otros servicios para la madre y él bebe.

SOBREPRECIO. Es cuando el producto posee un precio muy alto que lo hace que solo sea asequible para las personas que tienen un mayor poder adquisitivo.

SOBRESEIMIENTO. Es una decisión que pronuncia un magistrado para cancelar de forma permanente o temporal un procedimiento penal fundándose en una razón de derecho por falta de evidencias. Suspensión en el acatamiento de una responsabilidad.

SOBRESUELDO. Bonificación que se le agrega al sueldo fijo, porque el trabajador ha realizado un trabajo adicional.

SOBRINO. Es el hijo del hermano de una persona.

SOCIALDEMOCRACIA. Corriente política burguesa que surge a mediados del siglo XIX en Alemania, que se enarbola como el socialismo reformista de las naciones desarrolladas. Plantea la renuncia a la lucha armada para transformar la sociedad y la lucha de clases. Aboga por la implementación de una política que desarrolle una economía mixta donde predominen tanto la propiedad privada como la propiedad pública, la libre competencia, la planificación estatal, la regulación de la propiedad privada, la protección del medio ambiente, políticas sociales de subsidios en educación, salud y en los servicios sociales para toda la población.

SOCIALISMO. VER: COMUNISMO.

SOCIALISMO DEMOCRÁTICO. Corriente política burguesa que es planteada por sus ideólogos como un modelo de desarrollo propio de las naciones atrasadas o dependientes. El socialismo democrático plantea en el plano político que las transformaciones sociales deben hacerse pacíficamente, por medio de la participación electoral de las masas. En el plano económico aboga por el desarrollo de una economía mixta basada en la planificación centralizada, regulación estatal, el establecimiento de un sistema impositivo para distribuir el ingreso, la defensa de los recursos naturales, la protección del medio ambiente y el control de la inversión extranjera. El socialismo democrático señala que tanto el sistema de la libre empresa como el de la propiedad social de los medios de producción han resultado insuficientes, por lo cual propugna por la combinación de ambos sistemas.

SOCIEDAD. Convenio mediante el cual dos o más personas disponen colocar algún artículo en común, para dividirse, las ganancias o las pérdidas que de ellos puedan obtener. Es la comunidad de seres humanos que se asocia durante un tiempo indeterminado para organizarse con la finalidad de implementar medidas de seguridad, proteger a sus miembros y establecer una forma de producir los bienes materiales necesarios para su subsistencia.

SOCIEDAD ACCIDENTAL. Es la que carece de personalidad jurídica, que se origina producto de un convenio entre dos o más personas, que reciben el nombre de partícipes, los cuales están interesados en ejecutar en conjunto una o varias negociaciones comerciales en concreto y provisionales.

SOCIEDAD CIVIL. Es el conjunto de instituciones que se encuentra situado fuera del aparato estatal y a través del cual las diversas clases ejercen la mediación político-ideológica, expresan sus intereses y tratan de imponer su hegemonía al resto de la sociedad. Entre estas instituciones están los partidos políticos, los sindicatos, las iglesias, los medios de comunicación, organizaciones culturales, científicas, deportivas, no gubernamentales sin fines de lucro, asociaciones profesionales o de cualquier otra clase.

SOCIEDAD COLECTIVA. Es una estructura de corporación empresarial a través de la cual dos o más personas establecen una unidad para efectuar una actividad comercial en términos generales.

SOCIEDAD COMERCIAL. Es un convenio, por medio del cual dos o más personas se obligan a realizar aportes en sumas monetarias, producto o trabajo; con la finalidad de dedicarlos a formar una persona jurídica distinta a cada uno de sus miembros, cuyo objetivo es dividirse las ganancias obtenidas en los negocios hechos por la empresa.

SOCIEDAD CONYUGAL. Vínculos y lazos personales y de bienes que, por la unión matrimonial, se originan entre los esposos.

SOCIEDAD DE HECHO. La que siendo legal no ha satisfecho las condiciones lícitas sobre su creación o que opera sin adecuarse al sistema que impera en la sociedad.

SOCIEDAD DE CONSUMO. Es la sociedad que enseña a su población que lo primero que hay que hacer es consumir antes que producir, por la cual la somete a los intereses de los productores, que son las de inducirlos a que compren la mayor cantidad de bienes y servicios para satisfacer sus necesidades, aunque estos sean innecesarios.

SOCIEDAD DEL ESTADO. Es la que con el rechazo de toda intención de capitales privados, conforman algunos de los poderes públicos, las instituciones estatales legítimamente autorizadas

para tales fines o las sociedades que se conforman para desarrollar labores de naturaleza industrial o comercial.
SOCIEDAD DE LA INFORMACIÓN. Es aquella que posee la capacidad de obtener, almacenar, compartir y distribuir rápidamente la información sin ningún tipo de trabas para que todos los ciudadanos puedan acceder a ella y utilizarla para implementar políticas que contribuyan al desarrollo de su país.
SOCIEDAD EXTRANJERA. Es la establecida en el extranjero que se guía en cuanto su supervivencia y estructura por el régimen jurídico de la nación en la cual fue creada hallándose facultada para ejecutar en el país acciones aisladas y encontrarse en juicio.
SOCIEDAD IRREGULAR. Es la que no ha llenado los requisitos que exige la ley para su formación.
SOCIEDAD LEONINA. Es en la que se acuerda que uno de los socios quede libre de las pérdidas, o cuando a algunos se le impide tener parte de los beneficios.
SOCIEDAD MUTUAL. Es una institución privada que está establecida para promover el apoyo recíproco entre sus integrantes, complaciendo sus exigencias por medio del suministro de servicios que colaboren con elevar su calidad de vida.
SOCIEDAD REGULAR. Es la que ha sido formada inscribiéndola en la lista en la lista oficial indicada.
SOCIEDAD SECRETA. Organización cuyos integrantes esconden el vínculo común y el objetivo social.
SOCIEDAD UNIVERSAL. La que engloba la totalidad de las propiedades.
SOCIO. Persona que interviene en una sociedad junto con otra o una pluralidad de personas.
SOCIO APARENTE. Es el que no reúne los requisitos necesarios para ser considerado legalmente como socio, pero que ostenta exteriormente tal condición.
SOCIO CAPITALISTA. Es el que suministra capital a una empresa.
SOCIO COLECTIVO. Es el que contesta, fraternal y sin parar con su propio patrimonio por las deudas que ha contraído la sociedad.
SOCIO INDUSTRIAL. Es el que aporta trabajo o destrezas personales, para obtener algunos beneficios.
SOCIÓPATA. VER: PSICÓPATA.
SODOMÍA. Es la introducción del pene en el ano sin importar el sexo de las personas implicadas.
SOLAR. Terreno urbano sin edificar.

SOLARIEGO. Finca rústica que es propiedad de pleno derecho de sus dueños.

SOLIDARIDAD. Compromiso íntegro en cada uno de los poseedores de un derecho o de los inducidos por motivo de un acto. Nexo unitario entre una pluralidad de acreedores, lo que permite a cada uno pedir la deuda por entero, ya sean unos o más deudores. Afinidad personal con un fundamento o con alguien, ya por identificarse con sus intenciones, ya por afligirse por la desgracia ajena o colectiva.

SOLTERO. Es la persona que no ha contraído matrimonio.

SOLVENCIA. Es la capacidad de pago que se posee para saldar las deudas.

SOPLÓN. Con esta palabra se designa a la persona que en secreto, acusa o cuenta algo negativo o punible para alcanzar algún beneficio.

SORDOMUDO. Es la persona que es incapacitada por la ley para realizar actos de la vida civil, porque son sordas y no pueden hablar.

SOSPECHA. Es el conocimiento de desconfianza en que una persona vacila de la dignidad de otra persona o tiene la creencia de que otra persona es responsable de alguna actividad delictiva, pero sin una evidencia segura.

SOSPECHOSO. Persona contra las cuales existen evidencias suposiciones de culpabilidad.

STATU QUO. VER: EL ESTADO EN QUE.

STATUS. VER: ESTATUS.

STRICTU SENSU. VER: LATO SENSU.

SUBARRENDAMIENTO. Es cuando un inquilino que en el presente está alquilando una propiedad en un convenio de arrendamiento verdadero arrienda la misma propiedad a un tercero con una remuneración monetaria.

SUBASTA. Es la modalidad de venta pública de propiedades las cuales se le venden al comprador que pague la cantidad más elevada de dinero por los bienes puestos en venta.

SUBCONTRATACIÓN. Es un procedimiento empresarial por medio del cual una entidad traspasa las obligaciones de su faena a otra empresa especializada en esa tarea.

SÚBDITO. Es la situación jurídica en que se encuentra una persona que es ciudadana de una nación y que, por mandato de ley, está sujeta a obedecer a las autoridades de su país.

SUBEMPLEO. Es la función laboral que desempeña una persona de manera precaria y esporádica, donde su capacidad de trabajo no es aprovechada al máximo, por lo cual produce muy poco y es muy mal remunerada.

SUBESTIMAR. Es estimar una cosa o persona por debajo de su trascendencia.

SUBFACTURACIÓN. Se presenta cuando se declaran más recaudaciones de lo asentado en venta.

SUBJUDICE. Expresión latina que se utiliza para señalar la cuestión que se encuentra a la espera de una resolución judicial por parte de un magistrado.

SUBLEVACIÓN. VER: INSURGENCIA.

SUBORDINACIÓN. Es la que ubica al trabajador bajo la potestad del empleador y se materializa pronunciando reglas, disposiciones y mandatos para todo lo referente a la realización del trabajo.

SUBREPTICIO. Que se realiza de forma oculta.

SUBROGACIÓN. Acción por la cual una persona reemplaza a otra en derechos y obligaciones inherentes de señalada conexión jurídica.

SUBSANABLE. Acto capaz de ser corregido para así evitar su nulidad.

SUBSIDIO. Es la ayuda monetaria que recibe una persona o una empresa, pública o privada, por parte de las autoridades estatales, para colaborar en la satisfacción de una determinada necesidad, como es el combate al desempleo, la fabricación de mercancías y la prestación de servicios.

SUBSISTENCIA. Totalidad de los medios imprescindibles para la manutención de los seres humanos.

SUBSTANCIACIÓN. Es la fase de un procedimiento o de un litigio, durante el cual una persona tiene la facultad de informar a la autoridad competente su propósito y su motivo de solicitar – por medio de su escrito inicial que se le de tramitación a su causa.

SUBSUELO. VER: TERRITORIO.

SUBYUGAR. Es llevar a cabo una dominación empleando la violencia.

SUCESIÓN. Transferencia de los derechos y obligaciones que constituyen la herencia de una persona que ha fallecido, a la persona que la ley ha llamado para que la suceda.

SUCESIÓN A TÍTULO PARTICULAR. Es la transferencia de las propiedades de una persona que ha fallecido a otras o varias, ya sea por disposiciones testamentaria o legal.

SUCESIÓN A TÍTULO UNIVERSAL. Es aquella en la que el heredero acepta toda la herencia y si son una pluralidad de herederos, una porción proporcional de la misma.

SUCESIÓN AB INTESTATO. Se produce cuando la persona fallecida no deja testamento y si lo ha dejado este es declarado nulo por cualquier motivo.

SUCESIÓN DIRECTA. Es aquella en que la transferencia de propiedades del fallecido al heredero se realiza sin la intervención de otra persona.

SUCESIÓN DEL FISCO. Facultad del Estado que alcanza ante la ausencia de personas que posean el derecho a heredar las propiedades del fallecido.

SUCESIÓN EXTRAJUDICIAL. Diligencias que se realizan después que ha sido admitido el testamento o pronunciada la declaratoria de herederos las cuales pueden ser llevadas a cabo fuera de la esfera judicial, si existe concordancia entre todos los herederos, por los profesionales apoderados.

SUCESIÓN INTER VIVOS. Es la que se produce cuando una persona decide traspasar su patrimonio a otra personas mientras están vivos.

SUCESIÓN LEGÍTIMA. VER: SUCESIÓN AB INTESTATO.

SUCESIÓN MORTIS CAUSA. Es la transferencia de propiedades que se produce después que una persona ha fallecido.

SUCESIÓN POR CABEZA. Es que cada favorecido hereda por sí mismo, y le toca una parte por derecho propio.

SUCESIÓN POR ESTIRPE. Es cuando un descendiente entra a heredar en lugar de un ascendiente. O sea, por representación.

SUCESIÓN POR REPRESENTACIÓN. VER: SUCESIÓN POR ESTIRPE.

SUCESIÓN TESTAMENTARIA. Es aquella en que la voluntad sucesoria ha sido establecida por medio de un testamento.

SUCESIÓN VACANTE. Se presenta cuando al fallecer una persona no existen herederos que acepten la herencia.

SUCESOR. Es el que asume la posición de heredero de la persona que falleció.

SUCURSAL. Es una empresa que está situada en un lugar diferente al de la casa matriz a la cual pertenece.

SUEGRA, SUEGRO. Padre o madre del cónyuge de una persona.

SUELDO. Es la remuneración monetaria que recibe semanal, quincenal o mensualmente un trabajador por las labores que realiza en la institución en la cual trabaja.

SUFRAGIO. Es el derecho al voto que poseen los ciudadanos para elegir a los funcionarios que aspiran a desempeñar cargos electivos, aprobar y desaprobar un asunto de interés vital para los destinos nacionales o revocar el mandato de los funcionarios elegidos por el voto popular.

SUICIDIO. Es la acción por la cual una persona se quita la vida de forma intencional.

SUJETO. Poseedor de derechos y obligaciones.

SUJETO ACTIVO DEL DELITO. Ejecutor de la acción penalmente ilegal.

SUJETO DEL DERECHO. Es cualquier ente individual o colectivo al cual se le puede atribuir capacidad jurídica.

SUJETO DEL DERECHO INTERNACIONAL. Son los Estados y los organismos internacionales.

SUMA DE DINERO. Modo de transformar un compromiso en moneda que no sea de curso legal en una nación.

SUMARIO. Designación que se le da a ciertas tramitaciones en las cuales se suprimen algunos requisitos y se resuelven con mayor rapidez.

SUMINISTRO. Es la totalidad de artículos indispensables que se le entrega a una empresa para que continúe sus labores de producción y a los centros penitenciarios, hospitales,etc, para que se mantengan.

SUMISIÓN. Es la conducta que asumen las personas que se ponen bajo la autoridad de otros individuos por la vía de la violencia.

SUPERÁVIT. Es cuando en una empresa, estatal o privada, hay más ingresos que egresos, es decir, cuando las entradas superan los gastos en un tiempo determinado.

SUPERCHERÍA. Es el engaño que consiste en reemplazar una cosa auténtica por una falsa.

SUPERFICIE. Facultad que se le concede a una persona por un periodo de tiempo o sin este, para su usufructo, beneficio, del modo gravoso o gratuito.

SUPER LEGALIDAD. Totalidad de preámbulos situados por encima de la carta magna.

SUPERVENIENCIA. Circunstancia que modifica un escenario jurídico previo.

SUPERVIVENCIA. Preservación de la vida cuando es a pesar de circunstancias difíciles o tras una situación de peligro.

SÚPLICA. Estipulación final de un documento destinado a la autoridad administrativa o judicial en petición de un veredicto.

SUPLICATORIO. Correspondencia que expide un magistrado a otro de rango superior.

SUPOSICIÓN. VER: PRESUNCIÓN.

SUPOSICIÓN DE PARTO. Presumible de la mujer que simula un parto para otorgarle al sumible hijo legalidades que no le competen.

SUPREMACÍA. VER: SOBERANÍA.

SUPREMACÍA CONSTITUCIONAL. Es una norma de derecho constitucional que plantea, colocar la carta magna de una nación jerárquicamente por encima de toda la reglamentación jurídica, estimándola como la norma suprema del Estado y base del régimen jurídico.

SUPREMACÍA NORMATIVA. Precepto constitucional por el cual su escrito, las disposiciones que en consecuencias se pronuncian y los acuerdos con las naciones extranjeras tienen hegemonía normativa.

SUSCEPTIBLE. Es el que puede admitir el acto y las consecuencias de lo que se expresa.

SUSCRIBIR. Rubricar al final de un documento.

SUSCRIPCIÓN. Es una modalidad de negocio en la cual una persona posee el derecho de abonarse a alguna clase de servicio a través del pago de una cuota.

SUSPENSIÓN. Es la paralización temporal del desarrollo del procedimiento, ordenada por el magistrado—de oficio o a petición de parte, por algunos de los motivos establecidos por la ley.

SUSPENSIÓN DE DERECHOS. Negación general y temporal de las garantías constitucionales individuales por la presentación de un conjunto de circunstancias de emergencia particular.

SUSPENSIÓN DE EMPLEOS. Es la paralización temporal de la ejecución de servicios personales sumiso por parte del trabajador. Lo cual implica la paralización del cobro del sueldo o salario por parte del trabajador.

SUSPENSIÓN DE HOSTILIDADES. VER: ARMISTICIO.

SUSPENSIÓN DE LA EJECUCIÓN DE LAS PENAS. Es cuando el magistrado así lo determina, por lo cual el procesado no deberá cumplir con su sanción de privación de libertad.

SUSPENSIÓN DE PAGOS. Manifestación judicial de quiebra de una persona física o jurídica.

SUSPENSIÓN DE LA PATRIA POTESTAD. Se presenta por demencia de cualquiera de los padres, por ser puesta en tela de juicio la administración de sus propios bienes y por su ausencia prolongada.

SUSTITUCIÓN. Situar una persona en un sitio, facultad o compromiso de otra.

SUSTITUCIÓN DE HEREDEROS. Es la designación de un heredero para que sustituya al primero, si se presenta la situación de que este no acepte la herencia o no pueda heredar.

SUSTITUCIÓN DEL FIADOR. Facultad del acreedor de solicitar que, se reemplace por otro cuando el fiador atraviese por un estado de quiebra.

SUSTRACCIÓN. VER: ROBO.

SUSTRACCIÓN DE CADÁVERES. Acción ilegal que consiste en tomar un cadáver del lugar en que se encuentra.

SUSTRACCIÓN DE DOCUMENTOS. Adueñamiento de escritos que lleva a cabo un funcionario comisionado para protegerlo.

SUSTRACCIÓN DE MENORES. Es la acción delictiva que se produce cuando se moviliza un menor de su lugar de residencia sin la autorización del otro padre o de las personas o entidades que están encargadas de su custodia.

T

TABÚ. Es la conducta que asume una sociedad de prohibir tratar un tema de índole religiosa, económica, política, social o cultural por razones que no están justificadas.

TÁCITA RECONDUCCIÓN. Reposición de un contrato de alquiler o arrendamiento vencido, derivado de que el inquilino siga ocupando el bien alquilado sin que el dueño se oponga.

TACHA. Causa legal para desmentir el testimonio de un testigo, por supuesta parcialidad, conveniente u ofensiva, que ocasionan las situaciones entre el declarante y una de las partes.

TAHÚR. Es una persona que posee una gran habilidad para jugar a las cartas, y lo hace para apostar y obtener beneficios monetarios empleando el engaño y las trampas.

TALÓN DEL EQUIPAJE. Es el documento emitido por el transportista a un pasajero para que pueda transportar por la vía aérea, marítima o terrestre una cantidad específica de equipaje gratuitamente o pagando una determinada cantidad de dinero y en calidad de registrado hasta llegar a su lugar de destino.

TANTEO. Estudio de las circunstancias en que se presenta un caso, y panorama que ofrece antes de tomar la decisión de abordarlo. Es el derecho del que goza una persona a física o jurídica para obtener un bien de modo preferencial, frente a otras personas que tengan el interés de obtener ese mismo bien

TANTO DE CULPA. Declaración que libra de un litigio o documentación, cuando en su procedimiento se observan pruebas de responsabilidad criminal con el fin de ilustrar el oportuno compendio y determinar la sospecha o culpa.

TARIFA. Es una tabla de precios, derechos o impuestos que deben pagarse por señaladas cosas, mercancías, trabajos o servicios.

TARJETA DE CRÉDITO. Es un dispositivo material de identidad bancaria que puede ser una tarjeta de plástico. Es expedida por una institución financiera que permite a la persona a cuyo favor es expedida emplearlas como medio de pago en las entidades comerciales incorporadas al sistema a través de su firma y la exhibición de la tarjeta. El portador de la tarjeta asume la obligación de devolver la cantidad monetaria que utilizó y pagar los intereses, comisiones y gastos.

TASA. Remuneración conveniente a los servicios públicos cuyo uso es legalmente imperativo para el administrado.

TASA JUDICIAL. Gravamen que cobra el Estado, a todas las personas que acuden a los tribunales para utilizar el servicio de la administración de justicia.

TASACIÓN. Maniobras o series de maniobras por medio de la cual se establece el precio de una cosa, empleando la totalidad de los elementos propensos de influir en su valor final.

TASACIÓN DE COSTAS. Es el trámite que se realiza después que ha concluido la contienda y a través del cual la parte condenada le paga a la parte ganadora del proceso judicial la suma de dinero que la sentencia dictaminó.

TASADOR. Es la persona que por sus conocimientos profesionales establece el valor de una propiedad mueble e inmueble.

TATARABUELO, TATARABUELA. Son el padre y la madre de uno de los bisabuelos de una persona.

TATARANIETO, TATARANIETA. Es el hijo del bisnieto de una persona.

TAXATIVO. Que restringe, limita y disminuye un caso a señaladas situaciones.

TÉCNICA JURÍDICA. Totalidad de los medios jurídicos que permite la aplicación del derecho con su objetivo definido.

TÉCNICA JURISPRUDENCIAL. Es la que expone las labores de los jueces en el uso del derecho y la redacción de las sentencias y demás decisiones y procesos judiciales.

TÉCNICA LEGISLATIVA. Totalidad de principios y patrones que dirigen el arte de elaborar las leyes clara y eficazmente para dar la mayor confianza a la seguridad jurídica y existencia de los preceptos.

TECNICISMO. Examina un derecho como es y lo configura y lo ordena, y después se cuestiona cómo debe ser o no debe ser como es.

TÉCNICO JURÍDICO. Es el que ejerce el rol principal en la indagación legal. Ya sea analizando antecedentes legales, examinando casos anteriores o compilando información trascendental.

TECNOCRACIA. Palabra que significa el poder y la autoridad de la técnica. Políticamente significa el gobierno de los técnicos que están al servicio de las grandes empresas transnacionales. Estos empleados toman las decisiones para diseñar, planificar y administrar las actividades a escala mundial de las trasnacionales con la finalidad de fortalecer y revalorizar el poder de dichas empresas.

TECNOLOGÍA. Es el conjunto ordenado de conocimientos y procesos científicos que les permite a los seres humanos diseñar y producir bienes y servicios para satisfacer sus necesidades fundamentales, obtener placeres corporales y activarse como vehículos para satisfacer sus ideales para dominar a las demás personas.

TEMERARIO. Es la persona que actúa con imprudencia, osadía, atrevimiento, audacia, irreflexión, riesgo poniendo en peligro la seguridad de los demás.

TEMERIDAD. VER: TEMERARIO.

TEMERIDAD PROCESAL. Es la actitud de quien sabe que no posee la razón para pedir en justicia y, a pesar de ello, así lo hace, violentando la jurisdicción, o resistiendo el argumento de la otra parte.

TEMOR. Es el sentimiento de angustia que lleva a una persona a tratar de huir de aquello que estima que es arriesgado, peligroso y dañino para su integridad física y emocional.

TEMOR DE PARCIALIDAD. Es que el demandado puede sufrir, y se encuentra íntimamente ligado con la actividad que el juez ejecuta en el procedimiento, entendida como secuencia de actos judiciales llevada a cabo con anterioridad al dictamen de la sentencia.

TEMOR PÚBLICO. Acto violatorio a la ley que se ejecuta por la creación de ansiedad colectiva por medios de señales, voces de alarma, empleos de amenaza.

TENEDOR. Es la persona que tiene en su poder una cosa sin importar de que sea su dueño o no.

TENENCIA. Es la traducción de la voz inglesa holding y consiste en la ocupación y posesión actual y corporal de una cosa.

TENENCIA DE HIJO. Es el derecho que se le concede a uno de los padres de cuidar a sus hijos menores de edad, cuando se produce el divorcio o la separación matrimonial.

TENENCIA DE INMUEBLE. Apoderamiento de un inmueble, pero admitiendo que es de otro la propiedad por una persona que es reputada como representante de la posesión del propietario.

TENTATIVA. Es la situación que se da con la finalidad de cometer una actividad delictiva, alguien ha iniciado su ejecución utilizando los medios apropiados pero no logra consumarlos por motivos ajenos a su voluntad.

TEOCRACIA. Voz que proviene de la palabras griegas "Theos", Dios, y "cracia", gobierno, gobierno de Dios. Consiste en el régimen que atribuye un origen natural al poder político y es ejercido directamente por Dios o por sus representantes en la tierra.

TEOLOGÍA DE LA LIBERACIÓN. Corriente de pensamiento que nace en la Iglesia católica tras el Concilio Vaticano II y la conferencia de Medellín, Colombia, celebrada en 1968. Es una teología de puro corte progresista y sostiene que Jesucristo viene a liberar a los sectores oprimidos de este mundo, de hambre, miseria y explotación. Plantea que las masas trabajadoras, al vivir en un estado de injusticias, deben liberarse social, política y económicamente del capitalismo para establecer un régimen donde predomine la paz, la igualdad, la fraternidad y la justicia.

TEORÍAS DE CONSPIRACIÓN. Consiste en que algunos acontecimientos son secretamente alterados por los sectores de poder con finalidades maliciosas.

TEORÍA DE LA CULPA. Es una condición de la teoría del delito que nos permite recriminar el comportamiento de una persona que ejecutó el acto delictivo y hacerlo responsable de ese hecho.

TEORÍA DE LA IMPREVISIÓN. Recomienda que, en el caso de que ocurriera un suceso extraordinario, por lo general, inesperado, y ajeno a la voluntad de las partes, que origine una inestabilidad económica entre los beneficios acordados en un contrato, haciendo más onerosos la ejecución de los compromisos para una de las partes, el contratante afectado podría pedir la alteración del contrato con la finalidad de recuperar la estabilidad de los compromisos y beneficios acordados.

TERCER POSEEDOR. Es toda persona que no está en la obligación de pagar una deuda y que pone de manifiesto que no es el titular del dominio del inmueble.

TERCERÍA. Es la participación de un tercero en un litigio que lo está perjudicando y enuncia una reclamación en el proceso diferente a las demás reclamaciones. El tercero puede proceder por el embargo que se le ha realizado aun bien que es de su propiedad o demandando el pago de su crédito con lo que ha producido la venta del bien embargado.

TERCERÍA DE DOMINIO. Solicitud en formato de proceso judicial de quien, sin ser integrante de la ejecución, afirma ser el propietario de un bien embargado u exponer derecho que por mandato de la ley revela que le permite hacer exposición al embargo o a la ejecución del mismo.

TERCERÍA DE MEJOR DERECHO. Acto del tercero que exige ser remunerado con primacía al embargante.

TERCERO. Designa a la persona que no ha sido parte de un acto jurídico.

TERCER MUNDO. Es el conjunto de naciones que vive en una situación de dependencia y explotación, lo cual lo lleva transitar un camino que bloquea el desarrollo y lo caracteriza por tener un bajo nivel de ingresos, servicios públicos deficientes, explosión demográfica y atraso en todos los órdenes.

TERCEROS PAÍSES. Son los que no forman parte de la unión aduanera y cuyas exportaciones están gravadas por un arancel aduanero único, que protege el ámbito económico de los miembros de la mencionada institución aduanera.

TÉRMINO. VER: PLAZO.

TERREMOTO. Fenómeno causante de daños y perjuicios que deben ser indemnizados por la compañía aseguradora.

TERRATENIENTE. VER: LATIFUNDISTA.

TERRITORIALIDAD. Concepto que considera a los domicilios de los representantes diplomáticos, sus barcos y aviones, donde quiera que se encuentren, como parte del territorio de la nación a la cual pertenecen. Se puede definir territorialidad también como la tendencia manifiesta que poseen los seres humanos de mantener, defender y organizar territorios fijos y espacios individuales, estableciendo una área geográfica delimitada y admitiendo o excluyendo en su territorio a quienes ellos deseen.

TERRITORIALIDAD DE LA LEY. Es el principio que la ley se va aplicar a todas las personas y actos que sean llevados a cabo dentro del ámbito territorial de una nación.

TERRITORIO. Espacio político y administrativo delimitado, que es el componente indispensable para la existencia de un Estado, donde se asientan los grupos humanos para desarrollar sus actividades y establecer una relación jurídica entre ellos y el Estado.

TERRITORIO ADUANERO. Área geográfica de una nación dentro del cual, sus normas aduaneras tienen vigencia.

TERRITORIO BAJO MANDATO. Régimen por medio del cual una entidad que está por encima del ámbito de los gobiernos e instituciones nacionales administra el área geográfica de una nación que ha dejado de estar dependiendo de una potencia extranjera vencedora de una contienda bélica.

TERRITORIO NACIONAL. Es el área geográfica que es propiedad de una nación específica sobre la cual ejerce su soberanía.. Aparte del área terrestre también forman parte del territorio nacional el espacio aéreo y marítimo en caso de que el país tenga costas. También abarca el territorio nacional sus colonias y posesiones y los buques de guerra y las representaciones diplomáticas que se encuentren en el extranjero.

TERRORISMO. Es la táctica, negativa y monstruosa, que utiliza sistemáticamente la violencia física y psicológica ilimitada para ejecutar acciones horrorosas y de extrema crueldad con el fin de amedrentar a las personas, a ciertos sectores sociales o al gobierno y, con ello, conseguir objetivos específicos en los planos político y económico.

TERRORISMO DE ESTADO. Es el ejercicio de la violencia reaccionaria por parte de los aparatos estatales que están al servicio de las clases dominantes y de los gobiernos de uno o más Estados. El propósito es sembrar el pánico y el miedo en la población civil, entre sectores de la sociedad y entre los principales dirigentes de su propio territorio, de otras naciones sometidas a diversas formas de dependencia o de aquellos Estados nacionales que, basándose en su soberanía y su derecho a la autodeterminación, enarbolan la política de romper los lazos de dependencia política, económica y social.

TESORO. Enormes cantidades de dinero, valores u objetos preciosos guardados en algún lugar.

TESORO PÚBLICO. VER: FISCO.

TESTADOR. Es la persona que posee la facultad de disponer a manos de quien pasará sus bienes después de que se produzca su muerte, por medio de un escrito en el cual deja expresada su última voluntad llamada testamento.

TESTAFERRO. Palabra que se utiliza para designar a la persona que en el mundo económico y político presta su nombre e identidad para suplantar o encubrir a otra en un negocio o en una acción política que, por lo general, es ilegal y carente de toda transparencia.

TESTAMENTARIA. Totalidad de escritos que corresponden al cumplimiento de la voluntad de la persona que hizo el testamento.

TESTAMENTO. Es el acto jurídico por medio del cual una persona acuerda cual o quienes serán las personas que podrá disponer de la totalidad de sus bienes o de una parte de ellos cuando se produzca su fallecimiento.

TESTAMENTO ABIERTO. Es aquel en que la persona que hace el testamento expresa su última voluntad en presencia de notario y, si es necesario, de los testigos, para que todos los presentes conozcan de lo que se dispuso en él.

TESTAMENTO AUTÉNTICO. Es el que se realiza por ante un notario, el cual redacta lo emitido por el testador.

TESTAMENTO CERRADO. Es el que permite a la persona que hace el testamento manifestar su voluntad de manera secreta, asegurando el secreto de su contenido hasta después que se produzca su muerte.

TESTAMENTO CONSULAR. Acto de última voluntad hecho por un nacional fuera de su país de origen ante un agente consular.

TESTAMENTO DEL CIEGO. Es el en el que debe intervenir un testigo adicional más de lo que se estipula para el testamento abierto, será leído dos veces en voz alta, la primera por el notario autorizante, y la segunda por uno de los testigos que haya sido designado para la ocasión por la persona que hizo el testamento.

TESTAMENTO ESPECIAL. Es aquel que requiere de requisitos específicos por motivo de la situación de la persona quedas consentimiento ante un notario para realizar este acto jurídico o del sitio o los asuntos de la autorización. El testamento militar, el marítimo o el hecho en una nación extranjera son testamentos especiales.

TESTAMENTO INOFICIOSO. El inoperante, el que no suministra las consecuencias deseadas por el que hace el testamento.

TESTAMENTO MANCOMUNADO. El realizado de manera conjunta por dos personas, para disponer en un mismo escrito de sus propiedades, sea en favor equitativo, o en beneficio de un tercero.

TESTAMENTO MARÍTIMO. Es el que es realizado por personas que vayan a bordo de una nave durante una travesía marítima. Para hacer esta clase de testamento es obligatoria la presencia de testigos.

TESTAMENTO MILITAR. Es el que pueden estipular, cuando hay un conflicto bélico, los militares en campaña, voluntarios, rehenes, prisioneros y demás empleados dé las fuerzas armadas, en presencia de testigos competentes.

TESTAMENTO OLÓGRAFO. Es el que está totalmente escrito, fechado y firmado por la persona que hace el testamento.

TESTAMENTO SOLEMNE. Es en el que se han cumplido todas las formalidades y requisitos exigidos por el régimen jurídico.

TESTIFICAR. VER: TESTIGO.

TESTIGO. Es la persona que está apta para dar fe de un suceso por haberlo presenciado. Es el que está presente en la realización de ciertos actos jurídicos en los casos estipulados por la ley o solicitados por los particulares, para la celebración de los mismos, para poder dar fe y servir de prueba.

TESTIGO ABONADO. Es el que disfruta de un prestigio intachable y cuyas testificaciones son consideradas creíbles y confiables ante los magistrados y las autoridades legales.

TESTIGO DE CARGO. Es el que atestigua en contra del inculpado.

TESTIGO DE DESCARGO. Es el que atestigua en juicio a favor del imputado.

TESTIGO DE OÍDAS. Es el que narra acontecimientos que no ha presenciado y que son de su conocimiento porque lo ha oído de una o más personas.

TESTIGO DE VISTA. Es el que personalmente presencia algún acto criminal u otros sucesos que están en contra de la ley.

TESTIGO FALSO. VER: FALSO TESTIMONIO.

TESTIGO HÁBIL. Es el que posee facultad legal para declarar y contra el cual no existe falta admisible.

TESTIGO INHÁBIL. Es el que por imposibilidad natural o legal tiene el impedimento de prestar declaraciones.

TESTIGO ÚNICO. Declaración que presta una sola persona por haber sido el único que ha presenciado el suceso acontecimiento.

TESTIMONIO. Es una declaración realizada por un testigo en un juicio en cuya opinión se confía.

TEXTO LEGAL. Es la totalidad del tema y del dispositivo que forma parte de una ley, decreto-ley, decreto legislativo o reglamento.

TÍA, TÍO. Es la hermana o el hermano de los padres de una persona.

TIEMPO. Acontecimiento jurídico que consiste en el plazo de un periodo temporal que el régimen legal enlaza con consecuencias jurídicas, como serían la entrada en vigencia de una ley, la adquisición de la mayoría de edad, el vencimiento de un acto, etc.

TIEMPO HÁBIL. Plazo en el que pueden ejecutarse legítimamente procedimientos judiciales.

TIMBRE. Sello emitido por el Estado para algunas documentaciones, como pago al erario por concepto de derechos.

TIMO. Es la modalidad de estafa en que se emplea la astucia, pretendiendo un convenio con la persona que ha sido víctima del robo.

TIMOCRACIA. Palabra de origen griego que significa ley de oro y señala la forma de gobierno en la cual el poder es ejercido solamente por los ciudadanos que poseen determinadas riquezas y propiedades.

TIERRA PÚBLICA. Es el terreno que no es propiedad de los particulares sino del estado.

TIPICIDAD. Es todo lo que está relacionado con todo comportamiento que implica un acto o falta que se acopla a las evaluaciones minuciosamente constituida como una actividad delictiva dentro de un ordenamiento jurídico.

TIPO. Es la especificación realizada por el poder legislativo con relación a cada una de las infracciones a la ley.

TIRANÍA. Forma de opresión despótica, totalitaria, perversa y autoritaria, donde el poder se ejerce sin ningún tipo de ataduras jurídicas, ni morales y por encima de la ley.

TIRANO. Es el gobernante que concentra en su persona todos los poderes del Estado de forma violenta para gobernar de manera despótica, totalitaria, cruel y sin ninguna limitación legal ya que no existe una clase dominante que lo controle.

TIROTEO. Es la balacera que se produce por la acción de disparar repetidamente con un arma de fuego contra algo o alguien.

TITULACIÓN. Conjunto de escritos que confirman la propiedad o tenencia de un bien o un derecho.

TITULAR. Es la persona que desempeña una función o una actividad profesional con diploma o designación oficial.

TITULAR DEL DERECHO DE AUTOR. Es la persona que tiene el derecho exclusivo de utilizar la obra.

TÍTULO. Es el utensilio, escrito, diplomático que revela haber realizado determinados estudios, la legalidad de los estudios o la designación en un cargo.

TÍTULO A LA ORDEN. Es aquel que, estando emitido a favor de señalada persona se transfiere a través del endoso y de la entrega misma del escrito.

TÍTULO AL PORTADOR. Es aquel en el que no aparece el nombre del poseedor por lo que atañe a su beneficiario el empleo de los derechos y deberes que se deriven de ella.

TÍTULO AUTÉNTICO. Es el que ha sido expedido por un funcionario público que tiene facultad en el lugar que se expide, siempre y cuando cumpla con los requisitos que exige el ordenamiento jurídico.

TÍTULO DE CRÉDITO. Ese conjunto de escritos que agregan la oferta de realizar concretamente beneficios a favor del poseedor del escrito. Uno de los objetivos de estos escritos es conceder a su tenedor los derechos sobre una obligación de pago.

TÍTULO DE PROPIEDAD. Es un escrito donde se especifica que una persona es propietaria de un bien, ya sea a través de un contrato de venta concertado entre este y el Estado o los particulares.

TÍTULO HÁBIL. Es aquel que cumple con todos los requisitos legales.

TÍTULO NOBILIARIO. Es exhibido por una persona que pertenece a la realeza. Como son: el rey, el príncipe, el duque y otros más.

TÍTULO NO TRASLATIVO DEL DOMINIO. Es el qué no posee poder jurídico para transferir una propiedad.

TÍTULO NOMINATIVO. Es la certificación de crédito que determina qué persona física o jurídica se hará cargo de la deuda expedida. Se trata de un convenio que figura como escrito por medio de un contrato.

TÍTULO ONEROSO. Es el que señala un convenio que entraña responsabilidades mutuas para ambas partes.

TOGA. Es un traje que distingue a los que ejercen la profesión de abogados que participan en litigios judiciales como abogados, representantes del ministerio público, jueces, fiscales y secretarios.

TOLERANCIA. Es la aptitud de una sociedad o un gobierno para respetar las opiniones, preferencias, formas de pensar o conducta de los demás seres humanos.

TOMA DE RAZÓN. Testimonio escrito en registro de instituciones públicas de ciertas acciones o manifestaciones de voluntad con relevancia privada o pública.

TOMA Y DACA. Cambio paralelo de cosas; ejecución acelerada de los beneficios como en la compraventa en efectivo.

TOMADOR EN DERECHO. Es la persona a cuya orden se gira una letra de cambio, y crédito documentario y otras documentaciones mercantiles.

TOQUE DE QUEDA. Es el impedimento implantado por las instituciones del Estado de transitar libremente por las calles de un centro urbano, debiendo sus habitantes permanecer solamente en sus hogares. Los horarios pueden ser nocturnos o de día.

TORPEZA. VER. IMPRUDENCIA, NEGLIGENCIA.

TORTURA. Es la acción de infligir daños físicos y psicológicos a una persona para presionarla, sacarle una información o una confesión, intimidarla o castigarla.

TOTALITARISMO. Forma de gobierno que se caracteriza por el autoritarismo, concentración del poder de manera ilimitada, intervención del Estado en toda la estructura de la sociedad, en que la libertad de los ciudadanos se encuentra mayúsculamente restringida.

TRABA. Asunto que obstaculiza o entorpece la realización de otro.

TRABA DE LA LITIS. Se produce cuando sé realizan los trámites que se dan con anterioridad a que la contienda finalice en los tribunales.

TRABAJADOR. VER: PROLETARIADO.

TRABAJO. Es el proceso en el cual los seres humanos invierten su energía mental y física en las diversas fases de la producción para transformar un objeto determinado en un producto útil, por lo cual utilizan instrumentos más o menos perfeccionados.

TRABAJO A DESTAJO. Consiste en retribuir a los trabajadores, de conformidad con la labor realizada o con los productos fabricados.

TRABAJO A DOMICILIO. Es el que se realiza para un patrón, en la residencia del trabajador o en un local elegido por él, sin la supervisión de quien le suministró el trabajo.

TRABAJO ILÍCITO. Es el que está prohibido por la moral, las buenas costumbres y el ordenamiento jurídico.

TRABAJO INTELECTUAL. Es la tarea que exige de una actividad mental, o sea, de las facultades de pensamiento y del empleo de los conocimientos.

TRABAJO INSALUBRE. Es la labor que se realiza en los sitios donde las circunstancias o la naturaleza del trabajo perjudican la salud.

TRACTO SUCESIVO. Es la clase de acuerdo y norma fundamental que se emplea en el campó hipotecario para asegurar las transferencias de las propiedades de forma legal.

TRADENTE. Se designa con este nombre a la persona que por tradición, traspasa el control del bien entregado por él a su nombre.

TRADEUNIÓN. VER: SINDICATO.

TRADICIÓN. Es el conjunto de creencias, doctrinas, costumbres, hechos, ritos, gustos, preferencias y valores que se trasmiten de generación en generación dentro de las clases sociales.

TRADICIONALISMO. Tendencia que se opone a todo cambio en las estructuras económicas, políticas sociales, por lo cual aboga por la conservación o el restablecimiento de las instituciones antiguas. En el orden religioso, político, social y económico.

TRÁFICO DE INFLUENCIAS. VER: CABILDEO.

TRAGEDIA. Acontecimiento luctuoso y penoso que perjudica a las personas y a la sociedad.

TRÁGICO. VER: TRAGEDIA.

TRAICIÓN. VER: ALTA TRAICIÓN.

TRÁMITE. Es la manera de proceder que hay que realizar para que un asunto llegue a concluir.

TRÁMITE JUDICIAL. Es la totalidad de disposiciones que se realizan para poder efectuar un juicio.

TRAMPA. Es la acción ilícita que se encubre con la fachada de legalidad.

TRAMPOSO. VER. TAHÚR.

TRANSACCIÓN. Es una acción jurídica, por el cual una de las partes o ambas partes, llegan a un compromiso, para extinguir las obligaciones litigiosas o dudosas.

TRANSCRIPCIÓN. Es la duplicación ética y fiel de un documento. En derecho inmobiliario, anotación literal que en la inscripción de la propiedad lleva a cabo el registrador de los títulos que los propietarios presentan.

TRANSFERENCIA. Es el acuerdo de voluntades por medio del cual el poseedor traspasa uno o una pluralidad de derechos de propiedad a otra persona natural o jurídica con unos requisitos, por un periodo de tiempo y en un sitio específico.

TRANSFERENCIA DE TECNOLOGÍA. Es la operación por la cual se traspasan destrezas, sabiduría, técnica, sistemas de fabricación y recintos entre los Estados o las universidades o empresas privadas para garantizar que los adelantos científicos y tecnológicos sean accesibles a la mayor cantidad de usuarios que puedan implementar y explotar más esos conocimientos en nuevos productos y crear valor, material y servicios.

TRANSFORMACIÓN. Acción en la que una persona modifica su naturaleza social por otra legítimamente reconocida, manteniendo su personalidad jurídica.

TRÁNSFUGA. Es el oportunista político que carece de firmeza y principios, cambia de doctrina y partido, de acuerdo con las circunstancias, para siempre defender sus intereses personales.

TRANSPARENCIA. Es la práctica que exige que el conjunto de normas y procedimientos que se utilizan en el ejercicio del poder y en la administración del Estado sean claras, honestas y públicas, para que la sociedad tenga una visión correcta sobre cómo se manejan los asuntos de interés general.

TRANSGRESIÓN. Acción de cometer una violación a la ley.

TRANSIGIR. VER: TRANSACCIÓN.

TRANSMISIÓN. VER: TRANSFERENCIA.

TRANSPORTE. Régimen por intermedio del cual se trasladan personas y mercancías de un sitio a otro pagando los que utilizan este sistema una determinada suma de dinero.

TRASCENDENTAL. Que reviste mucha importancia o peligro, por las posibles secuelas que puedan traer.

TRASLADO. Acción del magistrado por el cual se envían los procedimientos judiciales o una parte de ellos a los litigantes, o a otros magistrados o a terceros.

TRATA DE BLANCAS. Esta frase se usa desde finales del siglo XIX para referirse a la explotación sexual a la que son sometidas las mujeres de raza blanca llevadas a centro de prostitución en contra de su voluntad para ejercer el comercio carnal.

TRATA DE PERSONAS. Es e comercio ilícito de personas, por cualquier medio, para explotarlas sexualmente, someterlas a trabajos forzados, extraerles órganos y ponerlas bajo cualquier otra forma de esclavitud.

TRATA NEGRERA. Es el comercio de esclavos negros. Lo inician los árabes en el siglo VII. Las potencias colonialistas europeas lo convierten en un negocio totalmente rentable a raíz de la conquista de América.

TRATADO. Es un documento que se caracteriza por ser un documento escrito y firmado entre Estados o entre estos y organizaciones internacionales o por organizaciones internacionales entre sí; se rige por las normas del Derecho Internacional y genera derechos y obligaciones entre las partes firmantes.

TRATADO-CONTRATO. En el Derecho Internacional Público recibe este nombre el acuerdo que concertan varios Estados que persiguen diferentes objetivos y que conciertan diferentes intereses estatales de naturaleza particular para cada uno.

TRATADO DE LIBRE COMERCIO. Es el convenio comercial, regional o bilateral, mediante el cual las naciones que lo suscriben establecen un conjunto de reglas para eliminar las barreras arancelarias con el objetivo de facilitar e incentivar la compra y venta de sus bienes y servicios.

TRATAMIENTO. Trato respetuoso u honorífico que se le da a una persona, como el de excelencia a un Presidente de la República o el de majestad aun monarca.

TRATO. Es el acto de tramitar algún negocio.

TREGUA. VER: ARMISTÍCIO.

TRIBUNAL. Es un órgano público que tiene por función impartir justicia.

TRIBUNAL CONSTITUCIONAL. Es el que tiene por finalidad velar por el predominio de una carta magna de una nación, la preservación del orden constitucional y la garantías de los derechos fundamentales.

TRIBUNAL CONTENCIOSO ADMINISTRATIVO. Es un organismo que tiene por función supervisar la comprobación de la legalidad a nivel de todo el orden administrativo.

TRIBUNAL SUPERIOR ADMINISTRATIVO. En República Dominicana es el que tiene por atribución tener conocimientos de los recursos contenciosos-administrativos por la sentencia pronunciada por cualquier tribunal contencioso administrativo de primera instancia que de fondo procedan de las intervenciones de las instituciones de la administración públicas.

TRIBUTO. VER: IMPUESTO.

TRONCO. Nexos que existen entre los descendientes y ascendientes de un antecesor común (padres, madres, abuelos).

TRUEQUE. VER: PERMUTA.

TRUHÁN. Es la persona que vive del engaño y de la estafa.

TRUST. Es una de las formas fundamentales de concentrar monopolicamente las empresas en el sistema capitalista. Surge por el gigantesco crecimiento de las empresas, por la fusión de compañías y la absorción de las más débiles por las más fuertes. En el Trust, las empresas pierden su autonomía. El Trust se encarga de dirigir la producción, la venta y la gestión financiera de las empresas.

TUMULTO. VER: REBELIÓN.

TURBA. Es un colectivo de personas, agresivo, desordenado, escandaloso y de bajo nivel intelectual, que actúa fuera de control y tiene la tendencia de cometer los más audaces, crueles y temerarios actos de violencia.

TURBACIÓN. Perturbación del derecho o el orden, de modo evidente y exagerado.

TURBACIÓN DE LA POSESIÓN. Es la molestia que se le causa al poseedor, cuando se ejecutan actos físicos con la finalidad de despojarlo, aunque este objetivo no llegue a materializarse.

TURBIO. Es el acto cuya legalidad es puesta en duda.

TUTELA. Facultad que la ley le concede a una persona mayor de edad para que cuide la persona y los bienes de un adulto o de un menor que no tiene la capacidad de hacerlo por sí mismo.

TUTELA DATIVA. Es la que se concede por designación del consejo de familia o de un magistrado.

TUTELA EJEMPLAR. Es la que se establece para cuidar de las personas y de las propiedades de los impedidos mentalmente.

TUTELA JUDICIAL. Salvaguarda de los derechos de las personas consentidas por los tribunales.

TUTELA LEGÍTIMA. Es la que es establecida por el régimen jurídico.

TUTELA TESTAMENTARIA. Es cuando por medio de un testamento se le concede la potestad a una persona natural o jurídica sin estar sometida a la patria potestad, para auxiliar a un menor o incapaz cuando a este le hayan dejado una herencia solamente para la administración de sus bienes.

TUTOR. Es la persona que se encarga de ejercer la tutela.

TUTOR AD HOC. Es el encargado de un acto específico.

U

UJIER. Es el empleado subordinado que en algunos tribunales tiene por función realizar ciertas actividades en la conducción de los asuntos.

ÚLTIMA VOLUNTAD. Últimos deseos que una persona enuncia antes de su fallecimiento, para que sean tenidos en cuenta después.

ÚLTIMO DOMICILIO. Dirección que predomina cuando se desconoce la nueva dirección de una persona.

ULTIMÁTUM. Es el dictamen definitivo que, por la vía oral o escrita, le comunica un Estado, un partido o un político a sus opositores para que cumplan con ciertas exigencias en un tiempo determinado, o que se abstengan de hacer determinadas actuaciones, bajo pena de represalias si no cumplen con lo exigido.

ÚLTIMO PAGO. El último de una serie de cuotas que se abona para liquidar una deuda.

ULTRA PETITA. Señala las circunstancias en que una sentencia otorga más de lo solicitado por una de las partes.

ULTRAJE. Es todo acto llevado a cabo contra algún funcionario público, estatal o municipal, o contra entidades públicas, que involucra una ofensa.

ULTRAJE A LA DIGNIDAD DE LA NACIÓN. Es la infracción que se ejecuta cuando se atenta violentamente contra los símbolos nacionales de un país como son: la bandera, el escudo o el himno nacional.

ULTRAJE AL PUDOR. Es la violación a la ley que comete una persona cuando en un lugar público o mostrado al público realiza acciones obscenas o leyera un discurso de similar naturaleza.

ULTRAMONTANO. Vocablo con el cual se designa a la posición que aboga por la subordinación del Estado a la Iglesia o por promover la injerencia del clero en la vida política.

UNANIMIDAD. Es la forma de aprobación que establece que, para tomar una decisión sobre un asunto determinado, debe adoptarse el parecer de la totalidad de los miembros de la institución, partido, grupo o gobierno al que le compete dar su aprobación.

UNICAMERALISMO. Es el sistema que se utiliza en las naciones donde el Parlamento o el Congreso están compuestos de un solo órgano que se encarga de crear todas las normas jurídicas que tienen validez en todo su territorio.

UNIDAD DE DEFENSA. Intervención de las diferentes partes que litigan en un mismo sentido a través de una sola representación jurisconsulta, con la finalidad de abreviar el procesamiento de las resoluciones.

UNIDAD DE FUERO. Sumisión de todas las personas a un mismo territorio.

UNIDAD DEL ACTO. Ejecución de que los diferentes trámites exigidos para un acto jurídico se realicen con puntualidad, sin suspensión temporal, excepto lo que surja por una causa de fuerza mayor.

UNIDAD NACIONAL. Es la voluntad o el esfuerzo de construir todo el territorio de una nación en una sola organización política que posea su propia soberanía.

UNIFICAR. Aplicar, el mismo régimen jurídico, costumbres, puntos de vistas, entre poblaciones que tienen un mismo gobierno.

UNIFICACIÓN DE LA JURISPRUDENCIA. Es la que persigue la rapidez procesal y la igualdad en los dictámenes judiciales.

UNIFICACIÓN DE PENAS. Es agrupar diferentes penas en una sola cuando, el que está cumpliendo una condena, vuelve a ser condenado por haber cometido un acto delictivo después de la primera condenación.

UNILATERAL. Es lo que ejecuta una de las partes sin preguntarle a la otra.

UNIÓN ADUANERA. Es la segunda fase del proceso de integración económica y consiste en el convenio entre dos o más naciones para eliminar los aranceles y las demás restricciones comerciales entre ellas y establecer un arancel común para gravar los productos de los países que no son miembros de la unión.

UNIÓN DE ESTADOS. Es la vinculación o nexo entre organizaciones estatales que se rige por la unión institucional y orgánica entre dos o más Estados para establecer un gobierno común entre ellos.

UNIÓN ECONÓMICA. Es el acuerdo entre naciones para establecer un sistema monetario común, crear instituciones que manejen su política monetaria y establecer programas para manejar la deuda pública, la inflación, los tipos de interés y los tipos de cambio de todos los países que forman parte de la unión.

UNITARISMO. Doctrina que aboga por la unidad y la centralización de las funciones de Estado en los planos legislativo, ejecutivo y judicial. Esto significa que estas tres funciones son únicas y tienen competencia en todo el territorio nacional.

UNIVERSALIDAD. Estrujamiento en el legado de la totalidad del patrimonio, derechos, acciones y compromisos del fallecido.

UNIVERSALIDAD DE DERECHOS. Es la totalidad de bienes y deudas que forman un todo inseparable.

UNIVERSALIDAD DE HECHO. Totalidad que constituyen diferentes cosas o propiedades, las cuales se pueden dividir por partes.

UNIVERSALISMO. Es la corriente que propugna por la unificación de todos los poderes e instituciones del mundo bajo una sola dirección para crear un Estado universal que gobierne a la humanidad.

URBANISMO. Es la materia que tiene como objeto el estudio de la creación, planificación, ordenamiento, reforma y desarrollo de las ciudades, y también la concentración de la población en los centros urbanos.

URBE. Es una ciudad de gran tamaño que posee una gran cantidad de habitantes.

URGENCIA. Responsabilidad existente de acatar una ley, orden o precepto.

URNA. Caja empleada para depositar los votos en todo acto electoral.

USANZA. Es la práctica habitual del derecho.

USO. Forma inicial del derecho consuetudinario y que convive con la ley escrita.

USOS CONVENCIONALES. Estipulaciones reafirmadas en los actos y contratos, que completan la voluntad expresada por las partes, o la aclaran, por el poder de la repetición en casos similares.

USOS DEL COMERCIO. Es la forma de obrar, que no viola el régimen jurídico, que reglamenta los actos y contratos entre los comerciantes propios de la circulación de mercancías.

USOS ESTATALES. Son los trámites oficiales de coerción y ordenamiento puesto en vigencia por la sociedad para enfrentar a sus obligaciones.

USOS LOCALES. Código de comportamiento y aclaración que son seguidos en un lugar por la totalidad de sus habitantes y en especial, por los dedicados a una actividad específica: agraria, comercial y otras.

USOS SOCIALES. Totalidad de destrezas, modelos y normas de conducta que son admitidas en una sociedad o en varios de sus sectores que perjudican a una gran cantidad de componentes de nuestra vida

USOS Y COSTUMBRES. Conductas sociales que sólo pueden generar derechos cuando el ordenamiento jurídico las mencione a ellas o en condiciones no reguladas por la ley.

USUAL. Se refiere a algo que es practicado con frecuencia.

USUARIO. Es el que utiliza habitual y constantemente un objeto o un servicio.

USUCAPIÓN. Es la forma de obtener la propiedad por tenencia de la cosa durante un tiempo específico.

USUFRUCTO. Es un derecho real que le concede a una persona la facultad de utilizar y gozar las propiedades de otra, sin ser su dueño, preservando su existencia y con la responsabilidad de mantener su forma y sustancia.

USUFRUCTUARIO. El que posee el empleo y el goce de una propiedad ajena.

USURA. VER: AGIOTISMO.

USURERO. VER: PRESTAMISTA.

USURPACIÓN. Violación a la ley que ejecuta quien se apodera con violencia de propiedades inmobiliarias o de un derecho real ajeno.

USURPACIÓN DE AUTORIDAD. Quebrantamiento de la ley que consiste en ejercer las acciones propias conferidas a una autoridad, sin poseer título para ello.

USURPACIÓN DE INMUEBLES. Es la ocupación de modo ilícito de un inmueble que no está habitado sin la autorización de su dueño.

USURPACIÓN DE LA POSESIÓN. Privación de la posesión cuando se permite que alguien tome posesión de la cosa y disfrute de ella durante un lapso de tiempo, sin que el antiguo poseedor haga durante ese periodo de tiempo acción alguna de posesión.

USURPACIÓN DE NOMBRE. Es la transgresión a la ley que se genera cuando alguien utiliza el nombre de otra persona sin su consentimiento para alcanzar alguna clase de lucro, o cometer otras actividades delictivas.

USURPADOR. Es quien, por la vía de la violencia, el fraude y la prolongación del ejercicio de sus funciones más allá del plazo establecido por la ley, se apodera de poderes, cargos, instituciones o títulos, y los ejerce sin ningún apego a la estructura legal del Estado.

ÚTIL. Vigencia real de una ley, que está de acuerdo con el objetivo pretendido por el legislador.

UTILIDAD. Es la condición por la cual la propiedad de los bienes y servicios adquiere un valor que satisface las necesidades de los seres humanos.

UTILIDAD PARTICULAR. Provecho o beneficio, para una persona o una pluralidad de ellas.

UTILIDAD PÚBLICA. Expresión del poder administrativo estatal que da apoyo a toda confiscación, fundamentando el interés social del quebrantamiento del derecho de propiedad, a pesar del resarcimiento previo que debe acompañar a esta acción.

UTILITARÍSMO. Filosofía que sitúa la utilidad como el valor supremo en el cual se funda la moral. En el plano político esta doctrina sostiene que las conductas, las decisiones y las leyes de las autoridades de la nación deben juzgarse por los hechos resultantes que produzcan. También se usa este concepto para señalar el gigantesco pragmatismo de ciertos políticos que dejan de lado sus principios con el único propósito de dar satisfacción a sus ambiciones..

UTI POSSIDETIS. Principio jurídico que significa "como poseías, poseerás." Se utiliza en el campo diplomático para referirse a que los Estados envueltos en un conflicto de delimitación deben mantenerse en sus fronteras hasta que se produzca una decisión que resuelva el litigio.

UTOPÍA. Término utilizado por el escritor inglés Tomas Moro (1478-1535). Etimológicamente, significa "en ninguna parte:" Y nombra, el plan, proyecto, doctrina o régimen social y político ideal, de justicia y libertad, que es irrealizable, porque no señala las vías para su real y efectiva implementación.

UXORICIDIO. Es el crimen que un esposo comete cuando le quita la vida a su esposa.

V

VACACIONES. Es el periodo en que las personas que estudian o trabajan suspenden sus actividades por varios días consecutivos, para tomarse un descanso.

VACANCIA. Interrupción momentánea de las funciones laborales.

VACANTE. Se designa con esta palabra al cargo o empleo que no está ocupado por nadie y por lo tanto está disponible.

VACAS SAGRADAS. Vocablo que se utiliza para señalar que a personas o cosas que revisten gran importancia las colocan en un pedestal, lo cual las hace intocables y las sitúa por encima de la ley.

VACÍO DE PODER. Se designa con esta palabra a la ausencia de autoridades gubernamentales debido a la inestabilidad, a la desaparición física de la figura que detenta el poder o a la fragilidad de los distintos grupos en pugna.

VAGABUNDO. Es una persona que no tiene un lugar donde vivir, que vive errante y que no ejerce ningún oficio o profesión.

VAGANCIA. Posicion del que carece de un empleo, siempre que no este incapacitado para trabajar.

VAGO. Es la persona que genera el sistema capitalista ya que no le proporciona una actividad para que pueda ejercer algún oficio y por lo tanto es un desempleado.

VALE. Documento que se hace a favor de una persona, comprometiéndose a pagarle una determinada suma de dinero.

VALE ALIMENTARIO. Mandamiento orientado a atender parcial o totalmente el abastecimiento o la compra de la totalidad de comida, que forman parte de la retribución del trabajador.

VALIDEZ. Es la vigencia de los preceptos legales.

VALIJA DIPLOMÁTICA. Es el equipaje destinado a trasladar los documentos diplomáticos y los objetos de un oficial que intercambia un gobierno con sus representantes diplomáticos en el extranjero y el cual goza del privilegio de nunca ser sometido a revisión alguna en la aduana.

VALOR. Atributo de una cosa que conlleva adquirirla a dar cierta cantidad de dinero.

VALOR AGREGADO. Es el valor que se le adiciona o incorpora a los bienes y servicios en las distintas fases del proceso productivo, de distribución y comercialización.

VALOR DE CAMBIO. Conexión que existe entre dos mercancías que pueden ser evaluadas monetariamente para ser intercambiadas.

VALOR DE TRANSACCIÓN. Cantidad verdaderamente paga de un negocio jurídico que involucre un traspaso de bienes y servicios.

VALOR DE USO. Facultad que posee una cosa para dar satisfacción a una exigencia, del ser humano, de la sociedad.

VALOR DECLARADO. Precio de los objetos trasladados.

VALOR EN ADUANA. Es el trámite dedicado para establecer el precio en aduanas de las mercancías importadas.

VALOR EN SÍ MISMO. Modalidad empleada en la letra de cambio para manifestar que el expedidor gira a su propia orden y que, por consecuencia, mantiene en su poder el precio de la expedición.

VALOR IMPLÍCITO. Fundamento constitucional a través del cual las expresiones, derechos y seguridades que, enunciadas constitucionalmente, no deben ser comprendidas como rechazo de otros derechos y seguridades no mencionadas, debido a que surgen del fundamento de la soberanía del pueblo.

VALOR JURÍDICO. Es aquel del cual se originan derechos y compromisos legítimos legalizados por el derecho común.

VALOR NETO DE LA VENTA. Es el costo de la venta final de una mercancía, después de haberle cobrado los impuestos y hacerle los descuentos.

VALOR PÚBLICO. Es la utilidad instaurada por el Estado por medio de la condición de los servicios que brinda a los ciudadanos, las normativas que operan para la prosperidad de toda la sociedad.

VALOR REAL. Es el que poseen los bienes en el mercado en el momento presente.

VALORACIÓN. Evaluación y definición de la utilidad de las cosas.

VALORES. Son las acciones, títulos y obligaciones especulativas que generan intereses y que se negocian con el fisco, las entidades comerciales, la industria, la bolsa y los bancos.

VALUACIÓN. VER: VALORACIÓN.

VANDALISMO. Es la actitud brutal de ocasionar daños materiales a la propiedad pública y privada sin considerar el bienestar general de la sociedad y que suele expresarse por medio del uso del recurso de la violencia.

VARA. Ramo delgado y sin hojas, empleado para ciertas reprimendas y sanciones.

VARA DE LA JUSTICIA. Garrote que por distintivo de dominio empleaban los funcionarios de la justicia y que en la actualidad lo llevan los alcaldes.

VARIANTE. Que se modifica o se contradice. Testigo que expone de forma diferente en el desarrollo de un mismo interrogatorio; o que varía del sumario al juicio oral.

VASALLAJE. Es el contrato propio de la época feudal, vitalicia o hereditaria, que establece obligaciones mutuas entre el vasallo y el señor feudal. Aquí, el vasallo debe jurarle fidelidad y prestarles servicios. La obligación del señor feudal es proporcionarle protección y amistad.

VECINDAD. Condición de vecino. Totalidad de las diferentes personas a las que no le unen lazos familiares y habitan en la misma vivienda.

VECINO. Son los habitantes de un mismo sector residencial.

VEDA. Es el impedimento establecido por el ordenamiento jurídico de realizar determinada actividad.

VEEDOR. Es el que observa, registra o fiscaliza los actos de otras personas.

VEJAMEN. Es el sufrimiento, abuso, acoso o agravios a que son sometidas una o varias personas.

VEJEZ. Es la etapa fisiológica de todos los seres humanos. Y se define como la última fase de la vida de una persona y que comienza a los 65 años de edad.

VENAL. Es la persona que se presta a un acto indigno como dejarse sobornar a cambio de algún beneficio.

VENCIDO. Pleiteante, cuyo fundamento es desestimado; sea el actor, cuando el procesado es exonerado de la demanda; o el querellante, si tiene éxito la impugnación de su contrincante.

VENCIMIENTO. Ejecución de la fecha límite fijada para saldar una deuda o cumplir con una obligación.

VENDEDOR. Es la persona que se dedica a la venta de bienes y servicios dentro de una empresa u organización.

VENDUTERO PÚBLICO. Auxiliar de la justicia, encargado de subastar bienes embargados o confiscados.

VENENO. Es la sustancia tóxica que suministrada intencionalmente a un ser humano puede ocasionarle la muerte.

VENGANZA. Es el acto de causar daño material o moral en contestación a un agravio anterior.

VENIA. Es el permiso que se pide para llevar a cabo algún acto.

VENTA. Es el acto que se produce cuando se vende un bien o un servicio a cambio de una determinada cantidad de dinero.

VENTA JUDICIAL. Transferencia llevada a cabo por orden de un tribunal, a causa de un dictamen que así lo dispone.

VENTA EN PÚBLICA SUBASTA. VER: ALMONEDA.

VENTAJA. Beneficio que se deriva de un acto jurídico o de un precepto legal.

VERDAD. Es la concordancia entre lo sucedido y la restauración que de ello realiza el magistrado en la resolución partiendo de los diversos relatos alegados por diferentes testigos, apoyándose en los fundamentos que reglamentan lo concerniente a la contribución y a la apreciación probatoria.

VERDAD PROCESAL. Es la que las partes argumentan ante un magistrado a través del régimen de prueba legal y oficialmente alcanzadas e incorporada al juicio.

VEREDICTO. Es el dictamen pronunciado por un jurado en un juicio.

VERIFICACIÓN. Confirmación de los sucesos ratificados a través de los mecanismos de pruebas admitidos.

VERSIÓN. Forma en que cada quien relata un acontecimiento o reproduce alguna circunstancia.

VERGÜENZA. Trastorno de la voluntad que se genera por un quebrantamiento cometido o por un acto vejatorio, ya sea propio o ajeno.

VESTIGIO. VER: INDICIO.

VETO. En el plano interno, es la prerrogativa que se le concede al jefe de Estado o de gobierno de objetar una determinada pieza legislativa que procede del órgano o de los órganos encargados de legislar. En el plano internacional, es la facultad que le concede la Carta de las Naciones Unidas a los miembros permanentes del consejo de seguridad para vetar cualquier resolución que emita dicho consejo. Esto quiere decir que, si alguna de estas naciones vota contra una propuesta, esta no es aprobada, aunque el resto de los miembros haya emitido su voto a favor.

VÍA. Es el mecanismo de hacer eficaz un derecho.

VÍA CONTENCIOSA. Selección de la instancia judicial correspondiente para solucionar un litigio.

VÍA EJECUTIVA. VER: JUICIO EJECUTIVO.

VÍA ORDINARIA. VER: JUICIO ORDINARIO.

VÍA PÚBLICA. Es la infraestructura vial por donde circulan las personas, ya sea caminando o en alguna clase de vehículo y los animales.

VÍA SUMARIA. VER: JUICIO SUMARIO Y SUMARÍSIMO.

VIABLE. Se refiere a un negocio que por sus condiciones tiene posibilidades de poder realizarse.

VIAJANTE. Es la persona que recorre diferentes lugares para realizar compras o ventas por cuenta de un comerciante.

VÍAS DE DERECHO. Procedimiento ligado al régimen jurídico para aplicar un derecho o aplicar un deber.

VÍAS DE HECHO. Violencia que no está respaldada por la ley y es ejercida contra el derecho ajeno y las personas.

VIÁTICO. Subsidio monetario que se le suministra al personal diplomático para trasladarse al lugar donde ejercerán sus funciones. Cantidad que se le suministra a un empleado para resarcir por los gastos en que él incurrió por ejecutar labores fuera de su lugar de trabajo habitual.

VICIO. Imperfección que invalida un acto por no reunir las condiciones que exige la ley.

VICIO DE CONSENTIMIENTO. Consiste en la privación de libertad, sensatez, propósito en la declaración de voluntad.

VICIO OCULTO. Es la posible imperfección que puede poseer un artículo que es pieza de compraventa y las cuales no son conocidas cuando se la examina al momento de la entrega.

VÍCTIMA. Es el ser humano que sufre los efectos dañinos de una actividad delictiva.

VICTIMARIO. Es la persona que causa un daño a otra.

VIDA. Es el periodo de tiempo que corre desde el nacimiento de una persona hasta su fallecimiento.

VIDA CIVIL. Capacidad que posee el ciudadano de disfrutar de todos los derechos que les concede el ordenamiento jurídico de la nación en que reside.

VIDA PRIVADA. Consiste en que ninguna persona será objeto de intromisión ilegal en su vida familiar, en su residencia o en su correspondencia, ni de agresiones ilegales a su prestigio.

VIDA POLÍTICA. Es el derecho constitucional que posee el ciudadano de intervenir en el planteamiento de políticas y de poder elegir y ser elegidos para cargos públicos.

VIGENCIA DE LA LEY. Imposición de una norma legislativa y a la vez el lapso de tiempo en que está vigente y por lo cual es aplicable y exigible.

VIGENTE. Esta palabra contempla a las leyes, disposiciones y ordenanzas que tienen validez.

VIGILANCIA. Sanción que consiste en reducir a una persona bajo libertad condicional a la custodia de la autoridad, para analizar su actuación en sociedad y volver a encarcelar si vuelve a cometer otro acto delictivo.

VIL. Es la persona que se comporta de una forma indigna y despreciable ocasionándoles daños a otros.

VILLANO. VER: VIL.

VÍNCULO. Inmovilización de los bienes, con impedimento de transferirlos.

VINDICACIÓN. Réplica fundamental que por la vía escrita expresa quien ha sido calumniado.

VINDICAR. Es la acción por la cual una persona recupera una cosa que es de su propiedad.

VIOLACIÓN. Infracción de las disposiciones de un régimen jurídico.

VIOLACIÓN DE CORRESPONDENCIA. Es el acto delictivo que se comete cuando se intercepta, se abre individualmente, se sustrae o se destruye una carta.

VIOLACIÓN DE DOMICILIO. Es entrar en el lugar de residencia o local de una persona sin su permiso y quedarse en él sin que haya sido autorizado.

VIOLACIÓN DE INMUNIDAD DIPLOMÁTICA. Se produce cuando se quebrantan las prerrogativas y remuneraciones concedidas a las personas que el Estado designa para realizar misiones diplomáticas.

VIOLACIÓN DE LA LEY. VER: VIOLACIÓN.

VIOLACIÓN DE SECRETO PROFESIONAL. Se comete esta actividad delictiva cuando los profesionales liberales que están obligados a mantener en secreto las informaciones que les confieren sus clientes las hacen públicas.

VIOLACIÓN DE SEPULTURA. Es la infracción de extraer cuerpos humanos de su tumba.

VIOLACIÓN SEXUAL. Transgresión la ley que se comete cuando se sostienen relaciones sexuales con persona de uno u otro sexo sin que estas hayan dado su consentimiento.

VIOLENCIA. Es la acción que ejerce la fuerza física, psicológica, económica o política de forma intencional para dirigir, dominar, manipular o agredir a una persona o a la sociedad.

VIOLENCIA DE GÉNERO. Es una clase de violencia corporal, psicológica, sexual e institucional aplicada contra cualquier persona o pluralidad de personas sobre el fundamento de su rumbo sexual, identidad de género, sexo que afecta de forma negativa su identidad y seguridad social, física o económica.

VIOLENCIA MORAL. Es la advertencia, que se le hace a una persona de que sufrirá un daño inminente y grave, que le producirá un amedrentamiento.

VIRREY. Figura de carácter nobiliario, de trascendental importancia durante la época de la conquista de América, y que tiene por funciones representar al rey, en cuyo nombre administra un territorio o provincia.

VIRTUD. VER: ÉTICA.

VISADO. Es el acto en el cual se hace constar en un pasaporte u otro documento que se le han incorporado señales o palabras que certifican que ha sido revisado y autorizado para que una persona pueda entrar en un país.

VISITA. Es la que realizan los magistrados y auxiliares a los centros penitenciarios para inspeccionarlos y conocer la situación de los presos.

VISITA A LOS HIJOS MENORES. Consiste en el derecho que posee el padre o la madre de hijos menores de edad cuando la custodia ha sido entregada a uno de los padres después que se ha producido el divorcio.

VISITA ÍNTIMA. Es un tiempo programado en el que a un presidiario se le concede compartir según lo establecido con una persona que lo visita generalmente su pareja.

VISTA. Audiencia en que un magistrado escucha a las partes o sus representantes, en un pleito, para emitir el fallo.

VISTAS PÚBLICAS. Son sesiones públicas celebradas por cada una de las cámaras del Congreso de una nación, para escuchar puntos de vistas y juntar contribuciones de los ciudadanos acerca de los proyectos de ley determinados.

VISTO. Regla con la que un tribunal da por finalizada la audiencia de una causa o avisa el pronunciamiento de la decisión.

VISTO BUENO. Es la regla que se pone en ciertos escritos para señalar que quien firma o asegura que todo está regulado por el derecho y que el escrito en cuestión fue emitido por una persona autorizada para tal fin.

VITALICIO. Concepto que se refiere a la posición o renta que se obtiene y dura para toda la vida.

VIUDA. Es la mujer cuyo marido ha fallecido y conserva este estado mientras no vuelva a contraer nuevo matrimonio.
VIUDA NEGRA. Es la asesina en serie cuyos muertos son sus esposos.
VIUDO. Es el marido al que se le ha muerto su esposa y no ha vuelto a contraer matrimonio.
VIVIENDA. Es el lugar habitado donde las personas duermen, descansan y fortalecen sus relaciones afectivas y de protección mutua.
VIZCONDE. Persona que posee el calificativo nobiliario instantáneamente menor al de conde.
VOCACIÓN HEREDITARIA. Es una institución del derecho sucesorio por medio de la cual se busca identificar la condición de heredero de una persona y poder disfrutar de los derechos que ésta le concede.
VOCAL. Es la persona que tiene voz en un consejo, en una asamblea, llamada por derecho, por designación.
VOCERO. Llamado también portavoz es la persona que habla en nombre de otra o de una institución.
VOLATILIDAD ELECTORAL. Es la herramienta de análisis del comportamiento electoral que permite formar una idea sobre cómo los electores cambian de parecer, de un certamen electoral a otro, para ejercer su derecho al voto por un determinado partido político.
VOLUNTAD. Es el componente formal del derecho, comprende todas las habilidades del hombre que lo conducen a proceder o inhibirse.
VOLUNTAD BILATERAL. Aprobación coincidente de dos o más personas.
VOLUNTAD DE LA LEY. Es la intención de suministrar un planteamiento para comprobar si una disposición jurídica es o no correcta.
VOLUNTAD FORMAL. Declaración cuya validez se fundamenta en los cumplimientos de los trámites exclusivamente exigidos como declaración de la voluntad.
VOLUNTAD TÁCITA. Manifestación que se deriva de aquellas acciones, a través de las cuales se puede conocer con certeza la existencia de la voluntad, en las circunstancias de que no se pida una declaración positiva, o no exista una queja o afirmación expresa contraria.
VOLUNTAD UNILATERAL. Es la obligación que resulta de la voluntad de una sola persona.

VOTACIÓN. VER: SUFRAGIO.

VOTO. VER: SUFRAGIO.

VOTO ACUMULADO. Es el que protege a las minorías, por lo cual se le permite al votante que en vez de votar por una pluralidad de candidatos, le conceda dos o más de sus votos a un solo candidato, para que este aumente sus posibilidades de triunfo.

VOTO DE CENSURA. VER: MOCIÓN DE CENSURA.

VOTO DE CONFIANZA. VER: MOCIÓN DE CONFIANZA.

VOTO DIRIMENTE. Es el voto, que por lo general, se le concede al presidente de un organismo colegiado para que decida en un asunto que en la votación del organismo ha quedado empatada.

VOTO SECRETO. Es que ningún ciudadano cuando ejerce su derecho al sufragio puede ser obligado a revelar su voto.

VOZ. Es la autoridad para proceder en nombre propio o del ajeno.

W

SIN CONTENIDO

X

XENELASIA. Ley que en la antigua Grecia y Roma les prohibía a los extranjeros entrar en esos territorios. En el derecho Internacional actual, derecho que cada combatiente se atribuye para desalojar al enemigo que habita en su territorio.

XENOFILIA. Es el afecto por personas, mentalidad o costumbres foráneas.

XENOFOBIA. Es la ideología que consiste en la manifestación de odio, recelo, hostilidad, desprecio, amenazas, rechazos y agresiones contra el extranjero.

Y

YACENTE. Es la persona que está tirada en el suelo. Hace referencia a las víctimas de un ataque, y es obligatorio mencionar esta palabra en los trámites del levantamiento de un cadáver. Posición en las que se encuentran las propiedades de una persona fallecida hasta que sus herederos decidan aceptar la herencia.

YACIMIENTO. Es el lugar donde se encuentran minerales, gases, fósiles o restos arqueológicos.

YERNO. Es la persona del sexo masculino que es el conyugue de la hija o del hijo de una persona.

YERRO. Acto delictivo cometido, por ignorancia, malicia, contra los preceptos legales.

YUGO. Ley que somete y constriñe a obedecer.

Z

ZANJAR. Es dejar atrás todos los obstáculos que puedan imposibilitar el convenio y la finalización de un negocio.

ZAR. Era el nombre que utilizaron los monarcas rusos entre 1547 y 1917.

ZONA. Porción de terreno delimitada por ciertos límites.

ZONA COMERCIAL. Es una superficie territorial que se encuentra localizada dentro de los grandes centros urbanos y cuya finalidad principal es el comercio.

ZONA DE GUERRA. Espacio sometido al poder militar donde este lleva a cabo toda clases de mandato.

ZONA DE INFLUENCIA. Es el área geográfica donde una nación poderosa ejerce una dominación cultural, económica, o política sobre una nación o un grupo de naciones.

ZONA DE LIBRE COMERCIO. VER: TRATADO DE LIBRE COMERCIO.

ZONA FRANCA. Es un espacio geográfico de una nación, sometida a un régimen especial de protección aduanera y fiscal, en el cual se permite la instalación de empresas que establecen un sistema de producción orientado hacia el mercado externo. Estas organizaciones gozan de la exoneración del pago de derechos de importación de mercancías y el Estado las libera de ciertos impuestos para incentivar la expansión empresarial.

ZONA MARÍTIMA. Superficie de mar que rodea las costas en la longitud especificada por el Derecho Internacional.

ZONA MILITAR. Región de la nación que, por convertirse de interés para la defensa nacional, debe ser sometida a la custodia y vigilancia militar.

ZONA URBANA. Es el sector de la ciudad identificado por un hecho específico: centros comerciales, fábricas, complejos habitacionales, inmigración, riqueza, pobreza, crímenes.

ZURRA. Es la golpiza que se le da a alguien y le produce un gran daño.

CITAS BIBLIOGRÁFICAS

ACTO AUTÉNTICO. Artículo 1317 del Código Civil Dominicano.

ALCALDE PEDANEO. Artículo 1, Ley No. 4401 del año 1956.

AUTODETERMINACIÓN. Sobre el derecho de las naciones a la autodeterminación, de Vladimir I. Lenin, Moscú, ED. Progreso, p. 7.

BURGUESÍA. Clases sociales y lucha de clases, Cuadernos de Educación Popular, de Martha Harnecker, Madrid, Akal ED., 1979, p. 30.

CARTEL. Rasgos Económicos del Imperialismo, México, Ed. Grijalbo, 1970, p. 21.

CENTRALISMO DEMOCRÁTICO. Manual de Marxismo-Leninismo, México, ED. Grijalbo, 1970, p. 21.

CIENCIA POLÍTICA. Nuevo rumbo, año IV, vol. II, Santo Domingo, octubre-noviembre, 1976, p. 43.

CLASES SOCIALES. Cuaderno de Educación Popular, No. 5, de Martha Harnecker, Madrid, Akal Ed,. 1979, p. 17.

COEXISTERNCIA PACÍFICA. Manual de Marxismo-Leninismo, de Otto V. Kussinen y otros, México, Ed. Grijalbo, 1962, p. 462.

COLEGIO ELECTORAL. Compilación de la ley Electoral de la República Dominicana, Santo Domingo, 2004, p. 94.

CRIMEN DE LESA HUMANIDAD. Wikipedia.

CONTRALORÍA GENERAL DE LA REPÚBLICA. Constitución de la republica 2010, artículo 247, pag. 102.

EXCEPCIÓN DE PROCEDIMIENTO. Ley 834 del 15 de julio de 1978, articulo 1.

EXTINCIÓN DEL ESTADO. MANUAL DE MARXISMO-LENINISMO, DE OTTO V. KUSSINEN, MEXICO,ED. GRIJALBO, 1962, PAG. 654.

IRRETROACTIVIDAD DE LA LEY. Constitución de la República 2010, articulo 110, pag. 67.

DIRECCIÓN GENERAL DE REGISTROS DE TÍTULOS. NORMATIVA DE LA JURISDICCIÓN INMOBILIARIA. Art. 13 pag. 9.

KAISSER. Diccionario General de Ciencia Política, de Sergio Espinal, primera edición, pag. 149.

LADINO. Enciclopedia Dominicana, Santo Domingo, tomo IV, 1976, pag. 111.

LEGISLATURA. Wikipedia.

PLATAFORMA CONTINENTAL. Convención del Derecho del Mar, art. 76.

**DICCIONARIO GENERAL
DE DERECHO
De
Sergio Espinal
Se terminó de editar en agosto de 2024.**

Made in the USA
Columbia, SC
20 February 2025